KB172390

 IDEAL LIBRARY

진리의 길 구국의 생애

사명당평전

조영록 지음

이상의 도서관 27

한길사

≡ıl 이상의 도서관²⁷

진리의 길 구국의 생애

사명당평전

지은이 · 조영록
펴낸이 · 김언호
펴낸곳 · (주)도서출판 한길사

등록 · 1976년 12월 24일 제74호
주소 · 413-756 경기도 파주시 교하읍 문발리 520-11
　　　www.hangilsa.co.kr
　　　E-mail: hangilsa@hangilsa.co.kr
전화 · 031-955-2000~3　　팩스 · 031-955-2005

상무이사 · 박관순 I 영업이사 · 곽명호
편집 · 박희진 안민재 김진구 성기승 I 전산 · 김현정
마케팅 및 제작 · 이경호 이연실 I 관리 · 이중환 문주상 장비연 김선희

출력 · 지에스테크 I 인쇄 · 현문인쇄 I 제본 · 쌍용제책

제1판 제1쇄 2009년 7월 17일
제1판 제2쇄 2010년 1월 10일

값 27,000원
ISBN 978-89-356-6137-4　03990

◆ 잘못 만들어진 책은 구입하신 서점에서 바꿔드립니다.

이 도서의 국립중앙도서관 출판시도서목록(CIP)은
e-CIP 홈페이지(http://www.nl.go.kr/ecip)에서 이용하실 수 있습니다.
(CIP제어번호: CIP2009002044)

해인사 홍제암 '사명당대선사' 진영
온화하면서도 근엄한 인품이 드러나는 얼굴, 적절히 처리된 의습선,
조화로운 채색 및 문양 등이 잘 어우러진 빼어난 작품이다.
특히 의습처리에 있어서 명료하고 굵은 필선을 구사해
옛 법도와 양식을 건실하게 구현하고 있다.

표충사 '사명대사' 진영

정상형식의 전형적인 진영으로 서산대사와 기허대사의 진영과 함께
표충사에 봉안되어 있다. 뒷면에 '時維乾隆歲次癸巳'라는 묵서가 있어
1773년에 제작된 것임을 알 수 있다.

묘향산 보현사 '사명대선사' 진영
경상을 앞에 두고 등받이 의자에 앉은 좌상이다. 상체가 장대하게
그려져 있고 노년기의 맹장을 표현한 듯 예리하면서도 온화한 표정이
특징이다. 제작연대와 작가가 알려져 있어 기년작으로서 중요하다.

계룡산 갑사 '사명당대선사' 진영
얼굴과 상체가 길어 신체의 비례가 어색하다.
하지만 잿빛 승복에 가해진 음영처리, 의자, 문양 등에
19세기 이후의 만화풍이 가미된 특색있는 진영이다.

팔공산 동화사 '사명당대장' 진영
답대에 신을 올려놓고 의자 위에 결가부좌한 모습.
백묘에 가까운 필선으로 안면의 윤곽과 이목구비를 묘사하고 있으며,
채색을 절제하고 필선을 강조하여 옷주름과 문양 등을
섬세하게 처리한 뛰어난 작품이다.

안동 봉정사 '송운당대선사' 진영
화사한 채색과 화려한 장식이 돋보이는 작품이다.
청허대사의 진영과 함께 지한이 봉안을 맡고 유성이 그린 진영이다.
기년작으로서 중요하다.

오대산 월정사 '사명당대선사' 진영
삼척 영은사에 범일국사의 진영과 함께 전래되어오다
지금은 오대산 월정사박물관에 진열되어 있다. 두 작품이 같은 화풍을
보이고 있어 1788년 함께 조성한 것으로 추정된다.

경북 은해사 백흥암 '홍제존자분충감난사명弘濟尊者奮忠勘難四溟' 진영
고승高僧 진영으로는 드물게 정면관을 취하고 있다.
기다란 불자拂子가 몸 전체를 비스듬히 가로지르며
화면을 반분하고 있는 구도가 인상적이다.

보스턴 미술관 소장 '홍제존자사명당' 진영
동화사 진영과 마찬가지로 의자 위에 발을 올려 결가부좌한 모습.
풍성한 흰수염과 온화한 표정으로 미루어보아
사명당의 노년을 그린 것으로 짐작된다.

동국대 박물관 '홍제존자송운당대화상' 진영
의자 위에 앉은 전신상으로 안정감 있고 위엄 있는 자태,
유려한 의습선 등 우수한 진영으로 손꼽을 수 있다.

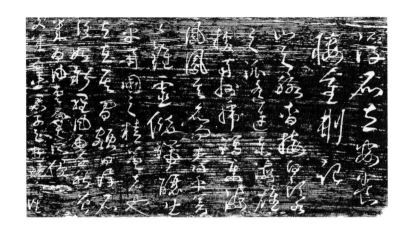

부석사 안양루 중창기 현판(탁본)
이 기문은 사명당이 금강산 보덕암에서 정진하던
37세(1580년) 무렵에 부석사에 들러 지은 것이다.
내용과 필치가 활달하여 대사의 구도 자세를 짐작케 한다.

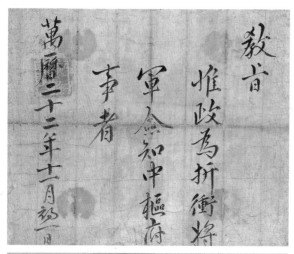

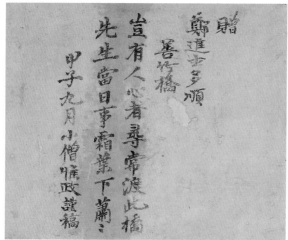

위 | 사명당에게 내린 선조의 교지

선조 27년(1594) 사명당은 일본군과의 회담을 토대로
임금께 개혁상소를 올렸다. 이에 선조는 사명당에게 환속하여
삼군을 통솔할 것을 제의했으나 사명당이 듣지 않자,
정3품 절충장국첨지중추부사의 교지를 내렸다.

아래 | 사명당의 선죽교 시

사명당이 21세 때 이 시를 지어 정포은의 자손으로 보이는
정진사 다순에게 준 것이다. 지금까지 전하는 유필로는
가장 최초의 것으로 여겨진다. 고려대박물관 소장.

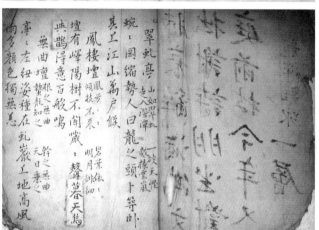

『용담잡영』 필사본

위는 『용담잡영』 초서 필사본이고 아래는 해서 필사본이다.
사명당은 임진왜란 직후 낙동강 상류인 안동 도산면 용수사에
약 2년 간(1599~1600) 머물며 왜란 당시 의병장으로 활동했던
족친 용담 임흘의 시집을 필사하는 등 비교적 한적한 시간을 보냈다.
이 두 권의 필사본은 본래 용담 본가에 전해 내려오다가
근년에 밀양박물관에 기증되었다.

泗濱大師行日本之圖

제천 신륵사 '사명대사행일본지도' 벽화

단양 인근 지역 일대에 널리 전해 내려오는 사명당의 유명한 행차를
벽화로 그린 19세기 작품이다. 사명당은 외교사절로 일본에 가는 길에
단양 전사에 묵은 적이 있다. 벽화 왼쪽 상단의 건물이
단양 전사로 추정된다.

일본으로 도해渡海할 때 받들고 간 '목조관음보살상'
아무리 위급한 상황에서도 관음보살의 이름을 부르면
구제받을 수 있다는 가르침에 따라, 사명당 일행은 도해할 때
대구 용연사에 있던 이 목조상을 원불로 모시고 갔다.
현재 표충사에 소장되어 있으며 총고 51센티미터이다.

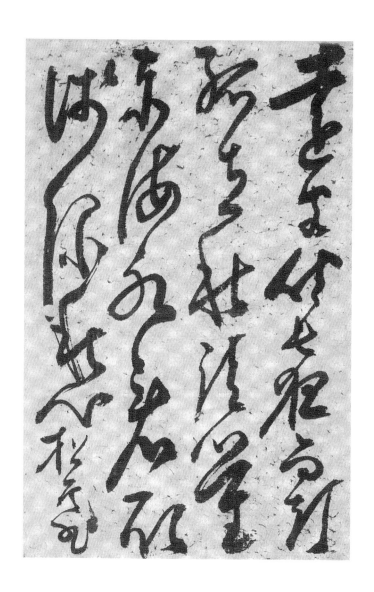

유묵 오언절구

경도의 새 집권자 덕천가강과의 회담을 기다리며 지은 시로 보인다.
"청컨대 동해바다 물을 저울로 달아, 나그네 깊은 근심과
견주어보구려"라는 마지막 두 구절에서 회담을 앞둔
사명당의 고민의 무게를 짐작할 수 있다.

달마도 찬讚으로 써준 칠언절구
일본에 머물 때 오초라는 화승이 달마도를 그려와
찬을 써달라고 하여 지어준 시. 사명당은 덕천가강과 회담을 마친 뒤
경도의 여러 지역을 유람하면서 불교계는 물론 각계각층의 인사들과
만나 광범하게 교유했다.

대혜선사 유묵 발문
사명당이 경도에서 중국 임제종 대혜선사(1088~1163)의
전서를 친견하고 쓴 것. 여기서 그는 자신이
중국의 남종선을 연 육조 혜능의 37세손이라 하면서
호 사명·종봉·송원을 병기하고 있다.

흥성사 소장 유묵
흥성사에 소장된 여러 편의 선어禪語 유묵 가운데 하나이다.
해서로 '夜月聲中朝暮振 靑山影裏古今人'이라고 새긴다.
당시 흥성사 주지 원이ㅃㅌ는 교종의 승려였는데,
사명당의 영향을 받아 선종으로 개종했다.

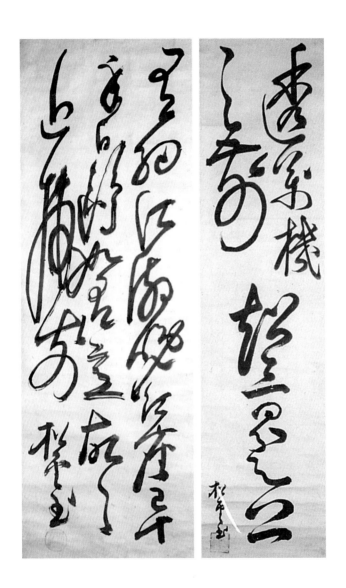

흥성사 소장 유묵
흥성사의 원이선사에게 써준 유묵 두 편.
왼쪽은 자연으로 돌아가고자 한 심정을 노래한 오언절구이며
(有約江湖晚 紅塵已十年 白鷗如有意 故月近捕前),
오른쪽은 선적 경지를 표현한 법어이다(透萬機之前 超三界之下).

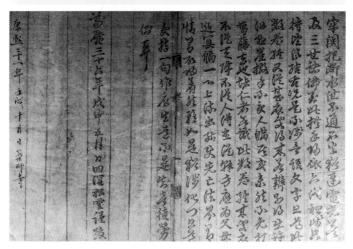

위 | 『허응당집』 발문

허응당 보우대사의 문집을 간행할 때 사명당이 발문을 짓고
글씨를 썼다. 이때(1573)는 사명당이 30세의 젊은 나이였으며
발문 끝에 '寒山 離幻 謹跋'이라 한 것을 보면 아직 사명이라는 호를
쓰고 있지는 않다.

아래 | 『약사경』 발문

일본에서 귀국한 사명당은 사찰 중창기의 기문이나
불경의 발문을 쓰는 등 불사에 관심을 기울였다. 위의 발문은
선조가 승하한 후 해인사에 내려가 있을 때 쓴 것이다. 한편 이 책은
용문산 사나사의 개판본으로, 연세대 도서관에 소장돼 있다.

해인사 사명대사 부도

1610년, 사명당은 67세의 나이로 입적했다. 제자들은 다비茶毘 후 얻은
구슬 한 알로 해인사 서쪽 산기슭에 돌탑을 세웠다.

허균은 비문에서 "비단과 돈을 거두어 모았네. 탑과 사당 세움은
대사의 은혜, 부처님 은혜 갚는 일일세"라 했다.

해인사 홍제암 석장비(왼쪽)와 비문(오른쪽, 탁본)
사명당이 입적한 3년 뒤(1612) 세운 영당비. 허균이 비문을 찬술할 때
'자통홍제존자'라는 시호를 개인적으로 지어바쳤다.
일제는 이 비문이 민족혼을 부추길 염려가 있다 하여 파괴시켰다.
해방 후 다시 복원하였으나 十자로 깨졌던 흔적이 역력하다.

표충사의 '청동은입사향완靑銅銀入絲香椀'

본래 창녕 용흥사에 있던 것으로 용연사의 관음상과 함께
표충사로 옮겨왔다고 한다. 당시 새로 건립한 표충사와 홍제암은
여러 불구佛具들을 인근의 연고사찰에서 조달해 향화를 올렸다.
높이 27.5센티미터, 국보 제75호.

밀양 표충비각

표충비각은 생가지 입구 4킬로미터 지점(무안면 소재)에 있는데,
비각 안의 9척 1촌이나 되는 흑남석비는 국가에 어려움이 있으면
땀을 흘린다 하여 '한비汗碑'라고도 한다. 일제가 여러 구실로
파괴하려 했으나 일반의 이목 때문에 감행하지는 못했다 한다.

표충비의 앞면과 옆면

이 비문은 원래 세 부분으로 나뉘어 있다. 앞면은 송운대사비(왼쪽),
옆면은 표충사 사적비(오른쪽), 뒷면은 서산대사비로 이들을 총칭하여
'삼비문三碑文'이라 한다. 이들 비문의 찬술이나 비각의 건립은
국가적 사업으로 이루어졌다.

건봉사 사명당 동상
강원도 고성군 건봉사는 사명당이 처음 의승병을 일으켜
훈련시킨 곳이다. 오른손에는 중앙에서 내려온 의승병 궐기 격문을 들고
왼손에는 주장자를 잡은 채, 대중을 응시하는 듯한 자세가 위엄 있다.
흔치 않은 낮은 좌상의 동상이 친밀한 느낌도 준다.

진리와 민족을 향한 대도행

• 머리말

  사명당이 임진왜란 7년 동안 승병대장으로서 전투와 축성 등에서 보여준 지도력이나 왜장 가등청정과의 협상에서 발휘한 외교능력은 실로 탁월한 것이었다. 그것은 이충무공이나 권율 장군처럼 조정의 관리로서 전쟁을 당하여 자기 본분을 다한 경우와는 전혀 성격을 달리하고 있다. 그는 유교적인 조선사회에서 천시받는 승려 신분으로서 자발적으로 의승병을 일으켜 전쟁에 참여했다. 더구나 전쟁이 끝난 후에도 일본으로 건너가 새 집권자 덕천가강과 강화협상을 하여 무고하게 피랍되어 간 수천 명의 조선 남녀들을 데려오는가 하면 향후 통신사행의 기초를 다지는 등 혁혁한 공적을 이룩하였다.

  그럼에도 불구하고 그가 승려라는 이유로 조정의 사관은 그의 공적에 대한 기술에 인색하였다. 사명당 스스로도 불법(佛法)의 가르침에 따라 자취 남기기를 꺼렸다. 그러한 까닭에 일반에서는 그 빈자리를 설화로 꾸며 메울 수밖에 없었다.

  조선 조정에서 사명당을 '호랑이 굴' 일본으로 보낼 사신으로 처음 선정했을 때였다. 어느 무명의 시인은 "묘당에 삼정승이 있다고 하지 마라, 조정의 안위는 오로지 한 승려에게 달렸노라"라고 읊조렸다. 실제 그가 과연 다대한 외교적 성과를 이루고 돌아오자 일반에서는 그를 '왜왕의 항복을 받고 돌아온 영웅'으로 맞이했다. 이 같은 대중의 인식은 설화로 꾸며진 『임진록』이라는 군담소설을 통해 인구에 널리 회자되었다.

임진왜란과 전후처리에 공을 세운 것만으로는 사명당을 올바로 평가할 수 없다. 공훈에 바탕하고 있는 '정신'을 이해해야 비로소 사명당의 참모습을 알 수 있다. 사명당의 정신적 특성 중 하나는 독립성이다. 그는 적군을 상대로 싸울 때나 외교에 임할 때나 언제나 주체성을 잃지 않았다. 일례로 서생포왜성에서의 협상 후 세 차례에 걸쳐 올린 상소문에서 그는 민족 주체적 투쟁이 최우선의 과제임을 거듭 강조하고 있다. 이 상소문에는 일언반구 '명나라'에 대한 언급이 없다. 그러나 실제 외교 현장에 나가서는 '상국 명나라'를 빌려 강자의 일방적 압력에서 교묘히 벗어나는 외교 술책을 구사하였다. 이들 과정을 통하여 그는 전쟁의 부당성을 꾸짖는가 하면 객관타당한 인간애를 설파하여 참된 세상을 함께 이룰 것을 호소하였다. 이러한 호소는 불세출의 용장 가등청정이나 흑의(黑衣)의 재상 서소승태 등으로부터 폐부에서 우러나는 공감을 이끌어냈다.

교산 허균은 사명당이 입적했을 때 그 비문의 찬술을 요청받고 개인적으로 '자통홍제존자'(慈通弘濟尊者)라 하여 자비로서 널리 세상을 구한 위인이라는 시호를 지어 바쳤다. 동문인 처영은 문집 발문에서 이 점을 두고 '청출어람'이라며 은사인 서산보다 제자인 사명이 뛰어났음을 드러내었다. 후세 조정에서는 전쟁 참여와 외교활동으로 사명당이 성취한 공로를 기려 생가터에 표충사당을 건립했다. 그의 자비사상에서 이룩한 구세제민의 실천적 삶은 분명히 선(禪)과 교(敎)를 뛰어넘는 보살행이며, 유(儒)와 불(佛)을 아우르는 대도(大道)행이었다. 어느 일본학자는 근세 정치사의 임진왜란 부분을 쓰면서, 송운대사는 지(智)와 용(勇) 그리고 변력(辯力)을 구비할 뿐 아니라 담력에서도 일본의 어느 승려나 장수들도 그 적수가 될 수 없었던 인물이라고 높이 평가하였다. 실제로 사명당은 '자비로써 널리 세상을 구하려 한' 실천사상가로서, 지혜와 용기 그리고 뛰어난 언변과 담력을 갖춘 출중한 인물이었다.

사명당은 이처럼 전쟁과 축성, 불교와 시문 그리고 외교협상 및 불교교류 등 여러 분야에 걸쳐 매우 폭넓고 다양한 삶을 살았다. 그럼에도 그에 대한 기록은 상대적으로 영세하며, 심지어는 허구적인 설화 속에 그 실제 모습이 오래도록 감추어져 왔다. 이러한 여건이 지금까지 사명당의 인격과 활동과 사상의 본래 모습을 되찾는 전기적(傳記的) 저술을 더디게 해온 까닭이었다.

필자는 어려서 다니던 초등학교의 이웃에 표충비각이 있어 때때로 '비석에 땀이 난다'는 소식이 들려오면 운동장에 놀던 친구들과 함께 우루루 몰려가 흐르는 땀을 구경하곤 하였다. 해방 전부터 땀 흘리는 비석을 보는 한편 사명당의 『임진록』 이야기를 상급생들로부터 들으며 어렴풋이나마 '일제와 민족'에 대한 나름대로의 생각을 키우며 자랐다. 이후 대학에 진학하여 역사를 배우고 교수생활을 하면서도 고향이 배출한 위인 사명당에 대한 관심은 남달랐으나 본격적 연구는 정년을 앞두고부터였다. 마침 '사명당기념사업회'가 발족되어 필자가 그 학술분과에 관여하면서 다방면의 관련 자료에 접할 수 있게 되었기 때문이다.

기념사업회의 설립자 박권희 선생과 회장 오재희 대사는 모두 일본통으로서 특히 한일 공동 학술회의나 전시회·답사회 등을 개최하여 많은 연구성과를 올렸다. 특히 김영작 교수는 사회과학적 시각에서 사명대사의 외교적 성과를 새롭게 조명하였으며, 중미굉(仲尾宏) 교수를 비롯한 일본학자들은 사명당의 재일활동에 관한 귀한 자료들을 속속 발굴 소개하였다. 참가자들은 기회 있을 때마다 대마도와 경도를 비롯하여 동경 · 대판(大阪) · 복강(福岡) · 강산(岡山) · 웅본(熊本) 등 일본 각지의 사명당 관련 유적지를 답사하면서 새로운 자료들을 접할 수 있었다. 이러한 자료와 새로운 연구성과들은 사명당 연구의 진일보한 계기를 마련해주었다.

국내의 사명당 연구는 일찍부터 여러 분야에서 축적되어왔다. 고 신학상 선생은 사명당 관련 문집류를 정리하여 연구토대를 마련하였으며, 동국대학 고 안계현 교수의 승군사 연구와 근년 오준호 박사의 학위논문은 기존의 서산 · 사명의 불교관련 연구들을 종합 분석하여 필자가 이 책을 완성하는 데 좋은 길잡이가 되었다. 이밖에도 일일이 언급하지 못하지만 여러 분야에 걸친 많은 선행연구들이 없었다면 이 평전이 빛을 보기는 어려웠을 것이다.

지난 9년 동안 사명당기념사업회 학술담당 임원으로 활동하면서 나름대로 광범한 분야의 다양한 자료를 수집하여 변변치 못하나마 이 책을 상재할 수 있게 되었다. 이 일에 격려와 도움을 주신 분들에게 이 자리를 빌려 고마운 뜻을 표하고자 한다. 통도사 성보박물관장 범하 스님과 이원식 교수께서는 여러 영정자료와 일본 측 유묵자료를 제공해주셨으며, 유종현 대사와 박도화 박사는 국내외 관련 유적 · 유물 사진들을 활용할 수 있도록 흔쾌히 도와주셨다. 모든 분께 다시 한 번 감사를 드린다. 이러한 도움 덕택에 책의 요소요소에 내용과 관련된 사진자료를 되도록 많이 실을 수 있었다. 이로 인해 독자의 이해를 높일 수 있을 것으로 기대한다.

끝으로 이 책의 출판을 맡아주신 김언호 사장님의 각별한 관심과 조언에 대하여 감사를 드린다. 아울러 책이 완성되기까지 편집과 교정에 시

종 세심한 노력을 아끼지 아니한 편집부의 노고에도 깊은 감사의 뜻을
전한다.

사명당 입적 400주기를 한 해 앞둔
2009년 6월 25일
일산 덕이서실에서 저자 삼가 초함

진리의 길 구국의 생애

사명당평전

일러두기

- 외국 인명과 지명은 외래어표기법을 따르지 않고 한국 한자음대로 읽어 표기하였다.

  예: 도요토미 히데요시 → 풍신수길, 오사카 → 대판
- 인용문헌의 제목은 한글로 먼저 쓰고 괄호 안에 한자를 적었다. 이때 가급적 간단한 명칭의 판본을 따랐다. 반복해서 나올 경우 한자를 생략했다.

  예: 『사명당대사집』(四溟堂大師集) → 『사명집』(四溟集)
- 인용하는 한시나 문장 등의 제목은 한자어 그대로 표기하였다.

  예: 「酬李公求語」
- 주요한 참고문헌을 책 뒤에 붙였다. 단 모든 개별 논문들을 일일이 적지는 않았다.

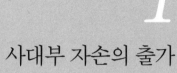

사대부 자손의 출가

"세속의 학문은 천하고 비루하여
시끄러운 세상 인연에 얽매였으니,
어찌 번뇌 없는 학문을 배우는 것만 같겠는가?"

비범한 태몽을 타고난 아이

　사명당 유정은 중종 39년(1544) 10월 17일에 경상남도 밀양군 무안면 괴나리에서 아버지 풍천임씨(豊川任氏) 수성(守成)과 어머니 달성서씨(達成徐氏) 사이에서 태어났다.

　사명당이 나서 자라난 시대적 배경은 정치적으로 건국 이래로 쌓여오던 갈등과 모순이 드러난 어려운 상황의 연속이었다. 연산군 4년(1498)과 10년(1504)에 발생한 무오사화와 갑자사화, 그리고 중종 14년(1519)의 기묘사화와 명종 즉위년(1545)의 을사사화 등이 연달아 일어나고 있었다. 이들 4대 사화는 유교를 국교로 한 조선왕조의 정치적 주도권을 둘러싼 훈구파와 신진 사림파의 대립과 갈등으로 빚어진 결과라는 사실은 잘 알려진 일이다.

　선조 22년(1589) 사명당이 승려로 오대산에 머물고 있을 때 자신도 모르게 강릉부에 일시 구금되었던 기축옥사도 저들 사화와 근원을 같이하는 정치적 사건들 가운데 하나다. 그 일이 있은 지 3년 뒤 느닷없는 일본의 침략으로 시작된 7년전쟁은 민족사의 전무후무한 참상을 초래하였으니, 사명당은 전쟁 동안은 물론이고 전쟁이 끝난 다음에도 대내외적 활동을 통하여 혁혁한 공적을 이룩함으로써 민족의 영웅으로 추앙받게 되었다.

한 사람의 위인이 출생하는 데는 종종 그 나름의 태몽 이야기가 전하듯이 사명당이 출생할 때도 어머니 서씨는 태몽을 경험하였다고 한다.

사명당의 제자 해안(海眼)이 쓴 「자통광제존자사명당송운대사행적」(慈通廣濟尊者四溟堂松雲大師行蹟, 이하 「행적」)에 다음과 같은 이야기가 전해지고 있다.

어느 날 저녁에 어머니 서씨가 부엌에서 일을 하다가 어렴풋이 잠이 들어 꿈을 꾸었다. 누런 수건을 쓴 금인(金人, 부처)이 나타나 흰 구름을 타고 높은 누대로 올라가 거기에 있는 늙은 신선에게 절을 하자 그 신선은 빙긋 웃으며 "이 사람은 고해(苦海)에 사는 늙은 삼노(三老)인데 어찌하여 와서 절하는가?" 하였다. 이 소리에 서씨는 놀라 꿈에서 깨니 마치 오래 굶주리다가 배불리 먹은 것 같고, 잃었던 물건을 다시 찾은 것 같으며, 깜짝 놀란 것처럼 몸에 소름이 돋았다.

이런 일이 있은 뒤부터 그녀는 잇몸을 드러내어 크게 웃지 않고, 재채기나 트림, 또는 하품이나 기지개도 하지 않으며 몸가짐을 삼가고 조심하였다. 이리하여 열 달이 지나 가정 23년 갑진 10월 17일에 탄생하니 우리 중종대왕 39년이다.

이 태몽 이야기는 허균(許筠)이 찬술한 「자통홍제존자사명송운대사석장비명병서」(慈通弘濟尊者四溟松雲大師石藏碑銘幷序, 이하 「석장비문」)에서도 비슷한 내용으로 꾸며져 있다. 그러나 여기서는 태몽이 아니라 어머니 서씨가 출산하기 전날의 꿈으로 바뀌어 있다.

그 어머니가 스님을 출산하던 날 꿈에 흰 구름을 타고 누런 두건을 쓴

밀양 무안면 괴나리(옛 상서면 둔지리) 생가 복원현장.
근년 밀양시에서 사명대사 생가지 일대를 '사명대사유적지'로 지정하여 구택을 복원하였다.

금인을 데리고 만 길이나 되는 높은 누대에 올라가니, 어떤 늙은 신선이
걸터앉아 있어 큰절을 하였다. 그리고 꿈에서 깨어나 스님을 낳았다.

「석장비문」과 「행적」의 저자 허균과 해안은 승속의 구별이 있고 선후
배로 연령의 차이가 있었지만 서로 절친하였으며, 사명당과도 매우 가까
운 사이였다. 이들 기록은 사명당의 전기 가운데서 가장 초기의 자료일
뿐만 아니라 가장 신뢰할 수 있는 기초 자료이다.

「석장비문」은 사명당의 입적 2년 뒤에 쓰여졌으며, 「행적」은 그 30년
뒤인 1640년에 찬술되었는데, 생애를 다룬 일반적 기술은 거의 같은 내
용으로 구성되어 있다. 다만 한참 후배인 해안이 「행적」을 쓴 뒤 문장의
끝에 "주위에서 「석장비문」의 잘못된 부분을 고치기를 청하므로 삼가 쓴

다"고 적고 있다. 그러나 여기에는 광해군의 치세에 허균이 역적으로 몰려 참살당함으로써 주위에서 사명당의 행적을 다시 써야 한다는 압력이 있었다는 이야기는 드러내지 못하였을 것이다. 어떻든 태몽 이야기라거나 뒤에서 볼 수 있듯이 사명당이 일본에 다녀온 뒤에 조정에서 내린 관직 등 일반에 비교적 적게 알려진 세세한 부분과 같은 특수한 문제들에서는 조금씩 개작되거나 보충되어 내용이 다소 자세하다.

사명당은 출가한 승려가 일반적으로 그러하듯이 그의 속가 가족관계는 거의 알려져 있지 않다. 다만 직계의 증조부와 조부 그리고 부모에 관해서만 간단한 기록이 전하고 있을 뿐이다. 「석장비문」에 전하는 직계 조상에 관계된 부분을 살펴보자.

스님의 속성은 임씨로서 풍천의 명문이었다. 증조부 효곤(孝昆)은 문과에 급제하여 관이 장악원정에 이르렀는데, 일찍이 대구수령을 지냈던 인연으로 집을 밀양으로 옮겨 살았다. 그는 유학(幼學, 벼슬을 지내지 않은 유생)인 종원(宗元)을 낳고, 종원은 교생(校生)인 수성(守成)을 낳았다.

사명당은 전형적 사대부 가문의 자손으로 태어나 할아버지에게 유교 서적을 배우며 자랐다. 7세 때 할아버지에게 『사략』(史略)을 배우면서 나눴던 의미 있는 대화가 다음과 같이 전해지고 있다.

스님이 묻기를 "배우는 일이 귀한 것입니까? 만일 귀한 것이라면 게을리하지 않고 배우겠습니다" 하니, 할아버지가 말하기를 "이 세상의 일에 학문보다 귀한 것이 없다. 고금의 성현들도 모두 학문으로 말미암아 성취된 것이니 어찌 감히 소홀히 할 것인가" 하였다. 이에 스님은 "만일 성현의 마음(心)으로써 업(業)을 삼는다면 그것은 귀하거니와 여기에 어긋나면 천한 것입니다. 세상의 학문에는 사람을 해치는 말이 많고 사람을 만드는 말이 적은데 그래도 귀하다 하겠습니까?" 하니, 조부는 "사람을 만들고 해치는 것은 빈말에 있는 것이 아니라 오직 그 마음이 착하냐 아니냐에 달린 것이니, 네 말이 옳다"고 하였다.

'학문이 성현의 마음을 배우는 데 있다'는 할아버지의 가르침에 따라 사명당은 유학(儒學)을 배우는 데 힘썼다. 알려진 바와 같이 당시 밀양은 조선 초기에 명신 변계량(卞季良)이 나왔으며, 뒤에 다시 성리학의 종장 점필재 김종직(金宗直)이 배출되어 유교적 전통이 일찍부터 자리 잡아가고 있었다. 밀양의 유교적 전통에 대하여 김종직은 "우리 고을이 비록 변두리에 있어 서울과는 거리가 멀지만 산천이 빼어나고 토양이 기름지며, 여기에 세가(世家) 사족(士族)으로 오랜 전통을 지니고 전원(田園)에 사는 이들은 그 번성함이 다른 고을에 비길 바 아니다"(「密陽鄕吏義財記」,『점필재집』佔畢齋集 권2)라 하고 있다.

이처럼 사명당은 유교적 배경이 강한 지방의 사대부 가문에서 태어나 어려서부터 한학을 배우면서 학문의 목적과 의미의 근본 문제를 나름대로 생각할 만큼 남달리 총명하였다. 7세의 어린 나이에『사략』을 배우면서 벌써 '성현의 마음'에 관한 이른바 심학(心學)에 관심을 가졌다는 것은 특히 시사하는 바가 크다. 사대부 사회의 성리학적 학문풍토에서 심성학(心性學)에 관심을 가졌다는 사실 자체가 범상한 일이 아니라 할 수 있다.

사대부 가문에서 나서 유교적 예의범절을 배우며 자란 사명당은 그러

'사명대사유적지'에는 구택의 복원과 함께 사명대사기념관을 세워
대사의 일대기를 전시하고 있다. 사진은 후원에 세워진 사명대사동상.

나 유교적 예절에만 만족하지 않는 총명하고 호기심 많은 소년이었다.
「석장비문」에 따르면 그는 다른 아이들과는 달리 짓궂은 장난하기를 좋
아하지 않았으며, 뭇 아이들과 냇가에서 즐겁게 놀 때도 모래를 둥글게
뭉쳐서 탑을 만들고 돌을 세워 부처라 하여 그 앞에 꽃을 꺾고 밤을 주워
공양을 드렸다고 한다. 하루는 아이들과 함께 밤을 주워 집으로 돌아가다
가 어떤 사람이 큰 자라 한 마리를 잡은 것을 보고 이를 측은하게 생각해
자기가 가지고 있는 밤을 주고 바꾸어 물속에 놓아주었다. 이를 본 친구
들은 자기네가 가진 밤을 나누어주었으나 그는 받지 않고 도로 돌려주었
다고 한다. 이같이 비범한 이야기를 전하는 기록들은 임씨 소년이 장차
큰 인물로 성장할 소양을 갖추었음을 보여준 것이라 하겠다.
　사명당이 나서 자란 무안면(武安面) 괴나리(槐津, 혹은 고라리古羅里)는

밀양읍에서 약 16킬로미터 떨어져 있는 3면이 산으로 둘러싸인 산골 마을이다. 괴나리라는 명칭은 오늘날의 행정구역상의 명칭이며, 당시의 이름은 상서면(上西面) 둔지리(芚只里)였다는 사실은 일반에 잘 알려져 있지 않다. 『밀주지』(密州誌) 「지리편」(밀양문화원, 2001)을 참고해보면 둔지리는 원래 괴나리나 중봉(中峰) 등을 포함하여 한 골짜기 안에 여러 작은 취락들을 합하여 부른 마을 이름이었으나 임진왜란 이후부터는 삼강동(三綱洞)이라는 유교적 향촌으로서 별칭이 생기게 되었다. 둔지리 출신 인사로서 사명당을 비롯하여 임진왜란을 당하여 공을 세웠던 인물인 손인갑(孫仁甲)과 노개방(盧蓋邦) 등이 함께 배출되었기 때문이다.

손인갑은 밀양손씨로서 호를 후지당(後知堂)이라 하며, 일찍이 무과에 급제하여 임진난 때 낙동강 승첩 등의 공을 세웠으나 다음 해 6월에 전사하여 병조판서에 증직되었다. 노개방의 호는 신재(愼齋)이며, 선조 때 문과에 합격하여 동래교수로 있던 중 난을 당하여 부사 송상현과 함께 순사하여 도승지에 추증된 인물이다. 개방의 부인 여주이씨(麗州李氏)도 남편의 순절 소식을 접하고 스스로 목숨을 끊어 열부로 칭송되었다.

조선은 약 200년 동안 평화롭게 살아왔으나 임진왜란과 병자호란이라는 두 차례에 걸친 이민족의 침탈로 국토는 초토화하고 가족이 뿔뿔이 헤어지는 민족적 참상을 면치 못하였다. 그러나 17세기 후반부터 그같이 피폐하였던 나라도 점차 경제적·사회적으로 소생하게 되었으며, 이에 따라 문화적으로도 부흥의 기미를 나타내고 있었다. 『밀양지』(密陽誌) 「표충서원」(表忠書院)조(밀양문화원, 1987)에 따르면, 18세기 초에 들어오면서 이 삼강동에는 지역 출신의 충신열사들에 대한 현충사업이 추진되어 손인갑과 노개방의 충절을 기리기 위한 사당인 중봉사(中峰祠)가 세워졌다. 중봉은 현재 중산리로서 둔지리의 입구에 위치하는 마을이다.

그러나 사명당은 승려 출신인 데다가 입적 후 해인사 홍제암(弘濟庵)에 대사의 영정이 모셔져 왔으므로 향사 문제가 따로 논의되지 않았다. 지방 유림(儒林) 사이에는 중봉사의 설립 이후 사명당 역시 자랑스러운 지역 선배로서 그를 위한 표충사당의 설립 논의가 진행되었다. 당시 밀양 유림 으로서는 사명당이 비록 승려 출신이지만 사찰에서 봉향하는 것과는 별 도로 유림 위주의 사당을 세워 향사를 받드는 일이 마땅하다는 발상에 연 유하는 것이었다. 이리하여 중봉사가 설립된 지 얼마 되지 않아서 중봉의 뒷산 영취산(靈鷲山) 중허리에 대사의 충혼을 기리는 표충사가 세워지게 된 것이다.

표충사란 사찰의 영당(影堂)과는 달리 유교식 사당(祠堂)을 일컫는 것 이다. 더구나 이곳은 사명당이 나서 자란 고향 마을일 뿐 아니라 그가 출 가한 후 조부모의 영혼을 위로하기 위하여 생가 마을 가까이에 자신이 손 수 세운 백하암(白霞庵)의 옛터라는 사실은 한층 의미 있는 일이 아닐 수 없다. 오늘날 밀양 표충서원(表忠書院)의 연원으로 지금은 그 자취마저 없어진 옛 표충사는 그러한 유교사회의 문화적 배경에 연유한다는 사실 을 기억할 필요가 있다.

영락한 서주임씨의 후예

　사명당이 출생하고, 자라면서 학습하는 과정이나 이후 출가하여 이름
난 승려로서 또는 임진왜란 시기에 보인 민족적 위인으로서 활동한 생애
에 대해서는 자타가 남긴 기록들을 통하여 그 대강을 살펴볼 수 있다. 그
러나 그의 선대세계(先代世系)가 어떠하며, 또 어느 때 집을 밀양으로 옮
겨 살게 되었는지 그리고 그 밖에 생가의 가족관계도 잘 알려져 있지 못
한 형편이다. 이에 대한 자료들이 더러 단편적으로 존재하고는 있지만 그
들이 서로 모순하거나 불분명한 부분들이 있어 혼란을 야기하는 일이 적
지 않다.

　「석장비문」과 「행적」에 따르면, 사명당의 속가 풍천임씨 가문이 밀양
으로 와서 살게 되었던 것은 정3품의 장악원정을 지낸 증조부 효곤(孝昆)
이 일찍이 대구수령을 지낸 인연 때문(曾守大邱 因移家密陽)이라고 한
다. 대구에 감영이 설치된 것은 중종 연간이고 그 전까지는 부(府)로 있었
기 때문에 대구수령으로 표현하였던 것이다. 사명당은 7세에 유학인
할아버지 종원으로부터 『사략』을 배웠다고 하며, 「행적」에서는 이 대목
을 "할아버지로부터 가정교훈을 배워 그 뜻을 자세히 알지 아니한 것이
없었다."(王父代以庭訓 莫不精詣)고 하여 유교 경서를 배우며 유교적 가

정교육을 익혔다고 한다. 하지만 할아버지나 아버지는 당상관까지 올라간 증조부와는 달리 벼슬에 나아가지 못하고 유학과 교생에 머물렀다. 특히 교생인 아버지에 대해서는 별다른 언급이 없는 것으로 보아 그는 향교를 드나들며 별로 넉넉하지 않은 집안 살림을 돌보며 지냈던 것으로 여겨진다.

그런데 사명당은 자기 집안이 밀양으로 옮겨온 것이 증조부 때가 아니라 조부 때의 일이라고 술회하여 앞서 본 내용과 다른 주장을 한 일이 있다. 즉 그가 임진왜란이 계속되던 갑오년(1594)에 가등청정(加藤淸正)과 첫 번째 회담을 한 뒤 임금에게 올린 상소문, 「갑오년 9월 서울에 달려가 적을 치고 백성을 보전할 일로 임금께 올린 상소」(甲午九月馳進京師上疏言討賊保民事疏, 『분충서난록』奮忠紓難錄)에서는 자신이 출가하게 된 동기에 대하여 다음과 같이 설명하고 있다.

신은 풍천임씨의 후손으로 조부가 영남의 밀양으로 옮겨와서 이곳 부민(府民)이 되었습니다. 불행히도 신의 몸에 이르러 15세에 먼저 어머니를 잃고, 16세에 아버지를 잃어 사고무친으로 혈혈단신이 되어 드디어 무부무군(無父無君)의 한 죄인이 되었습니다.

라고 하여 할아버지 때 이적하여 밀양부의 백성이 되었다고 한다. 위의 「석장비문」이나 「행적」 등에서는 증조부가 일찍이 대구부사를 살았던 인연으로 밀양으로 옮겨왔다고 한 설명과는 다른 주장이다. 이러한 주장에는 증조부 효곤에 관한 일을 숨기고자 한 의도가 있었던 걸까.

사명당의 생가 마을과 이웃한 중산리 출신의 신학상 선생은 이 문제를 「갑오상소」의 주장과 같이 조부 때의 일로 보고 있다. 그 이유로 "마을 뒷산에 있는 사명대사의 선산(先山)에 할아버지와 할머니 그리고 아버지와 어머니의 산소만 있고, 증조할아버지와 할머니의 산소가 없는 것으로 미루어 대사의 조부 때 이사하여 온 것" 같다고 추측하고 있다.(『사명대사의 생애와 사상』, 1994) 이는 일리 있는 주장으로서 조부 때 이사하였더라도, 증조부의 과거 인연에 따라 옮겼을 가능성도 있는 것이다.

이러한 문제에 해결의 실마리를 제공해줄 것으로 보이는 자료가 하나 있다. 전쟁이 끝나고 난 이후 사명당이 전후처리를 위해 일본으로 건너갈 때 부산 인근의 죽도(竹島)에서 어느 유생이 "산승(山僧)이 바쁘게 돌아다닌다"고 조롱하자 여기에 답하여 지은 시(『사명집』 권7)로 앞의 두 구절은 이렇다.

> 서주에서 태어난 임씨의 후예로서
> 문호가 영락하여 몸 둘 곳이 없었다네.
> 의지할 사람 없어 성세(聖世)를 도피하고
> 어리석고 못난 생각에 구름과 솔밭에서 놀았다네.

> 西州受命任家裔 庭戶堆零苟不容
> 無賴生成逃聖世 有懷愚拙臥雲松

이 시를 위의 상소문의 내용과 연관시켜 생각해보면, 그가 "성세를 피하여 떠도는 승려의 신세"가 된 것은 문호의 영락과 부모의 죽음이라는 가정환경의 어려움 때문이었다. 부모의 죽음은 자신이 당한 슬픔이지만 문호의 영락은 아마도 조부모들이 당한 일이며, 그리고 "못난 생각에 구름과 솔밭에서 논" 것은 자신이 한 일이지만 "의지할 사람 없어 태평성세를 도피하였다"는 말은 아마도 조상들이 겪었을 액운에서 비롯한 가정형편을 가리킨 것인지 모를 일이다. 어떻든 그는 자신의 처지를 말하면서 "서주임씨의 후예로서 가문이 영락했다"는 표현에는 무언가 심상치 않은 집안의 내력이 숨어 있는 것 같다.

다음으로 사명당의 조부 종원의 출신에 대한 기록도 서로 어긋나는 주장이 있어 혼란스럽기는 마찬가지다. 「석장비문」 등 초기의 기록에는 '유학 종원'(幼學 宗元)이라고 하였으나 후대의 기록인 족보에는 문과 출신의 관료라 하여 혼란을 야기시키고 있다. 그런데 사명당에 관한 선행 연구자들은 선대의 가계나 가족관계를 알려주는 자료가 너무나 미비한 상태에서 풍천임씨 족보를 중요한 자료로 활용하게 되었다. 이리하여 비문과 같은 초기 기록 대신에 『풍천임씨세보』의 관계 기록 가운데 "종원이 문과에 장원하여 강계부사에 이르렀다"(文魁 官江界府使)고 한 기사를 그대로 따르게 된 것이다.

가장 대표적인 것으로 퇴경 권상노 선생의 저서 『실록으로 본 사명대사』(이화출판사, 1995)를 들 수 있다. 1949년에 처음 쓰여졌으나 늦게 간행된 이 책은 사명대사 유정이 오랫동안 『임진록』에서 묘사한 바와 같이 도술로써 일본왕을 항복시키고 돌아왔다는 식의 설화적 베일을 벗기고 실제인물로 되찾으려는 최초의 시도였다. 말하자면 우리나라 최초의 사명당 연구서로 집필되었으나 '실록소설'과 같은 형식으로 상재된 것이다. 여기서는 사명당의 선대가계를 『풍천임씨세보』(豊川任氏世譜, 이하 「세보」)의 「사명대사의 세계(世系)」를 그대로 표로 작성하여 책의 '부록'에 싣고 있다. 이에 따라 1세 시조 온(溫)에서부터 10세 종원까지 관직의 대강을 간추려보면 풍천임씨 8세 정승공 향(珦)은 사명당의 증조부 효곤(孝崑, 孝昆)을 낳고, 9세 효곤은 종원을 낳고, 10세 종원은 수성을 낳았

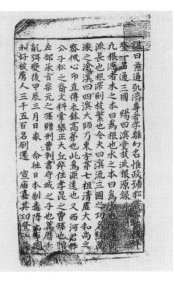

임경창의 『성원총록』(왼쪽)과 벽담스님의 『사명근원록』(오른쪽).
전자는 사명당을 정승공 향의 후예라 하고, 후자는 서하군 자송(향의 백부)의 후예라 하였다.
만일 자송의 후예라면 그 종손 임사홍의 수난 시에 사명당의 집안도 화란을 당했을 것이다.

으며, 11세 수성은 응규(사명당)를 낳았다는 것이다. 그러니 사명당은 시조 임온의 12세손이 되는 셈이다. 이 이후의 모든 사명당 연구도 그 선대의 가계와 가족관계에 관해서는 하나 같이 『세보』를 전거로 삼고 있으니, 그런 점에서는 퇴경 선생의 '세계표'가 전범이 된 것이다.

그런데 이 표에서 8대 정승공 향과 9대 효곤이 부자라고 한 것은 분명히 오류임을 알 수 있다. 임향은 고려 공민왕대 인물이며 사명당의 증조부 효곤은 조선 성종조의 인물로 그들 사이가 적어도 100년 이상의 간격이 있는 것이다. 또한 효곤이 역임한 장악원정(掌樂院正)이라는 관직은 성종 초에 설치되었으므로 그가 고려 말기를 산 정승공 향과는 결코 부자 관계가 성립될 수 없다.

이러한 문제 제기는 근년에 이르러 풍천임씨 문중의 어느 종원(宗員)이

『세보』 가운데 특히 사명당 선대가계에 일부 문제가 있다는 주장을 제기하면서 새로운 전기를 맞게 된 것이다(임영훈, 『풍천임씨 족보사에 대한 연구』, 2007, 미간고). 일반적으로 우리나라 족보가 17세기에 와서 성립되는 추세이므로 그 이전의 세계는 정확하지 못한 경우가 허다하다. 풍천임씨 족보 역시 마찬가지다. 독자적 임씨족보로서 최초로 간행된 것은 『정평신유보』(定平辛酉譜, 1681)이며, 이에 이어 『해주병인보』(海州丙寅譜, 1686)가 간행되었으나, 여기에는 사명당의 선대계보가 빠져 있다. 그 후 약 100여 년이 경과하여 『정종정사보』(正宗丁巳譜, 1797)가 편찬될 때 「부록편」에 처음으로 향과 효곤이 부자관계라고 하는 내용을 수록하면서 "만성보 및 성원총록에 모두 효곤을 향의 아들로 하고 있으나 구보에는 없으므로 감히 원보(元譜)에는 쓸 수 없다. 그래서 이를 부록편에 싣는다"하여 단서를 붙이고 있다. 임경창(任慶昌, 1611~90)의 『성원총록 · 풍천임씨편』(姓苑叢錄 · 豊川任氏編)은 아마도 1681년 이전에 쓰여진 것으로 향과 효곤을 부자관계라고 한 가장 최초의 기록이다.

그런데 조선시대 장악원정을 역임한 효곤이 고려시대 향의 아들이 될 수 없다면 효곤은 누구의 뒤를 계승한 것일까?

이러한 의문을 푸는 한가닥 실마리를 『사명근원록』(四溟根源錄, 1768)에서 찾을 수 있다. 승려 벽담 혜심(碧潭譓諶)이 사명당의 계파를 분명히 하려는 취지에서 저술한 이 책에는 속가의 계보도 간단히 언급하고 있다. 즉, "(대사는) 서하군(西河君) 임공 자송(任公子松)의 후예이며, 문과에 합격하여 장악원정과 대구수령을 지낸 임효곤의 증손이다"라고 한 것이 그것이다. 『사명근원록』의 이러한 주장에 따르면 사명당은 정승공 향의 계통이 아니라 그 백부인 자송의 계통으로 하고 있으며, 『세보』나 『성원총록』에서 증조부를 '孝崑'이라고 한 한자 이름도 '孝昆'이라 하여 초기

사명당 생가 뒷산 기슭에 조부 종원과 조모 밀양 박씨의 쌍분이
오랜 기간 마을 사람들의 보살핌을 받아 오늘에 이르렀다.

의 기록들과 같이 정확하게 표기하고 있다.

위의 임씨 종원은 이러한 문제점에 근거하여 다음과 같은 주장을 펴고 있다. 즉, 풍천임씨의 7세에 해당하는 '서하부원군 자송의 계통에서 13세 손에 해당하는 임사홍(任士洪)과 사명당의 증조부 효곤이 동시대 인물일 뿐만 아니라 여러 가지 정황으로 미루어 양자가 사촌일 가능성이 있는 것'이라 한다. 이러한 가설에서 출발하여 중종반정으로 임사홍의 근친인 사명당의 증조부 효곤이 그 화를 피하여 일찍이 대구에 살면서 맺었던 인 연에 따라 가까운 밀양지역으로 은거하였을 것이라는 추측이다. 더구나 『성원총록』을 비롯한 일부 임씨 족보에는 증조부 효곤이 관직에 있을 때 "바른말 하다가 밀양으로 귀양 갔다"(以正言謫密陽)고 하고 있는데, 이러 한 설명은 그 집안이 낙향하게 된 까닭이 사화와 같은 중앙의 정치 문제

조부모 산소 부근에 아버지 수성과 어머니 달성서씨 합분이 자리하고 있다. 여기에는
증조부 효곤의 산소가 없는 것으로 보아 아마도 조부때 밀양으로 이거한 것으로 추측된다.

에 관계되었을 가능성에 무게를 더해주고 있는 것이다.

　이렇게 계보를 재구성하면 사홍의 아버지 원준(元濬)과 효곤의 아버지
원달(元澾)은 형제이며, 사홍과 효곤의 촌수는 사촌 사이가 된다. 바로 이
러한 이유로 임사홍 일가가 연산조의 무오사화에서 혹독한 수난을 당할
때 효곤도 피신하지 않으면 안 되어 가족들이 밀양으로 낙향하게 된 것으
로 추측할 수 있다는 것이다. 만일 사홍과 효곤이 사촌간이라는 추측이
사실로 입증된다면 「석장비문」에서 사명당의 선대를 '풍천임씨 가운데
명망있는 일족(望族)'이라고 표현한 것이 의미가 있게 된다. 원준의 장남
사홍에서 광재(光載)로 이어지는 이 가문은 풍천임씨의 종가로서 조선조
에 들어와서도 명문이었기 때문이다.

　다음으로 문제가 되는 것은 사명당이 어려서 글을 배운 조부 종원의 관

직이다. 권상노 교수가 인용한 『세보』에 따르면 종원은 진사를 거쳐 문과에 장원급제하고, 관이 강계부사(江界府使)에 이른 것으로 되어 있으며, 이후 학계에서도 모두 이를 그대로 답습하고 있다. 초기의 족보는 물론이고, 『성원총록』이나 『정종정사보』에서조차 종원의 이력은 공란으로 되어 있으나 후에 작성된 『세보』에 와서 문과에 급제하여 강계부사를 역임하였다는 기록이 처음으로 나타난다. 이 세보의 기록은 『정종정사보』 이후 아마도 20세기에 들어와 풍천임씨의 어느 계파에 의해 개편될 때 첨가되어진 것이 분명하다.

만일 사명당의 조부 종원이 증조부 효곤에 이어 강계부사를 지냈다면 2대가 부사출신 가문이 된다. 그러나 사명당의 상소문이나 「석장비문」 등에서 그에 대한 언급이 없는 것을 보면 이는 과장된 일로 보아야 한다. 2대에 걸쳐 부사를 배출한 가문이었다면 그 집안이 일시에 영락하여 밀양으로 낙향하였던 데는 상당한 이유가 있어야 할 것이다.

그리고 사명당의 가족, 특히 형제에 관한 문제도 있다. 사명당에게 속가의 형제가 있다는 첫 출처 역시 『성원총록 · 풍천임씨편』으로 여기에 따르면, "수성과 달성서씨 사이에 두 아들이 있는데, 형은 응기(應箕)로 승(僧) 유정(惟政)이며, 아우는 응규(應奎)이다"라고 되어 있다. 그런데 『정종정사보』 부록편의 가족난에는 아우 응규 아래 다음과 같이 부기를 달아 바로잡아 놓고 있다. 즉, "응규(應奎); 법명은 유정이며, 관이 동지중추부사이다. 『만성보』와 『성원총록』에는 모두 응기(應箕)를 유정이라고 하였으나, 풍덕(豊德) 임건(任健)의 가첩에는 응규로 되어 있으므로 바로잡는다"라고 되어 있다.

실제로 유교적 질서가 비교적 잘 지켜져 온 것으로 알려진 밀양의 유림사회에는 지방 사족(士族)들의 족보가 비교적 상세한 데 비하여 사명당의 가문에 대한 기록이 너무도 허술하다. 『밀주지』에도 단지 「석장비문」
이나 「행적」 등의 초기 기록에 의지하고 있으며, 무안의 「표충사사적비
문」(表忠祠事蹟碑文)에도 가족 관계 등 속가의 구체적 문제는 그 이상 나
아가지 못한 채 매우 소략한 형편이다.

그러나 여기서는 이 문제를 더 이상 논의할 여유가 없다. 다만 사명당
의 증조부 효곤이 사홍과 가까운 혈연으로서 중앙관직에 있다가 사화를
당하여 낙향했을 것이라는 가설은 상당한 개연성을 가진 것으로 보인다.
그가 일찍이 대구에 수령으로 있으면서 맺었던 인연을 따라 그 아들 대에
가까운 밀양의 괴나리 골짜기로 스며들었을 가능성이 있을 것이기 때문
이다. 그의 아들 종원이 가족을 거느리고 밀양으로 내려왔다고 하여도 그
것은 그 아버지의 뜻에 따른 일이었을 것이다. 그리고 또 한 가지 사명당
의 어머니가 달성서씨였다는 사실은 혹시 증조부가 대구와의 인연으로
달성 땅에 사는 서씨댁 규수를 손부로 맞았다는 뜻일 가능성도 배제할 수
없다.

번뇌 없는 학문을 열망하다

　사대부 가문에서 태어나 유서를 읽던 사명당은 13세 무렵에는 슬하를 떠나 유촌 황여헌(柳村 黃汝獻, 1486~?)의 문하로 들어가 배웠다. 아마도 할아버지의 노환에 따른 것이거나 아니면 조부가 세상을 떠나 누군가의 소개로 저명한 스승을 찾아갔을 것이다. 「석장비문」에는 그가 13세 때에 황여헌에게서 『맹자』를 배우고 있었는데, 어느 날 저녁 책을 덮고 탄식하여 말하기를 "세속의 학문은 천하고 비루하여 시끄러운 세상 인연에 얽매였으니, 어찌 번뇌 없는 학문을 배우는 것만 같겠는가?" 하였다고 적혀있다. 그러고는 읽던 책을 던지고 불교로 귀의하게 되었다고 한다. 그가 『맹자』를 읽을 때 스승의 나이는 71세의 노경으로 황악산에서 만년을 보내고 있었다.

　임씨 소년 응규가 가정을 떠나 불제자로 출가한 동기를 두 가지 측면에서 설명할 수 있겠다. 그 하나는 「석장비문」의 기술과 같이 세속의 학문에 한계를 느꼈기 때문이라는 철학적 내지 사변적인 이유이며, 다른 하나는 앞에서 본 바와 같이 사명당 자신이 밝힌 출가 동기로서 문호의 영락과 부모의 서세로 의지할 곳 없는 혈혈단신으로서 산승이 될 수밖에 없었다는 현실적인 이유다.

그런데 해안은 「행적」에서 사명당이 출가의지를 가진 것은 그의 조부에게 글을 배울 때였다고 하여 황여헌의 문하에서의 독서 이야기는 언급하지 않고 있다. 그 대목을 인용하면 다음과 같다.

7세에 그 할아버지가 가훈을 가르침에 그 뜻을 자세히 알지 아니함이 없었다. 1년이 지나자 마침내 구류(九流)의 뜻이 협소함을 한탄하여 "유교의 세속 경전이 어찌 구경(究竟)의 법이 되겠는가?" 하고 곧 황악산 직지사로 가서 신묵화상(信默和尙)의 강론을 듣고 선지(禪旨)를 깨달았다.

고 하여 8세 무렵에 할아버지에게 배우던 유서를 버리고 바로 신묵화상에게 가서 불교를 공부하였다고 한다. 여기에는 어린 소년이 황악산까지 가게 된 어느 한 과정이 왜 빠져 있는지는 모르지만 일찍이 사명당의 가문이 밀양으로 낙향하게 된 것이 그의 증조부가 대구수령을 거쳤던 인연에 따른 것이라든지 또는 사명당 자신이 어린 나이로 황악산으로 공부하러 가게 된 사실 등 그의 집안이 경북지방과는 상당한 관련을 맺고 있었던 것은 분명한 것 같다. 이런 점들이 그가 직지사로 신묵화상을 찾아가기에 앞서 필시 황유촌을 찾아가 배운 것과 같은 중간 단계를 거쳤던 것으로 여겨지는 까닭이다.

임씨 소년 응규는 사대부 가문에서 유학을 익혀 오다가 어떤 계기에 새로 접하게 된 불교는 그에게 새로운 경지를 열어주었을 것이다. 하지만 과연 「석장비문」이나 「행적」의 표현처럼 불과 8세에서 13세의 어린 소년으로서 유학이 세속의 학문으로 '비루하다'거나, 또는 '협소하다' 하여 그 한계성을 자각하였던 것일까? 이를 액면 그대로 받아들여서 좋을 것인지, 아니면 사명당 자신이 밝힌 바와 같이 '문호의 영락'이라는 사실과 관계가 있는 것이 아닐지 다시 한 번 생각해볼 필요가 있을 것이다.

만일 소년 시절의 응규가 증조부 때 그 집안이 사화와 같은 사건으로 일시에 패가망신이라는 뼈아픈 과거를 당한 사실을 알게 되었다면 커다란 충격을 받았을 것이다. 그 충격은 이후 날이 갈수록 총명하고 감수성 많은 소년에게 세상의 모든 일을 뒤집어보게 하는 요인으로 작용할 수도 있었을 것이다. 여기에다 15~6세의 소년이 부모마저 격년으로 세상을 떠나 의지할 곳 없는 신세가 되었다면 이때까지 품어오던 출가의지는 바꿀 수 없는 현실로 다가왔을 것이다. 여기서 소년 임응규의 출가동기가 단순히 유학은 비루하다거나 협소하다는 등의 표면적 이유 외에도 저러한 가슴 아픈 현실적 이유가 좀더 강한 심리적 요인으로 작용하였을 것이라는 사실을 외면할 수 없다.

사명당의 출가동기와 관련하여 논의해보아야 할 또 다른 문제는 출가시기에 관한 것이다. 왜냐하면 「석장비문」과 「행적」 그리고 임진왜란 중에 자신이 올린 「갑오상소」나 또는 자신이 쓴 시와 같은 1차적 문헌에 속하는 여러 가지 기록들이 출가할 때의 나이를 다르게 기록하고 있기 때문이다. 전술한 바와 같이 「석장비문」에서는 13세 무렵에 황여헌 밑에서 『맹자』를 읽다가 번뇌 없는 학문을 찾아 불가로 귀의하였다고 하였는데, 정작 사명대사 본인은 상소문에서 15~6세에 부모의 잇단 죽음으로 '사고무친 혈혈단신'이 된 때문이라 하여 16세 이후의 일이라고 술회하고 있다. 그리고 해안의 「행적」에서는 대사가 입적할 때 "나이는 67이요 봉새로 나타나서 학으로 돌아가기는 53년 4개월이다" 하여, 이를 계산하면 14세에 출가한 것이 된다.

이 밖에도 사명당 자신이 쓴 출가시기와 관련한 기록으로서 두 편의 시

가 있다. 한 편은 그가 출가한 이후 처음으로 고향을 찾을 때 쓴 「귀향」이
라는 시로, "15세에 집을 떠나 30세에 돌아오니(十五離家三十回), 긴 내
는 여전히 물이 서쪽으로 흐르누나(長川依舊水西來)"라 하여 15세에 출가
하였다가 30세가 되어서야 옛집을 찾았다고 한다. 30세는 그가 직지사 주
지로 있을 무렵이니, 이때 잠시 고향에 들러 선영에 참배하고 자신이 살던
집을 돌아보았던 것이다. 여기 '15세 출가, 30세 귀가'라는 표현은 이것이
시라는 점을 감안할 필요가 있다. 따라서 15세 전후에 출가하여 30세 무
렵에 귀가한 것으로 이해해야 할 것이다. 그리고 또 한 편은 전쟁이 끝난
뒤 대사가 삼남(三南)지방에서 수자리 살 때 지은 「정종사의 운을 따라
서」라는 시다.

> 구화선동에 사슴이 떼 지어 노니는데
> 43년간을 흰구름 지켜왔네.
> 해 늦게 잘못 수자리 사는 몸이 되니
> 귀밑 터럭 눈처럼 흰데 군사 일에 분주하구나.

> 九華仙洞鹿成群 四十三年管白雲
> 歲晩誤爲征戌子 鬢絲如雪走轅門
> •「次鄭從事韻」, 『사명집』 권4

43년 동안 흰구름을 지켜왔다는 말은 43년 동안 승려생활을 하였다는
것으로 그가 귀밑 수염 백발이 되도록 늙은 몸을 이끌고 수자리 사는 처
지를 한탄한 것이다. 그런데 이 시를 쓴 때가 언제인지를 알아야 출가한
시기를 계산할 수 있다. 아마도 전쟁이 끝나고 삼남지방에서 수자리 살

밀양 영남루와 남천강(옛 웅천강). 후일 사명당은
한음 이덕형, 오한 손기양 등과 함께 영남루와 웅천강을 소재로 시를 지었다.

무렵, 즉 그가 기해(1599)와 경자(1600) 사이에 안동 용수사(龍壽寺)에
머물 때의 일로 보인다. 이 시가 기해년의 작품이면 대사의 출가는 14세
가 되고, 경자년의 작품이었으면 13세가 되므로, 이를 뭉뚱그려 13~4세
라 할 수 있을 것이다.

이상과 같이 사명당이 출가할 때 나이는 13세, 14세, 15세 그리고 16세
이후로 그 설이 각각 다르다. 어째서 이런 일이 일어난 걸까? 그것은 그
들이 '출가'를 어떻게 규정하느냐 하는 기준의 문제 때문인 것으로 생각
된다. 다시 말하면 첫째 출가의지를 가지고 집을 떠난 시점과, 둘째 절에
들어간 시점, 셋째 정식으로 은사를 정하여 삭발하고 승복을 입었던 시점
등이 각각 다를 수 있기 때문이다. 이러한 점들을 염두에 두고 생각해볼
때 그가 황여헌 문하에서 글을 읽던 13세 때 유학에 염증을 느끼게 되어

가까운 지역에 있는 직지사를 찾아 인연을 맺어 상당한 기간에 걸쳐 불교 공부에 심취하였을 수 있다. 그러던 중 부모가 연이어 서세하자 상장(喪葬)을 치른 연후에 비로소 머리를 깎고 승복을 입어 정식으로 승려신분이 되었을 것으로 추측된다.

이와 같은 추측이 가능하다면 그의 출가는 자신이 「갑오상소」에서 밝힌 시기, 아마도 16세 이후로 보아야 할 것이다. 사대부 가문에서 태어나 유서를 읽은 소년에게 새로 접하게 된 불교는 새로운 정신세계를 열어주었음에 틀림없다. 그러나 부모가 살아 있을 때까지 그는 속계에 한 발을 딛고 있다가 부모가 서세하자 정식으로 출가 입산하였다는 본인의 말이 정확하다고 보아야 한다. 이에 대하여 조선말기의 학인 승려 각안(覺岸)이 「사명존자전」을 지어 다음과 같이 정리하고 있다.

존자의 이름은 유정(惟政)이요 호는 사명이며, 다른 호는 송운(松雲)이다. 성은 풍천임씨로 증형조판서 수성의 아들이요, 장악정 효곤의 증손이다. 밀양 삼강동인으로 15세에 어머니를 잃고, 16세에 아버지를 잃어 입산수도하였다. …… 명(明) 세종(世宗) 가정22년(우리 인종 원년 갑진)에 나서 신종(神宗) 만력38년(우리 광해2년 경술)에 돌아가시니, 수(壽)는 67이요, 법랍(法臘, 중이 된 뒤로부터 치는 나이)은 51이다.
 • 「泗溟尊者傳」, 『동사열전』(東師列傳) 권2

그의 나이 15~6세에 부모가 연달아 세상을 떠나 입산하였는데, 정확하게 말하면 '수 67세에 법랍이 51세'라 했으니 17세에 출가한 것이 된다. 17세에 출가하였다는 것은 어머니의 대상(大喪)과 아버지의 소상(小喪)을 동시에 마치고 산으로 들어갔다는 뜻이다. 그 다음 해, 즉 그가 18

세 되는 해(1561)는 승과에 응시해야 하기 때문에 출가를 더 미룰 수 없어 아버지의 경우는 소상으로 끝마쳤다는 뜻을 포함하고 있는 것이다. 이러한 주장은 사명당이 「갑오상소」에서 밝힌 내용을 근거로 한 것으로서 매우 합당한 견해라고 여겨진다.

사실 사명당은 사대부 가정에서 태어나 조부로부터 유교적 교양을 익히며 자란 소년으로서 13세 전후에 황악산 황여헌의 문하로 들어가 유교 경서를 읽던 중 이웃한 직지사 신묵화상을 찾아가 불교교학을 배우게 됨으로써 그때까지 품어오던 세속의 학문, 다시 말하면 성리학에 대한 미련을 버리는 과정을 밟게 되었던 것이다. 그러나 그가 불교 이론을 배우면서 동시에 선 수행(禪修行)을 익힌다고 하더라도 이를 반드시 출가로 볼 수 없다. 유교적 전통이 강한 고향에는 아직도 부모가 생존하고 있었기 때문이다.

각안의 앞 글에는 유정의 호 '四溟'을 '泗溟'으로 한 것이나 그의 아버지 '守成'을 '守城'으로 표기한 것을 비롯하여 부정확한 기술들이 있는 것이 사실이다. 하지만 그의 출가한 시기를 부모의 상이 끝난 17세로 본 것은 합리적인 견해라 할 수 있다. 사명당은 서산대사가 입적하였을 때 나랏일로 불가피하게 일본으로 갔지만, 귀국해서는 묘향산으로 가서 엎드려 「등계대사소상소」(登階大師小祥疏)를 읽었으며, 이어 대상(大祥)을 마친 후에야 하산하는 유가적 예의범절을 깍듯이 지켰다. 이러한 사실을 미루어 보더라도 그는 적어도 부친의 소상은 치르고 입산하였다고 보아야 할 것이다.

신묵화상의 문하로 출가하다

사명당이 출가한 직지사는 그가 황여헌의 문하에서 유교 경서를 공부하던 같은 황악산에 있었기 때문에 사명당이 출가하기에 비교적 용이하였을 것이다. 출가하는 데 혹시 여헌의 도움이 있었다면 더욱 바람직한 일이 되었을 것이다. 당시 황악산에 은거하여 살면서 제자들을 가르치고 있었던 유촌 황여헌은 세종 때 이름난 황희 정승의 5세손으로 원래 상주 사람이다. 중종 4년(1509)에 별시문과에 급제한 뒤 저작박사에서 이조좌랑과 전적(典籍)을 거쳐 이조참의와 울산군수를 역임하였으며, 동 28년에는 금산(金山)의 옥에 갇혔다가 후에 감형되어 석방되었다. 그는 문장과 글씨에 뛰어나 소세양 정사룡과 함께 당대에 이름을 날렸으며, 특히 그의 작품 「죽지사」(竹枝詞)는 명나라에서까지 격찬받을 정도였다고 한다.

유촌은 은퇴한 뒤 영동 황간에 송안정(送雁亭)을 짓고 독서와 후진교육으로 여생을 보내고 있었다. 문필로 이름난 그는 당시 문정왕후의 후원으로 불교의 중흥을 꿈꾸던 허응당 보우(普雨)와도 시문을 주고받던 사이였던 모양이다. 보우의 칠언시 가운데, 유촌의 시에서 차운한 것이 있다.

듣건대 금릉을 거처 노경에 울산 고을 살았다니
유촌의 뜰은 너무나 청고하고 한적하네.
갑자기 주옥같은 시문을 받들 줄 어찌 기약했으랴
머리에 많이 여서 팔다리 가누기도 벅차다오.
황악산 앞자락의 황유촌에
관을 걸어놓고 높이 누워 말세를 비웃고 있구려.
구름에 기대어 갑자기 사람 놀랜 시구를 보니
마음에 취한 것 백 잔을 기울인 것 같네.

聞說金陵老蔚山 柳村三遜博高閑

何期忽奉聯珠睡 苛戴難堪臂帶酸

黃岳山前黃柳村 掛冠高臥笑時昏

憑雲忍見驚人口 心醉渾如倒百樽

• 「次黃柳村韻」, 『허응당집』 권 하

　이 시에서 보우는 유촌 황여헌을 금릉과 울산의 군수를 지낸 청한(淸
閑)하고 박고(博高)한 선비로 칭송하는가 하면 '황악산 앞의 황유촌'(黃岳
山前黃柳村)이라 하여 노경에 은퇴생활하던 곳이 황악산 앞이란 사실을
알려주고 있다. 임씨 소년 응규가 직지사 신묵화상을 찾아가기 이전에 황
악산 자락에 은거하던 저명한 학자 유촌에게서 유교 경전을 배우고 있었
을 가능성을 보여주는 장면이기도 하다. 나아가 유촌은 문인학자일 뿐 아
니라 불교에도 관심을 갖고 허응당 보우와 같은 걸승과도 학문적으로 교
유하고 있었다는 사실을 알려주는 대목이다.
　황간의 유촌 문하에서 유교 경서를 공부하던 13세 소년 응규는 우연한

계기에 인근에 있는 직지사 신묵화상을 찾아가게 되었을 것이다. 그가 밀양에서 황악산으로 유촌을 찾아간 것이나 거기서 다시 직지사 신묵화상을 은사로 하여 입문한 일들은 모두가 그의 증조부가 일찍이 대구부의 수령을 지낸 인연에 따른 것임을 잊어서는 안 된다. 뿐만 아니라 유촌과 보우가 서로 아는 사이였으니 유촌과 신묵도 서로 알고 있었을 가능성도 빼놓을 수 없다. 보우나 신묵은 같은 당대의 고승으로서 신묵의 직지사 주지의 직도 보우가 직접 파견하였던 친숙한 사이였던 것 같다. 이런 점들을 미루어 보면 서로 이웃하고 있던 유촌과 신묵 사이에도 교섭이 이루어지고 있었을 가능성이 있기 때문이다.

응규 소년이 직지사 신묵화상 문하로 입산할 때 있었다는 한 가지 일화가 있다. 「직지사사적」(直指寺事蹟)에 따르면, 어느 날 낮에 신묵이 어렴풋이 꿈을 꾸었는데, 천왕문 옆에 서 있는 오래된 은행나무 밑에 황룡이 서려 있는 것을 보고 깜짝 놀라 깨었다. 이상하게 여겨 나무 있는 곳으로 가보니 거기에 어떤 소년이 잠을 자고 있어 그를 거두어 상좌로 삼으니 그가 유정이었다 한다. 이는 뒷날 대사가 만인의 존경을 한몸에 받는 큰 인물이 되었을 때 후세 사람들에 의하여 만들어진 출가설화로 보아도 좋을 것이다.

신묵화상은 응규 소년의 머리를 깎고 승복을 입히면서 유정(惟政)이라는 법명을 지어주었다. 「석장비문」에 의하면 신묵은 유정을 맞아 처음으로 『전등록』(傳燈錄)을 읽게 하였는데, 그가 아직 다 배우기도 전에 이미 그 오묘한 이치를 깨달았으므로 선배 노숙(老宿)들이 오히려 그 뜻을 물을 정도였다고 한다. 『전등록』은 당나라의 이름난 선종 승려들이 선수행(禪修行)을 하며 득도(得道)하는 다양한 이야기들을 집대성한 책이다. 따라서 이는 선승들에게는 필독의 책으로서 특히 선과의 시험을 치르기 위

직지사에 모신 대사의 영정. 사명당은 13세 무렵 황간의 황유촌 선생 아래에서 글을 읽다가 부근의 직지사와 인연을 맺었으며, 부모의 서세 후에 이곳으로 출가하였다.

한 텍스트였음은 잘 알려진 사실이다.

중국의 선종사에는 유정이라는 법명을 가진 선승이 몇 명 등장하는데, 그중에서도 9세기 당나라의 종남산에 은거하고 있던 이름난 한 사람이 있었다. 응규가 출가하자 신묵은 종남산 유정이 그에게 적합하다고 생각하였던 것 같다. 『전등록』(권4) 「종남산유정선사」(終南山惟政禪師)에 의하면 그는 평원주씨(平原周氏)로서 처음에는 태일산(太一山)에 주석하여 도를 깨친 뒤부터 배우려는 자들이 산을 메웠다. 한 번은 문종(文宗)황제가 조개를 먹는데 벌어지지 않는 것이 있기에 이를 이상하게 여겨 향을 피우고 기도하였더니, 그 조개가 보살의 형상으로 변하는 이적을 나타냈다. 문종은 이를 홍선사(興善寺)에 정성스럽게 모신 다음 여러 신하들에게 이러한 이적에 대한 해석을 구하였다. 이에 신하들의 권유로 당시 이름이 널리 알려지고 있던 유정선사를 불러 물어보았더니 "조개가 보살로 나타난 것은 황제의 신앙심을 열어주고자 한 때문"이라는 것이다. 유정의 대답에 감명을 받은 문종은 그를 내도량(內道場)에 머물게 하였으나 자주 사양하여 산으로 돌아갔으므로 다시 조서를 내려 성수사(聖壽寺)에 머물게 하였다. 얼마 후 파불(破佛)의 황제 무종(武宗)이 즉위하자 홀연히 종남산으로 들어가 평생 동안 은거하다 서세하였다.

스승 신묵은 사명당에게 불교에 귀를 막고 사는 조선국왕의 신앙심을 열어주기를 기대하는 마음에서 유정이라는 이름을 지어주었을 것이다. 사명당이 유정이라는 이름을 갖게 된 내력을 아는 사람들은 그를 '종남산의 유정'이라고 불렀다. 서산대사는 「유정대사에 준다」(贈惟政大師)라는 글에 "우리 종파에 한 인물이 있으니, 하늘에서 한 종남을 내었네"(吾宗當落地, 天出一終南, 『청허집』 권1)라고 한 것을 비롯하여 막역한 사이였던 벗들은 자주 '종남'이라고 불렀다. 부휴(浮休)는 「종봉에 차운하여」에서 '종남산 늙은이'라 하여 그의 높은 도를 칭송하였고(『부휴당집』 권3), 태능(太能)도 「사명대사 진영에 찬함」(贊四溟大師眞)에서 그를 "하늘에서 낸 종남산의 살아 있는 사자"(天出終南活獅子, 『소요당집』)라 하였다.

유정을 문하로 받아들인 직지사 주지 신묵화상은 당시 문정왕후의 후원을 받아 불교의 중흥운동을 주도하던 허응당 보우대사의 지우를 입고 있던 고승이었다. 『허응당집』(권 하)에 「신묵상인에게 보임」이란 시와 「직지사의 유허(遺墟)로 부임하는 중덕(中德) 신묵화상을 보내며」(送默中德赴直指之墟)라는 두 편의 시가 있어 두 사람 사이의 친분을 짐작케 한다. 이들 중 두 번째 시의 제목으로 보아 직지사는 왕조의 억불정책으로 폐허에 가까운 절로 변하여 있었는데, 이때 보우대사가 신망 있는 신묵화상을 보내어 사찰의 부흥을 도모하게 하였음을 알게 해준다. 직지사로 부

비문은 정조 24년(1800) 당시 강원도 관찰사 남공철이 찬술한 것으로
사명당이 건봉사에서 의승병을 일으켰다는 사실을 처음으로 알려주는 자료이다.

임할 때 신묵의 법계(法階)가 상위에 속하는 중덕이었다. 당시 승려의 법
계에 따르면 선과에 합격한 자를 대선(大禪)이라 하고 다음에 중덕이 되
며, 중덕에서 선사(禪師), 선사에서 대선사(大禪師), 여기서 판사(判事)를
받은 사람을 도대선사(都大禪師)라 하였다. 이는 이후 유정이 선과에 합
격하여 대선이 되고, 그후 30세에 직지사 주지로 부임하였을 때 중덕이
라는 법계를 지니고 있었던 점으로 미루어 옛 스승 신묵이 지녔던 중덕의
위치를 짐작할 수 있다.

신묵은 청주사람으로 경인년 즉 중종 25년(1530) 무과에 합격하였으
며, 중덕과 대선사를 거쳤다고 한다. 그뒤 그는 회암사의 주지를 거쳐 봉
은사 주지까지 역임하였다는 단편적인 기록들이 보인다. 회암사는 태종

의 능침사(陵寢寺)로서 보우와도 밀접한 관련이 있던 사찰이다. 『명종실록』에 의하면, 명종 20년 3월에서 5월 사이에 신묵대사가 회암사의 주지로 있을 때 보우의 주도로 대규모의 무차대회가 열렸다는 기사들이 몇 차례 보이고 있다. 이 무차대회에 문정왕후는 불화 400점을 제작하여 회암사를 낙성할 때 점안공양(點眼供養)할 정도로 그들의 든든한 후원자였다. 이는 유정이 승과에 합격하여 봉은사에서 활동하던 22세 무렵의 일이며, 그뒤 신묵은 봉은사 주지를 맡은 것으로 보인다. 노수신의 「봉은사에서 주지 신묵의 운을 따라」(鳳恩寺次韻住持信默)라는 제목을 붙인 시가 보이고 있어(『소재집』蘇齋集 권5), 이러한 추측을 가능하게 하지만 그것이 언제 작품인지는 정확하게 알 수 없다. 다만 봉은사가 선종의 으뜸 사찰이었던 점을 감안하면 필시 회암사 다음의 일로 볼 수 있을 뿐이다.

신묵은 이밖에도 금강산 건봉사의 주지를 역임하였다는 기사가 있다. 정조 24년(1800)에 건봉사에 세워진 남공철 찬, 「의병대장홍제존자사명대사기적비명」에 따르면, "(사명대사가) 은사 중덕을 따라 건봉사 낙서암(樂西庵)에서 삭발하였다"고 하니 중덕은 신묵화상을 지칭한 것이 분명하다. 또한 1906년에 윤용선이 찬술한 「석가여래영아탑봉안비」(釋迦如來靈牙塔奉安碑)에 "간성 건봉사는 사명대사의 스승 신묵이 머문 곳이다"라고 한 기사가 이러한 사실을 뒷받침해주고 있다.

그러면 신묵이 건봉사에 자리 잡은 시기가 언제였을까? 서산대사가 신묵에게 보낸 편지에 "본인도 관동(關東)으로 들어가 스님과 함께 정공(政公)이 지닌 절반의 근심을 풀어주려 한다" 하여 두 사람이 합심하여 유정을 지도하자는 뜻을 표명하고 있다. 이 문맥으로 보아 신묵이 직지사를 떠나 건봉사 주지 직으로 옮긴 것이 아마도 유정이 승과에 합격하고 봉은사 생활을 시작한 후 그렇게 오래된 시기가 아니었을 것으로 여겨진다.

이 문제는 장을 달리하여 다시 상론하겠거니와 어떻든 유정이 직지사로 출가하였던 것이 움직일 수 없는 사실인 만큼 건봉사로 출가하였다는 말은 후대에 만들어진 과장된 표현으로 보아야 할 것이다.

2

세간의 풍류 산사의 고요

"화려한 서울에 파묻힌 나그네로
오래 돌아가지 못하여
먼지만 가득히 옷에 뒤집어썼네.
몇 번이나 무현곡을 타려 했던가.
슬퍼라, 나의 음을 알아주는 이 세간에 적네."

사대부와 교유하는 승려

조선의 승과제도는 성종대까지 존속되다가 연산조에 이르러 폐지되었으나 명종대에 와서 허응당 보우가 문정왕후의 후원을 얻어 이를 부활시켰다. 승과제도는 고려시대부터 과거제도에 준거하여 불교계 지도자들을 왕조 측에서 통합하기 위한 의도에서 만들어진 것이지만 다른 면에서는 유·불 교류의 주요 통로로서 주요한 기능을 갖기도 하였다. 조선 초에 이르러 불교가 선종과 교종으로 통폐합된 이후에는 승과도 선과(禪科)와 교과(敎科)로 나뉘어 실시되었다. 선과의 과목은 『전등록』과 『선문염송』(禪門拈頌) 위주였고, 교과의 과목은 『화엄경』과 『십지론』(十地論)이 중심과목이었으나 이밖에도 선과에서 교학, 교과에서 선종 과목이 추가하여 부과되었다. 선과는 선종의 수찰 봉은사에서 실시되었는데, 승려와 조정에서 파견된 감독관이 이를 관장하였다. 이때 양과에서 선발한 인원은 각각 30명이었다.

사명당 유정은 물론 선과에 응시하여 지정된 두 경전 외에도 송경(誦經)·강경(講經)·제술(製述) 등의 과목을 치렀을 것으로 추측된다. 그가 선과에 합격한 것은 18세 되던 명종 16년(1561)이었다. 당시는 승과가 부활된 지 10년 가까운 세월이 흘러 청장년의 승려들이 승과를 치르기 위해 모여든 어느 한적한 고찰에는 경 읽는 소리가 한창이었을 만큼 자리가 잡혀가고 있었다. 이보다 일찍 어느 땐가 보우는 청계산에 들러 그러한 풍경을 보고 만족스러운 심정으로 다음과 같은 시를 지었다.

『전등록』을 공부하는 자리 위로하고자 외로운 지팡이 눈길 헤치고 왔네.

경 읽는 소리 하늘이 듣고 기뻐하고 범어는 귀신이 듣고 슬퍼한다.

순임금의 태양이 금전에 밝고 요임금의 바람이 월대에 가득한데

차라리 이 옛 절 알려거든, 많은 재사들 모였음을 보라.

欲慰傳燈席 孤筇破雪來 經聲天聽悅 法語鬼聞哀

舜日明金殿 堯風滿月臺 寧知玆古寺 今見會多才

• 「到淸溪示傳燈學者」, 『허응당집』

경전 읽는 젊은 승려들이 이처럼 많았다는 것은 승과의 경쟁이 그만큼 치열했다는 말이다. 유정의 스승 서산대사도 30세가 넘어 합격하였다. 젊은 승려들에게 커다란 희망이었던 승과제도는 문정왕후의 죽음과 더불어 척불정책이 되살아나면서 다시 폐지되었다. 15년 남짓 존속하고 영영 사라진 것이었다.

사명당은 선과 합격 이후 10여 년 동안 주로 봉은사에서 생활하였는데, 나이로는 18세부터 30세 무렵까지의 청년시절을 보낸 것이다. 이 당시 대사의 생활을 알게 해주는 자료는 흔하지 않다. 「석장비문」에는 선과에 합격한 뒤 그 명성이 점차로 드러나게 되어 학사·대부와 교유하였으며, 또한 불교경전 천함(千函)을 다 읽어 불경을 배우려는 사람들이 산문

봉은사 앞 승과평 유허비. 사명당은 승과에 합격한 이후 선종의 수찰인 봉은사에 머물며
서울의 사대부들과 시문을 창화하였다.

에 구름같이 모여들었다고 한다. 말하자면 한편으로는 불교공부를 착실
히 하면서 건전한 승려생활을 하고, 밖으로는 시인과 학사 및 조정의 대
관들과도 시문을 주고받으며 교유하였다.

먼저 봉은사 시절의 승려생활을 살펴보자. 대사가 20세 무렵에 쓴 「갑
회문」(甲會文)이 있어 젊은 시절 대사와 동년배들의 공동체 의식을 살필
수 있다. 계와 회는 같은 뜻으로 혹은 갑계(甲契)라고도 하는데, 절에 사
는 동년배의 승려들끼리 친목을 도모하며 사찰을 보존하기 위한 목적으
로 조직된 공동단체이다. 여기에는 사명당과 같이 선과에 합격한 이들도
더러 참여하고 있었을 것이다. 조선 초기에 계의 명칭이 가끔 보이고 있
지만 실제 내용을 전하는 기록이 없기 때문에 사찰계로서는 유정의 이
「갑회문」(『사명당집』 권6)이 가장 최초의 것이다.

사람들은 짧은 인생살이에 포대기 속을 면치 못하고 요절하는 자가 절반이나 되는데, 우리들은 20여 년을 살았으니 이것이 첫 번째 다행이다. 또 우리는 공부를 이루지 못한 채 이러한 창황한 때를 당해서도 마침내 이 몸을 잃지 않았으니 이것이 두 번째 다행이다. 영원한 과거 세상으로부터 지금까지 온갖 세계로 돌아다니다가 천만다행으로 이 바른 법을 만났으니 이것이 세 번째 다행이다.

불붙은 집 같은 세상이요, 하루살이나 물거품이나 허깨비 같은 이 몸이라, 한 달에도 입을 열고 크게 웃어보는 사람이 얼마 안 되는데, 우리는 선산(仙山)에 모여 이런 법회에 함께 참석하여 웃고 이야기하면서 같이 놀고 있으니 이것이 네 번째 다행이다. 사람이 세상에 나서 그 몸을 온전히 보전하지 못하고 장님이나 귀머거리나 벙어리로 죽는 사람이 많은데, 우리는 귀와 눈이 온전하고 남자로서의 형상을 완전히 갖추어 남의 버림을 받지 않으니 이것이 다섯째 다행이다.

이런 다섯 가지 행복을 갖추었거늘 어찌 짐승처럼 헛되이 났다 죽겠는가. 바라건대 우리 벗들은 부디 지난날의 저축을 아끼지 말고 천지와 성현의 끝없는 은혜를 갚고, 나라를 위해 빌고, 백성을 위해 빌어 천하의 태평을 이루게 하자. 이와 동시에 또 한량없는 미래의 세상에서도 형제가 될 인연을 이루어야 하겠다. 바라건대 우리 좋은 벗들은 다시 머리를 돌려 스스로 생각하자.

사명당은 봉은사에 거주하는 20대 청년 스님들, 미래 불교계의 지도자로 활동할 일꾼들의 리더로서 이 글을 작성한 것이다. 뛰어난 풍채를 타고난 대사는 아마도 그때까지는 수염을 기르지 않았겠지만 동류들을 대표하여 적극적이고 활기찬 불교인으로 살아가자는 강렬한 호소가 문장에 넘쳐난다. 조선시대 승려들은 사회에서 핍박받는 존재였으며, 특히 대사의 선대에 문호가 영락한 데다 자신의 대에 이르러서도 혈혈단신 사고무친의 의지할 바 없어 입산 삭발한 처지였으나 그는 항시 긍정적 사고와 건전한 생활태도를 견지하고 있었다. 「갑회문」에 나타난 긍정적이고 미래지향적 기상은 대사의 평소 생각을 반영한 것이었다. 바른 불법을 만난 인연을 다행으로 알고 나라와 백성과 천하태평을 위해 기도하자는 간절한 호소에는 순정무구한 정신이 배어 있다.

이와 같이 사명당은 승과에 급제한 초반기에는 불교경전을 공부하는 한편 사찰의 동년배들과 함께 갑계를 조직하여 건전한 승려생활을 영위하였다. 그러나 이 무렵 불교계는 뜻밖의 어려운 문제들도 발생하였다. 그가 22세가 되던 해 문정왕후가 죽고 보우선사가 귀양가서 드디어 수난을 당함으로써 불교계의 앞날에 어두운 그림자가 드리워지기도 하였다. 이러한 어려운 가운데서도 그는 명산대천을 두루 돌아다니면서 은사 신묵과 서산대사의 보살핌을 받는 행운의 시간을 가지기도 하였다.

유생이라고 하여 모두가 승려들을 적대시하지는 않았다. 사명당이 선산(仙山)이라고 표현한 고요한 산사 그리고 여기서 생활하는 향내 풍기는 수행 승려들, 예컨대 유·불·도에 해박하면서도 빼어난 풍채에 시에 능하고 글씨 잘 쓰는 서산, 사명과 같은 지성인은 유생들의 관심의 대상이 되기 마련이었다. 당대 한유(韓愈)와 태전(太田), 송대 동파(東坡)와 불인요원(佛印了元)의 교유에서도 볼 수 있듯이 선승과 유학자 사이에는 정신적 교감이 이루어지던 일을 여기서도 살필 수 있다.

사명당 역시 학사 대부와 시인만이 아니라 조정의 고관대작들에 이르기까지 광범한 교유를 펼쳐나갔다. 소년시절 조부와 황여헌에게서 유교 경서를 배웠으나 아직도 익히지 못한 독서의 범위를 그들을 통하여 한층 더 넓히려 하였다. 「석장비문」에 따르면 이때 그는 사대부들과의 교유에 힘쓰는 한편 소재(蘇齋) 노수신(盧守愼, 1515~90)으로부터 사자(四子, 老子·莊子·文子·列子)와 이두(李白·杜甫)의 시를 배워 문장이 날로 발전하였다고 한다. 소재는 유정과 함께 동문 유안(惟安)에게도 시 한 편씩을 지어주어 그들의 뛰어난 재주를 칭찬하고 있다.(「惟政次韻」,『소재집』권6) 그는 사명당이 30세 되던 때 영의정이 되었는데, 그 무렵 신묵은 봉은사의 주지로 있었던 것 같다. 그는 신묵과 시를 주고받는가 하면 서산대사와도 교제하여 불교의 영향을 받았으며, 사명당과 가까운 부휴(浮休)선사도 그에게서 소장한 책을 모두 빌려보았다고 알려져 있다.

사명당의 명성이 차차 알려지면서 점차 학사·대부·시인들과의 교유가 더욱 널리 이루어졌다. 사암 박순(思菴 朴淳)·아계 이산해(鵝溪 李山海)·재봉 고경명(霽峰 高敬命)·고죽 최경창(孤竹 崔慶昌)·하곡 허봉(荷谷 許篈)·백호 임제(白湖 林悌)·손곡 이달(蓀谷 李達) 등과 함께 시문을 주고받아 그 시집이 문예계에 전파되어 이름이 일반에 알려지게 되었다.

이들 중 하곡 허봉(字는 美淑, 1551~88)과의 교유를 먼저 들어야 할 듯하다. 하곡은 사명당보다 8세 연하였으나 매우 친한 사이였다. 아우인 교산 허균은 「석장비문」에서 형 하곡과 친했던 일화를 다음과 같이 소개하고 있다. 한번은 사명당이 하곡과 당나라 문장가 한유의 작품 가운데 긴 문장 한 편을 골라 한 번 보고 외우는 내기를 하여 한 자도 틀리지 않았다. 내기에 진 하곡은 손수 베낀 책을 내어주었는데, 기고봉(奇高峰)이 이 이야기를 듣고 사명에게 "재주만 믿고 스스로 만족하면 학문은 반드시 진보가 없을 것이다. 공연히 힘만 들이고 공이 없으면 안타까운 일이다"라고 하였다. 사명당은 그 훈계를 마음 깊이 새겨 언제나 부지런히 힘써 조금도 게을리하지 않았다고 한다.

아계 이산해(1539~1609)는 사명당이 승과에 합격하던 명종 16년 (1561)에 문과에 급제하여 엘리트 코스를 거쳐 벼슬이 대제학과 영의정 까지 이르렀다. 두 사람은 나이도 5년 차이로서 임진왜란이 끝난 뒤 사명 당이 전후처리를 위해 일본으로 건너갈 때 "30년 전에 푸른 눈으로 사귄 친구, 구중(九重)의 하늘에서 내려온 조칙이 영광스럽네. 솔(松)은 겨울 에 홀로 일어나 능히 절개를 온전히 하였고, 구름(雲)은 스스로 한가히 나 니 도리어 정이 있도다 …… "(『분충서난록』, 「부록」)라고 시를 지어 위로 하여 대사의 봉은사 시절부터 함께 사귀어온 친구임을 말하고 있다.

고죽 최경창(1539~83) 역시 아계와 동갑이며, 같은 해에 문과에 급제 하여 벼슬이 종성부사(鐘城府使)에까지 이르렀다. 그는 특히 시재가 뛰 어나 삼당시인(三唐詩人)이라 불리었다. 서로 내왕하며 함께 시도 짓는 등 절친하게 지냈으나 고죽이 45세로 일찍 죽자 사명당은 시를 지어 조 상하였다.

고죽이 끼친 자취 옥적(玉籍)의 신선인데
한 때의 재사들 중 가장 어질다 일컬었네.
사가(謝家)의 시 짓는 법 골수에 전해졌고
설씨(薛氏)의 줄 당기는 법 꿈에 하늘에서 받았네.
동쪽 절에선 매양 밤 달을 함께 보았고
서쪽 호수에선 몇 번이나 가을 배 같이 탔던가.
문성(文星)이 갑자기 노룡(盧龍) 변방에 떨어지니
울면서 하늘 바라보니 마음 더욱 쓸쓸하네.

孤竹遺蹤玉籍仙 一時才士最稱賢

謝家詩法神傳髓 薛氏鸞絃夢受天

東寺每回看夜月 西湖幾共泛秋船

文星忽墮盧龍塞 哭望蒼蒼倍暗然

　• 「哭崔鍾城孤竹」, 『사명집』권3

　동쪽 절은 아마 동쪽의 봉은사를 일컫는 것으로 그 절친하던 정의가 시구에 절절히 배어 있다. 이밖에도 젊은 시절 그들이 서쪽에서 함께 놀면서 일찍이 서울(漢水)에서 놀던 일을 생각하던 시 한 편이 따로 전한다.

　사암 박순(1523~89)과 재봉 고경명(1533~92)은 사명당보다 훨씬 연상이었다. 사암은 벼슬이 대제학 겸 대사간에 이르렀으며, 시·문·서에 모두 재능을 가진 인물이었다. 20여 세나 연상이었지만 대사가 선과에 급제한 후 역시 시와 서에 이름을 드러내자 그를 가까이 대하였다. 재봉 역시 10여 세 연상으로서 시문과 글씨에 뛰어났으며, 대사와 시를 짓고 이를 함께 읊었다. 그는 나주 사람으로 동래부사를 지냈으며, 임진왜란이 일어나자 김천일과 함께 의병을 일으켜 싸우다 금산성 싸움에서 전사하였다.

　백호 임제(1549~87)와 손곡 이달은 대사와 동년배이거나 혹은 후배로서 벼슬길에서 비켜난 삶을 살았다. 백호는 문사에 뛰어나 소설로는 『수성지』(愁城志) 『화사』(花史) 『원생몽유록』(元生夢遊錄) 등이 있으며, 시로는 「황진이」와 「한우」(寒雨) 두 수가 있다. 손곡은 서얼 출신으로 당시(唐詩)로 이름이 높았으며, 고죽 최경창과 하곡 허봉과도 자주 만나 시를 함께 지었다고 한다. 저들 모두 사명당의 봉은사 시절, 아마도 그 후반기부터 시문으로 교유한 사이였다.

이와 같이 사명당은 승과에 급제한 초반기에는 불교경전을 공부하는 한편 사찰의 동년배들과 함께 갑계를 조직하여 건전한 승려생활을 도모하였다. 그러면서도 그의 의식에는 사대부 가문에서 태어나 어려서 익힌 유교적 충효관념이 한쪽에 버젓이 자리 잡고 있었다. 승과에 합격한 바로 다음 해인 갑자년(1564) 9월, 21세의 그가 개성지방으로 여행하면서 지은 「선죽교」(善竹橋)라는 시가 전해지고 있다. 여기에서는 승려임에도 유학자에 못지않은 그의 충의의식을 엿볼 수 있다.

인심을 가진 자, 어찌 이 다리를 그냥 지나칠 수 있을까.
선생께서 당한 그날 일, 서리 맞은 잎새 소소히 떨어지네.

豈有人心者 尋常渡此橋 先生當日事 霜葉下蕭蕭

고려말의 충신 포은 정몽주의 충절을 기리는 이 시는 『사명집』에는 실리지 않고 유묵으로만 전하고 있다. 시 앞에 '정진사 다순에게 드린다'(贈鄭進士多順)는 문구가 있는 것으로 보아 아마도 그와 가까이 지내는 포은의 후손 정다순이라는 친우에게 주기 위해 지은 것임을 알 수 있다. 이것이 그가 한편으로 불가에 몸을 두고 있으면서 다른 한편에서 유교사회 사인관료들과의 교유를 가능케 하는 바탕이었다.

불교계의 중견이 되다

젊은 시절 사명당의 봉은사 생활은 안으로 착실한 불교공부를 게을리 하지 않으면서 밖으로는 사대부와의 교유와 시작(詩作)으로 바쁜 나날을 보냈다. 그러나 그러한 생활이 어느 때까지 계속되었는지는 정확한 자료를 찾아보기 어렵다. 다만 봉은사에 이어 머물렀던 사찰을 기록상으로 확인할 수 있는 것은 그가 30세의 나이로 자신의 출가사찰인 직지사의 주지로 있었다는 자료이다. 조선불교의 중흥을 꿈꾸었던 허응당 보우대사 (1509~65)가 서거한 뒤 8년이 지나서 그의 제자 태균(太均)이 스승의 문집을 간행할 때 유정에게 도움을 요청하였다. 보우대사의 유고를 간행할 때 책의 이름은 허응(虛應) 또는 나암(懶庵)이라는 두 가지 호에 따라 문집은 『허응당집』(虛應堂集)이라 하고, 다른 것은 『나암잡저』(懶庵雜著)라 하였다.

이 요청에 사명당은 전자에 발문(跋文)을 쓴 다음 '만력원년(萬曆元年) 4월 일, 한산(寒山) 이환(離幻) 근발(謹跋)'이라 하였으며, 후자는 그가 직접 교정하여 '직지사 주지 중덕(中德) 유정 교(校)'라고 썼다. 이 두 기록을 종합해보면 만력원년은 1573년으로 나이 30세에 사명당이 직지사 주지로 있었다는 사실을 알 수 있다. 이환은 그의 자(字)이며 한산은 아마도 사명이라 하기 이전에 사용하였던 호였던 것으로 짐작된다. 이들 기록은 당시 사명당의 활동상을 전해주는 주요한 자료가 된다. 직지사 주지 '중덕'은 유정이 처음 직지사를 찾았을 때 신묵화상의 법계(法階)였는데, 지금 자신이 그 위치에 있을 만큼 중진이 되어 있었던 것이다.

이 무렵 그는 처음으로 한산이라는 호를 쓰고 있었다. 한산은 당나라 정관 시대의 유명한 은둔시인으로서 때때로 천태산 국청사(國淸寺) 주방에서 일하는 승려 습득을 찾아와 밥을 얻어먹으며 서로 즐겁게 지내던 인물이었다고 전한다. 한산과 습득은 속인의 안목으로 볼 때는 천치 바보요 미치광이 같았지만 사실은 보살의 화신이라 하여 일반에서는 깊이 존숭하였다. 고소(姑蘇, 소주蘇州)의 한산사는 한산자(寒山子)를 추념하여 세운 절이라고 하며, 당나라 시인 장계(張繼)가 "고소성 밖 한산사에, 야반의 종소리 나그네 배에 들리도다"(姑蘇城外寒山寺 夜半鐘聲到客船)라고 읊은 「한산사시」(寒山寺詩)는 매우 유명하여 동아시아 시인묵객들에게 널리 애송되어왔다. 젊은 시절의 사명당이 혹시 그 은둔시인을 좋아하여 스스로를 한산이라 하였을까. 유정이 사명이라는 호를 쓴 뒤에도 절친한 벗 하곡이 보낸 편지에 '우리 한산자 스님'이라는 표현을 써서 정감을 더해주고 있다.

사명당이 출가하여 승과에 합격할 초기에는 보우대사의 활약으로 불교의 교세가 번영하는 추세를 보이고 있었으나 명종 20년(1575) 문정왕후의 죽음으로 상황은 크게 바뀌게 되었다. 후원자 문정왕후가 죽자 유신들의 참소가 빗발치더니 결국 보우는 제주도로 귀향가서 다음 해에 그곳 목사 변협에게 피살되는 비운을 당한 것이다.

보우대사의 출신에 대해서는 알려진 바가 별로 없다. 어려서 한학을 배워 유학에도 상당한 조예가 있었으나 일찍이 부모를 여의고 15세를 전후하여 삭발하고 불문에 들어간 것으로 알려져 있다. 명석한 두뇌에 대장경을 섭렵하여 젊어서부터 두각을 나타내더니, 장년이 되어서는 불교계의 지도자로 자타의 인정을 받았다. 강원도 백담사에 있던 그가 강원감사의 추천으로 1548년 봉은사의 주지가 되어서는 문정왕후의 후원으로 불교의 부흥을 꾀하여 상당한 성과를 거두었다. 봉은사를 선종, 봉선사(奉先寺)를 교종의 으뜸사찰로 정하여 승과를 회복하고 승려에게 도첩을 주는 등 불교계는 한동안 생기를 얻게 되었다.

나이 18세에 승과에 합격하여 봉은사에 들어온 사명당은 5년째 되는 22세의 젊은 나이에 불교계의 대들보라 할 보우대사의 죽음을 겪게 된다. 이는 불교계의 앞날에 불길한 징조였으나 그는 묵묵히 지켜보고 있을 뿐이었다. 당시 시와 서예로 이름이 사대부 사회에 알려지면서 그들과의 교유의 길이 열려가던 사명당은 겉으로는 승려로서보다는 오히려 시인으로서 또는 교양인으로서 사대부들과의 적극적인 교유를 통하여 이해의 폭을 두터이 할 뿐이었다. 그렇게 함으로써 유·불 사이의 대립을 완화시킬 수 있다는 생각이었을 것이다.

10대 후반에서부터 20대 전 기간의 봉은사 시절은 사명당 개인으로는 불교공부를 통하여 내적 충실을 다짐은 물론 사대부들과의 교유를 통하여 활기찬 삶을 살았던 시기였다. 그러나 당시 인물의 빈곤을 느끼던 불교계에서는 그에게 바라던 기대가 적지 않았고 따라서 그는 30세 무렵에 직지사 주지로 부임하게 되었다. 어느덧 불교계의 중견 재목으로 성장한 그가 보우대사의 문집과 유고를 간행하면서 느끼는 바는 남달랐을 것이다. 그가 쓴 문집의 발문을 통하여 그 심정의 일단을 살펴보기로 하자.

생각건대, 우리 대사께서는 동방의 좁은 땅에 태어나 백세 동안 전해

직지사는 사명당이 출가하였을 뿐만 아니라 처음 주지 소임을 맡았다.
이러한 연고로 사명각을 지어 영정을 봉안하고 있다.

지지 못했던 도(道)의 실마리를 열어 오늘날 배우는 자들이 이에 힘입어 그 돌아갈 바를 얻게 하시고 이 도를 마침내 사라지고 끊어지지 않게 하셨다. 이 분이 아니었더라면 영악풍류(靈岳風流)와 소림곡자(小林曲子)가 거의 사라지고 들리지 않을 뻔하였다. 이러한 기준에서 논하건대, 천고(千古)에 홀로 왔다 가신 분이라 하겠다. 대사의 타고난 자질은 근고(近古)에 특출하여 도가 차고 높은 지조를 홀로 행하며 인의도덕이 아니면 사람들 앞에서 감히 말하지 않으셨으니 역시 지극한 분이 아니겠는가.

사람들과 더불어 가슴을 열어 생각을 펴고 거두어들임에 전광석화처럼 빨랐고 사자가 버티고 앉은 듯하여 감히 그 칼날을 당해낼 사람이 없었다. 혹 제창하고, 혹 응수하고, 혹 길게 읊조리고, 혹 짧게 비유함에 말로 하기도 하고, 혹 글로 쓰면서 두드리는 데에 따라 울렸으며, 그 소리와 음색은 금석에서 우러나오는 듯하여 한 마디 말과 글자 한 자에 이르기까지 사람들의 훈계가 되고 규율이 되지 않는 것이 없었다.

그러나 스님의 글은 흩어져서 배우는 이들이 가슴 아파하였는데, 문인 태균(太均)이 그 깊숙이 숨겨진 것을 끝까지 찾아들어가 그 진수를 얻었으나 더없이 큰 은혜를 갚을 방법이 없어 삼가 유고(遺稿) 약간을 취하여 상·하편으로 하고 마침내 인쇄하여 오래도록 보존할 수 있게 되었다. 거룩하도다, 그 공덕이여! 그러나 그 분이 세상에 올린 시문(詩文)이 어찌 이에 그치겠는가. 혹 잃어버리기도 하고 혹 흩어지기도 하여 모두 다 모을 수 없었으니 그 모두를 다 전할 수 없어 안타까울 따름이다. 아! 이 글은 비록 전하나 만일 그 뜻을 알 수 있는 이가 아니면 누가 대사의 고귀한 뜻을 알겠는가? 옛 사람이 천년 뒤의 자운(子雲)이라고 한 것이 이에 맞는 말이다. 후세에 이 글을 보는 사람은 절대로 대강대강 보지 말지니라.

이 글의 요점은 첫째 단락에 함축되어 있다. 즉 "대사가 동방의 좁은 땅에 태어나 오래도록 묻혀 있던 불도를 전하여 선(禪, 영악풍류)과 교(敎, 소림곡자)가 그 맥을 이어가게 되었으니, 그 분이야말로 천고에 홀로 왔다 가신 분"이라 한 것이다. 허응당은 유림 측에서는 그를 정치권과 야합하여 진부한 기복 불교의 흥행을 노린 것이라 지탄하였지만 불교 측에서 보면 조선불교의 사상적 정체성을 확립하려는 진지한 자세로 임한 위인이었다. 실제로 그의 승과 복원 이후에도 교단은 선종과 교종의 인물들 사이에서 불협화음이 일고 있었다. 그는 교학 지상주의와 선종 우선주의를 동시에 지양하고 양자를 같은 뿌리로 파악하는 근원적 시각을 가지고 불교교단의 통일성을 기하려 하였다. 이러한 선교무애(禪敎無碍), 선교동등(禪敎同等)을 주창한 일관된 노력은 이후 조선불교의 향방을 제시해 준 것이었다. 이를 위해 과감히 세속에 뛰어들어 불교의 중흥을 도모한 보우의 실천적·선각적 노력을 사명당은 "천고에 홀로 왔다 가신 분"으로 극단적 찬사를 아끼지 아니한 것이다.

위 인용문의 둘째 단락은 보우의 일관성 있는 추진력과 개혁적 방법을 찬양하고, 마지막으로는 스승의 흩어진 유고들을 모아 간행하는 제자의 공덕을 칭찬하면서 후인들은 마땅히 보우대사의 이 글들을 통하여 큰 스승의 가르침을 올바로 깨쳐야 할 것임을 강조하였다.

사명당은 이제 불교계의 중견으로 성장하였다. 자신이 출가하였던 직지사의 주지로 있으면서 허응당의 유고를 교정하는 등 불교계의 크고 작은 일에 간여하면서 장래 불교의 진로에 대한 적지 않은 고뇌에 차 있었을 것이다. 그러면서도 한편으로는 오래도록 잊어버리고 있던 고향을 찾는 여유도 보이고 있는데, 자주 인용되는, 고향에 돌아가며 읊은 칠언절구 한 편을 보자.

15세에 집을 떠나 30세에 돌아오니
긴 내는 여전히 물이 서쪽으로 흐르누나.
감나무다리 동쪽 언덕 일천 가지 버들은
태반이 산승이 떠난 뒤에 심은 것일세.

十五離家三十回 長川依舊水西來
柿橋東岸千條柳 强半山僧去後栽
• 「歸鄕」, 『사명집』 권4

15세경에 출가하여 30세가 되어 큰절의 주지 신분으로 처음으로 고향 땅 밀양을 찾은 것이다. 마을 뒷산에는 그의 조부모와 부모의 산소가 여전히 아래위로 자리 잡고 있어 노복을 앞세워 성묘하였다. 그리고 언제 다시 찾을 기약없이 총총히 오던 길을 떠나야 했다.

인재가 귀한 불교계에서는 사명당과 같은 재목을 지방에 묻어둘 수가 없었다. 얼마 뒤 그를 서울로 다시 불러올렸다. 봉은사는 허응당을 비롯하여 서산과 신묵 같은 위인들이 주지직을 거쳐간 선종의 중심사찰이다. 「석장비문」 등은 "을해년에는 불문(佛門)의 여러 사람들의 희망에 따라 선종 사찰의 주지에 추천되었으나 이를 굳이 사양하고 떠나 묘향산으로 들어갔다"고 하여 1575년, 그가 32세 되던 해에 대중의 뜻에 따라 선종의 수찰 봉은사의 주지로 천거되었으나 이를 뿌리치고 묘향산 서산대사의 문하로 들어간 사실을 밝히고 있다.

그가 봉은사에 있을 때 이미 '승려로서 불경을 배우려는 사람이 산문에 구름처럼 모여들' 만큼 명망이 있었으니 이제 직지사 주지직도 거친 중진으로서 봉은사 주지에 추대된 것은 수순에 따른 승진이었다.

서산대사의 문하에 들다

사명당이 당시 선종의 으뜸 사찰인 봉은사 주지에 추대되었을 때는 문정왕후가 죽은 지 10년이 되어 조정의 불교탄압도 그 도가 더욱 심해지는 시기였다. 그가 봉은사를 떠나 묘향산으로 가고자 하였던 데에는 부딪쳐야 할 간난의 세월이 두렵기도 한 때문이었을 것이다. 그러나 무엇보다도 지금까지의 번잡한 도시 생활에서 벗어나 조용한 산사에서 수행에 열중하고 싶었던 내면적 이유가 더욱 앞섰는지도 모른다. 한적한 법도량이라면 당시 서산대사가 전국의 촉망받는 젊은 재사들을 문하로 받아들여 계도하고 있던 묘향산 보현사에 생각이 미치지 않을 수 없었을 것이다. 그는 서산대사의 문하를 찾아 선적 희열에 빠져들고자 하였던 것이다.

당시 그가 번잡한 도시 생활을 청산하고 싶다는 간절한 심정을 토로한 것으로 여겨지는 시가 전한다.

> 화려한 서울에 파묻힌 나그네로 오래 돌아가지 못하여
> 먼지만 가득히 옷에 뒤집어썼네.
> 몇 번이나 무현곡을 타려 했던가.
> 슬퍼라, 나의 음을 알아주는 이 세간에 적네.

作客京華久不歸 黃塵擾擾汚荷衣

幾回擬皷無絃曲 怊恨知音世所稀

　•「次李進士韻」, 『사명집』 권7

　이 시는 반드시 당시의 작품이라고 할 수는 없지만 여기서 '화려한 서울의 나그네 생활'을 몇 번이나 청산하려 했으나 뜻대로 되지 못하였던 과거를 후회하고, 그러한 심정을 알아주지 못하는 세상을 서글프게 생각하였던 그의 심정을 짐작할 수 있다. 지금까지 그의 서울생활은 실로 화려했다. 서울은 유교와 불교계의 신진들이 반드시 한 번씩 거쳐가는 장소일 뿐만이 아니라 그가 필요하면 지인들을 통하여 이름난 학사대부들과의 교유도 언제나 가능한 곳이었다. 조선의 사대부들은 불교인의 정치참여를 바라지는 않았지만 한적한 산사에서 수행하는 선승들과의 지적 교관(交款)을 동경하는 이들도 적지 않았다. 따라서 사명당의 서울생활은 활동범위가 넓고 활기차며, 그 나름으로 의미가 있었다. 이러한 서울생활을 즐기면서도 그는 그것이 불교인으로서 바라는 궁극적 삶이 아니기 때문에 거기서 벗어나려는 생각을 몇 번이고 반복하였던 것이다.

　사명당이 스승으로 모신 서산대사 휴정(休靜, 1520~1604)도 일찍이 그러한 경험을 가진 바 있다. 21세에 출가하여 번잡한 생활에 젖어 있다가 30세가 지나서야 자신의 과거가 잘못되었다는 사실을 알게 되었다고 술회한 글도 그와 흡사하다.「스스로 비웃는다」는 다음 시가 있다.

　대저 인생은 나이가 귀하니

　이제 바야흐로 옛날 행동 뉘우친다.

　어찌하면 하늘에 닿은 바닷물을 손으로 당겨

산승의 판사라는 이름을 씻을 수 있을까.

大抵人生年齒貴 如今方悔昔時行

何當手注通天海 一洗山僧判事名

• 「自嘲」, 『청허집』 권3

개인의 공부와 후진 양성을 위해 그가 선종판사(禪宗判事)의 직을 물러
나며 지은 시다. 그는 37세 이후 지리산에서 6년을 지낸 뒤 관동의 두류·
태백·오대·금강산을 거쳐 마지막으로 묘향산에 들어가 종신도량으로
삼아 선종의 종장(宗匠)으로서 전등의 기치를 높이 들게 된 것이었다.

사람이 때가 되어 거취를 분명히 한다는 것은 어려우면서도 매우 중요
한 일이다. 유정이 선종의 수찰인 봉은사 주지의 영광스런 직을 버리고
입산을 결정한 것은 여간 어려운 일이 아니었을 것이다. 자신도 자신이려
니와 그의 지도력을 바라보고 있던 당시 불교계의 여망을 저버린다는 죄
책감도 없지 않았을 것이다. 어떻든 이 같은 어려운 결단으로 그의 묘향
산행이 이루어지게 된 것이었다.

「석장비문」에서는 사명이 서산을 만나 수행한 일이 그의 구도행각에 있
어서 매우 중요한 단계를 이룬 것으로 보고 다음과 같이 평가하고 있다.

을해년에 불도들이 선종 사찰의 주지가 되기를 원하였으나 기어이 사
양하고 묘향산으로 들어가 비로소 서산에게 가르침을 받았다. 서산은
마음자리를 깨우쳐 주고 바로 성종(性宗)을 전수하였다.

사명은 말이 떨어지자 즉시로 크게 깨달아 많은 말들을 쓸어버리고,
유희의 한가한 습성을 끊었으며, 지금까지의 글 놀음이 스스로를 속이

서산대사가 만년을 보낸 묘향산 보현사. 사명당은 32세에 선종 수찰 봉은사 주지에 추천되었으나 거절하고 보현사 서산 문하로 들어가 선 수련에 몰두하였다.

는 일임을 참회하였다. 한마음으로 안심(安心)과 정성(定性)에 뜻을 두어 3년을 고행하여 그 바른 법을 모두 얻었다.

비명을 쓴 교산 허균은 사명당을 매우 잘 아는 사람이다. 그는 사명이 서산을 만나서 설법을 듣자 즉시 크게 깨달았으며, 그뒤 그 문하에서 3년 동안 고행하여 '정법'을 얻었다고 말한다.

서산과 사명의 만남이 이때 처음 이루어진 것도 물론 아니다. 사명이 봉은사에 머물던 청년 시절에 아마도 관동지방에서 서산을 만나 가르침을 받았을 것으로 보이는 자료를 비롯하여 그밖에 단편적인 기록들이 보이기 때문이다. 앞에서 잠시 언급한 바 있거니와 서산이 두류산(頭流山, 지리산의 별칭)에 머물고 있을 때 신묵에게 편지를 보내어 함께 힘을 모아 유정의 길잡이가 되기를 자처하고 있다. 신묵에게 보낸 것으로 보이는 이 편지의 전문을 인용해보자.

뜻이 견고함을 숭상하여 사람과 더불어 화합하지 아니함은 젊은이의 태도요, 마음이 고요함을 좋아하여 좋은 벗을 간절히 생각하는 것은 늙은이의 심정입니다. 20년 전에 서로 알던 이들이 이미 솔밭의 티끌이 되었으니 가는 사람은 동쪽으로 흐르는 물과 같고, 차츰 사라지는 것은 쇠잔한 촛불과 같아서 오직 남은 이는 나와 존형(尊兄) 그리고 몇몇 동년배뿐입니다. 고요하게 이 사실을 말하고 생각하니 비탄을 금치 못하겠습니다.

그 가운데 정공(政公)은 끊어진 실마리를 찾고 차가운 재를 뒤져 하나의 별을 얻기를 기약하고 있습니다. 그러나 늙은 나는 두류산에 있고, 늙은 할아버지는 밀양에 있으며, 은사께서는 관동에 있어 갈래가 많으니 진실로 슬퍼할 일입니다. 이에 저는 지금 관동으로 들어가 장차 존형과 함께 늙으면서 정공이 지닌 절반의 근심을 풀어주려고 합니다.

바라건대 존형께서는 부처님의 이름을 부지런히 염송(念誦)하여 백련(白蓮)의 태(胎)에 들기를 기약하십시오. 정은 말이 많은 데 있지 않습니다. 삼가 이만 줄이니 진중하십시오.

• 「寄默年侍」, 『청허집』 권7

여기 나오는 정공을 유정으로 볼 수 있는 근거는 첫째 그의 생가가 밀양이라는 것이며, 둘째 그의 은사가 신묵스님이라는 것이다. 그러나 유정은 조·부모가 다 별세한 뒤에 출가하였기 때문에 늙은 할아버지가 밀양에 살고 있다는 것은 산소를 가리켜 말한 것이 분명하며, 관동지방 건봉사에 한때 신묵이 머물렀던 사실이 있기 때문이다. 정공이라는 존칭을 쓴 것으로 보아 적어도 승과에 합격한 이후의 일로 보아야 할 것이다. 서산은 아마 유정이 승과에 합격하기 이전에 그에게 보낸 글, 즉 「이환선자의 물음에 답한 글」(「答離幻禪子書」, 『청허집』 권7)이 있다. 이환은 유정의 자(字)이므로 직지사에서 『전등록』을 읽고 있을 당시부터 유정을 알고 있었던 것으로 보인다.

사명당은 32세의 나이로 봉은사 주지의 직을 사양하고 묘향산 서산대사의 문을 찾아 선종의 바른 법을 얻으려 한 것이다. 서산대사는 선사이지만 교를 일방적으로 배척하는 것이 아니라 교의 장점도 취하려는 입장이었다. 그는 선과 교의 견해를 「선교결」(禪敎訣)에서 다음과 같이 가르치고 있다.

요즈음 선을 닦는 이는 이것이 '우리 스승의 법'이라 하고, 교를 배우는 이는 이것이 '우리 스승의 법'이라 하여, 한 법 위에서 서로 옳으니 그르니 하고 불필요한 다툼을 하고 있다. 슬프다! 그 누가 능히 판단할 것인가? 그러나 선은 부처님의 마음이요, 교는 부처님의 말씀이다. 교라는 것은 말 있는 곳에서 말 없는 곳에 이르는 것이요, 선이란 말 없는 곳에서 말 없는 곳에 이르는 것이다.

이 글은 다른 문집 판본에서는 '유정대사에게 보임'(示惟政大師)이라는 부제를 달아놓고 있거니와 서산이 '불경을 부처의 언어라 하고, 선을 부처의 뜻이라 한 것'은 당나라 규봉종밀(圭峰宗密)이 일찍이 한 말이다. 육조 혜능으로부터 비롯한 남종선이 점차 유행하여 그 폐단을 낳게 되자 교로써 선의 빈자리를 보완하려는 의도에서였다.

해인사 홍제암의 서산대사상.
사명당은 해인사 홍제암에서
입적하여 이곳에 영정을 봉안했는데,
이후 어느 땐가 서산과 기허(영규)
대사의 영정도 함께 모셔졌다.

서산대사는 여러 제자들 가운데 사명을 천리마에 비교할 만큼 뛰어난
인물로 인식하였다. 그렇기 때문에 오히려 불안을 느껴서인지 사명에게
「다시 별지로 보임」이라는 글에서 특별히 자상하게 당부하는 말을 잊지
않고 있다.

천 리를 달리는 기마가 어찌 채찍의 그림자를 기다리며, 넓은 들의
봄바람은 생각하면 반드시 흐르는 물과 같으리라. 옛 사람이 말하기를
도는 보기 쉬우나 도를 지키기는 어렵다 하였다. 대사는 항상 비니법
(毗尼法, 석가모니가 제자를 위하여 마련한 모든 계율)을 힘써 지키고
해(解)와 행(行)을 어긋나게 하지 말며, 다른 사람의 과실을 말하지 말

고 조정(朝廷)의 일을 말하지 말라. 외서(外書)를 보지 말고 사색(邪色)을 보지 말며 달콤한 말을 듣지 말라. …… 속인도 꺼려하거늘 하물며 도인이겠는가. 총명과 지혜로써 나를 높이지 말고 문자로써 다른 사람을 업신여기지 말라. 지극한 도에는 남이 없고 참된 이치에는 내가 없다. 항상 자기 일을 지키고 항상 자기 허물을 살피되 결백과 정직으로서 체(體)를 삼고, 사상과 인내로써 용(用)을 삼으며, 푸른 산과 흰 구름으로써 사는 곳을 삼고, 물과 달과 솔바람으로써 화락한 마음의 벗으로 삼으라. 그러면 도인에 가까운 것이다.

• 「又示別紙」, 『청허집』 권4

이러한 훈계는 얼핏 보아 윗사람으로서 아랫사람 누구에게나 할 수 있는 일상적인 것으로 보이지만 가만히 따져보면 일반인이 지키기 매우 어려운 내용들이다. 이는 실제로 유정의 '화려했던 서울생활'의 잘못된 생각과 행실, 관행을 준엄하게 채찍질한 것이었다. 유정 자신도 30세가 넘어서야 자신이 걷는 길이 잘못되었다는 사실을 자각하고 그 관행의 찌꺼기를 털어버리기 위해 서산을 찾아 깊은 산중으로 들어온 것이었다.

사명당이 승과에 합격하여 봉은사에서 생활하던 초기에는 동류들과 갑계를 조직하여 승려생활에 충실하면서 다른 한편으로는 여러 지방을 여행하면서 「선죽교」라는 시를 지어 유가적 충절의 의미를 되새기기도 하였다. 그러나 서산의 안목에서 볼 때 이러한 총명하고 패기에 찬 젊은 선자(禪者)가 지금까지 두서없이 해오던 공부관습이 어딘가 불안하였을 것이다. 서산대사를 비롯한 조선조의 고승들은 대부분 위에 인용한 「선교결」에서 보는 바와 마찬가지로 때로는 '교의 겸용'을 주장하고 있다. 그러나 이는 어디까지나 선이 갖는 자유분방성에서 파생하는 폐단을 방지하고자 한 것이었을 뿐, 선의 우위성을 강조하는 입장은 견지하였다.

사명당이 행주(行珠)와 보정(寶晶)의 두 동문과 함께 금선대(金仙臺)에서 서산으로부터 선수행을 지도받고 있던 어느 날, 『금강경오가해』(金剛經五家解)를 가지고 가서 물었다.

"반야교(般若教) 가운데도 또한 선지(禪旨)가 있으니 반야를 종(宗)으로 삼아도 좋겠습니까?"

이리하여 시작된 사제 간의 문답 내용을 「선교석」(禪教釋)이라 한다. 이 가운데 서산이 강술한 다음 구절에서도 선이 먼저라는 입장을 확인할 수 있다.

가섭과 아난 두 존자(尊者)로부터 육조 혜능대사(六祖慧能大師)에 이르기까지를 33조사(祖師)라고 한다. 이들에 의한 교외별전(教外別傳)의 선지(禪旨)는 멀리 푸른 하늘 밖으로 뛰어나서 오교(五教)의 학자들도 믿기 어려울 뿐만 아니라 또한 선종의 하근기(下根基)도 멍하니 알지 못한다.

경전에서 가르치는 것 외에 따로 전하는 선의 뜻이야말로 교에 우위한다는 것이다. 경전 밖에서 혹은 교에서 미치지 않는 곳을 참구(參究, 참선하며 진리를 탐구함)해야 하는 선의 수행은 교학자나 혹은 같은 선승이라 하더라도 하기 어렵다고 한다. 서산은 선 우위의 입장을 「심법요초」(心法要抄)에서 또 이렇게 주장하고 있다.

부끄러움을 모르는 학자들이 서책으로 뒤엉킨 갈등을 만들어 첫머리부터 파고들지만, 눈먼 개와 나귀가 앞을 못 보듯 그것을 능히 알 수가 없다. 두 죄인이 법을 비방함이 적지 않으니 삼가고 또 삼가야 할 것이다. 진실로 공부하려는 사람은 자미를 버리고 모색함이 없는 이 화두를 힘을 다해 제기하여 스스로 깨달아 들어가게 해야만 비로소 얻게 된다.

이와 같이 서산은 경전이나 이를 통한 가르침은 그 나름으로 중요성을 지니고 있지만 보통 학자의 능력으로는 경전마다 서로 다르게 주장하여 생기게 되는 갈등을 해결하기 어렵다고 생각했다. 교학의 방법으로는 궁극적 경지에 도달할 수 없으며, 최상의 깨우침은 결국 선을 통해서만 가능하다는 일관된 주장이다. 그래서 그는 같은 글에서 "조사(祖師)의 공안(公案)을 제기하여 힘껏 참구함으로써 활연히 크게 깨달아 문으로 들어가야 할 것"을 거듭 강조하고 있다.

서산은 사명을 단순히 자신의 제자로만 본 것이 아니라 마음속으로 깊이 인정하고 있었다. 청년시절의 사명을 정공(政公)이라 불렀으며, 또한 「선교결」을 비롯한 그의 여러 저술에서 '사'(師) 혹은 '유정대사'(惟政大師)라는 호칭을 쓰고 있다. 실제로 사명은 봉은사 시절의 활동상이나 직지사나 봉은사 같은 큰 사찰의 주지 소임을 맡을 수 있을 만큼 그의 위치는 이미 불교계에서 상당한 것이었다. 서산을 만날 당시 사명은 이미 일가를 이룬 중견 인물로서 내외의 인정을 받고 있었던 것이다.

바람 따라 물 따라 '운수행각'

사명당의 모든 전기적 기술은 그가 묘향산 서산 문하에서 3년 동안 선 수업을 받았다고 말한다. 해안 역시 「행적」에서 사명당의 묘향산에서의 깨달음과 그에 이은 수행을 다음과 같이 표현하고 있다.

(대사는) 묘향산으로 들어가서 처음으로 청허대사의 문을 두드렸는데, 한마디 말에 단박 크게 깨닫고 그 법제자가 되어 선의 등불을 높이 들기에 힘을 도왔다. 그리하여 글 바다의 물결 속에서 3년 동안 배를 나란히 젓기도 하고, 헤엄치며 자맥질도 같이 하였다. 그리고는 거기서 떠나 금강산으로 들어가……

여기서는 「석장비문」과는 표현상 약간의 차이가 있으나 결국 사명이 서산의 한마디에 즉시 대오하여 선리를 깨쳤으며, 그후 3년간 선 수행을 계속하여 큰 인재로 성장하였다는 줄거리는 비슷하다. 그러나 이 기록들에서 사명당이 묘향산에 3년간 머물렀다는 의미가 실제로 산문 밖을 나가지 않고 서산의 문하를 계속 지켰다는 뜻은 아니다. 다른 여러 기록들을 살펴보면 사명당이 서산을 만나자 단번에 선의 이치를 깨친 다음 2년 동안 천하 유력(遊歷)을 통하여 그 '대오'의 경지를 확인하고 있다. 따라서 그 전 기간이 3년이라는 뜻임을 금방 알게 된다. 말하자면 스승 문하에서 선지를 얻은 다음 명산을 찾아 유력한 것도 구도적 수련기간으로 계산한 것이다.

그가 묘향산으로 서산 문하를 찾은 뒤 두 번째 안거(安居)를 마치자 모든 것을 훌훌 털어버리고 남쪽으로 운수행각(雲水行脚)에 나섰다. 『사명집』에는 이 무렵 평양과 개성을 지나다니며 지은 상당한 수의 시들이 실려 있어 당시 그가 운수행각에 매우 열중하던 모습들을 보여주고 있다. 그러나 한 가지 분명한 사실은 그 3년 동안 한편으로는 스승으로부터 남종선의 가르침(敎)을 받으며, 다른 한편으로는 운수행각을 통하여 이를 몸으로 익혔다는 것이다.

서산대사가 특별히 유정에게 가르침을 베풀기 위하여 「선교결」을 지어 선과 교의 장점과 단점을 상호 보완할 필요성을 강설한 것은 이미 앞 절에서 언급한 바가 있다. 이 글의 마지막 부분에서 서산은 사명을 상대로 각별한 당부를 하고 있는데, 그것은 마조(馬祖)에서 백장(百丈) 황벽(黃蘗) 임제(臨濟)로 이어지는 남종선사의 독립적 기상이다.

지금 그대가 팔방(八方)의 남자들에 대해서 그 요긴한 곳을 칼로 내리쳐 구멍을 뚫지 못하거든 바로 본분인 경절문(徑截門)의 활구(活句)로 그들을 가르쳐 스스로 깨닫고 얻게 하여야 비로소 스승으로서 남의 모범이 될 것이다. 만일 학인(學人)이 깨닫지 못함을 보고서 아무렇게나 설하고 가르치면 사람들의 눈을 멀게 함이 적지 않을 것이다. 만일 종사로서 이 법을 어기면 비록 설법하여 하늘의 꽃이 어지러이 내리더라도 이는 미치광이가 외변으로 질주하는 것이며, 만일 학인일지라도 이 법을 믿는다면 목숨을 마칠 때 나쁜 업을 받지 않고 바로 보리(진리)의 바른 길에 들게 될 것이다.

그 옛날 마조가 한번 할을 하매 백장은 귀가 먹고 황벽은 혀를 **빼물**었다. 이것이 임제종의 연원이다. 그대는 반드시 정맥(正脈)을 선택하여 종안(宗眼)이 분명하겠기에 이와 같이 누누이 말하는 것이니 뒷날에 이 노승을 저버리지 말라. 만약 이 노승을 저버린다면 반드시 부처님과 조사들의 깊은 은혜를 저버리는 일이 될 것이니 자세히 살피고 살펴라.

서산대사가 천하의 수많은 인재들이 몰려와 성황리에 법석(法席)을 이루고 있는 가운데, 특별히 유정을 지적하여 이렇게 소상한 가르침을 베풀고 있는 것은 그를 불교계의 지도자로 육성하기 위한 것이었다. 그는 유정이 '정맥을 선택하여 종안이 분명한' 자질 있는 청년이기에 '종사'(宗師)가 될 인물로 여겨 그를 위해 따로 법석을 편 것이었다.

다음으로 서산대사가 「선교석」(禪教釋)에서 사명을 비롯한 세 제자들의 질문에 답한 내용 가운데, 특히 선의 생동적 원리와 실상(實相)의 법에 대한 설법을 들어보자.

다만 세존(世尊)이 정법안장(正法眼藏)을 마하가섭에게 부촉하였다는 말은 들었으나 금강반야를 마하가섭에게 부촉하였다는 말은 듣지 못하였다. 대저 모든 풀잎 끝에도 생동하는 조사(祖師)의 뜻이 있고, 나아가서는 꾀꼬리와 제비도 항상 실상의 법을 말하거늘 하물며 우리 금강경의 한 글귀이겠는가. 문자에만 집착하지 않으면 한 권의 경전을 읽어도 좋을 것이다. 그러나 부처님의 광명에 목욕함은 그 기틀이 아니면 능히 엿볼 수 없을 것이다. 그러므로 나는 지금 그대들을 위하여 선과 교의 두 길을 대조하여 분별하면서 해석하려고 한다.

그는 이에 이어 선과 교를 비교하여 선을 절대적 우위에 올려놓는 설법을 전개함으로써 그들 제자들이 질문한 교학적 배경을 상대적으로 낮추어 무시하였다. 이리하여 처음으로 질문을 제기한 유정 등은 스승의 가르침을 명료하게 이해하여 가르침을 이의 없이 수용하고, 이를 선교 양당(兩堂)의 학인들에게 알렸다.

이와 같이 사명당은 스승으로부터 전수받은 생동감 있는 선 이론을 다시 운수행각을 통하여 체현하는 공부를 계속하였다. 이렇게 3년간의 수행을 마치고 서산의 문하를 떠난 때가 무인년(1578)이었다. 그리고 그 다음해인 기묘년(1579)에는 스승의 대표적인 저서 『선가귀감』(禪家龜鑑)이 나오자 그는 발문을 다음과 같이 썼다.

…… 슬프다. 200년을 내려오면서 부처님의 전법이 더욱 쇠잔하여, 선과 교의 무리들이 각각 다른 견해를 내세운다. 교를 주장하는 사람은 오직 찌꺼기에만 맛을 붙여 헛되이 바닷가의 모래만 세어 다섯 교문(敎門) 위에 바로 사람의 마음을 가리켜 스스로 깨쳐 들어가는 길이 있는 것을 알지 못한다. 그리고 선을 주장하는 사람은 스스로 자기의 천진한 성품만을 믿어서, 닦아 증득(證得)하려 하지 않는다. 더구나 단박 깨친 뒤에 참으로 발심하여 온갖 행실을 닦고 익히는 뜻을 알지 못한다. 그리하여 선과 교가 뒤섞이고 넘쳐 모래와 금을 가리지 못하고 있다.

…… 마침 우리 큰 스님께서 서산에 계신 지 한 10년 동안 소를 먹이는 틈에 50본의 경(經)·논(論)과 어록(語錄)들을 보시다가 그 속에 혹시 공부하는 데 요긴하고 간절한 말이 있으면 바로 기록하여 놓으시고

는 때때로 몇몇 제자들에게 차근차근 가르쳐 …… 여러 마디가 한 줄에 이어지고 핏줄이 서로 통하여 팔만대장경의 요긴한 곳과 다섯 종파의 근원이 모조리 이에 갖추어져서 낱낱이 이치에 어울리고 구절구절이 종지(宗旨)에 들어맞아 치우치던 것은 둥글게 되고 걸렸던 것은 통하게 되니 참으로 선과 교의 거울이요, 깨닫는 곳과 닦아가는 길에 좋은 약이 될 만하다. ……

그러므로 요지를 가려낸 공로와 혼미함을 깨우쳐준 (스승의) 은혜는 산같이 높고 바다같이 깊다. 설사 만 번 뼈를 부수고 천 번 목숨을 바친들 어찌 털끝만큼이나 갚을 수 있겠는가. (우리 제자들은) 천리 밖에서 듣거나 보거나 하고, 놀라지도 않고 의심하지도 않고 받들어 읽어서 보배로 삼는다면 참으로 천년 뒤에 한 자운(子雲)이 되리라.

때는 만력 기묘(1579)년 봄, 조계종 유손 사명 종봉 유정은
구결(口訣)에 절하옵고 삼가 발문을 씀

여기서 사명은 조선초에 선교 양종이 성립하여 오랜 세월이 흐르면서 불교계가 그 어느 한쪽으로 치우치게 되었다는 폐단을 지적하고, 이를 바로 잡고자 서산대사가 『선가귀감』을 저술하게 된 공로를 높이 평가한 것이다. 끝으로 그는 그 자신이 개인적으로 입은 스승의 은혜에 극도의 찬사로써 고마움과 존경심을 표하고 있다.

사명당이 스승에게 이러한 감사와 찬사를 바친 것은 가르침의 요체가 남종선의 '깨달음'(覺)과 '실행'(行)의 일치에 있음을 깊이 이해한 데서 나온 외침이었다. 그 깨달음과 실행의 일치성은 궁극적으로 중생의 구제에 다름 아니었다. 이리하여 그는 언제나 스승을 받들어 내세우며, 자신은 2인자로 살기를 즐겨하였다. 그 10여 년 뒤 임진왜란이 발생했을 때

서산 휘하에서 의승병도대장으로 활동하였으며, 전쟁이 끝난 후 전후처리를 위해 도일하여 강화회담에 임할 때는 항시 '선사(先師)의 유결(遺訣)'을 받들고 활동하는 일을 잊지 않았다. 이로 인하여 서산대사의 이름이 일본에까지 전해지게 된 것은 뒤에서 다시 살펴보게 될 것이다.

그는 묘향산에서 두 번째 안거(安居)를 마치자 모든 것을 훌훌 털어버리고 남국으로 멀리 운수행각에 나섰다. 그의 문집에는 이 무렵 평양과 개성을 지나다니며 지은 상당한 수의 시들이 실려 있어 당시 그가 운수행각에 매우 열중하던 모습들을 보여주고 있다. 특히 병자년(1576) 가을에는 평양의 대동강 부벽루에 올랐다가 이어 가야산 해인사로 내려가 고적을 찾고 자연을 감상하였다. 이때 지은 장편의 시는 바로 '자아를 찾아 헤맨 몸부림'이었다 하여 지나친 말이 아니다.

이 세상에 태어난 나 어떤 사람인가
우뚝하고 기이해서 맞는 데가 없구나.
사람들은 나보고 광객(狂客)이라 하지만
나는 스스로 그렇지 않다 하네.
그지없는 속마음 뉘에게 말할손가
아차차 부질없이 귀 밑 터럭만 희었구나.
자장(子長)의 멀리 놀던 흥 생각하며
허리에 시(詩) 넣는 주머니 차고
지팡이 끌고 영운(靈運)의 나막신으로
곧장 가야산 올라가니 길도 멀어라.
때는 구월이라 흰 이슬 내리고
곳곳마다 누른 국화 중양을 맞는다.

무릉교 아래 맑고 얕은 물

움켜 한 번 마시니 경장(瓊漿) 같구나.

홍류동 돌에 새긴 글 예와 같은데

초왕의 존(存)과 범(凡)의 멸망을 몇 번이나 보았나.

말없이 천고의 일 더듬어 생각하니

생각이 다한 끝에 마음만 아득하다.

소나무 밑 흰 돌에 오랫동안 앉았으니

해 저물어 푸른 산빛 못에 잠긴다.

으슥한 골짝에 바람소리 나오고

굽이쳐 흐르는 냇물 생황을 부는 듯.

아이가 낙엽 살라 차를 다리니

평생토록 막혔던 창자 깨끗이 씻어주네.

배회하다 밤 깊은 줄 몰랐더니

별 돌고 달이 지니 하늘 더욱 창창하다.

오만하게 무릎 안고 눈 붙이니

한 번 졸음에 만사가 망양(亡羊)일세.

옛 학사 최고운을 꿈길에 뵈오니

완연히 바위 아래서 거문고 갑을 여네.

은근한 듯 내게 술 권하고

상·주와 한·당의 옛일 뒤섞어 말한다.

서늘한 바람결에 나비 흩어지니

퉁소를 울리며 봉황을 탄 듯하네.

돌아보니 푸른 하늘에 자던 구름 걷히고

빛나는 아침 해 동방에 떠오르네.

등 넝쿨 우거진 속 물소리 세차고
솔과 대숲에 원숭이 울고 있다.
유유히 일주문 밖으로 돌아드니
곡지는 옛날 술잔 띄우던 곳이라네.
불전(佛殿)은 우뚝 솟아 하늘에 닿은 듯
단청도 고울세라 밝은 빛 번뜩인다.
높은 다락 종소리 아침저녁 울리니
둘씩 짝한 중들 긴 행랑 도는구나.
오동에 스치는 바람 광악(廣樂)을 연주하고
거물로 얽은 속에 대장경 간직했네.
날이 새자 다시 으뜸 봉우리 오르니
완연히 날개 돋아 옥황을 뵈옵는 듯
동쪽 보고 북쪽 봐도 막히는 곳 없으니
우러러 보고 굽어 봐도 팽상이 한가지라.
봉래산 방장산은 저기 손가락 끝이요
약수와 부상이 옆에 있는 듯하구나.

吾生於世何似者 嶔奇歷落無的當
人皆呼我是狂客 而我自謂誠非狂
衷情浩浩雖與說 咄咄空成雙鬢霜
飜思子長遐遊興 腰間獨佩藏詩襄
携笻又箸靈運屐 直登伽倻山路長
時維九月白露下 處處黃菊當重陽
武陵橋下水清淺 手掬一歃猶瓊漿

紅流石刻如昨日　幾見楚存而凡亡

無言緬想千古事　思窮計絕心茫茫

靑松白石坐來久　日暮空翠沈橫塘

寥寥陰壑産靈籟　靑川瀝瀝吹笙簧

僅收枯葉烹茗飮　滌蕩磊塊平生腸

徘徊不覺夜將半　星廻月墮天蒼蒼

據梧抱膝暫暝目　一眠萬事俱亡羊

夢謁孤雲舊學士　宛在岩下開琴箱

慇懃飱余百鍊液　錯說商周并漢唐

冷冷風度散胡蝶　怳若簫鳴驂鳳凰

回瞻空碧宿雲盡　熙熙白日生東方

藤蘿絡石水聲激　猿猱亂卿饒松篁

悠悠度入一柱外　曲池追思飛羽翔

梵王臺殿逼象緯　金彩照耀浮輝光

危樓晨夕鐘鼓動　兩兩鵞眼廻長廊

桐孫風伯奏廣樂　絲網掩映龍海藏

平明更陟最高頂　依依羽化朝玉皇

東瞻北望無夭閼　仰觀俯察齊彭殤

蓬萊方丈指顧內　弱水扶桑如在傍

• 「丙子秋遊伽倻山」, 『사명집』 권1

이 시는 가야산 해인사를 유람한 기행을 노래로 읊은 것이다. 사람들은 자기를 미치광이라 하지만 누구에게도 자신의 충정을 말 못하는 심정을 먼저 안타까워하였다. 단지 자신은 '도'를 구하여 찾아 헤매고, 시인이 되어 산을 올라 발길 닿는 대로 떠돌아다닐 뿐이다. 그러한 과정에서 해인사와 인연이 깊은 고운 최치원이 나타나 은과 주, 한과 당의 역사를 이야기하는 듯하여 그의 흔적을 찾아 헤매기도 한다.

유·불·도 삼교에 능통한 고운은 신라 말 어지러운 세상에 절망하여 각지를 유람하며 풍월을 읊다가 마지막에는 가야산 해인사로 들어가 여생을 마쳤다고 전한다. 사명당은 고운의 자취를 찾아 헤매는 가운데 자신의 실체를 발견하려 애쓰며 고운의 자취를 따라 나선 발걸음을 멈추지 않고 사천과 하동으로 향한다. 이때 지은 다음 칠언율시 역시 고운의 옛자취를 추적하는 과정에서 얻어진 작품이다.

외로운 배 새벽에 곤양성을 떠나,
저녁 무렵 악양루 아래 바위에 닿았네.
금빛숲 어느 곳에 푸른 계수나무 깊었나,
날아갔다 날아오는 한마리 학이여.
황혼 무렵 어촌에서 밥 지을 불 빌려다가,
밤들어 갯가에서 대나무로 불 지피네.
날 밝아 일어나 비로봉 바라보니,
구름 다한 동남쪽 하늘은 한빛이네.

孤舟曉發昆陽城 暮泊岳陽樓下石
金箱何處靑桂深 飛來飛去鶴一雙
黃昏爨火乞漁村 入夜汀洲燃楚竹
平明起望毘盧峰 雲盡東南天一色
　•「泊岳陽江口訪孤雲舊蹟」, 『사명집』 권3

해인사 팔만대장경목판. 사명당은 서산대사 문하에서 선수련을 하던 시기에
해인사를 비롯한 여러 지역으로 운수행각을 나섰다.

　여기 곤양성은 경남 사천군 곤양면이며, 악양루는 하동군 악양면에 있
는 누각을 말한다. 그는 해인사를 떠나 사천으로 나가 거기서 횡천강을
거슬러 하동까지 100여 리 길을 고운의 옛 자취를 따라 긴 여행을 한 것
이다. 하지만 끝내 고운의 자취는 간곳없고 한마리 학이 오락가락하며,
구름 다한 하늘은 한빛으로 변한다. 불우한 시대를 살았던 한 지성인 최
고운의 자취를 더듬으며 자신의 처지를 성찰해보는 의미 있는 시간이었
음에 틀림없다.

　뇌묵당(雷默堂) 처영(處英)은 사명당과 서산의 문하를 거친 동문으로
서 누구보다도 그를 잘 이해하고 있었다. 그는 사명당이 입적한 뒤 문집
을 편찬할 때 그 발문에서 이렇게 평가하고 있다.

서산에게서 법을 얻어 수레를 돌리어 가던 길로 되돌아와서 지난날의 잘못을 확실히 깨달았으니, 이것은 꼭두서니에서 나온 자줏빛이 더 붉고 쪽에서 나온 청색이 더 푸른 것(靑出於藍)에 비유할 만했다. 이로부터 밝은 이치를 모두 알아서 이 이치로 스스로 뛰어났지만 이것을 아무도 알아주는 사람이 없었다.

처영은 사명당의 동문 후배로서 뒷날 호남에서 의승병을 일으켜 전공을 세우는 데 특히 권율 장군과 함께 행주대첩에 공이 컸던 것은 잘 알려진 일이다. 서울을 수복한 뒤 서산대사는 노령으로 묘향산으로 돌아가면서 가장 신임하는 사명과 처영에게 뒷일을 부탁했으며, 그뒤 그가 세상을 떠날 때도 두 사람에게 글을 남겨 후사를 당부하였다. 동문 사명이 스승 문하로 들어간 시점을 고비로 하여 향상일로로 치닫는 모습을 보고 오히려 스승의 경지를 뛰어넘은 것으로 처영은 높이 평가하고 있는 것이다.

금강산 보덕암에서의 정진

 사명당의 운수행각은 서산 문하를 떠나서도 계속되었다. 처음 금강산 만폭동의 보덕암(普德庵)을 찾아 수행처를 정한 시점은 무인년(1578), 즉 그가 35세 되는 때였다. 「석장비문」이나 「행적」에서는 사명당이 "무인년에 청허노사를 하직하고 풍악산으로 가서 세 번의 하안거를 지냈다"고 하여 보덕암에서도 3년을 수행하였다고 한다. 이때 그는 수행을 겸하여 자연과 벗하며 열심히 시 짓는 활동을 하여 문집에 많은 작품을 남겨 놓고 있다. 다음 칠언절구 만폭동 시 역시 이때의 작품으로 보인다.

 여기가 인간세상 백옥경인가
 유리동부의 중향성(衆香城)이로다.
 날아 흐르는 만 갈래 폭포는 천년설이요
 긴 휘파람 한 소리에 천지도 놀라누나!

 此是人間白玉京 琉璃洞府衆香城
 飛流萬瀑千年雪 長嘯一聲天地驚
  • 「萬瀑洞」, 『사명집』 권4

만폭동의 절경을 『유마경』에 나오는 향적여래(香積如來)의 정토에 견주어 노래한 것이다. 진헐대와 향로봉 시도 역시 그 선경을 각각 읊조린 것이다.

젖은 구름 다 걷히니 산은 목욕한 것 같고
백옥과 연꽃 같은 천만 봉우리일세.
홀로 앉았으니 몸에 날개가 돋친 듯하고
만리장공에 시원한 바람 탄 것 같구나.

濕雲散盡山如沐 白玉芙蓉千萬峰
獨坐翻意生羽翼 扶搖萬里御冷風
• 「眞歇臺」, 『사명집』 권4

산은 백두에 접했으니 하늘이 아득하고
물은 청해로 이었으니 길이 망망하다.
대붕이 날아가니 서남쪽이 광활한데
어느 곳의 산과 물이 상제(上帝)의 고향인가.

山接白頭天杳杳 水連青海路茫茫
大鵬飛盡西南闊 何處山河是帝鄉
• 「登香爐峰」, 『사명집』 권4

보덕암에 있는 2~3년 사이 사명당은 여기저기 돌아다니며 금강산의 아름다운 경치를 노래하는 시인으로 변하였다. 명사십리를 노래한 것도

금강산 만폭동의 보덕암. 사명당은 서산 문하에서 3년을 지낸 뒤 금강산 보덕암으로 들어가 참선과 시문 저술로 다시 3년을 보냈다.

이 무렵의 일일 것이다.

가는 비 내리는 명사 때는 삼월인데
살구꽃 떨어지니 나그네 집 생각난다.
고향은 여기서 일천리나 떨어졌는데
개울다리 옆 푸른 버들 근심스레 바라본다.

細雨鳴沙三月時 杏花零落客思歸
鄕關猶隔一千里 愁見河橋靑柳絲
• 「鳴沙行」, 『사명집』 권4

사명당은 금강산을 시적 경계로서만이 아니라 청정도량이 함께 해야할 명산으로도 인식하였다. 산중의 오래된 암자에 불상이 있어야 할 자리가 비어 있어 차마 그냥 지나치기 어려웠다. 불상을 만들어 모시고자 발심하여 다음과 같이 권선문을 지었다.

세상 사람들이 나무나 돌, 금이나 옥으로 불상을 만드는 것은 무슨까닭인가. 그 도를 사랑하고 그 덕을 사모하여 잊지 않기 위함이다.『시경』에 이르기를 "아, 가신 임금을 잊지 않는다" 하였다. 부처님이중생에게 은혜가 깊은지라 그 높아서 물건을 다스림은 임금과 같고, 좋은 법으로 가르치는 것은 높은 스승과 같으며, 중생을 구제하는 사랑은부모와 같다.

부처님은 이 세 가지를 아울러 행하여도 어기지 않았으므로 그 형상을 만들어 공경하고, 그 말을 사모하여 외우는 것이다. 위로는 임금과어버이의 복을 빌고 아래로는 나고 죽음의 은혜를 도와주는 것이니, 그덕이 사람의 마음에 깊이 들어갔으므로 사람들이 잊지 않는 것은 당연한 일이다.

이 암자는 신라 때 창건한 것인데 세월이 오래되어 주추가 무너지고기와가 깨어지니 부처 또한 떠났다. 그리하여 산인(山人) 아무가 탁발을 하여서라도 중수하려는 마음을 내었으나 일은 크고 덕은 모자라서혼자서 감당하기가 어려우므로 큰 공덕을 지으려는 분을 만나 영원히전할 불사를 이루려 하는 것이니 뜻있는 분은 여기 이름을 적어주시기바란다. 길흉과 화복은 제각기 같은 동아리를 따르는 것이라, 구태여인과응보로 말할 것이 있겠는가.

• 「皆骨山興成庵造佛勸善文」, 『사명집』 권6

서산 문하에서 선 수련을 익혔지만 그렇다고 어려서 익힌 유교의 가르침을 완전히 벗어난 것이 아니다. 이 짧은 문장에서도 해박한 지식과 문장력으로 불교적 입장에서 유교의 가르침을 포섭하여 하나의 원융한 유불조화론을 전개하는 탁월한 글솜씨를 보여주고 있다.

　금강산을 오르면 또한 동해를 지나칠 수 없다. 넓고 망망한 동해를 내려다보며 노래하였는데, 이것도 필시 보덕암 수련시절의 작품일 것이다.

넓어서 가없고 깊어서 밑이 없다.

구만리 붕새도 다 날지 못하고, 백 척의 두레박으로도 다 깃지 못한다.

맑히려 해도 맑혀지지 아니하고, 휘저어도 흐려지지 아니하네.

7년 가뭄에도 줄지 아니하고, 9년 홍수에도 늘지 아니하네.

줄지도 늘지도 아니하니 군자의 도량이로다.

廣兮無涯 冲兮無底 九萬里之鵬兮 飛而不盡

羌百尺之綆兮 汲而莫測 澄之兮不淸 揚之兮不濁

七年之旱而不減 九年之水而不增 不減不增兮 君子之量乎

　•「東海辭」,『사명집』권1

　넓고 깊고 깨끗한 바다를 시인의 안목으로 칭송하고 있다. 대붕도 다 날지 못하는 구만리 장공의 아득한 동해, 가뭄이나 홍수에도 덜하고 더함이 없는 바다, 사명은 이 동해를 군자의 도량에 견주고 있다. 그가 스스로 지어 불렀다는 사명(四溟)이라는 당호도 다름 아닌 사해(四海)를 뜻하는 것이다.

　사명당이 묘향산을 떠나 풍악산으로 가서 세 번의 하안거를 지냈다고 하지만 실제로 서산 문하에서처럼 3년을 한 곳에서 보낸 것이 아니다. 그 '세 번의 하안거' 기간 중에도 금강산에서 내려와 불사에 참여한 자취를 남겨 놓고 있다. 금강산에서 내려오면 그는 강릉에서 다시 오대산 월정사로 가든가 아니면 속초를 지나 태백산으로 내려가는 길을 택하게 된다. 오대산 월정사야 말할 것도 없지만 이 무렵 그는 삼척 남방 50리 지점의 태백산 자락에 있는 영은사(靈隱寺)와도 인연을 맺고 있었다. 영은사의 사적비와 기문 등을 참고해보면 이 절은 신라 범일국사(梵日國師, 810~889)에 의해 창건되었을 때 운망사(雲望寺)라 하였으나 그후 사명당이 주석하면서 영은사라는 이름으로 고치면서 다른 여러 건물들의 이름들도 고쳐 부르게 되었다고 한다. 그의 영은사와의 인연은 이 도량이 운수행을 벌이는 태백산 길목에 소재하였기 때문이었다. 그가 「영은사에서 백정랑(白正郎)에게 주는 시」(『사명집』 권4) 한 편을 남긴 것도 역시 그러한 연고사찰임을 말해주는 것이다.

사명당은 속초에서 남하하여 영은사에 묵은 뒤 다시 남쪽으로 태백시에 이르고 여기서 다음 목적지에 따라 다시 충청도나 경상도 방향으로 길을 잡았다. 그가 남긴 당시의 자취는 충주 숭선사(崇善寺)에서 발굴된 와당의 명문과 영주 부석사 안양루를 중창할 때 쓴 기문 등에서 찾을 수 있다.

충주 숭선사는 고려 광종이 모후인 신명순성왕후를 위해 그녀의 고향 충주에 세운 국찰(國刹)이었다. 이 절은 임진왜란 때 불탄 이후 폐사지로 변하고 말았으나 2000년대에 들어 충청대학 박물관에서 발굴, 조사한 결과 그 무렵 사명의 행적과 관계가 있다는 사실이 밝혀졌다. 즉 숭선사는 기묘년(1579)에 중수하였다는 사실을 알리는 출토 유물 가운데 '만력기묘'(萬曆己卯)라고 적힌 암막새 기와들이 다수 출토되었는데, 여기에는

왼쪽 평기와에는 '惟政監眞', 오른쪽 암가새 기와에는 '萬曆己卯'라는 글씨가 보인다.
근래 충청대박물관은 임진란에 소실된 숭선사지를 발굴하여 학계에 보고했다.

'유정감진 효산 대구'(惟政監眞 孝山 大丘)라는 명문들이 뚜렷하게 양각되어 있다. 사명당 유정이 감독하고, 효산이라는 건축가(명문에는 대구大丘라고 되어 있으나 이는 대장大匠의 오기)가 세웠다는 것이다. 이 사실로보아 사명당은 36세에 아마도 이 지역을 지나면서 인연에 따라 사찰의중수에 이름을 내었던 모양이다.

충주 숭선사의 중수감독을 맡고 있는 동안 사명당은 인근 지역인 영주부석사 안양루가 중창되어 그 기문을 요청받기도 하였다. 이 중창기에 의하면 안양루는 을묘년(1555) 봄에 화재로 전소되어 초토화 하였으나 장로 석린(石獜)이 중창의 뜻을 세워 병자년(1576) 여름부터 역사를 시작하여 준공하게 되었으며, 무인년(1578) 가을에는 선자(禪子) 경휘(敬暉)가단청을 함으로써 몇 년 만에 누각의 엄연함이 마치 하늘이 이룬 것같이되었다. 이러한 사실 설명에 이어 사명은 문장의 마지막에 유·불·도,

삼교의 사람들이 이 누각에 오를 때의 정경을 다음과 같이 흥미 있게 기술하고 있다.

고신(孤臣)이 오를 때에는 우국애군의 정이 생길 것이요, 도사(道士)가 다다르면 빳빳이 골격을 세워 서늘한 바람을 몰고 갈 것이며, 선자(禪子)가 오를 때에는 공부 없이 바로 선정(禪定)에 들게 될 것이다. 이러하니 하나의 누각이 이루어짐에 뭇사람의 즐거움이 갖추어진 것이다. 그렇다면 반드시 현자(賢者)라야 이를 즐길 수 있다고 하겠는가? ……
사명광한(四溟狂漢) 기(記), 때는 경진(1580) 추칠월 상한(上幹)

유자와 선승과 도사 삼교의 인사들이 누구나 가릴 것 없이 안양루를 오를 때 각자가 느끼게 될 서로 다른 모습들을 활달하게 설파하고 있다. 그만큼 그는 비록 불교인이지만 유교와 도교를 아우르는 삼교 합일논적 입장에서 기문의 내용을 장식하고 있는 것이다. 북송 범중암(范仲菴)의 「악양루기」(岳陽樓記)에서 보여주는 경력(慶曆) 연간에 사대부의 활달한 기풍을 연상하게 하는 드넓은 도량이라 할 만하다. 오늘날까지 보존되어오는 이 기문은 목판에 초서체로 쓰여졌는데, 오랜 기간 마모되어 더러 읽히지 않는 글자가 있기는 하지만 그 글씨는 문장의 내용만큼이나 활달하고 유려하다.

기문이 작성된 경진년 7월은 사명당이 보덕암에 들어온 지 2년째 되던 해이다. 여기에 사명이라는 호를 쓰고 있다. 그는 그만큼 푸르고 광활한 바다를 좋아하고 또 그렇게 살기를 희망하였기 때문인 것 같다. 사명이라는 당호를 언제부터 사용하였는지는 확실하지 않지만, 나타난 기록상으로 보면 그가 서산 문하를 떠난 다음 해, 『선가귀감』의 발문에서 '사명

이 기문은 30대 후반의 사명당이 운수행각 시에 스스로를 '미치광이(狂漢)'라고 할 만큼의
활달한 기상으로 쓴 작품이다.

종봉 유정배수'(四溟 鍾峰 惟政拜手)라고 쓰고 있으며, 다음으로 부석사
안양루의 중창기문을 찬술할 때 '사명광한'이라 하고 있다. 이로써 보면
그가 직지사에 있으면서 『허응당집』에 발문을 쓴 30세에 '한산 이환'(寒
山離幻)이라고 한 뒤 사명이라는 호를 쓴 것은 처음이 35세이며, 다음이
37세 때임을 알 수 있다. 그런데 사명(四溟)을 조선 후기에 와서 사명(泗
溟)이라고 표기한 경우가 더러 있으나 이는 분명한 오류이다. 특히 사찰
에 모시기 위한 후세의 진영에는 대부분 사(泗)자로 쓰고 있는데, 이는 아
마도 공자 고향으로 흐르는 냇물, 수사(洙泗)라 하는 호칭과 관련하여 사
명당이 유학에 능통한 승려라는 뜻으로 잘못 쓴 데서 비롯한 것이 아닌가
여겨진다.

  사명당은 왜 스스로를 미치광이(狂漢)라고 하였을까? 돌이켜보면, 그

가 10세 이전에 할아버지에게 글을 배울 때 '구류(九流)의 뜻이 좁다고 한탄'하였으며, 직지사 주지로 있으면서 『허응당집』 발문을 쓸 때 그 첫머리에 '우리 대사께서는 동방의 좁은 땅에서 태어났다'고 한탄하였다. 그의 집안이 어쩌면 사화로 큰 화란을 당했던 과거를 지녀서인지 모르지만 어린 시절부터 좀더 높고 넓은 세상을 동경하였던 것 같다. 그가 서산 문하로 들어간 다음 해 가야산을 유람하면서 "사람들은 나를 광객이라 하지만, 나는 진정으로 미친 것이 아니라네. 넓고 넓은 충정을 뉘와 함께 말하리"라고 심경을 토로한 시를 참고할 만하다. 여기서는 다른 사람들이 자신을 '광객'이라 한 것을 섭섭해 여기지만 「안양루 중창기」에서는 스스로 '광한'이라 하고 있는 것이다.

공자는 사람을 3등급으로 나누어 광자(狂者)는 진취성이 있어 성인으로 발전할 수 있고, 견자(狷者)는 할 일과 하지 말아야 할 일을 가려서 하여 현인이 될 수 있으며, 향원(鄉愿)은 이래도 좋고 저래도 좋다고 타협하여 이익만 취하는 보통사람이라고 배척하였다. 따라서 공자가 말하는 광자와 일반에서 말하는 미치광이와는 그 의미가 다른 것이다. 사명은 그가 서산 문하에 들어 수련하는 과정에서 진정으로 크고 넓은 세상을 바라는 '광자적' 자세로 구도하는 모습을 보여준 것이다. 사명이라는 호는 이러한 뜻에서 스스로 지어 불렀던 것이 분명하다.

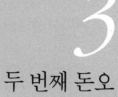

3

두 번째 돈오

"제각기 신령스러운 성품을 갖추었는데도
너희들은 어찌 도리어 그것을 구하여
일대사를 해결할 생각을 하지 않는가?
부처는 내게 있는데 어째서 밖으로 구하여 치닫는가?"

떨어지는 꽃이 준 깨달음

    사명당은 만폭동 보덕암에서 내려와 여러 해 동안 팔공산·지리산·청량산·태백산 등 전국의 여러 명산을 순례하면서 수행을 계속하였다. 아마도 동문인 형장로를 묘향산으로 보내면서 지은 듯한 다음 시를 보면 당시 동서남북을 내달리며 구도하는 그의 모습을 상상할 수가 있다.

    서산에서 일찍이 입실하였고, 다시 남쪽으로 유람할 마음을 가졌네.
    장백산으로 다시 봉래산으로, 날 따르는 것 오직 지팡이 하나뿐.
    태백산 높은 곳엔 봄에 가서 놀고, 신라의 저자(市)는 가을에 지났어라.
    동쪽으로 취령봉에 올라, 황금골(黃金骨)에 절하고,
    서쪽으로 초산의 구름 속에 들어가, 다시 종릉의 달을 구경하네.
    옷 떨치고 옛 절 생각나자, 바로 눈 내린 향로봉으로 향하네.
    돌아보니 두 고향 모두 아득한데, 외로운 기러기 저 멀리 날아간다.

    西山曾入室 又作南遊志 長白與蓬萊 相隨唯杖子
    春遊太白高 秋過新羅市 東登鷲嶺峰 頂禮黃金骨
    西入楚山雲 更玩鐘陵月 拂衣懷舊棲 直向香爐峰

回望兩鄉遙, 孤鴻杳超忽.

•「送同長老還西山」, 『사명집』 권1

이 시를 언제 지었는지는 확실하지 않지만 서산의 문을 떠나 형장로와 함께 '오직 지팡이 하나'에만 의존하여 명산대천을 유람하였던 그 시절의 작품임에 틀림없다. 선승에게는 지팡이 가는 대로 두루 떠돌아다니는 그 자체가 구도요 고행이었다. 불가에서는 물 흐르는 대로 맡겨 천하를 주유하는 그러한 행각을 임운(任運)이라고 하고, 그들을 운수납자(雲水衲子)라고도 부른다.

사명당이 천하를 주유하다가 관서지역을 지나며 절친한 친구 허봉이 바른 언사로 선조의 미움을 사 떠돌이 신세가 된 처지를 생각하며 안타까운 심정으로 읊은 시가 몇 편 전한다. 다음 시 역시 계미년(1583) 가을 관서로 가는 도중에 하곡 허봉을 생각하며 지은 것이다.

해 저무는 변방에 온갖 풀이 시들고
언덕 단풍에 서리 내리는데 나그네 남으로 돌아간다.
길가의 국화는 옛 빛이 아닌데
시름 밖의 푸른 산은 예와 다름없구나.
만리의 외로운 신하 눈물 흘리는데
1년 동안 귀밑 머리 몇 가닥이나 희어졌나.
아름답도다 양양한 저 강물
날 저문데 부질없이 복조사를 읊는구나.

歲落關下衆芳歇 岸楓霜度客南歸

路榜黃菊非前色 愁外靑山似舊時

萬里孤臣數行淚 一年𢶇鬂幾莖絲

美哉江漢洋洋水 日暮空吟鵩鳥詞

- 「癸未秋關西途中」, 『사명집』 권3

허봉은 귀양간 지 2년 만에 유성룡, 노수신 등의 주청으로 귀양에서 풀려나게 되었으나 그는 서울로 돌아갈 수 없었다. 선조는 그의 석방은 허가하였으나 서울 입성은 불허하였기 때문이다.

사명당은 때로는 호신불을 지니고 다니며 부처님께 귀의하려는 마음을 잃지 않으려 하였던 모양이다. 근년에 소형 라마계 금동여래좌상(높이 9.4센티미터)과 함께 그 복장에서 나온 원장(願狀)이 지상에 소개되었는데 여기에는 "석가여래의 유교제자(遺敎弟子) 사명사문 유정(四溟沙門 惟政)이 귀의한다"는 글로 시작되어, 마지막에는 "만력갑신 12월 16일 제자 유정 원장"이라 되어 있다. 갑신년(1584)은 그가 41세 되던 때이다. 『건봉사본말사지』에 따르면 이 원불은 원래 낙서암(樂西庵)에 봉안되었던 것이라고 한 것을 보면, 사명당이 지니고 다니다가 그뒤 건봉사에서 의승병을 일으킬 때 두고 떠났던 것이 아닌가 여겨진다.

원불을 지니고 운수행각을 벌이는 도중에도 때로는 사찰에서 젊은 수좌들을 모아 가르치기도 하였던 모양이다. 43세가 되던 해(1586) 봄에는 마침 옥천산의 상동암이라는 조그만 암자에 머물며 제자들을 가르치고 있었는데, 여기서 그는 또 하나의 커다란 깨달음을 얻게 되었다. 「석장비문」에는 당시의 사정을 다음과 같이 묘사하고 있다.

병술년 봄에 옥천산 상동암에 도착하여 제자들을 가르치고 있었는

사명대사의 호신불(라마계 금동불상).
이 불상은 「건봉사사적기」에
그 이름이 보이는데, 어느 때부터인가
자취를 감췄다가 근년에 포항 대성사
소장으로 다시 공개되었다.

데, 하룻밤 소나기에 뜰에 핀 꽃이 떨어진 것을 보고 갑자기 무상을 깨달았다. 제자들을 불러 말하기를 "어제 핀 꽃이 오늘은 빈 가지가 되었다. 인생의 덧없음도 이와 같은 것이다. 덧없는 인생이 하루살이와 같은데 세월을 허송하는 것은 참으로 안타까운 일이다. 너희들은 제각기 신령스러운 성품을 갖추었는데도 어찌 도리어 그것을 구하여 일대사(一大事)를 해결할 생각을 하지 않는가? 부처는 내게 있는데 어째서 밖으로 구하여 치닫는가?" 하고는 곧 제자들을 해산시키고 홀로 선실(禪室)에 들어가 입을 다물고 가부좌하여 열흘 동안을 나오지 않았다. 제자들이 창틈으로 엿보니 우뚝 앉아 있는데 마치 흙으로 빚은 사람과 같았다.

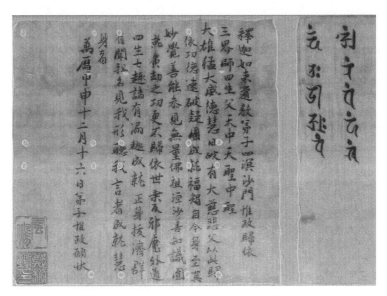

이 원장은 사명당이 부처님의 큰 가르침에 따라 충실한 제자가 되겠다는 소원을 담은
자필 글씨다. 호신불의 복장에 넣어 지니고 다닌 복장기다.

병술년(1586) 봄, 사명은 불혹의 나이가 되어 비바람에 떨어진 낙화를
보고 두 번째의 돈오(頓悟)를 경험한 것이다. 부처가 내게 존재하므로 내
가 곧 부처라는 평범한 진리를 깨닫게 된 것이다. 서산대사를 찾아가 설
법을 듣고 단번에 대오(大悟)한 후, 실로 10년 만의 일이었다. 깨달음은
말로나 글로 얻어지는 것이 아니라 화두를 갖고 정진하는 가운데 어떤
한 계기를 얻어 자각하는 것을 말한다. '상동암의 돈오'에서 그는 부처
되는 공부가 외적 추구에서 얻어지는 것이 아니라 하여 제자들을 돌려보
냈다. 이 대목을 「행적」에서는 어떻게 서술하고 있는가를 대비하여 음미
해보자.

…… 하룻밤 비바람에 뜰 앞의 꽃이 모두 떨어진 것을 보고 눈물을

흘리며 탄식하고, 제자들을 불러 말하기를 "시서(詩書) 3만 권과 경론(經論) 5천 상자와 장자·노자·열자와 같은 여러 사람들도 다만 마음 심(心)자 하나를 말했을 뿐이다. 소리를 내어 입에 올려 읽으면서 헤매고 허덕이기보다는 마음을 태극(太極)의 위와 천하의 어머니라는 첫 글귀의 저쪽의 저쪽에 돌려보내는 것이 낫다" 하였다. 그러고는 곧 제자들을 모두 흩어버린 뒤 선실에 들어앉은 지 10여 일이 되었다.

해안은 교산과 그 설명하는 방법에 약간의 차이가 있으나 내용상 차이는 없다. 교산이 제자들에게 모든 사람들은 본래 "신령스러운 성품 즉 불성을 지녔으므로 그것을 보면 부처가 되는데(見性成佛) 하필 밖에서 구하느냐? 여래는 내 속(마음)에 있다"고 한 말은 '마음(心) 하나만 깨달으면 된다(大悟)'는 해안의 지적과는 그 표현에 다소 차이가 있으나 내용은 같다.

선가에서 전하는 돈오, 즉 깨달음의 계기는 매우 감동적이다. 송대 법안종의 홍수(洪壽) 선사는 불붙은 나뭇조각이 땅에 떨어지는 소리를 듣고 홀연히 깨달았다고 하며, 장구성(張九成) 거사는 어느 날 밤 변소에서 공안을 이리저리 생각하다가 때마침 청개구리 울음소리를 듣고 깨달았다고 한다. 또 어느 스님은 『법화경』을 공부하다가 '모든 법은 본래 고요하고 텅 빈 것이다'(諸法本寂滅)라는 구절에 이르러 일어나는 회의를 금할 수 없었는데, 그러던 어느 봄날 꾀꼬리 우는 소리를 듣고 문득 깨닫고 계송을 지었다. 선사들은 깨달음을 얻으면 오도송(悟道頌)을 지어 전한다.

그러나 사명당은 깨달은 뒤 곧장 선정에 들어 10여 일을 계속 정진하였으나 굳이 오도송을 짓는 형식을 따르지 않았다. 다만 이 뒤부터 그는 여러 사람들이 가르침을 구할 때 선게(禪偈)를 주어 과감하게 정진할 것을 권했다. 아래 두 게송도 이 이후의 작품들로 보인다.

만법은 본시 허공의 꽃이라
어찌 헛되이 바닷속 모래를 셀 것인가.
단지 철벽 은산을 뚫어나갈 뿐
어찌할까 어찌할까 묻지 말라.

萬法由來空裏花 豈宜徒算海中沙
但從鐵壁銀山透 不問如何又若何
• 「贈圓沙彌求頌」, 『사명집』 권5

만 가지 의심을 한 가지 의심에 뭉쳐
의심해오고 의심해가면 스스로 보리라.
용을 잡고 봉을 치는 솜씨로
한 주먹으로 철성을 넘어뜨려라.

萬疑都就一疑團 疑去疑來疑自看
須是拿龍打鳳手 一拳拳倒鐵城關
• 「贈蘭法師」, 『사명집』 권5

사명당이 '돈오'를 경험한 옥천 상동암은 지금은 어딘지 확인할 수 없다. 옥천의 어느 산인지 혹은 다른 어느 지역의 옥천산이었는지도 모를 일이다. 아마 조그만 암자로 있다가 뒤에 폐사로 되었을 것이다. 간화선에 대한 확신을 갖고 후진들을 독려하는 한편 때로는 교학에 집착하는 이에게 그 방법을 버리고 선법에 따르도록 일침을 가하는 단호함을 보이기도 하였다. 한번은 어느 장로승이 법화경을 강론해달라고 요청하자 시를 지어 이를 거절하였다. 다음 시가 그것이다.

하늘이 낸 특별한 기남자로서
또 서산에 들어가 이훈을 심었네.
다시 내 집에는 무진장한 것이 있으니
허리 굽혀 어찌 신문(神門)에 제사지내리.

天生自特奇男子 又入西山種異熏
更有儂家無盡藏 折腰其肯祭神門
 •「有長老邀我論妙蓮華詞以却之」,『사명집』권4

일반적으로 불교를 심학(心學)이라고 하고, 성리학을 이학(理學)이라고 한다. 그런데 유가에서도 육왕학(육상산·왕양명의 학)을 심학이라고 한다. 심학과 이학의 차이는 『대학』의 '격물치지'(格物致知)를 해석하는 방법에 있다. 송나라 주희(朱熹)는 '격물치지'를 '물(事物)의 이치를 궁구하여 지를 이룬다(致知)'고 주장하였는데, 명나라 양명(이름은 수인守仁, 1472~1529)은 격물의 '물'은 사물이 아니라 마음이라고 보아 격물은 결국 '마음을 깨닫는 것(致知)'이라고 주장하여 대립하였다. 양명은 중앙에서 벼슬살다가 권력을 농단하던 환관 유근(劉瑾)의 핍박으로 귀주성(貴州省) 용장(龍場)으로 귀양가서 그 어려운 가운데서도 격물의 해답을 구하기 위하여 주야로 정좌하여 명상하던 어느 날 밤, 이른바 '용장의 돈오'

를 경험하였다. 이리하여 그는 "성인의 도가 나의 성(性)에 자족하니 따로 사물에서 이치를 구하는 것은 잘못"이라고 주장하여 필생의 학설인 치양지설(致良知說)을 제창하게 된 것이다. 정주학 쪽에서는 주관유심론으로 기울어진 양명학에 대해 '겉으로는 유학을 한다고 하면서 안으로는 불교를 하였다'(陽儒陰佛)고 비판하였던 것이다.

사명이 옥천에서 경험한 상동암의 깨달음은 양명이 귀주에서 경험한 '용장의 돈오'와 형태로나 내용에서 매우 유사하다. 이러한 점에서 '상동암의 돈오'라 할 것이지만 이는 단지 승려로서의 본분상의 일일 뿐이었다. 조선의 사대부들은 성리학을 존숭하여 불교를 배척하였던 그러한 잣대로 양명학을 배척하였다. 임진왜란을 당하여 양명학을 숭상하는 명나라 문무관원들이 내왕하면서 양명을 문묘(文廟)에 모실 것을 주청한 이도 있었으며, 혹은 조선의 일부 인사들이 양명학의 사공론(事功論)을 옹호하는 이도 있었으나 이러한 주장이 채택되지 않았다. 특히 종실의 이요(李瑤)는 선조와의 대담에서 자신은 일찍이 심학자가 있으면 찾아보지 않은 적이 없다고 하면서, "만일 양명이 오늘날 나라를 다스리고 경영하였다면 왜적들을 소탕할 수 있었을 것입니다"하여 선조의 관심을 끌기도 하였다. 그러나 퇴계나 율곡의 제자들이 포진하고 있던 조정에서는 이러한 주장들이 모두 받아들여지지 않았다.

이와 같이 조선의 학술계가 주자학 한쪽으로 기울어 있었던 폐단을 장유(張維, 1587~1638)는 다음과 같이 비판했다. 즉, "중국에는 학술이 갈래가 많아 정학(正學)도 있고, 선학(禪學)도 있고, 단학(丹學)도 있고, 정주(程朱)를 배우는 자도 있으며, 육씨(陸氏)를 배우는 자도 있어 길이 하나만이 아니다. 그런데 우리나라는 유식이나 무식을 막론하고 책을 끼고 독서하는 자 모두 정주만을 칭송할 뿐 다른 학문이 있다는 말을 듣지 못하였다. …… 구애받고, 구속되어 도무지 지기(志氣)가 없으며 …… 입으로만 외우고 형식으로만 받들 뿐이다"라고 하였다.

이렇게 신랄하게 비판한 데에는 그만한 이유가 없지도 않다. 심학이나 양명학의 사공론(事功論)에 관심을 기울이는 조선의 양반 사대부들은 극히 일부에 지나지 않았다. 이러한 가운데 사명당은 비록 승려로서 선 수행을 통하여 '상동암의 돈오'를 경험하였을 뿐 아니라 임진왜란을 통하여 양명의 사공을 능가하는 훈공을 이룩하였음은 잘 알려진 일이다. 그가 승려로서 선수행의 과정에서 '상동암의 돈오'를 경험하였으며, 거기서 얻은 깨달음의 경지에서 전쟁을 만나 사공을 실천적으로 성취하였으나 종래는 관료사회와는 담을 쌓고 산승으로 일관하였음은 잘 알려진 일이다.

월정사 중창에 나서다

병술년 봄에 이른바 상동암의 돈오를 경험하여 새로운 경지를 증득한 사명당은 그해 여름에는 봉은사에 머물고 있었다. 그때 하곡 허봉이 18세 된 아우 허균을 데리고 봉은사를 찾았다. 이때 허균은 승려 사명당의 인상을 깊이 새겼다가 입적 후 문집을 편찬할 때 그 문인으로부터 서문을 요청받자 당시의 일을 다음과 같이 술회하고 있다.

지난 병술년 여름에 내가 작은 형님을 모시고 봉은사 밑에서 배에 머물고 있었더니, 어떤 스님이 빠른 걸음으로 와서 뱃머리에서 읍을 하는데 그 몸이 훤칠하고 얼굴이 엄숙하였다. 자리에 앉아 함께 이야기를 하는데 말은 간략하나 그 뜻이 원대하였다. 내가 그의 이름을 물었더니, 종봉 유정 스님이라고 했다. 나는 마음속으로 사뭇 그를 좋아했다.

그날 밤은 매당(梅堂)에서 잤다. 나는 또 그의 시를 꺼내어 보았는데 그 소리가 거문고처럼 맑고도 뜻이 높았다. 작은 형이 몹시 칭찬하면서 "그는 당나라 아홉 스님의 반열에 들 만하다"고 하였다. 그때 나는 아직 어려서 그 시의 오묘한 뜻은 알지 못했지만 혼자서 마음속에 간직해 두고 하나도 잊지 않았다.

오대산 월정사. 사찰박물관에는 영정이 모셔져 있다. 사명당은 임진왜란이 일어나기 직전까지 월정사를 중수하며 풍찬노숙의 5년 세월을 보내고 있었다.

　당시 교산은 젊은 나이로 둘째 형을 따라다니면서 글을 배우고 있을 때였는데, 사명당을 만난 지 26년이 지난 뒤에까지 그때 받았던 강렬한 인상을 생생하게 그려내고 있는 것이다. 그때 처음 만난 후 형이 죽은 이후에도 돈독한 교분이 지속되었으며, 이리하여 교산은 「석장비문」과 문집의 서를 쓸 때 "그와 형제같이 사귀었다"(兄弟之交)고 한 것처럼 그후 스승으로서, 형으로서 항시 친근감과 함께 지극한 존경심으로 대하였다.

　사명당은 44세 되는 정해년(1587)에는 신라 고찰 오대산 월정사에 머물고 있었다. 자장율사가 창건한 월정사는 고려시대를 거쳐 조선 초기에도 태종과 세조의 원찰로서 그 규모나 절의 품격이 높은 대찰이었다. 그러나 사명당이 찾았을 당시에는 매우 퇴락해 있었다. 조선왕조의 억불정책으로 말미암아 오대산 불교까지 그 존립을 위태롭게 할 만큼 퇴락하여 대사로 하여금 발걸음을 멈추어 중창의 짐을 지게 한 것이다.

그는 먼저 「월정사 법당의 개연소문」(月精寺法堂開椽疏文, 『사명집』
권6)을 지어 모연에 착수한 이래 5년이란 긴 세월을 이 역사에 매달렸다.
그 절절한 사연을 들어보자.

제자 아무(某)는 아룁니다.

젊어서 머리 깎고 늙어서 돌아다닐 때 이곳을 지나다가 옛일을 살펴
봄에 지금의 광경이 너무나 처참하여 800년 동안의 유적을 수습하여
드디어 중창할 뜻을 세웠습니다. 정해년 여름에 권선문(勸善文)을 소매
속에 넣어 돌아다녔고, 기축년 봄에는 법당을 고치고 서까래와 마루를
올렸으며, 그해 여름에 연달아 범종루(泛鍾樓)의 서까래와 마루를 만들
었습니다. (지금 이 청정한 절은) 천지가 개벽된 뒤로 지금까지 신선이
사는 곳이요, 망한 당(唐)과 흥한 송(宋)에서도 모두 참선하는 절이라고
알려져 있었습니다. 그러나 오랜 세월이 지나 대들보와 마룻대가 꺾이
어 바라보는 중이나 우러러 보는 속인들은 그 눈에서 눈물이 흘렀으며,
비가 치고 바람이 때리매 부처님 얼굴에는 이끼가 푸르렀습니다.

그리하여 제자 아무는 말을 내었으나 길이 없음을 깨달았고, 공을 세
우려면 계획이 있어야 한다는 것을 생각한 끝에, 5년 동안 권선문을 가
지고 천하를 두루 돌아다녔습니다. 그러나 연기 낀 마을과 비 오는 도
시에서는 알아주는 이가 적어 한탄하였고, 가을밤 달과 봄바람 앞에서
는 세월의 빠름을 안타깝게 생각하였습니다. 그러면서도 집집이 다니
면서 한 자치의 베와 세 움큼의 곡식을 거두어 모아 황우년(黃牛年, 즉
기축년) 늦봄에 법당을 고쳐 새로 수리하고, 백호년(白虎年, 즉 경인년)
의 단오를 당해 향조(香藻)의 대회를 열었으니, 그 일에 있어서는 풀을

맺는 단순한 일에 지나지 않지만 그 공에 있어서는 하늘에 오르는 것 같았습니다. 시냇가에 나는 차나 궁궁이풀은 비록 보잘것없는 음식이 지만 정성을 들이고 목욕재계한 것은 상제(上帝)에게 올릴 만한 것입니 다. 집을 짓고 마음대로 누워 있어도 큰 거울이 두루 비치는 듯합니다. ……

원하옵건대 이 법계에 있는 모든 사람들은 다 함께 정각(正覺)을 이 루게 하여 주옵소서. 우러러 옥호를 대하여 정성껏 이 소를 지어 바치 는 바입니다.

사명당은 승과에 합격한 후 이제까지 사대부 관료와의 교유와 불교경 전의 독송 그리고 선 수련과 명산대찰 순례 등 비교적 순탄한 생활을 영 위해왔다. 그러나 승려된 몸으로서 오대산의 큰 절인 월정사가 당면한 참 담한 퇴락상을 목도하고서는 차마 버리고 지나칠 수 없어 간고를 극한 중 창불사를 자임하고 나서게 된 것이다. 올바른 승려의 길을 가기 위하여 '화려한' 봉은사 주지 직을 마다하고 서산 문하에 입실한 후 10년이 넘는 세월 동안 수행하여 '깨달은 자(覺者)의 모습'으로 오대산 중창 불사에 임한 것이다. 금강산 흥성암(興成庵)의 불상 조성과 같은 역사에도 심혈 을 기울인 적이 있으나 규모나 중요성에서 그에 비교될 일이 아니었다. 자신이 토로한 바와 같이 늙은 몸으로 '집집이 다니면서 한 자치의 베와 세 움큼의 곡식을 모으며 안타까워하고 한탄하는' 고행의 연속이었으며, 자기희생을 각오하고서야 비로소 감내할 수 있는 일이었다. 그가 '기축 년(1589) 늦봄에 법당을 새로 꾸미고, 경인년(1590) 단오절에 낙성식을 거행'하기까지 가까운 경내 암자 영감난야(靈鑑蘭若)를 거처로 하고 있었 다. 그의 나이 43세에서 47세에 이르기까지 5년에 걸쳐 온 정성을 다하

사명당은 월정사를 중수하는 동안 부속 암자인 영감사에 머물렀다.
이 암자는 월정사에서 상원사로 올라가는 3킬로미터 지점에 위치해 있다.

여 완성을 보게 된 것이었다.

월정사를 중수하면서 봉은사 생활 이래 교유하며 지내던 사대부나 혹
은 그들로부터 소개받은 현지 관료들의 음양으로의 도움도 적지 않았을
것이다. 다음 시는 아마도 불사를 마친 뒤 강원감사를 초청하여 월정사
금강연(金剛淵)에서 접대하면서 지은 작품으로 보인다.

연하 삼월 절 앞 누대에서
부월이 오르사 돌 위 이끼에 앉으셨다.
긴 저(笛) 두어 소리 서쪽 해가 지는데
푸른 솔 찬 그림자 깊은 술잔에 비치네.

煙霞三月寺前臺 斧鉞登臨坐席苔

長笛數聲西日下 碧松寒影映深杯

• 「月精寺金剛淵待方伯」, 『사명집』권4

경관이 빼어난 금강연으로 지방의 수장을 초대하여 시문을 주고받았다는 것은 일각에서 억불정책의 주역인 관인들과 불교의 교유가 이루어지고 있었다는 사실을 말해주는 것이다. 신라나 고려를 통하여 불교가 숭상되었던 것은 알려진 일이지만 조선시대의 사대부들도 일단 관직을 떠나게 되면 명산대천을 찾아 자연을 노래하는 시인이 되고 자연주의자로 변한다. 이러한 과정에서 도교나 불교와도 교감이 이루어지게 되며, 정철의 「송강가사」와 같은 작품도 이러한 배경에서 생겨난 것이다. 뿐만 아니라 사원을 찾아 기도하는 신자도 실제로는 사대부 집 부녀자들이 대부분이며, 그들의 시주로 사찰의 유지가 가능한 것이었다. 그녀들은 가정의 행운과 대를 이을 아손(兒孫)들의 출생과 무병장수를 위하여 산천에 빌고 부처님께 기도하였다. 사대부들은 불도(佛徒)가 정치에 간여치 아니하면 굳이 그들과 등질 이유가 없었다. 서산이나 사명이 자연과 시와 인간의 내면적 지성을 통하여 조용히 그들에 다가설 수 있었던 것도 그 때문이었다.

오대산과 사명당의 관계를 말할 때 종봉(鍾峰)이라는 당호를 언급하지 않을 수 없다. 월정사의 「사전」(寺傳)에 의하면 그가 오대산에 머무르면서 종봉이라는 호를 갖게 되었다고 한다. 일찍이 그가 오대산의 웅장함을 보고 오대(五台) 가운데서 남대의 기린봉 정상에 암자를 세우고 종봉이라 이름하였다고 하며, 이로 인하여 그의 별호도 종봉이 되었다고 한다. 그런데 기록상으로 종봉이라는 당호를 확인할 수 있는 것은 그가 월정사 중창불사에 착수하기 이전이다. 그가 오대산으로 들어오기 전 해 여름 봉은사에서 하곡과 교산 형제를 맞았을 때 이미 그는 종봉이라는 호를 쓰고 있었다. 뿐만 아니라 그 이전 1579년에도 『선가귀감』의 발문을 쓰고, '사명 종봉 유정배수'(四溟鍾峰 惟政拜手)라고 서호한 일이 있다. 그렇다면 사명당은 월정사를 중수하기 이전, 금강산으로 내왕하면서부터 오대산을 찾아 인연을 맺고 있었던 것이 분명하다.

여기서 한 가지 고려되어야 할 것은 종봉이라는 호가 주로 승려들 사이에 쓰이고 있었던 점이다. 예컨대 부휴(浮休)는 사명당과 서산 문하의 법형제로서 두 사람 사이에 오고간 시문이 유난히 많은데 특히 그의 전반기 작품에는 모두 종봉이라 부르고 있으며, 또한 사명의 수문제자 송월 응상(松月 應祥)은 스승이 입적하자 길이 추모하기 위하여 '종봉영당'(鍾峰影堂)을 세워 그 기문(記文)을 편양 언기(鞭羊 彦機)에게 받아 걸었던 사실들이 이를 말해주고 있다.

승려사회에서는 사명당을 불교계에 '종봉'이 되기를 바라는 뜻에서 그렇게 호칭한 것일까? 그렇다면 종봉이라는 호는 아마도 오대산과 같은 불교의 명산에서 얻어졌다고 보아 무리가 없을 것 같다. 사실 그가 남대 기린봉 정상에 암자를 세우고 호를 종봉이라고 하였다는 유래 설명에는 무리가 있을지 모르지만 오대산과 관련하여 얻어진 것으로 보아도 좋을 것으로 여겨진다.

5년에 걸쳐 각고의 노력으로 중창한 월정사에 대한 사명당의 관심은 남달랐을 것이다. 불가에서 무소유를 승려가 지켜야 할 계행으로서 아무리 중시한다 하더라도 그의 오대산에 대한 특별한 정감은 인지상정이었다. 그가 오대산을 중국의 여산에 견주고 월정사를 동림사에 비교하였던 것은 자기 스스로를 여산 혜원이 되고 싶은 욕심에서였는지 모를 일이다.

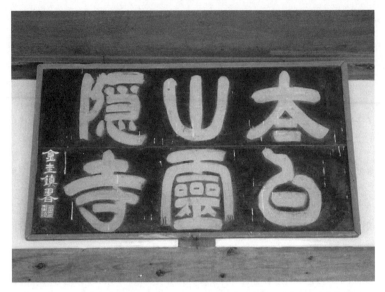

속초시 태백산 영은사 현판. 사명당은 금강산과 오대산에서 남쪽으로 내려가는 길목에 있는
영은사에 자주 들렸던 것 같다. 월정사 영정은 영은사에서 옮겨간 것이다.

일찍이 그는 저 유명한 이백의 동림사시(東林寺詩)를 모방하여 다음 시를
지었다.

동림에 달 오르고 흰 원숭이 우는데
붉은 계수 맑은 서리 밤빛이 처량하다.
홀로 향대에 오르니 종과 북도 고요한데
바람이 나뭇잎에 부니 새 잠자는 것 보겠네.

東林月出白猿啼 丹桂淸霜夜色凄
獨倚香台鐘鼓靜 天風吹葉見禽栖
　•「東林寺秋夕夜坐」,『사명집』권4

특히 첫 구는 이백 시의 "동림에 손님을 보내니 달이 뜨고 흰 원숭이가 우는구나"(東林送客處 月出白猿啼)라고 한 첫 구를 그대로 따온 것이다. 사명당이 월정사를 중창한 직후에 느닷없는 일본의 침략으로 시작된 임진왜란으로 전국이 초토화되는 참상을 겪었음에도 그 절은 온전히 보전되었다. 그뒤 그가 일본에 가서 평화 교섭으로 바쁜 가운데서도 외로이 고국을 생각하면서 특히 오대산을 그리워하였다.

나그네 노릇 해가 지나 시 더욱 읊조리니
오대산 동림에 문 닫고 누웠던 일 자주 생각난다.
푸른 솔 방장실로 돌아갈 마음 있는데
푸른 하늘 저문 구름 먼 생각나누나.
……

爲客經年益苦吟 五臺頻憶閉東林
靑松丈室有歸計 碧落暮雲生遠心
……

• 「獨坐思歸」, 『사명집』 권7

이처럼 사명당은 오대산과 매우 깊은 인연을 가졌던 관계로 스스로를 종종 오대산인으로 자처하기도 하였다.

사명당이 월정사의 중창불사를 위해 여러 해 머무는 동안 삼척 태백산의 영은사에 대한 관심도 더하였을 것이다. 이러한 연고로 영은사에는 그와의 관련 기록이 남겨졌을 뿐 아니라 18세기에 이르러 개산조 범일국사와 함께 사명대사의 진영이 조성되어 모셔지게 되었다. 그러나 영정은 산

불에 대비하기 위하여 본사인 월정사로 옮겨져 현재 경내 박물관에 진열되어 있다. 이 밖에도 강원지역에는 굴산조사 범일과 사명대사의 연고 사찰이 많으며, 이들 사찰에는 일찍부터 그들의 영정을 모시고 있었음을 기록상으로 확인할 수 있다.

친구 하곡을 잃고 옥고를 치르다

사명당은 월정사 중수에 열중하는 동안 두 가지 불상사를 당하게 되었다. 무자년(1588)에 친구 하곡이 별세하더니, 다음 해(1589)에는 이른 바 기축옥사의 액운을 당한 것이다.

사명당은 원래 허균의 둘째 형, 하곡 허봉과 각별한 사이였다. 그가 청년시절에 떠돌아다니는 승려의 몸으로 수없이 많이 지었던 시들을 친구인 하곡의 집에 맡겨두었는데 전쟁통에 모두 불타버렸다고 한다. 그러한 사실은 사명당의 사후, 문집의 간행을 위해 서문을 부탁하러 간 제자 혜구(惠球)가 허균에게 "우리 스님이 지으신 몇천 수의 시가 공의 형님 댁에 있었는데, 병화에 모두 불타버리고 이것(문집 초고의 시)은 태산에 비하면 한 티끌과 같습니다"라고 말한 기록으로 알 수 있다.

『하곡집』에는 다행히도 사명당에게 보내는 서신 한 편이 남아 있어 그들 사이의 우정을 생생하게 느끼게 한다. 「한산자에게 답함」이라는 제목의 내용은 아래와 같다.

허봉은 아룁니다. 추운 집에서 거북이처럼 웅크리고 있는데, 문득 문두들기는 소리가 들려 사람을 시켜 나가보게 하였더니 바로 우리 한산자(寒山子) 스님의 시자였습니다. 봉함을 열었더니 마치 직접 존안을 뵙고 물소리 들리는 산속에서 현담(玄談)을 받드는 듯하여 풍진에 찌든 심사가 홀연히 일깨워져 활연히 툭 트이게 되었습니다. 많은 선물에 후히 감사드립니다.

전에 연(衍)스님을 통해서 보내주신 서찰에서 자세하게 안부를 물어주신 데 대해 지극히 감사드리며, 보고 싶은 마음 한량없습니다. 그러나 마침 관청의 일이 번거롭게 어그러져 답장을 올리지 못하고, 그후에도 또한 그것을 까마득히 잊어버렸으니 제 인생이 꿈꾸듯 취한 지경에 떨어져 마침내 친구의 진중한 뜻을 헛된 곳으로 돌려버린 것이 가소롭습니다. 지금 산문 밖으로 떠나려 하신다는 소식을 듣고, 우물 안 개구리가 부러워하며 쳐다보는 심정을 어찌 말로라도 전하지 않을 수 있겠습니까. 저 역시 내년에는 양양(襄陽)의 좌부(左符)를 요청하였으니, 만일 이때에 명사십리 해당화가 피는 곳에서 고담준론을 나눈다면, 강을 서로 사이에 두고 쳐다보면서도 한 번도 볼 수 없었던 안타까운 심사를 모두 토로할 수 있을 것입니다. 가르침을 받들지 못하고 한낱 연모함만을 떠들게 됩니다.

다만 세모에 몸조심하시고 편안하시기를 축수 드리며, 이것으로 뵙고 싶은 간절한 심정을 달래봅니다. 이만 줄이며 불문에 삼가 인사드립니다. 양천인(陽川人) 올림.

기름 여섯 되를 보내오니 방장(方丈)의 하룻저녁 등잔을 밝혀 선정(禪定)에 드는 자량(資糧)으로 삼으시면 다행이겠습니다.

이 편지에서 그들의 교분이 얼마나 두터웠던가를 실감할 수 있다. 이를

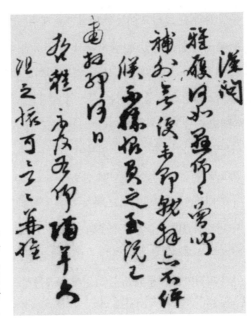

하곡 허봉의 필적.
허봉과 허균 형제는
사명당과 매우 가까운 사이로,
허봉의 집에 사명당의 시
수천 수가 맡겨져 있었으나
화재로 불타 없어졌다고 한다.

쓴 시기는 '한산자 스님'이라고 한 것이나 '강을 사이에 두고 있었다'는
등의 이야기로 보아 사명당이 청년기의 봉은사에 머물고 있었고, 하곡은
서울에서 벼슬하고 있던 시절인 것 같다. 『하곡집』에는 서산대사에게 보
낸 서신도 두어 편 수록되어 있어 그가 그들 사제와의 사이에 교분이 두
터웠음을 알 수 있다. 그의 부친 초당 허엽(草堂 許曄)이 서산과 친밀했
던 영향도 있었을 것이다. 사명당은 고려조부터 이름난 문벌이었던 초당
가문의 하곡 형제와 친밀하여 이후 오대산과 금강산 일대의 사찰에 머물
며 관동지방의 관부(官府)나 사림들과 교유하는 데도 적지 않은 도움이
되었을 것이다.

부친 허엽은 근엄한 유학자로서 슬하에는 전 후처에 여러 자녀를 두었
다. 맏아들 허성은 아버지를 이어 관료의 길을 탄탄하게 걸어갔지만 이복

동생 봉과 균 그리고 여동생 난설헌은 재주는 오히려 형을 앞질렀으나 모두 기구한 삶을 살았다. 균보다 18세 연장인 허봉은 선조로부터 그 재주를 인정받아 호당(湖堂)에서 글 읽는 기회도 가졌을 뿐 아니라 1574년에는 예조좌랑으로 중국 가는 사신의 서장관으로 다녀와 『하곡조천기』(荷谷朝天記)를 남기기도 하였다. 그는 글도 잘 지었지만 술도 잘 마셨으며, 바른말 잘하기로도 소문난 인물이었다.

그가 중국에서 돌아왔을 때 선조가 친조모 되는 명종의 후궁 안빈의 사당을 대궐 안에 봉안하려고 하자 허봉은 안빈을 첩이라는 이유로 정면에서 반대하였다. 이 일로 선조의 미움을 받게 된 허봉이 계미년(1583)에 경기도 순무어사로 나갔다가 군비문제로 당시 병조판서로 있던 율곡 이이의 파직까지 거론하였다. 그런데 공교롭게도 자기의 부친 허엽은 동인(東人)의 거두였고, 이이는 당시 서인(西人)의 후원자였기 때문에 이 탄핵은 바로 당파싸움으로 번지게 되었다. 결국 그는 함경도 방면으로 귀양을 가게 되었다.

당시 사명당이 천하를 주유하다가 관서지역을 지나며 친구 허봉의 처지를 생각하며 안타까운 심정으로 읊은 시가 몇 편 전한다. 그가 관서로 가는 도중에 하곡 허봉을 생각하며 지은 몇 편의 시들 가운데 한 편을 앞에서 보았거니와 그들은 언제나 서로 존중하며 그리워하는 친구였다.

하곡은 귀양간 지 2년 만에 유성룡, 노수신 등이 임금에게 청하여 귀양에서 풀려나게 되었으나 서울로 돌아갈 수는 없었다. 선조가 그의 석방은 허가하였으나 서울 입성은 불허하였기 때문이다. 이리하여 그는 각지를 유람하며 세월을 보내야 했다. 세상과 어울릴 수 없는 외로움 속에서 그는 점점 불교를 가까이 하게 되어 사명당과의 친분도 더하였을 것이다. 허균이 형을 따라 봉은사로 가서 사명당을 처음 만난 것도 그 무렵이었다. 이러한 가운데 무자년(1588) 가을에 금강산에서 노닐다가 금화현 생창역에서 병을 얻어 38세로 생을 마감하였다.

오대산 영감난야에서 부고를 받은 사명당은 한걸음에 달려가 조상하였다. 이때 그가 친구의 영전에서 얼마나 슬퍼했는지는 교산이 『사명집』 서문에 쓴 다음 구절로 실감할 수 있다.

형님이 세상을 떠나자 스님은 오대산에서 와서 슬피 울며 조상하였고 또 만사(輓詞)를 지었는데 그 시는 말이 구슬프고 애처로움이 아직 생사에 마음이 환하게 풀리지 않은 것 같았다. 나는 가만히 스님의 도가 아직 상승(上乘)의 법은 깨닫지 못하였는가, 그렇지 않으면 어찌 구구하게 속세의 사람들이 슬퍼하는 것과 기뻐하는 것을 본받는가 하고 의심하였다.

절친한 친구의 죽음 앞에 통곡하는 사명을 보고 교산은 불교의 도리를 제대로 깨치지 못한 경지가 아닌지를 의심하였다고 한다. 진실로 사명은 불도를 깨달은 경지에서 대상에 따라 희 · 노 · 애 · 락을 세속인과 다를 바 없이 하였던 것이다. 그의 사상과 행위는 유불을 넘나드는 대승적 모습이어서 단순히 그를 일반 승려라는 소승적 기준으로는 측량하기 어려울 것이다. 그럴수록 허균은 사명당에 대한 매력과 존경심이 더하여 갔음에 틀림없다.

사명당이 오대산에서 한창 불사에 열중하고 있을 때 짧은 기간이나마 정치문제에 연루되어 옥고를 치르게 된 것은 정말 터무니없는 일이었다. 그가 봉은사 시절을 마감한 30세 무렵부터는 황악산에서 묘향산으로 금강산으로 돌아다니며 속세와 등지고 살았다. 그런데도 정치적 사건에 무고하게 연루되어 옥고를 치루는 일이 발생하였다.

기축옥사(1589)란 정여립(鄭汝立)의 역모사건을 말한다. 동인 계열에 속하는 정여립이 정치적 결사의 성격을 띤 대동계(大同契)를 조직하여 활동하다가 반대파의 무고를 받아 관련자들이 체포되고 본인은 자결하였다. 정철 등 서인의 주도로 사건이 과장되거나 확대되면서 천명에 달하는 인사들이 숙청된 큰 사건이었다. 당시 사명당은 영감난야에 있다가 변을 당하였다. 그가 어떤 이유로 구금되었는지는 분명하지 않지만, 강릉부로 구인되면서 지은 시에서 그 대강을 짐작할 수 있다.

안개와 노을 속에 오랜 세월 보내어
올해가 어느 해인지도 알지를 못하였네.
어떤 중이 권선문을 베껴갔는데
누가 알았으리 인간 세상에 이런 인연 있을 줄을.

一入煙霞多歲月 不知今歲是何年
僧來請寫勸文去 誰料人間有異緣
•「擒下江陵」, 『사명집』 권4

자신은 산속에서 세월 가는 줄 모르고 지내고 있었는데 어느 승려가 와서 월정사 중창의 권선문을 베껴가려 하여 이를 허락해준 죄밖에 없다고 한다. 그러니 아마도 그 권선문을 베껴간 승려가 옥사에 관련되면서 자신도 연루의 혐의를 받게 된 것이라는 한탄조의 내용이다.

사실 조선왕조는 명분질서를 중시하는 유교 국가였던 까닭에 사대부 양반가문만을 우대하고, 그밖의 모든 계층은 차별대우를 받았다. 불교도

도 천시되고 서얼을 차대하는 사회풍습이 만연되어 있었다. 그러니 사회적으로 소외계층에 속하는 불만세력들은 반체제 운동에 직접 뛰어들거나 아니면 자주 발생하는 국가 변란사건에 말려드는 경우가 잦을 수밖에 없었다. 정여립의 모반사건에도 승려들이 더러 연루되었다. 그러한 가운데 구월산의 한 승려가 있었는데, 그와 불화관계에 있던 의엄(義嚴)이라고 하는 승려가 그를 지목하여 고발함으로써 서산과 사명 두 대사도 이 사건에 휘말려 들어갔다는 설이 있다. 굳이 말한다면 서산과 사명이 그 사건에 전혀 관계가 없었지만 그들 스승과 제자도 동인 계열에 가깝다면 가까워 입게 된 화란이라고 할 수도 있을 것이다.

은사 서산대사는 묘향산에 있다가 변고를 당했다. 그의 죄목은 금강산의 경관을 빌어 자신의 호연한 선적 경계를 드러낸 한 편의 시 때문이었다고 한다. 오래도록 인구에 회자된 다음 시가 그것이다.

만국의 도성은 개미집이요
천가의 호걸은 하루살이로다.
창으로 비치는 명월을 베개 삼아 누웠으니
끝없이 부는 솔바람 온갖 곡조 아뢰네.

萬國都城如蟻室 千家豪傑若醯雞
一窓明月淸虛枕 無限松風韻不齊
•「登香爐峰」,『청허집』권3

향로봉의 달밤을 읊은 저 유명한 선시(禪詩)가 왕조체제를 비판한 풍자시로 둔갑하여 동서 당쟁의 한 구실로 이용된 것이다. 서산은 서울로 압송되어 선조가 친히 심문하게 되었으니, 이는 선조가 일찍이 시를 통하여 서산의 인품을 알고 있었기 때문이다. 친히 심문한 결과 과연 의심할 여지가 없다는 사실을 확인하자 선조는 이 향로봉시를 거듭 읽으면서 손수 그린 묵죽 한 폭을 하사하였다. 이에 서산은 즉석에서 '묵죽시'(墨竹詩) 한 수를 지어 감사의 뜻을 표하였다.

사명당은 서산과는 별도로 강릉부에 하옥되었다가 이 지역 유생들의 탄원으로 풀려났다. 세간의 일을 멀리하여 살던 승려로서 뜻하지 않은 일로 투옥되었다가 방면되어 오대산으로 돌아가면서 그 홀가분한 심정을 다음 시에 담았다.

아미산 꼭대기에 놀던 사슴이, 사로잡혀 우리 속에 끌려갔구나.
그물 풀려 다시 산으로 돌아가니, 일천 산과 일만 나무의 구름이로다.

娥媚山頂鹿 擒下就轅門 解網放還去 千山萬樹雲
• 「己丑橫罹逆獄」, 『사명집』 권4

강릉 유생들의 탄원에 힘입어 무혐의로 풀려나게 된 데에는 평소 그곳 유림들과의 교유가 없었으면 불가능하였을 것이다. 사실 사명당은 봉은 사의 청년 시절부터 사대부 관료들과 교유하여 서산 문하로 들어가기 이전까지 지속하였다. 그후로도 하곡 형제와의 경우처럼 교유가 계속되었으며, 그가 추진하던 불사를 위하여 필요할 때는 언제든지 찾아다니기를 마다하지 않았다. 다만 내적 심성공부와 불사에 정신을 쏟는 생활의 변화가 있었을 뿐이었다. 다음은 강릉의 수령과 교유하다가 동쪽 길을 따라 오대산으로 돌아가며 지은 시이다.

착한 원님 찾으려고 오월에 선성으로 들어갔더니

뜰에 대나무는 순이 처음 자라고, 담 밑에 매화는 열매 벌써 맺었네.

금당(琴堂)에는 일 없는 것 자랑하고, 밤 자리에 그립던 정 나누었지.

아침에 동림(東林)으로 향하여 가니, 화각소리 다시 시름을 자아내도다.

爲尋賢刺史 五月入宣城 庭竹芽初長 墻梅子已成

琴堂賀無事 夜席話離情 朝向東林路 愁聞畵角聲

• 「宿溟州館」, 『사명집』 권2

이 시는 사명당이 오대산에 머물 때의 일로서 아마 불사 때문에 강릉—시에 선성(宣城)이라 한 것은 '선정이 베풀어지는 고을'이라는 뜻으로 중국 사조(謝眺)의 고사에 따른 것—군수를 찾아가 객관(客館)에서 정을 나눈 이야기를 묘사한 것이다. 여기서도 그는 자기가 머물고 있는 월정사를 동림사에 견주고 있다. 말하자면 동진(東晋)의 혜원(慧遠)은 동림을 무대로 하여 유교의 도연명, 도교의 육수정(陸樹靜)과 더불어 삼교합일 운동을 벌이던 노장으로서, 사명은 스스로 유·불·도 삼교의 조화론자 혜원에 비견하면서 대장부의 도량을 키우고 있었다고 할 것이다.

사명당이 승려로서 투옥되어 있을 때 관동지방의 유생들이 솔선하여 탄원해서 석방된 것은 특기할 사실이 아닐 수 없다. 여기에는 아마도 이 지역 출신인 하곡 형제의 숨은 공이 있었을 것으로 여겨진다. 사명당과 교산은 승과 속의 차별이 뚜렷하였으나 삼교합일적 사상경향에서는 유사성이 적지 않다. 사명당은 젊은 교산을 좋아하면서도 그의 모난 성격을 고치려고 애쓴 흔적이 다음 시에 역력하다.

남의 장점 단점을 말하지 말게나

무익할 뿐 아니라 재앙을 부른다네.

입단속하기를 병마개 막듯하면

이것이 안신(安身)하는 제일의 방도라네.

休說人之短與長 非徒無益又招殃

若能守口如瓶去 此是安身第一方

　　• 「贈許生」, 『사명집』 권4

　이처럼 교산에게 훈계조의 시를 지어줄 만큼 그를 아꼈다. 이밖에도 『사명집』에는 오대산과 강릉을 중심으로 활동하면서 이 지역의 방백 등과 주고받은 시와 서신 등을 싣고 있으며, 문집에 올리지 않은 일반 유생들과 왕래한 글들도 상당수 전해지고 있다. 당시 하곡 형제들은 서울에 살고 있었지만 그들은 고향에 친인척이나 친구들이 적지 않았다. 옥사가 발생하였던 1년 전에 하곡은 이미 별세하였으나 교산은 21세의 청년으로서 생원시에 합격할 때였다. 따라서 그들이 직접 나서서 사명당의 구명운동을 벌이지 못했더라도 평소 그들 사이의 교분 덕분에 그 지역 유림들이 대사의 신원운동에 어느 정도 작용을 했을 것이다.

4

7년전쟁의 시작

"부처님이 세상에 나오심은
원래 중생을 구하기 위해서이다.
저 미친 왜적들을 타일러서
흉한 무기를 쓰지 못하게 하는 것이
자비의 가르침을 저버리지 않는 것이다."

왜군을 불법佛法으로 설득하다

사명당은 5년 동안 각고의 노력을 기울여 월정사 중창불사를 끝마치자 경인년(1590) 여름, 오대산을 뒤로 한 채 금강산으로 발걸음을 옮겼다. 그동안 지치고 찌든 육신을 털어버리고 금강산 선경(仙境)을 찾아 노닐기 위한 것이었다. 그러나 어찌 뜻하였으랴. 두 해 여름이 채 지나가기 전인 임진년(1592) 6월, 일본 침략군이 유점사(楡岾寺)까지 깊숙이 짓밟을 줄이야! 그는 이제 49세의 나이로 뜻하지도 않게 심산유곡 금강산 골짜기에서 왜적의 침략을 당하여 나라와 민족을 구하기 위한 전선에 뛰어들지 않을 수 없는 상황에 처한 것이다. 이리하여 7년전쟁은 물론 일본과의 전후처리를 위한 생애의 후반을 하루도 편할 날 없이 동분서주하였던 것이다.

사명당이 깊은 산중에서 갑자기 나타난 일본 침략군을 처음 만났을 때 어떠한 모습을 보였을까? 도인의 경지에 이른 대사가 이때 보여준 모습이야말로 아마도 극적인 장면이었을 것으로 짐작이 가지만 실제로 어떤 일이 일어났을까 궁금한 일이 아닐 수 없다. 이에 대한 단편적인 언급은 자신을 비롯한 다른 여러 기록들이 있지만 그 가운데서도 사명당과 동시대인인 유몽인(柳夢寅, 1559~1623)은 『어우야담』(於于野譚)에서 당시의 일을 아주 자세하고 흥미 있는 이야기로 꾸며 생동감 있게 전해주고 있다.

사명대사는 임진년에 금강산에 있었는데, 유점사에 왜병이 많이 들어오니 그 절에 있던 승려들이 모두 깊은 산골짜기로 피해 달아났다. 대사는 조금도 두려워하는 빛이 없이 한 승려를 시켜 적을 엿보고 오라고 하였더니 그가 돌아와서 "왜적이 유점사에 침입하여 수십 명을 묶어 놓고 금은보화를 찾다가 나오지 않으니 장차 죽이려 한다"고 하였다.

이 말을 듣고 대사는 곧 가서 그들을 구하려고 하니, 승려들은 벌벌 떨면서 "우리 스님께서 중들이 죽는 것을 구하려 하는 그 자비심은 참으로 거룩하다 하겠습니다. 그러나 호랑이의 입을 찾다가 호랑이의 수염을 쓰다듬는 위험한 일이 될 뿐이니, 아무런 이익이 없고 다만 쓸데없는 화만 부르게 될 것입니다" 하고 만류하였다. 그러나 듣지 않고 병정들이 흩어져 서 있는 가운데로 무인지경처럼 태연히 걸어가니 왜병들이 괴이하게 생각하였다.

절문에 이르니 모든 왜인들이 혹은 앉아 있고 혹은 누워 있는데, 칼과 창을 엇갈리게 맞대고 있는 것이 매우 삼엄하였다. 대사는 읍도 하지 않고 절도 하지 않으며, 돌아보지도 아니한 채 지팡이를 끌면서 손을 흔들며 들어갔으나 왜인들은 이를 뻔히 쳐다보고도 막지 아니하였다.

산영루(山影樓)를 지나 법당 아래에 당도하니 승려들이 모두 문간방 아래 묶여 있는데, 사명대사를 보더니 울음을 터뜨렸으나 대사는 돌아보지 아니하고 들어갔다.

이 이야기에 따르면 왜병들이 유점사에 들어와 절에 있던 승려들을 결박하는 등 행패를 부리고 있을 때 사명대사는 마침 외부에 있다가 이 소식을 들었다. 그리고 절 안의 사정을 염탐한 다음 승려들의 만류에도 불구하고 붙들린 사람들을 구하기 위하여 단신으로 절 안으로 태연히 들어가 필담을 벌이는 극적인 장면이다.

바로 법당으로 올라가니 여러 왜장이 의자에 나란히 앉아 있는데, 대사는 손을 드리우고 예도 하지 않은 채 여기저기 둘러보았다. 어수룩한 한 장수가 글을 써서 묻기를, "당신은 글자를 아는가, 모르는가?" 대사, "문자를 조금 안다." 또 묻기를, "당신 나라(불교)에 칠조(七祖)가 있는가?" 답하기를, "육조(六祖)가 있다. 어찌 칠조(七祖)가 있는가?" 하니, "듣기를 원한다"하므로, 육조를 나란히 써서 보이니 왜장이 대단히 이상하게 여겼다.

이 대담의 내용은 불가(佛家)의 조상에 관한 것으로 즉 먼저 대사에게 말을 걸어온 사람은 화엄종의 일곱 조사(祖師)에 관한 질문이었다. 불교 종파 가운데 칠조라고 하면 응당 화엄종을 일컫는 것이므로 사명당은 그 질문하는 자가 화엄종임을 알아차렸다. 그러나 짐짓 이에 대한 설명은 생략하고 대뜸 '우리나라에는 육조가 있다' 하고 달마에서 육조 혜능(慧能)까지 선종의 육대 조사를 나열하는 엉뚱한 대답으로 그들의 주의를 산만하게 한 것이다. 그들이 선종의 육조를 알 까닭이 없었기 때문이다.

또 말하기를 "이 절에 있는 금은과 모든 보배를 당신이 다 내놓아라. 그렇지 않으면 당장 죽일 것이다"하므로 대사가 말하기를 "우리나라는 금은을 보배로 치지 않는다. 다만 쌀과 베를 쓰고, 금은과 보배는 온 나라에서도 희귀한데, 하물며 산에 있는 중들은 채식을 하고 초의를 입으

서울 전쟁기념관에 소장된 박서보 화백의 작품. 사명당은 금강산에서 왜군을
두 차례에 걸쳐 불법으로 설득하여 영동 9군을 구했다.

며 불공을 드리고 있다. 혹 양식이 떨어지면 솔잎을 먹고 혹은 마을에
가서 걸식을 해가며 살고 있는데, 어찌 금은보배를 쌓아두겠느냐? 또한
장군을 보니 불교에 육조가 있음을 능히 알고 있으면서, 불법은 오로지
자비로써 살생하지 아니함을 첫째로 삼고 있거늘, 이제 보니 죄 없는
어리석은 중들을 문간방 아래 묶어놓고 보물을 내라고 하는구려. (저들
은) 저 지팡이 하나로 온 산에서 밥을 부쳐먹고 있으며, 또 민가에 가서
아침저녁을 지내고 있는 자들인데 비록 몸을 베고 뼈를 가루로 만들지
언정 어찌 한 치의 보배가 있겠는가? 장군이 풀어주기를 바라노라" 하
니, 그 글을 모든 왜장들에게 돌려 보이며, 아래 있는 군졸에게 무어라
고 하니 군졸이 달려가 묶어놓았던 승려 20여 명을 풀어주었다.

　사명대사는 또 팔을 흔들며 지팡이를 끌며 나오니 왜장은 큰 글자로
쓴 큰 판자를 절문에 걸었는데, 그 글에 "이 절에는 도승(道僧)이 있으

니 모든 군사는 다시 들어오지 말라" 하고, 즉시 군사를 해산하여 갔
다. 이로부터 왜병이 다시 들어오지 않았다.

사명당은 그들이 불교 신자라는 점을 먼저 파악하고 불법에서 가장 중
히 여기는 불살생의 자비심에 호소하였다. 이리하여 묶여 있는 승려들을
석방시켰을 뿐만 아니라 왜군들을 감복시켜 점령군을 하산시켜 다시는
산중에 침범하지 못하게 하였다. 왜인들은 사명당을 도승(道僧)으로 외
경하게 되었으며, 유몽인 역시 이때 대사가 한 행위를 도승이 아니고서
는 할 수 없는 위인의 기행으로 기록하여 남긴 것이다. 후일에 신유한이
『분충서난록』을 편찬할 때 『어우야담』의 이 영웅담을 옮겨 실었다.

금강산의 일본 침략자들과 사명대사의 첫 대면 장면을 교산의 「석장비
문」에서는 어떻게 표현하였는지 알아보자. 비석의 여백이 제한되어 있었
지만, 이 장면에 대한 기사는 간략한 내용이기는 하여도 적지 않은 비면
을 할애하고 있다.

임진년 여름에 왜적이 영동으로 몰려 들어와서 유점사에까지 이르렀
다. 이때 어느 사람이 "우리나라 사람이 왜적의 길을 안내하고 있다"고
했다. 대사는 이 말을 듣고 "왜적이라면 글로 써서 달래기 어렵지만 그
속에 우리나라 사람이 있다면 타일러서 깨우칠 수가 있을 것이다" 하
고 10여 명의 제자들을 데리고 바로 산문으로 들어갔다.

이때 왜적들이 달려들어 제자들을 모두 결박하였다. 그러나 대사는
혼자서 태연히 걸어서 중당(中堂)으로 들어갔다. 왜적의 우두머리는 그
가 비상한 인물인 줄 알고 빈주(賓主)의 예를 갖추어 대접했다. 그리고
묶었던 제자들을 모두 풀어주었다. 이에 대사는 글로 써서 의견을 교환

하면서 타일렀더니 모든 왜적들은 공경하고 탄복하여 산속 깊은 곳을 가리키면서 대사를 보내주었다.

유몽인의 서술과 비교해보면 그 주요 내용에 있어서는 대동소이하다. 즉 그 무대가 유점사이며, 범상치 않은 대사의 인품과 그 설득으로 포박당한 승려들을 풀어 주었다는 것이다.

그런데 「석장비문」에 기재된 대사가 취한 다음 단계의 중요한 행위가 『어우야담』에서는 빠져 있다는 사실을 지적하지 않을 수 없다. 대사가 유점사에서 퇴각한 왜군들이 돌아간 고성읍(高城邑)의 본 부대로 찾아가 그들의 상급 장수를 상대로 설득한 내용이 빠져 있는 것이다. 다음과 같은 이야기다.

대사는 제자들에게 말하기를 "여래가 세상에 나오신 것은 원래 중생을 구호하기 위해서였다. 이 왜적들은 성질이 사나우니 우리 백성들을 크게 해칠까 걱정된다. 마땅히 내가 가서 저 미친 적도들을 달래어 저들로 하여금 흉기를 쓰지 말도록 하면 그들도 아마 부처님의 자비스러운 가르침을 저버리지 않을 것이다"라고 하였다.

대사는 즉시 석장(錫杖)을 날리며 고성으로 들어가니, 적장 세 사람이 모두 예의를 다하여 대사를 대우했다. 이에 대사는 글로 써서 그들에게 사람을 죽이지 말라고 했더니, 세 장수는 모두 손을 맞쥐고 훈계를 받들었다. 그들은 대사를 만류하여 그곳에서 3일 동안 공양을 하게 했으며, 그리고 성 밖까지 대사를 배웅해주었다. 당시 영동 아홉 고을 백성들이 죽음을 면한 것은 대사의 공이었다.

지금은 불타버린 금강산 유점사. 왜병이 금불상을 구하기 위해 금강상 유점사에 침입하자
대사는 태연하게 그들을 설득하여 묶인 승려들을 석방시켰다.

이에 따르면 사명당이 유점사에 결박된 승려들을 설득하여 석방시킨
뒤를 이어 곧장 고성읍에 주둔하고 있던 왜군 본부로 찾아가 적장 3인
을 상대로 하여 불교의 자비심으로 설득한 것이다. 이와 같이 대사는 두
차례에 걸친 설득으로 강원도 영동지방 아홉 개 군민의 생명을 구제하
였다.

그때 대사가 머물던 곳이 금강산의 어느 절이었는가에 대해서 기록에
따라 약간씩의 차이가 있다. 예컨대, 『징비록』(懲毖錄)을 비롯하여 『연려
실기술』(燃藜室記述)이나 『재조번방지』(再造藩邦志)에는 당시 대사가 표
훈사에 있었다고 하여 전술한 바와 같이 유점사에서 사태가 발생하였다
는 설과 혼동을 일으키게 한다. 그런데 「석장비문」에도 밖에 있던 사명당
이 왜군이 점거한 유점사로 찾아가 설득한 것으로 기록되어 있다. 더구나

내금강의 표훈사와 외금강의 유점사는 비교적 가까운 거리에 있으므로 표훈사에 머물던 대사가 왜병에게 점거된 유점사로 찾아갔다고 보아도 무방할 것 같다.

이때 사명대사가 만나 설득하였던 일본군대는 삼길성(森吉成) 등의 4번대(番隊)였다. 그들은 사찰을 습격하여 승려들을 인질로 삼아 사찰의 보물을 약탈하라는 명령을 받고 파견된 침략군이었다. 1592년 5월 초순의 서울회의에서 강원도 통치를 분담하게 된 이 부대는 도진의홍(島津義弘), 이동우병(伊東祐兵) 등을 사령관으로 하는 군단이었다.

그들 가운데 5월 중순에 도진의홍의 군대가 선발대로서 강원도로 가기 위해 서울을 출발하여 함경도 안변으로 나아가 거기서 다시 해안을 따라 통천 · 장전 · 강릉으로 향하여 강원도 전역을 지배하기 위하여 남하하였다. 6월 한여름에 금강산으로 침입한 이 부대는 삼길성군의 진격로에서는 멀리 떨어진 험준한 산악지대에 있었으나 유점사라고 하는 산중의 이름난 절을 표적으로 하여 침입한 것이었다. 일본군은 조선이 불교문화의 선진국이라는 점을 잘 알고 있어 고찰에는 반드시 금은으로 만든 불상과 기타 불구류가 적지 않을 것으로 믿고 있었다. 그들이 금은과 보배를 내놓으라고 시비한 까닭이 그 때문이었다.

의승병을 일으켜 성은을 갚으리니

사명당이 금강산에서 처음으로 왜적을 만나 불법의 자비사상으로 설득하여 일시적으로는 효과를 거둘 수 있었으나 끝내는 의승병을 일으켜 그들과 무력으로 대결하지 않으면 안 되었다. 그런데 사명당이 금강산 어느 곳에서 의승병의 첫 기치를 올렸는지는 초기의 기록에서 찾아볼 수가 없고, 정조 24년(1800)에 남공철(南公轍)이 찬한 「건봉사사명대사기적비」(乾鳳寺泗溟大師紀蹟碑, 泗溟은 四溟의 잘못)에서 처음으로 나타나고 있다. 문장의 서두부터 이렇게 시작하고 있다.

금강산이 비로봉으로부터 두 갈래로 나뉘어져 단발령의 서쪽은 내점 (內岾)이라 하고, 안문(雁門)의 동쪽은 외점(外岾)이라 일컫는다. 내점 의 표훈사는 서산대사가 가르침을 베푼 땅이고, 외점의 건봉사는 사명 대사가 의승을 모집한 곳이다.

건봉사가 의승병을 모집한 곳이었다면 여기가 바로 사명당이 의승병을 훈련시킨 장소였음을 뜻한다. 그렇다면 처음 유점사에서 고성읍으로 내려가 일본군과 접촉하는 동안에도 건봉사는 이미 대사의 거처로 활용되고 있었음에 틀림없다. 그가 고성에 주둔한 왜군부대에서 3일간 후한 대접을 받았다든지 의승병을 모집하였다는 등의 이야기에서 당시 대사가 거처하였던 곳은 깊은 산중이 아니라 고성읍에 인접해 있는 건봉사였으리라는 생각을 쉽게 할 수 있다.

건봉사는 사명당과는 특별히 인연이 있는 곳이다. 앞에서 살펴본 대로 건봉사에 세워진 여러 석비에는 '간성 건봉사는 사명대사의 스승 신묵이 탁석한 곳'이라든지, 혹은 사명당이 '은사 중덕(中德＝信默)을 따라 건봉사 낙서암(樂西庵)에서 낙발(落髮)하였다'고 하여 다소 과장된 표현이기는 하지만 일찍부터 깊은 인연을 맺어온 사찰이었음을 보여주고 있다. 이러한 기록들로 미루어 사명당이 일찍이 직지사 신묵화상의 문하로 출가한 이후 신묵이 건봉사 주지 직을 맡아 주석할 때 사명당도 스승을 따라 일시 거주하였을 가능성은 앞에서 언급한 바 있다.

간성의 건봉사는 사명당과는 이러한 인연이 있는 까닭으로 그가 필요할 때는 언제든지 거처할 수 있었다. 유점사에서 하산한 이후 전쟁에 관한 정보를 얻어들을 뿐 아니라 의승병을 모아 훈련을 시키는 장소로서 건봉사가 최적지였다. 이리하여 대사가 건봉사에서 의승병을 일으켰다는 사실들이 사찰에서 대를 이어 구전되어오다가 남공철의 「건봉사사명대사기적비」에 처음 문자로 기록되었던 데 불과할 것이다.

그러면 의승병을 모아 일어나게 된 직접적 계기는 무엇이었을까? 일반적으로 사명당이 건봉사에서 의승병을 일으키게 된 것이 외부로부터 격문을 받고 이루어졌던 것이라고 한다. 이에 대하여 유성룡(柳成龍)은 『징비록』(懲毖錄)에서 다음과 같이 설명하고 있다.

내가 안주(安州)에 있으면서 공문을 사방으로 보내 각각 의병을 일으

장충단 공원 사명대사 동상 하단의 부조물. 사명당이 처음 금강산 건봉사에서
의승병을 모아 훈련시키는 장면.

켜 국난을 구하러 나오라고 하였다. 그 공문이 금강산 안에까지 이르
자, 유정은 그 공문을 불탁 위에 펴놓고 여러 승려들을 불러 모아 이를
읽으며 눈물을 흘렸다고 한다. 그는 드디어 승군을 일으켜 거느리고 서
쪽으로 달려와서 국난을 구하려 힘썼다.

이에 따르면 영의정 유성룡의 격문이 전국 각지로 보내졌으며, 그 가운
데 일부가 금강산 건봉사의 사명당 앞으로 전달되어 대사가 이를 읽고 눈
물을 흘리면서 의승병을 일으키게 된 것이라고 한다. 그리고 『연려실기
술』에서는 '근왕의 교서와 휴정의 격문이 이르자' 이를 계기로 '유정의
기의'가 이루어진 것이라고 조금 달리 표현하고 있으나 내용상으로는 대
동소이하다.

산사를 오르내리는 승려들은 평소 몸이 날렵한 데다 최소한의 자위 수단으로 신체단련을 해온 자들로서 조금만 무예를 갖춘 지도자가 있다면 활 쏘고 창 쓰는 등의 일은 쉽게 익힐 수 있었을 것이다. 사명당이 어느 정도의 무예를 지니고 있었는지 혹은 어떤 병법 공부를 하였는지는 알려진 것이 없다. 그러나 적어도 그가 청년시절 봉은사에서 생활할 당시 사대부들과 어울리며 시를 짓고 많은 책들을 폭넓게 독서할 때 병서에 대한 관심도 적지 않았을 것으로 추측된다. 아니면 승려들 가운데 무예에 소양이 있는 이를 발탁하여 훈련을 담당하게 할 수도 있었을 것이다.

사명당이 의승병을 일으킨 것은 외부의 요청이 있기 전에 본인의 자발적 의지가 앞섰던 것으로 보인다. 그가 유점사와 고성읍에서 처음 일본 침략군들을 대면하여 불법으로 설유하여 일반 민간의 살육을 금지하도록 한 이후에도 조선 전국에 퍼져 유린하는 일본군의 침략은 멈추지 않고 있었다. 우선 바로 대관령을 넘어 춘천과 원주 등 영서지방에 주둔한 다른 왜군들의 침략의 마수도 갈수록 심하였다. 이러한 상황에서 사명당은 결국 의승병을 일으켜 이들에 항거하여야겠다는 적극적인 생각을 하지 않을 수 없었다. 당시의 사정을 이후 사명당의 「갑오상소」를 통하여 들어보자.

전란의 초기에 신은 강원도 개골산에 있었습니다. 거기서 이 큰 난리를 만나 적중에 두 번 들어가 왜적과 문답하고, 드디어 의승들을 타일러 겨우 100여 명의 군사를 모집하였습니다. 이 군사들을 데리고 가서 바로 춘천과 원주의 적을 쳐서 맹세코 그들과는 같이 살지 않으려 했습니다. 그때 마침 도총섭(都摠攝)의 격문을 보니 그 글 속에 군민(軍民)을 타이르시는 성지(聖旨)가 있었습니다. 이 글을 보니 두 눈이 눈물로

옛 건봉사의 역원이 소장했다고 전하는 대사의 유필. 잡지 『불교』 제22호(1926) 게재.

가리어 글자마다 피로 물들어 끝까지 읽지를 못했습니다. 신이 원래 거
느린 의승병이 150명이었는데, 거기에다 60명을 더 얻고 서쪽으로 급
히 달려갔습니다.

이 글은 상소문이어서 그가 금강산에서 왜적을 만난 이후 의승병을 일
으키기까지의 사실을 지극히 축약하여 서술한 것이다. 그러나 그 순서로
보면 처음 왜적과 두 차례 문답한 다음 곧 바로 승려들을 타일러 100여
명의 군사들을 모집하여 영서(嶺西)로 진격하려 하였으며, 그러던 차에
마침 서산대사의 격문을 받고 방향을 바꾸어 행재소(行在所)가 있는 의
주 쪽으로 진격하였다는 줄거리가 명료하게 나타나 있다. 격문이 오기 이
전에 이미 자신이 스스로 의승병 150명을 모집하여 거느리고 있었던 것
이다. 그가 산중에서 왜적들을 만났을 때나 처음 고성의 왜인부대를 찾았

을 당시에는 그들로부터 사찰의 승려와 인근 주민들을 보호하려는 생각으로 왜장들을 불법으로 설득하는 소극적 방법에 의존하였다. 그러나 고성읍으로 내려와 원근으로부터 들려오는 왜군들의 무자비한 침략이 쉽사리 진정될 일이 아니라는 판단을 하게 되면서 의승병을 모아 훈련을 시켜야겠다는 생각을 하지 않을 수 없었다.

임금은 이미 도성을 떠났고 전국은 거의 왜군들의 말발굽 아래 유린당하고 있는 상황에서 사명당은 불법으로 설득하여 살생을 줄인다는 소극적인 방법으로는 사태 해결에 도움이 될 수 없다는 판단을 하게 되었다. 좀더 적극적인 방법을 강구하지 않으면 안 되게 된 것이다.

이와 같이 대사가 스스로 의승병을 불러 모아 한편으로 무예를 겸한 신체단련을 시키면서 영서의 왜적 토벌의 시기를 탐색하고 있을 즈음, 순안에 머물던 은사 서산대사로부터 조정의 지시에 따른 격문이 내려온 것이다. 「갑오상소」에서 자신이 말한 바와 같이, '그때 마침 도총섭의 격문을 보고, 자신이 거느리고 있던 의승병 150명 외에 따로 60명을 더 얻어' 약 210명을 거느리고 방향을 바꾸어 곧장 평양으로 달려가게 되었던 것이다. 유정에게 격문을 보낼 당시 영의정 유성룡과 도총섭 서산대사는 의주의 행재소를 떠나 평양에 인접한 순안에 머물고 있었다.

임금의 수레가 서쪽으로 향하였다는 소식을 듣고 통곡하면서 지었다는 다음 4수의 사(辭)에 자신의 심경을 담고 있다. 아마도 의승병을 거느리고 평양으로 가면서 읊은 것으로 보인다.

내가 태어난 건 어인 일인가
왜 이렇게 해마다 홀로 누에 기대 있는가.
세월은 빠르기도 해라

마치 날아가는 새와 같구나.

서리와 이슬이 희기도 해라

이른 가을이 구슬프구나.

제결은 높이 날고 상수(湘水)는 찬데

초목이 소슬하니 내 마음 더욱 쓸쓸하다.

진(陳)나라 구름 바라보니 요산(遼山)이 아득한데

기러기야 기러기야 관해(關海)가 막혔구나.

吾生兮何似者 頻年兮獨倚樓

歲月忽兮如過鳥 霜露白兮悲早秋

鶗鴂高飛兮湘水冷 草木蕭蕭兮我思悠悠

望秦雲兮遼山遙 鴻兮雁兮隔關海

임금님의 수레가 서쪽으로 행차하니,

봉성(鳳城)이 비었구나.

문무의 많은 선비 구릉에 구르는데,

개와 염소는 남북과 동서로 달리는구나.

龍興兮西行 鳳城兮一空

文武多士兮轉于丘壑 犬兮羊兮南北與東

저기 바라보니 하늘은 아득하고, 관사(關使)는 돌아오지 않네.

개와 양떼만 길에 가득하고, 날은 저물고 하늘은 찬데 나 혼자 대(臺)
에 오르는구나.

우리 임금 하늘 끝에 계시니, 바라고 바라노라니 가을이 가고 해 또
한 저무네.
제결이 높이 날고 이 해도 장차 저무는데,
꽃다운 온갖 풀 시들고 황하는 아득하구나.

望望兮天遠 關使兮未廻
犬羊群兮滿路 日暮天寒兮獨登臺
有美人兮天一涯 望望經秋兮日欲斜
鶗鳩高飛兮歲將晚 衆芳歇兮遙黃河

나뭇잎 떨어져 산은 비었고, 원숭이 울어 밤 더욱 차가워라.
쓸쓸히 아무 말 없으니, 요해(遼海)는 멀고 봉황은 돌아오지 않는구나.
하늘은 차고 사람마저 돌아오지 않는데, 초목은 쓸쓸하고 원숭이만
울어 예네.
향 피우고 혼자 앉아 있으려니, 달이 떠서 하늘이 활짝 터이도다.

落葉兮空山 猿啼兮夜寒 悄然兮無語 遼海迢迢兮鳳未還
天寒兮人不來 草木黃落兮猿哀 焚香兮夜坐 月出兮天開
• 「聞龍旌西指痛哭而作」, 『사명집』 권1

초가을이라 하였으니 아마 8월 중순이 넘었던 때일 것이다. 사명당이
인솔하는 의승병은 밤낮을 가리지 않고 서북쪽을 향하여 전진하였다. 전
진하는 중간중간에 적영을 피하는 일이 매우 어려웠을 것이지만 아마도
9월 하순경에는 황해도 해주 경내에 들어왔던 것으로 보인다. 단풍든 계

절에 수양성(首陽城)에서 밤을 보내며 지었다는 오언으로 된 다음 시가 있는 것으로 보아 그렇게 짐작할 수 있다.

언덕 나무는 벌써 가을빛이라, 성 못에는 밤비가 차갑구나.
난리에 고향 길 막혔는데, 나그네 생각에 누수(물시계) 소리 잦아진다.
기러기 강호 밖으로 지나가고, 반딧불 처마 끝에 날아드네.
잠 못 이뤄 향불마저 꺼졌는데, 어느덧 새벽이라 말안장 재촉한다.

壟樹秋期早 城池夜雨寒 甲兵鄕路隔 羈思漏聲闌
雁度江湖外 螢飛廊宇間 不眠香爐冷 侵曉又催鞍
• 「宿首陽城」, 『사명집』 권2

해주의 수양산성은 전쟁이 끝날 때까지 온전하게 보전될 만큼 안전한 곳이었다. 성안에는 은적사(隱迹寺)가 있어서 사명당이 거느린 수백 명의 승군들이 행군으로 지친 몸을 여기서 휴식을 취하며 묵고 갔던 모양이다.
10월 초 눈이 내리는 날에 지은 시에는 해주에서 평양으로 가는 도중에 우리 백성들의 시체가 널려 있었다. 그 비참한 광경을 그는 다음과 같이 읊고 있다.

벌써 하늘이 차니, 흰눈이 함박처럼 내리네.
붉은 머리에 푸른 옷 입은 자들이 길을 종횡으로 누비며,
우리 백성 어육으로 만드니, 길 가에 서로 베고 누웠네.
통곡하고 또 통곡하니, 날은 저물고 산은 아득해라.

요해(遼海)가 어디던가, 그리운 임 계신 곳 하늘 끝 바라보네.

天寒旣至 白雪如斗 赤頭綠衣兮 絡繹縱橫

魚肉我民兮 相枕道路 痛哭兮痛哭 日暮兮山蒼蒼

遼海兮何處 望美人兮天一方

•「十月初三日雨雪寫懷」, 『사명집』 권1

적두와 녹의는 왜군을 가리키는 말이다. 왜군들이 우리 백성들을 베어, 죽고 상한 자들이 길에 널려 있다고 하였으니, 의승군의 행군도 여의치 않았을 것이 분명하다. 큰길은 아마 야음을 타서 행군하고 낮에는 주로 산길을 택하여 요소요소에 절을 찾아 의승병들을 모집하면서 행군을 계속했을 것이다. 이근명은 『연려실기술』에서 당시의 일을 "산중에 있는 모든 승려들을 일으켜 서쪽으로 가면서 글을 사방에 띄워 각각 승병을 일으키게 하였더니, 평양에 도착할 무렵에는 무리가 1천여 명이나 되었다"고 기록하고 있다.

사명당이 거느린 의승병의 행렬이 날이 갈수록 인원이 불어나고, 사기가 진작되었다. 이러한 사정은 바로 그 무렵 사명당이 의승병을 이끌고 상강 남쪽을 건너면서 지은 시를 통하여 여실히 반영하고 있다.

10월에 의병이 상남(湘南)을 건너니

나팔소리와 깃발이 강성(江城)을 뒤흔드네.

칼집에 든 보검이 한밤중에 우니

원컨대 요사한 무리를 베어 성은을 갚으리라.

十月湘南渡義兵 角聲旗影動江城

匣中寶劍中宵吼 願斬妖邪報聖明

• 「壬辰十月領義僧渡湘南」, 『사명집』 권4

서행하던 도중 눈비가 오는 10월 3일, 하늘 끝 멀리 행재소를 바라보며 시를 쓸 때는 의기소침하여 있었으나, 상강 남쪽을 건너 상원으로 들어갈 때는 의기양양한 모습을 보이고 있다. 당시 상원은 평양에서 불과 100여 리나 떨어진 평남 중화군에 위치해 있어 의병들의 활동이 점차 활발해가고 있는 지역이었다. 6월 14일 평양성이 일본 장수 소서행장(小西行長)에 의해 함락된 이래 가을이 되면서 날씨가 점차 추워지고 있었다.

위의 시들을 통하여 사명당이 거느린 의승군이 강원도에서 출발하여 행군한 것은 대체로 경기 북부를 거쳐 황해 남부로 진입하였으며, 해주에서 다시 북향하여 상원을 지났던 것으로 추측할 수 있다. 따라서 그들이 진행한 지역은 일본군이 서울과 평양을 잇는 간선으로 위험을 내포하기도 하였지만 대체로 평야가 많아 인구가 밀집하며 교통이 편리하였다. 우리 측 관·의병들의 활동도 비교적 활발한 지역이었다.

중화와 상원지역에서 활동하던 의병장으로는 지산 조호익(芝山 曺好益, 1545~1608)을 들 수 있다. 「지산연보」에 의하면, 그는 일찍이 관원의 모함을 입어 평남 강동군으로 유배생활을 하게 되어 현지에서 많은 제자들을 육성하고 있던 중 왜란을 당하게 되었다. 그해 5월에 의주 행재소로부터 의병을 일으킬 것을 하명받고 돌아와 문인 박대덕(朴大德), 윤근(尹瑾), 김익상(金翼商) 등으로 하여금 500여 명의 의병을 모집하도록 하여, "중화(中和)와 상원(祥原) 사이를 왕래하면서 여러 번 싸워 이기고 노획하였다"고 하며, 이러한 공으로 그는 의금부도사에서 "11월에 장례원

평사로 임명되었다가 얼마 안 되어 형조정랑으로 옮겼다"고 한다. 지산은 일찍이 강동현(江東縣) 동쪽에 고지산사(高芝山寺)를 짓게 하여 제자들을 가르치고 있었다. 그러므로 절의 승려들은 이미 도총섭의 격문을 알고 있었을 뿐만 아니라 사명당이 거느린 의승병이 행군하면서 여러 사찰에 보낸 통지문도 접하고 있었을 것이다.

이와 같이 임진년 10월경에는 평양성을 점령한 왜군들의 후방 보급로 상의 주요 지점인 중화와 상원지역에 우리 의병들이 신출귀몰하면서 적군의 전열을 교란시키고 있었다. 사명당의 의승병이 상강을 건너 상원을 지나갈 당시 일본군은 사기가 상대적으로 저하되고 있었던 반면 아군의 사기는 갈수록 진작되어가던 추세로서 '요사를 베어 성은을 갚을 자신'에 차 있었던 것이다.

살생마저 무릅쓴 자비정신

　의병의 기의는 관군이 싸움터에 나가는 것과는 다르다. 관군은 싸우는 일이 직업이기 때문에 전쟁이 일어나면 싸움터에 가는 것이 당연한 일이지만 의병은 관군의 힘으로 적을 감당하지 못할 때 힘을 보태어 이웃과 나라를 지키려고 위험을 무릅쓰고 자발적으로 일어나는 것이다. 그런 점에서 의병과 의승군(義僧軍)은 마찬가지다. 하지만 조선은 유교 국가이기 때문에 전쟁이 발발하면 유생들이 충군 애국하기 위하여 앞장서 의병을 일으키는 것이 승려들이 의승병으로 기의하는 것보다 오히려 당연한 것이다.

　더구나 종교인인 승려가 무기를 든다는 것은 일견 매우 불합리해 보인다. 그럼에도 불구하고 사명당을 비롯한 승려들이 어떠한 과정을 거쳐 의승병을 일으켰으며, 그가 표방한 이념이 무엇이었는가를 간단히 정리하고 지나갈 필요가 있다.

　사명당은 이후 전쟁이 소강상태로 접어들어 양측 군대가 남방에서 대치하고 있을 때 울산 서생포, 가등청정의 왜성에서 회담한 뒤에 올린 「갑오상소」에서 의승병을 일으킬 당시의 심경을 다음과 같이 피력하고 있다.

독사의 무리가 이 땅에 독을 쏘아 생민(生民)을 어육으로 만든 것은 말로 다할 수 없으며, 종묘사직이 피난하고 임금의 수레가 도성을 떠나 먼 곳으로 피난하는 이 마당에 혈기 있는 자는 모두가 팔을 걷고 일어나지 않을 수 없게 되었습니다. 비록 이 몸이 고라니와 사슴 같은 산승이오나 조금은 지각 있는 자로서 어찌 가만히 보고만 있겠습니까?

왜란으로 백성이 죽고 임금의 수레가 피난하는 어려움을 당하여 비록 일개 승려로서나마 차마 보고 있을 수 없어 일어나게 된 것이라 했다. 하지만 이는 어디까지나 신하로서 임금에게 상소할 때 쓰는 상투적 언사이기 때문에 일반 유생들이 내세우는 의병 기의의 이념과 별반 다를 바가 없다. 따라서 이 소문으로서는 조선 양반사회의 주인공인 사대부와 입장을 달리하는 핍박받는 승도로서 참전하는 진정한 목적의식을 간취하기 어렵다.

승려들이 의승병으로 일어나게 된 뜻을 알기 위해서는 앞에서 살펴본 사명당이 의승병을 일으킨 과정을 되돌아볼 필요가 있다. 사명당이 처음 비장한 각오로 고성읍의 왜군을 상대로 설득하러 나갈 때의 일을 허균은 「석장비문」에서 다음과 같이 적고 있다.

대사는 문도들에게 말하기를 "부처님이 세상에 나오심은 원래 중생을 구하기 위해서이다. 이 왜적들이 저렇게 잔인하니 우리 백성들을 함부로 죽일까 두렵다. 내가 마땅히 가서 저 미친 왜적들을 타일러서 흉한 무기를 쓰지 못하게 하는 것이 자비의 가르침을 저버리지 않는 것이다" 하고 지팡이를 날리며 고성으로 들어갔다.

사명당이 고성의 왜군 본부를 찾아가 불교의 가르침은 중생을 구하라는 자비심에 있음을 역설함으로써 영동지역의 화란은 피할 수 있었다. 그러나 영서지역의 적군은 계속하여 인명을 살상하는가 하면 한편으로는 선조가 서쪽으로 파천의 길을 떠났다는 소식을 듣고 왜적에게 자비심에 호소하는 방법만으로서는 침략의 마수를 멈추게 할 수 없다는 사실을 알게 되었다. 이리하여 그는 드디어 의승병을 일으킨 것이다. 「석장비문」은 당시의 일을 다시 이렇게 말하고 있다.

　승려들에게 "우리가 이 나라에 나서 먹고 쉬고 놀면서 여러 해 동안을 지나온 것은 모두가 임금님의 덕이다. 그러니 이같이 어렵고 위태로운 때를 당해서 어찌 차마 앉아서 구경만 하고 있겠는가?" 하고 곧 수백 명의 승병을 모집하여 순안(順安)으로 달려갔다.

　이와 같이 사명당은 다시 승도들에게 중생을 제도하는 일이 임금의 은혜를 갚는 일과 다르지 않음을 천명하면서 의승병 기의를 결행한 것이었다. 이렇게 볼 때 사명당이 의승병을 일으킨 이념적 배경은 첫째 불교적 자비사상으로 이는 승려로서 지켜야 할 본분이며, 둘째 유교적 충군사상에 의한 것으로서 승려 역시 국가사회의 일원이라는 현실적 이유라고 정리해볼 수 있다.

　이로부터 사명당은 의승병을 거느리고 7년전쟁에서 크고 작은 수많은 군공을 세웠을 뿐만 아니라 평화외교 면에서도 뛰어난 업적을 이루게 되어 불교계에서는 말할 것도 없고 유교 측으로부터도 적지 않은 찬사를 받았다. 그러나 사명당을 평가할 때도, 유교 측에서는 충성심에 무게를 둔 반면 불교계에서는 불교적 자비심과 함께 유교적 충성도 언급하는 일을 잊지 않았다. 이러한 다소 엇갈린 평가를 살펴보는 것은 흥미 있는 일이기도 하려니와 대사의 사상적 면모를 알아보는 중요한 의미도 있다.

사명당과 서산대사 문하의 동문이면서 역시 승병장 가운데 한 사람으로 활동한 청매 인오(靑梅 仁悟)는 사명대사가 입적하자 다음과 같이 제문을 지어 올렸다.

오직 우리 대사님은 그 푸른 무리에서 빼어나셔서 현명하고 슬기로웠네. 그 부류에서 우뚝 솟아 어질고 의로우셨네. …… 나라가 자주 어그러져 비린내 나는 연기가 사방에서 일어나니, 백성의 어육됨을 슬퍼하고, 국가의 적토(赤土)됨을 슬퍼하도다. 차마 앉아서 볼 수가 없어 가사를 벗었고, 나라의 은혜 갚기 어려워 칼에 기대었도다. …… 인(仁)으로써 사물을 사랑한즉 방정한 선비가 있으니 때의 구제함이 간략하고, 의(義)로써 임금에 충성한 즉 공신에게 부끄러움이 없어서 사직을 편히 한 정성이로다.

• 「松雲大士祭文」, 『청매집』 권 하

청매는 이 글의 제목에서 사명당을 대사(大師)가 아니라 대사(大士)라고 하여 일반 승려들과 호칭부터 달리하고 있다. 대사란 산스크리트어로 'Mahasattva'(마하살) 즉 불·보살의 통칭으로서 자신뿐 아니라 남을 위하여 불도를 닦는 도심(道心)이 견고한 사람을 뜻한다. 따라서 청매는 유가에서 중시하는 인의와 충의의 정신을 충실히 구현한 점에서 사명당은 어떤 방정한 선비보다도 어떤 공신보다도 뛰어난 인물이라고 하였다. 이러한 평가는 불교계의 입장에서는 숭유억불을 이념으로 내건 조선왕조에 대하여 국난을 당하여 불교의 승려가 이룩한 공적을 내세워 찬양하는 일이 현실적으로 필요한 때문이기도 하였을 것이다.

그러면서도 그는 자신을 포함한 승려들이 전쟁에 참여함으로써 불가피하게 범하지 않을 수 없었던 살생의 문제를 언급하지 않을 수 없었다. 청매는 「승장」이라는 제하의 오언시에서 살생에 대해 다음과 같이 그 뜻을 피력하고 있다.

우연히 나무 밑에서 자다 깨어보니, 나라에 발탁되어 진흙탕에서 섬기도다.

복책(伏策)으로서 모의하는 데 참여하고, 결승(決勝)은 천리 먼 밖에서 하도다.

소문과 이름이 중외(中外)에 차 있고, 기운은 높이 솟아 또한 자여(自如)하도다.

일천 칠백 조사(祖師)들이여, 살생이 있지 아니 했나이까.

偶醒林下睡 王事拖泥淤 伏策參謀議 決勝千里且

聲名滿中外 氣岸且自如 一千七百祖 未有殺生歟

• 「僧將」, 『청매집』 권 하

여기 승장은 사명당일 수도 있고 자신을 포함한 모든 의승장을 일컫는 것일 수도 있다. 모름지기 승병장이란 칼을 잡고 의승병을 진두지휘하여 왜적과 싸우는 것이 임무임으로 불교에서 금기하는 인명의 살상을 불가피하게 저지르지 않을 수 없다. 청매 역시 산중에서 수행하고 있을 때 난리가 나 갑자기 의승장으로 나가 높은 공을 세웠으나 계율에서 금한 인명의 살상을 어떻게 속죄할 것인가? 여기서 그는 선종의 조사들이 '조사를 만나면 조사를 죽이고 부처를 만나면 부처를 죽이라'는 선기(禪氣)의 치열함을 예로 들어 비유하고 있는 것이다. 은사인 서산대사도 기회만 있으면 사명당에게 선적(禪的) 무소불위(無所不爲)의 경지를 가르쳤다.

과연 사명당은 스승의 가르침과 자신의 선 수행을 통하여 생사를 초탈한 경지에 들었다고 할 것이니, 금강산에서 왜군을 대하였을 때 보여준 생사를 초월한 기상이 그것에 다름 아니었다.

한국 불교사에서 살생 문제를 다룬 선례를 논한다면 우선 원광(圓光)법사의 '세속오계'(世俗五戒) 가운데 '살생유택'(殺生有擇)을 들 수 있다. 일찍이 신라 진평왕은 고구려의 침입에 대항하기 위하여 수나라에 원군을 요청하는 글을 원광법사에게 짓도록 하자, 그는 "나 스스로 살기 위해 남을 해치는 일은 승려로서 취할 바 아니오나 소승은 대왕의 은혜로 이 나라에 살고 있으니 감히 거절하지 못하겠습니다" 하고 걸사표(乞師表)를 지었다. 바로 이러한 이유에서 그는 젊은이들을 위하여 화랑도의 생활규범이 된 세속오계를 지었던 것이다.

이러한 대승불교적 이념은 고려시대 승군의 사상적 기조로 계승되었으며, 그것은 다시 조선왕조에 들어와서도 면면히 이어지게 된 것이다.

다음으로 사명당의 공적을 유가적 입장에서 평가한 경우이다. 영조 연간에 이조참판을 지낸 윤봉조(尹鳳朝)는 『분충서난록』의 발문에서 다음과 같이 쓰고 있다.

불교도는 군신을 버리고 부자를 떠나 널리 중생을 제도하는 자비의 설을 가지고 그 선악을 논하지 않고 한결같이 살생을 하지 말라고 경계하니, 우리 유자가 사나운 것을 베고 어지러운 것을 제거하여 사는 도리를 가지고 사람을 죽이는 것과 비교하면 또 그 거리가 멀다 할 것이다. 간혹 탁월하게 뛰어난 영웅준걸이 있어 우리 대사와 같이 속으로는 유도(儒道)를 하고 겉으로는 불도(佛道)를 믿는 자가 있어서 능히 그 차이점을 깨달았어도 그 가르침에 구애되어 능히 돌아오지 못하는 것이다. 그러므로 반드시 일을 통해서만 밖에 나타나서 스스로 그 뛰어난 공적을 세우는 것이다.

대체 그 진영을 통하여 보는 바로는 그 모습에 수염을 깎지 않았으니 여기서 대사의 은미한 뜻을 볼 수가 있을 것 같다. …… 이것은 일찍이 대사가 그 마음에 깨달음이 있어서 화살을 무릅쓰고 교악(鮫鰐, 왜적) 사이에 출입하여 혹은 군사의 전략을 세우고, 혹은 웅변을 토하여 이로써 군부(君父)의 급한 일에 달려갔으니 대사도 역시 어찌할 수가 없었던 것이다. 하물며 어찌 그 사이에 불력(佛力)을 용납하겠는가?

세상에서 말하기를 불가에는 두 교파가 있다고 한다. 선종에 속하는 자들 사이에는 혹 대사를 가리켜 불교에 순수하지 못하다고 한다. …… 오직 대사를 가리켜서 불교에 순수치 못하다는 것은 우리 유도에 가깝다고 해서 하는 말이다. 만일 그렇지 않다고 하면 대사에게 향불을 피워 제사지내는 자가 홀로 총림(叢林)에만 있지 않고, 역시 조정 인사들 중에도 있는 것은 무슨 까닭인가. 대사의 소위 대사다운 것은 역시 여기에 있는 것이다.

라고 하여 대사는 군신 부자를 떠나지도 않고, 대의를 위해 살생도 마다하지 않았으니 겉으로는 불교도라 하지만 실제로는 유자에 가깝다는 것이며, 또한 영정에 수염을 기른 것으로 보아도 그 스스로 은근히 유교를 버리지 않은 증거로 보아 무방할 것이라 한다. 이러한 이유로 불가의 교종보다는 특히 선종 측에서 대사를 순수한 불자로 보지 않는다는 것이며,

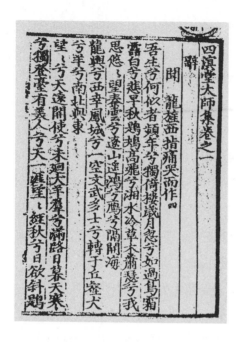

'임금의 수레가 서쪽으로
향했다는 말을 듣고
통곡하면서 지었다'는 가사.
『사명집』 첫 페이지에 실린 글.

그 대신 조정의 사대부들이 오히려 대사를 받들어 제사 지내는 것이니 이
것이 바로 대사의 대장부다운 면모라는 것이다.

이와 같이 대사를 불자라기보다는 오히려 유자에 가까운 인물로 평가
하고 있는 몇 가지 가운데 특히 흥미 있는 것은 대사가 수염을 깎지 않은
것만으로도 사대부에 미련을 버리지 못한 것이라고 보고 있는 것이다.
사실 승려들은 일반적으로 삭발은 물론 수염을 기르지 않는데도 유독 대
사는 수염을 길러 자타의 관심거리가 되어 왔다. 자신이 대마도에서 지
은 시에 "머리 깎고 중이 되어 언제나 길에만 있었고, 수염은 속세를 본
받았지만 역시 집은 없도다"라는 구절도 있다. 수염 기른 자신의 모습을
두고 그 스스로도 속세, 즉 사대부 기풍을 지녔음을 부인하지 않고 있는
것이다.

여러 기록을 종합해보면 사명당의 풍채는 키가 훤칠하여 7척이나 되며, 앉아 참선하는 모습은 꼭 돌을 깎아 세운 석불 같았다고 한다. 거기에다가 수염을 길렀으니 대장부의 늠름한 자태를 갖추었던 것이다.

사명당이 수염을 길렀던 것은 대개 전쟁 무렵, 즉 50대 초반부터의 일로 여겨진다. 유몽인은 『어우야담』에서 "내가 일찍이 묘향산 보현사에서 유정을 보았는데, 머리는 깎고 수염은 길러 허리까지 내려왔는데 하얗게 세었더라. 그때 그는 가선대부였다"라고 하여 전후의 일로 보고 있으며, 허균은 『사명집』 서문에서 "병신년(1596) 겨울 승문원(承文院)에 벼슬하여 공사로 영의정 서애 정승을 뵈러 갔더니, 사명스님이 고깔을 높이 쓰고 턱수염을 아래로 길게 드리우고 우뚝하게 그 사이에 끼어 앉았더라" 한 것으로 보아 알 수 있다.

위에서 살펴본 바와 같이 참판 윤봉조는 사명당을 겉으로 불자라 하였지만 내면적으로는 유자였다고 하였다. 이에 대하여 청매는 그가 유교적인 · 의 · 충을 어느 선비 못지않게 실현하였다고 주장하고 있으면서도 사명은 사대부적 충군의식을 겸하였을 뿐 어느 조사에 뒤지지 않는 불자요 선사였음을 확인하였다.

그러면 사명당 자신은 불교를 어떻게 이해하고 있었는지가 궁금하다. 여기서 우선 그의 불신관(佛身觀)을 살펴볼 필요가 있겠다. 앞에서 금강산 흥성암에 모실 불상을 조상하기 위하여 지은 권선문을 살펴본 바 있거니와 그는 "부처님은 중생들에게 그 은혜가 두터우니 존귀하게 중생을 이끄는 것은 마치 군왕과 같고, 선법(善法)을 가르침은 스승과 같고, 자비로써 중생을 제도함은 부모와 같다. 부처님은 이 세 가지를 모두 행해서 어기지 않기 때문에 그 형상을 만들어 공경하는 것이요, 그 말씀을 사모하여 독송하는 것이다" 하여 부처야말로 최상의 군왕이요, 최선의 스승이요, 자비로운 부모라 하였다. 소위 불교적 입장에서 군사부(君師父) 일체의 설을 강조한 것이다.

이와 같이 그에게는 부처를 공경하고 경전을 독송하는 신앙이 중요한 것처럼 중생을 제도하는 일 역시 부처의 자비정신을 실현하는 일이었다. 불교에서는 보살의 정신을 '위로는 진리를 구하고, 아래로는 중생을 교화하는 것'(上求菩提 下化衆生)이라는 말로 표현하는데, 이는 부처되기 위한 수행과 중생의 구제를 아울러 보살도라고 본 것이다. 사명당의 참전 동기는 부와 권력을 편들어 칼을 잡은 것이 아니라 '독사의 무리가 이 땅에 독을 쏘아 생민을 어육으로 만들고, 종묘사직과 임금의 수레가 도성을 떠나 피난하는' 누란의 위기를 당하여 생민을 구하고 나라를 편안하게 하기 위한 방위적 행위였다. 청매가 그를 굳이 '보살'이라고 하여 특히 중생구제의 업적을 강조한 것도 그 때문이다.

5

평양성 탈환전

"신은 본래 승려의 신분으로
병가兵家의 일을 알지 못합니다만,
단지 한 적이라도 베어
성상의 망극한 은혜에 보답하는 일이야
어찌 선비들보다 못한다 하겠습니까."

의승도대장 사명당

　사명당 유정이 금강산 오지에서 일본 침략군을 만난 것은 다른 여러 지역에 비하여 시기적으로 늦은 여름이었다. 처음 그가 침략군을 설득하여 전쟁의 참화를 줄여보려는 소극적인 방법을 버리고 드디어 의승병을 일으킬 결심을 하게 된 7~8월경에는 전국 여러 지역의 의승병들이 상당한 전과를 올리고 있었다.

　먼저 평양성이 일본군에게 함락된 것은 6월 13일이었다. 이를 전후한 시기에 평양의 조선 관군과 의병은 전의를 상실하고 있었을 뿐 아니라 파죽지세로 밀어닥친 왜군의 조총 앞에 그 수도 현저히 줄어 있었다. 그나마 군사를 모아 전투태세를 갖추어 일본군에 대항 세력을 형성하고 있는 것은 여러 사찰에서 모인 승병들뿐이었다고 하니, 평양성은 곧 함락될 수밖에 없었던 것이다. 평양성이 함락되고 선조가 중국 땅에 인접한 의주에 행재소를 설치한 것은 10일이 지난 6월 23일이었다.

　선조가 불교계의 원로인 묘향산 보현사의 서산대사를 부른 것은 바로 이 무렵이었다. 대사는 73세의 노승으로서 임금 앞에 엎드려, "나라 안의 모든 승려들 가운데 늙고 병든 자들은 이미 각자 있는 곳에서 (나라를 위해) 기도를 올리게 했으며, 나머지는 모두 종군하도록 하겠습니다. 성은을 갚기 위해 어찌 죽음을 아끼겠습니까"하고 충성을 맹세하였다. 선조는 그를 전국의 모든 승려들을 통솔하는 팔도십육종선교도총섭(八道十六宗禪敎都摠攝)에 임명하면서 전국 승군의 총궐기를 간곡히 부탁하였다. 그 무렵 관군은 평양성을 점령한 일본군이 더 이상 북진을 계속하지 않자 순안에 진을 쳤다. 순안에 체찰사 유성룡을 우두머리로 하는 원수부가 설치되었으므로 도총섭 휴정도 순안 법흥사에 주재하면서 여기를 의승병 총본부로 삼게 된 것이었다. 도총섭의 인을 찬 휴정은 전국 각 사찰로 군왕의 병을 일으키라는 격문을 보내어 도처에서 승군이 일어나게 된 것이다. 건봉사의 유정에게 격문이 보내진 것도 7월경의 일이었다.

이리하여 전국의 의승병들이 일어나 승전고를 울리는 가운데 가장 먼저 그리고 가장 큰 전과를 기록한 이가 청주지방의 영규대사였다. 청주를 점령한 왜병들의 침학이 극심하자 8월 의병장 조헌(趙憲, 1544~92)이 문하생들을 규합하여 진격할 형세를 취하자 공주 청련사(靑蓮寺)의 기허당 영규(騎虛堂 靈圭)도 여기 가담하였다. 그는 먼저 구국제민의 기치를 내걸고 의승병 300명을 모집하여 훈련을 시키던 중 "우리들이 일어난 것은 관부(官府)의 명령에 의한 것이 아니라 오직 나라와 겨레를 구하기 위하여 스스로 일어난 것이다. 죽음을 두려워하는 자는 우리를 따르지 말라"고 외치자 원근에서 의승병이 몰려들어 800명 가까운 승군부대를 형성하였다. 이리하여 7월 하순부터 시작된 관·유·승 연합군 수천 명의 공세는 8월 1일을 기하여 총격전을 개시하여 청주를 수복하였는데, 특히 영규대사가 지휘한 승병들의 공로가 결정적이었다.

당시 충청감사 윤선각(尹先覺)은 장계를 올려, "적군이 성을 버리고 도망가게 된 것은 모두가 영규의 공"이라 하였다. 이 청주성 탈환에서 영규의 의승군이 거둔 승리는 전국 의승병만이 아니라 관·의병의 사기를 진작시키는 계기가 되었다. 이리하여 선조는 일부 대신의 반대에도 불구하고 승려인 그에게 정3품 당상관인 첨지중추부사의 직첩을 내리는 파격적 인사 조치를 단행하였다.

청주를 수복한 의병장 조헌과 의승장 영규는 이 승기를 이용하여 8월 18일 곧바로 금산으로 향하였다. 그러나 금산은 왜장 소조천융경(小早川隆景) 휘하의 일본군이 지키는 요새로서 군사 수에서도 대적이 무리한 작전이었다. 조헌은 영규의 간곡한 만류에도 이를 강행하여 두 장수를 포함한 수많은 아군이 전멸당한 결과를 가져오기는 하였으나 이 전투는 왜군에게도 적지 않은 타격을 주어 호남과 호서가 온전하게 되었다.

앞서 전주로 들어오려는 일본군을 진산에서 제지함으로써 호남지방을 보전한 권율은 서울 수복이 급선무라 하여 2만 명의 병력으로 북상의 길에 오르자 이때 해남 대흥사(大興寺)에서 일어난 승장 처영(處英)도 1천 명의 의승군을 거느리고 이에 호응하였다. 이들은 적진을 뚫고 9월에 마침내 수원에 이르러 독산성에 진을 쳤다. 그들이 지휘한 행주산성 전투는 이로부터 5개월 뒤인 이듬해 2월의 일이다.

임진왜란 이후 의승장으로서 수많은 공적을 남긴 많은 사람 가운데 유독 이들의 영정을 사찰에 모시고 나라에서 제수를 내려 제사지내는 제도가 생겨 오늘까지 전승되어오고 있다. 이른바 3대사(三大師) 사당(祠堂)이 그것으로서 밀양 표충사에는 사명, 묘향산 보현사에는 서산, 공주 갑사에는 영규를 각각 주벽으로 하고 다른 두 분을 배향(配享)하고 있다. 해남 대흥사에서는 영규 대신 행주산성에서 공을 세운 뇌묵당 처영을 모시고 3대사 사당으로 하고 있다. 이는 뒤에서 다시 논하게 되겠지만 3대사의 사당을 사찰에 모시고 향불을 올리는 것은 승려들이지만 입적한 날에 제사 지내는 주체는 그 지역의 관료와 유생들이다. 여기서 한가지 밝히고 넘어갈 것은 초기의 의승장으로서 크게 전공을 세운 사명을 비롯한 영규와 처영이 모두 서산대사의 제자로서 그들이 동문제자라는 사실이다. 그 가운데서도 특히 서산과 사명은 승과 출신으로 조정 대신과 사대부 사회에도 이름이 널리 알려진 명실상부한 불교계의 지도자였음은 두말할 필요도 없다.

전쟁 초기부터 일어난 이들 3대사 외에 충청·경상·전라 등 여러 지역에서도 의승병이 분기하였다. 9월에는 담양 옥천사 승 인준(引俊)과 남원 지방의 두인(斗仁)이 일어났으며, 10월에 벌어진, 3대첩의 하나인 진주성 전투에서는 의승장 신열(信悅)이 거느린 승병들이 있었다. 휴정의 제자 해안(海眼)이 종군한 곳도 역시 경상도 진주였다.

이와 같이 도처에서 궐기한 의승군의 대적활동은 의기소침해 있던 관군과 의병에 커다란 자극제가 되었다. 10월에 홍인상(洪麟祥)이 강원도 도순찰사의 종사관이 되어 모병활동에 나설 때, 그는 "승려들조차 의분을 일으켜 떨쳐 일어나 죽음을 맹세하고 왜적과 싸우고 있거늘 하물며 우리 유생에 있어서랴!" 하고 호소하였다. 사대부가 주인인 조선의 유교사회에서 핍박받는 승려들이 앞장서 싸우는 마당에 눈치만 살피고 있는 유생들에게는 폐부를 찌르는 말이 아닐 수 없었다.

사명당 유정은 영규와 처영에 비하여 늦게 금강산에서 의승병을 일으켰으나 평남 상원을 지나 10월 8일경 평양에 도착할 때는 그 수가 1천여 명으로 불어나 있었다. 그가 처음 도착하여 의승도대장(義僧都大將)의 직책을 맡게 된 일을 자신이 쓴 「갑오상소」에서 다음과 같이 적고 있다.

신은 (의승병을 거느리고) 서쪽을 바라보고 빨리 달려서 순안의 관청에 도착했습니다. 여기서 다시 행재소로 달려가서 전하를 뵙고자 했사

묘향산 보현사 수충사에 소장되어 있는 사명당의 투구와 칼.
수충사에는 서산·사명·기허 3대사의 영정이 모셔져 있는데, 특히 서산과 사명의 유품이 많다.

오나 당시에 적들은 평양을 점령했기 때문에 이들을 그대로 버려두고 갈 수가 없었습니다. 이리하여 그대로 체찰사 도원수 밑에 머물러 그 지휘를 받았습니다. 이때 신을 의승도대장으로 삼아 모든 일을 관장하게 하니 당시 의승병은 도합 2천여 명이 되었습니다.

여기서 그는 먼저 순안의 관부로 달려가서 체찰사 도원수 유성룡의 명에 따라 의승도대장을 맡게 되었다고 하여 자신이 주로 조정 관부의 명령 체계를 따라 행동하였음을 강조하고 있다. 그러나 그가 평양에 도착하여 도총섭 서산대사의 휘하에서 본격적으로 전개하는 의승병 활동은 다음 절에서 상술하기로 한다.

이와 같이 예컨대 3대사로 대표되는 전국의 의승군이 전쟁의 초기에

공주 갑사의 표충원. 전쟁이 끝나고 100여 년이 지나 나라의 질서가 잡히면서
충훈공신을 위한 사당도 생겼다. 기허당을 위한 표충원도 세워졌다.

올린 전과와 관련하여 의승군의 실체와 성격을 한 번 검토하고 지나갈 필
요가 있다. 사실 의승군은 의병과 여러모로 차이가 있었다. 의병장들은
대부분 전직 관료이거나 혹은 지방의 명망 있는 유력인사였으며, 의병들
또한 양반 가문의 유생들로 구성되어 있었기 때문에 관군과 동등한 입장
에서 근왕(勤王)을 내세울 수 있었다. 때로는 관군의 부정과 무능을 규탄
하면서 독자적인 활동을 하기도 하였다. 이러한 의병단체의 장은 수적으
로 제한을 받지 않고 각지에 산재하면서 관의 간섭에서 벗어나 각기 독립
체를 형성하여 활동하였다.

　그러나 승군은 이에 비하여 여러 가지 면에서 불리한 입장이었다. 관군
이나 의병들 사이에는 지휘자가 현직 관료냐 전직 관료냐 차이만 있으
며, 합동 작전시엔 지휘권 문제나 전공에 대한 시비와 같은 알력이 있었
다. 그러나 의승병들은 관의 명령에 복종해야 할 뿐 아니라 보급품이나

그밖의 모든 조건이 관·의병에 비길 수 없이 불리하였다. 그럼에도 불구하고 의승병들이 초기 전투에서 그같이 혁혁한 전공을 세우게 된 요인은 어디에 있는 것일까? 다음 몇 가지로 정리해볼 수 있을 것이다.

첫째로 승려들은 산사를 자주 오르내리기 때문에 신체 단련이 잘 되어 있었다. 인적이 드문 산천을 단신으로 행보하기 위해서는 단순한 무기 사용기술도 활용할 줄 아는 등의 일정한 호신술도 가질 필요가 있었을 것이다. 예컨대, 기허당 영규가 청주성을 수복할 때 승군들의 무기는 활과 죽창도 있었으나 장대 낫(장대 끝에 낫을 잡아맨 것)을 사용한 것도 잘 알려진 일이다.

둘째로 승려들은 전국의 산천을 운유(雲遊)하기 때문에 지리에 밝다는 장점을 지니고 있었다. 사명당의 경우 전국의 명산을 두루 돌아다녔거니와 일반 승려들의 경우에도 적어도 인근 지역의 명산들을 순력(巡歷)하며 수행하도록 되어 있었다. 승려들이 축지법을 쓴다는 이야기가 더러 전해지는 이유도 이 때문이다. 따라서 어느 지역에서 외국군을 상대로 전투를 할 때 관군이나 의병들에 비하여 그 지방 지리에 정통한 승군들이 훨씬 유리한 입장에 있었다.

셋째로 승려들은 처자가 없어 혈연에 대한 미련이 없기 때문에 개인의 생사문제는 일반인에 비하여 집착이 적은 편이다. 대신에 그들은 사찰에서 승복을 입고 동료들과 함께 자급자족을 하며 공동생활을 하기 때문에 동류의식이 강고하며, 또한 자활능력도 강하고 단체행동에도 익숙하였다. 이러한 요인들이 전쟁에서 유리한 조건으로 작용하게 된 것은 물론이다.

넷째로 조선시대의 승려들은 사회적으로 차별받고 억압받는 천민신분이었지만, 그들이 사명당을 비롯한 3대사와 같은 훌륭한 지도자의 지우

(知遇)를 입게 되면 적극적인 자세로 전투에 임하여 전공을 세웠다. 그들은 군사장비나 기타 제반 조건은 빈약하였으나 자기를 알아주는 윗분을 위하여 개인의 생명은 초개와 같이 버릴 수 있었다.

탁월한 전술로 왜군을 고립시키다

사명당은 후일 선조에게 올린 「갑오상소」에서 자신이 금강산에서부터 의승병을 거느리고 곧장 순안의 관부로 가서 도원수 유성룡의 지휘를 받았다고 하였다. 그러나 이 글은 상소문이기 때문에 도총섭 서산대사 휴정의 의승병 지휘본부와의 관계에 대한 내용은 생략하고 바로 체찰사의 지휘를 받은 것으로 되어 있다. 그런데 「석장비문」에서는 서산대사와의 관련 부분을 다음과 같이 설명하고 있다.

선조가 서쪽으로 몽진(蒙塵)하자 의(義)로써 항거하려고 분연히 일어나 …… 승병을 모집하여 빨리 순안으로 달려갔더니 여러 의승들이 모두 모여와서 무리가 수천 명이 되었다. 그때에 청허대사는 조정으로부터 여러 도의 승병을 총섭(總攝)하라는 명령을 받았다. 그러나 청허대사는 늙었으므로 사양하고 그 대신으로 스님을 천거하였다. 그리하여 스님은 드디어 대중을 거느리고 체찰사 유공 성룡을 따라 명나라 장수와 협동하여 ……

라고 하여 사명당은 먼저 법흥사(法興寺)에 주재하고 있던 서산대사를 찾아갔고, 연로한 서산대사에게서 승군을 총섭하라는 부탁을 위임받았음을 밝히고 있다. 여기서는 마치 사명당에게 도총섭의 직을 물려준 것처럼 서술되어 있으나 사실은 의승도대장이었다. 이 무렵 휴정은 73세의 노승이었으므로 도총섭의 책임을 지고는 있었으나 전국 승려들을 통솔하는 실무를 직접 맡아 처리하기 어려운 형편이었다. 그리하여 황해도 총섭으로 임명했던 그의 제자 의엄(義嚴)을 부총섭으로 불러올려 도총섭의 일을 도우거나 때로는 대행시키기도 하였다. 이러한 때에 그의 가장 신임하는 사명당이 당도하였던 것이다. 그러나 당분간 의승군은 총섭 휴정과 부총섭 의엄의 통솔체제로 지속되었다.

사명당은 서산대사로부터 의승도대장의 직책을 받은 다음 순안 관부에 있던 체찰사 도원수 유성룡의 지휘를 받게 되었다. 의승도대장(義僧都大將)이라는 직책은 의승군총사령관에 해당되는 새 직책이었다. 『징비록』에는 사명당이 거느리고 온 1천 명의 군사를 평양성 동쪽 임원평(林原坪)에 진을 치게 했다고 기록되어 있다. 그런데 그가 1천 명 가까운 병사들을 이끌고 순안까지 갔다가 다시 평양으로 돌아오는 번거로운 일을 하였을 것 같지는 않다. 다시 말하면 처음 평양에 도착했을 때 전체 병사들을 평양 부근에 머물게 하고 자기 혼자 순안까지 가서 관부와 법흥사를 찾아 용무를 마친 다음 임원평으로 회귀하여 군진을 쳤을 것으로 보인다.

이에 앞서 서산대사 휴정도 따로 1,500명을 법흥사에 모아놓고 훈련을 시키고 있었다. 비록 여윈 말과 헤진 철갑으로 무장하였지만 훌륭한 지휘자를 얻은 의승병의 사기는 자못 높았다. 그들은 위로 서산대사를 비롯하여 좌영장 경헌(敬軒)과 청매 인오(仁悟)를 승장으로 받들어 그 형세가 장관을 이루고 있었다. 이때 유정이 도착하여 이들 양측 군사를 합쳐 전체 2,500명에 이르는 승군이 임원평에 집결하게 되니, 그 세가 오히려 순안의 관군을 능가하게 되었다고 한다.

처음 사명당이 의승도대장이라는 새 직책이 제수되었을 때는 의승병의 통솔은 총섭과 부총섭 체제로 이루어지고 있었다. 그러나 전체의 승군 수천 명을 임원평에 모아 사명당이 직접 통솔하면서부터 실제 지휘권은 자연히 의승도대장에게 돌아가게 되었다. 이러한 권한의 이양은 아마 처음부터 도총섭 서산대사의 생각이었는지도 모른다. 다시 말하면 의승병의 지휘체계를 도대장 사명당과 부총섭 의엄으로 나누어 사명에게는 실제 전투에 관한 일을 맡기고, 의엄에게는 관군을 도와 군량을 모으고 운반하는 일을 맡기려 한 것으로 보인다. 이러한 구상은 선임 부총섭을 소홀히 대우하지 않으면서 동시에 사명당과 같은 훌륭한 인재를 크게 활용한다는 현실적인 방책에서 나온 것이기 때문이다.

사명당이 평양성에 도착한 10월 이전에도 조선과 명나라 군대는 일본 군과 여러 차례 크고 작은 전투를 벌였다. 임진년 6월 13일, 평양성이 함락될 때 그나마 전투태세를 갖추어 일본군에 대응한 것은 600여 명의 승려뿐이었다.

그뒤 7월 17일에는 명군(明軍)이 중심이 되어 평양성 탈환전에 나섰다. 요동 부총병 조승훈(祖承訓)이 지휘하는 명나라 원군 3천 명이 압록 강을 건너 조선으로 들어온 것은 6월 중순이었다. 이에 조선에서는 유성 룡을 접반사로 삼아 명군을 영접하여 작전에 차질이 없도록 지원태세를 갖추었다. 그들이 가산과 순안을 거쳐 7월 17일 새벽에 평양 부근에 도착 했을 때 척후장으로 있던 순안군수 황원(黃瑗)은 대부분의 일본군이 철 수하고 평양에는 소수의 수비병력만이 남아 있다고 보고하였다. 그때 철 수한 일본군은 흑전장정(黑田長政)의 제3군이었는데, 조승훈은 일본군의 주력이 평양성을 빠져나간 것으로 잘못 알고 이것이 평양성을 탈환할 좋

평양성 대동문의 옛 모습. 평양성이 일본 침략군의 선발대 소서행장에게
점령당하고 있을 때, 선조는 의주 행재소에 머물고 있었다.

은 기회라 판단하였다.

　그러나 당시 일본군의 수는 1만 명인데 비하여 조승훈의 군사 3천 명
과 조선의 도원수 김명원의 군대 3천 명을 합한 6천 명은 수적으로 약세
였다. 더구나 일본군은 조총으로 무장하고 있었다. 이런 상황에서 경계
태세를 제대로 갖추지 아니한 채 성안으로 진격해 들어간 조승훈ㆍ김명
원의 군대는 소서행장이 거느린 군대의 기습공격을 당하여 유격장 사유
(史儒)가 전사하고 전선은 붕궤하였다. 명의 군대는 조선의 지리에도 어
두운 데다 여진족 야인(野人)을 상대로 하는 전법과 여름장마에 장거리
행군으로 지친 군대로 전투에 임하였으니 그 패배는 오로지 조승훈의 무
능과 오만에 기인한 것이었다.

　당시 일본군은 서울 점령 이후 팔도분군법(八道分軍法)에 따라 소서행

장의 제1군이 황해도를 거쳐 대동강 유역의 조선군을 물리치고 평양성을 점령하여 평안도를 담당하고 있었다. 행장은 7월 명나라 조승훈의 군대가 평양성을 탈환하기 위하여 접근해오자 그들을 성내로 유인하여 승리함으로써 용이하게 1차 방어를 할 수 있었다.

그러나 가을로 접어들게 되면서 일본군은 여러 가지 어려운 처지로 빠져들게 되었다. 점차 날씨도 추워지는 데다 자체 내의 군사 지휘체계의 혼란을 비롯, 조선군의 군량미 보급로 차단으로 악화된 식량 사정 등 여러 가지 위협이 겹쳐 왔기 때문이었다.

이 무렵 명으로부터 유격장군 심유경(沈惟敬)이 외교교섭의 임무를 띠고 소서행장의 군진으로 찾아왔다. 조선에서 임진왜란이 발발하여 조선 조정으로부터 구원병을 요청하는 사신의 발걸음이 잦았으나, 명은 1590년대 초부터 이른바 3대정(大征)이라고 하는 자국 변방에서 일어난 반란들 때문에 외국에 원군을 파병할 형편이 아니었다. 더구나 요동의 조승훈군이 출동하여 패퇴한 이후의 대책이 막연하던 터였다. 이리하여 병부상서 석성(石星)은 별다른 대책이 서지 않아 우선 어느 정도 담력 있고 일본어를 구사할 줄 아는 자를 뽑아 일본군을 정탐시키려 하였다. 이때 마침 절강성(浙江省) 가흥(嘉興)의 평민 심유경이 응모하였으므로 그에게 유격장군이라는 직명을 붙여주어 8월 말 조선으로 파견한 것이다.

조선으로 온 심유경은 두 차례에 걸쳐 일본군 진영으로 들어가 행장과 회담하였다. 9월에 이루어진 첫번째 회담에서는 일본이 왜 조선을 침략하였는지를 힐문하면서 평화교섭을 진행하여 쌍방이 50일 동안 정전할 것에 합의했고, 심유경은 이러한 정세를 보고하기 위하여 본국으로 돌아갔다. 11월 병부의 지령을 받고 돌아와 행장을 만난 두 번째 회담에서는 첫째 일본은 조선의 영토에서 물러날 것, 둘째 피랍되어 있는 조선의 왕자 및 신하들을 귀환시킬 것을 일본 측에 요구하고, 그런 다음 일본이 명에 대한 통상을 허가하겠다고 통고하였다. 그러나 행장은 이 일은 자기 혼자서 결정할 일이 아니라 하여 일단 거부의사를 밝히면서도 조선의 영토반환 문제는 일본 측에 전달하겠다는 의사를 표명하였다.

이상과 같이 당시의 평양성과 그 언저리 지역은 임진왜란의 최전방임과 동시에 중·일 외교교섭의 무대로 변해 있었다. 그 일각에는 의승도대장 사명당도 일원으로서 적극적인 군사활동을 전개하고 있었다. 그가 의승병을 거느리고 처음 평양에 도착한 것이 10월 8일경으로 알려져 있는데 그것은 『선조실록』의 관계기록 때문이다. 그날 비변사에서 아뢴 말 가운데 "선과(禪科)를 설치하여 순안에서 얻은 원래의 군사 외에 또 300여 명을 얻었는데, 보내는 인원도 거의 300입니다. 듣건대 모인 승군이 모두 수천 명이라 합니다"라고 한 기록을 근거로 하고 있다.

당시 사명당이 거느린 수천 명의 의승병은 구체적으로 어떤 일을 하였는지 기록이 자세하지 않아 그 실상은 잘 알 수가 없으나 단편적인 기록들만으로 그 활동의 대강을 짐작할 수 있을 뿐이다. 우선 그가 통솔하는 의승병들이 이룩한 공로로서 가장 내세울 만한 것은 게릴라전으로 후방의 왜군을 괴롭히는 일이었다. 이 대목에 관하여 「갑오상소」에서 그가 한 말을 인용해보자.

대동강 남쪽을 건너 적들이 평양과 중화의 사이를 왕래하는 길을 차단하는 것이었습니다. 신은 본래 승려의 신분으로 병가의 일을 알지 못합니다만, 단지 한 적이라도 베어 성상의 망극한 은혜에 보답하는 일이야 어찌 선비들보다 못하다 하겠습니까.

평양성의 일본군들이 후방인 중화지역과 왕래하는 길을 차단하는 게릴라전에 힘을 기울이고 있노라고 고한 것이다. 당시 관군을 압도하는 수천 명의 승병을 거느린 승군지도부에서는 평양성을 정면으로 공격하자는 의견도 있었던 모양이다. 그러나 심유경이 50일 기한으로 정부의 재가를 받아오기 위하여 본국으로 들어가 서로 휴전상태에 있었기 때문에 우리 조정에서는 중국의 대규모 원군을 기다려서 치자는 논의가 있어 전면공격을 피하고 있었다. 11월 19일, 『선조실록』에는 이덕형이 임금께 아뢴 말 가운데 다음과 같은 구절이 있다.

　　승군이 역시 진격하려 하지만 심유경이 나오는 것을 기다려 동서에서 서로 약속하여 일시에 진격하는 것이 좋겠습니다. 여러 진(陣)의 군사가 아주 단약하지는 않으며, 승군 역시 숫자가 많고 군세(軍勢)가 점점 강해지고 있으니 유경이 나오거든 적을 성 밖으로 유인해내어 추울 때를 틈타서 그들 스스로 곤궁해지면 그때 공격하여 섬멸시키는 것이 좋겠습니다.

라고 하고 있는 데서도 사명당 휘하의 승군이 수가 많이 불어났으며, 또한 그 세력이 강성하여 조정의 기대가 어느 정도였는지를 짐작할 수 있다. 이때 조정에서는 대동강에 얼음이 얼 시기를 기다려 조·명 연합군을 형성하여 성안의 왜군을 유인해 전투를 승리로 이끌 논의를 하고 있었다. 이와 같은 정황에서 승군들은 연령과 재능에 따라 각각 기능적 편대를 만들어 종사하였던 것으로 보인다. 전투요원을 제외한 일반 승군들은 12월 초에서 다음 해 초까지 조정으로부터 군량을 운반하게 하는가 하면, 혹은 풀을 베는(刈草) 일에 종사하도록 한 기록들이 『선조실록』에 산견되고 있다.

건봉사 불이문(不二門) 밖에 마련된 사명당창의병 기념관.
고성군에서는 근년 건봉사에 사명당의 동상과 기념관을 세웠다.

　이와 같이 그해 세모까지 양측의 대규모 전투가 일어나지 아니한 상태
에서 사명당은 휘하의 승병들을 기능별로 분산 통솔하면서 각각 적절한
역할을 분담시키고 있었다. 의병장 김덕령(金德齡)이 후에 여러 가지 어
려운 일에 시달리는 가운데 사명당에게 보낸 글 중에도 이때의 일을 크게
칭찬한 내용이 있다. 당시 사명당이 거느린 의승병의 군사활동의 전모를
짐작하게 하는 비교적 자세하면서도 흥미 있는 이야기를 다음과 같이 들
을 수 있다.

　사명대사의 군대 위용이 한번 떨치니 사방에서 의승이 구름같이 모
여 그림자같이 쫓으니 관동에서 군사를 일으켜 서쪽으로 달려 평양에
서 의각지세(犄角之勢, 사슴을 잡을 때 사슴의 뒷발을 잡고 뿔을 잡는

다는 뜻)로 취하여 적을 앞뒤로 몰아치는 태세를 취했습니다. 혹은 요해지에 엎드려 숨어 있다가 적을 맞아서 무찌르고, 혹은 첩자를 날리어 적을 정탐하여 적의 음흉한 계획을 낱낱이 살펴서 적이 평양과 중화(中和) 사이의 경계를 넘지 못하게 하였습니다.

- 「送僧義兵八道大將書」, 『쇄미록』 권3

라고 하여 사명당의 의승군이 게릴라전에 특히 뛰어났다는 점을 강조하고 있다. 당시 평양성을 점령하고 있는 일본군들은 평양과 중화 사이의 보급로를 확보하는 일이 무엇보다 중요한 일이었으니, 아군 측으로서는 이 보급로를 차단하는 일이 관건이었다. 명·일 간의 협약으로 적군에 대한 정면공격이 금지된 상황에서 게릴라전은 일본군을 공격하는 최선의 방법이었다. 김덕령의 지적과 같이 사명당의 승병들이 때로는 매복하였다가 불시에 나타나 적을 급습하고, 또한 평양과 후방 사이에 내왕하는 왜군의 보급루트를 크게 교란시켜 경계를 넘나들지 못하게 하였다는 것은 바로 이를 가리킨 말이다. 『선조실록』 12월 3일조에 "중화·황주·봉산의 적을 황해감사와 방어사가 제대로 공격하지 못한다"고 한 것으로 보아 적의 주요 보급로인 평양과 중화 사이를 내왕하는 적들이 많았으나 관군의 힘으로는 막기 어려웠던 것이다. 실제로 평양성의 왜군이 두려워하였던 것은 외부로부터의 공격보다도 내부의 식량난이었다. 당시 성내의 일본군들이 병량의 부족으로 심각한 영양실조에 시달리고 있었음은 길야심오좌위문(吉野甚五左衛門)의 종군기 『길야일기』(吉野日記)를 통하여서도 확인할 수 있다. 전술한 바와 같이 이 무렵 강동에 거점을 둔 지산 조호익도 의병을 거느리고 중화와 상원 사이의 보급로와 함께 전후방의 연락망을 차단하는 전과를 올리고 있었던 것도 같은 맥락의 아군 측 전략이었다.

다음으로 의승군은 정보전에도 능하여 첩자를 보내어 적군의 흉계를 정탐하여 게릴라전을 유리하게 이끌었다. 그 한 예로 평양이 일찍이 일본군에 점령당하자 중흥사(重興寺)의 승려 행사(行思)가 그 사정을 살피기 위하여 성내로 잠입하여 일본군이 더 이상 북상하지 않으리라는 정보를 얻어온 일이 있었으며, 안주의 승려 두 명이 맹산 방면의 계곡을 따라가 북관지방의 적세를 정탐한 일도 있었다. 그리고 12월부터는 사명당 휘하의 승군들 중 일부가 장차 있을 조·명연합군의 총 반격전을 위하여 차출되어 정주 등 여러 곳에 저장해놓은 군량미를 운반하는 데 동원되었다. 심지어 사찰에 남아 있는 노약한 승려들까지도 동원되어 노쇠한 관군과 함께 군량미 운반에 총력을 기울였다.

평양성 탈환의 숨은 공로자

조선에서 당한 임진왜란을 명나라에서는 만력동정(萬曆東征)이라 하였다. 만력은 신종(神宗) 황제의 연호이며, 동정은 동쪽으로 일본의 잘못을 정벌하러 간다는 뜻이다. 이러한 거창한 이름에도 불구하고 신종은 무능하고 탐욕스러운 황제로서 나라의 정치를 잘못 이끌어 왕조의 말기적 현상을 더욱 악화시키고 있었다. 더구나 명은 1592년 3월 변경지대인 영하(寧夏)의 소수민족 반란이 일어나 군사적으로나 재정적으로 많은 부담을 지고 있었다.

이러한 때 조선조정으로부터 임진왜란이 발발하였다는 보고가 연달아 들어오자 명나라로서는 매우 난처하지 않을 수 없었다. 정신회의(廷臣會議)에서 원군 파견의 문제가 대두되었을 때 일치된 의견은 일본 침략군이 중국 요동지방으로 확대되는 것은 막아야 한다는 것이었다. 하지만 당장 대규모 파병을 단행하기는 어려운 형편이어서 이 문제는 당분간 병부상서 석성의 처분에 위임하여 진행토록 하였다.

조정의 의견이 제대로 정리되지 않은 상태에서 병부의 의견에 따라 우선 요동 부총병 조승훈 휘하의 원군이 7월에 파견되었다. 그러나 이 첫 번째 원군이 패퇴한 이래 수 개월이 지나도록 더 이상의 파병이 이루어지지 않고 있었다. 그러다가 이여송(李如松) 장군이 영하 발배(哱拜)의 반란을 평정하자 제2차 파병이 이루어지게 된 것이다.

명나라 제2차 원군은 병부우시랑 송응창(宋應昌)을 경략(經略)으로 하여 군사행정을 맡기고, 또한 도독부 도독(都督) 이여송을 총사령관으로 임명하여 출정하게 되었다. 제1차 원군이 패퇴한 지 실로 5개월 만의 일로서 이때 요동으로 물러나와 있던 심유경도 이여송의 휘하에 배속시켜 보냈으나 화해의 일은 평양성 전투가 끝난 뒤로 미루어지게 되었다.

12월 8일, 이여송 장군은 4만 3,000명의 군사를 3군으로 편성하여 압록강이 결빙한 12월 하순에 조선 경내로 진입하였다. 부총병 왕필적(王必迪)과 오유충(吳惟忠)이 각각 군사 1천 명과 1,500명을 인솔하고 먼저 압록강을 건넜다. 그들은 1월 2일 안주에 도착하여 도체찰사 유성룡과 평양성 탈환에 대한 의견을 나눈 뒤 숙천에 도착하여 평양성 공격을 위한 준비에 착수하였다.

당시 평양성의 일본군은 대부분 남방 구주지역 출신으로서 겨울을 맞아 추위에 약할 뿐 아니라 군량의 부족과 지휘체계의 혼란 등으로 여러 가지 어려움이 겹쳐 있었다. 명나라 대군의 출동 사실을 들은 소서행장은 급히 황해도 봉산에 주둔하고 있던 대우길통(大友吉統)에게 병력의 증원을 요청하였다. 그러나 길통은 행장의 요구에 응하지 않고 오히려 봉산에서 남쪽으로 후퇴하였으므로 평양의 일본군은 크게 당황하지 않을 수 없었다. 당시 일본군은 1만 3,000명으로서 이여송의 군대와 1만 명의 조선군을 합한 5만 3,000명에 이르는 조·명연합군의 3분의 1에도 못 미치는 숫자였기 때문이다. 조선군 1만 명 가운데 5천 명이 사명당이 거느리는 의승군이었다고 하니, 나머지 5천 명이 관군과 의병을 합친 숫자였던 것이다.

1593년 1월 초 명 이여송의 원군과 함께 우리 관군과 의병 5천명 및
사명당의 승병 5천 명이 평양성을 탈환했다. 박서보 작, 전쟁기념관 소장.

이러한 상황에서 일본군은 평양성을 사수할 것인가 아니면 철수할 것
인가 하는 문제를 놓고 격론을 벌였다. 이때 송포진신(松浦鎭信) 등은 평
양성이 명의 병력에 의하여 고립될 우려가 있다고 하여 철수를 주장하였
으나, 행장은 다시 증원군을 요청하기로 하고, 성을 지키자는 주장을 펴
결국 평양성의 사수를 결의하였다. 이리하여 제2차 평양성 전투가 벌어
지게 된 것이다.

조·명연합군의 평양성 탈환전은 1593년 1월 6일 명의 오유충군이 조
선 의승군의 지원을 받아 정면으로 공격하는 것으로 시작되었다. 명나라
군대는 서쪽에서 동쪽의 모란봉으로 일본군을 압박하여 첫 싸움을 승리
로 이끌었다. 다음 날 명군은 일부 병력을 평양성 서쪽으로 진출시켜 함구
문(含毬門)에서 보통강을 따라 진출한 조선군과 함께 평양성 서북쪽으로

포위망을 조였다. 이여송 장군의 군대는 1월 8일부터 호준포(虎蹲砲)와 불랑기포(佛郎機砲) 등 사거리가 멀고 파괴력이 강한 화포들을 성문 부근에 배치하여 성문과 성벽 등에 집중사격을 가하였다. 그다음에 3영(營)으로 나누어 그 영장들로 하여금 성을 포위하여 공격을 하게 하였다.

이렇게 조·명연합군의 공격이 3일간 계속되었는데, 여러 군대의 공격경로와 함께 현장정황을 좀더 자세히 알아볼 필요가 있다. 『선조실록』 26년 정월 병인조의 기록을 보면, "(명나라) 유격장군 오유충과 원임 부총병 사대수(査大受)는 모란봉을 공격하고, 중군(中軍) 양원(楊元)과 우협도독 장세작(張世爵)은 칠성문을 공격하고, 좌협도독 이여백(李如栢)과 참장(參將) 이방춘(李芳春)은 보통문을 공격하고, 부총병 조승훈과 유격(遊擊) 낙상지(駱尙志)는 우리나라의 병사 이일(李鎰)과 방어사 김응서(金應瑞)와 함께 함구문을 공격하였다"하고, 이어 승전 광경을 다음과 같이 표현하고 있다.

여러 군사가 고기비늘처럼 줄지어 늘어서서 잇달아 공격하였다. 빙판길을 바라보니 말발굽에 날리는 얼음조각과 잡다한 티끌이 흰 안개처럼 공중에 가득하였으며, 해가 떠올라 투구와 갑옷에 내려 비치자 은빛으로 찬란하고 만상(萬象)이 현란하게 빛나 매우 장관이었다.

이 기록에서는 사명당이 거느린 의승군의 활동은 보이지 않는다. 다만 조선 측의 이일과 김응서 장군이 이끄는 군대가 명나라 조승훈과 낙상지의 원군과 함께 함구문으로 진격하였으므로 사명당의 군대도 여기 가담하였을 것으로 추측할 수 있다. 그런데 다른 여러 기록에는 승군들의 혁혁한 전과는 중국의 오유충과 사대수가 공격한 모란봉 전투에서 거둔 것이라고 한다. 금강산의 「표훈사청허당비문」에는 당시 의승군의 평양성 공격에 대해 "5천 명의 군사를 순안 법흥사에서 모아 명나라 군사와 함께 앞서거니 뒤서거니 하며, 서로 도와 충천하는 기세로 평양 모란봉에서 싸워 적을 참획함이 많았다"고 전하고 있다. 이 모란봉의 전투상황에 대한 관계 기록을 통하여 좀더 자세하게 살펴보자.

성 북쪽 모란봉 위에 적병 2천 명이 청백색의 깃발 아래 말과 대포를 벌여놓고 북을 치고 함성을 지르며 기다리고 있었다. 그 봉우리 우뚝한 곳은 형세가 가장 험요한 곳이었다. 제독은 남병(南兵)의 한 부대를 보내주니, 모란봉을 기어오르는 것이 마치 위를 보고 공격하는 것 같았다. 우리 측에서도 역시 승병으로 하여금 이렇게 하게 하여 그 성세(聲勢)를 도왔다.

•『재조번방지』(再造藩邦志) 권2

이러한 기사들로 미루어보면 사명당이 지휘하는 수천 명의 승병들은 수일 동안 계속된 평양성 공격에서 몇몇 부대로 분산하여 공격하였던 것 같다. 그 가운데서도 일부 주력부대는 첫째날 오유충과 사대수의 부대와 함께 모란봉 공격에 앞장서 진격하여 서전을 승리로 이끄는 데 수훈을 세웠던 것은 특기할 일이다.

당시 조선의 총 병력 1만 명 가운데 의승병이 5천 명으로서 관군과 의병을 합한 5천 명과 맞먹는 인원이었다. 그러나 병력의 수는 반밖에 되지 않았지만 전투능력에 있어서는 승병들 쪽이 관·의병에 비하여 오히려 앞섰을 것으로 여겨진다. 왜냐하면 그동안 관·의병들은 잦은 좌절을 반복해왔지만 의승병들은 그곳 지리에 밝을 뿐 아니라 산 타기에도 능한 승

해남 대흥사 표충사의 사명·서산·처영의 영정. 대흥사에는 3대사 영정을 모실 때
기허당 대신에 승병대장으로 행주대첩에 공을 세운 처영을 모셨다.

병들이었으며, 더구나 의승도대장 사명당이 일사불란하게 군사활동을
이끌어오던 터였기 때문이다. 사명당 휘하의 의승군 5천 명은 평양성 탈
환전에서 관군이나 의병들처럼 집단적 군사행동을 취한 것이 아니라 사
방으로 나누어 진격하는 조·명연합군의 선봉이 되어 혁혁한 전공을 세
웠던 것으로 보인다.

임진왜란이 발발한 후 1년이 지난 시점에서 소서행장군의 병력은 1만
8,700명에서 6,600명으로 감소하여 병력 손실율이 64퍼센트에 달하였다
는 연구가 있다. 이는 대우길통이 거느린 병사의 손실율과 함께 최고를
기록하는 것으로 평안도지역 전투가 그만큼 치열하였음을 말해주는 것
이다. 그런데 「건봉사사명대사기적비」에는 "평양에서 왜병을 크게 격파
하여 2천의 수급을 베었다"라고 되어 있으며, 또 다른 기록에는 승병들이
"적병 수천여 급을 베었으나 승려는 한 사람도 베이지 않았다"(斬賊數千

餘級 不折一僧)라고 전하고 있다. 이 기록들이 어느 정도 정확한 지는 따로 고찰할 일이지만 가령 승군이 일본인 2천 명을 죽였다면 적을 참수한 것의 34퍼센트에 달하는 전과를 올린 셈이 된다.

그러나 어디까지나 조·명연합군의 절대 다수는 명나라 군사였으며, 총사령관은 명의 도독 이여송이었다. 이여송은 패색이 짙은 일본군에게 최후의 일격을 가하지 않고 군사를 일단 철수시킨 뒤 소서행장에게 글을 보내 평양성에서 스스로 퇴각하도록 종용하였다. 당시 일본군은 평양성을 끝까지 사수한다는 방침을 정해놓고 있던 터라 이여송의 입장에서는 그들에게 퇴로를 열어줌으로써 피차간의 희생을 줄이고자 한 때문이었다. 이렇게 퇴로를 보장받은 일본군은 1593년 1월 9일 대동강을 건너 남하하게 된다. 평양성이 점령당한 지 실로 7개월 만의 일이었다.

평양에서 일본군이 퇴각한 사실을 뒤늦게 안 도체찰사 유성룡은 황해도 방어사 이시언(李時彦)과 김경로(金敬老)에게 행장의 후미를 뒤쫓게 하였으나 별다른 성과를 거두지 못하였다. 일본군에 대한 우리 측의 적개심은 중국군보다 더할 것은 당연한 일이었다. 선조 역시 해안지역의 각 수군장에게 선전관(宣傳官)을 보내어 해상으로 철수하는 일본군을 저지 격멸하라는 영을 내렸다. 그러나 이여송은 주력 부대와 함께 평양성에 머물면서 퇴각하는 일본군 추격을 고의적으로 지연시키고 있었다. 평양성을 수복함으로써 명에 대한 일본군의 위협이 상대적으로 줄어들었을 뿐 아니라 가급적 자국 군사의 인명 피해를 줄여야 한다는 고려가 앞섰기 때문이다.

평양성 탈환전에서 의승병의 공이 얼마나 컸던가 하는 것은 명나라 이여송 장군이 찬사로 가득한 시첩(詩帖)을 도총섭 서산대사에게 보낸 사실로서도 충분히 알 수 있다. 「표훈사청허당비문」에 의하면 "중국 제독

이여송이 시첩을 보내어 찬양하였는데, 거기에는 '나라 위해 적을 토벌하는 충성이 하늘을 뚫으니, 우러러 경앙(敬仰)하는 마음을 이기지 못하겠나이다'라고 한 말이 있었다"고 하면서 그 시를 다음과 같이 소개하고 있다.

공명과 이욕을 꾀할 뜻이 없어, 오로지 불도를 배울 마음뿐이더니,
오늘 나라의 일 위급함을 듣고, 총섭께서 산마루를 내려오셨네.

無意圖功利 專心學道禪 今聞王事急 總攝下山嶺

이 시에 이어 "명나라 여러 장수와 문관들도 뒤질세라 다투어 시첩을 바치고 선물을 보냈다"고 한다.(「天將帖柬」, 『청허당대선사보장록』) 사실 임진왜란에 임하는 중국 군인과 관료들의 태도는 자못 고압적이었음은 잘 알려진 일이다. 조선인에게 안하무인격으로 콧대를 세우고 행패부리는 일이 다반사였던 그 시절에 총사령관 이여송 장군을 비롯하여 문무 대소 관원들이 일개 노승 앞에 이같이 깍듯한 예를 바쳤다는 것은 예삿일이 아니었음이 분명하다.

평양성 탈환전 당시 모든 의승병의 통솔은 사명당이 총괄하였다. 어떤 기록들에는 서산대사는 자신이 연로하였다고 하여 모든 군무를 사명당에게 위임하여 그를 도총섭으로 삼았다고 한다. 그러나 전국의 사찰과 승려를 총괄하는 '도총섭'이라는 직책은 형식적이긴 하여도 서울 탈환까지는 서산대사가 맡고 있었다. 평양성을 탈환하였을 당시 사명당은 50세였으며, 이때 세운 공로로 받아야 할 찬사는 분명히 자신의 몫이었으나 그는 모든 영광을 은사에게 돌렸다. 만일 자신이 조금이라도 명예에 관심이

있었다면 '도총섭'은 어느 때에는 그의 차지가 되었을 테지만 7년전쟁 동안 언제나 그는 의승도대장으로서 최선을 다하였다. 그의 이름이 왕조실록에 조금씩 보이기 시작한 것도 서산대사가 일선에서 물러난 뒤 서울 수복을 목전에 두었을 당시부터의 일이었다.

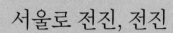

6

서울로 전진, 전진

"승장 유정의 군사들이 매우 정예로워서
적을 참획하는 공을 여러 번 세웠노라.
특별히 당상관의 직을 제수하여
원근에 있는 승려들의 마음을 분발시키도록 하라."

• 선조

뇌묵당 처영의 행주산성 전투

의승장으로서 행주대첩의 한 주역을 담당한 뇌묵당 처영은 사명당 유정과 함께 서산 문하의 동문제자이다. 이들 두 동문 의승장은 일본군의 점령 아래 있는 서울을 수복하는 전초전에서 수훈을 세웠으니, 뇌묵당은 먼저 행주대첩에서 그리고 사명당은 뒤이어 수락산대첩에서 각각 중심 역할을 담당하였다.

서울이 일본군의 점령 아래 놓였을 때의 피폐한 상황이 어떠하였는가? 우리 측의 수복계획이 있었는가? 있었다면 그 전말이 어떠하였는가?

처음 일본군이 서울에 들어온 것은 1592년 5월 2일이었다. 소서행장과 가등청정군이 하루 차이로 입성한 데 이어 흑전(黑田)·모리(毛利)·우히다(宇喜多)·소조천(小早川)의 군도 속속 입성한 다음 풍신수길(豊臣秀吉)의 8도 분할계획에 따라 자기 분담지를 나누어 통치하기로 하였다. 함경도는 가등청정, 평안도는 소서행장, 황해도는 흑전장정, 경기도는 우희다수가(宇喜多秀家), 강원도는 모리길성(毛利吉成)과 도진의홍(島津義弘), 충청도는 복도정칙(福島正則), 전라도는 소조천융경(小早川隆景), 경상도는 모리휘원(毛利輝元)이 각각 담당하도록 한 것이다. 조선 팔도로 떠나는 일본군들은 마치 해방군처럼 분담지역으로 진격하였다. 그들은 이번 전쟁의 원인을 조선의 폐정으로 돌리면서 지배층과 피지배층의 적대감을 부추기는 한편 자신들이 국가와 농민층, 그리고 양반과 상공인층 사이의 모순을 해결하겠다는 선전공세로 지역통치에 임하였다. 서울을 담당한 우희다도 각처에 포고문을 붙여 도성의 사람들에게 집으로 돌아와 생업에 종사하도록 홍보하였으며, 특히 투항하는 관원을 우대한다는 점을 강조하였다.

점령군은 이와 같이 선무와 회유책을 실시하면서도 명령을 순순히 따르지 않거나 조선군과 내통하는 등 적대적 행위를 하는 자에게는 가혹한 살육과 방화를 가리지 않았다. 경기감사 심대(沈岱)는 삭령(鐵嶺)에서 군사를 모아 양주목사 고언백(高彦伯)과 함께 서울 수복을 꾀한 적이 있었는데, 그 계획이 적에게 노출되어 습격을 받아 피살되었다. 그뒤로 일본군의 의심이 더욱 심해졌다. 도민들이 심감사의 의로움을 높이 사서 시신을 수습하여 안장하였으나 일본군이 이를 알고 추적하여 부관참시한 뒤 종로에 50여 일 동안 효수하였을 정도였다.

특히 그들은 평양성 전투에서 패한 것을 매우 분하게 여긴 나머지 도성 안의 사람들이 밖으로 명나라 군대와 내통할 것을 의심하여 남자들을 극심하게 탄압하였다. 어떤 남자들은 이러한 위해에서 살아남기 위한 수단으로 여복으로 분장하여 다녔다는 이야기까지 전한다. 오희문의 『쇄미록』(권3)에는 이러한 참상을 "골이 쌓여 산을 이루고, 피가 흘러 바다에 넘쳤다"고 표현하고 있으니, 이는 비록 과장되었다 할지라도 그 참상이 어느 정도였는가를 짐작케 하고도 남는다.

한편 평양성을 탈환한 명나라 군사는 사기충천하였고, 이여송은 일거에 서울을 탈환하고자 승승장구 남하의 길에 올랐다. 그러나 1월 27일, 서울 북방 20킬로미터 지점의 벽제관 남쪽 숫돌고개(礪石嶺)에 잠복하고 있던 왜장 소조천 등이 이끄는 일본군에게 크게 패하여 간신히 살아남아 동파역으로 퇴각하였다. 이여송은 다음 달 24일에는 나머지 장졸들을 수습하여 아예 개성으로 물러가버렸다. 좌의정 유성룡·우의정 유홍·도원수 김명원 등 조선의 문무관원들이 다시 전진할 것을 권유하였으나 듣지 않았다. 이때 마침 왜장 가등청정이 함경도로부터 양덕·맹산을 넘어 평양을 기습한다는 풍문이 있자 이여송은 더욱 싸울 뜻을 잃고 자신은 평양을 지킨다는 핑계로 퇴각하고 말았다. 대신 부총병 왕필적으로 하여금 개성을 지키게 하였으며, 조선의 여러 장수에게도 임진강 이북에 포진하라고만 명하였다. 이리하여 조·명연합군의 서울수복 계획이 깨지면서 서울수복의 책임은 조선군 단독으로 맡아 치를 수밖에 없었다.

서울수복 계획은 도체찰사 유성룡의 주도하에 계획되었다. 그 계획은 지역을 크게 서울의 동쪽·서쪽·남쪽으로 나누어 각 부대를 배치하여 숨고 공격하는 것이었다. 필요할 때 군세를 합하여 서로 호응하며 진격하는 형세(犄角之勢)를 취하되 적이 적으면 부대를 나누어 복병을 설치하고, 적이 많으면 부대를 합하여 토벌하는 방식이었다. 말하자면 이 계획은 서울을 둘러싸고 각 방향에서 일제히 봉쇄하여 적의 기세를 꺾고, 보급로와 보급선을 일제히 차단하여 고립시킨 뒤에 서서히 분산시켜 대응함으로써 서울의 수복을 꾀하고자 한 것이었다.

사명당과 뇌묵당 처영이 거느린 의승병들도 이 수복 계획에 따라 움직였다. 조·명연합군이 평양성을 탈환하고 퇴각하는 왜적을 쫓아 남하할 때 사명당도 의승군을 거느리고 그 대열에 참여하고 있었다. 그러나 그 구체적 동태를 알려주는 기록이 없고 다만 행주대첩이 있기 직전에 그가 양주 송교(松橋) 부근에 있었다는 사실이 유성룡의 「장계」(『징비록』)에 나와 있을 뿐이다. 의승군의 군사체계상 처영의 승군도 마땅히 의승도대장 사명당의 지휘를 받아야 할 일이지만 당시의 여건상 각지의 의승장들은 독자적 군사행동을 취하고 있었다. 처영의 의승군이 권율 장군과 함께 치룬 임진왜란 삼대첩의 하나인 행주산성의 전투상황을 살펴보기로 한다.

처영은 임진왜란 당시 해남 대흥사에 있다가 도총섭 서산대사가 보낸 격문을 받고 승려들을 불러모아 분연히 일어났다. 그는 1천 명의 의승군을 이끌고 도총섭 본진이 있는 순안 법흥사를 목표로 북상하다가 마침 근왕병을 일으켜 출동하는 전라감사 권율군에 합세하게 되었다. 이리하여 권율 감사의 군사와 수원 독산성에 머무르다 서울의 길목인 행주산성으로 옮겨 진을 쳤다.

일본군의 주둔지 용산과 도성 여러 지역에 적정을 살피는 한편 적진을 교란시키며 서울 수복의 기회를 엿보고 있었다. 당시 권율이 거느린 병사 1,300명에 처영이 거느린 1천 명을 합하여 주력이 2,300명이었다. 여기에 지방의 관군과 주변의 민간인 노약자들을 합하여 1만여 명이 성안에 집결하고 있었다.

행주산성의 동향을 눈치챈 일본군은 벽제관 전투에서 승리한 여세에 힘입어 전열을 가다듬은 다음 1593년 2월 12일 대거 행주산성을 공격해 왔다. 공격군의 장수는 소서행장·흑전·우희다·소조천·석전 등 쟁쟁한 면면들이었다. 동원된 병력은 조선군의 열 배가 넘는 3만 명으로서 새벽부터 깃발을 날리며 홍제원에서 행주를 향해 진격하였다.

이때 권율 장군은 수원 독산성에서 고양 행주산성으로 옮겨 진을 치고 있었다. 처영이 이끄는 승병은 산성 입구인 북서쪽의 지성(支城)을 지키며 목책을 사이에 두고 왜군과 대치하였는데, 권율 휘하의 관군은 본성 성루에서 대포와 화살을 쏘아 의승병을 지원하는 전투대형으로 작전에 임하였다. 원래 행주산성은 한강을 뒤에 지고 있는 데다 북서 진입로 쪽은 지형이 협소하여 6대로 나뉜 왜군이 동시에 진격하기 어려웠다. 이리하여 보병과 기병이 혼성부대를 형성하여 줄지어 서서 1대가 위태로우면 2대를 앞세우고, 2대가 피로해지면 3대를 내세우는 식의 파상공세를 감행하였다. 이에 의승병은 창과 칼로 육탄전을 벌이면서 적을 격퇴하고, 본성에서는 진천뢰·지신포·화차 등의 중화기를 구사하여 의승군을 엄호하는 한편 대소 승자총통과 화살 또는 돌을 던져 공격함으로써 왜군의 사상자가 속출하게 되었다.

전세가 불리하게 된 왜군은 전술을 바꾸어 화공으로 성을 공격하자 성안은 온통 불바다가 되면서 지성을 지키고 있던 의승병 일각이 무너졌다. 이를 통해 왜병이 쏟아져 들어와 내성으로 돌입하려고 하자 승병들이 크게 동요하여 본성으로 달아나려 하였다. 이에 권율 장군이 대검을 빼어들고 크게 소리치면서 패주하는 몇 사람의 목을 치고 의승군의 총돌격을 명령하니 동요하던 승병들이 모두 뒤돌아서서 칼과 창으로 치열한 백병전을 벌였다. 이때 옆에 있던 관군진영의 군사들도 돌진하여 왜군을 향해 집중사격을 가해 큰 전과를 거두었다. 화살이 다할 저녁 무렵이 되었을 때 마침 충청수사 정걸(丁傑)이 화살을 실은 배 두 척을 몰고 한강을 거슬러 올라왔다. 그들은 적군의 후방을 찌를 기세를 보이자 왜군은 날도 어두워졌으므로 포위망을 뚫고 서울로 퇴각하고 말았다.

이 전투는 아침 여섯 시에 시작하여 3진 3퇴의 공방을 거듭하였으며, 저녁 여섯 시가 되어 막을 내렸다. 조선의 부녀자들이 부엌에서 두르는 '행주치마'는 행주산성 전투에서 아낙네들이 치마에 무기로 쓸 돌을 담아 날랐던 데서 유래한다는 이야기는 잘 알려져 있다. 평양성 탈환전이 조·명연합군에 의하여 이루어졌다면 행주산성 전투는 조선군의 독자적인 힘으로 이루어진 서울수복의 전초전이었다. 그것은 특히 벽제관 전투의 패배로 명나라 군대가 전의를 상실하여 전선을 이탈한 상황에서 조선의 관병과 의승병이 합동하여 독자적으로 이룩하였다는 점에서 의의가 크다.

이 전투에서 패배한 일본군은 추위와 군량미의 부족, 그리고 점차 왕성한 기세로 일어나는 조선 민중의 게릴라전에 직면하여 급속도로 전의를 상실해갔다. 1593년 3월 20일, 노원평 전투 직전에 이루어진 일본군의 자체병력조사에 의하면 출병할 때부터 그때까지의 병력이 크게 감소하였다는 통계가 있다. 즉 소서행장과 가등청정의 병력은 각각 1만 8,700명으로 출발하였으나 이때 소서군은 6,626명으로, 가등은 1만 명으로 그리고 와도(鍋島)의 군은 1만 2,000명에서 7,644명으로 각각 감소되었다. 이 가운데 행장의 군은 평양성 전투와 행주산성 전투를 거치면서 가장 많은 피해를 입었음을 알 수 있다.

승군은 연전연승을 거두고

남쪽으로부터 북상한 권율의 관군과 처영의 의승군이 연합하여 행주 대첩의 공을 세움으로써 단독으로 남하하는 조선군들은 서울수복에 새로운 희망을 얻게 되었다.

앞서 유성룡이 장계에서 보여준 바와 같이 행주산성 전투가 있기 전에 사명당의 의승군은 양주 송교에 주재하고 있었는데, 이때 고언백과 이시언(李時彦)은 고양 게넘어재(蟹踰嶺)에 있었고, 김명원(金命元)은 아직 임진강 남쪽에 있었다. 사명당이 거느린 의승병들도 평양성 탈환 후 조·명연합군의 대열과 함께 남하하다가 벽제관 전투 이후 독자적인 군사활동에 들어갔다. 『선조실록』에는 우리 군사들이 벽제관 전투 직전에 숫돌고개에서 일본군 정탐병 100여 명을 베었다는 기록이 있는가 하면 2월 10일경에는 고양 게넘어재와 송포 방면에도 그 모습을 나타내고 있었다. 이러한 기록들로 미루어보면 사명당의 의승병들도 대체로 관군들과 함께 행동하면서 2월경에는 양주지역에 당도하여 자리를 잡은 뒤 체찰사 유성룡에게 소재를 알렸을 것으로 짐작된다. 당시 임진강을 경계로 하여 강원도와 경계인 가평에서 포천·양구·양주·고양 등 여러 곳과 한강 이남의 과천·수원·용인·양지·죽산 등 여러 고을은 서울을 점령하고 있던 일본군들이 자주 나와 분탕질하는 지역이었다. 이 무렵에 도착한 사명당의 의승병들도 관군들과 함께 고양·양주 등지로 출몰하는 적병을 상대로 습격 또는 기습으로 소규모 전투를 감행하고 있었다.

사명당이 하필 임진강을 건너 고양으로 들어와 의정부를 들러 양주지역에 머물게 되었을까 하는 의문이 있을 법하지만 대답은 간단하다. 서울의 동부 및 동북부 지역에는 그와 인연이 깊은 광주의 선종수찰 봉은사와 양주의 교종수찰 봉선사(奉先寺)가 있고, 그 주위에는 이들 두 사찰의 말사(末寺)들이 여기저기 포진하고 있었다. 특히 그가 청년시절을 봉은사에서 보냈을 뿐 아니라 서울에서 오대산·태백산·금강산으로 지나다니는 길목에 이들 사찰이 위치하고 있었으므로 이 지역의 지리는 그에게 익숙할 뿐만 아니라 인적 연고가 많았던 것이다.

노원구 일대는 북으로는 삼각산과 수락산, 그리고 불암산이 에워싸고, 남으로는 중랑천과 우이천이 어우러져 '봄이면 씨앗 800석을 뿌릴' 만큼 넓은 곡창지대였다. 이 지역은 한반도의 남북을 연결해주는 교통의 요충지이며, 강원도 북방과 함경도로 들어가는 첫 관문으로서 그 전략적 가치가 높은 곳이다. 서울을 점령한 후에 도진의홍과 구주지방 중소 영주들이 이끄는 혼성부대 제4번대 1만 4,000명은 바로 이 노원평(楊州)—포천·연천—철원—철령—안변으로 이어지는 이른바 양주산로(楊州山路)를 통해 북상하여 강원도 북부에서 남부로 들어갔다. 평양성을 탈환한 아군 측이 남하하여 치른 서울수복을 위한 싸움에서도 개성—파주—고양으로 들어오는 연서대로(延曙大路)와 여기서 다시 서울을 외곽으로 우회하여 양주산로를 통해 서울 진입을 시도하였다. 전략적으로도 양주산로는 그만큼 중요한 곳이었다.

이런 이유들 때문에 행주대첩이 있고난 뒤부터 일본군은 서울점령을 확고히 하기 위해서라도 주로 양주산로로 진출하면서 활로를 모색하려 하였다. 이리하여 양측 군대의 싸움터는 고양에서 양주 방면으로 옮겨 가게 되었다. 3월 22일 유성룡이 올린 장계에 "이달 초 10일부터 적병이 동쪽에 수없이 나와 양주와 포천에서 분탕질하고 살육을 함부로 하여 가평 경계까지 미치게 되니, 이시언·정희현(鄭希玄)·박명현(朴名賢)·고언백 등이 접전도 하고 기습도 하였습니다. 또 신의 군관 김선의(金善義)와 도원수의 군관 최운(崔韻) 등과 승군이 송교 근처에서 기다리고 있다가 싸워 적의 머리 10여 급을 베었습니다"라고 하였다. 미리 송교 부근에 진을 치고 있던 사명당의 의승군은 고언백 등 여러 관군들과 협동하여 양주와 포천으로 출입하며 분탕질하는 일본군을 게릴라전으로 그 허리를 자르려 하였다. 이는 앞서 사명당이 평양성을 점령한 소서행장군의 후방 보급로인 중화지역과의 연락을 차단함으로써 적에게 큰 위협을 안겨준 전략적·전술적 모습임에 틀림없다.

우리 측 관군과 의승병들의 공격으로 위협을 당하고 있던 양주산로를 확보하기 위하여 일본군은 대규모로 출동하였다. 일본 측에서는 총대장 우희다수가(宇喜多秀家)를 비롯하여 6군사령관 소조천융경, 2군 부사령관 와도직무(鍋島直茂) 등이 대거 참가하였다. 이에 대응하기 위하여 조선 측에서도 대거 출동함으로써 일대 회전을 벌인 곳이 서울에 가까운 노원평과 수락산 일대였다. 노원평과 수락산 전투는 우리 측에서 보면 행주산성 전투에 이어 전개된 서울수복을 위한 제2전초전의 의미를 지니는 것이었다.

유성룡이 올린 3월 29일의 장계에서 25일부터 27일까지 벌인 전투현황을 설명하고 있는데, 우선 25·26 양일간에 벌인 노원평 전투를 살펴보자.

겸삼도방어사(兼三道防禦使) 이시언 · 평안좌방어사 정희립 · 경기방어사 고언백 · 평안조방장 박명현 · 조전장(助戰將) 박진남(朴震男) 등의 보고 내용은 다음과 같습니다. 도(道)의 절제에 의거하여 3도방어사가 약속하여 세력을 합하고 정예한 군사를 가려 뽑아서 이달 25일 저녁 무렵에 노원평과 삼각산 밑의 우환동(牛患洞, 우이동) 등에 군사를 몰래 먼저 보내어 좌우 여러 장수를 매복시켰다고 합니다.

26일 날이 샐 무렵에 대군을 거느리고 누원(樓院)과 냉정현(冷井縣)에 나아가 진을 치고 숨어 엎드려 벌어질 사태에 대비하였는데, 오전 일곱 시에서 아홉 시 사이에 서울의 왜적이 그 수를 알 수 없을 만큼 노원평과 우환동에 나와서 들에 가득 찼다고 합니다. 여러 장군들이 군사를 거느리고 앞서 매복시킨 군사와 더불어 좌우에서 서로 호응하여 한꺼번에 돌진하며 협공할 때 도원수의 군사와 순변사 이빈의 군사와 의승장 유정의 군사가 동쪽으로부터 계속하여 와서 힘을 합쳐서 추격하니 쏘는 화살이 빗발과 같았다고 합니다.

적의 무리가 놀라서 무너지고 피해 달아나니 모든 장수와 군사들이 앞을 다투어 용맹을 자랑하여 서울의 10리 거리까지 뒤쫓았습니다. 이와 같이 승전의 기세를 타서 자리를 옮겨가면서 싸워 많은 사람을 죽이고 적의 머리 47급을 베었습니다.

　•「馳啓捷報狀」, 『징비록』 권11

노원평 전투는 우리 3도 방어사를 중심으로 한 관군이 위주가 되고, 거기에 사명당의 의승군과 도원수 등의 관군이 도와 승리를 이끌어낸 전투이다. 즉 25일 저녁 무렵부터 관군들이 군사를 동원하여 노원평과 우이동 요소요소에 배치 매복시킨 다음, 26일 새벽부터 다시 누원과 냉정현에 숨어 진을 쳤는데, 아침이 되자 서울의 일본군들이 대거 몰려나와 들을 가득 메웠다. 이에 어제 매복시킨 군사들과 함께 일본군을 협공하였는데, 이때 사명당의 군사가 도원수와 순변사의 관군과 함께 동쪽으로부터 추격해와서 그 화살이 빗발치듯하여 많은 사람을 죽이고 머리만 47급을 베는 전과를 올렸던 것이다.

사명당이 처음 모습을 나타낸 곳이 양주의 송교이며, 의승병이 양주와 포천에서 분탕질하고 살육하는 일본군과 싸워 수급을 베었다는 곳도 역시 같은 지역이다. 그러나 지금으로서는 그 지역이 어디인지 확실히 알 수 없다. 사명당이 노원평 전투 시에 동쪽으로부터 추격해와서 공격했다고 하면, 의승병들이 주둔하였던 본부가 어디 있었는지도 분명치 않다. 다만 여러 가지 정황으로 보아 양주 송교는 의정부와 남양주 청학리의 경계 지역에 있는 송림 부근 어느 지점이었을 것으로 여겨진다. 그리고 그 동남쪽 와부읍 월면리에 위치한 묘적사(妙寂寺)가 사명당이 거느린 의승병의 본부가 아니었을까 하는 추측을 해볼 수 있다. 묘적사는 진입로가 좁고 험하지만 일단 들어가면 군사훈련을 할 만한 넓은 공간과 개울과 우물이 있으며, 위급할 때는 달아날 퇴로가 여러 갈래로 나 있어 군사 주둔지로서 적합한 곳이다. 이 지역 고로들에 의하면 "묘적사가 사명당의 승군이 활쏘고 훈련하였던 곳"이라는 이야기가 전해져 오고 있으며, 「사전」(寺傳)에도 이러한 내용을 전하고 있다. 실제로 이들 지역을 답사해보면 노원평이나 수락산과 인접하여 있을 뿐 아니라 군사 주둔지로서 가히 요새라 할 만한 곳이라는 것을 알 수 있다.

다음 접전지는 수락산이었는데, 이 전투는 단지 경기방어사 고언백의 관군과 사명당이 거느린 의승병이 중심이 되어 이끌어낸 큰 승리라는 점에서 주목할 만하다. 우선 노원평 승전에 이어 계속된 27일의 수락산 전

남양주 묘적사. 사명당은 퇴각하는 왜적을 추격, 고양을 거쳐 남양주 묘적사에 머문 것 같다.
넓은 공간에 위치한 절은 들어가는 길이 좁고 퇴로는 여러 갈래다.

투를 유성룡의 장계에서 살펴보자.

　또한 이달 27일에 왜적이 많이 나와서 수락산 등 여러 곳에 분탕질
하므로 고언백의 군대와 승군 등은 높은 곳에서 화살을 쏘아 적의 사상
자가 수없이 많아 모두 부축하여 싣고 돌아갔습니다. 그러나 중과부적
으로 적이 산 밑에 있으니 내려가서 베어죽일 수가 없었으나 쏘아 죽인
적의 수는 대단히 많았습니다. 적에게 붙잡혀갔던 사람이 나와서 용산
의 뱃사람(水師)에게 말하기를 "수락산에서 왜적이 화살에 맞은 숫자
가 지난 날 행주싸움에서보다 더 많았다"하였다고 하오니 이번 싸움은
여러 장수들이 군사를 합치고 힘을 합하여 최근의 대첩을 거두게 된 것
입니다.

유정의 군사는 역시 대단히 날래고 용맹하였으며, 같은 승병 의엄도 군량을 스스로 준비하여 떨어지지 않게 하였습니다. 최근의 싸움에서 언제나 남보다 앞서서 용맹을 떨쳤으므로 적들이 반드시 패하여 달아난 것이니 그 공을 치하하여 각별히 상을 내려 권장해주시기를 아뢰나이다.

수락산 전투의 두 주역 가운데서 사명당과 함께 수락산대첩을 이뤄낸 경기방어사 고언백도 서울 근교의 고양·양주 등 여러 지역에서 활약하여 많은 전과를 거둔 인물이다. 그는 일찍이 양주목사로서 지방민들의 신망이 높았으며, 경기방어사 심대와 더불어 서울수복을 계획한 일도 있었다. 유성룡의 치계 가운데 "고언백의 군졸들은 모두가 경성·양주의 백성이므로 그들이 적의 정보를 탐지하여 우리 진영에 알려오므로 왜병과 싸우는 데 결실을 거둘 수 있었다"는 말이 들어 있는 것도 그러한 연고 때문이다.

사명당 역시 이 지역에 익숙할 뿐 아니라 그가 거느린 의승병도 이 지역 사정에 밝은 사람들을 향도로 하여 전투에 임하였을 것이다. 수락산 전투도 사명당은 평양성 전투에서와 마찬가지로 부총섭 의엄과 함께 참가하여 승리를 이루어낸 것이다. 그들은 일본군이 패퇴하자 의승군을 인솔하고 남하하여 서울탈환전도 전열을 흩어버리지 않고 함께 나섰다. 불암산과 수락산은 서쪽으로는 북한산과 도봉산 일대의 서울 동부를 마주하며, 동으로는 멀리 양주 벌판을 내려다볼 수 있는 요지에 위치한다. 그 산봉우리는 남쪽을 제외하면 3면이 병풍처럼 석벽으로 둘러져 적병들이 쉽게 오를 수 없는 천연의 요새이다. 사명당의 의승병은 경기방어사 고언백이 거느린 관군과 호흡을 같이하여 이러한 수락산의 지험을 이용하여

주로 활을 쏘아 적을 공격해 엄청난 전과를 거둔 것이다.

수락산의 승전은 분명히 통쾌한 일전이었던 모양이다. 위의 장계에서 유성룡은 이를 '근일의 대첩'이라 표현하면서 "유정의 군사가 역시 매우 정예하였다"(頗爲近日大捷 惟政之軍亦頗精銳)고 칭찬하였다. 그리고 전술한 바 있는 김덕령 장군의 편지에서도 이를 언급하여 "외로운 군사로서 적병 수천 명과 수락산에서 싸워 달아나는 적을 추격하여 대첩의 공(收功健捷)을 거두셨습니다" 하고 있어 노원평 전투에 버금가는 쾌거였음을 알 수 있다.

양주지역 전투에 참가한 사명당의 군사 수가 얼마나 되었는지 별다른 기록이 없다. 평양성 전투에서는 5천 명이 참가하였으나 서울탈환 전투에는 얼마나 되었는지 그 숫자를 알려주지 못하고 있다. 그러나 그 정도의 수를 유지하고 있었다고 하더라도 여기서는 군대를 직능별로 나누어 여러 사찰에 분산하여 거주하였을 것이다. 예컨대 전투병과 수송병, 나이 든 사람들은 창과 화살촉 등 병기제조에 종사하게 했을 것이며, 전투병들 가운데서도 여러 부대로 나누어 관군과 협조하면서 게릴라전에 임했을 것으로 보인다. 그가 양주 방면에서 지휘한 의승병의 전투를 보면 때로는 송교 부근에서 적이 지나갈 것을 기다리고 있다가 싸우고, 노원평 전투에서는 관군으로 구성된 주력부대들이 협공할 때 이를 지켜보다가 동쪽으로부터 나와 약한 부분을 쳤으며, 수락산 전투에서는 높은 곳에서 아래로 활을 쏘아 지친 적군을 크게 이겼다. 이러한 전술을 구사하는 데는 대규모 군단보다는 작은 규모의 군대로서 임기응변하는 방법이 최상이었다. 따라서 서울수복 전에 그가 통솔한 전투부대는 아마 수백 명 씩, 몇 대로 나누어 행동하였을 것으로 여겨진다. 사명당이 거느린 군사의 수가 집계되지 않은 까닭이 이 때문이었을 것이다.

행주대첩에 이어 벌어진 노원평 우이동 전투와 특히 수락산 승첩에서
사명당의 승군이 큰 공을 세웠다. 박서보 작, 서울전쟁기념관 소장.

수락산 대첩을 거두던 27일, 사명당은 처음으로 조정으로부터 '여러
차례 전공을 세워 선교종판사(禪敎宗判事)의 직을 제수하여 전국의 승려
들을 통솔할 수 있는 권한이 부여됨'과 아울러 포상되었다. 그리고 『선조
실록』 4월 12일조에 의하면, 선조가 수락산 대첩의 보고를 받자 사명당
에게 상줄 것을 다음과 같이 분부하고 있다.

승장 유정의 군사들이 매우 정예로워서 적을 참획하는 공을 여러 번
세웠는데, …… 특별히 당상관의 직을 제수하여 원근에 있는 승려들의
마음을 분발시키도록 하라. 만일 승려들이 곳곳에서 적을 벤다면 이 또
한 일조가 될 것이다.

평양성 탈환 때까지는 드러나지 않았던 '승 유정'의 이름이 이에 이르러 일약 당상관에 오른 것이다. 이에 사관(史官)이 논하기를 "참획의 공이 도리어 죽을 날이 멀지 않은 늙은 승려에게서 나왔으니, 이것이 어찌 무사들만의 수치이겠는가"하였다. 당시 사명은 50세 된 승려출신이니 나라의 녹봉을 받는 문무관이 부끄러워 할 일이라고 탄식한 것이다.

서울을 되찾다

서울수복 전초전에서 일본군에 결정적 타격을 가한 것은 행주산성과 수락산 대첩이었으며, 그 주동병력은 주로 관군과 의승병이었으나, 이들 이외에도 의병장 박유인(朴惟仁)·윤선정(尹先正) 등이 유격전으로 전과를 올렸다. 또한 강화를 근거지로 활동한 창의사 김천일(金千鎰)과 같은 이들도 관군들과 함께 한강을 중심으로 일본군을 괴롭혀 사기를 떨어뜨리는데 한몫을 하였다.

처음 일본군의 침략을 당하여 일본군 소리만 듣고 무너졌던 관군과 의병들이 점차 그 세를 회복함에 따라 일본군은 상대적으로 형세가 불리해 갔다. 서울을 점령하고 있던 일본군들은 장차 고립무원의 처지를 염려하지 않을 수 없었다. 군량미가 부족할 뿐 아니라 군량미의 보급원인 고양과 양주로의 길이 막히고, 서남해상으로는 이순신 장군의 해군에게 본국과의 보급로마저 차단되는 위협에 직면하면서 그 초조감은 더하여 갔다. 이에 일본 측에서는 한편으로는 전투를 계속하면서 다른 한편으로는 소서행장이 중심이 되어 명나라를 상대로 하는 강화회담 재개에 열을 올리게 되었다.

1593년 3월초 행장은 한강을 초계중이던 조선 함선을 통해 화의를 제

남한산성의 동문. 서울 수복 전에 사명당은 지리에 익숙한 양주와 광주지역에 진을 쳤다.
전선이 삼남지방으로 옮겨간 후에도 휘하 주력부대는 남한산성에 두었다.

의해오는가 하면 전년에 가등청정의 군에 의하여 함경도에서 피랍된 임
해군과 순화군 그리고 호군(護軍) 황정욱(黃廷彧) 등을 한강변으로 보내
어 소식을 전하는 등 조선 측에 성의를 보이기도 하였다. 이에 3월 15일
에는 명나라 강화사 심유경 일행은 한강으로 올라와 화의를 요청하는 일
본 측의 서신을 받고, 그 길로 소서행장 진영으로 가서 밀담을 나누고 돌
아왔다. 평양에서 행장과 만나 약속한 일을 50일 기한으로 회답을 갖고
오겠다며 헤어진 후 실로 5개월 만의 일이었다. 경략 송응창(宋應昌) 막
하에 있던 심유경은 강 위에서 경기좌도관찰사 성영(成泳)을 만나 강화
가 진행될 것을 말하고, 일본군이 그 달 안으로 철군하려고 하니 강 입구
를 막지 말아달라고 하였다. 이후 명·일간의 강화교섭은 여러 차례 적진
을 왕래하면서 진행되어 타결의 실마리를 얻게 되었으며, 이에 따라 명군

측에서는 조선군의 대대적인 공략을 중지할 것을 종용해왔다.

이 무렵 사명당이 거느린 의승군은 광주에 주둔하고 있었다. 『징비록』(권 하)에는 수락산 전투 이후 사명당의 역할을 짐작하게 하는 중요한 소식을 다음과 같이 전해주고 있다.

한강 남쪽 여주 이천의 군사는 이미 강 북쪽으로 옮겨서 강을 건너는 길을 지키고, 그 늙고 약한 군사도 또한 강 북쪽으로 따라왔다. (그들은) 적이 물러가는 곳에서 각각 강변의 높은 언덕을 가려 그 형세를 바라볼 수 있는 험한 곳에다 군인과 피난민을 거느리고, 목책(木柵)을 만들고 혹은 흙뚝을 모아 그 안에 거처할 곳을 마련하여 풍우를 피하게 하였다. 그리고 강 연안이 다 서로 바라보고 연락하면 경성까지 도달하여 형세가 견고하게 될 것이니 적이 와도 근심이 없다.

광주의 군사는 마땅히 강 북쪽을 방비해야 하지만 남한산성의 형세가 매우 험하고 광주백성의 수효가 매우 많으니 만약 이 성이 아니면 다른 곳에 갈 만한 곳이 없다. 그러므로 명년 봄에 그 성을 수축하여 조금 모양을 갖추게 되면 광주 상·하도의 군인과 경내의 노약 남녀 및 광안찰방 남궁간(南宮簡)의 군사를 모두 이 성으로 들여보내서 경성과 서로 돕게 하여 강 이남의 거진(巨鎭)이 된다면 그 여울을 수비하는 형세가 되어 더욱 견고하게 될 것이다.

승장 유정이 이미 그곳에 있으면서 각별히 신칙(申飭)하여 광주목사로 하여금 전적으로 맡아서 조치하도록 하였다.

이 기사에서 보면 서울의 일본군은 노원평과 수락산 전투에서 연전연패하자 더 이상 서울을 벗어나는 행동을 삼가게 되었고, 조선 군대는 아마도 3월 말 이후 남양주에서 한강을 건너 여주·이천·광주 방면으로 진출하였다. 특히 사명당은 재빨리 광주로 건너가 광주목사와 함께 그곳 백성의 안위와 남한산성의 전략적 관리에 진력하고 있었다. 봉은사는 사명당이 20대의 청년시절을 보낸 인연 깊은 곳이다. 봉은사는 선릉(宣陵)·정릉(貞陵)의 원찰(願刹)로서 일본군이 서울을 점령하여 능을 도굴하였던 것을 다음 해 4월 초 조선 측에서 들어가 처음 발견하여 조정에 보고하였다. 대사도 아마 야음을 이용하여 도굴 현장과 함께 불탄 사지(寺址)를 돌아보며 감회에 젖었을 것이 분명하다.

명·일간에 진행된 강화교섭은 왜장 우희다와 석전삼성(石田三成)을 통해 본국의 수길에게 알려지게 되었으며, 진퇴양난에 빠진 일본은 강화에 응할 수밖에 없었다. 이리하여 일본군은 4월 18~19 양일에 걸쳐 아무런 충돌 없이 한강을 건너 남쪽으로 내려갔고, 충청·강원 등 각지에 주둔한 일본군도 급히 경상도 해안지대로 철수하게 되었다. 이때 유성룡은 이여송에게 퇴각하는 왜군을 추격할 것을 권유하였으나 듣지 않다가 적들이 멀리 달아난 뒤에 경략 송응창의 명령이 있자 마지못해 문경까지 쫓고 다시 되돌아갔다.

당시 사명당의 동향은 『징비록』에 비교적 자세히 나와 있다. 일본군이 서울을 버리고 도망한 다음 날인 4월 20일, 그는 저자도(楮子島) 근처에서 강을 건너 입성하였다. 저자도는 오늘의 뚝섬을 말한다. 당시의 기록에는 봉은사의 위치를 '저자도의 남쪽'이라고 하였으며, 수문장 이홍국(李弘國)이 선릉·정릉의 도굴상태를 확인하기 위하여 사노(私奴) 박린 등을 모집하여 '12일 삼경에 저자도에 도착하여 정릉에 들어가보니 수도(隧道, 밑바닥을 뚫어서 굴로 만든 길)를 파헤친 곳' 운운 하고 있다. 이들 기록으로 미루어 사명당은 4월 초 남양주에서 강을 건너 광주로 와서 활동하다가 봉은사 부근에서 뚝섬을 건너 서울에 들어갔던 것이 분명하다.

사명당을 비롯하여 관·의병을 거느린 여러 장수들은 일단 서울로 입성하였다가 곧 이어 다시 한강을 건너 남으로 내려갔다. 편양언기의 「청허당행장」에 따르면 "적이 남으로 달아나자 추격해갔다. 송도(松都)에서 여러 장수가 서로 도와 남으로 한강을 건너 안성에 진을 치자, 서산은 스스로 연로하다 생각하고 유정과 처영에게 의승병 무리들을 모두 넘겨주었다"고 한 것으로 보아 의승병들은 다음 행보로 일단 안성에 진을 쳤던 것으로 보인다.

여기서 이제까지 알려지지 않은 사명당 유정의 다른 이름이 있었다는 후대의 기록이 있다. 평안도 관찰사 홍양호가 정조 16년(1792), 이여송이 서산대사에게 바친 시첩을 발견하고 여기에 적은 글 가운데, "휴정의 제자 설영(雪英)은 승병 700명을 거느리고 관동에서 일어나고, 처영은 1,500명을 거느리고 호남에서 일어나 …"라고 한 뒤 설영은 사명대사라고 주를 달고 있다.(「題西山大師古蹟後」, 『청허당대선사보장록』) 관찰사 홍양호의 기록인 점으로 미루어 아마도 사명당이 묘향산에 있을 때 서산으로부터 처영과 같은 영(英) 자를 넣어 설영이라는 이름을 내려주었던 것으로 추측된다.

어떻든 이러한 기록들을 종합해보면 서산대사는 많은 제자들 가운데 유정과 처영을 각별히 아꼈다. 그는 평양성 탈환 후 사명당 행렬의 뒤를 따라 남하하여 제자 처영의 행주대첩과 사명의 수락산 대첩을 멀리서 자랑스럽게 지켜보았을 것이다. 그리고 일본군이 서울에서 물러가자 다시 그뒤를 쫓아 안성까지 가서 두 제자를 불러 모든 의승군의 일을 넘겨주면서 뒷일을 부탁한 다음 여기서 제자들은 남쪽으로 보내고, 자신은 서울로 돌아왔다. 이때 서산은 승병 가운데서 100여 명을 뽑아 선조의 행재소로 보내어 환도하는 국왕을 호위하도록 했다. 그런데 국왕을 위한 이러한 서산의 행위가 조정의 신하들에게는 매우 못마땅하게 보였던 모양이다. 그해 5월 15일에 사헌부가 왕에게 올린 다음 글은 그러한 감정을 직설적으로 표현한 것이다.

국가가 다난하여 적을 쳐 물리치는 일이 급하므로 장수가 매우 모자라서 비록 이류(異類)에 속하더라도 모두 필요로 하였습니다. 승려 휴정 또한 임시로 병권을 가진 것을 기화로 조정을 욕되게 함이 극에 이르고 있습니다. 휴정은 도적을 섬멸시킬 생각은 하지 않고 오직 방종한 마음만 품고 많은 졸개들을 앞뒤로 옹위(擁衛)하게 하여 말을 타고 행궁(行宮) 문밖에 이르러 걸어서 출입하는 조정 대신들을 거만하게 내려다보고 있습니다. 또한 재상처럼 의관을 하여 조금도 승려의 모습을 하고 있지 않사오니 청하옵건대 다시는 이런 일이 없도록 엄중히 다스리게 하소서.

그러나 서산의 충정이나 그 능력을 아는 선조로서는 이와 같은 조정 신료들의 비난을 받아드릴 리 없다. 이에 대하여 선조는 같은 날 '휴정에게 당상관을 삼도록 하였으나 그는 방외(方外)의 노승이니 당상과 무슨 상관이 있겠는가. 근래에 승군들이 적을 무찔러 공을 세운 것은 모두가 휴정의 의승병 궐기 및 그 통솔에 연유된 것이므로 비단 한 필을 내리고, 일반 유공자의 아들이나 사위, 동생이나 조카에게 제수하는 예에 따라서 그 제자들에게도 원하는 바에 따라 혹은 군직을 제수하고 혹은 부역을 면하여 주도록 하라'고 명을 내렸다.

선조가 서울로 환궁한 것은 10월의 일이었다. 서울이 수복되고 왜적이 퇴각하여 삼남지방에서 양측 군대가 대치한 상태에서 전쟁이 장기화하자, 서산대사는 묘향산으로 돌아갈 생각을 하였다. 이에 선조는 75세의 노승을 더 이상 붙잡을 수가 없었다. 이리하여 그에게 '국일도대선사 선교도총섭 부종수교보제등계존자'(國一都大禪師 禪敎都摠攝 扶宗樹敎普濟登階尊者)라는 존호를 내리고 산으로 돌아갈 것을 허락하였다.

처영은 행주대첩에서 세운 공으로 조정으로부터 정3품 당상관인 절충장군을 제수받았다. 그리고 퇴각하는 일본군을 따라 안성 의승군 진영에서 은사 서산대사로부터 각별한 부탁을 받은 다음 사명당과 함께 다시 남쪽으로 내려가 영남에서 적을 소탕하는 작전에 참가하였다. 그는 주로 원수부가 있는 의령에 머물다가 그해 12월에 남원으로 내려가 교룡산성을 수축하기 시작하여 2년 만에 이를 완수하였다. 그후 정유재란이 재발하자 그는 의승군을 이끌고 침략군을 무찔렀으며, 그해 6월 수군통제사 이순신이 모함을 입어 백의종군할 때 그를 찾아 위문하기도 하였다.

안성에 진을 쳤던 의승군의 주력은 유정과 처영에게 통솔되어 다시 남쪽으로 향하였다. 「석장비문」과 「행적」에는 그들이 "도원수 권율을 따라 영남에 내려가 의령에 주둔하여 적을 죽이고 포획함이 많았다"고 기록되어 있다. 사명당이 도원수 권율을 따라 영남으로 갔다면, 도원수가 6월 7일자에 그러한 어명을 받고 있는 것으로 보아 대개 그 이후의 일로 보아 무방할 것이다. 조경남의 『난중잡록』에 의하면 그 한 달 뒤인 7월 8일에 의승장 유정이 승군을 이끌고 영남으로부터 남원성에 들어왔는데, 이때 명나라 유격장 송대빈(宋大斌)과 순변사 이빈, 홍계남, 선거이 등도 각각 군사를 이끌고 들어왔다. 이 무렵 진주성을 함락시킨 적들이 그 여세를 몰아 인근 지역에서 살육을 자행하고 있던 살벌한 시기였다.

이러한 앞뒤 정황으로 볼 때 당시 사명당은 도원수 권율의 막하에 있다가 그 부장들과 함께 주변의 적들과 싸우면서 남원으로 옮겨갔던 것으로 보인다. 영남에 내려간 이후 사명당의 전공에 대해서는 『선조실록』 선조 26년 9월 8일조의 「비망기」에 전해진다.

유정의 승군은 비할 수 없이 용감한데 이제 또 왜적을 죽여 수급을 베고 배를 빼앗았으니, 즉시 그 공로에 따라서 중한 상을 주라. 그리고 승군이라 하여 시상을 늦추어 그들의 마음을 실망시키지 말 것이며, 그 상이 선과(禪科)에 해당하는 자는 앞서 전교한 대로 또한 즉시 급과(給科)하라.

여기서 선조는 승군 가운데서도 유정이 이끈 군의 유별한 용감성을 칭찬하면서 그들의 전공에 대한 시상을 때맞추어 무겁게 시행함은 물론 전에 내린 전교(傳敎, 임금이 내린 명령)도 잘 시행하도록 특별히 당부하고 있다. 전에 내린 전교는 공이 있는 승려에게도 선과의 도첩을 주라는 조치로서 평상시에는 대소 신료들이 그같이 반대하던 일이었으나 전시에는 누구도 선조의 말에 반대하는 자가 없었다. 그만큼 승군들이 용감하게 전과를 올리고 있었기 때문이다. 당시 사명당의 의승군이 세운 전공을 「석장비문」 등에서도 "죽이고 노획함이 많았다" 했고, 김덕령의 편지에도 "남으로 와 영외(嶺外)로 옮겨가서 싸웠다"고 했듯이 그는 당시 본거지를 의령에 두고서 남원을 비롯하여 각지로 옮겨다니면서 적병에게 많은 피해를 입혔다는 것을 알 수 있다. 인용문에서 '왜적을 죽이고 배를 빼앗았다'는 대목을 주목해볼 만하다. 일본군은 수로를 이용하여 군수물자를 운송하였던 모양으로, 『징비록』에는 유성룡이 목장(木杖)을 설치하여 적선 40여 척을 빼앗은 곽재우의 예를 들면서 승군을 이용하여 목장을 설치할 것을 주장하고 있기 때문이다.

남쪽으로 내려온 뒤 사명당이 거느린 의승군의 수는 수백 명을 넘지 않았던 것 같다. 그것은 평양성 탈환전 때를 제외하고 항시 그러한 규모를 유지하였으니, 이는 게릴라전을 구사하는 데 유리할 뿐 아니라 현실적인 문제로서 군량과 보급물자의 조달문제 때문이었다. 그가 「갑오상소」에서 "한 놈의 왜적이라도 죽여서 성상의 망극한 은혜를 갚으려 하온데 어찌 의관하고 있는 사람보다 못하겠습니까? 다만 스스로 군량을 갖추어서 보존하기 어려워 언제든지 군사들의 반은 배가 고파서 흩어졌습니다"라고 한데서 알 수 있다. 『징비록』에서 "병신년 10월 29일, 용진에 있는 승군은 모두 먼 지방에 있는 승려들로서 겨울을 지날 옷은 오로지 본도(本道)의 사찰에만 의뢰하는 터입니다"라고 한 것도 마찬가지다. 권속들이 굶주리고 추위에 떠는데, 거느리는 장수의 심정이야 짐작하고도 남는다.

사명당은 의령에 근거지를 두고 있으면서 적이 출몰하는 경상도와 전라도의 여러 지역으로 왕래하며 한편으로는 싸우면서 다른 한편으로는 여가를 이용하여 보리를 파종하여 군량미를 준비하는가 하면 활과 화살 등 병기 제조와 화포의 교습에도 눈을 돌리고 있었다. 사실 서울수복 이후 관군과 명나라 군대가 일본군을 상대로 간혹 접전을 벌이기도 하였으나 전국은 사실상 휴전상태로 장기전에 돌입하고 있었던 것이다. 선조 27년 2월 20일조에 비변사에서 사명당의 활동을 다음과 같이 보고하고 있다.

승장 유정은 바야흐로 의령에 주둔해 있으면서 이미 그 근처에 대략이나마 보리를 파종하여 군량에 대비하였으며, 또 경상우도 총섭승(總攝僧) 신열(信悅)은 각 사찰의 위전(位田)에 보리 종자를 파종하였고, 가야산 해인사에서 활과 화살촉을 만든다 합니다. 또 듣건대 신열이 이끄는 승군은 모두 장정으로서 파종한 여가에 화포 쏘는 훈련을 한다 합니다. 각처의 여러 장수들은 이에 생각도 미치지 못하는데 이 승군들만은 이러하니 매우 가상합니다.

이후에도 자주 등장하는 신열은 경상우도의 총섭으로서 사명당의 부장(副將) 역할을 하고 있었다. 그는 사명당의 지시에 따라 보리를 파종하고 활과 화살촉을 만들었으며, 심지어 여가를 틈타 화포를 교습하는 등 군사훈련을 실시하여 앞으로 닥칠 전쟁에 대비하고 있었다. 이러한 일은 정규군에서도 엄두를 내기 어려운 일이었는데, 불교계에 인색한 비변사에서도 솔직히 인정하여 칭찬을 아끼지 않았던 것이다. 그러나 사실 승려들은 평소에도 보리 파종은 하고 있는 일이며, 자질구레한 군수품의 자체 조달도 마음만 먹으면 가능한 일이었다. 의성 고운사의 「사지」에도 사명당이 거느리는 승군들이 여기서 식량을 비축하고 부상한 승병들을 돌보았다고 전하고 있다. 이로 보아 의령 부근이나 해인사에서만이 아니라 영남지방의 여러 사찰을 중심으로 군량 마련이나 병기제조 등의 일이 광범하게 행하여지고 있었던 것이다. 전쟁 중이라는 그처럼 어려운 상황에서 사명당처럼 태산 같은 지도자의 그늘 아래 승병들은 잠시도 몸을 돌보지 않고 노력하여 분외의 성과를 낼 수 있었던 것이다.

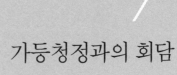

7

가등청정과의 회담

"조선의 보배는 일본에 있다.
지금 우리나라는 그대 가등청정의 머리를
보배로 보고 있으니,
이는 일본에 있는 셈이다."

서생포 회담에서 적정을 살피다

조선 군대의 독자적 힘으로 서울 수복이 눈앞으로 다가오자 명·일 양측에서는 더 이상의 희생을 줄이자는 뜻에서 강화교섭을 서둘렀다. 그것은 그간 중단되었던 심유경과 소서행장 사이의 교섭을 재개한다는 의미였으나 이 밖에도 다른 하나의 루트가 새로이 모색되었다. 1594년 4월 조선인으로서는 처음으로 사명당이 강화사(講和使)가 되어 울산 서생포 왜성으로 가등청정을 찾아가 교섭을 벌이게 된 것이었다.

사명당은 임진왜란 와중에 세 차례, 그리고 정유재란이 일어난 후 한 차례 모두 네 차례에 걸쳐 청정의 영중에 들어가 적정을 정탐하고, 또한 청정과 직접 만나 세 차례나 담판하여 여러 가지 외교적 성과를 거두었다. 이러한 탐방과 대화를 통해 얻은 지식을 본국 조정에 보고한 내용과 아울러 이를 토대로 상소한 주장들은 생생한 전쟁실기로서 이후 신유한이 편찬한 『분충서난록』의 중심내용을 이루고 있다.

회담이 있기 전 1593년 5월, 가등청정이 울산 서생포에 주둔하고, 명나라 총병 유정(劉綎)이 병사 5천을 거느리고 성주(星州)에 주둔하였다가 뒤에 남원으로 옮겼으며, 도원수 김명원(金命元)은 의령에 주둔하였다. 6월에 청정은 일찍이 함경도 지방에서 조선의 두 왕자 임해군과 순화군 및

가등청정의 초상. 청정은 침략군
가운데서도 불세출의 용장으로
명나라 총병 유정은 그를 부추겨
풍신수길과 이간시키기 위하여
사명당을 그에게 보냈다.

재신(宰臣)들을 사로잡아 데리고 있다가, 풍신수길의 지시에 따라 돌려
보냈다. 그리고 7월에는 심유경이 김해에 주둔해 있는 소서행장의 진영
으로부터 돌아오면서 수길의 화친조약문을 가지고 왜관(倭館)에 있던 소
서비(小西飛)와 함께 왔다. 1593년 이후부터 명나라 장수들도 화의(和議)
를 힘써 주장하는 가운데 심유경은 행장과 의논하여 수길을 관백(關白,
일본에서 천황을 보좌하여 천하를 다스리던 직책)에 책봉하여 일본국왕
으로 삼겠다는 음모를 꾸며 그 군대를 철수시키려 하고 있었다. 그런데
이 무렵 명나라 도독 유정은 한걸음 더 나아가 가등청정을 부추겨서 그를
일본의 관백으로 책봉하겠다고 하여 수길과 불화를 조성시키려는 공작
을 꾸몄다. 그리고 이 일을 수행할 인물로서 사명당을 선정한 것이다. 이
것이 사명당이 서생포왜성으로 파견되어 청정과 회담하게 된 직접적 동
기였다.

　명의 도독 유정이 사명당을 청정에게 파견한 뜻을 좀더 명료하게 이해

하려면 당시 명·일·조선 간에 진행되던, 삼국 사이에 얽힌 매우 복잡한 교섭 경위를 잠시 살펴볼 필요가 있다. 명의 경략 송응창과 장군 이여송을 비롯한 주전파들도 평양성 탈환 이후부터는 모두 일본 측에서 제의한 화의에 관심을 쏟고 있었다. 1593년 5월 이들은 심유경에게 세 번째로——한강 상에서 임시로 행장과 만난 사실은 제외하고——일본군 진영으로 들어가 교섭하라는 파견 명령을 내렸다. 이때까지 심유경이 제시한 화의의 내용은 첫째 일본군을 조선에서 철병시킬 것, 둘째 풍신수길로 하여금 명나라에 투항서를 보내라는 것이었는데, 이때부터 그들은 처음으로 첫째 수길을 일본국왕으로 책봉할 것이며, 둘째 일본이 명에 조공무역을 하도록 허락하겠다는 내용을 더하여 준 것이었다.

이리하여 진행된 강화교섭은 같은 해 6월 말 일정한 성과를 거두었다. 즉, 일본은 조선의 두 왕자와 황정욱 등을 석방하는 데 동의하였으며, 동시에 행장은 내등여안(內藤如安)을 명으로 파견하여 강화교섭에 착수토록 한다는 방침 아래 심유경을 따라 그를 보냈다. 그러나 송응창은 일본 측이 수길의 투항서를 보내지 않은 사실을 알고, 심유경에게 재차 일본진영으로 가서 항복문서를 받아 가지고 올 것을 재촉하였다. 이에 심유경은 1594년 2월 행장의 진영에 들어가서 그들과 함께 '관백항표'(關白降表) 즉 수길의 항복문서를 조작한다.

이 날조된 항복문서는 뒤에 다시 논하겠지만 원래 수길이 제시한 강화의 조건, 즉 중국 황제의 딸을 일본왕비로 삼는다든지 조선의 영토를 일본에 분할한다든지 하는 것과는 완전히 다른 내용이었다. 이 무렵 명나라 조정에서는 일본과의 강화가 필요한지를 놓고 격론이 벌어지는 가운데 지금까지 조선문제를 일관되게 취급해온 송응창도 경략의 직에서 물러나고 기요총독(薊遼總督) 고양겸(顧養謙)이 경략을 겸임하게 되었다. 고양겸은 관백의 항복서가 나왔다는 말을 듣자 곧 사신을 행장에게 보내어 이를 확인한 뒤 병부상서 석성을 통하여 일본에 대한 '봉공'(封貢) 즉 책봉과 조공을 허락하도록 상주하였다. 동시에 조선국왕에게도 일본에 대한 조공을 허락해줄 것을 명 조정에 청하라고 요구하여, 그해 9월 조선도 사절을 파견하였다. 이런 가운데 일본사신 여안(如安)이 심유경을 따라 북경에 들어가 세 가지 일을 약속하였는데, 첫째 일본군은 모두 본국으로 돌아간다, 둘째 명은 책봉만을 인정하고 조공은 허락하지 않아도 좋다, 셋째 일본은 조선을 침범하지 않을 것을 약속한다는 것이었다. 이런 쉬운 조건이라면 명에서도 받아들이지 않을 수 없는 일이다. 사실 명에서는 수길을 일본왕으로 책봉하는 것은 문제가 되지 않았으나 조공을 허락한다는 일은 처음부터 내키지 않는 일이었으니, 일본인들이 조공한다는 명목으로 와서 왜구로 돌변하는 일들을 우려하였기 때문이었다. 그러나 일본 측으로부터 이러한 요구가 전혀 없는 상황에서 명으로서는 기꺼이 일본에 책봉사절 파견을 허락하게 된 것이었다.

이와 같이 행장과 심유경 사이에 진행되고 있던 명·일 강화교섭은 관백 수길을 일본국왕에 봉하여 전쟁을 종식시킨다는 목표 아래 진행되었다. 그런데 이와는 달리 명의 도독 유정은 청정을 일본의 관백이 될 인물이라고 부추겨 행장과의 반목을 부채질하면서 동시에 수길에게 반기를 들게 하려는 새로운 계획을 세웠던 것이다. 이리하여 도독 유정이 도원수 권율에게 이 일을 잘해낼 적절한 인물을 조선인 가운데서 물색해주기를 부탁하여 사명당이 선임되기에 이른 것이었다.

이에 사명당은 1594년 4월 9일 울산 서생포에 왜성을 쌓아 머물고 있는 가등청정의 영중으로 사람을 보내어 '조선사신 대선사(大禪師) 북해 송운(北海松雲)이 대상관(大上官)에게 화해(和諧)할 일이 있음'을 통고하

울산 서생포 왜성지. 청정은 이 성을 쌓은 뒤 그 축성 기술자들을 데려가 일본의
웅본성을 쌓았다. 회담 당시 사명당은 송운이라는 호를 써서 일본에는 송운으로 많이 알려졌다.

고 수 일 뒤에 일행을 거느리고 서생포왜성으로 갔다. 성 앞에서 기다리
던 부장(副將) 희팔랑(喜八郎)의 인도를 받아 성안으로 들어가 먼저 그의
처소로 안내되었다. 자기소개를 하는 자리에서 사명당은 "일찍이 조정에
벼슬하다가 18세부터 금강산으로 들어가 수행하였으며, 중년에는 명나
라로 들어가 도독 유정과 알게 되었다. 지금 그대들의 병란을 당하여 도
독 유정이 군사를 거느리고 와서 나를 부르므로 가서 영중에 머물다가 화
해할 책임을 지고 이렇게 나왔노라"고 하였다. 사실 그는 사신의 책임을
맡게 되자 의승대장으로서 참전하였던 사실을 내세우기보다는 수행승(修
行僧)으로서의 이미지를 부각시킬 필요성을 느껴 실제로 없었던 중국에
들어간 여러가지 사실들을 둘러댄 것이었다. 평소에는 사용하지 않는
'대선사'의 칭호와 함께 사명이 아닌 '송운'(松雲)이라는 호를 처음으로

사용하게 된 것도 이때부터였다.

사명당은 청정을 만나기 전에 우선 희팔과 대화를 나눠 일본 측이 명나라에 요구하고 있는 강화조건의 핵심문제를 파악하는 데 성공하였다. 그때까지 조선에서는 누구도 명·일 강화협상의 진실을 모르고 있었다. 그 중요한 내용은 첫째 일본 관백이 중국 천자의 딸과 결혼하는 일과 둘째 조선의 4도를 떼어준다는 것이었다. 곧이어 청정을 직접 만나서는 그로부터 명·일 강화가 성사되지 않기를 바라는 기색이 역력함을 확인하고는 사명당도 희팔로부터 방금 들은 그 두 가지 조건이 도저히 성사될 수 없다는 이유를 조목조목 설명하였다. 다음 날 사명당은 청정을 다시 만나 명·일 강화조건이 다음 다섯 가지라는 사실을 탐지하였다. 그것은 천자의 딸과 결혼할 것과 조선영토를 나누어 일본에 속하게 한다는 것 이외에도 셋째 전과 같이 교린(交隣)을 계속할 것, 넷째 왕자 1인을 일본에 들여보내 영주(永住)토록 할 것, 다섯째 조선의 대신(大臣)을 인질로 들여보낼 것 등이었다.

이는 임진왜란 초기에 수길이 조선에 나와 있는 일본 장수들에게 지시한 7개조 강화조건과 골자를 같이하는 것으로 조선으로서는 도저히 받아들일 수 없는 망국적 내용이었다. 이전에도 그 일부를 소문으로 듣고 일본을 의심하고 있었으나 강화교섭의 전모를 알게 된 것은 이것이 처음이었다. 사명당은 청정에게 이러한 강화조건이 이루어질 수 없는 이유를 설명함은 물론 그가 물러나와 명의 도독 유정과 조선의 도원수 김명원에게 보고하는 자리에서도 이를 저지시킬 필요성을 역설하였다.

이와 같은 사명당의 외교활동으로 당초 행장의 강화조건이 명나라와 조선에 처음으로 공개되었으며, 이로 인하여 심유경과 소서행장과의 교섭은 물론 일본과 명나라 사이에 비밀리에 진행되던 교섭 전체가 탄로나게 된 것이었다. 무엇보다도 사명당과 가등청정의 제1차 회담의 가장 큰 성과는 조선 영토를 할양하고 조선을 일본의 속국으로 만드는 이른바 명나라와 일본 사이의 강화교섭에 쐐기를 박는 구국적 성과를 거두게 되었다는 점이다. 조선은 명·일 교섭이 시작될 때부터 극력 반대해왔으나 전쟁을 조기 종식시키려는 그들의 강압적 논리에 밀려오던 터이었다. 이러한 때에 사명당의 회담 결과가 조정에 보고됨으로써 더욱 강하게 저항하는 촉진제가 된 것은 물론이다. 이밖에도 심유경과 행장 사이의 강화교섭이 수길의 처음 지시와는 다른 허위 날조라는 것이 알려지게 됨으로써 그들 두 사람은 난처한 입장에 처하게 되었을 뿐만 아니라 강화교섭 자체가 파탄에 이르게 되는 중대한 전기를 맞게 되었다.

사명당과 가등청정의 회담은 필담으로 진행되었는데, 일본 본묘사(本妙寺) 주지 일진(日眞) 등이 한문으로 필담을 거들었다. 며칠 지나서 청정은 그가 함경도에 있을 때 왕자(王子) 일행으로부터 '금강산에 귀승(貴僧)이 있다'는 말을 들었다며 한지와 부채를 보내어 친절을 표시하였다. 그러면서 글씨를 받고자 하므로 사명당은 "그 의로움을 바르게 하고 그 이익이 됨을 꾀하지 않는다. 밝은 데는 일월이 있고 어두운 데는 귀신이 있다. 진실로 나의 것이 아니면 비록 털끝 하나라도 취하지 말라"(以正其誼 不謀其利 明有日月 暗有鬼神 苟非吾之所有 雖一毫而莫取)라는 경구를 써주니, 그 뜻은 일본의 부당한 침략을 준엄하게 꾸짖는 것이었다.

회담의 마지막 날에 사명당은 유 도독이 자기를 청정에게 파견한 본래의 목적, 다시 말하면 청정을 일본 불출세의 영웅이라고 부추겨 풍신수길에게 등을 돌리게 하려 한 의도를 시험해보기로 하였다. 한가한 틈을 타서 그에게 넌지시 다음과 같은 이야기로 수작을 걸었다.

유독부는 원만한 얼굴에 감정을 나타내지 아니하지만 늘 우리들에게 말하기를 "서생포의 진에 있는 장수 가등청정은 여러 대를 내려온 지방관의 후예로서 상당한 호걸이다. 어찌 관백과 같은 용렬한 사람 밑에 있는가. 만일 다른 나라에 살았다면 이미 높은 자리에 올랐을 것이다" 하며 항상 상관(上官, 청정)을 위하여 개탄할 뿐이오.

이 말에 청정은 빙긋이 웃으며 대답은 하지 않았다. 뒤에 유도독이 서한을 보내 직접 그 마음을 떠보았으나 청정은 답신에서 "충신은 죽음을 두려워하지 않으니, 죽음을 두려워하면 충신이 될 수 없다"면서, 자기는 오직 상관과 '같이 살고, 같이 죽을 뿐'이라는 말로써 도독 유정의 이 어설픈 책략은 결국 좌절되고 말았다.

이와 같이 수길로부터 청정을 이간시키려는 유정의 작전은 성공을 거두지 못하였으나 그 대신 청정과 소서행장 사이에 갈등이 있다는 사실을 알게 된 것은 커다란 수확이었다. 청정은 자기가 조선의 왕자들을 돌려보내주었으나 그들이 돌아간 뒤 한 번도 편지를 보내는 일이 없다고 불평을 늘어놓았다. 이에 사명당은 다음과 같은 말로 그를 자극하였다.

'왕자 송환의 공은 상관에게 있는데, 이를 아는 사람은 오직 독부(劉綎) 뿐이고, 명나라와 조선에서는 모두 상관의 공을 모르고 있소. 왜냐하면 소서행장이 우리나라에 자기의 공로를 내세우기 위해 "왕자군을 돌려보낸 것은 내가 가등청정에게 그렇게 하라고 시킨 것이다"라고 하고 있기 때문이오' 하자 가등청정은 빙긋이 웃으며 말하기를 "왕자군은 내 손에 있었는데, 소서행장이 무슨 말을 했겠는가. 소서행장은 다만 심유경이 인도해가게 주선했을 뿐이다"라고 하였다.

이후부터 사명당은 행장과 갈등관계에 있는 청정의 심기를 교묘히 자극하여 그 반목을 증폭시키는 데 성공하였다. 이러한 외교적 성과는 이후 여러 차례 회담을 통하여 계속되었으며, 이에 따라 깊어진 두 사람 사이의 갈등은 바로 일본군 전 진영의 전열에 분열을 초래하는 결과를 가져온 것이었다.

마지막 날(16일) 아침 희팔과 일진이 조촐한 송별연을 베풀어주었다. 그런 다음 청정은 군사들로 호송하는 자리에까지 사람을 보내어 "심유경과 행장의 약속한 일이 이루어지느냐 아니냐 하는 문제에 대하여 계속 연락하였으면 좋겠다"는 말을 잊지 않았다.

사명당은 서생포에서 나와 원수부 권율에게 먼저 보고한 다음, 유정 도독부를 찾아 청정의 서생포 영중을 방문하여 탐문한 내용을 「첫 정탐기」 (初探記)와 「청정의 답서」(淸正賊酋答書)를 작성하여 제출하였다. 어떻든 조선 조정에서는 5월 들어 도원수 권율이 올린 장계를 보고 난 뒤 처음으로 사명당이 서생포왜성을 방문하여 청정과 회담한 일을 알게 되어 비로소 이 문제에 관심을 기울이게 되었다.

높은 기개로 맞선 제2차 회담

사명당의 제2차 왜성 방문은 같은 해 7월 6일, 울산군수 군관 장희춘을 먼저 보내 통지를 한 다음 좌병사 군관 북부주부 이겸수(李謙受) 등 37명이 함께 가는데 7일은 비에 갇혀 머물고 9일이 되어서야 물을 건너 10일에 비로소 적진에 도착하였다. 일본 측에서는 청정과 희팔이 회담에 임하면서 행차가 늦었다고 할 만큼 기다리고 있는 중이었다. 이번 회담의 목적과 성과는 대체로 제1차 회담의 연장선상에 둔 것이었으나 사명당으로서는 청정의 속마음을 좀더 정확하게 파악하여 교섭에 활용했다는 데 의미가 있었다. 우선 제1차 회담 시에 청정이 제시한 다섯 개 조건을 사명당은 반신반의하지 않을 수 없었다. 그것은 조선에 관계된 문제야 그렇다 하더라도 명나라 황제의 딸을 일본에 시집보낸다는 조건을 심유경이 어떻게 감히 의제로 삼을 수 있었겠는가 하는 점이다.

청정이 그의 참모들과 함께 사명당 일행을 상대로 하여 보인 관심의 초점은 역시 지난번에 제기한 강화 5개조항의 실현 여부에 있었다. 그런데다가 이번에는 조선영토 할양 등 지난번 5개항 외에 다음과 같은 2개항을 추가하여 요구안을 내놓았다. 첫째 명나라도 한 사람을 인질로 일본에 보낼 것, 둘째 일본과의 통상을 어떤 물건으로 할 것인지를 정하자는 것이었다. 이에 사명당은 5개항에 대해서는 그 부당성과 실현 불가능성을 말하였으므로 재론의 여지가 없음을 분명히 하였다. 추가 2개항도 명나라와의 관계여서 자기가 답할 성질이 아님을 잘라 말하였다. 따라서 사명당으로서는 "일본이 명나라와 화의하는 조건은 지난번에 제시한 5개항으로 이는 관백의 명령"이라 하여 누구도 이를 어길 수 없다는 청정의 말을 재확인하는 데 그칠 뿐이었다.

이와 같이 사명당이 명과 관계되는 부분은 언급할 수 없으나 다만 5개항 가운데 조선에 관계된 일은 논의의 대상이 될 수 있다고 하자 청정은 바로 '교린'(交隣)의 구체적 내용을 물었다. 이에 사명당은 과거의 관행에 따라 '물건의 유무를 상통하며, 서로 왕래하여 평화롭게 지내는 것 외에 다른 조건이 있을 수 없다'고 하였다. 청정은 그렇다면 3년 동안 전쟁을 한 의미가 없지 않느냐고 따졌으나 사명당은 '명분(名分)없는 전쟁'에 조선이 상관할 이유가 없으며, '군사에 교만한 자는 멸망한다'는 한(漢)나라 역사의 고사를 인용하여 점잖게 설득하였다.

여러 날 회담이 계속되는 가운데 배석하던 종군승 일진을 비롯한 재천(在天)과 천우(天祐) 등은 12일 아침 숙소로 찾아와 정세 문제를 따로 이야기하는 시간도 있었다. 어떻든 제2차 사명당과 청정의 회담에서는 사명당이 느긋한 태도로 임하고 있는데 비하여 청정이 오히려 조급한 기색을 나타내고 있었다. 더구나 청정은 심유경과 강화교섭을 하고 있는 소서행장과 대마도주 종의지(宗義智) 등에 말이 미치자 "그들은 섬나라의 소금장수에 지나지 않는다"고 폄하하면서 그들이 처음부터 명나라 및 조선과 타협할 생각만 하다가 승리할 기회를 놓쳤다면서 불평을 털어놓았다. 사실 행장과 청정 두 사람의 갈등은 아주 깊어 소위 견원지간이라 할 만하였다. 대마도의 종의지는 장인인 행장의 군대를 인도하여 일본군 제1

진으로서 1592년 4월 14일 부산에 상륙한 데 이어 5월 2일에는 서울에 맨 먼저 들어왔다. 이에 비하여 청정의 군대는 제2진으로서 부산과 서울에도 그들보다 꼭 하루씩 늦게 입성하였다. 또한 행장은 기독교신자인데 청정은 불교신자였으며, 행장이 강화주의자인데 청정은 주전론자였다. 이처럼 그들은 모든 면에서 경쟁관계를 넘어 서로 적대관계에 있었다.

이러한 처지에서 청정은 강화교섭의 공도 행장에게 뺏기지 않고 자기가 주도하려 하였던 것이다. 심지어 행장이 주장하는 조선왕자의 인질 문제를 해결하기 위하여 조선에서 왕자와 비슷한 나이의 아이를 거짓으로 꾸며 들여보내면 될 것이라는 의견을 내놓기도 하였다. 이와 같이 그는 자기가 행장에 앞서 명나라 및 조선과 강화를 이룩하려는 생각에서 초조한 모습을 감추지 못하고 있었다. 이러한 상황이었으니 사명당으로서는 두 번째 서생포 방문부터 다소 여유를 가지게 되었다. 청정의 영중으로 들어가면서 그는 모처럼 다음과 같은 시도 한 수 지었다.

> 외로운 신하의 한 칼이 흐르는 모래를 건너니
> 길이 부상에 들어가 바다 뗏목을 띄웠네.
> 흰머리로 부질없이 자미의 글귀를 읊으니
> 중원의 장수 염파가 생각나도다.

> 孤臣一劍渡流砂 路入扶桑泛海槎
> 白首空吟子美句 中原將帥憶廉頗
> • 「再入敵營」, 『사명집』권4

이 시는 사명당이 일행을 거느리고 강을 건너 서생포로 가는 도중에 왜성에서 이어진 바다에 일본군의 함선들이 떠 있는 광경을 그린 것으로 짐작된다. 사명당이 첫 번째 왜성을 방문할 때 북해 송운이라는 호를 쓰게 되었다고 하였는데, 그가 일찍부터 넓은 바다를 좋아하여 사명이라는 호를 쓴 것과 어울리는 일이다. 그러나 한편으로는 산사생활에 익숙해지면서 소나무(松)와 구름(雲)을 또한 유난히 좋아하였다. 그의 시들 가운데, "구름과 소나무로 짝을 삼고, 사슴을 벗 삼아"라거나 "어리석고 못난 생각으로 소나무와 구름 사이에 누웠다네"라 하고 또는 "홀로 구름과 소나무, 그리고 사슴 떼와 저문 해에 서로 짝지어 늙으리"라고 한 구절 등에서 그 뜻을 살필 수 있다. 이렇듯 그는 강화사신으로서 적진을 향해 들어가며 '북해 송운'이라는 의미가 갖는 수도자로서의 이미지를 내세워, 그 순수성을 철저히 관철시키려 한 것이었다.

사명당이 왜성에 머무는 동안 저들의 예우는 극진하였다. 14~15 이틀간은 비가 와서 머물다가 7월 16일 아침 식사 후 희팔이 도독 유정에게 보내는 답서와 부채 한 상자를 선물로 주고 큰길까지 호송해주었다. 이리하여 먼저 의령 원수부를 둘러 구두 보고를 한 다음 남원으로 향하였다.

사명당이 청정과 외교 담판하는 과정에서 청정에게 '바로 당신이 우리의 원수'라고 하였다는 이야기는 세상에 널리 알려진 임진왜란기의 유명한 일화 가운데 하나이다. 「석장비문」에는 이렇게 설명하고 있다.

가등청정이 묻기를 "조선에 보배가 있는가?" 대사는 맞받아서 말하기를, "없다. 보배는 일본에 있다" 하니 청정은 "무슨 소리인가?" 대사가 "지금 우리나라는 그대 머리를 보배로 보고 있으니, 이는 일본에 있는 셈이다" 하니 청정은 놀라며 탄복했다.

이 이야기에 이어 비문에서는 사명당이 그뒤 국서를 받들고 일본으로 갔을 때 일본인들이 서로 말하기를 "이 이가 보배 이야기를 한 그 스님(說寶和尚)인가?"라고 했다고 기술하고 있다. 이 한마디는 사명당의 담력이 크고 순발력이 그토록 뛰어났다는 것을 극명하게 표현한 것으로 이후 여러 가지 뉘앙스를 달리하며 전파되었다. 예컨대 사명당으로부터 직격탄을 받은 청정이 어떻게 반응했는가에 대하여도 「석장비문」에서는 단순히 "놀라며 탄복했다"고만 했는데, 「행적」에서는 "무릎을 치고 놀라며 탄복했다"고 했고, 또한 이수광의 『지봉유설』에서는 단순히 "크게 웃었다" 했으며, 『어우야담』에서는 "청정이 억지로 웃었으나 내심으로는 실로 이를 꺼렸다"(淸正强笑 面中實憚之)라고 하였다. 그리고 후세 기록인 「영당비문」에서는 "안색이 험해졌다"(色阻)했으며, 청사 김중례는 「분충서난록·서」에서 "고개를 숙이고 공경하고 꺼려했으나 끝내 칼을 빼지는 못했다"(俛首敬憚 終不敢露刀)라고 하는 등 표현의 차이는 있지만 반드시 이 구절을 특필하고 있는 것이다. 이와 같이 이 이야기는 같은 시대 사람을 포함하여 그후 여러 기록에서도 표현을 약간씩 달리하면서 인구에 회자되었다.

여기서 한 가지 석연치 않은 것은 사명당 자신의 「청정영중탐정기」 속에는 이에 대한 언급이 전혀 없다는 점이다. 다만 사명당의 기록으로서 '보물'에 관한 이야기는 금강산에서 처음 왜군을 만났을 때 잠시 나온다. 왜군들이 유점사에서 승려들을 묶어놓고 금은보물을 내놓으라고 다그칠 때 사명당이 당당히 나서서 "우리나라는 금은을 보배로 생각하지 않고 다만 포목을 쓴다. 이 절은 다만 불공을 드리고, 승려는 채식초의로 민간에서 밥을 부쳐먹으므로 한 치의 보물도 없다"고 강조하여 승려들이 석방되었다는 이야기가 있을 뿐이다. 그 150년 뒤 신유한이 『분충서난록』

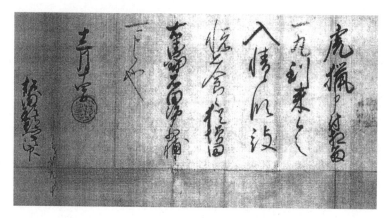

조선의 호랑이를 잡아오라는 풍신수길의 주인장(朱印狀). 청정은 이 명령에 따라
함경도 산골 깊숙이 군대를 끌고 가 호랑이를 잡았다. 일본 송포(松浦)사료박물관 소장.

을 편찬할 때 이 문제를 언급하면서 "이것은 필시 임난 초에 사명당이 관
동으로부터 다시 적진에 들어가서 문답했을 때의 말로서 …… 마땅히 실
제 일어난 일을 잘못 전한 때문이었을 것이다"라고 하고 있다.

　그 진실이야 어떻든 간에 사명당의 이 '보배' 이야기에는 여러 가지 의
미가 담겨져 있다. 그의 담력과 기지를 나타낸 것이라 할 수도 있고, 또
가등청정의 도량이 넓음을 나타낸 것이라고도 할 수도 있으나, 무엇보다
도 침략자에 대한 증오와 적개심을 강하게 나타낸 것이라 함이 적절할 것
이다. 따라서 이 이야기는 민족적 긍지를 자아내기도 하고, 때로는 식민
지시대 일본인들이 싫어할 이야기가 되기도 하여 해인사에 세워진 석장
비가 일본인에 의해 크게 환란을 당한 것이다. 현재 홍제암에 세워져 있
는 허균의 비문은 일제시대 전쟁말기에 현지 일본 경찰서장이 사람들을
강제 동원하여 비석을 네 동강으로 깨뜨려 팽개친 것을 해방 후에 절에서
땅속에 묻혀 있던 석편들을 이어 붙여 다시 세워 오늘에 이른 것이다.

　사명당이 강화사로서 상대하였던 외국인은 일본의 청정과 명나라 도

독 유정으로서 그들은 모두 30대 초반의 청년 장수였다. 사명당과는 연령으로나 인격상으로 보아 어른과 아이의 수준 차이였다. 하지만 두 나라는 조선에 비하여 불교를 숭상하여 다행히 사명당은 양측을 오가며 그들 장수로부터 노승으로 우대를 받았다. 그러나 이때 남원에 도독부를 설치하고 있던 도독 유정은 사명당이 제1차 사행을 완수하고 서생포에서 돌아와 면회를 청하였더니, "그대들이 호랑이 굴속에 왕복하여도 몸이 오히려 무양하니 내 마음이 즐겁다. 사명대사도 오셨느냐?" 하고는 먹고 마시느라 여러 날을 기다려서야 겨우 만나주었다. 정확하게 말하여 사명당은 4월 24일 의령 본진을 떠나 28일에 남원에 도착하여 8일 만인 5월 7일에야 면회를 마치고 본진으로 돌아올 수 있었다.

유도독이 심유경과 소서행장 사이의 강화회담과는 다른 채널로 사명당과 청정의 회담을 열게 한 아이디어는 평가할 만한 일이었다. 그러고는 그 회담 결과가 어떻게 진행되었는지 챙길 겨를도 없이 술과 여색에 빠져 있었다. 수 개월 뒤인 9월 13일자 『선조실록』에 따르면 영상 유성룡의 보고 가운데 "(유)총병이 아끼던 창녀가 있는데 떠날 때 임박해서 물건을 매우 많이 주었고, 영서역에 이르러서는 도감낭청 김혜(金蕙)에게 편지로 '나를 위해서 내가 사랑하는 사람을 보호하고 구휼하라. …… 오래지 않아서 돌아올 것이다' 하였답니다." 상이 이르기를 "그 여인이 서울 있는가? …… 또 듣자니 그 여인이 임신하였다고 한다"고 한 기록으로 보아 당시 사명당이 며칠을 기다려 겨우 만날 수 있었던 웃지 못할 사정을 짐작할 수가 있다.

5월 사명당이 접견할 때 도독 유정이 준 유첩(諭帖)에는 "그대는 속세를 떠난 승려로서 마음을 나랏일에 두니 그 충성스럽고 부지런함을 매우 가상히 여기오. …… 만일 시기를 보고 형세를 살펴 만전의 방책을 이룬다면, 곧 중국 요대사(姚大師)의 공열과 그 빛을 다툴 것이오"라고 하였다. 그러한 상황에서나마 그가 사명당의 외교가로서의 능력과 성실함에 찬사를 아끼지 않았던 솔직한 심정을 드러낸 것이다.

갑오년, 개혁상소를 올리다

사명당은 갑오(1594)년 4월과 7월 두 차례에 걸쳐 서생포 왜성을 방문하여 적정을 정탐하고, 가등청정과 외교담판을 벌였는데, 그 내용 두 편이 「청정영중탐정기」로서 뒤에 『분충서난록』에 게재되었다. 이것은 그가 적정 정탐의 내용을 조선의 도원수부와 중국의 도독부에 바치려 작성한 것이지만 결국 비변사로 올라가 조정에 소상하게 보고 되었음은 말할 필요가 없다.

사명당은 이 두 차례에 걸친 세심한 적정 정탐을 기초로 하여 본인의 주관적 견해를 담아 상소문을 작성하여 올렸다(이하 「갑오상소」라 함). 「갑오상소」의 첫 부분은 이미 앞에서 여러 차례 인용한 바 있거니와 자신의 출생에서부터 출가하게 된 사실, 그리고 금강산에서 난리를 만나 의승병을 일으킨 과정 및 그들을 거느리고 순안으로 가서 군사 활동을 하게 된 경위 등을 간략하게 서술한 것이다. 그런 다음 그가 적진으로 들어가 그들로부터 얻어들은 적군의 수와 적진의 형세 등을 말하면서 다음과 같은 의견을 개진하였다.

…… 이에 아직 신이 아는 바 적의 정세와 적을 치고 백성을 보전할

뜻을 기록하여 그 한두 가지를 말씀드리오니 엎드려 바라옵건대 굽어 살피시옵소서.

대체로 적의 다소에 대해서는 신이 이모(李某), 장모(蔣某) 등과 함께 두 번 적의 소굴에 들어가 며칠씩 유숙한 일이 있사오나 적세가 늘고 주는 것은 알 수가 없었습니다. 그런데 마침 일진이라는 승려와 이야기를 하다가 좌도에 있는 적진의 군대와 우도에 있는 적의 장수 행장과 의지(義智) 등이 거느린 군대 수효에 대한 말이 나왔습니다. 일진이 글로 써보이기를 "청정의 사람됨이 그 천성이 사나워 아랫사람을 사랑하지 않는다. 그러나 그 군사는 겨우 1만 8천 명이고, 포수는 5천여 명인데 이것을 가지고 자부하고 있다. 그리고 동래와 부산의 여러 장수가 거느린 군사는 도합 5만 명이다. 또 우도의 김해 · 웅천 · 천성 · 가덕에 있는 군사도 역시 4만 6~7천 명이 넘을 것이다" 하였습니다. 하오나 신은 그렇지 않으리라 하였습니다. 또 신은 적의 승려 원룡(元龍)과의 대화에서도 역시 일진이 한 말과 조금도 증감이 없었으며, 또한 희팔에게서 「군사총록」을 얻어 보니 그것도 일진의 말과 차이가 없으니 좌 · 우도의 적수를 모두 합하면 거의 9만여 명에 이릅니다. 또 경주에서 항복한 적에게 물어본즉 좌도의 적이 1만 8천이라고만 하고 우도의 수는 모른다고 하니, 그렇다면 앞서 10만이라는 수는 믿을 수 없는 것입니다.

신의 생각으로 말씀드리면 청정의 군사가 그 중에서 가장 강한 군사라고 합니다만 그 수가 1만 8천 명에 지나지 않는다면 모든 적의 합한 수가 필경 4~5만 명이 될 것이니 어찌 10만 명이나 되겠습니까. 하오나 우리나라는 군수품이 탕진되고 민생이 소진되어 군문에서 변이 생길까 기다리는 군사가 2천 명에 지나지 않으니 적군과는 강약이 판이

하게 달라 쉽게 원수를 갚지는 못할 형세이오니 어찌하면 좋을지 모르겠습니다. 신의 생각이 여기에 미치니 책략도 궁하고 계교도 떨어져 오직 통곡함을 이길 수 없습니다.

적이 가고 머무는 것은 흉특(凶慝)하여 헤아리기 어려우나 다만 저 적들이 스스로 과시하는 모양으로 헤아려보면 행장과 의지 등은 스스로 선봉이 되어 크게 이길 것을 기대하고 바다를 건너와서 방화 살인 약탈만 해오다가 마침내 평양에서 패퇴하여 허둥지둥 형벌을 모면하려고 진양성을 함락한다고 핑계하려 했으나 이것도 도리어 청정에게 공을 빼앗겼습니다. 또 비록 중국과 화의를 진행한다 하지만 그것도 아직 이루지 못했습니다. 한편 청정의 마음은 처음에는 후속부대 장수로 나와서는 위세를 떨쳐 가는 곳마다 누구도 그 앞을 가로막지 못하자 왕자와 대신들을 따라 잡았고, 멀리 호지(胡地)로 밀고 들어가 오랑캐들을 참살하였으며, 뒤에 또 진양성까지 함락시켰으니 그 공이 으뜸을 차지했습니다. 이제는 교린의 이름을 얻고자 하여 철수하기는 했으나 이것은 실상 딴 뜻이 아니라 행장과 의지의 무리로 하여금 패전한 죄목으로 형벌을 받게 하고 자기는 공을 독차지하려는 속셈입니다. 일의 형세가 꼭 이러합니다. 하오나 적의 계교는 헤아리기 어려우니 이것도 역시 그런지 알 수 없습니다. 이를 생각하면 더욱 통분함을 이길 수 없습니다.

이때에 가장 급한 일은 다만 두 가지가 있으니 적을 쳐서 복수하는 책략은 징발하지 아니한 남북의 백성을 노·소를 막론하고 징발할 것입니다. 또 평안·함경·황해·강원 등 여러 도의 군사는 그 도의 병사(兵使)·감사(監司)로 하여금 몇 달 동안 먹을 양식을 가지고 날짜를 정해 싸움터로 모이게 할 것입니다. 그리고 늙고 약한 군사는 외병(外兵)으로 삼아 군대의 위세가 강함을 적에게 보이고, 정예한 군사 3만 5~6천 명을 뽑아서 모두 절강(浙江) 보병처럼 꾸민 다음 그 대장에게 손에 취모검(吹毛劍)을 들고 뒤에 서서 싸움을 감독하게 하여 군사가 물러서거나 흩어지지 않도록 하여 사졸들에게 돌아갈 마음이 없게 할 것입니다. 이렇게 하면 저 추한 왜병의 씨를 모두 쓸어버리지는 못할지라도 역시 국가의 수치를 조금은 씻을 수가 있고 또한 종묘사직의 원수를 조금은 갚을 수가 있을 것입니다.

그렇지 않으면 방휼(蚌鷸)이 서로 버티어 오늘도 이와 같고 내일도 이와 같아서 무정한 세월은 한 꿈속에 날아가 버리고, 하루살이 같은 백성들은 한순간에 다 없어져서 200년 내려오던 예악과 문물의 나라가 앉은 채로 초목이 우거져 여우와 토끼가 뛰노는 장소가 되어버릴 것입니다. 이렇게 되면 아무리 탄식을 한들 무엇하오리까. 신의 마음이 여기에 이르러 통곡함을 이기지 못하겠나이다. 만일 우리의 형세가 혹시라도 막아둔 시내와 같아서 한번 무너져 걷잡을 수 없게 되면, 일이 몹시 위태로워 아무런 계책도 베풀 수가 없을 것이니 미리 준비하지 않으면 안 될 것입니다.

이제 저 적들이 돌아가기를 생각한 날에 월왕(越王)이 20년 동안 백성을 교훈하고 재력을 기르던 일과 같이 하여 거짓 교린을 허락하여 돌려보낸다면 이것이 비록 오래가지는 못할 계책이오나 백성들이 조금은 쉴 수가 있을 것입니다. 이렇게 한 뒤에 사람이 없는 곳에는 유민(流民)들을 타이르고 불러모아 힘이 자라는 대로 둔전(屯田)을 일으켜 밭을 갈아 씨를 뿌리게 하고 또 사람이 제대로 사는 곳에는 힘을 다해서 농사를 짓게 할 것입니다. 이렇게 하면 군수(軍需)에 쓸 물건을 계속해서 댈 수가 있고 또 병기를 계속하여 준비할 수 있을 것이며, 백성의 힘

276

을 보전해서 완전하게 할 수 있고 또 산성(山城)을 쌓아 험한 곳을 설치하는 일도 거의 이룰 수 있을 것입니다. 이렇게 되면 역시 종묘사직의 원수를 조금은 갚고 중흥을 즉시 기대할 수가 있을 것입니다.

이 두 가지 방책을 어긴다면 일의 성패를 알 수가 없습니다. 엎드려 원하옵건대 성명(聖明)께서는 이것을 재량하시어 한 가지 계책이라도 윤허해주시옵소서. 그러하오면 신이 비록 늙고 병이 들었사오나 다시 남은 군사를 거느리고 싸움터에 나가서 맹세코 저 적들과는 같이 살지 않으려 하나이다. 혹은 국사(國使)의 뒤를 따라 다시 교린의 일을 논의하기 위하여 보내주신다면 마땅히 일을 결정한 뒤에야 그만두겠나이다.

신은 정신이 혼미하고 감정이 넘치오나 표현에 미진함이 있사오니, 잠시 금문(金門, 즉 軍門) 아래 나아가 일일이 말씀으로 아뢸까 하나이다. 엎드려 바라옵건대 성명께서는 굽어 살피옵소서. 삼가 죽음을 무릅쓰고 이 글을 아뢰나이다.

이 상소에서 사명당이 주장한 내용의 핵심은 전쟁을 할 것인가 아니면 화의(和議)에 응할 것인가 하는 두 가지 문제를 중심으로 그 결정을 바라는 것으로서 논리가 정연하고 논지가 뚜렷하다. 조선에 있는 적군의 수는 약 10만에 가깝다고 하지만 자기의 판단으로는 4~5만 명에 불과할 것으로 보아, 만일 전쟁을 하려하면 3만 5~6천 명을 뽑아서 결전에 임하되 노약자들도 동원하여 병사의 수를 과시할 필요성을 강조한 것이다. 이는 그가 중국군에 대한 의존심은 갖지 않되 다만 조선의 병사들을 절강의 병사로 가장하여 일본군에 대한 심리전을 노리자는 것이다. 그러나 만약 일본 측에서 제기하고 있는 평화협상으로 교린하는 방침을 택한다면 이 일도 그들을 믿을 수 없는 일이기는 하지만 일단 응하여 우리 백성들이 쉴 수 있는 시간을 벌어 중흥을 꾀하자는 것이다. 둘 중 어느 한쪽을 택하여 결행해야지 어물어물 기회를 놓쳐 사태를 그르치지 말 것을 단호하게 경계하고 있다. 전쟁을 택하면 자기는 다시 의승병을 거느리고 싸움터로 나갈 것이요, 화의 쪽을 택한다면 자기는 외교적 노력으로 화의를 성사시키고야 말겠다는 태도를 분명히 하였다.

국제정세에 목말라 했던 나라 안은 사명당이 두 차례나 적중을 드나들며 명·일간 외교교섭의 베일이 서서히 벗겨지면서 술렁이기 시작했다. 이런 때에 이「갑오상소」를 받아보게 된 것이다. 『선조실록』9월 23일조에는 선조가 소문을 읽은 뒤 승정원(承政院)에 다음과 같이 전교하고 있다.

승장 유정은 산인(山人)으로서 의병을 일으켜 적을 치니 그 군사가 자못 용맹하여 적을 많이 베어 공을 세웠고, 적을 쫓아 남으로 내려가 방금 적과 대치하고 있으면서, 심지어 여러 번 적중에 출입하여 적장과 더불어 논변하였으니 이는 사람으로서는 하기 어려운 것이다. 비변사에서는 더욱 두텁게 위로하고 또 그 군사 가운데는 공이 있으면서 상을 받지 못한 자가 없지 않을 것이니 이를 가려서 일일이 즉시 논상하도록 하라. 또한 말해야 할 것이 있으면 자세히 물어서 채택하여 시행토록 하라.

선조는 이렇게 사명당의 공적에 크게 관심을 표명하면서 사명당을 차비문(差備門) 아래 불러들였다. 그리고서 "그대는 산인으로서 충의로 토적하여 전공을 많이 세웠고, 이제 도적과 더불어 대치하고 있으면서 심지어 적굴에 출입하여 온갖 위험을 겪었으니 나라를 위한 충성이 지극하다.

내 가상히 여기노라" 하면서 신상에 관한 일을 포함하여 여러 가지 일을 세세하게 물은 다음 "옛날 중국의 유병충(劉秉忠)과 요광효(姚光孝)는 모두 산인으로서 수훈을 세워 후세에 이름을 전하고 있으니, 이제 나라의 형세가 이와 같을 때 그대가 만일 속인으로 돌아가면 마땅히 백리 지방의 직책을 맡기고 3군의 장수를 삼을 것이니 이 또한 아름답지 않겠느냐, 어떠하냐?" 하였다.

이 대목을 허균은 「석장비문」에서 다음과 같이 적고 있다.

선조께서 내달(內闥)에 불러 평생의 일을 일일이 물으시고 하교하시기를 "그대는 산인으로서 충의로서 토적하고 심지어는 적굴에 출입하여 갖은 위험을 겪었으니 내 그대를 가상히 여긴다. 옛날 유병충과 요광효는 산인으로 모두 훌륭한 공을 세워 이름이 후세에까지 전하여 온다. 지금 나라의 형편이 이와 같으니 그대가 만일 머리를 기르면 백리의 지방을 맡기고 3군을 호령하게 해줄 것이니라"고 하시니, 대사는 사례하며 "감히 못하겠습니다" 하고 아뢰었다. 이에 임금께서 그 뜻을 굽히지 않을 것을 알고 칭찬하시며 갑옷과 무기를 내려주었다.

사명당은 '퇴속하면 방백(方伯)을 맡겨 3군을 통솔시키겠다'는 국왕의 파격적인 제의에도 의연히 승려의 길을 지켰다. 옛말에 군자는 '때가 되어야 바른 말을 하며, 나아가되 지름길을 밟지 않는다'(時然後出言 行不由徑)고 하였듯이 그는 언제나 때를 맞추어 말하되, 하게 되면 정론을 폈다. 이러한 태도는 일본의 청정을 만날 때도 그랬고, 물러나와 명나라 원수부를 오가며 보고할 때도 그러했으며, 국왕에 상소할 때도 그때와 같이 정론을 펴는 데 숨김이 없었다. 이리하여 조정의 중신과 국왕의 더없는 관심을 끌게 된 것이다.

『분충서난록』을 편찬한 신유한은 이 대목에 이르러 "임금님의 돌아보심과 상을 내리심이 이와 같이 장하니 여기에 반드시 (대사가) 대답한 말이 있었을 것이다. 그러나 전쟁으로 말미암아 피난 도중에 바랑 속에 간직한 기록들이 태반이나 분실되어 뒤 사람들이 찾으려 하여도 못하게 되었으니 참으로 애석한 일이다" 하고 있다. 사실 사명당이 전쟁과 관련된 사실은 물론이고 일반 시문만 하여도 엄청난 양에 이르렀을 것이지만 운수행각을 하는 스님으로서 공적을 기록하지 않았거나 혹은 기록하였다 하더라도 잦은 난리 등으로 하여 '태반이 분실'되어 전하지 않게 된 것은 안타까운 일이 아닐 수 없다.

선조로부터 사명당에게 '사람으로서는 하기 어려운' 공을 세웠다는 칭찬이 있자 비변사의 품의로 11월 1일자로 정3품의 절충장군첨지부사(折衝將軍僉知府事) 당상관의 직이 제수되었다. 전년 3월 수락산 대첩 이후 내려진 절충장군에 이어 제3차 적중 방문이 있기 직전에 두 번째로 내려진 실직(實職)이었다.

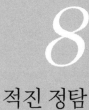

8

적진 정탐

"지금 강화라는 고식적인 계책에 매달려
방비할 계책에는 어둡습니다.
아아, 옛 성왕은 근심 없는 날에도 경계하였는데,
하물며 이때가 어느 때라고
변방의 수비를 소홀히 하오리까."

강화교섭을 둘러싼 물밑 외교전

사명당이 두 차례 가등청정의 군영을 방문한 것은 명나라 도독 유정의 지시로 이루어진 것이었다. 따라서 조선 조정에서는 처음에는 그의 출입에 관하여 소식을 몰라 궁금해하다가 사후 보고를 받은 뒤부터 정세의 추이에 민감한 반응을 보이게 되었다. 그런데 유도독이 조선을 떠난 뒤로 자연히 이 일을 조선 조정이 독자적으로 맡아서 청정과의 회담을 추진하게 되었다.

사명당이 조정의 명을 받고 제3차 청정의 영중을 방문하기 위해서 서울을 떠난 것은 11월 6일이었다. 청정이 요구한 임해군 등 왕자가 보내는 답서와 함께 그들에게 줄 선물들을 지참하고 12월 12일 먼저 사람을 시켜 일본 진영에 서신을 보내어 통지를 한 다음 약속한 장소로 갔다. 그러나 청정은 사명당과의 회담을 거부한다면서 약속 장소인 울산 성황당 강 입구에 나타나지 않았다. 이리하여 그 일행 가운데 몇 사람만 서생포 영중을 방문하여 청정의 부하들과 만나 대담한 것으로 저쪽 사정을 파악하였을 뿐 정작 두 사람의 회담은 끝내 무산되고 말았다. 이때의 일을 사명당이 기록하여 비변사에 보고한 것이 『분충서난록』 중 「갑오년 12월 다시 청정 영중으로 들어가 탐정한 기록」(甲午十二月復入淸正營中探情記)이다.

이제 이 정탐기의 중요한 내용을 살펴보기로 한다. 23일 사명당은 일행 30여 명과 함께 약속 장소에서 기다리고 있던 청정의 부장 희팔과 종군승 일진을 만났다. 일진은 청정의 뜻을 글로 써서 보이기를 "우총병(金應瑞)이 행장과 귤지정의 무리 사이에 이미 강화가 성립되었다는 사실을 부산 동래 기장 등의 진에 통보해온 지 오랩니다. 송운도 또한 행장 등과 강화를 맺어 일이 이루어졌는데, 다시 온 것은 우리를 유인하려는 것이 아니요? 그런데 무슨 좋은 일이 있소?" 이 말에 사명당은 "그 동안 병이 나서 앓아누웠다가 장군과의 약속을 지키기 위하여 원수부에 들렀더니 행장이 김해부사를 통해 우총병을 만나자고 요청했다는 말은 들었다. 그러나 아직 강화했다는 말은 듣지 못했다" 하니 희팔이 말하기를 "송운은 도리어 나를 이다지도 속이시오? 청정이 와서 만나지 않는 것도 역시 이 때문이오"라며 몰아부쳤다. 이에 사명당은 자신은 '불제자로서 어려서부터 거짓말 하지 말고 살생하지 말라는 계율을 지켜왔는데 어찌 사람을 속이겠느냐고 타일렀으나 막무가내였다. 같은 승려로서 정을 보이던 일진조차 오히려 "내가 들으니 송운은 승군도대장(僧軍都大將)이었다고 하는데 어찌 참으로 거짓말을 하지 않고 살생을 하지 않았다고 하겠소?"라고 몰아부쳐 난처한 입장이 되었다. 이에 사명당이 "나를 가리켜 장수란 말이 어떤 사람의 입에서 나왔는가?" 하자 희팔이 "이것은 모두 조선 사람의 말이오"라고 하는 등 대화가 오가는 사이에 날이 저물고 날씨도 추워 다른 이야기로 넘어가게 되었다고 한다.

그날 저녁 강을 건너 막사에서 추운 밤을 앉아서 지내게 되었다. 희팔이 "송운은 도로 경주로 돌아가고 이공(謙受)과 장공(希春)과 변공(翼星)은 우리 상관(上官)을 만나는 것이 좋겠다" 하기에 사명당은 "내가 여기서 이대로 돌아가면 반드시 장군과는 쉽게 만나지 못할 것이니, 통역을 보내어 편지를 전하고 장군에게 청하여 서로 만나서 이야기하고 작별하는 것이 어떠할까" 하고 떠보았다. 그러나 그는 "행장 측의 일이 해결되지 않으면 비록 백번 편지를 보내도 만날 수 없을 것이오"라고 단호하였다.

청정 측에서 이처럼 완강하게 사명당과의 회담을 수용하지 않겠다는 의도는 어디에 있었는지 여기서 잠시 그 까닭을 살피고 지나갈 필요가 있겠다.

사명당이 1·2차 청정의 영중 탐정을 보고하는 동안 명나라 유정 도독과 가등청정 사이에도 서로를 이용하려는 서한이 오가고 있었으며, 조선의 조정에서도 사명당의 보고를 중시하고 그 건의에 따라 여러 가지 대책 마련에 부심하고 있었다. 특히 조선 조정은 청정과 행장 사이의 갈등을 부추겨 이간시킴으로써 조선의 영토 할양과 왕자의 인질 등을 조건으로 하는 명·일 간의 부당한 외교교섭을 저지하는 데 주력하여 상당한 효과를 거두고 있었다.

그런데 도독 유정과 청정 사이의 서신 왕래나 사명당과 청정 사이의 평화교섭은 일찍부터 계속해오던 명나라 심유경과 일본의 행장 사이의 교섭에 찬물을 끼얹는 행위였으며, 따라서 그들은 크게 당혹해하지 않을 수 없었다. 왜냐하면 그들 사이에 조작된 명·일 평화조건이 각기 본국에 폭로될 위험이 있기 때문이었다. 이리하여 행장은 유정 도독의 편지에 답서를 보내어 '청정이 조선과 접촉하는 것은 양국관계의 화평을 방해하는 것'이라고 비난하는 한편 조선에 대해서도 자기만이 강화의 담당자임을 강변하였다. 이러한 가운데 그는 11월 우병사 김응서에게 회견을 청하여 "일본이 명나라에 조공을 바치러 가는 것이 본뜻이니, 조선이 이를 명나라에 전하고 봉작(封爵)을 주면 …… 조선에서 철병하고 조선인도 모두 돌려보내겠다. 그렇지 않으면 내년 풍신수길이 스스로 군사를 몰고와 대

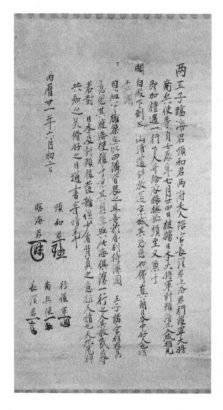

임진년 7월 함경도에서 청정군에게
붙잡힌 임해군과 순화군 등이
다음 해 6월 석방되면서 감사하다는
뜻을 담아 연명으로 작성한 서장.
웅본 본묘사 소장.

명(大明)에 들어갈 것"이라는 취지로 위협하였다.

사명당이 세 번째로 청정의 영중을 찾아간 것은 심유경과 행장이 진행해오던 강화에 강력한 방해요소로 나타난 청정의 동향에 대응책을 마련하기 위한 것으로 행장이 김응서와 만난 직후의 일이었다. 다시 말하면 조선 조정 김응서를 행장과 만나게 하면서 다른 한편으로는 사명당을 가등청정과 회담하도록 한 것이다. 이에 따라 행장과 청정 두 사람 사이의 갈등은 더욱 증폭되어 사생결단의 경지에까지 이르게 된 것이었다.

사명당이 청정과의 회담을 위하여 서생포왜성으로 가던 도중에 되돌아올 수밖에 없었던 사정도 바로 이런 과정에서 생긴 오해 때문이었다. 하는 수 없이 발길을 돌리면서 왕자의 편지를 이겸수에게 주어 전하게 하였다. 그리고 종이 한 장을 준비하여, 여기에 교린을 할 것인가 아닌가에 대한 대의(大義)를 말하고, 거기에 주홍으로 도장을 찍은 뒤 다음과 같이 적은 쪽지도 청정에게 전하도록 하였다.

조선이 일본과 서로 교린을 맺어온 지가 이제 200년이나 되었다. 당신네가 본국에서 오면 우리 조선으로서는 예로 대접하고 위로한 일이 또한 여러 번이었다. 또 통신사에 이르러서는 의리가 금석(金石)과 같아서 추호도 틈이 없었다. 그러던 터에 일본이 스스로 흠을 만들어 천하를 어지럽히니 이것이 대체 누구의 허물인가. 만일 전과 같이 교린을 하겠거든 마땅히 군사를 거두어 돌아갈 것이다. 이러한 뜻으로 관백에게 갖추어 보고하여 사신을 보낸다면 우리나라에서 어찌하는가는 마땅히 그때에 볼 것이니 오직 장군은 어느 것이나 가려서 처리하기 바란다. 불교에서는 '모든 이치는 사람이 땅으로 인하여 넘어졌다가 도로 땅으로 인하여 일어나는 것과 같다'는 말이 있다. 그러니 사람은 스스로 넘어졌다가 스스로 일어나는 것이지 땅이 넘어진 사람에게 어떻게 할 수 있겠는가. 이밖에 또 무슨 말을 하겠는가.

200년이나 지속되어온 조선과 일본 사이의 교린관계나 통신사에 의한 신의가 일본의 일방적 침략으로 깨어졌음을 우회적으로 지적한 다음 지금이라도 군사를 거두어 돌아가 지난날의 우의를 회복하자는 공인(公人, 사신使臣)으로서의 뜻을 정중하게 전한 것이다. 그리고 다른 한 장의 종이에는 그들이 사적으로 사귀어온 지인(知人)으로서의 충고를 다음과 같이 힐난하는 투로 써서 함께 보냈다.

송운이 왕자의 서신을 받고 또 조정의 명령을 받아 장군과의 약속을 어기기 어려워 바람을 먹으며 이슬 위에 잠을 자가면서 돌아왔소이다. 또 장군의 글을 받아보니 울산 성황당이 있는 강어귀에서 만나자 했기로 송운은 만 가지 병을 앓고 난 몸으로 쓰러지면서 기쁘게 왔었소. 그랬더니 장군은 약속을 어기어 이 늙고 병든 사람을 혼자서 자고 돌아가게 하니 가소롭고 가소로운 일이요. 처음에 나는 장군을 간세(間世)의 영웅으로 생각했더니, 이에 이르러 조그만 일로 약속을 저버리니 인정이 참으로 이럴 수가 있겠소? 일이 되고 안 되는 것은 운수에 관계되는 일이요.

또 우도의 행장과 의지 등 여러 장수가 비록 중국과 강화를 맺는다 하여 미워할 것이 무엇이오. 같은 일본의 신하로서 극히 좋은 일이 아니겠소. 하물며 중국에서 (왜왕에게) 봉작을 허락한다는 것은 송운이 비록 자세한 내용은 알지 못하지만 우리 조선과도 관계된 일인데 무슨 일인들 알지 못하겠는가.

다만 우총병이 행장의 무리들과 잠시 이야기한 것일 뿐 강화가 되고 안 되고는 기약을 할 수 없는 일이요. 그런데 오직 장군은 중간에서 일을 좋아하는 자들이 지껄이는 말만 듣고 송운의 믿음을 저버려서 일이 이 지경에 이르렀으니 장군이 취할 일이 아니라 생각되오.

이제 왕자의 편지 한 통을 이겸수 등에게 주어 보내오. 또 조정에서 제일 좋은 매 12련과 해동청 1좌와 금문점 호피 1령을 장군에게 드리고, 좋은 매 1령과 사금점 표피 1령은 부장 희팔에게 보내는 것이오. 또 좋은 황주(黃紬) 1단을 선사 일진에게 주고, 다른 1단은 선사 재전(在田)에게 주며, 또 1단은 선사 천우(天祐)에게 주어 왕자와 대신 등을 돌려보낸 두터운 뜻에 감사하는 바이오. 오직 장군은 받으시기 바라오.

사명당이 청정에게 이른바 문전박대를 당하는 꼴이 되자 그는 사신(使臣)으로서 공한(公翰)과 지인으로서 사신(私信)을 작성해 보내며 준엄하게 꾸짖었다. 사실 이때 청정이 한사코 사명당과의 직접 면담을 거부한 까닭은 조선에서 행장과 먼저 강화교섭을 진행하면서 자기에게는 들러리로 접근한다는 배신감 때문이었다. 그것은 첫째로 심유경과 행장의 명일 강화회담이 이미 이루어졌고 조선도 이를 알고 있다는 데 대한 불쾌감, 둘째 조선 조정이 먼저 김응서를 보내 행장과 교섭하게 하면서 따로 사명당을 자기에게 보내온 점에 대한 불신과 불쾌감, 그리고 셋째로는 사명당과의 회담이 자칫하면 상대방에게 역이용당할 수 있다는 우려 등이 그 주된 이유였다. 이에 대하여 사명당은 두 통의 편지를 보내 행장이 명나라와 강화하는 것은 바로 청정 자기 나라와 명나라가 강화하는 것인데 미워할 까닭이 없지 않은가라고 야유하면서, 또 한편으로는 아직 강화가 이루어진 것도 아닌데 공연히 낭설만 믿고 만나지 않는 것은 장군답지 않은 가소로운 일이라고 핀잔을 준 것이다. 이는 앞으로 대화의 창구를 없애지 않으려는 노력의 일단이었다.

사명당은 침략을 당하는 나라의 일개 승려 출신 사신으로서 적장 가운데 용맹하기로 으뜸인 청정을 이처럼 아랫사람과 같이 다루고 있는데도 상대방에서는 오히려 친근감으로 대해주었다. 제2차로 영중을 방문하여 대화하는 가운데 청정은 "당신의 나라는 송운 한 사람만이 거짓이 없고 그 나머지는 모두 남을 속인다"라고 한 일도 그러한 증좌의 하나다. 일본의 근대정치사학자 덕부소봉(德富蘇峰)은 행장과 청정 사이의 갈등하는 행동을 가리켜 두 사람 모두 '졸장부' 또는 '촌놈'(田舍漢)의 행위였다고 비판하면서(『近世日本國民史—豊臣秀吉時代(朝鮮役) 中』, pp. 615~8) 사명당에 대해서는 칭찬을 아끼지 아니하였다.

청정의 완강한 태도로 할 수 없이 사명당은 돌아오고 이겸수 등만 보내어 나머지 일을 대신 마치고 오게 하였다. 그러나 그는 청정이 보낸 희팔과 승려들을 상대로 여러 가지 정세를 파악하였다. 이때 그들이 제시한 의견 가운데 특기할 만한 것은 첫째 조선에서 왕자와 사신 2~3인을 청정의 측근을 따라 일본에 보내면 강화가 쉽게 결정될 것이라는 것과 또한 만약 조선이 청정을 믿지 못할 것 같으면 자기(청정) 아들을 조선에 보내 인질로 삼아도 좋다는 정도로 적극적인 자세였다. 그러면서 '모든 일은 반드시 다음 해 3월 이전에 이루어져야 한다'면서 이를 위하여 "2~3개월 안에 반드시 송운과의 재회가 이루어질 수 있도록" 부탁하는 일을 그들은 잊지 않았다.

일본승 일진에게 법어를 주다

잘 알려진 바와 같이 가등청정은 독실한 불교신자였다. 그는 특히 『법화경』에서 설명하고 있는 국토관과 인생관, 그리고 일본의 불교 일련종(日蓮宗)을 창시한 일련(日蓮)의 '입정안국론'(立正安國論)을 신봉하여 이를 현실에 실현시키려 한 독실한 신자였다. 그는 자신의 원찰인 본묘사(本妙寺) 주지로 일련종의 종지에 조예가 깊은 신진기예의 일진을 초빙하여 정신적 지주로 삼았다. 또한 임진왜란이 발발하자 청정이 침략군 선봉의 대열에 서서 일진을 비롯하여 여러 승려를 종군시켰고, 그들 종군승에게 '남무묘법연화경'(南無妙法蓮花經)이라 쓴 깃발을 펄럭이며 행군하도록 하였다.

사명당이 청정과 회담할 때 일진은 언제나 옆에 앉아서 필담으로 통역이나 문서를 챙기는 자문역할을 담당하였다. 사명당이 그해 4월 처음으로 청정의 영중을 찾았을 때 일진 등이 백초장삼에 금란가사를 걸치고 나와서 필담을 도왔다. 당시 일본은 무사들이 지배하는 사회로서 불교 승려들은 그들을 도와 외교와 교양 등 문화 담당자 역할을 하고 있었다. 청정은 불교신자의 입장에서 '조선국 대선사' 사명당에게도 처음부터 호감을 갖고 대했다. 그는 사명당에게 '금강산의 고승'이라는 말을 일찍부터 들어서 알고 있다면서 장지(狀紙)와 부채를 보내며 글씨를 받고자 하기에, "진실로 내 것이 아니면 비록 티끌 하나도 취하지 말라"는 훈계조의 글을 써주었다는 이야기는 전술한 바 있는데, 이때 일진에게도 두 폭의 법어(法語)를 써주었다. 그 가운데 하나는 다음 「일본 대사문 진대사에게 보인다」(示日本大沙門眞大師)는 제목의 법어이다.

서로 다른 나라에 나서 형상이 다르지만 마음은 같은 법과 같은 스승을 모시니, 석가의 참된 묘법이야 어찌 산과 강이 다르고 형상이 다르다 하여 그 마음이 다르겠는가? 원컨대 종문(宗門)의 화두를 참구하고 청련계(靑蓮界)의 주인임을 염원하여 함께 법기(法器)를 이룬다면 역시 아름답지 않겠는가? 오직 스님은 힘쓰소서.

生雖異國形器不同 心在一法同師 釋迦眞妙法
豈以山河之異 形器之殊 異其心哉
願斯參究宗門句 又念靑蓮界主
同成法器不亦佳乎 唯師勉之
甲午四月十五日 朝鮮國大禪師 四溟沙門北海松雲書

사명당은 선종의 승려로서 일련종의 일진과는 같은 불교이지만 종파가 달랐다. 그러나 크게는 동일한 불제자이므로 석가의 참된 묘법(妙法)을 함께 수행하여 법기(法器)를 이루고자 하는 데는 마찬가지라는 점을 부각시켰다. 두 사람은 같은 불제자라는 점을 강조하여 동류의식을 깨우치려 한 것이다. 같은 날짜로 된 「일진 대선사에게 바친다」(奉日眞大禪師)는 제목의 다음 법어도 약간 장난끼를 섞어쓴 것이다.

그대는 부처님께 귀의하였고, 나 역시 종문의 나그네로서 두 마음이 함께 비었으니 말인들 어찌 틀림이 있겠는가? 대상관(淸正)은 진인이고, 김태부(金太夫, 희팔랑喜八郞)는 호색하며, 본묘사 스님 진공(眞公)은 가히 친구될 만한 분이니 다른 날 한번 만나 심중의 즐거움을 함께 나눕시다.

君歸參佛祖 我亦宗門客 二心同在虛 語何有違逆

大上官眞人 金太夫好色 本妙寺上人眞公 可與友 他時一相見 共漏心中樂

甲午四月十五日 朝鮮大禪師 北海松雲拜

여기서도 두 사람은 종파가 다르지만 불심을 가진 점에서는 마찬가지임을 강조하면서 농담섞어 여러 사람을 평가하였다. 즉 장군 청정은 솔직한 점에서 진실한 사람이며, 부장인 희팔은 호색가라고 하였다. 그리고 일진에 대해서는 종파가 다르기 때문에 자기를 나그네라 하면서도 같은 불제자로서는 친구라는 점을 강조하고 있다. 그러므로 그들은 전쟁이 끝난 뒤 어느 때 다시 만나 동류로서의 즐거움을 누리자고 은근히 친근감을 표시하고 있다. 재미있는 것은 오언율시체로 써서 객(客) 역(逆) 색(色) 낙(樂)의 운을 달아 글을 만든 것이다.

이 두 편 외에 다른 한 편의 묵필 법어가 또 있다. 비슷한 크기의 묵필 법어 족자 네 편은 일진이 초대 주지로 있었던 웅본(熊本) 본묘사 유물관에 오늘까지 소장되어 있다. 다른 두 편 가운데 한 편은 날짜 표시가 있으나 1편은 없다. 날짜 표시가 없는 법어는 내용이 다소 풍부하고 불교 교의(敎義) 상으로도 좀더 깊이가 있다. 제목은 「송운이 법의로서 일본국

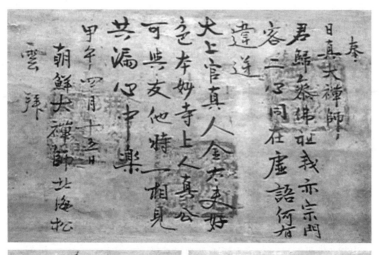

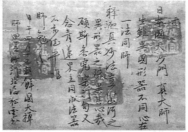

일진법사에게 준 법어. 가등청정은 불교 일련종 신자로서
승려 일진 등을 종군시켜 사명당과의 회담 때 필담을 거들게 했다. 본묘사 소장.

대사문 대교사 일진 도안 앞에 보이다」(松雲以法意示日本國大沙門大敎師
日眞道眼)로 내용은 다음과 같다.

이른바 성(性)이란 중생의 명줄이요 여러 부처님의 본원이니, 셋도
아니고 하나도 아니어서 신통하게 변하여 측량할 수 없으므로 부득이
'묘'(妙)하다고 한 것이다. 따라서 '묘'란 것은 이름을 붙일 수도 없고
형상을 만들 수도 없어 석세존은 억지로 법성(法性)이라고 하고 또는

각성(覺性)이라고도 하였다. 물건에게는 법성이라 하고, 사람에게는 각성이라 하니 이름은 다르지만 도는 한가지다. 때문에 '묘'는 셋도 아니고 하나도 아니며, 성인(聖人)에 있어서도 더함이 없고 범인(凡人)에 있어서도 덜함이 없으니, 이를 일러 묘라고 한 것이다.

所謂性者 衆生之命根 諸佛之本源 非三非一 神變莫測 不得已以妙稱也.

妙者名不得 狀不得 釋世尊强爲指之 曰法性 亦曰覺性 在物曰法性

人在曰覺性 名雖異矣 道則一也

故曰妙 曰非三非一 而在聖不增 在凡不減 所謂妙也

四溟沙門北海松雲書

사명당은 일진과 깊은 인연이 있는 묘(妙)라는 글자의 불교적 의미를 교묘하게 풀이하고 있다. 일진이 주지로 있는 사찰의 이름이 본묘사이며, 일련종이 중심 경전으로 하는 『법화경』을 일명 『묘법연화경』이라고도 한다. 비록 짧은 문장이지만 사명당과 같은 해박한 불교지식을 갖지 않고서는 이같이 깊은 뜻을 다양하게 담아내지 못하였을 '묘'자 풀이는 일진을 탄복시키고도 남음이 있었을 것이다. 이 유묵은 내용이 자세할 뿐만 아니라 글씨도 비교적 안정되어 있어 적어도 2차 방문시의 작품으로 보아 무리가 없을 듯하다.

이밖에 제3차 영중 방문을 위해 가다가 청정의 면담 거부로 울산의 왜병 막사에서 하룻밤을 꼬박 떨며 새면서 써준 또 한 장의 법어가 있다. 그래서 여기에는 제목도 붙이지 않고 낙관도 없으며 글자도 10여 자에 불과하다.

묘한 것은 스님과 내가 서로 마주한 면목에 다시 다른 뜻이 없다는 것이다. 하하, 살펴주시오.

妙者 師與我相見之面目 更無別意 呵 照之
甲午十二月二十三日 松雲道

이것 역시 즉석 묘자 풀이다. 즉 여기 마주한 두 사람의 진면목은 일본인과 조선인이라는 차별이 아니라 동일한 인간의 불성(佛性)일 뿐이다. 간단명료하면서도 무한한 뜻을 함유한 말이다. 그 어려운 여건 속에서도 두 사람은 끈끈한 동지애를 나누고 있었던 것이다. 청정 측에서는 조선에서 소서행장과 이미 강화교섭을 끝낸 상태에서 사명당이 거짓으로 회담하러 왔다고 하여 난처한 입장에 처했던 그날(23일)의 일이다.

그날 일진도 역시 사명당이 의승도대장이었다는 사실을 속였다고 불평을 털어놓으면서도 다른 한편에서는 무한한 애정과 존경을 지니고 있었다. 그가 희팔과 함께 사명당과 작별하고 이겸수 등과 왜성으로 들어가 한가한 틈을 내어 대화하는 26일 저녁, 그의 솔직한 마음을 드러내었다. 일진은 이겸수에게 "비록 은전 만 냥을 주어도 나에게는 필요치 않다. 다만 송운과 더불어 귀국을 유람하기를 바랄 뿐이다. …… 송운에게 마음을 허락한 지가 오래이므로 따라가 놀기를 원하여 전일에 청정에게 청했더니, 청정이 말하기를 '조선의 대장이 반드시 네 머리를 베일 것인데 어찌하려는가?' 하였다. 그러나 2~3월 사이에 나는 때를 보아 송운과 같이 나가서 놀 터이니 모름지기 송운에게 나를 데리고 가도록 해달라 했다"고 할 만큼 그는 마음속 깊이 사명당을 흠모했던 것이다.

사명당은 첫 번째 영중탐정기에서 "일진이 서화를 조금 안다"(日眞粗

296

知書畵)라고 했으며, 그들이 돌아올 때 희팔과 일진이 술과 안주를 갖고 와 공수관(公須串) 앞 나무 그늘 아래서 송별연을 베풀고, 시를 지어 화답하면서 은근히 위로하고 후일 다시 만나기를 기약하였다고 한다. 또한 제2차 영중탐정 후 조정에 보고한 말에서도 "왜승 일진은 일본에서 왔는데, 본래 청정이 존경하여 신망하는 사람으로서 유정(惟政)과는 같은 산인이라 하여 자못 은근한 정을 보였다"(『선조실록』, 9월 22일조)라고 전하고 있다. 이와 같이 일진은 비록 국적은 다르지만 사명당과는 같은 승려로서 만날 때부터 동류로서의 정이 깔려 있는 데다 여러 차례 만나면서 그 인품이나 학식에 매료되었던 것이다. 사명당도 그에게 법어를 주어 불성(佛性)의 보편성을 통한 피아일체(彼我一體)를 깨치도록 가르쳐 전쟁의 살벌함에서 벗어나 '송운과의 불법의 희열'을 즐기려는 마음을 갖게 한 것이었다.

청정 역시 사명당의 인품과 학식에 매료되기는 마찬가지였다. 사명당이 처음 왜성을 찾아갔을 때 청정은 부장 희팔을 시켜 선물을 전하고 글씨를 부탁하여 그들에게 각각 글씨를 써주었다. 사명당은 첫 정탐기 가운데 이 대목에 이어 "이로부터 왜인들이 기이하게 듣고 부채를 가지고 와서 글씨를 받아간 자가 그 수를 알 수 없을 만큼 많았다"고 적고 있다. 그리고 두 번째 영중을 방문하였을 때 청정이 총애하는 젊은 병사가 글씨를 받으러 와서 홍·황의 색종이 여러 첩(帖)을 내놓는데, 그 가운데는 임해군과 황호군(黃護軍)의 유묵도 들어 있었다. 이들 묵필은 위에서 살펴본 일진에게 준 사명당의 묵필 등과 함께 지금까지 웅본 본묘사 전시관에 수장되어 있다.

청정은 일본에서도 알아주는 용맹한 청년 장수로서 자기는 글 읽을 틈이 없었던 까닭에 마음 한구석에는 언제나 글 읽는 승려들을 경모하는 마음이 자리하고 있었다. 사명당이 제1차 영중 방문을 마치고 돌아갈 때 청정은 명나라 도독 유정에게 보낸 편지에서 "금강산의 대선사로 하여금 왕림하게 하여 한없이 기쁩니다. …… 옛 선불(禪佛) 같은 분과 금석과 같은 교분을 맺게 되었으니 매우 다행한 일입니다. 일이 정해진 뒤에 송운이 가서 하는 말이 있을 것입니다"(『선조실록』 27년 5월 6일조)라고 한 말에서도 한 번 만난 뒤 사명당에 대한 존경과 신뢰가 진하게 묻어 있음을 느끼게 한다. 청정과 그 휘하 인사들은 사명당을 '금강산의 고승'으로서 그 당당한 풍모에 존모하는 마음이 유별하여 그의 가르침을 바랐던 것이다. 전쟁이 끝난 뒤 사명당이 전후처리를 위하여 도일하여 외교 교섭을 펼칠 때 그를 설보화상이라 하여 글씨를 받으려는 일본 인사들이 줄을 이었다고 하는 사실도 그 단초는 청정과 그 휘하 사람들에서 비롯한 것이었다.

시대의 잘못을 규탄한 을미상소

1594년 상반기부터 심유경과 소서행장이 서둘러 '관백항표'(關白降表)를 위조하여 명나라에 전달하자 병부상서 석성의 주도로 책봉과 조공을 조건으로 한 일본과의 평화교섭이 적극적으로 추진되었다. 석성은 "조공로는 영파항(寧波港)을 경유하기로 하며, 관백은 일본왕에 봉한다는 사실을 행장에게 알려 일본군을 돌려보내어 약속한 대로 책봉과 조공의 일을 담당할 재간 있는 무신을 뽑아 사신으로 보낼 것"을 상주하여 내락을 얻었다. 이에 발맞추어 기요총독 고양겸(顧養謙)은 조선국왕으로 하여금 사신을 명나라로 보내어 일본의 입공(入貢)을 허락해주도록 측면에서 지원해줄 것을 요청하였다. 이리하여 그해 12월 회후 이종성(准候李宗城)을 정사로 하고, 도지휘 양방형(都指揮 楊方亨)을 부사로 하여 심유경과 함께 일본으로 파견하기로 결정을 보게 되었다.

이러는 과정에서 심유경과 소서행장은 사명당과 가등청정 사이에 진행되는 강화회담에 신경을 곤두세우고 있었다. 혹시라도 청정이 자기들이 날조한 '관백항표'에 대한 진상을 알고 이를 관백에게 고발하게 되면 모든 일이 헛수고가 되고 마는 것이다. 이를 미연에 방지하기 위해 소서행장은 중간에 김응서를 청하여, 화의의 일본 측 대표는 처음부터 자기이며, 청정은 회담을 방해하려는 자임을 강력하게 주장하였다. 이 무렵 심유경은 1595년 2월에 정사 이종성 일행을 대동하고 조선으로 와서 일본 군영의 행장을 만나 일본행을 위한 제반 문제를 논의하게 된 것이다.

한편 사명당은 그 전해 12월 청정과의 회견을 위해 울산까지 갔다가 청정의 면담 거부로 되돌아와 기다렸다가 이겸수 등 그들 일행이 세 번째로 적진을 정탐한 사실을 받아 정리하여 비변사에 보고하였다. 이 정탐기가 비변사에 보고된 것은 다음 해 정월이었는데, 다음 달 2월부터 조선에서도 '화의'가 논의되기 시작한 것이다. 지금까지 조선에서는 일본과 명나라 사이에 진행되던 강화교섭을 극력 반대하고 있었던 것은 조선의 영토할양이나 조선 왕자와 대신을 볼모로 삼는 무리한 조항이 들어 있었기 때문이다. 그러나 위조된 '관백항표'에는 조선에 불리한 이러한 조건들이 빠져 있었기 때문에, 의심스러운 일이기는 하지만 이번 강화를 굳이 반대할 이유는 없었다. 이리하여 강화논의가 활발하게 진행되었다. 이 일에 대하여 2월 12일자 『선조실록』에는 사신이 이렇게 논평하였다.

묘당이 비로소 '기미'(羈縻) 두 글자를 창안하자 온 나라의 인심이 거기에 쏠려서 거짓말을 하여 전쟁을 완화시키는 것으로 상책을 삼으니, 복수하는 의리(義理)는 거의 없어졌다. …… 종묘사직의 수모를 씻을 날이 없으니 참으로 통탄할 일이다.

라고 한 데서도 당시 민족감정의 향배를 짐작할 수 있다. 그러나 사명당은 「갑오상소」에서 이미 전쟁과 화의에 대한 이득과 손실을 상세히 논한 바 있었다. 만일 우리가 화의 쪽을 택하더라도 이는 군인과 백성을 잠시 쉬게 하여 힘을 기르는 시간을 벌자는 것이며, 궁극적으로는 믿을 수 없는 일본의 재침에 대비하기 위한 일시적인 방편일 뿐이라는 점을 분명히 한 바 있다.

그런데 지금 조선의 입장은 명나라의 대일 사절단 파견이 기정사실로 확정된 상황이며, 또한 행장과 청정의 대립 갈등이 심각하여 장차 어떠한 변란이 발생할지 모르는 상태에 처하여 있었다. 이러한 상황에서 조선이 취할 방도는 가능한 한도 내에서 나라의 폐단을 개혁하여 앞으로 닥쳐올 여러 가지 변화에 유리하게 대처하는 것 뿐이었다.

사명당은 이러한 상황 인식에 민감하였다. 세 번째 정탐기를 쓰면서 동시에, 그는 비록 승려의 신분이지만 시대적 병폐에 대한 개혁의 목소리를 높일 때임을 간파하고, 두 번째 상소 「을미년에 상소하여 국사를 말함」(乙未上疏言事)을 써서 올린 것이다.

신 유정은 고라니나 사슴처럼 산에 사는 몸으로서 인륜을 버린 물건이라 부자의 은혜도 모르오니 하물며 군신의 의리를 알겠나이까. 나라가 큰 변란을 당하여 혈기 있는 자는 모두 움직이니, 높은 산 깊은 골짜기도 또한 누워 있을 처지가 되지 못하므로 나무를 깎아 칼을 만들어 일어남은 형세가 부득이한 일이었습니다.

성은은 하늘을 덮고 임금의 명(命)이 땅에 내리시니 이 어찌 고목과 같은 천한 신이 감당하여 받들 수 있겠나이까. 화살을 멘 지 4년이 되어도 아직 조그만 공적도 없었으니 나라를 욕되게 하고 나라를 저버린 죄는 만 번 죽어도 속죄할 수 없습니다. 항상 황공한 마음을 품고 날마다 처벌을 기다리면서 아직도 남은 목숨을 보전하였더니, 다시 은총을 입게 되니 송구스러워 실로 성세(聖世)에 무슨 낯으로 대할지 알지 못하겠나이다.

이로 인해 죽기를 하늘에 빌었더니 과연 하늘의 견책이 내려 병마가 침노하고 백 가지 질병이 번갈아 일어나서 성명(性命)을 보전하기 어려워 갑옷을 벗고 다시 송관(松冠)을 쓰고 물러가 산에서 죽기를 원하였습니다. 그러나 나라를 걱정하는 천한 마음을 끝내 잊지 못하여 시사(時事)를 목격하오니, 어찌 감히 그 자리에 있지 않다고 하여 한 말도 하지 않고 한을 황천에까지 안고 가겠나이까.

삼가 죽음을 무릅쓰고 이 세상의 거리낌을 받는 언행(言行)을 아뢰오니 엎드려 바라건대 성명께서는 굽어 용서하소서.①

신이 듣건대, 나무 심기에 힘쓰고 농사짓는 일을 가르침은 위(衛)나라 문공(文公)이요, 백성을 기르고 교훈함은 월(越)나라 구천(句踐)이라 하였습니다. 저 두 임금도 회복의 근본책이 오직 백성을 기르는 데 있음을 알았는데 성명께옵서는 어찌 그만 못하오리까. 아아, 200년을 길러온 우리 민생이 다 살육되고 흉한 칼날이 향한 곳에 살아남은 자 그 얼마이며, 황량한 빈 터는 봄 제비가 집을 지을 곳이 없게 되었습니다. 백성을 어루만져야 할 수령된 자는 한(漢)나라의 관리 공수(龔遂)와 황패(黃覇)의 착한 정치와 소부(召父)와 두모(杜母) 같은 착한 지방관의 일을 알지 못하고 때를 타서 이익만 노리고 백주에 사람을 속이며, 염치없고 의기도 없는 자가 태반입니다. 백성의 살을 깎아 굶주린 호랑이와 이리 떼처럼 자기들의 배를 채우니 백성의 고통은 물이 더 깊고 불이 더 뜨겁듯하여 사방으로 굴러가니 농사는 누가 가르치며 양육은 어느 때 하겠습니까.

신은 원컨대, 수령의 선임을 중하게 하시고 출척(黜陟, 못된 사람을 내쫓고 착한 사람을 올리어 씀)하는 법을 엄하게 하시어 모든 정치는 백성을 아끼고 기르는 것을 급선무로 하시고, 탐하고 염치없는 무리로 하여금 우리의 남은 백성을 혹독하게 다루지 말게 하시면 국가의 영구적인 중흥의 근본도 이밖에는 없을 것입니다.②

신이 듣건대, 오랑캐는 개 돼지라 인(仁)으로써 맺지 못할 것이오며 의(義)로써 교화하지 못할 것이오니, 어찌 강화 한 가지 일로 백 년을 보장하여 근심이 없겠나이까. 전송(前宋)과 후송(後宋)이 모두 화(和) 한 글자에 그르친 것이오니, 그 전철을 밟지 말아야 함은 성명께서 환히 아시는 일입니다. 오직 승냥이나 이리 같은 왜놈들은 인의는 부족하고, 흉악하고 교활한 꾀만 남음이 있으니, 신의 망령된 생각으로는 오늘의 명나라와 강화함이 어찌 전일 우리나라와 교린함과 같지 아니함을 알겠습니까.

임금과 아비의 원수는 한 가지이며, 생령의 욕됨은 균등한 것입니다. 국세가 꺾이어 비록 약하여 흉한 자를 제거하여 능히 수치를 씻을 수 없다 하더라도 와신상담하는 생각이야 어찌 잠시인들 잊을 수 있겠나이까. 그런데 지금 강화라는 고식적인 계책에 매달려 방비할 계책에는 어둡습니다. 이래서야 되겠습니까. 아아, 옛 성왕은 사이(四夷)가 조공하러 오는 근심 없는 날에도 경계하였는데, 하물며 이때가 어느 때라고 감히 변방의 수비를 소홀히 하오리까.③

신은 원컨대, 한 사람의 중신에게 위임하여 군사를 강상(江上)에서 사열하면 비록 염파(廉頗)와 이목(李牧) 같은 조(趙)나라의 명장이나 한신(韓信)과 백기(白起) 같은 명장은 얻지 못한다 하더라도 그 가운데는 장군될 만한 자가 있을 것입니다. 차차 군졸을 거느리고 기계를 다루는 데 재주 있는 자에게 상을 주어 장려하고, 부랑하고 실속이 없으며 탐욕하고 방자하여 토색질하는 자는 징계하고 내쫓아야 할 것입니다. 무릇 대책을 세워 처리함에 빠짐이 없게 한다면 옛날의 훌륭한 장수를 오늘에 얻을 수가 있어 변방을 방비하는 일이 마침내 어린애 장난 같이 되지 않을 것입니다.

민력을 아껴 기르고, 군정을 닦는 것은 모두 사람을 얻는 데 있는 것입니다. 신이 듣건대, 옛날에 사람을 쓰는 데는 문벌을 논하지 않고 허위에 미혹되지 않으며 오직 그 재목만을 보았습니다. 도살을 직업으로 하는 고도(鼓刀) 가운데서도 기용하였고 고반(考槃)에서도 발탁하였으며 도적에서도 추천하였고 관고(官庫)에서도 채용하였습니다. 그런데 지금은 그렇지 않아 얼룩소 새끼는 비록 붉은 털과 뿔이 바르게 나도 이를 버리면서 이름 있는 준마의 새끼라면 작고 노둔해도 즐겨 타고 다니며, 먼 지방 구석진 땅은 명당을 지을 좋은 땅이라도 알아주지 않으면서 거죽만 꾸며 칭찬을 받으려고 얌전한 척하는 사람들은 개나 염소의 다른 가죽에 범이나 표범의 문채를 덮어 썼습니다.

이름 없는 자는 우연히 한번 실수하면 이를 물리치고, 망령되게 명예를 탐하는 자는 때의 쓰임에 맞지 않아도 등용하니 이렇게 해서는 뜻있는 선비가 어찌 능히 그 포부를 펼 수 있겠습니까. 엎드려 바라건대, 성명께서는 네 문을 활짝 열어 백성의 여론을 들으시고, 천지를 도량으로 삼으시면 온 세상은 매우 다행이겠나이다.④

신이 듣건대, 나라에 정치가 있음은 마치 그물에 벼리(綱)가 있는 것과 같다 하오니, 그물에 벼리가 없으면 가눌 수 없으니 하물며 나라에 있어서이겠습니까. 신이 보건대, 오늘의 폐단은 벼리를 세우고 기율을 떨치지 않으면 모든 시설은 다 위축되고 해이하며, 좀도둑이 생겨 백성들이 게을러지게 되고 말 것이니 이것이 어찌 아랫사람들이 잘 받들지 못해서 그러한 것이겠습니까.

나라의 정령이 아침에 바뀌고 저녁에 변하며, 날마다 달라지고 해마다 같지 않으므로 사람들이 한 가지 영(令)을 보면 곧 한때의 영이라 하고, 한 가지 정책을 들으면 곧 일시의 정책이라 하여, 그 오래오래 계속될 것을 믿지 않으니 이것이 이른바 고식적인 것으로 이루기 어려운 것입니다.

신은 원컨대, 하지 않으려면 그만이거니와 하시려면 반드시 성공하기를 기약할 것이오, 행하지 않으면 그만이거니와 행하신다면 반드시 오래 가기를 기약할 것이니, 위엄은 귀신과 같고 믿음은 사시(四時)와 같아 벼리를 세워 민력을 기르고 벼리를 세워 군정을 닦으면, 나라는 이것으로 부하게 되고 군사는 이것으로 강하게 되어 충분히 여유가 있을 것입니다.⑤

신이 듣건대, 나라는 백성으로서 근본을 삼고 백성은 먹는 것으로 근본을 삼는다 하였으니, 먹는 것의 근본은 또 농우에 있습니다. 지금 열 집 되는 마을에 한 마리의 소가 없고, 백 집 되는 고을에 소 한 마리가 없는데, 수령들은 공공연하게 소를 잡고 거리의 이익을 다투는 무리들도 소 잡기를 일삼으니 통탄할 일입니다.

아, 한 마리의 소를 잡으면 백 사람의 목숨이 손해를 보고, 열 마리의 소를 죽이면 천 사람의 목숨이 손해를 입습니다. 명나라 사신의 접대에는 비록 부득이한 일이라 하더라도 그밖에는 아니할 수 있는 데도 하는 것이 아니겠습니까. 신이 원컨대, 소 잡는 것을 금하는 법을 널리 펴서

살인죄보다 엄하게 하면 될 것입니다.⑥

산성(山城)을 방비하는 것은 조종(祖宗) 이래 먼 장래를 염려해서 나온 것입니다만 축적함이 많지 못하고 방비하는 도구가 없으면 장차 저 산성들을 어디에 쓰겠습니까. 축적하는 방책은 둔전(屯田)보다 긴요한 것이 없고, 둔전의 방책은 반드시 군사를 주관하는 자로 하여금 한편으로는 경작하며 한편으로는 성을 지키게 하는 것입니다. 그렇지 않으면 백성을 괴롭히고 여러 사람을 동원하여 도리어 평민들이 생업을 잃고 탄식하는 결과를 초래하게 될 것이오니, 하물며 지리(地理)는 인화(人和)보다 못하고 인화는 또한 사람을 얻는 데 있습니다. 신의 생각으로는 산성을 지키는 장수는 더욱 신중히 선임해야 하고, 또 중신으로 하여금 책임을 지고 이를 완수하도록 해야 할 것입니다.⑦

또 신은 듣건대, 사람들은 침탈하면 도적이 되고 태평하면 백성이 된다고 하였으니, 일반 백성들도 그러한데 하물며 각 사찰의 의지할 곳 없는 승려들이야 더하지 않겠습니까. 지금 백 가지로 침탈학대하여 편히 살 수가 없게 하고 있습니다. 신은 원컨대, 저들도 또한 백성이라 별도로 안전한 곳에 모아서 장정들은 병법을 익혀 적을 치게 하고, 늙고 병든 자는 승적(僧籍)을 두어 군수(軍需)를 돕게 하다가 위급한 변란이 발생하면 저들로 하여금 함께 힘쓰도록 하고, 법 밖의 잡역에 혹사하지 않게 하시면 나라에 보탬이 될 것입니다.⑧

아아, 신 유정이 산야의 금수 같은 몸으로 이와 같은 진언을 하게 되오니 진실로 성조(聖朝)를 더럽힘을 알겠사오나, 엎드려 성명께서는 산야의 금수 같은 몸이라고 하여 버리지 않으시면 신도 또한 감히 산야의 금수로 자처하여 성은을 저버리지 못하겠나이다. 하물며 지금 조정대신과 장수 가운데는 여러 가지 공무에 바빠 혹시 충분히 생각하지 못한 바도 있을 것이므로 신과 같이 천하고 누추한 것이 우러러 천문을 보고 굽어 인사를 살펴보는 것입니다.

쓸데없는 기우 같기도 합니다만 감히 하찮은 말을 아뢰오니 엎드려 바라옵건대, 성명께서는 사람이 천하다 하여 말을 버리지 마시고 조금이라도 생각을 기울이신다면 시국의 폐단을 시정하시는 데 혹 만의 하나라도 도움이 될까 하오니, 신은 비록 저녁에 죽어도 후회함이 없겠나이다.⑨

위의 「을미상소」에서 단락 ①과 ⑨는 인사말이고, 나머지 ②~⑧이 시사에 관한 본문에 해당하는 내용이다. 본문 가운데서도 ②~⑤가 정치·외교(강화)·인재등용·조정의 기강 등에 관한 일반적인 내용이며, 나머지 ⑥~⑧이 농우·산성·승려대우 문제 등 시국의 폐단을 바로잡는 구체적인 문제에 관한 것이다.

일반적인 내용으로 주목할 것은 무엇보다도 강화에 관한 일관된 주장이다. 일찍이 「갑오상소」에서도 주장한 바와 같이 일본과의 강화는 어디까지나 고식적인 처방에 불과한 것이며, 가장 절실한 방안은 적을 쳐서 복수하는 데 있다는 주장이 여기서도 반복되고 있다. 특히 을미년에 들어와서는 조정에서도 화의가 논의되는 상황에서 사명당은 "북송과 남송이 '화'(和) 한 글자에 잘못된 것"임을 들어 일본과의 강화도 정책상 불가피하여 일시 채용할 수는 있어도 그것은 어디까지나 고식적인 계책에 불과한 것이라는 소신을 여기서도 반복하여 주장하고 있다. 그리고 지방 수령의 선임과 출척을 엄정히 하여 백성을 편안하게 하는 일과 함께 군정(軍政)을 닦을 것을 특히 강조하였다. 즉 크고 작은 장수를 얻는 데 문벌이나 형식에 의존하지 말고 실질을 중시하여 인재를 고를 것을 비롯하여 정령을 바로 하고 기강을 세우는 등 군정을 닦을 것을 강조하였다.

구체적인 방책으로서 사명당이 강조한 것은 중앙 정치와 외교도 중요하지만 그에 뒤지지 않는 것이 지방의 농사와 수성(守城) 등에 관한 것이다. 이는 특히 사명당 자신의 경험으로 얻어진 주장이라는 점에서 주목할 만한 일이기도 하다. 그는 먼저 사람이 먹고 사는 식량을 생산하는 데 근본이 되는 농우의 도살 행위를 엄금할 것을 강력히 촉구하였다. 명나라 사신의 접대를 위한 일이라면 부득이하지만 지방 수령들이 함부로 소 잡는 것을 금지하되 살인하는 죄 이상으로 엄금할 것을 주장하고 있다.

다음으로 산성을 지키기 위하여 둔전이 반드시 필요한 일임을 역설하고 있는데, 둔전이란 한쪽으로는 농사를 지으며 다른 한쪽으로는 산성을 방어하는 일이다. 이들 농사와 축성과 그 성을 지키는 일은 승군들과 밀접한 관련이 있는 것으로 여기서 사명당은 의승군들의 처우를 개선해줄 것을 요청하고 있다. 그는 축성과 수성에 관한 업무는 지방관에게 맡길 것이 아니라 중신의 책임 하에 이루어질 수 있도록 해달라는 요구도 자신의 경험에서 나온 절실한 주장이었다.

이상과 같이 사명당은 1595년 말, 96년 초 명나라와 일본은 물론이고, 조선에서도 강화문제로 온 천하가 들떠 있을 당시 정작 조·일 강화협상의 조선 측 실무자로서 개혁에 관한 상소를 올려 차분하게 자기 논리를 편 것이다. 강화가 이루어지든지 아니면 어그러지든지 간에 부국강병은 꾸준히 닦아야 할 지상의 과제임을 주장한 것이다.

9

다시 짙어지는 전운

"병가의 승패는 실로 미리 알기 어려우니
멸망의 화는 누구에게 있을지 모른다.
너희 군사가 바다를 건너 물밀 듯 들어와도
우리의 병마가 어찌 바다를 건너온 군사보다 못하겠는가."

재침에 대비해 산성을 쌓다

　일본군이 서울에서 삼남지방으로 퇴각하여 전국이 사실상 교착상태로 바뀌게 되자 관군과 명의 원군은 그들을 상대로 하여 간헐적 전투를 벌이는 가운데 장기전에 대비한 준비 작업에 들어갔다. 전쟁이 제2기로 접어든 상태에서 의승군들의 역할도 초기의 전투 위주에서 점차 방어적 역할로 그 기능이 변하게 되었다. 처음 사명당은 의령에 머물면서 가을보리 파종으로 군량미 준비에 일익을 담당하는가 하면 경상우도 총섭 신열(信悅)은 보리농사의 틈을 타서 해인사를 중심으로 하여 활과 화살을 제조하는 한편 화포의 사용방법을 익히는 등 조정의 관심을 끌었다.

　이때 의병과 함께 의승군들의 중요한 역할은 산성의 수축과 방어에 있었다. 먼저 사명당과 전후하여 원수부가 있던 의령으로 내려온 뇌묵당 처영은 그해 12월 남원으로 가서 교룡산성(蛟龍山城)의 수축에 들어갔으며, 다음 해 2월에는 조정에서 사명당에게도 총섭의 직책을 주어 승도들을 모아 산성 수축의 책임을 맡기자는 논의가 있었다. 그러나 선조는 왜적을 토벌하는 데 공을 세우고 있는 사명당에게 다시 총섭의 권한을 주어 산성 수축의 일을 맡기는 일이 부당하다고 하여 시행되지 않았다. 그러던 가운데 그해 4월부터 가등청정을 상대로 하는 조·일 강화교섭의 중책을 담당하게 되었던 것이다. 그러나 당시 사명당이 거느린 의승군은 영남지방의 여러 산성의 수축에 참여하고 있었다. 이에 대하여 허균은 「석장비문」에서

스님은 다시 영남으로 돌아가 진을 치고 군사를 뽑아 적과 싸우며, 용기(龍起)·팔공(八公)·금오(金烏)의 여러 산성을 연달아 쌓아 적군에 대한 방어를 튼튼히 하고, 또 승병을 시켜 농사를 짓게 하여 군량과 무기를 저축한 뒤에 인수(印綬)와 전마를 나라에 도로 바치고 공훈록(尺籍)을 비국(비변사)에 내놓으며 사퇴하기를 청하였더니, 조정에서 간곡하게 타이르고 허락하지 않았다.

라며 산성을 쌓는 일을 농사를 짓고 병기를 제조하는 일과 동시에 한 것으로 기술하고 있다. 그러나 여기서 말하고 있듯이 사명당이 용기산성을 비롯하여 팔공산성과 금오산성을 축성한 것이 가등청정과 회담이 끝나고 난 뒤, 그러니까 「을미상소」를 올린 이후부터 시작하고 있었는지 그 전후 관계에 대해서는 말하고 있지 않다. 이 의문을 다소 해소해줄 수 있는 기사는 『선조실록』 28년 8월 5일조의 다음과 같은 내용이다.

우도 성주의 용기산성과 삼가(三嘉)의 악견산성(岳堅山城)과 단성(丹城)의 동성산성(東城山城)은 이미 수축하고 …… 대구는 도내의 가장 중앙에 있어서 좌우로 적을 공제할 수 있는 곳으로 …… 달성산성(達城山城)은 읍내에서 5리 가까운 곳에 있어 형세가 매우 좋으므로 물력이 조금 넉넉하면 형편에 따라 성을 쌓는 것이 옳으므로 …… 성이 크고 민력이 부족하여 다른 죄인을 더하여도 또 부족하니 유정이 거느리고 있는 승군을 돕게 하면 비록 날짜를 기한하는 것은 불가하오나 독려하

여 차차 완성토록 함이 좋겠습니다. …… 선산의 금오산성(金鳥山城) 및 인동의 천생산성(天生山城)도 형세를 살펴 아울러 축성하여 큰 진으로 만들어야 합니다.

삼가의 악견산성과 성주의 가야산 용기산성은 을미년 여름까지 이미 축성되었다 하니 사명당이 갑오년 회담을 시작하기 이전이거나 아니면 회담 중간 어느 시기부터 착수하였음을 알 수 있다. 산성의 축성이 몇 달만에 쉽게 이루어질 수 있는 것이 아니기 때문이다. 대구의 달성산성(팔공산성)은 사명당의 승군으로 하여금 장차 축성할 것을 건의하고 있으며, 선산의 금오산성과 인동의 천성산성도 기회를 보아 중요한 군진으로 만들자는 계획을 세우고 있으니 이들의 축성도 적어도 그해 여름 이후의 일이었다. 어떻든 이들 영남지방의 주요 산성들의 수축은 직접적으로는 의병장 곽재우의 의견이 채택되었기 때문이지만 이들 산성의 수축으로 전략적 근거지를 마련해야 한다는 일반적 주장은 사명당이 청정과의 회담 후 두 차례 올린 상소에서도 밝힌 바 있었다.

이 무렵 다른 여러 지역에서도 그 지역 의승장의 지도하에 산성 축성의 일과 수비에 대비한 계획이 마련되고 있었다. 그 대표적인 예로서 한강 연안을 따라 병영을 설치하자는 당시 병조판서 이덕형의 주장에 따라 사명당과 함께 평양성과 서울 탈환전에서 협조관계를 이루어오던 의승장 의엄(義嚴)에게도 도총섭을 주어 여주의 파사산성(婆沙山城)을 수축하여 지키도록 하였다. 의엄은 황해도 승려로서 일본군이 철수한 이후에도 주로 황해 경기지역에 머물며 이 파사산성의 수축을 맡았다. 그러나 인력과 물력이 따라주지 않아 공사의 진척이 어렵게 되어 결국 의엄이 여기서 손을 떼는 일도 발생하였다.

지방유지 출신인 의병장들의 경우와는 달리 의승병들이 축성을 하는 역사에는 재정적 군사적 지원이 따르지 않아 그 고통이 이만저만이 아니었다. 유성룡은 29년 황해도 순찰사에게 글을 보내어 "승려들이 원망하는 그 소리는 차마 못 듣겠도다. 지금으로부터는 여러 사찰의 승려들을 각별히 보호할 것이며, 산성의 축성도 형편과 시기를 보아 해야 할 것이지만 한번 동원된 자는 다시는 1년 안에 두 번 동원치 말아야 한다. 만약 이를 어길 때엔 응분의 조치를 할 것이다"(「이황해도순찰사문」, 『징비록』)라고 하였다. 사명당이 을미년에 올린 두 번째 상소에서 "승려도 떳떳한 백성인데 편안하게 자리 잡게 해주어 산성의 수비에만 전적으로 임하게 하여 그 일에 전념할 수 있도록 해주기를 바랐던 것"과 동일한 배경에서 취해진 조치였던 것이다.

그 무렵 사명당은 경상좌우도에서 승군을 통솔하여 여러 산성을 쌓아 방비하는 일들을 총괄하고 있었는데, 관할 지방이 너무 넓고 광범위하여 도총섭 한 사람으로서는 감당하기 어렵다는 보고에 따라 조정에서는 전국 8도에 16종(宗) 총섭을 설치하게 되었다. 이리하여 경상 좌·우도에도 각각 한 사람씩을 두어 승군을 징발하는 일을 나누어 관장시키게 되었다(선조 29년 4월 17일조). 일찍부터 이 지방에서 여러 방면에 공을 세우고 있던 신열은 당시 경상도총섭으로서 사명당의 지휘 아래 축성에 종사하고 있었다. 당시 사명당은 단순히 의승장 유정으로 불리고 있었다. 때로 조정 신하들 사이에 '도총섭 유정'이라는 호칭으로 불리는 경우가 있었으나 이는 일시적 존칭으로 불려졌던 것이며 공식적 명칭은 어디까지나 '의승장 유정'이었다.

위에서 살펴본 바와 같이 사명당이 가장 먼저 악견산성과 용기산성을 쌓고 다음으로 대구 달성산성과 금오산성을 쌓게 될 것이라는 사실을 알게 되었다. 달성산성의 중요성과 축성에 사명당의 승군을 동원하는 일에 대해서는 『선조실록』 28년 8월 5일자, 앞의 기록 중 다음과 같은 기사가 있다.

대구는 도내의 가장 중앙에 있어서 좌우로 적을 공제(控除)할 수 있는 곳으로 중요한 진지를 설치하기에 가장 적당한 곳이며, 달성산성은 읍내에서 5리 가까운 곳에 있는데 형세가 매우 좋으므로 물력이 조금 넉넉하면 형편에 따라 성을 쌓는 것이 옳다. 그러므로 전일에 의금부의 죄인들에게 죄를 사해주고, 성을 남방에서 쌓는데 성이 너무 크고 민력이 부족하여 다른 죄인을 더하더라도 모자라니 유정이 거느리고 있는 승군으로 하여금 돕게 하면 비록 날짜를 한정하기는 어렵더라도 서서히 완성하도록 하면 좋겠다.

라고 한 것이 그것이다. 그러면 달성산성은 그뒤 어떻게 진척되었는가? 이에 대한 자료로는 마침 함께 산성 축성에 간여한 사명당의 고향후배 오한 손기양(聱漢 孫起陽)이 기록으로 남긴 「공산지」(公山誌)가 있다. 실제로 사명당이 여러 곳에 산성을 쌓았으나 그 구체적 실상을 알려주는 자료는 전무한 형편인데, 이 자료는 산성의 축성과 함께 팔공산 전투의 실상을 보여주는 매우 중요한 가치를 지닌다. 이에 의거하여 아래에 팔공산 축성의 진행과정을 살펴보기로 한다.

달성산성은 일명 팔공산성(八公山城)이라고도 하였다. 팔공산이 소재하는 대구의 행정 관할이 때로는 달성에 속했던 관계로 대구 팔공산성을 달성산성이라고도 불렀기 때문이다. 사명당이 악견산성과 용기산성의 역사를 끝마치고 팔공산으로 옮겨온 것은 「을미상소」를 올린 그해 겨울이었다. 체찰사 이원익은 이보다 먼저 용기산성 축성에서 보여준 사명당이 거느린 승도들의 능력이 일반 백성들보다 뛰어남을 보고 그들을 팔공산성을 쌓는 데 동원하게 되었다. 이 성은 10리가 넘게 뻗어 있는데 남쪽은 높고 북쪽은 낮으며, 동쪽은 완만하고 서쪽은 가팔라서 성 전체의 모습은 키(箕)를 남쪽에서 북쪽으로 향해 놓은 듯하다. 그러므로 성안의 샘물이 합류하여 도랑을 이루어 북문으로 나가는데, 주봉은 이 산에서 가장 높은 봉우리다. 산 밑에 펼쳐진 고을로는 북쪽에는 의흥과 군위, 동쪽으로는 신령과 영천, 남쪽에는 하양과 경산과 대구가 있고, 서쪽은 팔거와 인동인데, 북쪽의 군위와 동쪽의 영천, 남쪽의 하양과 경산, 서쪽의 팔거와 인동은 멀어서 서로 연접되지 않는다.

이러한 지형에서 보아 산성의 축성을 맡은 사명당의 막사는 가장 높은 남쪽의 주봉 아래 평평한 곳에 있었다. 이곳을 대궐터라고 하는 것으로 미루어 아마 견훤과 각축을 벌이던 고려 태조가 머물던 곳으로 추측된다는 속설이 있었다. 이 산성의 유래는 두 가지 설이 있는데, 하나는 견훤이 계림에서부터 왕건을 팔공산 오동나무 숲으로 핍박하면서 이 성을 쌓아 근거지로 삼았다는 것과 왕건 태조가 견훤의 군사에게 몰리게 되자 성을 쌓아 적을 막았다고 하는 것이다. 따라서 이 성은 그들 사이에 각축을 벌이던 일과 관계가 있는 것임은 짐작하기에 어렵지 않다. 축성 당시에는 성의 둘레가 비록 무너졌지만 아직도 석축의 흔적이 있고 성안에도 집터가 남아 있었다고 한다.

1596년 2월 체찰사 이원익이 방어사 권응수(權應銖)와 산 가까이에 있는 고을의 수령들에게 주위의 형세를 살펴보도록 하자 이에 응하여 의흥과 신령의 두 현감이 방어사를 따라 성으로 들어왔다. 3월부터 심령현감 손기양은 자기 관할 백성들을 인솔하여 성 동문 안에 양식창고를 지었는데, 이때 나주목사로 있던 이용순(李容淳)이 경상도 순찰사로 전임되어 왔다. 그는 성의 여러 가지 조건을 살펴보고 많은 관심을 표명하면서 반드시 이 성을 지킬 것이라는 결의를 다짐하였다. 신임 순찰사의 이러한 결의에 사명당도 크게 기뻐하였다고 한다. 이러한 상황에서 사명당의 지휘 하에 팔공산성의 본격적인 축성공사가 이루어지게 되었는데 『오한집』 권4 「공산지」에서는 그 경위를 다음과 같이 설명한다.

(병신년 3월에) 유정도 이 성을 지키게 된 것을 기뻐하였다. 이 해 4월에 천사(天使) 이종성이 도망쳐나왔고, 양방형과 심유경 등이 수행원을 갖추어 바다를 건너가기는 하였으나 왜노가 다시 침범하려는 계획은 이미 정해진 것이었다. 그리하여 초가을부터 다시 축성공사를 독려하기 시작하였다. 산 밑의 여러 읍들도 각기 맡은 일을 보느라 분주하였고, 유정의 부장 신열과 각 고을 사람들이 협력하여 공사를 독려하였으며, 체찰사는 또한 호남과 호서 지방의 승려들을 징발하여 부역에 협조하게 하였다. 이리하여 성 위의 격대(格臺)와 대변청(待變廳), 동·남·북 세 성문 문루가 차례로 완공되었다.

1596년 3월에 이용순이 새로 경상도 방어사로 부임해서 장차 일본의 재침이 있을 경우 이 성을 본부로 하여 지키겠다는 표명이 있어 축성 책임을 맡은 사명당은 크게 고무되었다. 이러한 때에 명에서 나온 정사 이종성이 부산 왜군의 진영에 있다가 공포 분위기에 못 이겨 탈영하는 사건이 발생하여 부사를 정사로 승진시켜 일본으로 출발하는 사태가 벌어지고 있었다. 이와 같이 앞으로의 평화 교섭 전망이 매우 어두운 상태로 급변하자 축성하는 일이 더욱 급하게 되어 그해 초가을부터 공사에 박차를 가하게 된 것이었다. 이리하여 성은 체찰사 이원익이 전라 충청의 승병들을 징발하고 의승장 사명당과 경상도총섭 신열이 그들 군사들을 독려하여 완공한 것이다.

당시 신열은 경상도총섭이면서 사명당의 부장으로서 성심껏 대사를 도와 여러 가지 일을 수행하였다. 팔공산성 축성에서 체찰사가 호서와 호남 지방의 승병을 징발하여 부역하게 하였다고 하지만 실제 승병을 징발하여 축성을 독려한 모든 과정은 사명당이 체찰사의 승낙을 얻어 독자적으로 시행한 것이었다. 팔공·금오 산성에 이어 이루어진 부산산성(富山山城, 富山은 옛 釜山)의 증축도 사명당이 충청, 전라로부터 뽑아온 승군들의 지원을 받아 이루어졌다. 의병장 박의장(朴毅長)의 「연보」 30년(정유, 1597)조에 "체찰부에서 산성을 수축하라는 명령에 따라 승장 유정이 전라도와 충청도의 승군을 보내 산성수축을 감독케 하였다"고 한 데서도 그러한 사례를 확인할 수 있다.

노장의 몸으로 남한산성을 지키다

사명당은 1595년 2월 「을미상소」를 올린 다음 영남으로 내려가 삼가의 악견산성과 성주 용기산성의 축성 마무리 공사를 돌보는 한편 때로는 서울을 오르내리면서 조정 대신들과도 여러 가지 일을 논의하였다. 특히 상소문을 올리던 2월에는 명나라로부터 일본에 파견될 정사 이종성과 부사 양방형이 서울에 도착하여 머물면서 요로의 인사들과 앞으로 일본으로 건너갈 일을 상의하였다. 가등청정을 통하여 명·일 강화교섭의 실상을 대충 알고 있던 사명당으로서는 이 명나라 사절단에 관심이 클 수밖에 없었다.

3월에 소서행장은 심유경을 대동하고 일본으로 건너가 풍신수길에게 먼저 명나라 사절단에 관한 보고를 하게 되었다. 그 결과 수길은 부산 김해 웅천의 여러 왜성에 주둔하는 군대를 제외한 모든 일본병사의 단계적인 철수를 명하였다. 한편 조선에 있는 소서행장의 부하들이 심유경 측과 교섭하여 명의 책봉사절단이 일본으로 도해할 때 조선 측의 사절도 동행시켜 함께 화의를 완성시키자는 생각을 하게 되어 이를 조선에 제의하였다. 그러나 조선으로서는 불구대천의 원수인 일본과 화합하기는커녕 명의 지원을 받아 하루빨리 일본군을 격퇴시키는 일에만 관심이 있었으므로 이 제의는 조선 측의 강한 반발에 부딪히게 되었다. 이에 다시 조선에 부임해온 총병관 유정(劉綎)과 책봉부사 양방형 등의 개별적 교섭이 있었고 조선 측에서도 부득이 통신사라는 명목으로라도 사절단에 동참시키는 데 동의를 이끌어내었다. 이리하여 조선 측에서도 황신(黃愼)을 통신사로 하고 박홍장(朴弘長)을 부사로 하여 명의 사절단에 동참시키게 되었다.

그러나 이때 부산의 일본군 군영에 머물고 있던 명나라 책봉사 이종성이 신변에 위협을 느끼고 탈영하는 일이 일어났다. 그는 명·일 화의가 날조된 '관백의 항표'를 근거로 하여 진행되고 있는 어수선한 분위기에서 더구나 명의 사절이 일본에 가면 구금될 것이라는 풍문에 겁을 집어먹고 도망을 친 것이다. 이리하여 부득이 양방형을 정사로, 그리고 심유경을 부사로 바꾸어 1596년 6월이 되어서야 출발하고, 8월에는 조선사절 일행이 그뒤를 따라 출발할 수 있게 되었다.

사명당은 1595년 2월 「을미상소」를 올린 뒤 영남과 서울을 오르내리며 산성의 축성 등 향후 전개될 사태에 대비해 여러 가지 문제로 고심하고 있었다. 이러한 가운데 그해 가을에는 명나라 책봉부사 양방형을 만나 여러 가지 이야기를 나누었다. 그때 지어준 다음의 시가 이를 말해준다.

구천의 봉(鳳)이 주루에 내려와
부절을 받들고 동으로 오니 때는 가을일세.
금도끼를 가지고 산중 절에 오르고
황제의 위엄은 앉아서 섬나라 추장을 두렵게 하네.
자라 등에 배가 지나가니 용이 놀라 꿈을 깨고
관산에 서리 내리니 기러기가 근심 일으키네.

부상에 가서 황제의 조서 전할제
일시에 서쪽으로 제왕 땅 향하여 절하리라.

九天笙鳳下珠樓　持節東行是素秋
金鉞步登塵外寺　皇威坐懾島中酋
路經鰲背龍驚夢　霜度關山雁起愁
想到扶桑宣聖旨　一時西拜帝王州
　•『乙未秋奉楊册使』,『문집』권3

　양 부사가 금도끼를 가지고 산사에 올랐다는 시의 내용으로 보아 사명
당이 어느 산성을 축성하고 부근의 절에 있을 때, 거기서 만난 것 같다.
그때 책봉사절단 일행의 도해(渡海) 문제로 한편에서는 바쁘게 움직이고
있었으나 막상 사신 당사자들은 한가로운 나날을 보내고 있었다. 이러한
가운데 양방형으로서는 청정을 통해 일본 사정에 밝은 사명당을 만나고
싶어 그가 머물고 있던 어느 산사로 찾아와 자문을 구하였던 것 같다.
　사명당이 대구 팔공산성 축성을 위해 팔공산으로 들어간 것은 양 부사
와 헤어진 그해 겨울이었다. 다음 해 봄 그는 부장 신열과 함께 팔공산 축
성으로 바쁠 때, 도체찰사 유성룡의 방문을 받고 시사를 논하기도 하였다.
서애 정승에게 준 다음 시는 당시의 사정을 말해주고 있는 것으로 보인다.

　변성에 잦은 북소리 아침저녁으로 경계하는데
　봄눈은 잦아서 해협을 어둡게 하네.
　어젯밤 남쪽 산의 봉화가 급하더니
　늙은 병사는 누런 보리밭 굽어보고 눈물 흘리네.

邊城鼉鼓警長昏 春雪頻來暗海門

昨夜山陽烽火急 老兵垂淮下黃雲

　이 시는 문집에는 실리지 않고 유묵으로만 전해오는 작품으로서 끝에 "사명 송운이 마침 영문에서 시사에 관하여 말하고 있었다. 늙은 병졸은 자기를 가리킨다. 때는 병신년 늦은 봄이었다."(四溟松雲 適在營門 以時事道之 老兵自指也 時 丙申春暮)라고 주를 달고 있다. 사명당은 전쟁 동안 도체찰사 유성룡의 각별한 보살핌을 받고 비교적 가까이 지내면서 여러 가지 문제를 기탄없이 이야기한 사이였다. 『징비록』에서도 사명당을 여러 차례 언급하고 있는데, 이는 객관적인 기술이면서도 모두 호감을 갖고 쓴 글임을 느낄 수 있다.

　사명당은 병신년(1596)을 거쳐 정유년(1597) 9월에 이 성을 떠날 때까지 약 2년에 가까운 기간을 머문 것처럼 「공산지」에서는 기록하고 있다. 그러나 이러한 「공산지」의 기록은 단지 그가 팔공산성과 관계된 부분만을 다룬 것으로, 사실은 그 기간 동안에도 선산의 금오산성을 쌓는가 하면 1596년 9월부터 영남에서 올라와 1597년 1월까지는 승병들을 거느리고 남한산성을 지키는 등 팔공산을 떠나 있었다. 선조가 사명당이 영남사람임으로 영남지역을 지키도록 하는 것이 좋겠다는 의견을 제시하였지만 남한산성 역시 긴요한 곳이라는 비변사의 주장에 따라 여기에 주둔하고 있었던 것이다. 그는 그만큼 여러 분야에 관계하면서 바쁜 나날을 보내고 있었다. 1596년 9월 비변사에서 보고한 내용 가운데 『선조실록』 29년 9월 12일조의 다음과 같은 기사가 있다.

　승장 유정은 지난번에 경상도에서 올라왔는데 그가 거느린 군사 60명

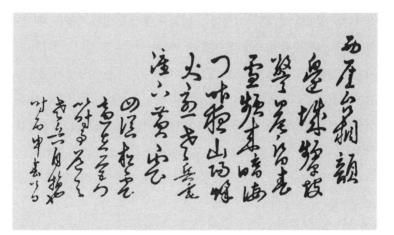

사명당이 서애 유성룡에게 준 친필시. 임진 전란 동안 서애는 사명당의
후원자 역할을 하였으며, 사명 역시 언제나 자신의 거취를 그에게 보고하였다.

은 처음부터 끝까지 한결같이 적진에 출입하여 모두 용감하고 싸움에
익숙하지만 본래 정착한 곳이 없는 사람들입니다. 지금 만일 헤쳐 보내
면 뒷날에 다시 모으기 어려우니 유정이 그대로 거느리고 남한산성에
들어가 있게 하여 급할 때 쓰도록 할 것이며, 그들에게 필요한 양식과
지휘에 관한 일은 도체찰사로 하여금 상의하여 시행하도록 해야 할 것
입니다.

또한 그 관하(管下)에 군공이 있는 자가 승려의 이름으로 직첩(職牒)
을 많이 받았는데, 지금은 머리를 길러 환속하여 속명으로 바꾸기를 원
하고 있으니 병조로 하여금 명백히 조사하여 직첩을 바꾸어 주도록 하
여야 할 것입니다.

라고 건의하여 재가를 얻고 있다. 이 기사를 보면 사명당이 직접 거느린
의승병은 남한산성의 60명을 포함하여 대부분 경기지역의 여러 지역에

산재하고 있었던 것 같다. 그런데 그 관할 아래 군공 있는 자들은 대부분 환속하였으나 여전히 승병 집단에 소속되어 있었다고 한다. 생각건대, 서울을 탈환하고 영남으로 남하할 때 주력부대 일부는 사명당과 행동을 함께 하였으나 그밖에 경호지방 출신의 승병들은 대부분 현지에 남겨 두었을 것으로 짐작된다. 그리고 그가 영남지역에서 군사활동을 중심으로 한 축성 및 병기 제조, 그리고 농번기의 파종과 같은 일은 자기 휘하에 소속한 소수의 병사들과 부장 신열 등이 거느린 승병들이 담당하였을 것으로 보인다.

당시 나라의 형편으로는 군사가 많아도 군량 조달이 어려워 그들을 부양하기가 여간 힘든 것이 아니었다. 1595년 2월 도원수 권율의 장계에 의하면, "크고 작은 배 84척과 사격군을 합하여 모두 4,109명인데, 그 중 병으로 앓는 자가 반 수 이상이 되고, 의령 각 진을 돌아다니며 심사해보니 양식이 모자라 군졸을 흩어보내고, 진에 남은 자가 500명에 차지 않습니다"라고 하고 있다. 이러한 정황으로 보아 사명당이 인솔하여 의령에 주둔하였던 군사들도 얼마 후 대부분 서울로 올려보냈거나 아니면 신열과 같은 여러 의승장 휘하에 부속시켰다가 필요할 때 불러 함께 행동하였던 것으로 추측된다.

사명당이 거느린 휘하의 용감한 60여 명의 승병들은 남한산성에 들어온 지 3개월 뒤인 12월까지도 역시 남한산성에 머물고 있었다는 『선조실록』 29년 12월 8일조의 다음 기사가 있다.

유정은 영남에 내려보내도 무방하오나 다만 이 승려는 이미 늙었으며 거느린 승군도 영남에는 많지 않으니 비록 다 내려보낸다 하더라도 큰 이익이 없을 것입니다. 그러니 남한산성에 머물러 있게 하면 이 또한 긴요한 곳이므로 명년 봄에는 수축하여야 할 것이오니 반드시 내려 보낼 필요가 없습니다. 대저 저 두 승려(유정과 의엄)는 마음을 다하여 나라를 위하는 성심이 변치 아니하므로 조정에서도 또한 포창하여 장려하고 있습니다.

이와 같이 사명당은 병신년 9월에서 12월까지는 주로 남한산성에 머물고 있으면서 때로는 서울로 출입하였다. 교산 허균은 『사명집』 서문에서 그 무렵 그가 공무로 정승 유성룡 집에 가서 우연히 사명당을 만나 기뻐하였다고 한다. 그때 대사의 의승장으로서 인상 깊었던 장면을 다음과 같이 묘사하고 있다.

병신년 겨울에 나는 괴원(槐院)에 벼슬하여 공사로 서애 상공에게 찾아갔는데 그때 스님은 좋은 의관에 긴 수염을 늘이고 앉아 있었다. 나는 그 손을 잡고 기뻐하면서 옛 일을 이야기하다가 이내 숙소로 같이 돌아와 당시 세상의 일을 의논했다. 그는 비분강개하여 엄지손가락을 손바닥에 대고 이해를 따질 때는 마치 옛사람의 절개와 호협한 기상이 있었다. 말안장을 어루만지면서 돌아다보는 그 눈의 뜻은 요사스런 기운을 쓸어버리는 데 있어서 마치 우렁찬 늙은 장수와 같았다. 나는 그를 더욱 공경하고 소중히 여겨서 생각하기를 '그의 시와 문장은 오히려 나머지 일(餘事)에 불과하다. 그의 재능은 능히 어려운 시국을 구제할 만한데 아깝게도 불문에 발을 들여놓았구나' 하였다.

그때 허균은 스물여덟의 나이로 승문원에서 외교문서를 다루고 있었는데, 업무상의 일로 서애를 찾아갔다가 뜻밖에 사명당을 만난 것이다.

작은 형 허봉이 죽었을 때 오대산에서 와서 조문하고 돌아간 뒤로 거의 10년 만이었다. 허균은 사명당을 만날 때마다 각각 다른 인상기를 남기고 있다. 처음 그가 중형 허봉과 함께 봉은사에서 만났을 때는 티 없이 맑은 승려 시인으로서 좋아하였고, 두 번째는 중형이 죽어 조문할 때 그렇게 슬퍼하는 모습을 보고 불도를 닦는 승려라기에는 너무나 인간적이라고 느꼈으며, 이번 세 번째 만나서는 그 요망하고 사악한 왜적을 쓸어버릴 만한 호협한 기상에서 뛰어난 경세가요 장군으로서의 면모를 발견한 것이었다. 당시 사명당은 전시임에도 좋은 의관을 하고 있었다는데 이는 그를 존모하는 신도들과 지인들의 보살핌이 항시 함께 하였음을 알게 해주는 것이다. 허균은 이같이 때에 따라 변모하는 사명당의 폭넓은 인간적 모습을 다양하게 그려내면서 그를 더욱 공경하고 소중히 여기는 마음이 남달랐다.

불길한 기운이 감돌던 정유회담

　사명당이 남한산성에 머물며 연말연시를 보내고 있을 때 일본의 관백 풍신수길은 명·일 강화회담을 깨고 14만 명으로 구성된 대규모의 재침략군을 파견하기로 하였다. 이리하여 1596년 겨울에는 소서행장의 선봉이 거제도에 이르고, 1597년 정월 13일에는 가등청정이 거느린 배 130척이 가덕도에 머물고 있다가 14일에는 다대포로 옮겨 서생포로 향하는 등 일본군 선발대는 연말연시에 도해 상륙하여 조선 내 자기 본영으로 출발하고 있었다. 이들 가운데 청정은 2월 초, 서생포에 도착하자 우리나라 변장을 통하여 사명당과 순화군의 장인 황호군을 만나보게 해달라는 서한을 보내왔다.

　일본의 정유재침이 있기까지 명나라 사절단과 풍신수길 사이에 있었던 몇 가지 이야기를 간단히 살피고 지나갈 필요가 있다. 1596년 9월 2일 명나라 사절단이 바다를 건너 일본에 도착하자 수길은 다음 달 22일 대판성(大板城)에서 그들을 접견할 때, 양방형과 심유경은 명나라 신종(神宗)의 책봉조서와 칙유(勅諭), 그리고 금인(金印)과 관복 등을 선물로 주었다. 다음 날 수길은 명나라 사절을 위한 연회를 개최하는 자리에서 조서와 칙유를 읽게 하였는데, '특히 너(爾)를 일본 왕에 봉한다'라는 대목에 이르러 그는 크게 노하여 "대명(大明)이 우리를 일본국왕에 봉한다는 것은 언어도단의 잘못된 일이다. 우리는 스스로 일본의 왕인데, 그가 우리에게 허가하여준다는 것은 무슨 말인가. 행장이 나를 대명왕(大明王)에 봉한다고 하기에 사신들을 불러들인 것이다. 행장을 불러오라. 목을 베겠다"고 절규하였다. 몇몇 중신들이 만류하여 행장의 참수는 면하였으나 조·명 양국의 사신들을 추방시킴과 동시에 다시 조선출병을 준비하라는 명령을 내렸다. 심유경과 행장 사이의 오랜 강화교섭이 일거에 수포로 돌아가고 정유재침이 결정되는 순간이었다.

명·일 강화협상이 이렇게 실패로 돌아가자 지금까지 이를 추진해온 장본인인 심유경과 행장의 처지가 매우 난처하게 되었다. 특히 이번 평화교섭의 실패로 일본 측에서는 행장이 곤경에 처하게 되었던 반면에 가등청정은 오히려 기세를 얻게 되었다. 이렇게 득세한 청정은 조선에 도착하자 먼저 사명당과 황호군을 찾아 교섭의 재개를 요청하려 하였던 것이다. 그러나 조선으로서는 이러한 정세를 전혀 눈치 채지 못하고 있었다. 명나라 사절단의 뒤를 마지못해 따라간 '조선통신사' 일행에 대해서는 왕자가 참여하지 않았다 하며 아예 접견마저 허가되지 않았기 때문에 그들조차도 강화가 결렬되었던 전후사정을 까맣게 모르고 있었다. 선조는 2월 1일 심유경을 접견할 때 청정이 사명당 등을 만나자는 의도가 어디 있는지를 물었으나, 그는 강화협상이 결렬된 사실마저 모르는 척 사실을 은폐하고 있었다. 그러니 조정에서는 청정이 면담을 제의한 진의를 알지 못하여 그 요구를 선뜻 받아들이지 못하고 있었다.

조정에서는 고심 끝에 사명당의 이름으로 청정에게 답서를 보내어 '자신은 냉질을 앓고 있으므로 병이 나으면 만나러 내려갈 것'이라는 핑계를 대어 시간을 끌고 있었다. 3월 중순에는 이에 대한 청정의 답서와 희팔로부터 사명당을 늦어도 24~25일에는 만나볼 수 있도록 기다리겠다는 독촉이 도원수 권율을 통하여 전해져왔다. 이에 다시 조정에서는 사명당이 구화봉(九華峰)에 들어가 치료를 하고 있다가 지금 밤낮을 가리지 않고 만나러 내려가고 있다는 소식을 사람을 보내어 고령현에 있는 청정의 진중으로 먼저 전달하였다. 이때 남한산성에 있던 사명당은 정작 일본 측 서신을 받아보지 못하고 인편으로 그러한 소식을 받자 바로 서생포로 내려가 청정과 회담에 임하였다. 처음 편지를 접한 지 2개월여가 지난 3월 18일이었다.

이리하여 사명당과 가등청정 두 사람은 실로 2년 8개월 만에 대좌하여 제3차 서생포 회담이 개최된 것이다. 회담의 내용은 『선조실록』 30년 3월 30일조의 도원수 권율의 장계 「송운·청정 문답」(松雲淸正問答) 가운데 들어 있다. 그런데 이 글은 『분충서난록』에 고스란히 빠져 있다. 아마도 정유재란의 와중에 챙겨 보관하지 못했을 뿐만 아니라 신유한도 『선조실록』의 관계 기사까지는 조사하지 못하였던 모양이다. 이제 3월 18~19일 이틀 동안 두 사람 사이에서 진행된 담판 내용을 다소 길지만 차례대로 정리하여 적기로 한다. 먼저 18일자 필담으로 한 문답이다.

청정이 글을 써서 묻기를(이하 청정 문): 6년 전에 심유격(沈遊擊)과 소서비(小西飛)가 태합 전하(太閤殿下)에게 말하기를 "왕자 형제를 돌려보내면 조선국왕은 바다를 건너가 사례한다" 하여 지난번에 일본군이 싸움을 그쳤는데, 국왕이 바다를 건너가지 않았을 뿐 아니라 왕자 형제 중에 한 사람도 아직 바다를 건너가 사례하지 않으니 이것은 은혜를 잊은 것이 아닌가. 이것은 조선국왕이 속인 것인가, 혹은 명나라에서 시킨 것인가, 아니면 행장과 유경이 한 짓인가, 이 대답을 들고자 한다.

일본 웅본성 앞에 있는
가등청정의 무장상. 청정은 본래
대판에 있었는데 전쟁이 끝난 뒤
구주 웅본에 영지를 받아
성을 쌓고 원찰 본묘사를 이전했다.

송운이 답하기를(이하 송운 답): 조선과 일본 간의 교린은 서로 믿고 강화하고 화목하게 수호(修好)한 지 200여 년인데, 일본은 하룻저녁에 명분 없는 군사를 일으켜 우리 강산을 짓밟고 우리 백성을 함부로 죽였으며, 우리 종사(宗社)를 구허(九墟)에 빠뜨리고 또 우리 왕자도 사로잡았으니 신하의 마음이 어찌 종사를 편안하게 하고 왕자를 돌아오게 하고자 하지 않겠는가. 임금께서도 생각이야 어찌 장군에게 사례할 마음이 없었겠는가. 그러나 이때를 당하여 명나라의 장군과 관리가 조정과 민간에 차 있는데 무슨 여가에 수치를 잊고 사례를 하겠는가. 하물며 왕자와 임금 그리고 신하가 어찌 바다를 건널 이치가 있겠는가.

청정 문: 일본과의 교린이 200여 년이라 하나 일본은 알지 못한다. 그것은 반드시 대마도와 서로 통신한 것이다. 만일 일본과 통신했다면 어

찌 일본이 전혀 모르고 있었겠는가.

송운 답: 지난 경인년에 우리나라 사신 황윤길(黃允吉)과 김성일(金誠
一) 등이 일본에 통신사로 가서 관백을 만나 서신을 받아왔는데 이것도
또한 대마도에서 한 일인가. 나는 관백이 한 일이라고 아는데, 어찌 장
군은 살펴보지도 않고 죄를 다른 사람에게 돌리려고 하니 이는 잘못된
일이 아닌가.

청정 문: 일본과 교린 통신했다 하지만 5년 전에 명나라를 치려고 할
때 조선을 선도로 하여 길을 빌리려고 하는 데 협조하지 않았다. 이것
은 크게 배반한 것이니 어찌 교린 통신이라고 하겠는가.

송운 답: 우리나라는 예의의 나라이다. 예로부터 중국과는 군신과 부
자 사이로서 뒤에 명에 대해서도 사대(事大)하게 되었다. 군신의 의를
정하고 사대하는 성심은 비록 천지가 뒤집히더라도 바꾸지 않을 것인
데, 어찌 일본과 함께 명을 치고 배반하여 도리에 어긋나는 일을 하겠
는가. 이것은 신하가 임금을 배반하는 것이니 천지에 어찌 이런 일이
있을 것인가.

이상 첫날 회담에서 청정은 조선에서 왕자를 돌려보내면 국왕이 사죄
하겠다고 해놓고 이 약속을 이행하지 않은 책임을 따지면서 회담 분위기
를 위압적으로 끌고가려 하였으나, 사명당은 그 책임은 심유경과 행장에
게 있다고 못박았다. 오히려 일본이 명분 없는 전쟁을 일으켜 일을 이같
이 그르쳤음을 나무라며 조선과 일본은 원래대로 교린과 통신을 통하여
화합할 것을 주장하였다. 이론적으로 궁색하게 된 청정은 3월 19일 계속
된 회담에서 부하를 보내어 한편으로 회유하면서 다른 한편으로는 공갈
협박의 우격다짐으로 상대를 압박하였다. 그 부하의 이름은 밝히지 않은

채 사명당은 적(賊)과의 문답식으로 다음과 같이 회담을 진행하고 있다.

적이 또 글로써 물었다.(이하 적 문): 대마도 사람은 조선의 쌀과 곡식과 재물을 탐내어서 일본의 사신(使臣)이라고 사칭한 것이다. 일본은 통일이 되지 못하여 먼 섬사람이 만든 꾀이므로 전혀 알지 못하였다. 지금은 태합 전하가 60여 주(州)를 통일하였으므로 대마도 사람이 꾀를 부린다는 말이 들리면 반드시 베어죽일 것이다. 심유경과 소서비가 함께 모사(謀事)한 것은 무슨 일인가.

송운 답: 다만 너희 나라 관백을 임금으로 봉한다는 말을 들었으나 그밖의 일은 알지 못한다.

적 문: 이것은 조선의 일인데 어찌 알지 못하는가.

송운 답: 심노(沈老, 심유경)와 소서가 의논한 일을 내가 어찌 알겠는가. 오늘 나와 상관(上官)이 비밀리에 상의한 일을 저들이 어찌 알겠는가.

적 문: 국왕이 대사에게 말하지 않던가.

송운 답: 오늘 내가 상관과 상의한 일을 우리 임금께서 또 무엇 때문에 심유경과 소서비에게 말하겠는가. 임금님이 양쪽에 누설하는 일이 있을 수 있겠는가.

적 문: 오늘 송운과 우리 상관이 꾀하는 일을 비록 알지 못해도 잘 될수 있겠는가.

송운 답: 심노가 비록 상관이 한 말을 알지 못해도 공정하다면 어찌 이루지 못하겠는가. 만일 공정하지 못하면 비록 심노라도 어찌 하겠는가.

적 문: 전에 국왕은 선악(善惡) 간에 심노의 뜻이 이루어질 것이라고 알았는가.

송운 답: 심노는 명나라 조정의 장사(將士)이며 또 위의 분부를 받은

종군승 일진 법사에게 준
몇 편의 법어가 웅본 본묘사에
전하는데, 그 가운데 이 유필이
내용이나 필법으로 보아
가장 뛰어난 작품이다.

책사(冊使)로서 두 나라의 싸움을 조정하려 하였다. 그러나 모든 일을 처리함에 있어 위의 품의(稟議)를 얻지 아니하고 결정한 까닭에 마침내 일이 성사되지 못한 것이다.

적 문: 그러면 심노를 또 경주에 오게 하여 서로 만나보도록 하겠는가.

송운 답: 명나라 장수를 내가 어떻게 왕래하도록 시키겠는가. 그러나 내가 장차 나가서 이 뜻을 전달하여 심노가 가지고 있는 생각을 알아보겠다.

적 문: 대사가 내려올 때 산중에서 장군이 서로 만나자고 하는 말을 들었는가.

송운 답: 내가 올 때 산중에서 장군이 만나자고 한다는 말을 듣고 서

울을 잠깐 지나오면서 보게 될는지 혹은 못 보게 될는지 모르고 왔다. 내가 만일 상관이 말하는 뜻을 다 알면 가서 조정에 고하겠다.

적 문: 당신네 조정대부들이 당신이 내려오는 일을 묻지 않은 모양인데, 여러 대관들이 묻고 전송해주어야 할 것 아닌가. 서울을 지나면서 볼는지 못 볼는지 모르고 왔다고 하니 어찌 당신네 나랏일을 알겠는가.

송운 답: 당신은 해외의 원수이며, 나는 방외(方外)의 사슴 같은 승려다. 승려의 몸으로 원수의 집에 들어가는데 어찌 조정에서 여러 말을 시켜 보내겠는가.

적 문: 소서비와 심노가 함께 강화하려 꾀한 일이 마침내 성사되었다고 들었는가.

송운 답: 네가 어찌 모르는가. 나는 상세하게 모른다. 다만 명나라 조정에서 관백을 왕으로 봉한 후 정월 초하루(正朔)도 받들지 아니하고, 자못 공순하지 않은 모양이었다는 말을 들었다. 명나라에서 당신네(淸正)를 왕으로 봉하려 했으면 아마 분쟁 없이 성사되었을 것이다.

이 말에 적은 묵묵부답으로 있다가 말하기를: 5년 전에 서울에서 심유경과 소서비가 화평을 약속할 때 왕자 형제를 돌려보내면 왕이 일본에 건너가서 사죄한다 하여 이것도 태합에게 알렸고, 조선팔도를 일본에 할양한다는 것도 또한 태합에게 알렸기 때문에 일본군이 모두 서울에서 내려가 해안에서 기다린 것이다. 그리고 왕자를 돌려보내고 태합도 5년 전부터 지난 해 8월까지 싸우지 않고 기다렸다. 그런데 국왕은 바다를 건너가 사례하지 않고 또 땅도 일본에 붙여주지 않았으며, 왕자 형제 중에 한 사람도 보내지 않은 채 다만 직품이 낮은 신하를 보내서 사례하는 것같이 하였으므로 태합이 대노하여 사신을 대하지 아니한 것이다.

송운 답: 5년 전에 일본 군대가 서울에 왔을 때 왕자를 놓아보내면 국왕이 바다를 건너가서 사례한다고 한 말은 심노로부터 나왔거나 아니면 행장이 만든 것이다. 일본이 이때 비록 왕자 100명을 잡고서 돌려보내지 않는다 하여 어찌 국왕이 바다를 건너 사례할 리가 있겠는가.

적 문: 당신네 나라는 청정의 은혜가 있는데 그와 더불어 일을 꾀하지 아니하고 도리어 다른 사람과 일을 꾀하니 이는 당신네 나라의 잘못이 아닌가, 명나라가 그렇게 시켜서 한 것인가.

송운 답: 다른 사람과 의논하는 것은 우리가 은혜를 저버리고 그렇게 한 것이 아니며, 또 명나라가 시켜서 그런 것도 아니다. 심유경이 소서와 더불어 4년 전에 약속한 것은 우리가 감히 알지 못하였다.

적 왈: 이후 서로 의논한 것은 마땅히 조선종이에 써서 도장을 찍어라.

송운 답: 아니다. 우리들의 말이 공론(公論)으로 정해지더라도 되고 안 되는 것은 하늘에 있고, 옳다 그르다 하는 것은 우리 조정과 당신네 장군에 달렸다.

적 왈: 강화를 하지 않으면 일본군이 가득히 바다를 건너 밀고 들어와 불태울 것이다. 그러면 조선은 바로 초토가 되어 산으로 달걀을 누르고 빗자루로 티끌을 쓰는 것같이 될 것이다.

송운 왈: 병가(兵家)의 승패는 실로 미리 알기 어려우니 멸망의 화는 누구에게 있을지 모른다. 너희 군사가 바다를 건너 물밀 듯 들어와도 명나라 대병과 우리의 병마가 어찌 바다를 건너온 군사보다 못하겠는가.

적 왈: 태합의 속셈은 왕자 두 사람 가운데 임해군 한 사람이라도 바다를 건너 태합 전하에게 사례하면 천하는 태평하게 될 것이다.

송운 왈: 왕자가 바다를 건너는 것은 어려울 것 없겠지만 의리상 불가능한 일이다. 왕자의 일신으로 논한다면 바다를 건너가 태합에게 사례

하는 것이 무방할 것 같지만 종사(宗社)로서 논한다면 불가능한 일이다. 왕자를 왕의 원수 집에 결코 보내려 하지 않을 것이다. 우리나라 임금은 천자의 명령이 아니면 명나라 조정에도 들어가지 못하는데 하물며 바다를 건너 원수의 집을 볼 면목이 있겠는가.

이날 회담에는 아마 청정의 부장 희팔이었을 것으로 짐작되는 '적'이 상대역으로 나와 청정의 뜻을 관철시키려는 것이었다. 다시 말하면 지금까지 심유경과 소서행장이 추진하였던 명·일 회담 대신 청정과 사명당이 주역이 되어 강화회담을 성사시키자는 것이었다. 이를 위해서는 왕자 한 사람을 도일시켜 관백에게 사례하는 것이 선결조건이며, 이러한 내용의 문서를 작성하여 쌍방이 도장을 찍자는 것이었다. 만일 이 일이 이루어지지 않아 강화가 실패하는 날이면 일본군이 대거 재침하여 조선은 불바다가 되어 전국이 초토화 될 것이라고 협박하였다.

이에 대하여 사명당은 왕자가 풀려난 것은 사적으로 고마운 일이지만 '일본은 조선의 원수'이기 때문에 왕자가 일본으로 건너가 사례한다는 것은 이치에 맞지 않은 일임을 분명히 하고, 자신은 승려로서 정식 사신이 아니므로 공식문건에 날인할 수 없다고 거절하였다. 이 자리에서 사명당은 '일본이 조선의 원수'라는 말을 두 차례나 반복하면서, 만일 일본이 재침해오더라도 명나라의 대군과 조선의 병마가 있으니 전쟁의 승패는 모를 일이라고 저들의 협박에 맞섰다. 그러나 사명당은 이 회담을 통하여 일본군의 재침이 있으리라는 것을 예감하고 무거운 마음으로 발길을 돌리지 않으면 안 되었다.

10
7년전쟁의 끝

"원수의 푸른 장막에 밤은 쓸쓸한데
조두(刁斗)는 소리 없고 달은 나직하네.
장한 뜻 펴지 못한 채 해 저문 것 놀라니
손에 큰 칼 들고 귀뚜라미 소리 듣네."

민족의 결전을 호소하다

체찰사 이원익은 사명당으로부터 적의 동향이 매우 위급한 상황이라는 보고를 받고 장계를 올리면서 동시에 사명당에게 서울로 올라가 직접 조정에 보고할 것을 지시하였다. 이러한 보고를 접한 비변사에서는 4월 12일자로 선조께 다시 아뢰기를 "오늘날 적세의 동태가 급박하여 아침에도 보전하기 어렵고 저녁에도 보전하기 어렵게 되었습니다. 송운이 돌아와 5월에 적이 대규모로 바다를 건너온다는 말이 있다 하고 또한 나라 안에 둔을 치고 있는 적이 이에 발맞추어 움직이며 흉측한 비밀을 모의하는 일들은 실로 측량하기 어렵다 합니다"라고 하고 있다. 다음 날은 영의정 유성룡이 사명당의 말을 인용하여 "울산에 가등청정의 배 500여 척이 바다 입구에 정박해 있어 마치 성곽과 같은데 화공으로 치면 가능할 수도 있다"고 하고 또한 "김태허(金太虛)가 100여 명을 거느리고 물가에 있는데, 왜적이 이를 바라보고 웃으며 '저들이 무엇을 하겠는가. 지금은 양식을 마련할 형편이 못 되어 지체하고 있으나 추수를 하면 반드시 움직일 것이다"라고 하였다. 이리하여 조정 대신들이 사명당이 보고한 내용을 중심으로 논의를 거듭하였다.

이러한 여러 가지 위급한 상황에 직면하여 사명당은 그가 적진에서 직접 보고 듣고 생각한 바를 국왕에게 직소할 필요가 있음을 느끼고 상소문을 작성하였다. 이보다 먼저 올린 「갑오상소」와 「을미상소」에 이어 이 「정유상소」는 세 번째로 작성된 것이었다. 일촉즉발의 위기 상황에 직면하여 우리 민족 전체가 어떠한 자세로 임할 것인가 하는 소신을 폐부로부터 토해내는 절규였다. 그러나 이 상소문은 『분충서난록』에는 「송운·청정 문답」과 함께 누락되어 있으며, 『선조실록』에도 그 전문이 실려 있는 것이 아니라 안타깝게도 '전 첨지중추부사 승려 유정이 상소하였는데 그 대략'을 초록하여 싣고 있다. 청정과 협상한 내용이나 적정의 정탐 그리고 이들을 기초로 하여 작성한 두 차례의 상소문 등은 그 원고들이 남아 『분충서난록』을 편찬할 때 주요 자료로서 수록되었으나 「정유상소」만은 저처럼 위급한 상황에서 작성되었던 까닭에 그 원고가 미처 보관되지 못했던 모양이다. 이제 『선조실록』 정유년 4월 13일조 상소의 초록문을 번역하여 전문 인용한다.

왜적이 지금 병력을 보강하여 변경에 둔치고 있으면서 떠나지 않고 있습니다. 강화를 할 것같이 하면서도 하지 않고 군사를 움직일 것같이 하면서도 움직이지 않은 채 위협과 공갈을 못하는 것이 없으니 저들의 숨은 뜻은 앞으로 중국을 침범하는 데 있습니다. 이제 그들의 말에 '조선이 이미 황윤길 등을 보내어 공물을 바치고 항복을 빌었으니 이는 벌써 우리에게 신하 노릇을 한 것이므로 우리의 말을 따르지 않는 것이 없어야 한다. 그런데도 길을 빌리자는 말만은 듣지 않아 이것이 서로 사이가 벌어지는 단서가 되었으니 잘못은 조선에 있다'고 합니다. 통분한 마음 어찌 끝이 있겠습니까.

왜승 청한(淸韓)이라는 자가 중국 산천의 평이하고 험난한 곳과 도로

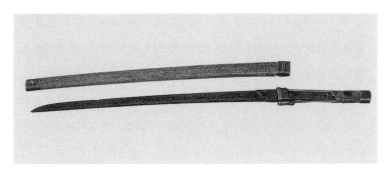

선조의 하사품으로 전해지는 사명당의 지휘도. 전장 59센티미터, 표충사 소장.

의 원근 및 군병의 다소를 묻고 또 '명나라 사람은 둔하고 겁쟁이다'
하기에 신이 말하기를 '우리들은 다 같이 방외(方外)의 사람이니 선가
(禪家)의 이야기만 나누어야 할 것이요, 중국의 일은 그대나 내가 논할
바 아니다'라 하였더니 잠자코 있었습니다. 신이 전번에 들어갔을 적에
는 왜승 일진과 이야기를 나누었는데 이번에는 없어 그가 간 곳을 물었
더니, 즉시 일진의 편지를 꺼내어 보여주었습니다. 편지에는 '5월에
대군(大軍)이 출병하는데 내가 따라갈 것이다'는 말이 있었는데, 이 말
은 겁주려는 말이 아닌 듯싶습니다. 현재 세상의 인심이 대개가 대수롭
지 않게 여기고 있어 더러는 적이 반드시 오지 않을 것이라고 하니, 신
은 실로 마음 아프고 답답합니다.

　신의 어리석은 생각으로는 오늘의 형편이 싸워도 위태롭고 싸우지
않아도 역시 위태로우니, 그와 싸우지 않아도 위험할 바에는 성을 등지
고 한번 싸움을 하여 승패를 결판짓는 편이 더 낫겠습니다. 더구나 현
재 적의 수효를 보면 1만여 명에 지나지 않고 또 나이 젊고 정예한 자
를 보면 모두가 우리나라 사람이었습니다. 신이 출입하는 것을 보고는
슬픔과 기쁨을 얼굴에 나타내는가 하면, 더러는 우리나라 사투리로 신

을 부르며 '나는 서울 아무 방(坊)에 있었고 나는 아무 고을에 있었는데 적의 위협을 받고 이렇게 되었다'고 하였으니, 적이 우리나라 백성을 발판으로 하여 위세를 부리고 있다는 것을 여기에서 알 수 있습니다. 그러므로 우리나라 서울과 지방의 출신무사(出身武士)로서 활 잘 쏘는 정병과 지금 서울에서 훈련하는 포수들을 가려뽑으면 그 수가 반드시 4~5만 명은 될 것이니 병사가 적다고는 할 수 없습니다.

지금 군량이 떨어지기 전에 남으로 내려가 적을 몰아치면서 한편으로는 수군으로 거듭 증강하는 일본의 군사를 차단하고 다른 한편으로는 육로로 덮쳐 적의 소굴을 쳐부신다면 신 또한 다소의 의병을 이끌고 팔뚝을 걷어부치고 칼날을 무릅쓰면서 한 번 치열한 싸움을 벌임으로써 만에 하나라도 성은에 보답할 것을 기약하겠습니다. 만일 이번 기회를 놓치고 수 개월이 늦어지면 적의 대군이 바다를 건너와 몇 걸음만 전진해도 무너지고 흩어지게 될 형세가 한 달 앞에 박두했습니다. 그런데도 조정과 백성은 상하가 모두 우물쭈물 팔짱만 끼고 시일만 보내면서 혹시나 강화의 일이 이루어지기만을 바라고 있습니다. 그러다가 한 번 순조롭지 않다는 변방의 위급한 보고가 있으면 허둥지둥 미처 피해 달아나지 못할까 두려워하고 변보가 다급하지 않으면 마음을 놓은 채 아무 걱정도 하지 않으니, 신은 실로 마음 아프고 답답합니다.

왕자께서 바다를 건너게 해달라는 적의 흉계가 여기에서 그치지 않을 뿐만이 아니며 또한 여기에 그쳐 무사하리라는 보장도 없습니다. 점차 위협하고 끝없이 책임을 추궁하여 장차 차마 말하지 못할 지경까지 몰고 가서 저들의 말이라면 감히 조금도 어기지 못하도록 만듦으로써 마침내 중국으로 가는 향도가 되도록 한 뒤에야 그만둘 것입니다. 생각이 여기에 이르니 간담이 갈기갈기 찢어지는 듯하여 차라리 당장 죽어서 아무것도 모르고 싶은 심정입니다.

오늘날 인심이 이완되어 모두가 도피할 생각만을 품고 있어 농사철이 다 지나가고 있는데도 씨 뿌릴 뜻이 전혀 없으니, 이는 민력이 고갈된 데다가 온갖 부역에 지쳐서 항심(恒心)을 잃은 탓입니다. 도둑이 일어날 조짐이 있으며, 여름이 아니면 반드시 가을에 적병도 움직일 것입니다. 그런데도 하루빨리 국가를 튼튼하게 하고 외적을 방어할 계획을 세우지 않고서 신같이 모난 자로 하여금 흉적의 속으로 왕래만 시킨다면 수많은 말들만 늘어놓아 수모만 더할 뿐이지 일의 중요한 고비에 무슨 보탬이 되겠습니까.

삼가 원컨대 전하께옵서는 깊이 오늘의 정세를 살피시고 혁연히 분발하시어 급히 윤음(綸音)을 내리시옵소서. 또한 체찰사와 원수와 통제사와 여러 신하들을 타일러서 각각 반드시 죽을 생각으로써 한번 나아가 싸우기를 결정하면 종사와 국가를 위하여 다행이겠습니다.

위 인용문은 우리 민족이 총궐기하여 왜적을 상대로 하여 전면 전쟁에 돌입하자는 것이었다. 현재 상태에서는 아군과 적군의 수를 비교하면 우리 측이 우세하다는 주장으로 당시 평화교섭의 진전으로 말미암아 많은 수의 왜군이 철수한 상태이므로 이를 추산해보면 대개 1만 명 정도가 잔류하고 있다는 것이다. 이에 비하여 우리가 동원할 수 있는 군대의 수는 약 4~5만 명에 달하며, 또한 적군에 붙잡혀 있는 우리 청소년들이 상당한 수가 있어 공방이 시작되면 그들의 내응(內應)을 얻을 수 있으리라는 것이다. 그리고 기왕 전쟁을 하려면 빠른 시간에 해야 유리하다는 주장이다. 현재로서는 군량도 준비되어 있어서 날쌘 군대로 하여금 한편에서는 바다에서 적국으로부터 오는 증원군을 차단하고, 또 한편에서는 육로에서 왜성을 급하게 내려치면 승산이 있으나 만일 상하가 평화교섭만을 믿고 이 좋은 기회를 놓치게 되면 이러한 호기는 다시는 돌이킬 수 없게 될 것이라는 것이다. 따라서 지금으로서는 일전을 위한 국왕의 조속한 결단과 하명만이 요청된다는 것이었다.

사명당의 이러한 주장에서 주목할 것은 명나라 원군에 대한 언급이 없다는 점이다. 여기서 만일 명나라의 지시를 받는다든지 처음부터 원군의 도움을 기대하다가는 시간만 지연되어 절호의 기회를 놓치게 될 것이라는 판단이 섰기 때문이다. 심유경과 소서행장 사이의 명·일 강화협상이 실패한 경우를 염두에 두었음이 분명하다. 민족의 역량을 총동원하여 주체적 결전을 통하여 승리를 가져오자는 주장이었다.

위에서도 언급한 바와 같이 앞선 두 차례의 상소는 주로 백성을 보호하고 부조리한 사회의 제반 제도를 개혁하자는 주장이었던 반면에 이번 「정유상소」는 전면적이고 즉각적인 결전(決戰)의 필요성을 역설한 것이다. 먼저 상소와 뒤의 상소에서 대사의 주장이 상이하였던 것은 그 처한 전쟁 상황의 차이에 따라 대응책도 달라야 했기 때문이다. 다시 말하면 양측이 장기적으로 대치한 상태에서 먼저 회담에서는 그의 교섭에 임하는 기본 입장이 침략의 부당성을 비판하는 원칙에 서서 한편으로는 적의 정세를 파악하면서 다른 한편으로는 청정을 부추겨 조선에 불리한 명·일 강화회담을 방해하는 데 역점을 두었다. 그리고 회담을 마치고 올린 두 차례의 정탐보고 역시 국제정세에 어두웠던 조선 조정에 이를 일깨워 주는 역할을 하였으며, 이에 기초하여 작성한 갑오·을미 상소문은 나라의 내부적 부조리를 개혁하여 부국강병을 이룩하자는 주장이었다. 이들에 비하여 마지막 정유년의 회담과 상소는 사정이 달랐다. 일본이 재침을 감행하겠다는 일방적 통고에 대한 유일한 선택은 일본의 증원군이 오기

전에 민족 주체적 역량을 총동원하여 열세인 적의 소굴을 먼저 급습함으로써 승기를 잡는 길뿐이라는 것이었다.

사명당의 「정유상소」에 대하여 당시 조정 사대부 관료의 입이라 할 수 있는 사관의 평가는 어떠하였는가. 상소문의 끝에 붙인 사관의 평어를 들어보자.

사신은 논한다. 유정이 일개 중으로서 동반(東班)의 관직을 제수받기까지 하였으니 관작(官爵)의 외람됨이 심하도다. 그가 말재주가 조금 있기 때문에 여러 차례 적의 소굴에 들여보내어 적의 정세를 정탐하여 오게 하였는데, 이번에 갔다와서는 이내 적을 토벌해야 하는 의리를 개진한 것은 흉적의 정상(情狀)을 자세히 알았기 때문이다. 난리를 겪은 이래 묘당(廟堂)의 여러 신하들이 한결같이 위축되어 더러는 강화의 의논을 빌어 기미책(羈縻策)을 꾀하고, 더러는 훈련을 핑계하여 뒷날을 도모하려는 등 구차스레 그럭저럭 하는 사이에 6년이 벌써 지났는데, 한 사람도 의리에 의거하여 태도를 결정하려는 계획을 바쳤던 자는 없었다.

유정의 상소는 말에 조리가 있고 의리가 발라서 당시의 병통을 적중시켰으니 육식자(肉食者, 사대부 관료)들이 어찌 부끄러워하지 않겠는가. 이 때문에 특별히 기록한 것이니 이는 그가 승려라고 해서 그 말까지도 폐하지는 않겠다는 뜻이다.

위 사관의 평어에서 사명당이 '말재주가 조금 있었다'거나 상소문에 '말에 조리가 있고 의리가 발랐다'고 하여 후한 점수를 매기고 있기는 하다. 그러나 이 상소문을 뛰어난 문장으로 평가하는 데 그칠 일이 아니라 행간에 넘치는 생민의 안전을 도모하려는 구세제민의 뜻을 읽어야 할 것이었다. 일본의 재침이 움직일 수 없는 사실이라는 인식에 이르러 중국의 눈치까지 볼 필요 없이 일전을 불사하는 최후의 수단만이 우리의 살길이라는 것이었다. 이는 일상적 관념의 군더더기를 벗어난 직관적 통찰력의 소산이었다. 당시 적진의 정황을 한눈으로 읽고 그 정곡을 꿰뚫은 일갈이라 해도 지나치지 않을 것이다.

그러나 나랏일을 총체적으로 책임지고 있는 위정자의 입장에서는 이러한 극단의 처방을 택하기에는 위험부담이 적지 않았다. 사명당의 일전 불사론에 대한 조정 대신회의에서 유성룡은 "우리에게 칠 만한 세력이 없이 치다가 만일 이로 인하여 적의 분노를 돋우어 보복의 계획을 세운다면 또한 막아낼 형편이 못 됩니다. 우선 중국군이 오기를 기다리는 것이 좋겠습니다"라며 반대의견을 내었다. 전후의 사정을 고려하고 백에 하나라도 준비에 미흡한 점이 있다면 차선책을 쓰는 것이 국가적 위기관리의 요체일 수도 있을 것이었다. 하지만 '천 번 생각에 한 번 실수'의 안타까움이 남는 대목임도 숨길 수 없는 사실이다.

형장의 이슬로 사라진 명사 심유경

심유경과 소서행장이 중심이 되어 추진해온 명·일 강화회담이 파국을 맞자 명나라는 명나라대로 제국의 위신을 손상시켰다 하여 그 주동자 처벌이 논의되었다. 심유경은 물론이고 심을 발탁하여 평화교섭의 뒷받침을 해온 병부상서 석성이 그 1차 대상이었다. 이종성에 이어 석상서의 지시와 후원을 입어 충실한 책봉사 역할을 해온 양방형까지도 본인이 그 책임을 면하기 위하여 강화회담의 모든 책임은 석상서에게 있다고 전면에 나서 공격하여 파직시키는 데 공을 세웠다. 그리고 자기는 사신으로서 챙긴 선물을 포함하여 수많은 행장(行裝)을 운반하는 데, "인부가 1천 명에 이르고 말도 8~900필이어서 남방의 백성이 쓰러져 죽은 자가 많다"고 국왕과 신료들이 한탄할 정도였다(선조 30년 4월 13일).

심유경이야 더 말할 것이 없었다. 그는 본래 관인출신이 아니라 순전히 화의를 위한 목적으로 발탁된 인물로서 이제 일본과의 교섭 자체가 파국을 맞았으니 오갈 데 없는 신세가 되었다. 이러한 처지에서 책봉부사로서 복명하러 귀국하겠다는 사람을 행장은 "청정을 꼭 죽여야 하겠으니, 노야께서는 귀국하지 말고 남원으로 가서 나를 도와달라"고 매달리니 이를 뿌리칠 수도 없는 입장이었다(『선조실록』 30년 3월 8일). 행장으로서는 아직도 조선 왕자를 인질로 보내야 한다는 협상 문제를 가지고 청정과 경쟁하려는 의도였으니 심으로서도 여기에 혹시 살아날 어떠한 방법이 생길지 모르는 일이었다.

소서행장은 풍신수길로부터 정유재침에서 새로운 전공을 세움으로써 명·일 교섭의 실책을 만회하라는 명을 받은 뒤 조선으로 건너와 두 가지 방면에 주력하였다. 하나는 조선의 왕자를 인질로 일본으로 보내는 일이며, 다른 하나는 일본 해군의 진로를 막고 있는 수군통제사 이순신을 어떤 수단을 동원하여서라도 제거하는 일이었다. 이 가운데 이순신을 제거하기 위한 방법으로 그는 우선 조선의 동·서 당파싸움을 이용하는 것이 첩경이라 생각하였다. 이리하여 통사 요시라(要時羅)를 조선 측에 간첩으로 보내 이순신으로 하여금 정월 7일 바다를 건너오는 청정을 해상 길목에서 맞아 치도록 하는 음모를 꾸몄다. 그러나 이순신이 이 음모에 말려들지 않자 반대파에서는 '순신은 베어야 한다'(舜臣可斬)는 상소로 여론화하여 결국 2월 3일 이 장군의 서울 압송이 있게 되었고, 이에 따라 원균(元均)이 수군통제사로 대치되었다.

한편 사명당은 청정과의 회담 결렬로 상소를 올린 다음 4월 들어 남원 지방으로 내려갔다. 청정이 임해군 앞으로 보내온 편지와 후추 등의 선물에 대한 답서를 대신 작성하고, 또한 명나라 책봉사신 심유경을 만나 청정에 대한 대책을 논의하기 위해서였다. 『선조실록』 30년 4월 17일조에 따르면 사명당이 비변사와 의논하여 청정에게 보낸 편지는 대개 다음과 같은 내용이다.

지난번 영중(營中)에 들어가서 좋은 말까지 많이 들어 큰 위로가 되었소. 산인(山人)은 말 타는 데 익숙지 못하여 경주지방에 이르러 말에서 떨어져 팔이 부러졌소. 간신히 침을 맞고 조금씩 몸을 이끌며 전진하여 서울에 돌아왔으나, 임해군은 마침 명나라 장수가 평양에 도착하여 만나보기를 청하므로 서둘러 평양에 가느라 창졸간에 고맙다는 편지도 쓸 겨를이 없었소. 다만 좋은 매 3연을 가지고 후의에 보답하고자 하니 바라건대 장군은 양해하시오.

지난 번 만나 논의한 일에 대해서는 우리나라에서 마음대로 할 수 없으며, 명나라에서 바야흐로 전쟁이 그치도록 하라는 명령이 있었기 때문에 우리나라의 100가지 일을 명나라 황제가 처결해주기를 기다리고 있소. 바라건대 장군은 우리가 독단할 수 없는 처지이니 갑자기 요구하지 말고, 천시(天時)를 관찰하고 민정(民情)을 살펴서 전날 밤 산인의 간곡한 정성을 깊이 생각하여 준다면 큰 다행이겠소.

심천사(沈天使)는 남원에 머무르고 있으니 장군이 하고 싶은 일이 있다면 서로 모의하는 것은 나쁠 것이 없으므로 산인은 장군의 뜻을 전하여 고할 것이니 그렇게 아시오. 매는 본도에 글을 보내어 구해 보내도록 하는 것이 어떨까 합니다.

편지 내용 가운데 임해군이 명나라 장수를 만나러 평양으로 갔다는 이야기는 꾸며낸 말이다. 사명당은 서울을 떠나 4월 28일에 남원으로 가서 심유경을 만나 대담하였는데, 심의 접반사는 일본에 통신사로 갔다온 황신으로서 이 자리에 함께 동행하였다.

심유경은 여러 가지 불편한 심경으로 사명당을 만나 먼저 늦게 온 이유를 따져 물었다. 이에 사명당은 말에서 낙상하여 치료한 뒤 서울에 가서 여러 날 조리하다가 늦었음을 말하자 그는 "청정이 진작 나를 보고자 했다는데 왜 일찍 말하지 않았는가? 내가 만일 일찍 그 소식을 들었다면,

혹 사람을 뽑아 청정에게 보내서 그들이 무슨 짓을 하고 있는지를 보게 한 다음 조치하였으면 좋았을 것이다. 그러나 이제는 너무 늦어 기회를 놓쳤으니 너무나 한스럽다"며 원망을 늘어놓았다. 그는 계속하여 말하기를, "(송운은 가등에게) '우리나라의 일은 명나라 조정에 품의하므로 우리나라에서 관리하지 못한다'고 하기보다는 차라리 '나는 심노와 의논한다'고 했더라면 좋았을 것이다. 송운이 사람을 시켜 청정에게 나를 먼저 만나보자고 하게 한 연후에 내가 가야 반드시 서로 믿을 것이요 또한 체면도 설 수 있을 것이다" 하였다. 이에 사명당은 별다른 대꾸를 하지 않았으나 사실은 청정과 심유경의 회동이 반드시 필요한 일이 아님을 잘 알고 있었다. 그래서 다만 "청정은 처음 이달 13일에 기별을 보낸다고 약정하였는데, 이미 17일이 지났으므로 너무 늦었지만 이 중요한 시기에 일을 그르칠까 염려되니 노야(심유경) 측 사람과 우리 사람을 그에게 보내도록 합시다"라고 하며 헤어졌다.

사명당은 심유경을 만난 뒤에 다시 도체찰사 이원익과 만나 일을 상의한 다음 청정에게 사람을 보내어 회견을 요청하기로 하였다. 그리고 5월 15일 장희춘이 서생포에서 희팔과 만나 송운과 심유경이 경주에 와서 만나도록 하자는 내용으로 두 사람에게 보내는 청정의 답서를 가지고 남원으로 돌아왔다. 그 무렵 서생포 청정의 군영에서도 사명당이 빨리 오기를 기다리고 있었다. 도원수 이원익이 치계한 내용에 따르면, 5월 4일 염포 후망 군관 박암손이 와서 말하기를 "오늘 사시(巳時)에 왜군 진영에서 배 한 척이 서생포로부터 염포 해구를 향해 오기에 가서 물었더니, 왜인 열 명이 와서 '송운대사는 오지 않고 있으며, 조선 사람이 왜인을 살상하거나 생포하고 있기 때문에 이 편지를 가지고 왔다'고 하였다"는 것이다. (『선조실록』 30년 5월 12일조)

이와 같이 청정은 청정대로, 심유경과 행장은 또한 그들대로 사명당을 잡고 자기들이 중심이 되어 강화 담판을 주도하겠다고 서두르고 있었다. 그러나 사명당으로서는 지난 번 회담에서 그들이 원하는 왕자 인질과 같은 조건의 협상이 불가하다는 점을 분명히 밝혔을 뿐만 아니라 조정에 대해서도 민족 주체적 일전불사의 의견을 개진하였다. 따라서 이 시점에서는 저들의 비위를 건드려 일을 망치면 안 된다는 생각 외에는 없었고 저들 양자의 경쟁적 외교전술에 말려들고 싶지는 않았다. 조정으로서도 역시 사명당의 그러한 생각과 다르지 않았다.

실제로 당시 객관적인 정세는 전쟁을 향해 한발 한발 다가가고 있었다. 일본군과 중국의 원군이 속속 한반도로 몰려드는 가운데 전운은 점점 짙어가고 화의는 멀어가는 상황에서 심유경의 처지는 더욱 난처하게 될 수밖에 없었다. 접반사 황신이 올린 서장(書狀)에서 "책사가 신을 불러 '내가 연일 골치가 아파 번민을 견딜 수 없는데, 이는 바로 당신네 나라의 일 때문이다. 당초 내가 송운을 만나서 약속하기를 청정의 진영에서 나와 돌아갈 때는 꼭 나를 만나고 가라고 하였더니 ……" 하여 과거의 일을 들추어 지난 일로 사명당을 원망하거나, 또는 "요사이 책사가 송운의 일로 인하여 불편하고 화내는 말들이 많습니다"(『선조실록』 30년 5월 23일조)라 하여 사명당과 심유경이 한자리에 만나는 일이 무익하므로 피하는 것이 좋을 것이라는 주문을 하고 있다. 얼마 후 심유경은 본국으로 소환되어 형부(刑部)로부터 "심유경은 시정(市井)의 무뢰한으로서 외국과 비밀히 통하여 일본 사람들이 책봉해주기를 바란다고 하였다. 이리하여 변경을 철저하게 지키는 우리 군대를 저지시키려 획책하여 나라를 모욕하고 그 위엄을 손상시켰다. 참수형에 처하는 것이 마땅하다"고 죄를 추궁받고 형장의 이슬로 사라졌다.

조선 조정으로서는 임진왜란 초기부터 명나라 원군의 파견과 평화교섭으로 일본군의 평양성 철수 등에 공이 있는 석상서와 심책사에 대한 명나라의 논죄(論罪)에 왈가왈부할 수는 없었으나 연민의 정을 금할 수 없었다. 선조는 '양방형이 자기 죄를 변하기 위하여 석상서에게 잘못을 돌리는 일'을 안타깝게 여겼으나 신료들은 중국에서 하는 일에 참견하는 것이 우리에 불리하다는 이유로 공론화시키지 말자고 권유하였다.

그러나 나라의 은혜에 대한 고마움은 후세에 이르기까지 뜻있는 이들에게 전승되었다. 조선후기의 실학자 이익은 『성호사설』「인사문」에서 "임진재조(再造)의 공은 마땅히 석성이 으뜸이고, 이순신이 그 다음이며, 이여송은 또 그 다음이다"라고 하였다. 그리고 일반 민간에서는 석상서의 은혜를 찬양하기 위하여 역관 홍순언(洪純彦)의 미담(美談)이 누군가에 의하여 만들어져 이것이 널리 회자되었다. 즉 홍순언이 명나라 원병을 청하러 가서 청루(靑樓)의 기생을 구해주었는데, 그녀가 후에 병부상서 석성의 소실이 되었던 인연으로 석상서가 조선의 원군 파견에 크게 도움을 주었다는 이야기가 그것이다. 어떻든 조선으로서는 석상서나 심책사에게 적지 않은 빚을 진 것은 사실이었으나 그들을 위해 할 수 있는 일은 아무것도 없었다.

다시 전쟁의 소용돌이로

정유년 3월에 사명당은 일본 측의 재침 위협 속에서 가등청정과 제3차 서생포 회담을 하였으며, 이에 기초하여 결전을 건의하는 「정유상소」를 올렸다. 그 동안 그는 남한산성에서 서울과 서생포 등지를 오가며 바쁜 나날을 보내다가 서생포 회담의 결렬 후에는 팔공산성으로 돌아와 계속 머물렀다. 이때부터 성의 완결공사를 서둘렀는데, 축성하는 일은 그의 부장 신열이 전적으로 맡아 진행하였다.

앞에서 본 바와 같이 지난 겨울 명·일 강화교섭이 파기되어 명과 조선의 사신들이 일본으로부터 쫓겨나오고, 조선에 남아 있는 일본 군대가 철수하지 않고 있는 등 이상기류가 감도는 암담한 분위기 속에서 정유년 초부터 팔공산성은 분주하게 움직였다. 순찰사 이용순이 먼저 일가권속을 성안으로 데려온 것을 필두로 하여 청송부사 박유인(朴維仁), 의성현령 여대로(呂大老), 의흥현감 이대기(李大期), 신령현감 손기양, 하양현감 문관도(文貫道), 경산현령 조형도(趙亨道) 등 지방 수령들의 가족이 속속 성안으로 들어왔다. 또한 성안에 있던 창고를 개축하여 군량미 1만 여석을 운반하여 비축하는 등 성의 수비를 위한 준비를 몇 달 내에 끝마쳤다. 그리고 인근의 경주부윤 박의장(朴毅長), 울산군수 김태허(金太虛), 영천

군수 홍계남(洪季男), 방어사 권응수(權應銖) 등에게 나가 싸우고 들어와 수비하도록 하기 위하여 각기 군막을 성안에 마련해주는 등 만전을 기하였다.

한편 우리 조정에서는 북경으로 행호군 권협(權俠)을 파견하여 원군을 요청하였다. 이에 명에서는 3월 12일 원군 파견을 결의하여 부총병 오유충(吳惟忠)에게 남병(南兵) 3천여 명을 주어 선발대로 보낸 데 이어 양호(楊鎬), 마귀(麻貴) 등 여러 장수에게 5만의 군사를 거느리고 압록강을 건너게 하였다. 5월 8일에는 총병 양원(楊元), 6월 14일에는 오유충, 7월 3일에는 마귀가 차례로 입국하여 각 처로 배치되었다.

일본은 연말연시부터 행장과 청정의 군대가 바다를 건너와 머물고 있었으며, 나머지 군대도 6월부터 차례로 재침을 위해 도해를 서둘고 있었다. 즉 6월 24일에는 모리수원(毛利秀元)이 그리고 6월 29일에는 소야천수추(小野川秀秋)가 명호옥(名護屋)을 출발하고, 7월 7일에는 태전일길(太田一吉)과 장정아부원친(長曾我部元親)이 부산에 도착하였다. 그밖에도 7월 중순까지 대부분의 일본군이 차례로 도착하여 남해안에 남아 있던 병력과 합해 총 14만여 명의 대군을 형성하였다. 이러한 가운데 그 주력은 전라도 방면으로 향하여 7월 중순에는 먼저 거제도 수군통제사 원균을 공격하여 패퇴시킴으로써 전국을 다시 불안과 공포의 도가니로 몰아넣고 있었다.

조정에서는 당초 적의 재침이 있을 경우 경상도를 경유할 길을 세 갈래로 예상하고 이에 대비하였다. 즉 좌로는 경주와 청송·안동 및 죽령이고, 중로는 밀양·대구·청도·인동·상주·문경 및 조령이며, 우로는 의령·성주·선산·금산·황간·영동을 통하는 것이었다. 밀양과 대구는 중로에 해당하였으므로 경상우병사 김응서는 이 지역의 방어를 위해 청야작전으로 대비할 것을 건의하였다. 이에 따라 대구의 팔공산을 중심으로 창녕의 화왕산성과 삼가의 악견산성 그리고 안음의 황석산성(黃石山城) 등이 그 방어의 중심 지역이었다. 팔공산은 경상도 순찰사 이용순에게 지키게 한 것을 비롯하여 황석산성은 조방장 김해부사 백사림(白士林), 악견산성은 경상우병사 김응서 그리고 창녕 화왕산성은 의병장 곽재우(郭再祐) 등에게 각각 지키도록 하였다.

한편 정유재침의 주력부대는 밀양·창녕·거창을 거쳐 전라도 방면으로 향했다. 우군의 선봉 가등청정은 7월 25일 서생포를 출발하여 모리수원과 흑전장정의 군과 합세하여 밀양을 거쳐 창녕으로 진출하였다. 방어사 곽재우는 밀양·영산·창녕·현풍의 군사를 이끌고 화왕산성으로 들어가 7월 21일 '죽음을 맹세코 적을 막는다'(誓死禦賊)는 취지로 회맹을 가졌다. 이어 가등청정이 도착하여 1주야 동안 대치하였으나 완벽을 기한 산성 수비에 제대로 공격 한 번 해보지 못하고 방향을 돌리고 말았다. 그들은 동 8월 16일 거창으로 나가 전주로 통하는 요충지인 황석산성을 치니 백사림은 도망가고 안음현감 곽준(郭逡)과 함안군수 조종도(趙宗道)는 순사하여 성이 함락되었다.

당시 사명당은 신열과 함께 영남의 중심에 해당하는 대구 팔공산 축성을 끝내고 경상도 순찰사 등 인근 지역 행정수장들과 함께 계속 남아 성의 수비에 가담하고 있었다. 그는 정유년 왜의 재침군을 먼저 여기서 맞아 싸울 준비를 하고 있었다. 그러나 사명당과 함께 왜적과의 첫 전투를 치른 손기양은 팔공산의 전투가 예상한 대로 대규모로 이루어지지 못하고 소규모 전투로 끝날 수밖에 없었던 배경과 과정을 상세하게 기록하여 울분을 토로하고 있다. 「공산지」에 따르면 7월 한산도 수군이 패퇴한 데이어 8월에 황석산성이 무너지자 순찰사 이용순은 매우 두려워하여 성을

오한 손기양의 「공산지」.
사명당의 고향 후배인 손기양은
당시 신령현감으로서 팔공산 축성과
냉천승첩을 사명과 함께 하고
그 시말을 기록했다.

지킬 뜻이 없게 되었다. 이리하여 여러 장수들에게 군사를 나누어 이끌고 성을 나가도록 하였다. 이에 "유정은 극도로 간하였으나 듣지 않을 뿐 아니라 오히려 화를 내면서 성을 나갔다"고 한다. 다음은 순찰사가 그 다음에 취한 거동에 관한 「공산지」의 서술이다.

순찰사는 달성에 이르러 적이 밀양에서 청도로 향한다는 말을 듣고 군사를 독촉하여 바로 오동원(梧桐院)으로 향하였다. 장수 가운데에서 용맹하고 건장한 자를 보내어 팔잠현(八岑峴)에서 차단시키도록 하고, 순찰사는 골짜기 어구에 주둔하였다.

나는 유정(惟政)과 함께 냉천(冷泉)까지 따라가서 그 거동을 관망하였다. 장수들이 겨우 팔잠에 도착해서 적의 영성한 무리들이 고개 아래

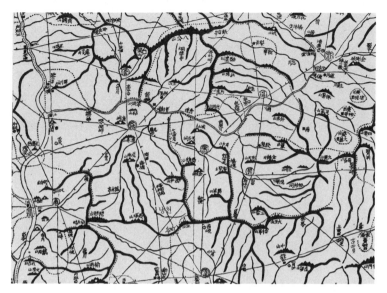

대동여지도 상의 팔공산과 냉천지역. 「공산지」의 지명과 지도 상의 지명이
부분적으로 조금씩 다르다.

이른 것을 보고는 깃발을 엎어놓고 병장기를 끌며 엎어지고 거꾸러지
면서 도망쳐 돌아왔다. 순찰사는 적이 곧 당도한다는 소식을 듣고 황급
히 갑옷을 버리고 말에 올라 채찍을 치며 치달려 나갔다. 유정이 길가
에 서서 "순찰사 양반께서는 잘 도망가시오, 나는 여기서 죽겠소"라고
소리쳐도 끝내 돌아보지도 않고 가버렸다.

이와 같이 순찰사 이용순이 거느린 주력부대가 도망친 다음 사명당과
손기양은 남아서 냉천전투를 치르게 되었다. 팔잠현은 대동여지도에 보
이는 팔조령(八助嶺)을 지칭하는 것으로 청도에서 오동원으로 가려면 중
간에 이 고개를 넘어야 한다. 다음은 전투 과정을 기록한 내용이다.

그때 내가 거느린 군졸은 수십 명에 불과하였고, 유정도 10여 명의 승병만을 데리고 왔을 뿐이었다. 여러 장수들이 버린 활과 화살을 주워 모아 먼저 동쪽의 절벽에 자리를 잡고 기다렸다. 적은 우리 병사가 많지 않은 것을 알고 바로 산으로 기어올라왔다. 모두가 힘을 다하여 죽기로 싸우고, 화살이 없어지자 큰 돌을 굴러내리니 적의 사상자가 매우 많았다. 마침 해가 저물었으므로 물러나 산허리에 오니 적 또한 버리고 물러갔다.

이에 유정과 함께 초경산(初更山)에 올라가서 식사도 하지 못하고 밤을 새웠다. 곧 8월 21일이었다.

이때 적군은 불과 수백 명이었다. 순찰사가 거느린 수천의 정예부대가 빠져나간 황량한 들판에서 우리의 병사와 의승군을 합쳐 겨우 수십 명으로 수백 명의 왜군을 상대하여 싸웠던 것이다. 이 기록으로 보아 우리 측은 적이 지나가는 동쪽(여기서는 동쪽이라 하지만 현장 답사를 해보면 북쪽이어야 할 것 같다) 산자락 절벽을 이용하여 공격을 가함으로써 적지 않은 타격을 입혔다. 냉천 인근 산자락의 절벽으로 올라가 매복하였다가 적의 숫자가 많지 않은 것을 확인하고 공격을 감행한 것이다. 그들은 산을 등지고 아군이 버린 많은 양의 활과 화살 그리고 산에 널려 있는 돌을 수습하여 산으로 올라오는 적병을 유감없이 공격하여 많은 사상자를 내며 승리를 거두었다. 그리고 날이 어두워져 적이 물러간 뒤 그들은 초경산으로 깊숙이 올라가 밤을 새웠다. 초경산은 현지에서 직접 확인하기 어려우며, 아마도 대동여지도에 보이는 최정산(最頂山)을 일컫는 것 같다. 최정산은 냉천 전투지역의 맞은편(남쪽)에 있으며, 이 산록에는 사명당과 관련이 있다는 남장사(南長寺)도 위치하고 있다.

박서보의 의승병 전투도, 서울전쟁기념관 소장.

이와 같이 사명당의 적극적이고 과감한 전투적 자세와는 대조적으로 순찰사의 용렬한 도망 행위로 아군의 전투장비의 물질적 손실은 막대하였다. 손기양은 「공산지」에서 냉천전투에 이어 당시의 정황을 이렇게 통탄하고 있다. "아아! 이 날의 적은 겨우 수백 명이었는데 정병 수천 명이 멀리 바라만 보고 먼저 달아났으며, 임진왜란 후에 온 도의 물력이 군기를 새로 만드느라고 다 고갈되었는데 하루아침에 다 버리고 말았다. 팔잠에서 수성(壽城)까지 활과 화살과 창과 검이 길에 널려 있어서 도적들이 가져간 나머지도 오히려 그 수를 헤아릴 수 없었다"며 애석해 하고 있다. 다음날 신령현감인 손기양은 즉시 성으로 돌아왔으나 사명당은 초경산에서 3일 밤을 더 지낸 뒤 돌아왔다. 그리고 팔공산에서는 당분간 아무 일도 일어나지 않았다.

경상도 순찰사의 관아가 있는 팔공산성은 다른 성에 비하여 그 규모가 크고, 또한 거기에 몰려든 지방 수령들이나 인근의 여러 지방 의병장들이 모여 세 차례에 걸쳐 결사항전을 맹세하였던 회맹의 규모도 컸던 것 같다. 제1차 회맹은 병신년 3월 3일 58개읍 총 422명이 가담하였는데, 거기에는 도체찰사 겸 영의정 유성룡, 체찰사 이원익, 경상좌방어사 고언백, 우방어사 성윤문 등이 참여하였으며, 제2차 회맹은 같은 해 9월 28일에 그리고 제3차는 다음 해 9월 22일에 각각 규모와 참여범위를 달리하면서 개최되었다. 이들 회맹은 의병에 가담한 사람들이 기록한 것이라 전적으로 신뢰하기에는 문제가 있으며, 특히 제3차 회맹은 순찰사도 사명당도 모두 떠나고 난 뒤의 일이어서 더욱이 그렇다. 하지만 공산성의 위치나 인적 물적 규모가 이처럼 대단하였음에도 불구하고 사명당이 이끈 소규모의 냉천전투만 있었으니 손기양의 절절한 한탄이 조금도 과장이 아니었음을 알만하다.

냉천전투에서 사명당과 손기양이 상대했던 일본군은 7월 25일 서생포를 떠나 밀양을 거쳐 창녕으로 향했던 가등청정군의 일개 지대였을 것으로 보인다. 그들은 냉천전투에서 패배한 뒤 여기를 빠져나와 어느 지점에서 청정의 본대와 합류하였을 것으로 추측된다.

사명당은 전투가 있기 직전 냉천에서 도망치는 순찰사를 보고 '잘 도망가시오, 나는 여기서 죽겠소'라고 빈정대었음에도 순찰사는 성으로 되돌아왔다. 그는 사명당이 거기서 전사한 줄로 알고 "의사(義士)가 죽었다"고 애석해하면서 애도하는 모습을 보이니, 성안의 승도들은 그 소리를 듣고 소리쳐 울며 떠나가는 자가 줄을 이었다고 한다. 그 다음 날 사명당이 사람을 보내어 순찰사에게 "순찰사는 혼자 하십시오, 나는 가야산에 들어가렵니다" 하자 순찰사는 겸손한 말로 청하기를 마지않았다고 한다. 범인(凡人)이 의인(義人)에게 보인 숨길 수 없는 존경심을 생생하게 표출한 대목들이라 할 만하다.

팔공산성은 순찰사가 이렇게 우왕좌왕하는 사이 힘없이 와해되었으며, 얼마 후 들이닥친 적들에게 짓밟히게 되었다. 「공산지」의 기록에서는 그후의 사정이 다음과 같이 이어지고 있다.

얼마 안 되어 우도를 지키지 못했다는 보고가 왔다. 순찰사는 즉시로 일가권속을 이끌고 산성을 내어주듯이 버리고 떠났으며, 단지 서너 수령이 머물러서 군창(軍倉)을 지켰으나 유정도 떠나갔으니 9월 보름날이다. 청정은 직산(稷山)에서 군사를 돌려 곧바로 상주로 쳐들어갔고, 선산을 거쳐 강을 건너 비안과 군위를 연달아 함락시켰다. …… 성에 남아 있던 수령들은 서로 의논하기를 "우리들이 어찌 양식창고를 위하여 앉아서 죽을 것인가" 하고 모두 성을 버리고 나가버렸다.

25일에 적이 신령에 이르러 수도사(修道寺)를 거쳐 성 안에 들어와서 군기를 내어가고 관사와 집과 창고를 모두 불태웠으며 그날로 돌아갔다. ……

한번 싸워보지도 못하고 성이 고스란히 적의 수중으로 넘어가 불타버린 참상을 너무나 가슴 아파하고 있다. 냉천전투에서 패퇴한 적병들이 아마도 어느 지점에서 본대와 합류한 청정의 군대는 9월 6~7일경 흑전장정이 주도한 직산전투에 참가한 뒤 경기도 죽산에서 군대를 돌려 상주와 인동의 경상좌도로 회군하였다. 그리고 그들은 9월 25일경 텅텅 빈 팔공산을 무혈입성하였다. 청정의 부대가 신령현 치산리의 수도사에서 산성으로 오르려면 가파른 산길을 통과해야 하니 만일 소수의 인원이라도 입구의 요새를 지켰더라면 도저히 오를 수 없는 험요한 지역이다. 성이 적에게 유린된 것은 사명당이 떠난 10여 일 후의 일이었다.

「공산지」는 서두부터 "만력 을미년 겨울 승장 유정이 용기에서 공산으로 옮겨 주둔하였다"하였으며, 마지막 또한 다음과 같은 글로 마무리하고 있다.

유정이 일개 산속의 승려로서 감히 손을 대어 공사를 일으켜 옛 자취를 좇아 새롭게 하여 마침내 한 사람이 만 사람을 당할 수 있는 곳이 되었으니 이는 또한 이 산이 사람을 만난 것이다. 반드시 지킬 것이로되 이 순찰사와 같이 지키지 못하거나, 견훤이나 청정과 같이 산문(山門)을 더럽힌 것은 어찌 이 산만의 수치일 뿐이겠는가!

말하자면 한편에서는 무능하고 겁 많은 이 순찰사를 나무라면서 다른 한편에서는 유능하고 담대한 사명당을 찬양한 문장이다. 여기에는 그의 사명당에 대한 지지와 찬사가 진하게 배어 있으며, 산문을 지키지 못하거나 침범한 불의의 인사들에 대하여는 가차 없는 역사적 심판을 내리고 있다. 실제로 팔공산은 그 축성에서부터 전투에 이르기까지 사명당으로 시작하여 사명당에서 끝났다고 해도 과언이 아니다.

의병장 김덕령의 마지막 편지

1597년 7월 15일, 일본 수군 장수 협판안치(脇坂安治)와 등당고호(藤堂高虎) 그리고 가등가명(加藤嘉明) 등은 소서행장과 도진의홍 등의 육군과 협력하여 원균의 수군을 칠천도에서 전멸시키고 그 여세를 몰아 질풍같이 전라도로 몰려들어갔다. 그들은 전군을 좌우 양군과 수군으로 나누어 우군은 우희다수가가 지휘하여 수군의 엄호를 받으면서 해상으로 전진해 하동현에 집결하여 수군장 가등가명과 협판안치가 협력하여 8월 14일에는 남원성을 공략하였다. 당파 싸움으로 이순신 제독을 배제한 결과에 따른 조·명 양군의 패전이었다. 적의 우군은 중간에서 가등청정의 군대와 합류하여 계속 북상하였으나 그 우군의 주력부대인 흑전장정의 군사가 직산에서 명나라 군사에 패하여 일본군은 여기서 다시 남으로 퇴각하게 되었다.

오랜 전쟁에서는 패자가 승자로 바뀌는 기회도 오는 법이다. 7월에 조선 수군이 무너졌다는 충격과 함께 충천하는 일본 재침군의 기세에 눌려 한동안 고전하던 조·명 양군은 점차 기세를 회복하여 여러 지역에서 적군을 맞아 싸워 승전고를 울렸다. 우희다수가는 충청병사 이시언(李時彦)에게 패하고, 성주성의 왜적은 명나라 마귀의 휘하 군대에 패하는 등

각처에서 저항을 당하자 일본군은 다시 수세적 태세로 몰리게 되었다. 청정도 직산에서 다시 남하하여 9월 25일에는 텅 빈 팔공산성에 무혈입성하여 분탕질한 뒤 서생포로 되돌아갔으며, 이를 전후하여 흑전장정은 양산, 와도직무(鍋島直茂)는 창원, 도진의홍은 사천, 소서행장은 예교(曳橋), 종의지(宗義智)는 남해, 모리길성(毛利吉成)은 고성 등지에서 각각 일본식 성을 쌓아 장기전에 대비하였다.

이러한 형세에서 그해 12월 초 양호(楊鎬)는 명나라 군사 4만여 명과 조선 군사 1만여 명을 총동원하여 울산 왜군을 치게 하였다. 「석장비문」과 「행적」에 의하면 이때 사명당이 거느린 승군은 마귀와 함께 울산 도산에서 왜적과 싸워 큰 공을 세웠으며, 또한 그해 비축해두었던 군량 4천여 석과 기갑(器甲) 1만여 개를 나라에 바쳤다고 한다. 도산은 높지는 않지만 형세가 매우 험난한 데다 또한 적의 방비가 대단히 치밀하였다. 아군 측은 성을 사면에서 에워싸고 화공으로 공격하고 또한 적들의 성 아래 우물의 사용을 막았으나 가등청정은 성안에서 성문을 굳게 지키며 대응하였다. 그러나 이 싸움에서 양측의 손실이 막대하였다. 1598년 초까지 도산성의 청정의 군사 2만 명 가운데 그 절반을 잃었다고 하며, 양호는 6월 군문찬획 정응태(丁應泰)의 무고로 싸움에서 도망하여 막대한 병사와 마필의 손실이 있었다고 하여 삭탈관직되고 대신 첨도어사 만세덕(萬世德)이 경리(經理)로 부임하였다.

한편 순천군 신성리 예교에 주둔하고 있던 소서행장은 해상에서 충무공과 명나라 제독 진린(陳璘)의 해군이 돌아갈 길을 막고, 뒤에는 제독 유정(劉綎)의 육군이 노리고 있었으므로 매우 외로운 처지에 빠져 있었다. 하지만 이때 예교에는 500여 척의 적의 배와 3만여 명의 적의 장졸이 있어 그리 호락호락하지 않았다. 새로 복권된 이순신 장군은 먼저 예교의 행장을 치고 다음에 사천과 부산 그리고 울산을 순차로 칠 계획을 세우고 명나라 도독 유정의 협조를 구하려 하였다. 그러나 도독 유정은 싸울 생각이 없었던 모양이다. 일찍이 유정과 인연을 맺은 사명당은 그를 만나 "소인이 망령되게 말씀을 올리겠는데, 어떤 사람은 노야께서 적과 싸우지 않으려고 한다"고 하여 마치 남의 말을 빌린 것처럼 빗대어 질책하여 어물어물 시간을 보내려는 도독의 의표를 찔렀다. 이에 도독은 "혹시 그런 망언이 있다고 한들 꾸짖을 것이 뭐 있겠소이까. 다만 내가 전라도 지방에 당도하여 그대 나라 사람들이 얼마만큼 성의를 가지고 일을 처리하고 있는지 살펴본 뒤 군량이 많이 준비되면 기필코 적을 무찌를 것이오. 만약 3개월 안에 적을 무찌르지 못한다면 내 스스로 목을 베어 황상께 바칠 것이오"(『선조실록』 31년 7월 11일조)라고 하였다. 노 대사가 얼마나 우국충정으로 전쟁에 임하고 있는지, 혹은 얼마나 전투와 외교에 뛰어난 실력자인지를 누구보다 잘 아는 그로서는 그 질책에 이같이 자신을 변명하고 있을 뿐이었다.

「석장비문」과 「대동야승·난중잡록」 등에 의하면 1598년 8월 29일에 사명당은 300여 명의 군사를 거느리고 서울에서 남원에 도착하여 주포(周浦)에 진을 쳤으며, 예교전투에서 많은 공을 세웠다고 한다. 그러나 위 『선조실록』에서 유정과의 대화내용을 보면 사명당은 7월 중순 이후 계속 남원에 머물렀음이 분명하다. 그는 유정도독의 남원 군영에 머물면서 다음 시를 지었다.

> 원수의 푸른 장막에 밤은 쓸쓸한데
> 조두는 소리 없고 달은 나직하네.
> 장한 뜻 펴지 못한 채 해 저문 것 놀라니

손에 큰 칼 들고 귀뚜라미 소리 듣네.

碧油幢幕夜凄凄 刁斗無聲月欲低
壯志未酬驚歲晏 手持雄劍聽莎雞
• 「在南原營」, 『사명집』 권4

이와 같이 사명당은 비교적 한가한 밤 시간을 이용하여 시 한 수를 지어 마음을 달래고 있었다. 그런데 이러할 무렵 동아시아 삼국을 벌집 쑤시듯해온 일본의 관백 풍신수길이 세상을 떠났다. 8월 18일의 일이다. 일본군은 이를 비밀에 부친 채 자신들이 무사히 탈출할 수 있도록 궁리하는 데 여념이 없었다. 이런 가운데 11월에는 충무공이 해전에서 최후를 맞이하면서 7년전쟁도 종말을 고하게 되었다. 다만 이 예교전투에서 사명당이 거둔 큰 공이 구체적으로 어떠하였으며, 또한 그 시기가 언제였는지는 자세히 알려지지 않고 있다.

사명당은 임진왜란이 발발한 1592년 6월 금강산에서 수행하던 중 침략군을 맞아 처음에는 불법으로 설득하다가 드디어는 의승병을 일으켜 일선에 나섰던 이래 6년 수 개월 동안을 하루도 편할 날 없이 전선에서 보냈다. 처음에는 도총섭 서산대사의 위명에 가려 그 이름이 별로 알려지지 않았으나 평양성 탈환과 수락산 전투 등에서 보인 다대한 공로로 점차 조야의 주목을 받게 되었다. 서울수복 후에도 퇴각하는 왜적을 따라 남하한 이후 가등청정과의 서생포 회담 등 여러 방면에서 두각을 나타내어 그 이름이 더욱 드러나게 되었다.

1594년 11월에 의병장 김덕령(金德齡, 1568~96)으로부터 편지 한 통이 날아들었다. 편지의 목적은 그가 '두어 가지 일을 물어 답을 구하려는 것'이었으나 실제 내용의 대부분은 사명당이 그때까지 여러 전투에서 보여준 기묘한 전술과 인간적 존경심을 표명한 찬사요 인물 평가였다. 앞에서 단편적으로 인용하였으나 다음에 전문을 인용한다.

세상에서 '석씨(釋氏)는 성인의 죄인'이라 하는데, 그것은 이륜(彝倫, 사람으로서 떳떳하게 지켜야 할 도리)을 버리고 인의를 모르기 때문일 것입니다. 이륜에는 큰 것이 둘이 있으니 부자와 군신이요, 인의에도 둘이 있으니 물에 빠진 자를 건지는 것과 나라의 어려움을 구제하는 것입니다. 성인의 도를 배워 이륜과 인의를 다하지 못하면 이는 곧 명색은 유자이나 행동은 묵자의 도와 같은 것입니다. 석씨의 불자가 이륜과 인의를 다하면 이는 곧 명색은 묵자이나 행동은 유자의 도인 것이며, 명색은 유자이면서 그 행동이 묵자라면 그것이 바로 성인의 죄인이 아니겠습니까. 아름답게 빛나도다! 석씨의 죄인이 그 명색은 묵자이나 그 행동이 유자의 도라면 그것은 별로 죄가 아닐 것입니다. 아름답도다! 가문에만 들어 있지 아니하고 그치지도 아니하고 뽐내지도 아니할 뿐만 아니라 반드시 나아가서 가르치고 무리와 더불어 즐거워했으니, 아! 명색은 묵자이나 행동은 유자의 도임을 나는 오늘날 대장 한 사람을 보았을 따름이옵니다.

바야흐로 왜구가 침략하여 여러 고을이 차례로 붕궤되고, 산성과 관문이 줄줄이 무너져 흩어졌으며, 튼튼한 장수와 날랜 군사는 새가 날아가고 쥐가 달아나듯 모두 도망쳐 숨었습니다. 이리하여 마침내 삼경(三京)이 함락되고 임금의 수레가 멀리 떠나니 당당하던 국맥(國脈)의 근본이 위태로운 지경에 이르렀는데도, 삼백주(三百州)의 온 나라 백성이 임금의 밥을 먹고 임금의 옷을 입고 스스로 이륜을 다한다고 말하고,

평일에는 인의를 떠들던 자가 임금을 위해 앞으로 달려가 몸을 버리고 의를 위해 죽겠다는 자는 한 사람도 없었습니다. 그러나 오직 대장께서 홀로 오래 살던 깊은 산림을 작별하고 도총섭대선사와 더불어 의병을 일으키니 하루아침에 절을 떠나 적을 도벌하려고 전쟁터에 다다르니 이는 어찌 조정의 명령에서 나온 것이겠습니까. 또 어찌 털끝만큼이라도 누가 하라 하여 그렇게 된 것이겠습니까. 실로 대장께서는 그 보는 안목이 높은 때문이요, 의로써 임금이 무너지는 것을 보고 있을 수가 없었기 때문이었습니다. 대장의 명성과 덕망을 한번 들으니 감동하지 않는 사람이 없었습니다.

이로부터 군용(軍容)이 한번 떨침에 사방에서 의승이 구름처럼 모여 그림자같이 따랐습니다. 관동(關東)에서 군사를 일으켜 서쪽으로 달려 기성(箕城)에서 의각지세(犄角之勢)를 취하여 적을 앞뒤로 몰아치는 태세를 취하고 혹은 요해지에 엎드려 숨어 있다가 적을 맞아서 충돌하고 혹은 첩자를 날리어 적을 정탐하고 적의 흉측한 모의를 낱낱이 살펴서 적이 경계를 넘지 못하게 하면서 전장에서 한 해를 다 보냈습니다. 그리고 외로운 군사로서 적병 수천 명과 수락산에서 싸워 달아나는 적을 추격하여 대첩의 공을 거두셨습니다. 심지어 적이 삼도(三都)를 물러간 날에도 오히려 군사를 놓치지 않고 남으로 내려와 영외(嶺外)로 옮겨가서 싸우니 또한 대장의 충성은 어찌 이렇게 한결같이 굳센 것입니까.

물에 빠진 자를 건지는 인(仁)과 국난에 나아가는 의(義)가 어느 것이 이보다 크리오. 이륜을 중하게 여기고 인의를 행한 이는 오직 대장뿐이십니다. 성인의 도를 배운 자는 그렇지 않은데, 대장은 석씨의 불자로서 들어가면 일은 적멸(寂滅)에 있고 나라로부터는 털끝만한 은혜가 없었음에도 국난을 맞아서 적과 싸우려고 하는 의기(義氣)는 고기를 먹는 자보다 오히려 더하시니 대장께서는 성인(聖人)이 배척할 것이 아니라 오히려 성인이 반드시 함께 할 것입니다.

덕령은 남쪽 시골의 한 못난 선비로서 포(砲)를 얻었다는 이름을 듣는 것은 내 신분에 맞지 않는다고 여러 번 다짐했으나 근일에 원문(轅門, 군문軍門)에 나아가게 되어 주산(籌算, 즉 병법)의 묘한 법을 배우고자 한 생각이 일찍부터 있었습니다. 그러던 차에 장성현감 이공(李公) 귀(貴)로부터 들으니, 대장께서는 일찍이 임금님과 더불어 생사를 같이 하며, 국난을 함께 구제하겠다는 맹세를 하셨다고 합니다. 덕령도 또한 이 같은 약속을 하였사오니 생각건대 역시 못난 저를 버리지 아니할 것으로 압니다. 이것이 이른바 서로 구하는 것은 뜻이 같다는 것이니 다행한 일이 아니겠습니까. 덕령은 변란이 일어난 처음부터 목숨을 바쳐 송곳끝만한 작은 공이라도 세우고 싶은 뜻은 간절하였으나 다만 집에 늙은 어머니가 돌아가실 날이 임박하였으니 솔 우거진 산에 올라가서 마음 상할 일을 생각하면 차마 붙잡는 소매를 뿌리치지 못하였습니다. 그러나 이제 어머니가 돌아가시고 효도를 해야 할 일은 오직 임금께 충성을 다하는 것뿐입니다.

마침 담양부사 이경린(李景麟)이 일찍이 덕령의 헛된 이름을 듣고 계속하여 덕령을 일으키려고 천거하고 무기를 마련해주면서 국난에 나아가도록 권하였습니다. 또 순찰사에게 보고하니 순찰사는 또 상중에도 나오라는 글을 내렸습니다. 그 글 가운데 말 한마디 한마디가 충군애국의 지성에서 나왔으므로 그 글을 읽는 자 누가 분하고 의기심이 일어나지 않았겠습니까. 하오나 생각건대, 오늘 일어나게 된 것은 덕령이 비록 담양부사와 순찰사의 권고가 아니더라도 마땅히 절의를 다해야 하지 않겠는가 하는 의분심이 스스로 일어나고 있을 때, 저분들이 대의 (大義)로써 깨우쳐주셨습니다. 어찌 구구한 정례(情禮)에 구애되어 군 부(君父)의 깊은 원수를 생각하지 않을 수 있었겠습니까? 이리하여 드 디어 궤연(几筵, 신위를 모시어 놓은 자리)을 지키지 아니하고 군사를 쫓았으니, 재능이 없는 사람이지만 열심히 노력하면 재능 있는 사람을 따라갈 수 있을 것으로 여기나이다.

다만 의지할 것은 대장께서 거병하신 지 오래이며, 형세를 다 갖추어 군사를 쓰는 방법도 요령을 얻어 마음대로 부려도 합당할 것이며, 도모 하는 일은 슬기에 빠짐이 없고 거사에 실책이 없을 것입니다. 그러므로 힘을 합하여 한마음으로 국토를 맑고 깨끗이 하려면 대장과 함께 하지 않고 또 누가 있겠습니까. 아! 하늘을 함께 하지 못할 원수에게 사람을 얻어 복수함으로써 도탄에 빠진 백성을 구하는 데 유자와 불자가 어디 있겠습니까. 흉한 칼날이 가는 곳의 참혹한 화가 만일 절에까지 미치게 되면 200년 내려오는 불상이 모두 재속에 없어질 것이니 대장께서는 다만 복수하는 일만이 아닐 것입니다. 원하옵건대 대장께서는 힘을 내 소서.

청하옵건대, 몇 가지 일을 별지에 기록하여 보내오니 빛나게 시행하 도록 가르쳐 주시기를 바라나이다.

- 「金德齡送僧義兵八道都大將書」,『쇄미록』제3

이 글은 발신자 김덕령이 역시 용감하기로 이름난 의병대장으로서 의 승도대장인 사명당에게 기묘한 전술로서 평양성 탈환과 수락산 승첩 등 을 이룩한 전공을 찬양한 것이다. 사명당의 기묘한 전술에 대하여 그는 '요해지에 엎드려 숨었다가 적을 맞아 돌격하였다'든지 혹은 '첩자를 날리어 적을 탐정하고 적의 흉악한 모의를 낱낱이 살펴서 적이 경계를 넘지 못하게 하였다'든지 혹은 '외로운 군사로서 달아나는 수천의 적을 쳐 대첩의 공을 거두었다' 한 것 등 흡사 오늘날의 게릴라전법을 특별히 높이 평가한 것이다. 여기서 특히 둘째번 '첩자를 날려 탐정하고 적의 모의를 살펴 경계를 넘지 못하게 하였다'는 지적은 사명당이 가등청정과의 회담을 위하여 서생포왜성을 여러 차례 찾아 정탐함으로써 조정에서는 이를 기초로 전략을 세워 대처하였던 사실까지도 포함한 말일 것이다. 그는 사명당을 구절구절 '대장'이라 호칭하면서 그의 서생포 회담 자체를 외교 회담이라기보다는 어디까지나 탐적 행위로 규정하려 한 의병장으로서의 안목을 드러내고 있다.

김덕령은 광주(光州) 사대부 가문의 출신으로 우계 성혼(成渾)의 문인이다. 몸이 작았으나 힘과 용맹이 뛰어나 임진왜란이 일어나자 관의 천거로 종군하게 되었으며, 계사 광해군 분조(分朝)로부터 호익장군의 호를 받았다. 1594년에 선전관이 되어 권율 휘하에 들어가 활동하였으며, 다시 의병장 곽재우와 협력하여 적을 무찔렀고, 다음 해에는 고성에 상륙하는 적을 기습하여 격퇴시켰다. 그러나 그 용맹을 시기하는 자의 무고로 체포되었다가 1595년 이몽학의 반란에 관련되었다는 무고로 다시 체포되어 국문(鞠問) 도중에 29세를 일기로 생을 마감하였다. 그가 위의 편지를 사명당에게 보낼 때 나이는 27세였다.

위의 편지와 함께 보낸 별지의 '몇 가지 질문'이 무엇인지 그리고 그에 대한 사명당의 답변이 있었을 테지만 김장군이 죄인으로 몰려 죽어 그 유고가 남아 있을 리 없으니 안타까운 일이다.

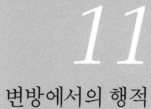

11
변방에서의 행적

"남쪽나라 아득하여 소식도 끊어졌는데
병든 몸 헛되이 고향생각 나는구나.
먼 산골짜기 구름 메우니 나그네 멀리 바라보고
강 누각에 달 떨어지니 꿈 자주 놀라네."

전후 낙동강 수비에 임하다

1598년 11월, 조선 수군의 추격 속에 일본군이 철수함으로써 동아시아 7년전쟁은 일단 그 막을 내렸지만 사명당은 쉴 겨를이 없었다. 믿을 수 없는 일본군이 언제 다시 침략의 마수를 뻗어올지 모르기 때문에 조정의 허락 없이는 사사로이 산사로 들어가 쉴 수가 없었기 때문이다.

사명당은 전쟁이 끝난 후에도 계속하여 남쪽지방에서 변방 수비에 임하였다고 알려져 있으나 종전 직후 그의 행보를 알려주는 구체적인 자료는 없다. 그런데 마침 안동 도산에 살던 속가의 종문(宗門)인 용담 임흘(龍潭 任屹) 집안에 출입하였던 자취가 남아 있다. 임흘의 유고 『용담집』에 실린 시고(詩稿) 『용담잡영』(龍潭雜詠)의 유묵 필사본이 종택에 전하고 있어 당시 사명당의 활동에 관한 편린을 엿볼 수 있다. 『용담잡영』 첫째권 표지 뒷면에는 '기해년 정월에 용산에서 쓰다'(己亥正月書于龍山)라 하고, 둘째권 뒤표지에는 '만력 경자년 가을에 송운 노인이 쓰다'(萬曆 庚子蘭秋 松雲老所書)라는 간기가 있어 사명당이 1599년 정월과 1600년 가을에 용산에 머물면서 그 시고를 조금씩 필사하였던 것을 짐작할 수 있다. 용산은 임흘이 만년에 이주하여 살았던 마을로 사명당은 같은 의병장 출신이면서 속가의 종문인 임흘의 집 가까이에 있는 용수사(龍壽寺)에 기거하면서 용담의 시고를 필사했다. 이로써 그 전해 11월 주포에 진을 치고 있으면서 예교전투에 나가 공을 세운 바 있던 그가 전쟁이 마무리되자 거처를 안동지방으로 옮겨갔음을 알 수 있다.

용수사는 예안현 북쪽 22리에 있는 용두산 자락의 고찰로서 사명당은 여기에 머물면서 임흘과 가까이 지내며, 함께 이 지역 유림과도 시문을 주고받게 되었다. 그런데 그가 왜 하필 안동으로 가게 되었는지 그 연유를 알 수는 없다. 용수사는 낙동강변에 위치해 있으며, 서산대사도 이 절의 「극락전기」(極樂殿記)를 쓰는 등 인연을 가졌거니와 임진왜란을 당하여서는 서애 유성룡의 모친이 이 절로 피난했던 곳이기도 하다. 이런 점들로 미루어 전쟁이 끝나자 사명당은 서애의 의견을 들어 잠정적으로 낙동강변인 안동지방으로 거처를 옮겨온 것으로 여겨진다.

사명당은 이후 약 2년에 걸쳐 주로 용수사에 머물면서 전쟁 동안 지치고 병든 몸을 쉬고 있었는데, 더러는 유성룡이 고향 안동으로 연락을 취할 때 사명당에게도 소식을 전하였을 것이다. 다음은 「낙동강 아래서 병을 앓으며 서애상공에게 드린다」는 제목의 시이다. 서애가 안동으로 온다는 소식을 접하고도 정작 자신은 내일 아침이면 강을 건너 떠나 길이 어긋나게 되어 섭섭한 마음으로 시 한 편을 남기고 간 것이 아닐까 추측해본다.

한 번 수자리에 떨어져, 7년이 되도록 돌아가지 못했습니다.
북소리 듣자하니 가을녘 꿈 드물고, 서울에서는 소식이 뜸합니다.
거울 속 내 모습은 변해가는데, 근심 속 세월은 더디만 갑니다.
내일 아침이면 강물 건너가야 하니, 섭섭하게도 또 서로 어긋납니다.

一落黃雲戌 七年猶未歸 鼓鼙秋夢少 京洛雁書稀

鏡裏容華改 愁中歲月遲 明朝渡江水 怊恨又相違

• 「洛下臥病上西厓相公」,『사명집』권2

이 시 가운데 '7년을 돌아가지 못했다' '가을녘 꿈'이라 한 것으로 보아 아마 기해년 가을인 것 같으며, 제목에 '낙하' 즉 '낙동강 아래'라 한 것은 안동 이남을 말하는 것이니, 아마 안동에 있을 때 서애가 내려온다는 말을 듣고도 다른 일이 있어 만나지 못하는 서운함에서 지은 것으로 보아 무리가 없을 듯하다. 사명당은 자신의 거취에 큰 변동이 있을 때마다 유성룡과 연락을 취하고 있었다. 처음 그가 의승병을 거느리고 평양으로 갔을 때나 평양성을 탈환한 후 양주로 내려와 서울수복을 획책할 때도 서애는 사명당의 소재를 알고 있었다. 왜적이 물러갔을 때도 그는 필시 서애와 상의하여 남원에서부터 이곳 용수사로 옮겨온 것으로 보아도 틀림없을 것 같다.

안동에 살고 있던 일족 용담 임흘은 월천 조목(月川 趙穆)과 한강 정구(寒岡 鄭逑)의 문하에서도 유학하며 착실한 퇴계의 재전 제자가 되었고, 학봉 김성일(鶴峰 金誠一)·약포 정탁(藥圃 鄭琢)·우복 정경세(愚伏 鄭經世)·지산 조호익(芝山 曺好益) 등과도 깊이 교유하였다. 임진란이 발발하자 동향의 급제 출신 유종개(柳宗介)의 창의로 의병을 일으켜 함께 싸우다가 그가 전몰하자 자신이 의병장이 되어 전공을 세웠으나 부친상을 당한 뒤 귀가하여 한적한 여생을 보낸 단아한 선비였다. 임흘이 살던 온계지방의 용수사에 사명당이 비교적 장기간 머물고 있었으므로 이 부근에는 사명당의 발자취가 여기 저기 남아 있다. 도산온천과 침천정(枕泉亭)을 뒤로 하고 운곡(雲谷) 쪽으로 가다 그 맞은편 산 아래로 보이는 붉은

용담 임흘의 정자인 취규정 현판글씨. 사명당의 세필을 확대한 것이다.
용담은 사명당의 속가 종문이며 퇴계의 재전 제자이기도 하다.

기와집 뒤편은 사명대사가 말을 맨 곳으로 구전되는 장소이며, 작은 다리를 건너 조금 올라가면 최근에 새로 지은 용담 임흘의 정자인 취규정(翠虯亭)이 오른쪽으로 보인다.

기록상으로 볼 때 용담 임흘은 동성의 일족으로 사명당과 가까이 지낸 거의 유일한 인물인 것 같다. 출생은 사명당보다 13년이 늦고, 졸년은 10년이 늦다. 비록 유자와 불자로서 가는 길은 달랐으나 그들은 동일한 사대부 가문에서 태어나 유서를 익혔으며, 외침을 당하여서는 함께 의병을 일으키고, 나라의 정치가 어지러움을 보고 상소로 직언하는 꼿꼿한 자세 등 여러 면에서 공통성을 지녔다. 그들 사이에는 만년에 죽림을 소요하는 취미도 같았다. 사명당은 용담이 비록 연하이지만 그 단아한 생활태도에 호감을 가지고 말 타고 수자리 사는 틈틈이 그의 집을 오가며 때로는 그의 시들을 용수사의 자기 처소로 가져다가 필사하며 소일하였을 것으로 보인다.

『용담집』에는 안동지방의 여러 선비들이 모여 지은 「용담쾌각제영차운」(龍潭快閣題詠次韻) 12수가 들어 있는데, 그 가운데는 문집에서 빠져 있는 사명당의 시 한 편도 있다. 이를 전재하면 다음과 같다.

한 해가 저무니 한가한 날이 많고, 아늑한 거처는 별유천지로다.

누대는 비어 물과 달빛 받아들이고, 문을 닫으니 산안개가 깃들도다.

갈매기는 자주 찾아와 앉고, 노새는 한가로우니 채찍 맞을 일 없구나.

도화가 물에 떠서 동리 밖으로 가도, 속세에 사는 이에겐 말하지 말게나.

집을 둘러 푸른 솔이 늘어서 있고, 제방에 늘어선 버드나무 푸르러라.

왼 산에 가을단풍 옥처럼 박혀 있고, 그윽한 시냇물소리 밤이면 거문고로다.

수죽(水竹)은 서로 잘 어울리고, 시서(詩書)는 고금에 갖추었네.

방공(龐公)은 구학(邱壑)을 즐겨하여, 숨어서 지내고자 하였지.

초옥을 이끼 낀 바위 위에 얽어 놓고, 오래도록 세속의 정을 끊었더라.

꿈속에 솔바람을 따라가니, 거문고 소리 그치고 대나무 소리 맑구나.

산새가 누에 올라 조잘대고, 개울 안개 뜰 안으로 스며들어 깔리는구나.

어부와 초동의 귀로(歸路)가 늦는데, 명월은 성안에 가득하구나.

歲晚優遊日 幽居別有天 樓虛通水月 門掩宿山烟

鷗熟常來座 驢閑不受鞭 桃花出洞去 莫使世人傳

鳳樓壇鳳芳芳 傾枝不來
碧葉依依 明月徘徊

壇有嶧陽樹不聞噦噦 聲動春天鳴

興鵲得意百般鳴

萬曆庚子蘭秋松雲堂誌書

사명당은 전쟁 직후 안동 용수사에 머물며 조정의 부름에 대기하는 동안
임흘의 시집 『용담잡영』을 초서체(오른쪽)와 해서체(왼쪽) 두 책을 필사하였다.

繞宅蒼松合 垂堤細柳陰 亂山秋挿玉 幽澗夜鳴琴

水竹存深契 詩書領古今 龐公愛邱壑 捿隱始斯今

結屋蒼巖上 年來絶俗情 夢回松韻廻 琴罷竹風淸

山鳥登欄語 溪雲入戶平 魚樵歸路晩 明月滿層城

西河 冥眞子 松雲

서하(西河)는 풍천임씨의 또 다른 관향(貫鄕)이고 명진자(冥眞子)는 승

려라는 뜻이다. 여기서도 볼 수 있듯이 사명당은 용수사에 머물면서 일족인 임흘을 비롯하여 안동지역을 중심으로 퇴계 후학들과도 광범한 교유를 마다하지 않았다. 그들과 국사를 논하고 때로는 시를 주고받았다. 다른 사람은 몰라도 사명당의 증조부 때나 혹은 조부 대에 집안이 몰락하여 밀양으로 칩거하지 않으면 안 되었던 비밀을 족친인 임흘은 알고 있었을까? 남에게 말 못할 그러한 사연을 알고 있었기에 더욱 연민의 정을 느꼈을지 모를 일이다.

사명당의 초서는 당시부터 정평을 얻고 있었다. 유성룡은 그의 시와 글씨를 평하여 "자못 시에 능하고, 초서를 잘 썼다" 하고, 또 "초서를 잘하여 총림(叢林)에서 뛰어났다" 하였다. 청천 신유한은 숙종 연간에 조선통신사의 일원으로 일본에 다녀와서 "(조선인으로서) 일본인의 입에 이름이 전해 내려오고, 필적이 보물처럼 간직되고 있는 것은 오로지 송운뿐일 것이다"라 하고, 또한 대사의 필적을 "점잖고 두껍고 힘이 있다"고 평하였다. 불교계에서도 사명당의 글씨를 부휴(浮休)의 필재(筆才)와 함께 '이난'(二難)이라고 하여 양자의 필법은 우열을 가리기 어려운 명필이라 평가되었다. 『용담잡영』 2책 가운데 1책은 행서와 해서로 쓰였으며 나머지 1책은 초서로 되었는데, 모두 드물게 보는 작은 글씨(小字)로 되어 있다.

『용담잡영』 두 책의 필사가 1599년 초에서 1600년 가을까지 2년 사이에 이루어졌으나 그렇다고 하여 사명당이 그 동안 계속하여 안동 용수사에 머문 것은 아니다. 그 사이 여러 지역을 다닌 기록이 있기 때문이다. 그의 시에 「기해년 가을에 변주서를 이별하면서」라는 제목으로 두 편이 있다. 차례로 살펴보자.

종산에서 사슴과 놀던 한 늙은 신하가
흰머리로 아직도 장강가에 수자리 사네.
고각 소리에 꿈을 깨니 군문은 날이 새는데
금란전 윗분을 시름으로 보내네.

麋鹿鍾山一老臣　白頭猶戍瘴江濱
夢驚鼙鼓轅門曙　愁送金鑾殿上人
　•「己亥秋奉別邊注書」,『사명집』권4

　이 시는 그가 변주서를 이별하며 써준 것인데, 그 가운데 "흰머리에 아
직도 장강변에 수자리를 살도다(白頭猶戍瘴江邊)"라고 한 그 장강은 어
디였을까? 그것이 만일 안동지방으로 흐르는 낙동강 유역이라면 이는 그
가 용수사에 있을 때 쓴 작품이라고 볼 수 있다. 용담의 별호 나부는 온계
의 동북 20리 지점에 있는 촌이다. 용담의 글에 "나부(羅浮)는 청량산 밖
이요, 낙강은 산을 안고 흐르도다"(羅浮在淸凉山外　洛江抱山流下)라 한
것으로 보아 사명당이 수자리 살았다는 장강변이 낙동강변이었을 것으
로 볼 수 있기 때문이다. 같은 제목의 다음 시를 보자.

　조정의 명령 받들고 군문에 내려오니
　중원과 오랑캐의 산하가 여기서 나뉘었구나.
　온 천하의 싸움은 아직도 끝나지 않았으니
　10년 수자리 끝에 다시 싸움터에 나아가도다.
　성 모퉁이 지는 노을엔 돌아오는 새를 보고
　마음은 하늘 밖으로 떠가는 구름 바라보네.

어느 날 요사스러운 기운 쓸어버리고
금오리로 만든 화롯가에 재 헤치며 향을 피우리.

恭承朝命下轅門 夷夏山河到此分
四海風塵猶轉戰 十年征戍更從軍
城隅落照看廻鳥 天外歸心望去雲
掃盡妖氛定何日 撥灰金鴨細香焚
 •「己亥秋奉別邊注書」, 『사명집』권3

　이 두 편 모두 자신은 일개 산인으로서 일본군이 물러간 지금까지도 전쟁이 끝나지 않은 상태이므로 다시 싸움터에 머물러 있어야 하는 신세를 한탄한 것이다. 그러나 이 시는 같은 가을이지만 지은 장소가 강변이 아니라 부산과 같은 해안지대의 군영이었음을 알 수 있게 한다. 그러면서 한편으로는 의승장으로서 저 요사스러운 일본의 군대를 쓸어버려야 한다는 굳은 의지를 보이며 산사로 돌아가 쉴 날을 고대한다는 심정을 노래하고 있다.
　그해 겨울에는 단양을 지나던 도중에 그 동안 수족처럼 가까이 하던 전마가 죽어 시를 지어 정을 표하였다. 그가 때로는 전장을 누비고 때로는 평화교섭을 위해 적진으로 왕래하던 전마가 단양 땅을 지나다가 죽었기 때문이다.

털과 몸이 딴 말과 달라 확실히 신기 있는 듯하니
대완의 한혈마(汗血馬)가 그 전신이었네.
오늘 아침에 가져다가 단양 땅에 묻으니

말먹이 풀 쇠잔한 꽃이 스스로 봄을 보내네.

毛骨超群逈有神 大宛龍種是前身

今朝埋却丹陽土 苜蓿殘花自送春

• 「己亥冬丹陽途中斃戰馬」, 『사명집』 권4

몇 년 전에 심유경을 만나러 남원으로 내려가다가 말에서 떨어져 팔이 부러졌다던 그 말이었을 것이다. 아직도 전쟁이 재발할지도 모르는 상태에서나마 7년전쟁 동안 거의 잊고 지냈던 시 짓는 일이 이제 전마의 죽음 앞에 되살아난 것이다.

그는 영남에서 금강산과 오대산 등 강원도의 여러 명산에 많은 연고를 가졌기 때문에 단양을 지나다니는 일이 많았다. 기해년 가을에는 남쪽 장강에 수자리 살다가 겨울에 단양을 지나갔다면 어디로 가는 길이었을까? 이에 대한 해답은 그가 다음 해인 경자년(1600) 2월에 원주의 어느 산사에 있었다고 하는 기록에서 찾을 수 있다. 『선조실록』 33년 2월 14일 조의 그 전후 사정을 짐작할 수 있게 하는 비변사에서 올린 보고를 살펴보기로 하자.

변방의 경보(警報)를 알리는 데는 봉화보다 더 빠른 것이 없기 때문에 법전에 매우 자세하게 기록되어 있습니다. …… 남쪽 연해의 각 역(驛)은 모양을 이루지 못한 지가 오래되었습니다. 이에 시급한 전보(傳報)는 단지 각 고을의 잘 달리는 사람에 의지하고 있는 실정이니, 혹 변란에 대비하고 있는 말 가운데서 각 고을에서 편리한 만큼 준비하였다가 경보에 대비하는 일도 아울러 행하는 것이 어떻겠습니까?

승려 유정은 전쟁의 초기부터 적중으로 출입하였고 또 승병을 거느리고 여러 해 동안 변방을 수비하였습니다. 그런데 지금은 원주(原州)의 산사로 물러가 있다고 합니다. 그를 시켜 승병을 조발하여 내려가 변방을 수비하게 하면 도움이 없지 않을 것입니다만 허다한 승병이 오랫동안 변경에 주둔하고 있으면 하나의 폐단을 더하게 될까 걱정스럽습니다. 그러니 우선 유정을 연해에서 멀지 않은 곳으로 먼저 내려보내고 여러 도의 사찰에 글을 보내어 미리 승병을 단속하게 하였다가 변란이 발생하면 불러다 쓰게 하되 모두 도원수의 절제에 따르게 하는 것이 어떻겠습니까.

　　사명당은 기해년 겨울에 단양을 거쳐 원주의 어느 산사로 들어가 경자년 2월까지 오랫동안 전쟁에 지친 몸을 잠시 쉬고 있었던 것이다. 여기 '원주의 산사'는 원주시 강림면 치악산 자락의 교통 좋은 곳에 위치하여 일찍부터 사명당과 연고가 있었던 각림사(覺林寺)였을 것으로 보인다. 그와 막역한 도반인 부휴가 일찍이 각림사에 함께 놀았던 정을 담은 다음 한 편의 시가 있다.

　　천리에 서로 그리며 나비 꿈이 잦았나니
　　각림의 연기와 달에 함께 한가히 노닐었지.
　　가을바람에 몇 번이나 산의 새벽을 맞이했던가
　　꿈을 깨면 의연히 생각만 아득해라.

　　千里相思頻蝶夢　覺林烟月共閑遊
　　秋風幾夜山欲曉　夢罷依然思悠悠

• 「次鍾峰」, 『부휴당대사집』 권4

  각림사는 조선 태종이 세자 시절에 원천석에게 글을 배웠던 사찰로서 18세기까지 왕실의 원조로 사세가 번성하였다. 그러나 지금은 절은 없어지고 '각림'(覺林)사는 '강림'(講林)면이라는 지명으로만 남아 이를 알리는 표지판이 세워져 있다. 사명당은 실로 오랜만에 형편상 가까운 이 절을 찾았으나 오래 쉬지 못하고 다시 조정의 부름을 받아 남쪽으로 변방을 수비하기 위해 내려가지 않으면 안 되었다.

  이후 그는 여러 지역을 돌아다니며 승병을 조발하는 등 활동을 재개하였다. 그해 가을에는 '연해에서 멀지 않은' 안동으로 내려와 용수사에 기거하면서 초서로 『용담잡영』 필사도 하였던 것이다.

그윽한 교유 그리운 고향

　사명당은 일본군이 철수한 이후 1600년까지는 대체로 조정의 명령을 대기하는 상태로 있다가 1601년에는 부산성(釜山城)을 수축하였다. 「석장비문」에는 "신축년에는 부산성을 쌓고, 내은산(內隱山)으로 들어갔다"라고 되어 있으며, 『한음문고』에는 이때 경상도 체찰사로 있던 이덕형이 승려들을 이끌고 부산성을 수축하던 사명당을 위해 지어준 두 편의 시가 있어 그러한 사실을 알 수가 있다. 첫 번째 시는 「사명당을 보내서 부산성을 수축하게 한 느낌을 쓴 것」으로 성을 쌓기 전의 작품이다.

　　말을 래산에 세우고 높은 봉우리에 올라보니
　　눈에 들어오는 외로운 섬 그 원한 잊을 수 없네.
　　창을 쓰고 배를 저어 오랑캐를 평정하지 못하고
　　물러서서 허물어진 성에 수루를 세우도다.

　　立馬萊山最山頭 眼中孤島恨難休
　　丈船未試平蠻策 却向荒城建戍樓
　　•「遣松雲修築釜城」, 『한음문고』 권1

일본에 대한 사무친 원한을 되새기며 한편으로는 믿음직한 사명당에 맡겨 수축되는 부산성의 현장을 멀리서 바라보며 읊조린 것이다. 그리고 다른 한 편은 성을 수축한 모든 스님들의 노고를 위로한 시다.

지독한 습기가 비처럼 사람의 옷을 적시니
역 앞 외로운 솔개가 날지를 못한다.
여러 스님들이 오래 걱정하던 끝에
새벽에 나가 북소리 울리고 저녁에도 돌아오지 못하네.

瘴氣如雨濕人衣 站地孤鳶困不飛
多少山僧長繫念 曉趨擊鼓夕忘歸
• 「慰築城諸僧」, 『한음문고』 권1

성 쌓는 일에 종사하는 이들 가운데 영원 경잠사(翎原敬岑師)는 일찍이 이곳 산성을 수축한 바 있었는데, 이번에 다시 사명당을 따라 여기 왔다. 그래서 한음에게 시를 청하기에 한마디 글을 지어드린다는 전언을 달아 옛정을 표한 것이다. 이와 같이 이덕형은 사명당이 다시 축성의 경험이 있는 승려들을 불러모아 부산성을 쌓은 일을 여러 편의 시에 남겨 그 정황을 알려주고 있다. 여기에는 단순히 사무적인 언사만이 아니라 불교에 대한 이해와 함께 대사와의 사이에 예부터 사귀어온 정감이 진하게 배어 있다.

사명당은 부산성을 수축한 뒤에 아마 통도사 부근의 내은산에 들어가 잠시 휴식하다가 다음 해에는 대구 하양지방으로 옮겨 갔다. 이 무렵 조정에서 대마도 사정을 정탐하기 위해 파견할 인사 문제를 논의하던 가운데 "유정은 지난해에 부산에 있으면서 성을 쌓았고, 지금은 또 하양현 산사(河陽縣 山寺)에 있습니다"(『선조실록』 35년 2월 3일조)라고 한 기사에서 알 수 있다. 하양 산사는 어떤 절이었으며, 당시 그의 친지들의 기록들을 통하여 사명당의 동정이 어떠하였는가를 살펴볼 수가 있다.

사명당이 머물던 절의 이름을 알려주는 것으로 지산 조호익(芝山 曺好益)의 「환성사로 송운 상인을 찾아가다」라는 제목의 시가 있다.

> 90일 석 달 봄을 병중에서 지내다가
> 때때로 법왕가를 찾아서 내 여기 왔네.
> 저녁 구름 흩어지기 전에 미리 돌아감은
> 산속에 함소화가 있을까 싶어서이네.

> 九十韶光病裏過 有時來到法王家
> 宿雲未散還歸家 恐有山中含笑花
> • 「環城寺訪松雲上人」, 『지산집』 권1

환성사를 방문하였던 조호익은 전쟁이 끝난 뒤에 여러 지역의 지방관으로 있다가 마지막에는 강동으로 돌아가 살았으며, 이 당시는 영천으로 내려와 살던 중이었다. 전술한 바 있거니와 조호익은 임진왜란이 일어나기 훨씬 이전부터 남의 무고로 평남 강동에 귀양살이하면서 후진 교육에 힘써 오던 중에 전쟁이 일어나 임금이 피난길에 있을 때 유성룡의 천거로 석방되어 현지에서 제자들을 불러모아 의병을 일으켰다. 그가 이끄는 의병들은 중화와 상원 사이의 적들을 무찌르고 평양성 탈환전에서도 명나라 장수 낙상지와 오유충 등을 도와 전공을 세웠으며, 왜적이 퇴각할 때는 그들을 추격하여 양주에서 복병으로 적을 습격하여 전과를 올렸다. 이러한 의병활동은 의승병을 거느리고 싸운 사명당의 전투과정과 매우 비슷한 길을 걸었으므로 이러한 과정에서 두 '장수'들 사이에 필시 상면할 기회가 있었거나 혹은 간접적으로 알고 지내다가 친한 사이가 되었을 것이다.

사명당도 영천 도촌에 우거하던 지산 조호익에게 인편에 시를 지어보내 서로 정을 주고받았다.

봄 지나도록 병이 많아 문을 닫아걸었는데
산달은 짓궂게 백발을 비쳐 밝구나.
천 가지 계책이 진실과 거짓 알 수 없고
한 몸이 무거우면서도 가벼운 것 이제야 알겠네.
우는 비둘기 젖먹이는 제비 무슨 심성인가
떨어지는 버들개지와 나는 꽃 공연히 정 있는 듯.
도촌의 숨은 부자에게 말 전해주오
광산 어느 날에 눈이 다시 푸를 건가.

經春多病閉簹櫳 山月偏隨白髮明
千計不知眞與僞 一身方覺重還輕
鳴鳩乳鷰底心性 落絮飛花空有情
爲報陶村隱夫子 匡山何日眼重靑
• 「曺牧使」, 『사명집』 권3

사명당이 이 시를 보낼 때는 이미 봄이 다 지나갈 무렵으로 두 사람은 하양과 영천에 가까이 머물면서 비교적 한가한 시간 속에서 우정을 나누고 있었다. 사명은 도촌에 은거한 지산을 도연명에 비유하였다. 시 가운데 언급한 광산 역시 은자 광속선생이 은거한 여산을 말함이니 지산의 고고함을 은유한 것이다. 더구나 이 두 '장수'들 사이에는 고향이 비슷하고 서로 아는 지인들이 적지 않았다. 지산 조호익(1545~1609)의 고향은 창원으로 사명당의 고향인 밀양과 이웃하였으며, 정유재란 당시 팔공산성에서 사명당을 가까이 모셨던 「공산지」의 저자 손기양(1559~1617)은 바로 밀양이 고향이었다. 조호익과 손기양 그리고 사명당, 이들 세 사람의 관계가 어느 정도 친밀하였던가를 알려주는 증거로 손기양이 지산에게 보낸 편지가 있다. 그것은 조호익이 환성사로 사명당을 방문한 때가 바로 임인년 봄 꽃피는 시절이었음을 알려주는 자료이기도 하다.

전번에 자리 아래로 나가서 봄바람 속에 앉을 수 있었습니다. 빈 채로 갔다가 채워서 돌아왔으니 큰 행복이었습니다. 이번 정월 초하룻날 엎드려 묻사오니 도체(道體)의 움직임은 어떠하십니까. 구구하게 마음을 기울여 우러러보는 마음은 해와 함께 새로워집니다.

저 기양은 일(事) 때문에 이제 송운의 처소를 지나가다가 다시 세상일에 몰려서 갑자기 하도(下道)로 향하게 되었습니다. 멀리서 덕을 바라보았지만 향하여 가서 절하지 못했기에 죄스럽고 한스러움이 엇갈려 함께 합니다. 2월 초에 그곳에서 돌아와서 조용히 깨우쳐주심을 받을까 합니다.

틈이 없어 단지 덕체 만안하실 것을 축원할 뿐입니다.

• 「上芝山先生 · 壬寅」, 『오한집』 권3

이 편지가 임인년 정월 초하룻날 쓰여졌으니 사명당이 하양 환성사에 들어온 것이 적어도 신축년이었다는 사실을 알 수 있을 뿐만 아니라 특히 손기양이 사명당과 조호익 두 사람에 대한 예우가 매우 깍듯하다는 점을 느낄 수 있게 한다. 이 가운데서도 특히 주목해야 할 대목은, "저 기양은 일 때문에 이제 송운의 처소를 지나다가 다시 세상일에 몰려서 갑자기 하도로 향하게 되었습니다"라는 구절이다. 손기양의 「연보」에 의하면 그는 신축년에 경주교수 겸 제독관에 임명되어 대구 해안으로 이사하였으며, 임인년에는 울주판관으로 부임하고 있을 때였으므로 하양 환성사에 있는 송운이나 영천의 지산을 방문하기가 어렵지 않았다. 그런데 그가 '일 때문에 송운의 처소에 들렀던' 그 일은 무엇이었을까? 여기서 한 가지 생각해볼 수 있는 것은 그가 고향 후배로서 사명당 조부모의 선영을 염려해 볼 수 있었으리라는 점이다. 더구나 당시 서로 교유하던 지산이나 일족인 용담은 예에 밝은 학자들로서 전란이 끝난 지금 조부모의 선영을 함께 염려하였을 개연성을 짐작해볼 수 있다. 사명당은 「갑오상소」에서 "신은 또한 늙고 병들어 이제는 고향으로 돌아가 시체를 계곡에 묻을까 하였습니다"하여 고향에 대한 뿌리 깊은 애정을 표명하고 있다. 물론 이 말은 임금을 상대로 한 것으로서 고향에 대한 향념을 강조하고 있었던 것은 사실이지만 어디까지나 조·부모의 산소 관리와 신위 봉안을 염려한 것이었다. 그의 이러한 효심은 전쟁이 끝나고 3~4년이 지난 무렵에는 그가 고향의 생가문제를 마지막으로 정리하여 절에 신위를 모시는 일에 손기양과 같은 고향 후배의 도움을 얻어 진행하였을 법하다.

사명당은 비록 출가한 승려신분이었지만 자기가 나서 자란 고향 땅을 언제나 그리워하고 있었다. 「망향」이라는 다음 시를 보자.

남쪽나라 아득하여 소식도 끊어졌는데
병든 몸 헛되이 고향생각 나는구나.
먼 산골짜기 구름 메우니 나그네 멀리 바라보고
강 누각에 달 떨어지니 꿈 자주 놀라네.
못가에 철 늦어 떨어지는 버들가지 날고
봄 깊은 옛 동산에 꾀꼬리 노래한다.
멀리서도 알겠노라 지난 해 낙동강 길
꽃다운 풀 예와 같이 우거졌으리.

南國迢迢回雁絕 病中虛動故園情
雲埋楚峽客長望 月墮江樓夢屢驚
節晚橫塘飛落絮 春深故院語流鸎
遙知洛水去年路 芳草萋萋依舊生
• 「望鄕」, 『사명집』 권3

이 시는 북방 어디에서 병중에 있을 때 봄을 맞이하여 지난 해 낙동강
을 거쳐 고향 가던 길에 푸른 풀이 무성하던 생각에 잠겨 이를 노래로 읊
은 것이다. 다음 시는 그가 남방에서 수자리 살 때 백련암에 앉아 고향을
생각하면서 지은 것이다.

해마다 좋은 시절 객지에서 보내니
고향 꽃동산 꿈속에 지팡이 끌고 거닌다.
옛적 놀던 곳에 방초가 푸르더니
오늘에 와서 보니 옛 자취 아득해라.

변방의 나그네 근심 아직도 어지러운데
거울 속 귀밑털은 벌써 희었구나.
하늘가에 멀고멀어 돌아가지 못하고
백련암의 종소리 앉아서 듣는다.

佳節年年客中過 故山花逕夢携筇

曾遊到處有芳草 此日來時迷舊蹤

塞上羈愁猶亂緒 鏡中衰鬢已成蓬

天涯迢遞不歸去 坐聽白蓮精舍鍾

• 「贈白蓮僧」,『사명집』 권3

　　그가 머물던 백련암은 연해 어느 지역에 있었던 풍광이 아담한 사찰이
었으나 전쟁을 겪고 나서는 볼품없는 모습으로 변해 있었던 모양이다. 더
구나 지금도 수자리를 서야 하는 서글픈 처지이니 오히려 꿈속에서 고향
의 봄 동산을 노닐 뿐이었다.

　　전쟁이 끝난 직후 사명당이 안동 용수사에 머물며 시집 『용담잡영』을
필사하던 때는 비교적 한가한 기간이기는 하였지만 어떤 일에 착수하기
에는 아직 이른 때다. 그러나 의승병을 다시 모아 부산성을 수축하기 위
해 전마를 타고 고향땅 밀양을 지나다닐 때 그의 나이는 인생을 마무리
하는 50대 후반이었으며, 몇 간의 초옥을 마련할 시간이나 능력도 그에
게 주어지고 있을 때였다. 부산성을 끝낸 후에도 그는 환성사에 머무는
등 그 다음 해 여름 말미를 얻어 금강산으로 들어가기 전까지 주로 영남
지방에 머물고 있었다. 더구나 그의 후원자라 할 만한 한음 이덕형이 밀
양 개부의 일로 이곳으로 옮겨 거처를 마련하고 사명당과 연락하면서 일

정한 기간 머물고 있었다. 이 무렵 사명당은 고향에 선영을 돌보고 조·
부모의 혼령에 향화를 올릴 초옥 한 채를 얽어두기에 적절한 시기였을 것
으로 추측된다. 이 문제에 대한 검토는 특히 한음의 시문을 중심으로 이
어서 살펴보기로 한다.

백하암을 세워 향화를 올리다

사명당의 고향 마을로 들어가는 입구에는 그가 입적한 뒤 백수십 년이 지나, 나라에서 그의 충절을 기리기 위하여 세운 표충비(表忠碑), 일명 땀나는 비(汗碑)가 서 있다. 그 비문들 가운데 이덕수 찬, 「영남밀주영취산표충사사적비」(嶺南密州靈鷲山表忠祠事跡碑)에는 사명당이 자기 생가 조부모의 명복을 빌기 위하여 작은 암자를 세웠다는 사실을 다음과 같이 기록하고 있다.

(사명당이) 전란을 평정하고 돌아와 산 동쪽 기슭에 초옥(草屋) 수간을 지어 살 곳으로 삼아 이름을 백하(白霞)라 하여 현판을 걸고, 선영(先塋)이 가까우므로 늙은 창두 종생과 말생에게 지키게 하였다. 그리고 대사는 나라의 명승지를 유람하다가 세상을 떠났다.

사명당은 전란이 평정된 뒤에 고향을 찾아 생가마을 동쪽 산기슭에 초옥 몇 칸을 지어 백하난야라는 암자를 세워 집안 노복들에게 조·부모의 명복을 빌도록 하면서 승려들로 하여금 상주하게 하였던 것이다. 이에 대해서는 이 책의 서두에 잠시 언급한 바 있거니와 백하암이 호란을 거치면

전쟁 4, 5년 후에 사명당은
조·부모를 위한 제향을
올릴 백하암을 중산리 뒷산에
세웠다. 뒤에 표충사로 옮겨간
자리에 모과나무가 무성하다.

서 황폐한 것을 지방 유림의 건의와 또한 관과 재지 사찰의 협조 아래 표
충사(表忠祠)로 바뀌게 되었으며, 뒤에 다시 표충서원으로 확대되어 현
재 표충사 안에 두어지게 된 것이다.

이와 같이 비문에는 백하암을 세운 시기를 '전란을 평정한 후' 즉 1598
년 말 이후 어느 때라고만 하였을 뿐 구체적으로 언제 어떻게 세워졌는지
명확한 기록이 없어 다소간 논란거리가 된다. 연구자에 따라 사명당이 일
본에서 귀국한 이후라고 보는 견해가 있다. 그러나 필자는 전후 사명당이

영남지방에 수자리 사는 약 5년간의 시기일 것으로 추측한다. 전후 사명당이 활동한 여러 정황으로 미루어보건데 그가 영남에서 수자리 살던 시기 특히 부산성의 축성에 이어 하양 환성사에 머물 때를 포함한 2~3년간의 시기가 가장 적기일 것으로 여겨진다. 왜냐하면 이 시기는 사명당이 영남지방에 머물고 있었을 뿐 아니라 유성룡에 이어 한음 이덕형이 경상도 체찰사로서 활동하고 있으면서 공사 간에 서로 밀접한 관계를 유지하고 있었기 때문이다.

더구나 임인년(1602)에 한음이 일정기간 밀양에 거처하고 있는 동안 사명당의 속가 문제에 관심을 가졌을 것이며, 이것이 백하암의 건립에도 필시 직·간접적으로 도움이 되었을 것이다. 이제 이 시기 이덕형의 시문을 통해 두 사람의 친분에 대하여 살펴보기로 하겠다. 이덕형은 부산성을 쌓은 뒤 전란으로 불타버린 밀양 영남루 자리에 거처를 마련하여 개부(開府, 임의로 관청의 부서를 정하고 인원을 편성하는 일)의 명을 행하였다는 본인의 기록이 있다. 다음 시와 서문이 그것이다.

옛날 영남루의 경치는 남방의 으뜸이었다. 나는 선위사로서 기축년 여름에 이곳에서 달을 감상하였고, 경인년 여름에 또 와서 비를 감상하였는데, 이 누각에서 보는 흐리고 맑은 날의 경치는 조물주가 나를 지나치게 우대하는 것으로 생각하였다. 난리가 끝난 뒤 외람되게 개부의 명을 받고 응천(凝川, 밀양의 옛 이름)을 두 번 지났는데, 황폐한 터에 무너진 성곽이며, 눈에 보이는 것이라고는 모두 쓸쓸할 뿐이었으나 오직 강산의 풍경만은 예와 같았다. 송운 스님이 마침 연(烟)자 운(韻)을 따라 지은 시를 보여주기에 읊조리며 감개에 젖었다가 그대로 시를 지었다. 이를 받들어 조종사(趙從事)에게 보이고 화답을 구한다.

대장 깃발 앞세우고 영남에 다시 오니

12년의 세월이 물처럼 흘렀구나.

전쟁의 병화로 인물은 다 없어졌는데

화각소리 나는 곳에 강산은 여전히 아름답다.

여울소리 캄캄하게 긴 숲의 비와 섞이고

달빛은 맑게 가까운 물가 안개에 갇혔네.

풍경은 다르지 않으나 묵은 자취 변하였고

늘그막에 때때로 꽃다운 술자리를 꿈꾼다.

建牙重到嶺南天 十二年光逝水前

人物盡銷兵火後 江山猶媚畵角邊

灘聲暝雜長林雨 月色淸籠近渚烟

風景不殊陳迹變 白頭時夢醉芳筵

• 『한음문고』 권2

여기 서문과 시를 통해 그가 선위사로서 임진왜란이 일어나기 직전, 즉 기축년(1589)과 경인년(1590) 두 차례에 걸쳐 밀양을 방문하여 영남루와 응천(남천강)의 경치를 감상한 일이 있었다는 것과 그 12년 뒤 다시 체찰사로서, 전쟁의 병화로 인하여 인걸은 흩어지고 건물은 불타 없어진 밀양의 재건을 위해 와서 시를 읊었다는 내력을 알려주고 있다. 그리고 이 시를 사명당 시의 운을 따라 지었다고 하니 사명당이 그 자리에 함께 있었던 것 같다. 만일 사명당이 이때 한음과 밀양에 함께 있었다면 이 해 정월에서 봄 사이에는 환성사에 있으면서 조호익, 손기양의 내방을 받고 있었기 때문에 아마 그후가 될 것이다.

부산 축성 후 영남체찰사 이덕형이 공무로 잠시 밀양 영남루에 머물 때
사명당과 함께 시를 지으며 한때를 즐겼다. 한음문고의 관계 기록.

한음은 응천에서 사명당과 관련된 또 다른 시 한 편의 시를 지었다.
「송운이 조종사와 함께 물에 놀고 있는 것(泛湖)을 보고 운에 따라 화답
을 구한다」 하고 지은 시가 그것이다.

해 지는 황폐한 성엔 만리의 수심이며
해변의 정세도 도처에 근심이로다.
창강의 유람선인들 무슨 흥이 일어나랴
편지 써서 높은 선비와 시문으로 노닐레라.

落日荒城萬里愁 邊情隨處鎖眉頭.

滄江白舫渾無興 寄與高人畵裡遊

• 「見松雲與趙從事泛湖偶占求和」, 『한음문고』 권1

여기 범호, 즉 '호에 놀다'고 한 호는 웅천 즉 영남루 앞으로 흐르는 남천강으로서 이때 사명당은 한음과 그의 조종사관과 함께 밀양에 머물고 있었던 것으로 생각된다. 이 무렵 밀양 출신으로 울주판관에 임명된 손기양이 영남루 옛터에 머물고 있던 체찰사 이덕형을 방문하여 읊은 시의 운을 따라 한 수를 지었는데, 여기에도 서문을 붙여 당시의 상황을 다소 부연해주고 있다.

　　이공이 체상(體相, 체찰사)으로 순찰하다가 밀양에 도착하니 부사 이영(李英)이 초옥(草屋)을 누각의 옛터에 지었더니 순상(巡相, 순찰사) 한준겸(韓浚謙)이 그것을 '억석'(憶昔)이라 이름하였다.

　　임인년 시국 일을 푸른 하늘에 물으려 하니
　　눈앞의 온갖 경치가 상심(傷心)이 되네.
　　인생의 흥망이야 원래 운수에 달렸으나
　　명승지 풍월은 절로 끝이 없다네.
　　강물소리 밤이 되면 소양강에 내리는 비요
　　산빛은 가을이라 낙포(洛浦)에 자욱한 연기로다.
　　누가 새 정자 지어 억석(憶昔)이라 하였는가
　　석양이 한을 섞어 빈 나그네 자리에 가득하네.

　　欲將時事問蒼天　萬景傷心在眼前
　　浮生興亡元有數　名區風月自無邊
　　江聲夜入蕭湘雨　山色秋連洛浦烟
　　雖構新亭名憶昔　夕陽和恨滿賓筵

• 「敬次漢陰李公過嶺南樓舊址韻」, 『오한집』 권1

사명당이나 손기양은 밀양 출신이기 때문에 영남루의 내력에도 밝았
다. 한음이 개부의 명을 받고 밀양에 왔을 때 사명당이 보여준 영남루 시
의 운인 천(天)자와 전(前)자는 사실은 고려후기의 성원도(成元度)가 지
은 영남루 시에서 비롯한 것이었다. 그리고 위 손기양 시의 서문에 따르
면 한음이 거처하던 초옥은 당시 밀양부사가 짓고 경상도 순찰사가 '억
석루'라는 현판을 달았는데, 이는 한음이 10여 년 전에 두 차례나 이곳에
와서 경치를 감상하였던 '옛일을 추억한다'는 뜻을 붙인 것이라 한다. 한
음이 거처할 초옥을 폐허가 된 영남루 본루 옆 망호루(望湖樓) 자리에 세
워 억석루라는 현판을 달 만큼 체찰사의 위력은 대단한 것이었다.

사명당과 한음은 임진왜란이 일어나기 이전부터 가까이 지내던 사이
였던 모양이다. 12년 전, 즉 전쟁이 일어나기 2년 전에 한음은 「응천에서
가는 비 오는 경치를 읊어 사명당에게 보인다」는 제목으로 두 편의 시를
지었다.

펼쳐진 경치 눈썹에 가려 분간하기 어려운데
강 한가운데 가는 비 내려 비단 무늬 일어나네.
마음이 편하면 도처가 참다운 풍경일지니
하필이면 오대산에 누워 흰 구름을 벗할 건가.

活畫脩眉暗未分 半江微雨破羅紋
心安到處爲眞境 不必臺山臥白雲

백 가지 계책 이루어진 것 없이 수염만 희었는데
일편단심 나라걱정에 집안일 잊었었네.
꿈속에서나 남월을 평정한 양복(楊僕, 한나라 장수)을 찾아
누선을 타고 파도의 꽃을 쫓으리.

百計無成鬢已華　片心憂國尙亡家
夢尋楊僕平南越　猶跨樓舡蹴浪花
　•「凝川對雨示松雲」, 『한음문고』 권1

　당시 사명당은 5년에 걸친 오대산 월정사의 중건불사를 끝마치고 금강산으로 들어간 무렵이다. 특히 첫째 시에서 한음은 밀양의 경치도 아름다운데 왜 오대산에만 틀어박혀 있느냐는 농 섞인 핀잔을 하고 있다. 이 핀잔에는 사명당과 같이 밀양이 낳은 유능한 인재가 하필이면 고향을 등지고 승려가 되어 산중에만 머물고 있느냐는 뜻을 담아 농담조의 시를 지은 것이다.

　그뒤에도 한음은 이런 뜻과 관계 있는 것으로 보이는 다른 한 편의 시를 남겼다. 「송운의 제자 일안(日安)이 와서 시를 청하였다. 이때 송운은 일 때문에 영남에 와서 안 스님의 서산사(西山寺, 경북 상주 청리면에 있었으나 그후 폐사)에 머물고 있어, 장난삼아 1절을 읊어 송운에 준다」는 긴 제목을 달아 다음 시를 지었다.

　듣건대 종봉이 영남에 머문다고 하니
　봄바람이 오대산 암자에는 불지 않겠네.
　탈속은 가능하지만 오히려 하기 어려우니

비록 승과 속이 다르지만 그 맛 넉넉히 알겠네.

聞說鍾峰臥嶺南 春風虛入五臺庵
可能抛擲猶難擲 緇俗雖殊味飽諳
• 『한음문고』 권2

이 시는 아마도 한음이 처음 영남에 체찰사로 내려와 사명당이 서산사에 있다는 소식을 듣고 반가워서 쓴 듯하다. 사명당이 가등청정과 회담한 뒤 「갑오상소」를 올리자 선조는 처음으로 차비문 아래 불러들이고 "네가 만일 환속하게 되면 마땅히 백리 지방을 다스릴 직책을 맡기고 3군의 장수를 삼을 것이다"하고 권한 일이 있으나 이를 받아들이지 아니하였다. 한음의 이 시는 그러한 일을 생각하면서 그가 체찰사로서 경상도에 부임하여 부산축성을 위해 사명당을 수소문하여 그의 소식을 알고 이른바 장난기 섞인 글을 지었던 것으로 보인다.

어느 때인지는 분명치 않지만 한음이 영남으로 와서 울산의 어느 마을에 이르러 해변에 수자리 살고 있는 사명당을 생각하며 지은 시가 있는데, 여기서도 서문을 붙여 그 뜻을 나타내고 있다.

어제 울산촌(蔚山村)에 도착했는데, 인가는 끊어지고 초목은 무성하여 어렵기가 한이 없다. 초막에는 들어가 잘 수 없어 바깥 뜰에 누웠는데, 네 산에 소쩍새 소리가 요란하더니 그 소리가 그칠 때쯤 입으로 한 수를 읊었다. 기록하여 송운에게 보여 이 무렵 나의 정을 알리려 한다.

어지러운 산봉우리 위 조각달 소쩍새 소리

풀 이슬 작은 뜰에 가득하도다.

홀로 산속의 나그네 사명을 생각하노니

밤 깊은데 외로이 해변의 성에 앉았도다.

亂峰微月子規聲 草露離離滿小庭

獨憶四溟山裡客 夜深孤坐海邊城

• 『한음문고』 권1

　이같이 그는 임금을 대신하여 영남지방 일을 돌보며 여기저기 다니면서도 언제나 사명당을 잊지 않고 있었다. 멀지 않은 장래에 일본의 정세를 탐색하고 또한 화호(和好)와 피로인 쇄환 등 전후처리를 위해 사신을 파견하는 일까지를 포함하여 사명당의 존재는 그의 뇌리를 떠나지 않고 있었던 것이다.

　이 무렵 사명당과 친밀한 관계를 유지하고 있었던 인사로는 이 체찰사 외에도 조호익과 손기양 등이 있음은 전술한 바 있다. 『밀주지』에 의하면 당시 사명당의 생가가 있는 상서면 둔지리에 이웃한 오봉마을에는 조호익의 친조카 조이복(曺以復)이 살고 있었다. 그는 임진왜란에 의병을 일으켜 얼마 후 망우당 곽재우군에 합류하였으며, 그뒤에는 숙부 조호익이 관서지방 소모사(召募士)로 있을 때 그 막하에 나아가 찬획한 인물이다. 성호 이익은 오한 손기양의 「행장」을 쓸 때 『밀주지』를 인용하여 밀양 종남산의 북쪽에는 손기양이 살고 남쪽에는 조이복이 있어 함께 향리의 유교적 질서를 잡아가는 지도적 위치에 있었다는 사실을 특기하고 있다. 그들은 고향의 선배이며 민족의 사표로서 존경받는 사명당의 속가 일에 일정한 관심을 가졌음직하다. 손기양이 '일 때문에 송운의 처소를 찾았다'는 것은 고향 친구들과 연락하면서 사명당의 선영에 관계된 일에 관심을 가졌을 것으로 추측해볼 수 있다.

당시 불교계에서도 전쟁으로 당한 피해를 하나씩 복구하는 사례가 나타나고 있었다. 1603년에는 통도사 금강계단과 함께 달성 비슬산 용연사도 중창불사를 일으켰다. 특히 용연사에는 사명당의 제자 인잠·탄옥·경천 등이 사명당의 지시에 따라 잿더미가 된 사찰을 재건하였다. 이로 미루어보면 그들이 스승의 선영 관리 문제에 일정한 관심을 갖지 않았을 리 없다. 필시 인근지역의 유림들과 연락을 취하면서 백하난야(白霞蘭若)의 건립에 협조하였을 것으로 여겨지는 까닭이다.

산사로 돌아오라는 목소리

일본의 침략전쟁이 조선 천지를 유린하여 그 피해가 이루 말할 수 없었다는 사실은 새삼스럽게 말할 것도 없지만 특히 조정이 천시하던 불교계의 비참함은 전쟁 초기부터 막심하였다. 오희문이 전쟁이 일어난 다음 해 보광사(普光寺)의 피해 상황에 대하여 기록한 것을 보면 그 피해가 어느 정도인지 짐작할 수 있다. 보광사는 고려 조의 옛 절로서 인근의 여러 고을 가운데 가장 큰 절이었는데, 이즈음 병란을 겪은 뒤로 승려들이 싸움에 나갔다가 많이 죽고 또 관역(官役)에 시달려 뿌리를 내려 사는 자가 없이 모두 흩어졌다. 그래서 방은 텅텅 비어 있고, 간혹 살고 있는 이들조차도 그 생명이 조석으로 위태한 형편이라고 할 만큼(『쇄미록』 상, 계사년 11월 6일조) 심각한 상황이었다.

싸움터로 나가 참전한 각 사찰의 승군들도 시간이 흐름에 따라 점차 환속하는 이들이 늘어만 갔다. 승군의 환속은 법계의 높고 낮은 경우를 가리지 않고 일어났다. 사명당이나 의엄과 같은 승장의 경우에는 선조로부터 그들이 '만약 환속한다면 백 리를 다스릴 책임을 맡길 것이요, 3군을 통솔할 장수를 제수할 것'이라는 언질이 주어지기도 하였다. 사명당은 끝까지 승려로서의 자리를 지켰으나 의엄이나 쌍익(雙翼)과 같은 이들은 전쟁 뒤에 승복을 벗고 속인이 되고 말았다. 사명당이 거느린 의승군 가운데도 승려의 이름으로 직첩(職牒, 조정에서 내리는 벼슬아치의 임명장)을 받았다가 후에 머리를 기르고 환속하는 이들이 많았다는 사실은 전술한 바 있거니와 어떤 승군 집단에는 200명 가운데 그 절반이 환속하는 일(『선조실록』 30년 2월 25일조)이 속출하는 실정이었다.

전쟁이 끝나자 전 국토는 만신창이가 되었으나 그나마 살아남은 백성들은 그 나름으로 생을 영위하기 위하여 안간힘을 쓰지 않으면 안 되었다. 불교계 역시 생존을 위한 몸부림을 치는 가운데 지도자의 부재가 또 하나의 중요한 문제였다. 불타 없어진 사찰을 복원하고 도제를 양성할 지도자가 하루빨리 산으로 들어와 불교계의 정비를 서둘러야 했다. 특히 승군으로 출전하였다가 여러 가지 유혹으로 대열을 이탈하여 환속한 자리를 메울 승려들을 보충하는 일이야말로 매우 시급한 일이 아닐 수 없었다. 이러한 상황에서 사명당과 동시대를 살았던 경헌(敬軒, 1544~1633)은 전쟁이 끝난 뒤에도 입산하지 않고 떠도는 승려들에게 빨리 산사로 돌아오라는 뜻의 안타까운 심정을 시에 담았다.

강호에 떠다닌 지 몇 해나 되었는가
생멸도 없는 그 즐거움 전혀 몰랐었구나.
가여워라! 저자 거리에서 함빡 먼지 썼구나
권하노니 청산에 들어와 높이 눕게나.

流落江湖問幾年 不知自有無生樂
憐渠市上久蒙塵 勸入靑山高臥席
• 「勸入山僧」, 『재월당집』 상

이 시는 일없이 떠돌아다니는 일반 산승을 비꼰 것인지 혹은 조정에 발이 묶여 변방 수비를 서고 있는 사명당을 빗대어 한 말인지 알 수 없다. 경헌 역시 임진왜란에 참전하여 직첩이 내려졌지만 결국 그는 이 직첩을 거부할 정도로 승려의 본분에 충실한 인물이었다. 따라서 위의 시는 그가 전후에 텅 비어 있는 산사의 적막한 현실에 직면하여 사명당을 포함한 모든 승려들에게 어서 산중으로 돌아와 함께 절을 일으키자고 독촉한 말임에 틀림없다. 사정이 이러하니 경헌이 비판한 직접적 대상이 사명당이 아니었다 하더라도 그가 그러한 경우에 처한 가장 대표적 인물이었으니 그 비판에서 결코 자유로울 수 없었던 것이다.

사명당이 바로 산중으로 돌아와야 한다고 직접적으로 충고를 한 사람은 서로 절친한 사이였던 정관일선(靜觀一禪, 1533~1608)이었다. 그는 사명당에게 편지를 보내 하루빨리 산으로 들어와 헝클어진 승풍을 바로잡아야 한다는 사연을 다음과 같이 구구절절하게 토로하고 있다.

아아, 불법이 쇠미하여 가던 차에 세상 또한 혼란에 극하여 백성은 안도하지 못하고 승려도 편히 쉬지 못하게 되었습니다. 왜적이 잔학하게 해치니 인민들의 노고가 이루 말할 수 없게 되었습니다.

더구나 슬픈 일은 승려가 속인의 옷을 입고 군사로 몰려 나가 동서로 쫓아다니면서 혹은 적의 손에 죽고 혹은 속가로 도망치니 속세의 습관은 여전히 다시 싹트기 시작하였습니다. 그리하여 그들은 출가의 본뜻을 잊어버리고 계행(戒行)을 아주 폐하여 빈이름을 구하여 불처럼 달리면서 돌아오지 않으니, 선풍(禪風)이 장차 그치게 될 것을 이로써 알 수 있습니다.

못난 저는 나이 60이 넘어 노환이 한둘이 아니어서 출입이라고는 문

지방을 넘지 못하고 음식이라고는 한 입을 채우지 못합니다. 바람은 옛 골짜기로 돌아오는데 높은 산을 바라보며 창연할 뿐이요, 달이 송창(松窓)에 비치는데 긴 밤을 앉아 탄식하니 울적한 심정을 가누지 못하겠습니다. 어제 저녁에 막하의 한 스님이 서찰을 가지고 이곳을 찾아주니, 우리 스님께서 나를 버리지 아니하였음을 믿겠습니다. 이에 생각해오던 것을 고하여 올리려 합니다.

형은 대장부이신지라, 생각건대 반드시 돌과 같은 마음과 송죽 같은 절개가 있어서 검은 물을 들여도 들지 않고 갈아도 닳지 않을 것입니다. 그러나 형산(荊山)의 보배도 굳은 돌에 부딪치면 반드시 갈라지고, 여룡의 구슬도 물결 속에 있으면 빛나지 않는 법입니다. 그러므로 옛 사람의 말에 삼세(三世)의 여러 부처님도 오랫동안 흙속에 묻혀 있으면 본래의 몸을 모르고 만다고 한 것입니다. 또 옛 성현들은 부귀를 뜬 구름처럼 보고 누추한 거리에서 만족하여 그 즐거움이 변하지 않았습니다. 예컨대 유후(留候)는 벽곡(辟穀, 곡식은 안 먹고 솔잎·대추·밤 따위만 날로 조금씩 먹음)하고 두 번 상소하여 벼슬을 그만두었기 때문에 그 몸을 보전할 수 있었고, 소상국(蕭相國)은 나라를 편케 하였으나 옥에 갇히었으며, 한(韓) 대장은 으뜸공을 세웠으나 죽임을 당했습니다. 그러므로 큰 명성 밑에 오래 있기 어렵다고 한 것이니 어찌 삼가지 않겠으며, 하물며 승려의 거취는 세속사람과 다른 것이겠습니까? 그러므로 육조(六祖)는 그 도가 천하에 퍼졌지만 천자의 부름에 나아가지 아니하였고, 승조(僧肇)는 그 덕이 일세에 높았지만 위왕(魏王)의 부름을 거절하였습니다. 그러나 두 임금이 그들에게 죄를 주지 않고 오히려 존경하였던 것은 대개 방외(方外)의 사람에 대해서는 방내(方內)의 예로서 대우하지 않기 때문이었습니다.

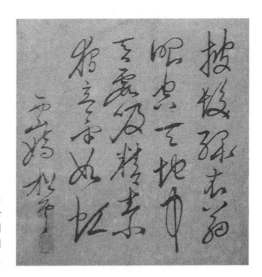

근년 일본에서 발견된 유묵. 달마조사나 서산대사와 같은 선객의 독립정신을 크게 칭송한 내용으로, 끝에 '서산의 적자 송운'이라 하였다.

들건대, 지금 왜적은 물러갔고 (도대장께서는) 큰 공을 이루었으므로 대궐에 나아가 사퇴하기를 청하려 한다고 합니다. 그러나 무엇 때문에 꼭 그렇게 해야 합니까? 아뢰지 않고 떠나버리는 것이 좋을 것입니다. 만일 아뢴다면 반드시 떠나기 어려운 형편이 생길 것입니다. 그러므로 빨리 인수(印綬, 관인官印)를 끌러 비장(裨將, 무관 벼슬)에게 주어 단번에 바로 바치도록 하시기 바랍니다. 그러고는 바로 군복을 벗어 다시 승복을 걸치시고 깊은 산에 들어가 종적을 감추소서. 그리하여 시냇물을 움켜 마시고 비름을 삶아 먹으면서 선정(禪定)의 물을 맑히고 지혜의 달을 다시 밝히어, 반야의 자비선(慈悲船)에 시원히 올라 보리의 저 언덕에 이르시기를 진심으로 축원하나이다.

스님께서 제 말을 들어주면 뛸 듯이 좋겠습니다만 만일 듣지 않으시더라도 두 번은 말씀드리지 않겠습니다. 엎드려 생각컨대, 한번 살피신 뒤 결정해주시면 더할 수 없는 영광이겠습니다.

• 「上都大將年兄」, 『정관집』

　이 편지의 작자 일선은 사명당보다 11세 연상으로서 15세에 출가하여 후에 서산대사에게 배웠으므로 사명당과는 동문의 사형이 된다. 그가 사명당과 매우 친밀한 사이였음은 이 편지 외에도 「송운대사에 올림」(上松雲大師)이나 「정대장을 일본으로 보내며」(送政大將往日本)라는 글들을 통해 따뜻한 우정을 표하고 있는 데서도 짐작할 수 있다. 이 편지 역시 그러한 친밀한 정감을 담고 있으면서도, 다른 한편으로는 속세의 일을 훨훨 털어버리고 산으로 돌아오라는 강력한 메시지가 실려 있다.

　일선이 보기로는 승려가 전장에서 전투복을 입은 것이 세속화의 씨를 뿌리게 되었으며, 승려가 명리(名利)로 치달음으로써 선풍(禪風)을 해치게 되었다는 것이다. 아무리 마음과 절개가 굳은 사람도 오래 세속에 던져지면 해이해지고, 빛을 발하지 못하게 되기 때문에 옛 성현들은 승속을 막론하고 거취를 분명히 하여 스스로를 보전하였다고 한다. 따라서 사명당은 전쟁이 끝나고 큰 공이 우뚝한 상태에서 바로 속세를 버리고 산사로 들어가야 한다는 것이다. 그렇지 않고 들리는 소문과 같이 만일 대궐로 가서 국왕께 보고하고 떠나려 한다면 결코 떠나보내지 아니할 것이니, 위에 인장을 맡기고 바로 떠나 산속으로 종적을 감출 것을 신신당부하고 있다. 그러면서도 그는 마지막 구절에 ‘자기 말을 들어 입산해주면 매우 반가운 일이겠으나 만일 듣지 않더라도 두 번은 권하지 않겠다’고 하여 사명당의 결정에 승복할 것임을 다짐하고 있다. 그만큼 사명당을 믿고 그 결정에 따른다는 뜻을 표명한 것이다.

　같은 승려의 입장에서 보면 피폐할 대로 피폐한 불교계의 수습을 위하여 사명당같이 능력 있는 지도자가 하루 속히 복귀해주는 것이 급한 일이다. 그러나 국가의 형편으로 보면 일본의 재침 여부가 아직도 불분명한 상황이었으니 입산을 반드시 독촉할 수는 없는 일이다. 이러한 사정을 누구보다도 잘 아는 정관일선이기에 편지의 마지막 구절에 사명당의 입산이 가장 바람직한 일이지만 '혹시 돌아오지 않더라도 두 번 다시 권하지는 않겠다'는 단서를 붙이면서 이 편지를 '한번 읽고 판단해주기'만을 바랄 뿐이었다.

사명당의 거취에 대해 불교계의 다른 거장들은 어떻게 생각하였는지 궁금한 일이다. 우선 서산대사의 경우를 생각해볼 수 있으나 이에 대한 직접적인 언급은 찾아볼 수 없다. 다만 언제 무슨 일 때문인지는 모르지만 사명당이 곤혹스런 처지를 당하여 도움말을 요청받았을 때 서산이 다음과 같이 충고해준 일이 있다. 즉 "저자의 호랑이와 치마 속의 벌은 이치가 실로 그러한 것이니, 허다하게 떠도는 소문에 절대로 마음두지 마시라"고 한 것이다(「答離幻禪子書」, 『청허집』 권2). 그만큼 그는 사명당이 일에 대처하는 판단과 행위를 믿었다. 더구나 임진왜란의 초기부터 의승병의 기의를 독촉하였으며 도대장의 소임까지 맡겼으니, 전후의 대처에 대해서도 본인의 결정에 전적으로 동의하였을 것임에 틀림없다.

부휴선수 역시 사명당과는 각별한 도반으로서 은사 서산과 마찬가지로 그의 언행에 철저한 동의와 찬사를 보냈다. 서로 간에 많은 시문이 오갔지만 전쟁과 관련한 것도 적지 않다. 사명당에게 준 다음 시는 칠언절구 다섯 편 가운데 처음 두 편이다.

나라 형세는 위태롭게 기울어 평온하지 못하고
법문은 쇠폐한데 밝히기 어려워라.
그대를 만나 지금에 당한 일 모두 말 하노니

유려한 글씨로 어느 지인에게
보낸 것으로 보이는 편지.
가운데에 '58세 송운'이라는
글자가 뚜렷하다.

하룻밤 푸른 등불 아래 백발이 생기누나.

國勢傾危久不平 法門衰廢又難明

逢君說盡當今事 一夜靑燈白髮生

몸에 한 칼을 지녀 천은에 보답하며

담소로서 융적과 강화하니 뭇사람이 존경하네.

어느 날 저 흉적을 깨끗이 쓸어내어

다시금 우리 도를 산문에 떨쳐볼까.

身持一劍答天恩 談笑和戎衆所尊

何日掃除凶賊盡 更令吾道振山門

•「贈鍾峰」,『부휴당대사집』권4

이처럼 부휴는 나라의 위란과 불교의 쇠폐를 놓고 사명과 함께 걱정하고 있다. 비록 자신은 사명당과 같이 일선에 나가 국난을 평정하기 위한 노력에 힘을 보탤 수 없을지라도 마음속으로는 그를 도와 하루빨리 적들을 몰아내고 불교를 일으킬 수 있도록 기도할 뿐이었다. 그만큼 그는 사명을 의지하고 믿으며 또한 높이 평가하고 있었다.

소요태능(逍遙太能, 1562~1649)은 사명당과 어깨를 나란히 한 불교계의 거장 부휴에게 배우고, 다시 서산 문하에 들었다가 전쟁이 일어나자 참전하였던 인물이다. 사명당이 입적하자 그가 진영에 찬하는 글이 있다.

하늘이 낸 종남산의 씩씩한 사자
염부제의 얼마나 많은 악마를 밟아 죽였던가.
활짝 트인 참모습은 청허의 골수인데
한송이 붉은 연꽃이 불 속에 피었네.

天出終南活獅子, 閻浮踏殺幾群邪
眞儀廓落淸虛骨, 一朵紅蓮火裡葩

•「贊四溟大師眞」,『소요당집』

이와 같이 소요에게는 사명당의 생애야말로 불법을 보호하기 위한 항마행(降魔行)이었으며, 처참한 현실세계 속에 활짝 핀 한떨기 선의 꽃이었다. 이를 달리 표현하면 사명당을 종남산의 사자에 비유하여 전쟁에 나

가서는 수많은 일본군을 밟아죽이고, 들어와서는 서산의 골수를 얻은 적자의 위치를 밝힌 것이다. 여기서는 불법의 보호와 중생의 제도가 결코 둘이 아닌 하나임이 명시되어 있다.

이상과 같이 사명당의 전쟁 참전과 전쟁 이후의 처신에 대한 논의는 단순한 것이 아니다. 우선 사명당 자신은 이에 대하여 스스로를 어떻게 생각하고 있었는지 살펴보는 것도 흥미 있는 일이 아닐 수 없다.

승려로서 종군한다는 뜻

　사명당은 7년전쟁 동안 전투와 평화협상이라는 두 축을 오가며 때로는 장수로서 또 때로는 외교가로서 활동했다는 점에서 독특한 위치를 차지한다. 오래 지속된 전쟁에는 수많은 장수가 나와 나름대로 공을 세웠지만 조선인으로서 적진으로 들어가 왜장을 상대로 여러 차례 외교교섭을 벌여 성과를 거둔 이는 오직 사명당 한 사람이었다. 이러한 두 가지 일에 있어서 그는 주어진 역할을 성실히 수행하는 가운데 언제나 우리의 주체적인 역량으로 싸워 적을 격퇴해야 한다는 이른바 주전론의 입장에 서 있었다. 그러한 주전론적 입장은 그가 외교담판에 임하고 돌아와 올린 세 차례에 걸친 상소문을 통하여 분명히 확인할 수 있다.

　특히 정유재란 초기에 가등청정이 마지막으로 시도한 사명당과의 협상에서 조선을 속국으로 만들려는 목적을 '평화교섭'이라는 명목 아래 달성해보려 하였으나 뜻을 이루지 못하자 곧바로 군사행동에 들어갔다. 이를 두고 어떤 일본의 학자는 '정유재란이 발발한 것은 가등청정의 강화요구를 받아들이지 않은 사명대사에 절반의 책임이 있다'는 결론을 내리고 있다(덕부소봉, 앞의 책, pp.398~399). 그러나 이는 조일 양측이 정유재란에서 입은 피해가 너무도 컸던데 대한 회한에서 내린 평가라 할

지라도 어불성설이라 아니할 수 없다.

풍신수길의 조선침략은 명분 없는 전쟁광의 발악적 행위에 불과한 것이었다. 이 전쟁은 조선인에게는 물론이고 일본의 종군승 경념(慶念)에게도 마찬가지로 죄악으로 느껴졌다. 경념은 구주 정토종 계통의 안양사(安養寺) 주지로서 정유재란 시에 출정하는 성주(城主)의 요청에 따라 그의 주치의로서 부득이 가족을 떠나 종군하였으나 그가 목격한 전쟁현장은 너무나 참담한 것이었다. 그의 유명한 전쟁일기에는 다음과 같은 구절들로 채워져 있다. 즉, "여러 가지 눈뜨고 볼 수 없는 광경들에 놀라며, 인간 세계의 모습만큼 두렵고 가증스러운 것은 없다는 것을 새삼 인식할 따름이다."라고 한다든지 혹은 "이런 일을 생각하면 지옥은 다른 곳에 있는 것이 아니다. 지금 눈에 비치고 있는 일들을 후세 사람들은 꿈에서조차 모르고 지나게 되리라 생각하니 견딜 수 없는 심정이다"라고 하고 있다.

이러한 표현과 같이 경념의 기술에 따르면 이 전쟁이야말로 지옥 그 자체로서 전쟁에 참여한 일본 군인 대다수는 자신의 의지와 관계없이 끌려온 성주의 하수인들이었다. 피해자는 말할 것도 없고 가해자들마저도 전쟁의 의미조차 모르고 전쟁광의 지시에 따라 움직이는 불쌍한 군상들에 지나지 않았다.

같은 승려지만 피해자 측에 속하는 사명당이 7년 동안 당하고 느낀 피해 참상은 경념의 그것에 비길 바 아니었다. 일송 심수희(一松 沈壽喜)가 옆에서 보고 그린 사명당의 가슴 아픈 심정을 다음과 같이 시로 읊었다.

백발의 고승 만 번 죽을 고비를 넘기고
국화 필 무렵 다시 서울에 왔네.

등불 앞에 잠깐 사미와 말하려니
난리 이야기에 눈물이 옷깃에 가득하네.

白首高僧萬死餘 重來江漢菊花初
燈前暫與沙彌語 語及干戈漏淚裾
•「贈僧大將惟政」, 『일송집』 권1

의승대장 사명당은 경념과 같은 종군승 의생(醫生)과는 처지가 달랐으
나 같은 종교인으로서 지옥 같은 전쟁의 참상을 느끼는 처절한 심정은 마
찬가지였다. 그는 전후에도 전쟁에 관한 이야기가 나오면 이처럼 눈물로
옷깃을 적시고 있었던 것이다.

돌이켜보면 임진년 6월 사명당이 금강산에서 처음 일본군들을 만났을
때 두 차례에 걸쳐 불법으로 설득하여 그들의 분탕질을 그치게 하였다.
그러나 그들의 침략은 갈수록 치열하여 사명당은 '나라의 위급함이 이렇
게 심한데, 가만히 앉아 바라만 볼 수 없다'하고 급기야 의승병을 일으켜
평양성 탈환전에 참전하게 된 것이다. 10월 3일 그가 평양으로 가는 도중
에 '붉은 머리에 푸른 옷을 입은 왜적들이 우리 백성을 어육으로 만들어
길가에 송장들이 서로 베고 누운 것을 보면서 통곡하고 다시 통곡하던'
심정이야말로 이루 말로 표현할 수 없는 것이었다. 그것은 일본 승려 경
념이 전쟁의 참상을 보고 느낀 인간애나 도리상 연민의 정에 비길 바 아
니라 바로 내 부모형제가 당한 목전의 참극이었다.

사명당은 평양과 서울 탈환에도 공을 세웠으며, 이후에는 가등청정과
몇 차례에 걸친 서생포왜성의 회담을 통하여 적정을 정탐하여 조정에 보
고하는 등 조·일 외교협상의 주역을 담당하였다. 이들 회담에서 그는 항

시 이 전쟁이 일본 측의 '명분 없는 침략행위'임을 들어 하루 빨리 군대를 철수시켜야 한다는 지론으로 당당한 태도로 임하였다.

특히 정유재침을 기정사실로 한 일본의 청정과 협상하는 자리에서도 사명당은 조금도 위축되거나 흐트러짐이 없이 당당히 정론을 폈다. 그리고 그러한 확고한 일본 측 입장을 확인한 사명당은 조정을 상대로 민족주체적 일전불사론을 펼쳤다. 뒤에 조정에서 사명당을 대마도의 정탐을 위해 파견할 계획을 세울 때 비변사에서 보고한 말 가운데 "유정이 왕년에 여러 차례 가등청정의 진속에 드나들어 청정과 문답할 때에 큰소리를 치며 굽히지 않았는데, 청정이 이를 매우 좋게 여겨 매양 유정의 사람됨을 일본인에게 칭찬했기 때문에, 일본에서 탈출해온 사람들이 많이 말하기를 '왜인들이 송운의 이름을 전해가며 칭찬하였다'고 하는 것입니다"라고 한 말이 있다. 사명당은 청정과 여러 차례 회담하면서도, 큰소리치며 굽히지 않았던 것이다.

이와 같이 사명당은 처음에 일본군을 만나서는 승려 신분으로서 불법의 자비로써 설득하여 침탈행위를 막아보려 하였으나 그 방법으로는 한계에 부딪치자 불가피하게 무기를 잡지 않을 수 없었다. 이러한 행위를 두고 굳이 유자니 혹은 불자니 가릴 수 있는 일이 아니다. 여기서 교산 허균의 말을 들어볼 필요가 있다.

아아! 대사가 탄생한 것은 바로 시끄러운 말세였다. 대사는 전쟁에 시달리면서 국가와 함께 강한 적을 막느라고 불법(佛法)을 선양하여 어리석은 무리들을 깨우칠 겨를이 없었다. 그렇기 때문에 대사를 잘 모르는 자는 혹 그가 불교에 마음을 두지 않고, 한갓 세상을 구하기에 바빴다고 탓하는 자가 있다. 그러나 이들이 어찌 악마를 죽여 어려운 것을 구제하는 것이 바로 불가(佛家)의 공덕인 줄 알겠는가.

당시 불교계 일각에서 사명당의 행적에 논란이 적지 않았음을 보여주는 대목이다. 이 글에서 나타나 있듯이 사명당의 행적을 두고 시비하는 사람들은 의승대장으로서 그의 적극적 활동이나 종전 후의 변방 수비나 축성과 같은 일에까지 간여하고 있는 행위 등이 모두 승려의 본분을 벗어난 행위로 본 것이다. 그들은 세상을 구하는 일이 좋은 일이기는 하지만 그렇게 함으로써 휘하 의승들의 탈속이 속출하는 등 불교계에 오히려 해를 끼치는 결과를 가져오는 일이 있어서는 안 된다는 입장이었다.

그러나 일본군의 침탈이 극렬하여 살육이 자행되는 현장에서는 이를 방지하여 생명을 보전하는 최상의 방법이 적과 맞서 그들을 물리치는 일이었다. 적을 물리치는 것이 생명, 곧 중생을 지키는 것이다. 여기에는 승속의 구별이 있을 수 없었다. 허균의 말과 같이 "악마를 죽여 어려운 것을 구제하는 것이 바로 불가의 공덕"이었기 때문이다. 그렇다고 하여 사명당의 행적을 불도를 따른 것이 아니라 유가적 충의를 다한 것이라 하여 유가 측에서 지나치게 아전인수격으로 확대 해석하는 것도 부당한 일임은 물론이다.

사명당에게는 전장에 나가 백성을 구하고, 외교협상에 임하여 적장의 간담을 서늘하게 하며, 조정을 향하여 개혁의 목소리를 내는 일들이 모두 대장부의 소임이요 종교인의 양심적 발로였다. 그는 일찍이 금강산 어느 사찰의 탱화를 모시는 소문에서 불신(佛身)의 진체와 형상, 본질과 현상, 이상과 현실 사이는 서로 단절된 것이 아니라 상호 의존적이라고 주장했던 것을 앞에서 살펴본 바가 있다. 그에게는 침략군을 상대로 여러 가지 방법을 시도해보았지만 직접 참전하는 것이 가장 적극적인 자비의 실현

방법임을 깨달은 것이었다. 그는 자신의 안위를 구하지 않고 남들이 꺼려하는 일들을 자진하여 수행하였다. 그리하여 노구로 병마에 시달리면서도 자신의 길을 후회하거나 망설이지 않았다. 유교 측이건 불교 측이건 그를 향하여 발하는 세평에 흔들리지 않고 자신의 길을 굳건히 걸었다.

일본군이 물러간 후 조정의 요구로 변방에 수자리 서는 일은 그에게는 정말 지루하고 따분한 일이었다. 더구나 지병을 앓고 있는 그로서는 산사로 돌아가 쉬는 것이 무엇보다 절실하고 또한 바라는 일이었지만 현실에서 그는 흔들림이 없이 나랏일에 힘을 쏟았다. 당시 그의 심정을 엿볼 수 있는 다음 시를 보자.

옛 역에서 중양절을 만나 칼 안고 슬퍼하니
병든 몸에 달만 있어 서로 따르네.
형산(衡山)에 토란 굽기 실로 내 소원인데
벼슬에 살찐 말이 어찌 본분이랴.
장해(瘴海)에 10년 동안 부질없이 수자리 살았나니
향성(香城) 어느 날 돌아갈 기약 정할는지.
맑은 하늘 외기러기 강동(江東)이 먼데
가물거리는 등불 앞에 헤어진 옷 걷어잡네.

古驛重陽抱劒悲 病身唯有月相隨
衡峯燒芋眞吾願 官路乘肥豈我宜
瘴海十年空遠戍 香城何日定歸期
天淸一雁江東遠 明滅燈前攬弊衣
• 「過震川」, 『사명집』 권3

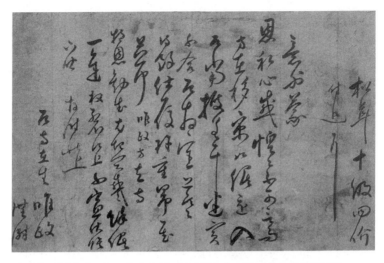

이 편지는 대사가 어느 관료로부터 편지와 예물을 받고 송이버섯과 함께 보낸 답장이다.
내용으로 보아 대사가 전후 남방에 머물 때의 일로 보인다. 동아대박물관 소장.

10년 동안 살찐 말 타고 벼슬하며 종군하는 것이 승려로서의 본분이
아니요 하루빨리 산사로 돌아가 병든 몸을 편히 쉬며 지내는 일이 진실로
바라는 바이지만 그렇게 할 수 없는 현실이 그는 한없이 원망스러웠다.
그러나 이러한 일은 일본의 재침이 없다는 약속이 있기까지는 스스로 그
만둘 수 없는 것이었다.

그가 종군한 지 10년이 경과한 임인년 가을에 사명당은 서울에 머물면
서 은사 서산대사의 도총섭직에 관하여 그 동안 정리하지 못했던 한 가지
일을 마무리할 수 있었다. 도총섭직은 처음 서산대사가 맡아 전국의 승려
들을 통솔하였으나 그가 산으로 돌아간 후 조정에서 일시 의엄에게 맡겼
다. 그러나 의엄으로서는 그 직책을 감당하기가 어려워 유야무야하다가
전쟁이 끝났다. 그리고 여러 해를 지난 지금 사명당이 노력하여 비변사로
하여금 그 직첩을 고쳐 서산대사에게 반납하도록 한 것이다.(『선조실록』

35년 10월 계사조) 서산대사의 도총섭직 회복은 비록 상징적이기는 하지만 불교계의 상하 질서를 바로 잡는 중요한 일이기도 하였다. 아마도 사명당에게는 따로 계획하는 일이 있었던 것 같다. 그것은 혹시 자신이 일본 사행으로 가게 될 경우를 예상하고 조치한 일이었던 것으로 보인다. 이에 대해서는 다음 장에서 다시 보기로 하겠다.

사명당에게는 고향이 둘이었다. 조·부모의 산소가 있는 세속의 고향에는 이미 백하난야를 세워 위패를 모시고 노복으로 하여금 지키게 하였다. 또 다른 고향은 산사로서 그는 언제나 이 정신적 고향으로 돌아가야 한다고 노래하였다. "동서로 헤매노라 몸과 마음 수고로웠는데, 만사를 돌아보니 후회막급일세. 거울 보니 수염은 흰눈이 부끄러워할 지경인데, 역루(驛樓)에서 또다시 귀뚜라미 소리 듣는다."(「龍泉館夜聽秋蟲」, 『사명집』 권4) 이는 정신적인 고향이요 영원한 안식처인 산사의 삶을 떠나 있는 회한의 심경을 읊은 것이다.

그가 남쪽 부산에서 수자리 살면서 전쟁 후 처음으로 학수고대하던 이 정신적인 고향, 금강산과 오대산으로 돌아갈 기회를 얻었다. 뒤에 그가 쓴 서산대사의 소상제문(登階大師小祥疏)에 의하면 "계묘년(1603) 여름에 영남에 있을 때 그후 조정에 보고하여 휴가를 얻어 개골산 유점사로 달려가 뵈었습니다. 그리고 표훈사로 가시도록 하면서 내년 봄에는 와서 모시겠다는 뜻을 고하고 오대산으로 돌아와 겨울 결제를 지냈습니다"라고 한 데서 알 수 있다. 휴가를 얻을 때 미리 인편으로 서산대사를 금강산에서 만날 약속을 하고 떠난 것 같다.

그들 스승과 제자가 함께 여름을 보낸 뒤 헤어지면서 사명당은 내년 봄에 다시 만나 뵙겠다고는 하였으나 고령의 서산대사는 그러한 약속이 이루어지리라고는 생각하기 어려웠을 것이다. 그리하여 그는 이별의 안타까운 정을 담은 다음 오언절구를 지어 제자 사명에게 주었다.

대장의 깃발은 눈 덮인 산을 따라가고, 석장은 바다구름 향해 날라 가네.
날 저무니 강 빛이 아득하고, 하늘이 차니 기러기 그림자 드물구나.
잔 들어 깊고 얕은 뜻 전하고, 시에는 이별하는 슬픔을 담았도다.
정다운 눈빛 언제 다시 만나, 담선하며 함께 불자를 휘두르리.

麾從山雪去 錫向海雲飛 日暮江光杳 天寒鴈影稀
杯傳深淺意 詩有別離悲 靑眼何時再 談禪塵共揮

청허라는 이름으로 쓴 이 시에 대하여 어떤 학자는 사명당이 일본으로
사신 갈 것을 알고 준 전별시라고 보기도 하지만 그렇게 보는 데는 무리가
있다. 일본 사행문제가 대두되고는 있었지만 그 논의가 아직 본격화되기
이전이었기 때문이다. 따라서 이 시는 노령의 스승이 제자를 실로 오랜만
에 만나 다시 헤어져야하는 아쉬움을 노래한 것으로 보아야 할 것이다.

그가 유점사에서 여름을 보낸 뒤 가을이 되자 전쟁이 일어나기 전에 자
신이 중건한 오대산 월정사로 가서 머물렀다. 그때 사명당은 벼슬에서 떨
어져 경포 농막에서 불교서적을 읽으며 마음을 달래고 있던 허균을 방문
하였다. 허균은 『사명집』 서문에서 당시 불교의 '마음을 밝히고 성품을
보는 것'(明心見性)에 대해 물어보았더니 "스님은 무르익게 알고 꿰뚫어
통하여 뛰어나고 분명히 깨달은 바가 있었다"고 하면서 며칠 동안 같이
묵으며 불교의 오묘한 이치를 깨닫게 되었다고 했다. 사명당은 오대산을
중심으로 하여 이 지역에서 그해 겨울을 보낸 다음 새해 초에 서산대사의
부음을 듣고 하산하였다.

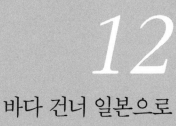

12

바다 건너 일본으로

"산에 걸린 달 천추에 희었는데,
연꽃 향기 깊은 밤에 풍겨온다.
만리창파에 떠나는 이 마음,
실오라기 같아 이다지도 어지러운가."

외교특사로 부름받은 노승老僧

　대마도는 원래 자급자족이 되지 않는 섬으로서 조선과 일본의 중간에
서 교역을 해야만 의식주를 해결할 수 있었기 때문에 전쟁이 끝나자 조
선과의 관계회복을 서둘지 않을 수 없었다. 이런 점에서 대마도주 종씨
(宗氏)가 일본군의 철수 이후 가장 먼저 조선과의 접촉을 서둔 것은 당연
한 일이었다. 대마도의 사신이 처음으로 부산에 와서 강화를 요구한 것
은 1599년 6월로, 대마의 중신(重臣)이었던 유천조신(柳川調信)의 서찰
을 가지고 파견된 것이었다. 이듬해(1600), 2월과 4월에도 도주 종의지
(宗義智) 등의 서장을 가지고 오면서 대마도에 잡혀가 있던 조선인 160
여 명을 송환하였으며, 그 뒤 귤지정(橘智正)도 남녀 300명의 피로인들
을 각각 송환해왔다.

　당시 일본에서는 1600년 9월 덕천가강(德川家康)이 세키가하라(關ヶ
原) 전투에서 풍신가(豊臣家)를 누르고 승리한 후 명·조선과의 강화를
위하여 대마도주와 유천조신에게 조선과의 통교교섭에 나설 것을 명하
였다. 그러나 조선에서는 일본의 정세를 제대로 파악하지 못하고 있었을
뿐만 아니라 대마도 측의 말을 믿을 수 없었기 때문에, 그 진의를 파악하
기 위하여 비밀리에 사람을 파견하여 정황을 탐색할 필요가 있었다. 어떻

대마도주 종의지의 초상.
종의지는 침략군 선봉대장
소서행장의 사위로서
외교승 현소와 함께 출정길을
인도하였으며, 명일 외교도 도왔다.

든 대마도는 교역이 시급하게 해결되어야 할 문제였던 반면에 조선으로
서는 피로인들을 하루빨리 송환해오는 일을 포함하여 일본정세를 파악
하는 것이 중요하였다. 이러한 상황에서 대마도를 상대로 교섭하는 일은
부산에 머물던 체찰사 이덕형이 책임을 맡고 추진하게 되었다.

　7년전쟁 동안 사명당의 군사 및 외교 활동에 상담역이 되어준 조정 대
신이 있다면 역시 유성룡을 첫째로 손꼽을 수 있을 것이다. 그러나 전쟁
이 일단 끝난 상태에서 부산성의 축성이나 이 무렵 새로 대두된 대마도
정탐을 위한 적임자로 사명당을 추천하는 일 등을 주도한 사람은 당시 경
상등도(慶尙等道) 체찰사 이덕형이었다. 『선조실록』 신축(1601) 4월부터
12월 사이의 관계 기사에 의하면, 이덕형은 일본 구주지방으로 정탐할
사람을 파견하는 데 일본인들에 알려진 인물의 편지를 지참하고 보내자
는 의견을 내놓았다. 그에 적합한 인물로서는 "거듭 생각해보아도 유정
(惟政)보다 나은 사람이 없다"(12월 29일조) 하여 처음부터 사명당을 첫
손가락으로 꼽았다.

　이해 말에 굴지정이 와서 덕천가강의 명이라고 하면서 조선이 문호를

열어 통호하지 않으면 임진왜란과 같은 사태가 다시 발생할 지도 모른다고 협박하고 돌아갔다. 이에 대해 조선에서는 침략에 대한 사죄와 피로인의 전원 송환이 선결조건임을 내세워 응하지 않았다. 그러나 이 무렵 조선 측에서도 강화를 인정하지 않으면 재침을 초래할 우려도 전혀 배제할 수 없다는 염려 때문에 한편으로는 방위를 튼튼히 하면서 다른 한편으로는 적의 정세를 정탐할 필요를 느끼고 있었다. 이리하여 비변사에서는 이덕형의 추천에 따라 유정의 이름으로 다음 해(1602) 2월 전계신(全繼信)과 손문욱(孫文彧)을 파견하기로 하고, 그들이 유천조신에게 가지고 갈 서찰을 만들기로 하였다. 말하자면 사명당이 사람을 써서 사신을 파견하는 형식을 취하기로 한 것이다. 이리하여 사명당의 이력을 다소 과장하여 작성한 서찰의 앞부분은 다음과 같이 시작하고 있다.

　노석(老釋)은 본디 오대산 사람으로 어려서 출가하여 곧 조인(祖印)을 찾아 중국에 들어가 영원대사(靈元大師)의 의발을 얻어 돌아와서 묘향산에 들어가 있었습니다. 지난 경인년 가을밤에 하늘관상을 보니 동방에 병화의 기운이 있는데 매우 참혹하므로 이곳을 피해 중국으로 들어가 정처 없이 구름처럼 떠돌아다녔습니다. 그러다가 동남지방의 중생이 도탄에 허덕이는 것을 생각하고 가련히 여겨 세속을 구제할 뜻을 두게 되었습니다.

　마침 천태산(天台山)으로부터 옥급비서(玉笈秘書)를 얻었는데 말이 사뭇 기이하여 흔연히 석장을 짚고 동쪽으로 왔습니다. 요양에 이르러 경략 고 노야(顧老爺)의 초빙을 받고 그대로 그 막중에 머물러 있었는데, 마침 유 총부(劉摠府)가 팔거에 군사를 주둔하고 군문에 요청하여 나로 하여금 청정에게 가서 타이르게 하였습니다. 노석이 생각하기를

'사람을 고해에서 벗어나게 하고 분란을 풀고 전쟁을 종식시키는 것은 아름다운 일이다' 하고, 명령을 받들어 갔더니, 청정이 노석의 말을 듣지 않다가 마침내 도산 싸움에서 패배를 초래하게 되었습니다.

그때 들으니 대마도주의 선조 무덤이 본국 동래 경내에 있다 하였고, 그 중신 유천이 본국의 은혜를 많이 받았으니 정의가 반드시 박하지 않을 것이라 여겨 그와 한번 담화하려 하였습니다. 그런데 유 총병이 바야흐로 심유격(沈遊擊)과 사이가 좋지 못하므로 ……

• 『선조실록』 35년 2월 3일조

이와 같이 사명당이 일찍이 중국에 구법하여 고승이 되어 돌아와 중생을 구제할 뜻을 가지게 되었다는 점을 서두로 하여 서찰을 작성하였다. 이는 사명당이 처음 가등청정과 면담하러 갈 때의 선례를 따른 것으로 그가 승려로서 불교의 종주국인 중국과의 친밀한 관계를 과시함으로써 불교를 숭상하는 일본인에게 고승의 권위를 내세우기 위한 책략이었다. 그러나 조정에서 진행하던 일본과의 교섭이 복잡하게 진척되면서 체찰사 이덕형은 '왜사(倭使)가 오면 유정으로 하여금 가서 만나 왜적의 책모를 알아오게 하는 것이 좋겠다'는 판단에 따라 사명당 대신으로 그의 스승 서산대사의 서신으로 교체하기로 계획을 바꾸었다. 이리하여 그해 2월 예정대로 천총(千摠) 전계신과 이전부터 대마도와의 교섭을 맡아왔던 절충장군 손문욱이 정탐사로서 대마도로 갈 때 서산대사 휴정의 서찰을 지참하도록 계획을 바꾸었다.

그뒤 사명당을 대마도 문제의 해결을 위해 활용하려는 방침은 다시 바뀌었다. 다시 말하면 '유정은 긴요하고 중대한 경우에 써야지 일본사신을 경솔히 가서 만나는 일이 적절하지 않다'고 하여 차라리 사명당을 직접 대마도로 파견하자는 방안이 대두되게 된 것이다. 이와 같이 중앙의 비변사와 부산의 체찰부 사이에 사명당을 직접 파견하는 일까지를 포함한 일본과의 교섭에 대한 여러 가지 논의가 지속적으로 진행되었다. 『선조실록』 35년(1602) 10월 5일조에 의하면 비변사에서 사명당을 서울로 불러 앞으로 대마도로 파견하게 될 때의 '모든 일을 의논해서 지시한 뒤에 경상도 근처로 돌려보내어 기다리도록 하자'는 건의가 윤허되어 시행되고 있다.

이에 따라 사명당은 상경하여 비변사와 머리를 맞대고 일본 파견에 관한 여러 가지 일을 상의하였다. 이렇게 대기하는 동안 그는 비변사를 상대로 그때까지 애매하게 되어 왔던 도총섭의 직책을 다시 찾아 서산대사에게 돌려보내는 일을 마무리지었다. 비록 전쟁이 끝났지만 전국의 승려를 명령하는 자리는 마땅히 서산 노사(老師)가 맡아야 한다는 평소의 생각이었을 뿐만 아니라 그가 일본에 가서 활동하면서도 스승의 '위명'(偉名)을 내세우려는 계산에서이기도 하였음은 앞에서 잠시 언급한 바 있다. 그는 세상을 사는데 언제나 제2인자로 처신하려는 겸손함을 견지하고 있었다. 이리하여 그는 비변사의 허락을 얻어 도총섭 직책을 다시 서산대사에게 돌려보내는 일을 마무리짓고, 그 3일 후인 7일에 경상도로 내려갔다.

사명당은 서울에 있을 때 남관왕묘(南關王廟)에 유숙하고 있었다. 이러한 사정은 그의 다음 시를 통하여 확인할 수 있다.

저문 해 서울에 헛되이 머무르니
마음 흔들려 백 가지 근심 모두 모여드네.
관우전(關羽殿) 밤비에 혼자 읊조리는데

장경(長卿)의 갓옷을 누가 술집에 잡힐고.

금문(禁門)에 종소리 다 되니 삼성(參星)은 바다에 비꼈고

성곽에 찬 기운 눈이 누에 날아든다.

내일 아침 남쪽 나라로 갈 일 생각하며

쓸쓸하고 말없이 보검(吳鉤)을 바라본다.

暮年京國浪淹留 方寸搖搖集百憂

夜雨獨吟關羽殿 靑帘雖典長卿裘

禁門鍾盡參橫海 城郭寒生雪入樓

坐想明朝向南國 消然無語看吳鉤

　• 「壬寅秋留南關王廟」, 『사명집』 권3

　그가 서울에 머물면서 행한 여러 가지 일들은 반드시 처리해야 할 일이
지만 산승인 그에게는 실로 따분한 일이 아닐 수 없었다. 서울에서 비변
사와 더불어 앞으로 대마도로 가게 되었을 때 제반사항을 검토한 뒤 눈이
내리는 초겨울에 영남으로 내려가 한 해를 보냈다. 사명당은 머지않은 장
래에 대마도로 들어가게 될 것을 예상하였으나 당분간 별다른 일이 없는
틈을 타서 체찰사 이덕형의 허락을 얻어 전쟁 후 처음 금강산으로 가는
기회를 얻게 되었다.

　사명당이 다음 해(1603) 여름에 부산에서 조정으로부터 휴가를 얻어
금강산에 들어갔다가 서산대사를 만난 뒤 다시 오대산으로 돌아갔다는
사실은 그후 그가 일본에 다녀온 뒤 묘향산으로 가서 읽은 「등계대사소
상소」(登階大師小祥疏)를 통하여 확인할 수 있다. 이에 따르면 "계묘년
여름에 영남에 있을 때 조정에 청하여 말미를 얻어 개골산 유점사로 달려

가 뵈옵고 표훈사로 가시도록 하였습니다. 그리고 내년 봄에는 다시 와서 모시겠다는 뜻을 고하고 오대산으로 돌아와 겨울 안거(安居)를 시작했습니다"라 하고 있다.

그가 오대산에서 겨울을 지내는 동안 마침 강릉 본가에 와 있던 허균과도 연락이 닿았다. 병오년(1604) 2월 1일자로 교산이 사명당에게 보낸 다음 편지에는 사람이 선 수행을 하는데 하필 조용한 산사를 찾을 필요가 있느냐는 투정조의 내용을 담고 있다.

> 대사께서는 선기(禪機)에 통달하지 못한 듯합니다. 섭심(攝心, 자신의 마음을 가다듬어 흩어지지 않게 함)이 움직이지 않는 것이 꼭 온갖 인연을 깨끗이 없앤 뒤에야 되는 것입니까? 조정이나 시정, 또는 마을 등 어느 곳에서나 될 수 있습니다.
>
> 제가 듣기로는 일념(一念)이 밝으면 일념의 진리(菩提)이고, 일념이 편안하면 일념의 열반이라 했습니다. 다만 이 마음이 오래도록 고요해져서 밝아지기를 바랄 뿐입니다.
>
> • 『성소부부고』 권21

그때 허균은 벼슬에서 떨어져 금강산을 둘러서 고향에 내려와 있던 중이었다. 그가 존경해 마지않는 사명당은 정작 자기와는 달리 굳이 벼슬을 마다하고 산사로 들어와 지내는 데 대한 불만 섞인 투정이었다. 실제로 허균은 어디서든 참선에 몰두하는 생활을 할 뿐 아니라 사귀던 어느 기생에게도 참선에 관한 이야기를 편지로 주고받았다. 그래서 그는 한적한 산사로 돌아가 선 수행을 즐기는 승려의 생활만을 반드시 옳은 일이라 여기지 않았다. 허균의 편지를 받은 직후 사명당은 돌연 서산대사가 입적하였다는 부음을 받았다. 그리고 급히 묘향산으로 달려가던 1604년 2월 21일, 양평 오빈역에서 돌연 서울로 올라오라는 선조 임금의 명령을 받게 되었다. 이리하여 북쪽으로 가던 걸음을 도중에서 서울행으로 바꾸어야 했다.

그 전해 12월에 대마도로부터 사신 귤지정이 다시 부산에 도착하여 통신사의 파견을 요청하였으나 마침 손문욱은 새로 부임한 명나라 경리(經理) 만세덕(萬世德)의 요동군문(遼東軍門)으로 일본의 정세 등을 보고하기 위해 자리를 비워 부재중이었다. 전쟁 이후 명나라에서는 조선과 일본의 교섭이 자국에 방해되는 일이 아니면 굳이 관계하지 않는다는 입장이었으나 조선으로서는 오히려 명을 내세워 일본의 강화 요구를 완곡하게 피하려는 외교정책을 취하고 있었다. 일찍이 사신으로 와서 협박한 일이 있었던 귤지정이 다시 오게 되었으므로 조정에서는 그를 수행하는 일을 전계신에게만 맡겨서는 불안하다고 생각하였다. 이리하여 사명대사를 급히 부르게 된 것이었다.

조정에서는 관동지방에 머물고 있던 사명당과 조속한 연락을 취하기 위하여 강원감사에게 빨리 공문을 보내어 '쾌마(快馬)로 성화같이 올려 보내도록' 함으로써 그의 상경을 서둘게 된 것이다. 일본 사신 한 사람을 접응(接應)하는 일로 이와 같이 멀리 있던 사명당을 불러올리는데 부산을 떨어야 하는 조정의 처사는 언로 측으로서는 매우 못마땅한 일이었다. 『선조실록』 37년 2월 24일조에는 이 대목에 이르러 사신(史臣)이 다음과 같이 탄식하고 있다.

묘당(廟堂)의 계책이 비루하다. 종묘사직의 원수를 갚지 못하고 군사를 제대로 교련시키지 못하였는데, 하는 일 없이 세월만 보낸다. 그리하여 적의 사신을 한 번 만나게 되자 서로 돌아보며 어쩔 줄 몰라서 긴급히 대응할 일을 하찮은 승려의 손에 맡기고 있으니, 과연 나랏일을 꾀하는 데 있어 사람이 있다고 하겠는가. 당당한 비변사의 제공(諸公)들이 도리어 일개 유정의 계모(計謀)에도 미치지 못하여 역말을 보내어 부르기까지 하면서 이것을 적을 막는 좋은 계책으로 여기고 있다. 평시에도 낭묘(廊廟)에 높이 앉아 이렇게 하고 있으니 급할 때 누가 한 가지 계책인들 내겠으며 몸을 바쳐 나라를 위하여 죽으려 하겠는가. 나랏일을 꾀할 자가 유정 한 사람뿐이라니 아, 마음 아프다.

이와 같은 탄식은 '일개 승려를 국사로 파견하게 될 일'에 대한 유신(儒臣)의 푸념이기도 하지만 한편으로는 조정에 앉아서 공리공론을 일삼는 여러 대신들에 대한 일침이기도 한 것이다. 하지만 사명당의 이번 걸음은 일본 사신의 접응만에 그친 것이 아니라 대마도 행차로 이어지게 되었다. 3월 12일조의 비망기를 보면, 선조는 사명당을 대마도에 보내기로 결정하고 있다. 그 동안 일본 측의 계속적인 강화 요청에 대해 조정에서는 여러 가지 이유를 내세워 회피를 거듭해왔으나 그들의 항의와 위협이 뒤따랐으므로 더 이상 미룰 수 없었기 때문이다. 이리하여 일본 측 사신에게 사명당을 내세워 일본과 화의할 의사가 있음을 밝힘과 아울러 다만 중국에 가 있는 일본 사정에 밝은 손문욱이 돌아오기를 기다려 함께 바다를 건너겠다고 통고하였다.

이때 일본에 파견할 사람이 반드시 사명당이어야 한다는 사실은 비변사에서 선조에게 보고한 『선조실록』 37년 3월 14일조의 다음 내용에서 분명히 드러나고 있다.

강항은 왜군에 잡혀갔다가 전후에
귀국했는데, 사명당은 도해 시 아마도 그의
의견을 참고 했을 것이다. 그는 경도에서
등원성와에게 주자학을 가르쳤다.

　유정은 지난 여러 해 청정의 진중에 출입한 일이 있으며, 청정과 문
답할 때에도 큰소리로 장담을 잘하고 굽히지 아니하였습니다. 그(청
정)가 대단히 좋아하여 유정의 인품을 일본에서 매양 일컫고 있으므로
일본에서 달려온 자들도 말하기를 송운의 이름이 일본에 많이 전해졌
다 합니다. 당초에는 휴정으로 하여금 서한을 보내려고 하였으나 후에
하기로 하고, 이제부터는 유정으로 하여금 왕래하도록 하는 것이 좋겠
습니다. 지금 유정이 건너간다면 마땅히 고승이라 하여 왜인들이 존경
할 것입니다.

　이 무렵 굴지정의 위협만이 아니라 살마(薩摩)에 잡혀가 있던 유학 김

광(幼學金光)도 일본 측의 이러한 유화적 태도에 힘입어 귀국하여 저들의 화의(和議) 요청을 받아들이지 않으면 일본이 다시 군사를 움직여 침범해올 것이라고 상소하였다. 그러나 이보다 먼저 1600년 6월, 등당고호(藤堂高虎)에게 잡혀갔다 그후 경도 복견(伏見)에 연금되어 있던 유학자 강항(姜沆)이 귀국하여 보고할 때 일본이 재침하지 않을 것이라고 증언하였다. 이와 같이 서로 반대되는 주장들은 일본의 정세에 대한 조정의 판단을 더욱 혼란하게 하였다. 이때 또한 가등청정이 명나라 복건(福建)의 주둔군 사령부에 서한을 보내어 만약 조선이 강화에 응하지 않으면 병선(兵船)을 보내겠다는 돌출 행동도 조선 측의 불신을 부추겼다. 이같이 복잡한 상황에 직면한 조선에서는 결국 사명당의 파견으로 일본의 정세를 직접 파악하기로 최종 결정을 보게 된 것이었다.

각지에서 송별시를 보내오다

조정에서는 대마도의 요청에 못 이겨 사절을 파견하기로 하였으나 그 공식 명칭을 강화사(講和使)라고 하기는 어려웠다. 왜냐하면 일본이 전쟁을 일으킬 때도 명분 없이 침략해왔을 뿐 아니라 종전 후에도 공식적 사과가 없이 엉거주춤한 상태에서 사절단이 파견되어야 하기 때문이다. 따라서 조정에서는 탐적(探敵)과 강화를 동시에 수행하도록 하는 '비공식 사절단'이 필요하다고 판단되어 여기에 가장 적합한 인물로 조정의 정식 관료가 아닌 사명당을 선정한 것이었다.

이리하여 대마도 사절단은 사명당 유정을 위주로 하여 절충장군 손문욱과 역관 김효순(金孝舜) · 박대근(朴大根) 등으로 구성하여 귤지정과 함께 바다를 건너보내기로 결정하였다. 사명당은 실질적이며 상징적인 대표이지만 조정의 관리인 손문욱과 그 수행원들을 동행시킴으로써 조정의 의도에 크게 벗어나지 않도록 배려한 것이었다. 이러한 공식 사절단 외에 사명당의 사행에 동행한 승려들이 여러 사람 있었다. 『한음문고』(漢陰文稿)에는 삼준상인(三俊上人) · 법원상인(法源上人) · 혜구(惠球) · 혜은(慧闇) · 준사(俊師) 등의 이름이 보이며, 허균의 「학산초담」(鶴山樵談)에도 행사(行思)가 함께 다녀왔다고 기록하고 있다. 이들 가운데 혜은은 사명당의 동문이고, 나머지는 모두 그의 문도들이다. 이 밖에도 사절단은 여러 수종인들이 더 있었을 것이지만 그 인원 수가 얼마인지를 확인할 수 없다.

사절단이 비공식적인 데다가 구성원의 수가 이와 같이 보잘것없었지만 그 사명은 오히려 막중한 것이었음은 짐작하고도 남음이 있다. 그들 사절단이 구성되자 선조가 내린 지시를 보면 그들에 대한 배려가 어떠했는지를 짐작할 수 있다.

나랏일을 위해 해도로 들어갔다가 돌아오는 일행의 행장을 넉넉하게 제급(題給)하라. 전일 일본에 들어갈 적에는 내려준 물건들을 매우 두텁게 해주었다. 그때의 행차와 비교할 수는 없지만 일본까지 가는 것을 면하기 어렵게 되었으니, 모든 일을 잘 참작해서 하라. 그리고 제급하는 물건과 해야 할 일들을 되도록 빈틈없이 준비하도록 해야 할 것이다.

• 『선조실록』 37년 6월 9일조

이리하여 사명당과 수행 승려들의 행장은 비변사에서 마련해주었으나 다른 일행들의 짐은 수량이 많아서 대부분을 부산에서 마련해주기로 하였다. 그리고 사명당이 먼저 부산의 병영으로 내려간 뒤 다른 이들은 뒤따라가서 김해나 죽도에서 배를 타고 대마도 사신 귤지정과 다대포에서 만나 함께 출발하기로 하였다.

사명당의 대마도 파견의 일이 결정될 무렵, 사신(史臣)은 다시 승려가 나라의 사신으로 선정되는 데 대한 비판의 목소리를 숨기지 않았다.

불공대천의 원수와 강화하는 것만도 수치스러운 일인데, 또 일개 사문(沙門)의 힘을 빌어 일을 이루려 하다니, 고기 먹는 사람들의 꾀가 비루하다 하겠다.

고기 먹는 사람이란 사대부 관료를 지칭하는 말이다. 하지만 당시 조정의 고위관료로서 일본으로 사신 가는 일을 원하는 사람은 아무도 없었다. 당시로서는 일본사신으로는 오직 사명당 한 사람이 적임자였다.

사명당은 조정으로부터 일본으로 떠나라는 명을 받고 서울에 머물고 있을 동안 서울의 여러 대신들에게 도해시(渡海詩)를 청하는 글을 돌렸다. 다음의 칠언율시가 그것이다.

해마다 지내온 것과 같이 여생을 웃으며 지내려 하였더니
수 개월 동안 하의(荷衣)를 준비해두고 서울에 머물고 있습니다.
근심스러운 병은 반을 나누어 봄날에 일어나는 정에 보내고
노래를 읊으니 정신의 반은 산중에 있던 생각이 되살아납니다.
술잔만한 배를 띄우고 부질없이 바다를 건너려 하니
석장을 날리며 적을 잘못 타이를까 먼저 부끄러워합니다.
나라를 위한 각 아문의 여러분께 원하오니
아름다운 시를 지어주셔서 동으로 가는 길을 빛내주소서.

年來做錯笑餘生 數月荷衣滯洛城
愁病平分送春恨 歌吟半惱憶山情
浮杯謾道堪乘海 飛錫初羞誤說兵
爲國重輕諸老在 願承珠唾賁東行

• 「謹奉洛中諸大宰乞渡海詩」, 『사명집』 권3

도해시를 청하자 조정의 여러 학사 대부들은 고하를 가리지 않고 앞을
다투어 시를 지어 전송하였는데, 그 수가 매우 많았으나 모두 보존되지
못하고 그 일부만이 전해오고 있다. 뒤에 신유한이 『분충서난록』을 편찬
할 때 주로 『지봉유설』 중에서 송운에 관한 사적을 뽑아 기록하였다는
부기(附記)가 있다. 이로 보아 「부록」에 실린 10여 편의 송별 도해시도
아마 그 가운데 일부였을 것으로 보인다. 그들 중 몇 편을 보면 당시 사
대부 사회에서 보인 송별의 분위기를 살펴볼 수 있을 것이다.

다음 시는 일반에 가장 애송되어 으뜸으로 꼽히는 지봉 이수광(芝峰 李
粹光, 1563~1628)의 작품이다.(이하 출전을 밝히지 않은 것은 『분충서난
록』 부록)

성세에 이름난 장수도 많았지만, 기이한 공은 노스님이 으뜸이었네.
배는 노련의 바다를 건너고, 혀는 육생의 말과도 같았어라.
변덕스런 오랑캐의 하는 짓 한이 없거니, 강화하는 일 위태로울까 두
려웠네.
허리춤에 찬 한 자루 긴 칼, 오늘날 남아된 것 부끄럽기만 해라.

盛世多名將, 奇功獨老師. 舟行魯連海, 舌騁陸生辭.
變詐夷無厭, 羈縻事恐危. 腰間一長劍, 今日愧男兒.

이 시가 나오자 일반의 공감은 대단하여 당시 문명이 높았던 차천로(車
天輅)도 쓰려던 붓을 놓았을 정도라고 한다. 지봉의 본관은 전주이며 도

사명당이 일본에 갈 때 도원수 권율 장군의
송별시를 판각한 것이다. 표충사 소장.

승지 · 대사간 · 이조판서 등을 역임하였고, 중국에 여러 차례 왕래하면
서 서학을 도입하는 등 개혁적 성향의 학자였다.

다음은 택당 이식(澤堂 李植, 1584~1647)의 도해시다. 택당은 지봉보
다 약 20세 연하이고 지봉은 사명당보다 또 20세 아래인 이름난 문장가
들이다.

조정에서 적을 제압할 계책이 없으매, 운림의 노스님이 일어나셨다.

행장은 바다 멀리까지 뒤흔들고, 한없이 큰 간담은 하늘이 알았더라.

시험삼아 세 치 혀를 한번 휘두르면, 어찌 육출의 기이한 계책이 필
요하리오.

돌아와 밝은 임금님께 아뢰고는, 예처럼 지팡이 한 가지로 돌아가리라.

制敵無長算, 雲林起老師. 行裝沖海遠, 肝膽許天知.

試掉三禪舌, 何煩六出奇. 歸來報明主, 依舊一笻枝.

이 시에서는 사명당의 담력과 지혜 그리고 자유자재한 변설을 절묘하

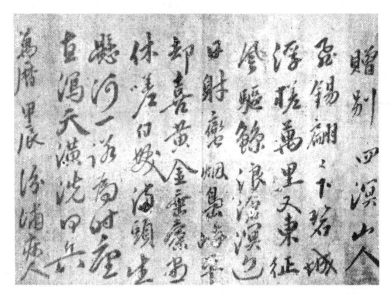

갑진년(1604)에 분포병인(汾浦病人)이 사명당을 보내면서 준 유필로, 분포병인은 전시에
사명당과 가까웠던 양신의 별호다. 양신은 명사 심유경 등과 일본에 통신사로 간 고관이다.

게 표현하고 있을 뿐 아니라 대사가 큰 공을 이루고 돌아와서는 모든 부
귀와 영화를 뒤로하고 지팡이 하나에 의지하여 산사로 돌아갈 것이라는
모습을 그린 일품으로 평가된다.

　다음은 백사 이항복(白沙 李恒福, 1556~1618)의 시다. 백사는 사명당
이 도해하던 1604년 무렵을 전후하여 43세의 나이로 한음 이덕형에 이
어 영의정에 올랐던 인물이다.

　　한 자 되는 칼 처음으로 세상에 휘두르니
　　그의 위엄 종유관에 넓게도 떨쳤어라.
　　싸움이 잠시 멎자 부상 바다 건너갔고
　　돌아갈 꿈 먼저 풍악산에 바쁘리라.

훈업은 화살 세 개를 쓸 필요 없고
행장은 마침내 지팡이 하나로 돌아왔네.
다음 해 일만이천 봉우리 밑에서
반나절은 바쁘게 지내고 반나절은 한가로이 지내리.

尺劒初揮雲水間 威名藉甚種楡關
腥塵纔歇扶桑海 歸夢旋催楓嶽山
勳業不煩三箭定 行裝終付一筇還
他年萬二千峰裏 半日忙中半日閑

여기에는 대사가 화살이나 칼 따위의 무기로 싸우지 않아도 언제나 큰 공을 세워 이름이 중국까지 떨쳤으며, 바다를 건너 평화 교섭을 성공적으로 끝낸 뒤에는 담담히 금강산으로 돌아가리라는 뜻을 담고 있다.

다음은 한음 이덕형의 송별시다. 한음은 백사보다 5년 연하로 두 사람은 함께 급제하여 한원(翰苑)에 출입할 때, 송강 정철은 그들을 상린서봉(祥麟瑞鳳)이라 하여 칭찬하였다. 두 사람 모두 여러 번 훈적에 올랐으며, 특히 한음은 전쟁 후 사명당이 축성할 때나 전후처리를 위해 일본으로 갈 사신으로 사명당을 추천하는 등 매우 각별한 사이였다.

세상은 시끄럽고 군사는 쉬지 못하는데
초목들은 기뻐하여 다시금 잎이 돋네.
날랜 군사도 머뭇거리며 죽음을 아끼는데
늙은 선사는 홀로 분주하게 애쓰고 있네.
그 충성스런 절개 한 세상 놀라게 했으니

왜인들도 그 이름 알게 되었지.
공 세우고 다시 석장 날려 돌아가면
옛 산사의 솔과 달이 더욱 밝으리.

風塵擾擾未休兵 草木欣欣又向榮
猛士遲回猶惜死 老禪奔走獨傷情
固知忠節驚人世 能使倭奴識姓名
會待功成飛錫去 故山松月十分明

　여기서도 노승의 용기와 충절이 왜인들에게까지 이름을 떨쳤으니, 일
본 가서도 공을 세우고 돌아와 한가한 산사의 옛 생활을 즐기라는 축원을
담았다.
　다음은 동악 이안눌(東岳 李安訥, 1571~1637)의 송별시로서 그는 임
진왜란과 병자호란에 모두 공이 있었으며, 동악시단(東岳詩壇)을 만들어
시명을 날렸던 인물이다.

하늘에 흰 달 같은 마음 무생을 깨달았고
호랑이 싸움 말리던 남은 기풍 칠십 성을 수복했네.
난리를 구하려고 이제 바다로 떠나는 늙은이
은혜 갚으려고 산에서 내려오던 그 마음일세.
외로운 구름 아득한 3천 리 먼 길인데
한 치의 혀끝은 10만의 군사보다 나으리라.
고기 먹는 우리네 비루한 꾀 부끄러워하며
어렵고 위태로운 이 길에 그대를 보내노라.

當空白月了無生　解虎餘威七十城

濟難祗今浮海老　報恩從昔下山情

孤雲杳爾三千里　寸舌賢於十萬兵

肉食鄙謀吾有愧　艱危此路送君行

이 시는 순결무구한 마음으로 전쟁에서도 많은 성을 탈환했고, 다시 바다를 건너 강화하러 떠나는 노선사의 장도를 축하한 것이다. 그 변설이야 10만 군사보다 나은 줄 알지만, 이 위험한 길을 떠나보내는 관리된 자로서의 부끄러움을 금할 수 없다는 변명 또한 겸손을 더한 것이다.

몇 편만을 골라 소개하였는데, 이 밖에도 불교계의 동료 승려들도 사명당의 도해 소식을 듣고 각각 시를 짓거나 서찰로서 전송의 뜻을 표하고 있다. 그 가운데서 산사로 빨리 돌아오라고 재촉하던 정관일선 역시 작별의 편지를 보내어 장도를 빌었다.

먼 바다 거친 파도를 타고 바로 호랑이굴로 들어가시는데, 물가로 가서 전송하여야 마땅할 것이나 늙어서 갈 수가 없으니 어찌 하겠습니까. 바라옵건대 부처님의 도움으로 잘 다녀오십시오. 만일 내가 죽지 않으면 깃발을 돌리는 날을 기다려 나아가 뵙고 축하하겠습니다.

•「上松雲大師」, 『정관집』

이때 정관은 병중에 있으면서 「정대장을 일본으로 보내며」(送政大將往日本)라는 시 한 편도 지어 장도를 축원하였다. 의승장 법견(法堅)이나 인오(仁悟) 그리고 소요(逍遙)와 같은 고승들도 각각 전별시를 지었는데 각 문집에 전해지고 있다.

특히 한음은 위에서 인용한 도해시 외에 따로 한 편의 송별시를 지어 일본 사신길을 비는 각별한 정을 표하였다.

분분한 개구리의 구덩이는 많다고 하지만
누가 9만 리 나는 대붕의 위대함을 알 것인가.
가는 길이 마침 좋으니 세심히 살피시고
언변이 능히 세상을 놀라게 하니 화의가 생기리라.
여기에 맛있는 음식 있으나 먹을 사람 없으니
이런 난국에 그대를 보내니 온 세상의 자랑이로다.
노스님이 노를 저어 돌아오는 날은,
부디 이역만리 요마의 항복 받은 소식 전해주구려.

紛紛蛙坎自爲多 誰識搏風九萬賒
　道可適機心要細 言能驚俗氣須和
　此間有味無人會 難處輪君與世跨
　記得老師廻棹日 盡傳殊域伏降魔
　•「送松雲往日本」,『한음문고』권2

여기서 한음은 사명을 대붕에 비유하면서 이 같은 난국에 노스님이 사신으로 행차하니 필시 요마의 항복을 받아올 것이라 기대하고 있다. 그러나 이는 사명당에 대한 한음의 기대라기보다 차라리 장도의 무사귀환을 축원하는 뜻을 담은 것이다.

이와 같이 당시 쟁쟁한 조정의 고관을 비롯하여 학사 대부 및 문장가들, 그리고 산중의 승려들이 이구동성으로 바다를 건너 일본으로 가는 사명당의 사행을 위로하고 장도를 빌었다. 그런데 작자 미상의 어느 시인이 지은 「무명시」 다음 구절은 단연 백미라 할 것이다.

묘당에 세 정승이 있다 말하지 말라,
나라의 안위는 한 승려에 달렸노라.

莫道廟堂三老在 安危都付一僧歸

형식을 제대로 갖추지 않은 이 두 마디는 일반에 널리 회자되었다. 어느 유명 시인의 장문의 시문보다 짧지만 당시 사명당의 도해를 두고 사대부에서 서민에 이르기까지 함께 느끼며 기대하였던 심정을 간명하고 적확하게 표현하였기 때문이다. 처음에 『일성록』(日省錄)에 실려 있었는데, 뒤에 『연려실기술』에 수록되어 전해지게 된 것이다.

서울을 떠나 부산 바다로

사명당이 6월 22일 선조를 알현하고 이별을 고한 뒤 서울을 떠난 것이 7월 1일이었다. 그들 일행이 서울을 떠날 때 여름비가 종일 쏟아져 밤에도 그치지 않았다고 한다.

사명당은 서울을 떠나 부산까지 가고, 거기서 다시 대마도를 거쳐 일본 본토로 갔다가 돌아오기까지 요소요소에서 68편의 시를 지었다. 이들을 『사명집』 제7권 잡체시로 묶어 그 부제를 '생령을 구제하기 위하여 명에 따라 바다를 건널 때 기록한 것'(因爲普濟群生 承命渡海時所記)이라 하여 수록하였는데 그의 도일 외교활동의 실상을 알려주는 자료로서 그 가치가 매우 높다.

그런데 이 명을 받아 바다를 건너며(承命渡海) 지은 잡체시를 함께 묶었다(雜體詩篇)는 부제목에서 보여주고 있는 바와 같이, 사명당이 바다를 건넌 가장 큰 목적은 '조정의 명령을 받아' 일본을 정탐하는 일이었다. 그러나 그는 어디까지나 승려로서 불교적 자비심에 의한 '중생구제'(普濟群生) 또한 중요한 일이기 때문에 '생령의 구제를 위한다'는 전치사를 다시 그 앞에 붙인 것이다. 그래서 읽는 사람에 따라 그 '승명'(承命)을 왕명으로 볼 것인가 아니면 '선사(先師)의 유명(遺命)'으로 볼 것인가

하는 두 갈래 해석이 가능하다. 이 문제는 사명당이 의승병을 일으킬 때 위에서 내려온 격문을 받았는데, 그것이 도총섭 서산대사의 영이었느냐 아니면 영의정 유성룡의 것이었느냐 하는 문제와 비슷한 점이 있다. 물론 양쪽이 다 관계된 것이지만 사명당의 입장이 굳이 나라 쪽이냐 혹은 불교 쪽이냐를 따질 때는 문제가 달라질 수도 있기 때문이다. 실제로 사명당이 일본에 가서 활동할 때 자기는 서산대사의 유명에 따라 생령, 즉 피로인 쇄환을 위하여 온 것임을 거듭 강조하고 있다는 사실을 통해서도 확인할 수 있게 될 것이다. 아마도 불교를 신봉하는 일본에서 외교활동을 펴는 데 있어서는 국왕보다는 불교 측 고승을 전면에 내세우는 편이 훨씬 유리 하다는 점을 고려하였던 까닭이 아닌가 싶다.

사명당이 도해하기 전, 즉 1603년 여름에 휴가를 얻어 금강산으로 들 어갈 때 그는 이미 머지않은 장래에 일본으로 들어갈 것을 예상하고 있었 다. 그래서 그 전 해 가을에 그러한 일로 서울에 있으면서 도총섭직을 다 시 찾아 서산대사에게 바친 것이다. 그후 금강산으로 들어갈 때도 그가 미리 스승과 만날 것을 기별한 뒤 찾아갔을 것으로 보인다. 오랜만에 유 점사에서 만난 그들 스승과 제자는 특히 사명당이 일본에 들어갔을 때의 일을 충분히 논의하면서 스승이 제자에게 각별히 '보제군생'(普濟群生), 즉 피로인의 생환을 부탁하고 다짐하였을 것은 추측하기에 어렵지 않다.

여러 사람들의 도해 송별시에서도 반복되고 있는 바와 같이 당시 일본 으로 건너가는 것이 마치 호랑이 굴로 들어가는 것처럼 위험한 일로 여겨 졌다. 그래서 누구도 이 일을 자원하고 나서는 사람이 없었으나 사명당은 그렇지 않았다. 유성룡은 이 문제를 다음과 같이 말하고 있다.

일본으로 가서 왜적을 정탐해오라는 조정의 명령을 사람들이 모두 위태롭게 생각하였으나 송운(松雲)은 활연히 어려운 기색이 없었다.

• 「松雲」, 『서애집』 권2

사실 당시 조선으로서는 전쟁을 일으킨 당사자인 일본이 전쟁이 끝난 지 얼마 되지 않은 시점에서 통신사를 자주 요구해와서 매우 불만스럽게 생각한 것은 물론이다. 지봉 이수광도 이러한 일본의 처사에 대하여 누구나 분하게 여겼지만 조정에서는 재침의 두려움 때문에 사명당을 파견하여 적정을 정탐하게 된 것이라고 한다. 신유한은 『분충서난록』에서 『지봉유설』에 있는 이수광의 다음 말을 인용하고 있다.

왜노가 계묘년(1603)에 수신사를 청하여 왔으므로 사람들은 모두 분하게 여겼다. 조정에서는 또 무슨 환난이 생길까 두려워하여 사명산인(四溟山人)을 보내어 적정을 알아보게 하였다.

이와 같이 일본 측의 강화 요청을 조선의 사대부 관료들이 수치스럽고 분하게 여기면서도 아무도 나서서 사행을 자청하지 않았던 가장 큰 이유는 일본의 재침이 두려워서였다. 사명당이라고 하여 두려움이 없을 수 없겠지만 그는 오랜 전쟁을 통하여 이미 수많은 죽음의 경계를 경험하였다. 그가 바다를 건너 '보제군생'하겠다는 목적의식은 7년전쟁에서 의승병 항쟁과 외교담판에 나아갈 때 당당한 자세로 임할 수 있었던 그것과 다른 것이 아니며, 종교인으로서 수행해야 할 당연한 일이기도 하였다. 더구나 그는 일본의 군인과 승려들을 접촉하면서 나름대로 경험한 바 있었기 때문에 '적의 소굴'로 들어간다 하여 별다른 두려움을 갖지 않았다. 이러한 이유들로 하여 유성룡이 표현했듯이 그는 '활연히 어려운 기색이 없었던' 것이었다. 그가 청정과 두 차례의 서생포 회담을 마치고 올린 「갑오상소」에서도 "나라사신의 뒤를 따라 다시 교린의 의론을 하기 위해 일본에 보내주신다면 반드시 일을 성사시키겠다"고 간청한 일을 상기할 필요가 있다.

『사명집』의 잡체시편에는 사명당이 서울을 떠나 부산에 이르고, 다시 바다를 건너 대마도와 일본 본주에서 활동하면서 지은 시 68편을 수록하였다. 이 시편 가운데 첫 번째는 그가 단양읍 전사(傳舍)에서 하룻밤을 묵으면서 쓴 것이다.(이하 출전을 밝히지 않은 것은 『사명집』 권7 잡체시)

단양 성 밖에 높은 누각이 있어
중천에 우뚝하여 두우성에 닿을 듯.
나는 새 푸른 공중에 들어가니 하늘이 고요하고
푸른 나무에 매미 우니 푸른 구름 뜬 가을이네.
부생은 한 꿈인데 이 몸 항상 헤매이니
세상 일 어느 해에 이 시름 그칠 건가.
밤 깊어 고요하고 별과 달이 구르는데
말없이 홀로 앉아 맑은 냇물 굽어본다.

丹陽郭外有高樓 獨倚中天近斗牛
鳥入靑冥空宇靜 蟬鳴綠樹碧雲秋
浮生一夢身長役 世事何年恨卽休
耿耿夜深星月轉 寂寥無語俯淸流
　•「丹陽傳舍夜懷」

458

제천 신륵사의 벽화 일부분. 그림의 상단은 조선군이 일본군의 무장을 해제하는 장면이고,
하단은 사명당의 일본행차를 조선의 남녀가 바라보는 장면이다.

그들 일행은 단양에서 죽령을 넘어 영주와 안동을 거쳐 내려갔다. 죽령
을 넘으며 지은 다음 시가 이를 말해준다.

더운 비 처음 갠 영남은 가을철인데
공손히 임금님 명을 받들어 남쪽으로 내려간다.
몸을 백억으로 나눈다는 말 누가 허망하다 하는가
이환이 어느 듯 박망후가 되었구나.

庚雨初晴嶺嶠秋　恭承朝命下南州

分身百億誰云妄　離幻翻成博望候

• 「踰竹嶺」

단양에서는 우기 속에 여러 가지 걱정들이 교차하였던 듯 그는 '부생'
이니 꿈이니 '시름 그칠 날'을 이야기하고 있으나 죽령을 넘으면서 날씨
도 개이고 해서인지 시가 한결 경쾌하다. 이환은 자신의 자이며, 박망후
(博望候)는 한나라 무제 때 흉노를 치기 위한 사신으로 험난한 서쪽 끝(西
極)으로 달려가던 장건(張騫)으로서 자신을 그에 비유한 것이다.

　그의 다음 시는 배를 타고 작원(鵲院)을 내려가면서 지은 시다. 작원은
밀양을 지나 삼랑진에 가까운 낙동강 하류에 있는 지명이니, 이 구간을
그들은 배를 타고 내려갔음을 알 수 있다.

　　해마다 일마다 어긋난 것 애석하니
　　오늘의 이 걸음에 얼굴과 귀밑 나루 다 변한다.
　　외로운 배 연기 낀 빗속에 중류로 내려가니
　　바람 물결 하늘에 닿았으니 창해가 가깝구나.
　　구름은 검고 산은 어두워 천만 겹인데
　　한수와 삼봉은 어느 곳에 있는가.

　　年來事事惜多違　此日此行容鬂改
　　　孤舟烟雨下中流　風濤接天近滄海
　　雲黑山昏千萬重　漢水三峰何處在
　　　•「乘舟流下鵲院」

　배를 타고 김해에 도착한 일행은 이곳 전사에서 하룻밤을 묵게 된다.
다음은 김해 전사에서 밤 회포를 읊은 시다.

나그네 길에 분성부에 도착하니, 건곤이 바로 이 땅에서 나뉘네.
조수는 백월의 바다로 통하고, 하늘은 옛 능의 구름에 닿았네.
산에 걸린 달 천추에 희었는데, 연꽃 향기 깊은 밤에 풍겨온다.
만리창파에 떠나는 이 마음, 실오라기 같아 이다지도 어지러운가.

旅次盆城府 乾坤此地分 潮通百越海 天接古陵雲

山月千秋白 荷香半夜聞 滄波萬里意 如縷正紛紛

•「金海傳舍夜懷」

　사명당은 강이 끝나고 바다에 닿은 김해 바다에서 이제부터는 만리창
파로 떠날 일 생각하며 한없이 어지러운 심사를 감추지 못한다. 그러면서
도 여러 가지 떠날 준비관계로 머무는 사이 틈을 내어 감추어 있던 내면
의 자기 모습을 반추해보는 여유도 가져본다. '사지'(謝之) 즉 '답한다'는
형식을 빌어서 다음 두 편의 시를 지은 것이다. 그 하나는 「죽도에서 한
늙은 선비가 산승이 쉬지 못한다고 조롱하므로 보잘것없는 시로 답한다」
는 긴 제목을 달았다.

　　서주에서 태어난 임씨의 후예가
　　문호가 영락하여 몸 둘 곳이 없었다네.
　　의지할 곳이 없어 성세를 도망했고
　　어리석고 못난 생각에 구름과 소나무에 누웠더라.
　　산하에 멈추고 가는 데는 일곱 근 장삼이요
　　천지에 편안하고 위태함은 석자의 지팡이네.
　　이것이 우리 공문의 본분의 일이어니

무슨 마귀의 장애 있어 동서로 달리는가.

西州受命任家裔 庭戶頹零苟不容

無賴生成逃聖世 有懷愚拙臥雲松

山河去住七斤衲 宇宙安危三尺筇

是我空門本分事 有何魔障走西東

• 「在竹島有一儒老 譏山僧不得停息 以拙謝之」

이 시는 첫 장에서 잠시 언급한 바 있거니와 사명당의 속가 문제에 관한 것으로 일반에 잘 알려져 있지 않을 뿐 아니라 본인 스스로도 거의 언급이 없다는 점에서 주목을 끌어 더러 인용되고 있다. 그는 7년전쟁을 몸소 겪었고, 일본군이 물러간 다음에도 남방 수비를 위하여 제대로 쉴 날이 없었으며, 이제 다시 '호랑이 굴'로 들어가야 하는 상황에서 드물게도 자신의 전 생애를 되돌아보는 시상에 젖어 지은 것이다. 공문(空門, 불문佛門)의 본분은 산사에서 수행하는 일인데 중생을 도탄에 허덕이게 하는 '마귀의 장애', 즉 왜적의 침입으로 인하여 분주하게 달려야 하는 처지를 한탄한 것이다.

다른 한 편은 「감만(戡蠻)에 있을 때 한 유생이 이번 행차에 대한 일을 묻기에 이것으로 두서없이 대답한다」는 제목의 시이다. 비교적 장문의 이 시는 그가 서울을 떠나 땅끝까지 와서 두 달을 보내고 떠날 무렵 임금 계신 북쪽 하늘을 바라보며 한 수 읊은 것이다.

칠월 초하루 서울을 떠나는데

여름 비 동이로 퍼붓듯 밤에도 그치지 않았다.

봉산의 스님 또한 정이 있어
따라오며 꽃을 따는(拈花) 첫째 뜻을 물었다.
가는 사람 옷 다시 잡고 돌아올 기약 묻는데
말 채찍질하여 말없이 달려왔네.
더운 불길이 창자에서 일어나고
온몸에 땀이 흘러 부스럼이 되었네.
일찍이 섭공의 얼음 마심을 조롱했더니
손가락 아닌 것으로 비유함 미처 몰랐다.
마음은 항상 임금님의 은혜 깊음에 두려워
자나 깨나 총총하게 행장을 단속한다.
길 떠난 지 두 달 만에 하늘가에 이르니
초가을 이미 지나고 중추가 되었구나.
돌이켜 북녘 하늘 바라보니 궁궐[五雲]이 먼데
멀고 먼 장안은 어느 곳에 있는가.
삼한의 길 끊어지고 바다는 망망한데
큰 붕새 물을 치니 삼천리로구나.

七月一日離京師 庚雨盆傾夜不止
蓬山禪侶亦有情 追質拈花第一旨
征衣更把問回期 策馬無語長驅耳
炎炎大火發中腸 滿身流汗成瘡痏
常譏葉公夕飮氷 不知非指諭非指
寸心恒懼聖恩深 寤寐慇懃戒行李
登程再魄渡天涯 首秋已過中秋至

回看直北五雲遙 杳杳長安何處是

三韓路斷海茫茫 大鵬擊水三千里

• 「在戴巒有一儒問一路所記 以是無頭話謝之」

　　여기에서 그는 7월 초에 비 오는 서울을 떠나 부산에서 8월 중추를 보
내는 두 달 동안의 일을 개괄적으로 말하고 있다. 그는 길을 떠날 때 정이
많은 봉산의 어느 스님이 따라오면서 대화한 형식을 빌어 자신의 심정을
토로한 것이다. 그 스님이 사행으로 가는 선(禪)의 뜻을 묻고, 또한 '호랑
이 굴'에서 돌아올 날을 물었으나 그는 묵묵히 말을 채찍질하여 달려왔을
뿐이었다. 일본에서 어떤 일이 생길지 모를 막막한 내일의 일을 대답할
수 없었으니, 단지 속으로 치미는 화를 누를 길 없었다는 심정을 토로하
고 있다. 이같이 기막힌 행차이지만 그는 사행의 막중한 책임을 맡은 위
치에서 자나깨나 행장을 챙겨야 하는 일을 게을리하지 않았음을 말하고
있다.

13

경도로 향하는 뱃길

"근래로 쇠해가는 머리털 해마다 더 흰데
또 남쪽 바다의 8월 뗏목을 띄웠네.
팔 굽히고 허리 꺾는 일 내 뜻이 아니건만
어찌하여 머리 숙여 원수 집에 들어가는가."

대마도에서의 무료한 나날

　조정에서는 사명당 일행의 공식 명칭을 탐적사라고 하였다. 이는 어디까지나 일본 정세의 탐색을 주목적으로 하여 처음부터 승려인 사명당을 사절단의 대표로 선발한 것이었다. 그러나 나라의 일을 책임지고 가는 사행이기 때문에 절충장군 손문욱을 공식적 교섭사로 동행시켰다. 말하자면 실질적이며 상징적인 대표는 사명당 유정이지만 조정의 관리인 손문욱을 동행시킴으로써 양사체제(兩使體制)의 형식을 갖춘 것이다. 따라서 그들에게 국서(國書)도 지참시키지 않았다. 그러나 일본 측에서는 조선의 이러한 의도와는 달리 이 사행을 강화교섭사로 인식하였다. 이러한 상반된 인식에는 전쟁의 책임 문제와 함께 전쟁 후의 외교 주도권을 둘러싼 명분상의 주장들이 가로놓여 있었기 때문이다.

　사명당 일행의 사행목적은 위와 같이 대마도를 통한 일본 정세의 정탐이 가장 중요한 것이었으나 여기에 부수하여 그들이 가서 수행해야 할 여러 가지 일들이 있었다. 우선 그들이 갈 때 국서 대신에 대마도주에게 전할 예조참의의 「대마개유서」(對馬開諭書)라는 제목의 서계를 지참하였다. 여기에는 우선 지금까지 피로인들을 송환해준 데 대해 사의를 표명한 다음 사행의 명분을 다음과 같이 밝히고 있다. 첫째로 명나라가 대마도와 조선의 평화교섭에 반대하지 않는다는 것이며, 둘째 대마도가 '마음을 고쳐 조선에 대한 성의'(革心向國之意)가 인정되므로 교역을 허락하지만 앞으로 조선의 국법을 어기지 말아야 한다는 내용이 담겨 있었다. 말하자면 '명나라의 권위를 빌려(借重之計) 강화 요구를 지연시키자는 계책(遷就之計)'으로서 일본 본국과의 평화교섭(通好) 문제는 어디까지나 뒤로 미루고, 단지 대마도에 대해서만 허화(許和)와 개시(開市)를 허용한다는 것이었다.

사행의 다른 하나의 목적은 피로인 쇄환 문제다. 이는 우리 측으로서는 명분과 실질을 겸한 가장 중요한 것으로서 대마도에만 한정된 것이 아니라 덕천가강을 비롯한 전 일본을 상대로 한 강력한 요구였다. 앞에서 본 바와 같이 사명당이 스스로 내세운 명분, 즉 '위로는 국왕과 아래로는 은사 서산대사의 명에 따라 도탄에 빠진 생령(피로인)을 구제하기 위한 행차'라고 규정한 것에서도 알 수 있는 것이다.

마지막으로 조정에서 바라는 사행 임무 가운데 '일본과의 강화를 모색한다는 역할'도 암암리에 인정되고 있었다. 본래 이 사행에 주어진 '화해의 일'(和事)이란 기본적으로 대마도에 대한 허화와 개시에 한정된 것이며, 덕천막부와의 통호(通好)는 임무 밖의 일이었다. 그러나 조정으로서는 막부와의 통교에 대한 가능성도 예상하지 않을 수 없었으므로 이 부분은 사명당의 재량에 맡기는 형식을 취하기로 한 것이다. 비변사에서는 막부와의 교섭을 예상하여 그 대비책까지 강구하고 있었던 것이 사실이다. 실제로 사명당이 본주(本州)에까지 가서 강화교섭을 벌이고 상당한 외교적 성과를 이루고 귀국하였을 때도 조정에서는 그의 본주행을 문책하기는커녕 오히려 그로 하여 거둔 외교적 공로를 치하하였다.

이와 같이 사절단은 그 구성이나 목적이 매우 복잡한 양상을 띠고 있었지만 그 대표자는 사명당이었으며, 특히 덕천막부와의 교섭 등의 문제는 그의 재량에 맡길 정도로 막중한 책임을 진 것이었다. 그리하여 그가 서울을 출발하기 전부터 조정의 대신을 비롯하여 각계각층의 인사들이 다투어 전별의 시를 보내어 장도를 축복해주었다. 그러나 그가 막상 부산 앞바다에서 출발할 무렵에 다다라서는 그러한 들뜬 분위기는 가라앉고 한가한 나날로 변하여 있었다. 사명당은 부산 앞바다에서 태연장로와 작별하면서 다음 두 수의 시를 지었다.(이하 출전을 밝히지 않은 것은 『사명집』 권7 잡체시)

가을 바다 미친 물결 밤비도 찬데
언제나 이별로 인하여 마음 태우네.
축융봉 앞들에 학은 돌아가건만
송운은 홀로 배 안의 늙은이 되었구나.

秋海狂濤夜雨寒　長因別離生熱惱
祝融峯前野鶴還　松雲獨在舟中老

관산에 달은 차고 귀밑머리 눈 같은데
세상일 어려우니 저무는 해 애석하다.
바다 밖의 삼산에 이를 수 있다면
이 생의 가고 멈춤 신선에게 물어볼걸.

關山月冷鬢如雪　世事艱危惜暮年
海外三山如可到　此生行止問群仙

서울 7월1일 출발
익년 6월초 복명

강호(동경)

부산 8월 20일 출발
익년 5월 초 귀국

대마
11월 말 출발
익년 4월 15일 도착

경도

대판

12월 27일 도착
(익년 3월 4일 가강과 회담)
익년 3월 27일 출발

사명당 일행은 7월 1일 서울을 출발, 12월 27일 경도에 도착하였으며, 익년 6월 초에
귀국했다. 중미굉 작성(『朝鮮義僧將·松雲大師と德川家康』, 부록)

• 「釜山洋留別太然長老」

이 시를 마지막으로 사명당 일행은 8월 20일 부산 다대포에서 출발하
였다. 그들이 탄 배는 대마도에서 제공하였을 것으로 여겨지며, 이 밖에
그들이 만일 위급한 일을 당할 경우 이를 본국에 알리기 위하여 작은 배
한 척을 따라 보내었다. 대양에 배를 띄우면서 그는 자신의 심정을 두 수
의 시에 담았다.

갈대 한 잎에 몸을 싣고 만 리 물결 달리니
가까운 거리의 외로운 섬 하늘가에 닿았네.
은하수의 근원은 응당 이 하늘 서쪽일 텐데

470

무슨 일로 동쪽으로 박망의 뗏목 띄우는가.

一葦橫驅萬里波 彈丸孤島接天賖
河源應是天西北 何事東浮博望槎

근래로 쇠해가는 머리털 해마다 더 흰데
또 남쪽 바다의 8월 뗏목을 띄웠네.
팔 굽히고 허리 꺾는 일 내 뜻이 아니건만
어찌하여 머리 숙여 원수 집에 들어가는가.

邇來衰鬢逐年華 又泛南溟八月槎
曲臂折腰非我意 奈何低首入讐家

• 「釜山大洋」

이 시들은 8월에 남쪽 바다에 배를 띄워 사신 노릇을 하기 위해 하필이면 작은 섬나라로 들어가는 자신의 신세를 한탄한 것이다. 더구나 늙은이의 쇠잔한 몸을 이끌고 원수의 집으로 들어가 허리 굽혀야 하는 사행은 정말 자신의 뜻과는 상반되는 일이다.

사명당은 바다를 건너 대마도 앞바다에 도착하자 지금까지의 여러 가지 상념에 젖어 있던 모습과는 달리 속으로부터 치밀어오르는 분노를 느끼지 않을 수 없었다. 배가 대마도 해안포에 도착하자 배 안에서 다음 칠언율시를 지었다.

허탈하게도 허공에 글씨 쓰고 말없이 앉았으니

침침한 바람비를 몰아 외로운 배에 뿌린다.

10년 생사는 관산의 달이더니

만리 위태로운 길 도깨비나라의 가을이로다.

더운 바다 미친 물결에 쉴 날 없는데

병든 몸 부평초 같은 신세 어느 때나 쉬게 될까.

돌이켜 생각한다. 백옥 같은 일천 봉우리에

원숭이와 학을 짝하며 마음대로 살던 일을.

咄咄書空坐不語 暗風吹雨洒孤舟

十年生死關山月 萬里艱危鬼國秋

炎海狂濤無日息 病身萍梗幾時休

翻思白玉千峰裡 猿鶴爲群得自由

• 「到馬島海岸浦舟中作」

　그가 막상 대마도를 눈앞에 두고 일본인을 원수라 하고 일본을 도깨비
나라라고 욕을 퍼부었으나 이는 어쩔 수 없는 감정상의 일일 뿐이었다.
자신은 엄연히 사신의 신분이니 마음을 가라앉히고 주어진 임무에 충실
하지 않으면 안 될 일이다.

　대마도 도주 종씨는 임진왜란의 선봉장 소서행장의 사위로서 대마도
의 외교승 현소(玄蘇) 등을 거느리고 장인을 따라 조선에 출정하였다. 그
들은 전쟁 초기부터 명나라의 심유경을 상대로 외교협상에 간여하였기
때문에 행장과 대립관계에 있었던 가등청정 측 세력과는 자연히 소원하
였다. 이러한 구도에서 본다면 대마도 세력은 청정을 상대로 하여 외교교
섭을 벌였던 사명당과도 별로 접촉할 기회가 없었던 것이 사실이다. 조선

덕천가강의 중년기 초상.
조정은 일본의 재침 여부를
정탐하기 위해 사명당을
일본으로 보냈는데
그는 가강을 만나 피로인의
송환까지 요구했다.

에서 대마도에 파견할 인물을 모색할 때 이러한 점이 고려되지 않은 것도
아니지만 그렇다고 하여 사명당이 그들과 특별히 불화한 관계도 아닐 뿐
더러 다른 대안이 없었던 까닭에 그가 사신으로 파견된 것이다.

전쟁이 끝난 뒤 1600년 세키가하라 전투에서 행장 측은 몰락하였으나
그의 사위 대마도의 종씨는 여전히 건재하여 덕천막부에서 추진하는 조
선과의 국교재개 교섭을 담당하고 있었다. 사명당 일행은 대마도에 도착
하자 먼저 도주 종의지에게 본국에서 준비해온 예조참의의 서계를 전달
하였다. 이때 그는 자기가 이번 사신으로 와서 가장 큰 관심을 갖는 문제
는 바로 피로인 쇄환에 있다는 사실을 크게 부각시켰다. 17세기 중엽의
대마도 문서 가운데, 사명당이 도주에게 다음과 같이 말하였다는 자료가
있다.

조선이 망국(亡國)이 된 것보다 더 안타깝게 생각하는 것은 조선의 남녀가 일본으로 끌려가 부림을 당하고 있는 것이니, 진실로 원통하고 분한 일입니다. 그러니 대마에서는 일본에서 불편한 심기를 보이더라도 이를 감수하고 붙잡혀 있는 남녀를 돌려보내주시기 바랍니다. 그 가운데 하층민들까지 희망하면 귀환시켜주십시오. 이때 대마에서도 조선으로 붙잡혀온 백성을 함께 송환해주시도록 배려해주시기 바랍니다.

• 「佐護式右衛門覺書」(『사명당 유정』p. 334에서 재인용)

대마도에서는 유천조신(柳川調信)을 경도 덕천가강에게 보고하기 위하여 파송하였다. 그는 조선 사절단이 도착하였다는 사실과 함께 도주 앞으로 보내온 서계도 전하고 피로인 송환에 관한 사명당의 말도 함께 전하였을 것이다. 그리고 사명당은 유천이 가강의 지시를 받아 돌아올 때까지 기다리면서 오로지 시 짓는 일에 관심을 기울이고 있었다.

대마도에 와서 머물고 있을 동안 대마 측에서는 막부와의 연락 등의 일로 분주하였으나 도리어 사명당은 무료한 시간을 보내고 있었다. 8월 20일에 부산을 떠나 대마도에 도착한 지 얼마 되지 않은 9월 9일에 그는 다음 두 편의 시를 지어 선소(仙蘇)에게 보이고 있다.

지난 해 9월 9일엔 문 닫고 숭산 남쪽에 높이 누웠더니
금년 9월 9일에는 돛단배 만 리 길에 고래물결도 길어라.
멀리 생각하니 원숭이 우는 나무에 달이 비치고
구름 밖의 계수나무 열매 하늘 향기 풍겨오리.
누른 국화 푸른 귤이 모두가 덧없으니

사물에 감동되어 돌아갈 생각 부질없이 애만 끓는다.

去年九月九 閉門高臥嵩山陽

今年九月九 布帆萬里鯨波長

遙思月照啼猿樹 桂子雲外飄天香

黃花綠橘總無賴 感物思歸空斷腸

외로운 섬 아침 비에, 저문 가을 나그네 시름일세.

쑥처럼 우주에 떠도니, 슬프다 덧없는 인생이여!

孤島崇朝雨, 窮秋滯遠愁. 轉蓬流宇宙, 怊悵此生浮.

• 「九月九日以登高意示仙巢」

선소는 외교승 현소의 호다. 서산사(西山寺)의 주지 소임을 맡고 있는
현소는 같은 선종 승려로서 사명당의 접대를 맡고 있어 싫든 좋든 가까이
지내야 했다. 그와 시를 주고받는 일도 사명당에게는 시간을 보내기에 좋
은 소일거리가 된 것은 물론이다. 사명당은 수 개월 동안 사신 행차로 몸
이 지쳤던 모양으로 객관에 머문 지 얼마 되지 않아 심한 치통을 앓았다.
이역만리의 나그네 신세가 된 설움도 겹쳐 자신이 걸어온 지난날을 되돌
아보면서 다음과 같은 한탄조의 시를 썼다.

쓸쓸한 나그네 방에 이가 아파서

앉아서 지난 일 생각하니 좋은 일 하나도 없었네.

머리 깎고 중이 되어 언제나 길에 있었고

수염 기른 것 세속 본 딴 것이지만 집은 없었다.

사명당이 머문 대마도 서산사. 임란 전 일본으로 간 황윤길·김성일이나 전쟁 중의
명·일 강화사신들도 모두 이 객관에 유숙하였다.

산중의 불교수행은 설어서 익기 어려웠고
유교의 수양 공부도 채찍질하지 못했네.
진퇴의 두 길을 모두 그르쳤는데
어찌하여 흰머리로 또 배를 타는가.

病居賓館痛生牙 坐算平生百不嘉
剃髮作僧長在路 留鬚效世且無家
煙霞事業生難熟 存省工夫榮未加
進退兩途俱錯了 白頭何事又乘槎
　•「在馬島客館左車第二牙無故酸痛伏枕呻吟」

서산사에 봉안된 현소의 육신상.
현소는 막부에서 파견된 외교승으로
임란 전에도 조선을 다녀갔으며,
전쟁 때는 대마도주와 함께
소서행장을 도왔다.

객관에 홀로 남은 그는 치통을 앓으면서 이미 연약한 시인으로 변하여
자신의 과거사를 돌이켜보았다. 유불 양쪽에 몸을 담아 평생토록 뜬구름
잡듯 바쁜 나날을 보내었으니, 양쪽 공부가 모두 설익어 어정쩡한 데다
늙어서도 사신의 배까지 타게 되었다고 독백하고 있다. 사명당의 시문에
서 스스로 머리는 깎았으나 수염을 길러 승속(僧俗)을 넘나들었다는 표
현은 드물게 보는 일이지만 실제로 이는 정확한 자화상임에 틀림없다. 그
는 유가에서 태어나 유서를 읽었으며, 출가하여서는 승려로서의 높은 경
지에 다다랐으나 전쟁이 일어나 다시 세상 속으로 뛰어들어 그의 말대로
오늘까지 길거리에서 세월을 보내고 있는 것이다.

대마도에서 파견된 사신이 경도로부터 돌아오기까지 3개월 동안 무료
한 시간을 시를 지으며 보낸 것은 그나마 다행스런 일이었다. 국화가 피

고 낙엽이 지는 늦가을이 되어 나그네 심정을 더욱 외롭게 하였다. 그는
다음 세 수의 시를 읊었다.

우수수 낙엽이 물가에 떨어지니
하늘 끝 돌아가는 구름바다 북녘 가을이네.
중양이 지났어도 돌아갈 줄 모르니
누른 꽃은 속절없이 나그네 시름 자아낸다.

蕭蕭落葉下汀洲 天末歸雲海北秋
節過重陽不歸去 黃花空遣遠人愁

객지에 노는 마음 어지럽기 삼 같아서
지는 해에 부질없이 북으로 가는 까마귀 바라본다.
뉘라서 산승은 정이 없다 말하는가
꿈속에 자주 한강물 건너간다.

旅遊心緖亂如麻 落日空瞻北去鴉
雖道山僧無顧念 夢魂頻度漢江波

비단병풍에 꿈이 깨니 밤은 캄캄하고
구름 걷히니 하늘은 맑고 바다 더욱 푸르다.
문 닫혀 가을벌레 울고 새벽달은 새는데
옷 부쳐올 곳 없는데 서리만 내리네.

錦屛回夢夜蒼蒼 雲盡天晴碧海長

門掩候蟲殘月曙 寄衣無處有淸霜

• 「在馬島庭菊大發感懷」

8월에 도착한 후 중양절이 지나고 서리 내리는 초겨울이 되었다. 그러나 돌아갈 기약이 없으니 밤에 한강을 건너는 꿈을 꾸며 고국을 그리워할 뿐이라는 처지를 읊은 것이다.

사명당이 전쟁에 참여하게 된 것은 어쩔 수 없는 상황이었지만 그가 여러 분야에서 공을 세운 것은 개인적인 능력에 기인한다. 그런데 그의 외교상 공적에는 승려라고 하는 신분이 도움을 주는 경우도 없지 않았으니, 이는 일본이 불교를 신봉하는 나라였기 때문이다. 경철현소(景轍玄蘇, 1537~1611)는 종군승으로 오기 이전에도 일본국의 사신으로서 1580년에 조선을 방문하였으며, 임진왜란 1년 전인 1591년에는 통신사 황윤길 일행의 접반사역을 담당하였다. 사명당이 대마도에서 가장 가까이 지낸 사람은 자연히 서산사의 승려 현소가 된 것이다. 서산사에는 따로 객관을 설치하여 방문하는 외국 사신들이 머물도록 하였다. 임진왜란 직전에 통신사로 일본에 갔던 황윤길과 김성일 일행도 물론 여기에 유숙하였다.

한 번은 현소가 선가조파(禪家祖派)의 축(軸)을 내보이며 그 찬을 청하므로 마지못해 써주었다는 다음 시가 있다.

금선씨 꽃을 들어 제자에게 보이고
대구씨 찰간을 넘어뜨려 점안했다네.
한 등불 천등으로 나누니 일천 집이 서로 비치고
법 없는 법 또한 법이라 5파가 나뉘었다.

연묵으로 얻은 것은 글자를 빌리지 않고
널리 퍼지는 공덕 말로는 하기 어려워라.
아! 공중에 개인 달이오 만고에 맑은 바람이라.

金偍氏擧色花而示徒 大龜氏倒刹竿而點眼
一燈分千燈, 千家互照 無法法亦法, 五派分流
淵墨之德 不借文墨流應之功 語言難施
咦中秋齋月 萬古淸風

이처럼 두 사람 사이에는 선을 소재로 한 시문 교환이 잦았을 것은
당연한 일이다. 다음 시는 선소의 운을 따라 쓴 두 편이다.

황벽 노인은 벼락을 쳤고
임제 선사는 풍운을 일으켰다.
진실로 알겠노라 불법이 별것 아닌 것을
여덟 냥이 원래 반근이니라.

黃蘗老人轟霹靂 白拈臨濟捲風雲
固知佛法無多子 八兩元來是半斤

성시에 대은이 있다는 말 일찍이 들었더니
노스님의 방장이 바로 그러하구나.
차나 마셔라 함이 원래 종문의 글귀이니
서역에서 온 격외의 선임을 알겠네.

城市曾聞大隱在 老師方丈正依然

點茶是我宗門句 知是西來格外禪

•「仙巢次韻」

　이 밖에도 「선소가 달마의 기일이라고 해서 말을 구함」(仙巢以達磨忌
日求語)과 또한 다른 「대마도승 만실에게 준 시」(贈馬島僧萬室) 등도 있
다. 승려의 몸으로서 불의에 종군하게 됨으로써 메말라 있던 시심이 대마
도에서의 무료한 나날을 맞아 되살아났다고 해도 과언이 아닐 만큼 시를
쏟아냈다.

다시 배를 띄워 경도로 가다

사명당은 8월 중추를 지나서 바다를 건넜으며, 대마도에 도착하여서는 서산사 객관에 머물면서 상당 기간 동안 시를 지으며 무료한 시간을 보내고 있었다. 한동안 치통을 앓아 고생을 하기도 하고 때로는 시냇가 언덕을 찾아 난초도 캐며, 또 때로는 만발한 국화를 보며 시를 지으며 나그네의 시름을 달래었다. 그러는 동안 9월 중양이 지나고 서리 내리는 초겨울 절기가 바뀌고 있었으나 경도로 간 대마도의 유천조신은 돌아오지 않아 자못 초조한 심정으로 기다리고 있었다.

한편 조선 조정에서는 사명당 일행을 대마도로 떠나보낸 뒤 소식이 두절되어 궁금하기 이를 데 없었다. 그러한 사정은 『선조실록』 37년(1604) 12월 13일조의 다음 기사로 넉넉히 짐작할 수 있다.

비망기로 일렀다. "유정이 지난 8월 20일 바다를 건너 이미 대마도에 들어갔는데 소식이 망연하다. 흉험하고 교활한 적들이 온갖 간계(奸計)로 위협하여 일본으로 보낸 듯싶다. 그렇지 않고서야 지금 반 년이 되어가는데 무슨 까닭으로 돌아오지 않겠는가. 우리나라 변경의 관리들은 그러려니 하고 예사로 여겨 유정의 매개(媒介)하는 활동에 마음이 풀리고 강화한다는 낭설에 뜻이 해이해져 있는 상태이다. 만일 아무 대책 없이 고식적으로 처리하다가는 갑자기 변고가 있게 될지도 모르니, 지난 경험을 살려 대비해야 한다. 이에 대한 조치를 엄격히 하지 않을 수 없으니 비변사에 이르라."

선조의 이러한 하교에 대하여 다음 날 14일조에는 비변사에서 다음과 같이 아뢴 기사가 보인다.

유정의 일로 전교하셨습니다. 유정이 바다를 건널 적에 뜻밖에 깊이 들어가는 일이 있지 않을까 염려되어 작은 배 한 척을 격군(格軍)과 함께 들여보내면서 혹시라도 일본으로 들어가게 되면 먼저 소식을 전하라고 신신당부하여 보냈는데, 지금 6개월이 되도록 전혀 소식이 없으니 신들도 늘 의아하게 여기고 있습니다. 혹시 풍세(風勢)가 불편하였는지 아니면 다른 연고라도 있는 것인지 그곳 사정에 대해 실로 추측하기 어렵습니다.

이들 기사에서 사명당 일행이 부산 앞바다를 떠난 것이 8월 20일이며, 그들이 떠날 때 급한 소식이 있을 경우를 대비하여 작은 배 한 척을 격군과 함께 딸려 보냈다는 사실도 알 수 있게 된다. 그리고 앞에서 밝힌 바 있듯이 조정에서는 당초부터 사명당 일행이 띠고 간 사신으로서의 활동 범위를 어디까지나 대마도를 대상으로 한정하였다. 그러나 혹시라도 저들의 협박에 이기지 못하여 일본 본주(本州)로 보내게 될 가능성도 예상하고 있었으며, 그러한 경우 사명당으로 하여금 재량껏 처리할 수 있는 권한도 암암리에 부여하였던 것이다.

한편 사명당 일행은 조선에서 추측한 대로 대마도에서 약 3개월 반 정도 체재한 다음 11월 하순경 덕천가강의 지시에 따라 경도로 떠나게 되었다. 이 행차에는 대마도주 종의지를 비롯하여 유천조신과 현소, 그리고 현소의 제자 규백현방(規伯玄方)과 귤지정 등이 총동원되어 그들을 인도하였다. 일본에서는 처음부터 사명당 일행이 강화교섭을 위해 온 공식 사절단이라고 인식하고 있었다. 이는 선조의 말과 같이 '유정이 매개하는 활동이 강화하는 데 있다는 것은 낭설'로서 그는 어디까지나 대마도를 '개유(開諭)'하는 한편 이후 일본의 향배에 대한 '탐적사'일 뿐이라고 인식한 경우와는 다른 것이었다.

사명당 일행이 덕천가강의 지시로 대마도 측의 인도에 따라 경도로 올라가게 되었다고 하지만 가강이 지시한 내용이 무엇인지 또는 사행의 구체적 일정이나 내용에 관한 일기와 같은 직접적인 기록이 전혀 없는 형편이다. 따라서 그에 관한 간접적인 기록들을 통하여서나마 사실의 전모를 나름대로 재구성해볼 수밖에 없다.

먼저 그 전체적인 윤곽을 알아보기 위하여 참고할 만한 자료로 사명당이 귀국할 때 귤지정에게 주어 보낸 대마도주의 답서를 들 수 있는데, 이는 처음 사명당이 도일할 때 지참하였던 예조(禮曹)의 서계에 대한 답신 형식이었다. 뒤에서 상론하겠지만 여기에 따르면 조선과 일본 사이에 있는 대마도의 고충을 말하면서 만일 조선이 대마도하고만 화평하고 정작 일본과는 불화한다면 후환이 있게 될 것을 강조하면서 이번 예조의 서계도 바로 가강에게 보고하였으며, 1602년에 전계신이 대마도로 가지고 갔던 서산대사의 서계도 바로 가강에게 보고하였음을 덧붙이고 있다. 일본의 새 집권자가 된 덕천가강은 전후 새로운 동아시아 국제질서를 모색해야 하는 입장에서 특히 조선과 평화교섭의 필요성을 느끼고 있었으므로 사명당이 이번에 가지고 온 예조의 서계를 보고 조신에게 명하기를 '조선에서 말하는 것은 이치상 모두 당연하다. 속히 사절을 인도해오면 내가 직접 만나 성심(誠心)을 말할 것이다'라고 하였다는 것이다(『선조실록』 38년 5월 24일조).

유천조신이 대마도로부터 경도에 갔다가 이상과 같은 가강의 명을 받아 돌아왔을 때 사명당은 과연 어떤 반응을 보였을까? 규백현방에 따르면, '유천(柳川)이 대마도로 돌아와 덕천가강이 경도로 와서 회담을 하자는 뜻을 전하자 유정은 안도의 기쁨을 억누르지 못했다'고 한다(『통항일람』通航一覽 (권27 조선국부 3), 「조선물어재방장로구상각서」朝鮮物語載方長老口上覺書 11월조). 사명당이 이끄는 사절단이 일본 본토로 들어가는 것은 원래의 목적이 아니었다. 하지만 그것은 가강의 속마음을 몰랐을 때의 일이지, 만일 일본이 진정으로 강화하기를 바란다면 문제는 달라진다. 사명당은 대마도에서 지루한 시간을 보내면서도 가강에게서 강화의사가 오기를 고대하고 있었음에 틀림없다. 가강의 강화의지만 확인된다면 경도로 가서 그 회담을 열어야 한다고 생각하고 있었던 것이 분명하다.

그들 일행이 대마도에서 수 개월 체류하는 동안 사명당은 의식적으로 본국에 보고하는 일을 피하였다. 그의 판단으로는 본국에 보고하여 이론이 생기면 필요 없는 문제로 시간을 끌게 되어 '탐적' 즉 덕천정권의 의향을 알아보는 당초의 사명마저 차질을 빚게 될 것이기 때문이다. 이리하여 그가 기대하던 유천조신의 보고를 듣자 대마도 측의 안내를 받아 바로 본토행을 단행하면서도 본국에 보고하는 일을 고의로 피하였던 것이다.

사명당은 대마도를 떠나 적관(赤關)으로 가는 도중에 짐짓 풍신수길의 침략군이 출진하였던 명호옥(名護屋)으로 배를 몰게 하였다. 그리고 다

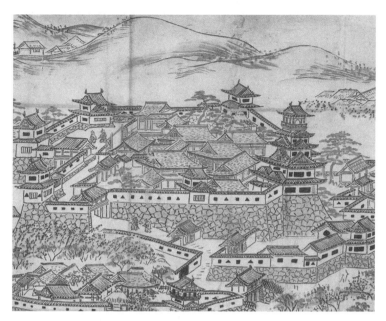

일본 침략군이 출정했던 명호옥성 복원도. 사명당은 경도로 올라가던 도중 대마도주의 안내로 여기에 들러 고인이 된 풍신수길을 나무라는 시를 지었다.

음과 같은 시를 지어 씻을 수 없는 수길의 죄를 나무랐다.

우주는 한없이 넓고 커서
만고의 흥망은 다시 아득하구나.
우 · 하 · 상 · 주 · 한 · 당 · 송은
뜬구름 흐르는 물같이 모두 잠깐 지나갔구나.
성인과 미친 사람 잘못 분별하기 쉽고
착하고 그른 것은 가지런하기 어려워라.
저놈이 천하를 움직일 줄 뉘 알았으리
세상 뒤집어엎는 일 생각조차 할 수 없네.

玄黃宇宙極洪荒 萬古興亡更杳茫

虞夏商周漢唐宋 浮雲流水太悤忙

聖狂易得分邪路 藏丕難齊履大方

誰料奚奴動天下 世間飜覆絕思量

낭고성 근처에 입춘을 만나니

푸른 물결은 천 리라 나그네 시름 새롭구나.

조각배 다시 적관으로 향하니 길은 먼데

머리를 삼한으로 돌리니 북신이 아득하다.

浪古城邊逢立春 碧波千里客愁新

片帆又向赤關遠 回首三韓杳北辰

• 「回舟浪古城 過平秀吉結陣處」

이 시에서는 전쟁을 일으킨 장본인인 풍신수길을 두고 천하를 뒤집어
엎은 미친놈이라고 실컷 욕하고 있다. 낭고성(浪古城, 명호옥名護屋) 근처
에서 입춘을 만났다 한 것을 보면 동짓달 추울 무렵이었으나 남쪽 해국에
는 봄기운이 돌았던지 입춘을 맞이한 것처럼 시적으로 표현한 것임을 짐
작할 수 있다. 거기서 멀리 적관해(赤關海, 하관下關)를 향하여 조각배를
타고 가니 '삼한'(三韓)은 멀어져갈 뿐이었다. 마음만은 그만큼 여유를
가지게 된 것이었다.

일행이 대마도 수뇌부 측의 안내를 받아 대마도를 떠나 본토로 올라가
면서 적관에 이르자 그는 처음으로 두 수의 시를 썼다. 첫 번째 칠언율시
를 보자.

풍신수길의 초상화.
수길이 죽고난 후 1600년에
세키가하라에서 가강 측과
수길 계가 싸워, 가강이
이기고 수길 계가 몰락하였다.

푸른 유리 세계에 신선 배가 떴는데
끝없이 넓고 멀어 거둘 길이 없구나.
만리 밖에 장하게 노니 마음눈이 크고
백 년이 잠깐이니 하루살이가 부끄러워라.
달 밝고 고요한 밤 고래와 붕새는 희롱하고
구름 걷힌 높은 하늘 별들만 반짝인다.
북쪽 조정에선 소식이 막혔는데
오나라 보검(吳鉤)은 홀로 적관주로 향한다.

碧琉璃界泛瓊樓 汗漫無涯浩不收
萬里壯遊心眼大 百年超忽蟪蛄羞
明月半夜鯨鵬戲 雲盡三淸宿耀浮

北極朝廷音信斷 吳鉤獨向赤關洲

• 「赤關海夜泊」

　이 시에는 현방의 기록과 같이 일본의 새 집권자 덕천가강을 만나 담판하러 가는 사명당의 '기쁨을 억누르지 못한' 발걸음이 밝고 경쾌하고 자신감으로 충만해 있음을 확인할 수 있다. '신선 배가 떴다'느니 '만 리 밖에 장하게 논다'느니 '오나라 보검이 적관주로 향한다'는 등 자신감에 넘친 표현을 거침없이 하고 있다. 다음 두 번째 오언시를 보자.

　　매사가 어긋나는 내 일생이여, 아아 이제는 그만이로세.
　　내 나이 이제 예순둘인데, 절반은 길에 있었네.
　　털은 희건만 마음은 늙지 않고, 형상은 말랐어도 도는 마르지 않았네.
　　쇠약한 몸 하늘과 함께 멀리 왔는데, 장한 뜻 달과 함께 외롭네.
　　우주의 크기는 가을 털만 한데, 난리 중에 모든 일이 더디었다.
　　긴 바람 앞에 큰 담기 가지고, 말없이 창포 칼 짚고 섰네.

　　齟齬吾生也 吁嗟已矣夫 行年六十二 太半在長途
　　髮白非心白 形枯道不枯 吾身天共遠 壯志月同孤
　　宇宙秋毫大 干戈萬事迂 長風魔膽氣 無語倚菖蒲

　여기서는 한편으로는 늙고 분망하고 고된 세속의 일에 지치고 병든 몸을 탄식하면서도 또 한편으로는 '도는 쇠하지 않고' '장한 뜻과 큰 담력'으로 세상을 지켜갈 자신감을 과시하고 있다.
　사명당은 하관을 지나 동쪽으로 뇌호내해(瀨戶內海)를 거슬러 밤에 배를 타고 가며 지칠 줄 모르고 또 네 수를 지었다.

갓끈 청하던 사람 가버린 지 아득히 천 년인데
장막 속의 유후는 운주를 사양했네.
우러러 살펴보고 멀리 생각하니 시름이 더하고
깊은 밤 젓대 우는 외로운 배에 기대었네.

請纓人去杳千秋 帷幄留侯讓運籌
俯仰悠悠多少意 夜深鳴笛倚孤舟

구슬 누각에 홀로 기대니 바다 달 밝은데
한 소리 생학이 구천의 정이로세.
백유에 이슬 차고 삼청이 가까우니
아마도 송운이 옥경에 있음인가 하여라.

獨倚瓊樓海月明 一聲笙鶴九泉情
白楡露冷三淸近 應是松雲在玉京

남도를 지나 관동으로 내려가니
하늘과 물이 맞닿아 아득하기 허공인양.
홀로 뱃전에 기대어 잠 꿈 이루지 못하니
가련하다 달빛 아래 외로운 그림자여.

路經嵐島下關東 天水相連渺若空

조선통신사가 타고 다니던 선박의 복원도.

獨倚艙頭無夢寐 可憐孤影月明中

서리 온 뒤 배 속에서 옥피리소리 들으니
달 밝은 바다에 나그네 시름 자아낸다.
한양은 여기서 천 리 길인데
하룻밤 돌아갈 마음에 흰머리가 생기네.

霜後舟中聽玉笙 月明滄海遠人情
漢陽此去千餘里 一夜歸心白髮生

•「舟中夜坐」

이들 시에서 사명당은 경도로 향해 가는 배 안에서 밤을 새우며 여러 가지 근심하는 모습을 보여주고 있다. 자신이 이번 걸음에 사신의 역할을 제대로 해낼지 중국의 고사를 생각하면서 일어나는 이런저런 걱정들이 잠을 설치게 하였을 것이다. 그러면서도 그는 대판(大阪)을 거쳐 목적지 경도까지 한 달 동안을 가야 하는 지루함 속에서 하루 속히 고국 땅을 밟는 날을 자나 깨나 잊지 않고 있다.

막부의 새 실력자 가강과의 회담

사명당 일행이 경도에 도착한 것은 12월 27일, 대마도를 출발하여 약 한 달이 걸린 것이다. 덕천가강은 경도지역의 막부 통치 질서를 책임 맡은 경도소사대(京都所司代), 즉 경도 분소(分所)의 소장 판창이하수승중(板倉伊賀守勝重)을 보내어 그들을 정중하게 마중하였다. 이러한 마중의식은 사명당을 정식 사절로 예우한 것으로 조선과의 강화에 적극적이었던 가강의 의지를 보여준 것이다.

사명당이 경도에서 머물렀던 숙소는 본법사(本法寺)였다. 그런데 한 가지 이상한 것은 본법사는 당시 막부와 밀접한 관계에 있던 선종(禪宗) 계통의 오산(五山)에 속하는 사찰이 아니라 일련종(日蓮宗) 계통의 사찰이라는 점이다. 당시 대마도의 현소를 비롯하여 막부정치의 중앙과 지방의 실무에 종사하는 외교승들이 모두 선승들이었음을 감안하면 하필 그가 일련종 사찰에 유숙하게 된 것이 선뜻 납득이 가지 않는다.

추측컨대 사명당이 일련종 사찰을 숙소로 정하였던 것은 아마도 가등청정의 종군승이었던 일진의 주선에 따랐을 것으로 여겨진다. 청정은 전쟁 전에 대판에 본묘사를 창건하여 일련종승 일진을 개산조로 맞아 전쟁에까지 종군시켰다. 그는 전후 1600년 세키가하라 전투에서 가강의 편을

사명당이 약 3개월 동안 경도에 있을 때 묵었던 일련종 사찰 본법사.
가등청정의 종군승이었던 일진의 주선으로 머물게 되었다.

들어 장군의 지위를 그대로 유지하게 되었으며, 얼마 후 구주지방 웅본의
영주가 되어 축성할 때 대판의 본묘사를 그쪽으로 이전하였다. 이때 일진
도 본묘사 주지로 부임하였으나 그후에도 경도와 대판 지역의 일련종과
는 밀접한 관계를 갖고 내왕하고 있던 차에 사명당의 도일이 이루어진 것
이었다.

　일본 학자 송전갑(松田甲)은 『일선사화』(日鮮史話)에서 당시 본묘사 일
진화상은 호가 발성원(發星院)으로 임진왜란 때 가등청정의 종군승으로
조선에 나가 활동하였는데, 조선의 승려로서 강화를 위하여 청정의 영중
을 출입하던 사명대사와 교유하였다는 사실을 흥미 있게 기술하고 있다.
여기에 의하면 일진은 1604년 사명당이 도일하였을 때 "그를 크게 우대
하여 맞았으며, 청정가의 사당(廟)에 '정지원'(淨地院), 본묘사의 산문에

'발성산'(發星山)이라는 액을 써달라고 청하여 걸었을 정도였다"(제1편, 日遙上人)고 한다. 지금도 웅본의 본묘사 사당에는 '淨地院'이란 글자가 새겨져 있으며, '發星山'이란 대자 묵서는 사찰 전시관에 소장되어 있다.

일본군이 바다를 건너 출정할 때 가등청정에게는 종군승 일진 등이 있었으나 이밖에도 대부분의 무사들에게는 자기 영내의 승려들이 종군하였다. 예컨대 장군 길천광가(吉川廣家)에게는 숙로준악(宿蘆俊岳)이 종군승이었음을 비롯하여 소조천융경에게는 안국사 승 혜경(安國寺僧 惠瓊)이, 소서행장에게는 묘심사 승 천형(妙心寺僧 天荊)이, 와도직무(鍋島直茂)에게는 태장원 승 시탁(泰長院僧 是琢)이 각각 수종하였다. 그들은 점령지의 지식인들과 필담을 나누는 일이나 혹은 지역민을 상대로 포고문을 기초하며, 때로는 강화교섭을 돕는 일 등 주로 문서수발을 담당하였다. 이 가운데 숙로준악은 경도오산의 장로승으로서 사명당의 일본 체류시에 함께 교유한 것은 장을 넘겨서 보게 될 것이다.

또 한 가지 사명당이 일본에서 청정의 가문과 내왕하였을 것으로 여겨지는 자료로서 한 편의 시가 있다. 그가 귀국한 2년 뒤에 회답사 여우길 일행이 일본으로 갈 때 준 송별시에 "시름이 깊을 제 등가(藤家)와 심심풀이 말도 하고, 기운 답답할 제 귤자(橘子)의 시를 자주 화답하리"(「奉別回答使」, 『사명집』 권3)라고 한 시가 그것이다. 여기 등가는 바로 '가등의 가문'을 지칭한 것이다. 이러한 여러 가지 사실로 미루어보면 사명당이 경도에 머물 숙소를 정할 때 청정과 일진 측에서 호의를 가지고 주선하여 주었을 것으로 보아 무리가 없을 것이다.

사명당은 경도에 도착한 뒤부터 가강과 복견성 회담을 마치고 3월 27일 경도를 떠날 때까지 계속 여기에 머물렀다. 그는 도착 후 며칠 지나지 않아 맞은 섣달 그믐날 밤을 지내면서 다음 시를 지어 이국의 정을 달래었다.

풍신수길과 덕천가강이 거처했던 경도 복견성.
가강은 사명당 일행을 맞아 피로인의 송환과 조선통사 재개를 약속하였다.

사해의 송운 늙은이, 하는 일이 뜻과 서로 어긋났도다.

한 해도 오늘 밤에 다하는데, 만 리 길 어느 때 돌아갈 거나.

옷은 오랑캐 땅의 비에 젖고, 시름은 옛 절의 사립문에 막히었네.

향 사르고 앉아서 잠 못 드는데, 새벽 눈이 저리도 내리는구나.

四海松雲老 行裝與志違 一年今夜盡 萬里幾時歸

衣濕蠻河雨 愁關古寺扉 焚香坐不寐 曉雪又霏霏

• 「在本法寺除夜」

한 해를 넘기고 겨울이 지났는데도 가강은 관동에 머물고 있어 회담이
언제 열릴 것인지 소식이 없는 가운데 시간만 흐르고 있었다. 그의 이러

한 답답한 심정에서 본법사의 종소리를 들으며 회포를 읊은 또 다른 시가 있다. 다음 시는 그 두 수 가운데 하나다.

여관은 적적하고 저녁 문은 닫혔는데
아침저녁 알리는 종소리 듣기 싫구나.
매화는 벌써 지는데 돌아가지 못하니
바다 나라 봄바람에 애만 끊어지누나.

旅館寥寥廢夕門 厭聞鐘鼓報晨昏
梅花零落不歸去 海國春風空斷魂
• 「在本法寺聞鍾寫懷」

한 해가 지나고 봄이 다가왔으나 회담에 관해서는 아무 소식이 없으니 애가 탈 수밖에 없었다. 그러던 중 회담에 관한 소식이 있었는지 몹시 걱정하는 모습을 시로 표현하고 있다. 다음의 시는 문집에는 빠져 있으나 경도의 어느 개인이 소장하고 있는 묵필이다. 때를 가을이라 한 것으로 보아 대마도에 있으면서 가강의 소식을 기다리고 있었거나 아니면 경도 본법사에 체재하면서 가강과의 회담에 관한 일로 고심에 차 있을 때의 심경을 읊었던 것으로 짐작된다.

멀리서 온 나그네 긴 밤 앉아 지새는데, 빗소리 외로운 절 가을이로다.
청컨대 동해수를 저울로 달아, 나의 깊은 근심과 견주어보구려.

遠客坐長夜 雨聲孤寺秋 請量東海水 看取淺深愁

밤비 내리는 외로운 절집에서 아마도 일본의 최고 실권자와의 회담을 생각하며 잠을 설치고 있었음이 분명하다. 근심이 얼마나 깊었으면 동해 물과 견주어보려 하였던 것일까.

사명당과 덕천가강 두 사람의 강화회담에 대하여 현소는 "가강이 복견성에서 조선의 두 사신을 면대하였는데 그 대우가 두터웠음은 말하지 않아도 알 것이다"라고 전하고 있으며(『선소고』仙蘇稿, 『대일본사료』 12-3 경장 10년 3월 5일), 허균의 「석장비문」에서는 "(대사가) 가강을 만나서 말하기를 '두 나라의 백성들이 오랫동안 도탄에 빠져 있으므로 나는 그들을 구제하기 위하여 왔노라'고 하였더니, 가강도 불교를 믿는 사람이므로 이 말을 듣고 신심(信心)을 일으켜 부처님같이 공경하였다"고 전한다.

그러나 복견성 회담의 구체적인 절차나 내용이 현장기록으로 전하지 않기 때문에 『사대문궤』 권45(만력 33년 6월 4일조)나 일본 측 『통항일람』과 같은 조·일 양측의 단편적 기술에 의존할 수밖에 없는 형편이다. 이들 기록을 종합해보면 덕천가강은 1605년 1월 9일, 자신의 세력 거점인 강호(江戶, 東京)를 출발하여 준부(駿府)에서 며칠을 보낸 뒤 2월 19일 8만의 병력을 거느리고 차기의 장군이 될 아들 수충(秀忠)과 함께 경도로 올라왔다. 이때 가강은 현지에서 기다리고 있던 사명당이 인솔한 사절단에게 그 행차를 참관하게 하였다. 이보다 먼저 가강은 정이대장군(征夷大將軍) 직에 올라 권좌를 확고히 하면서 새 정부의 대규모 무력시위로 이를 국내외에 과시하고 싶었던 것이다. 그리고 그 다음날인 20일 경에 덕천가강과 사명당의 본 회담에 앞서 잠시 인사를 나누는 시간을 가졌다. 지금까지 두 사람이 회담한 날짜에 대하여 이 2월 20일 설과 3월 4일 설이 있는데, 최근 학계에서는 앞의 날짜는 형식적인 접견이며, 뒤의 날짜가 본회담이었을 것으로 의견이 모아지고 있다.

덕천가강의 초상. 가강은
동아시아의 평화시대를 희망하면서
막부를 동경으로 옮긴 후,
아들에게 권좌를 물려주고
자신은 후선으로 물러났다.

　사명당과 일본의 새 집권자 덕천가강은 3월 4일 경도 복견성에서 양
국의 강화회담을 개최하였는데 여기에는 조선 측에서는 손문욱이 동참
하고 일본에서는 관계자들이 대거 참석한 것으로 알려지고 있다. 특히
일본 측에서는 조선과의 복교문제를 논의하는 임무를 맡은 막부의 측근
인 무신 본다정순(本多正純)과 장로승 서소승태(西笑承兌, 1548~1607)
를 비롯하여 대마도주 종의지와 중신 유천조신 그리고 승 경철현소와
그 제자 현방, 귤지정 등 주요 인사들이 참석하였다. 이 자리에서 가강
은 양국의 화호(和好)를 희망하는 적극적인 자세를 보이고 있다. 가강은
다음과 같이 말하였다.

　전날 평수길은 할지(割地, 조선 남부의 할양), 구혼(求婚, 명 황녀와
의 결혼), 질자(質子, 조선왕자의 인질) 등을 조선에 강요하였으나 나는

그 같은 일은 하지 않소. 단지 양국의 수호와 천조(天朝)에 조공하기를 바랄 뿐이요. 지난 임진왜란 때 나는 관동(關東)에 있어서 군대 일에는 한 번도 간여하지 않았으며, 내가 관할하는 관동의 군졸도 바다를 건너 종군한 자는 한 사람도 없소. 나와 조선과는 결코 원수진 일이 없소. 지금도 만일 (조선에서) 나를 적대시한다면 이는 잘못된 일이오. 여러분은 이러한 사정을 분명히 전해주기 바라오.

- 『사대문궤』(事大文軌) 권45(만력 33년 6월 4일조)

가강의 이 말에는 앞으로 조선과 국교를 재개하자는 것이며, 명나라에도 조공을 하고 싶다는 의지가 강하게 담겨져 있다. 하지만 그가 임진년의 군사 출병에는 간여하지 않았다든지 혹은 자기 군대를 조선에 파견하지 않았음으로 전쟁과는 전혀 무관하였다는 말은 사실과 다른 점이 있다. 그는 명분 없는 일본의 조선침략에 적극적 지지자는 아니었으며, 여러 가지 구실로 군대를 파견하지 않았던 것은 사실이지만 출정 당시 관동군을 거느리고 조선침략의 전진기지였던 명호옥성(名護屋城)에 체류하는 등의 소극적인 태도를 보인 것은 사실이다.

사명당은 가강이 다시 전쟁을 일으킬 의사가 없었다는 점은 인정하면서도 그의 태도는 매우 과시적이며 공갈적이었다고 했다. 사명당이 귀국 후 중국의 요동진강(遼東鎭江)으로 구두 보고한 것(이에 대해서는 뒤에 언급할 것이다)에는 그때의 일이 다음과 같이 서술되어 있다.

소생이 왜국에 체재하고 있을 때 가강의 아들이 관동군 8만을 거느리고 (경도로) 왔는데, 그 군대의 모습은 극히 성대하였습니다. 이때 가강은 소생들을 위하여 진막(陣幕)을 높은 구릉에 설치하여 그 군세를 관람시키려는 것이었는데, 그 의도는 엄청나게 화려한 모습을 과시하려는 것이었습니다. 아마 그들의 주장에 의하면 단지 화호하고자 할 뿐이라고 하지만 그 어투나 태도로 보아서는 언제나 강대함을 과시하며, 공갈하려는 자세가 보였습니다.

말하자면 가강은 풍신수길을 대신하여 새로 탄생시킨 막부권력의 정통성을 국내외에 과시할 필요가 있었으므로 사명당 일행의 내방을 자신의 군사적 세력을 과시하기 위한 선전장으로 활용한 것이었다. 사명당은 이러한 저들의 행위가 공포 분위기를 조성하며, 과시하려는 의도에서 취해진 것이라는 점을 정확하게 알고 있었던 것이다.

그러나 사명당으로서는 막부의 수장 덕천가강이 그의 막료들과 조선의 사절이 모인 자리에서 양국의 통호의지를 명언하였다는 사실은 매우 중요한 일이 아닐 수 없었다. 사실 조선으로서도 전쟁으로 황폐한 나라 경제의 부흥을 위해서도 그리고 북방의 여진이 세력을 급격히 확장하고 있는 상황에서 일본과의 긴장관계를 해소하고 국교를 개선할 필요가 있었다. 그러면 사명당은 덕천가강을 대면하여 어떠한 주장을 피력하였던 것일까? 이에 대한 기록이 없는 상황에서 단지 추찰할 수 있는 것은 일본은 전쟁의 잘못을 인정하고 이에 대한 사죄와 보상을 해야 할 것이며, 다음으로는 피로인 송환과 그에 이은 강화체결의 순서를 설명하였을 것이다. 이 가운데 피로인 송환에 관해서는 가강으로부터 그렇게 하겠다는 약속까지 받았다. 그가 귀국한 2년 뒤 일본으로 간 사행 편으로 서소승태에게 보낸 편지에서 "장군께서 처음에는 돌려보내고자 하는 뜻이 있었는데, 마침내 그렇게 하지 아니하니 내가 빈손으로 돌아오게 되었습니다. …… 형께서는 대장군에게 잘 보고하여 그때 돌아오지 못한 자들을 모두 돌려보내어 전에 한 말을 식언(食言)함이 없게 하시기 바랍니다"(「與承兌西小長老書」, 『분충서난록』)라고 하여 '(피로인을) 장군께서 돌려보내려 하였다'느니, '전에 한 말을 식언함이 없기를 바란다'는 말을 쓴 것으로 그 내용을 확인할 수 있다.

사명당은 사신으로 선발되어올 때부터 중생의 제도라고 하는 불교적 사명과 국가의 전후처리라는 입장을 별개의 것으로 생각하지 않았으며, 경도에서의 활동도 항상 그러한 각오와 책임감으로 일관하였다. 그가 참가한 모임 가운데 특별하게 기록될 만한 것은 1605년 2월 28일 오후에 상국사(相國寺) 산내(山內)의 풍광사(豊光寺)에서 열렸던 녹원원(鹿苑院, 금각사)의 법회(法會)였다. 이 모임의 주최자는 덕천가강의 측근으로서 정치외교의 고문역을 담당하던 상국사의 92대 주지 서소승태였다. 그로부터 주빈으로 초대받은 송운은 아마도 손문욱과 수행 승려 등을 대동하였던 것 같으며, 대마의 현소와 유천 등이 역시 동행하였다. 이 자리에는 승태에 이어 상국사의 93대 주지가 될 녹원원의 원주 유절서보(有節瑞保)도 참석하여 이 법회를 기록한 『녹원일록』(鹿苑日錄)을 남겼는데, 여기에는 사명당의 경도에서의 활동이 군데군데 기록되어 있다. 정월 8일 조에는 서보가 본법사에 송운과 함께 머물고 있던 현소를 방문하여 송운과도 인사를 나눴다고 한다. 그뒤 사명당이 풍광사를 방문할 때 당지(唐紙)·당선(唐扇)·인삼 등의 예물을 지참하였으며, 연회가 있은 후 성대한 시회(詩會)가 열렸다고 한다. 사명당이 귀국한 뒤 이 시회에 참가하였던 여러 장로들에게 보낸 편지에서 이 모임이 '종지(宗旨)를 성대하게 논하여 달마조사가 서쪽에서 온(祖師西來) 뜻을 밝힌' 중요한 집회였다고 술회한 일은 뒤에 다시 언급할 것이다.

『녹원일록』에는 사명당의 불교활동에 관해서는 비교적 자세히 기록하고 있으나 가강과의 회담과 같은 정치활동에 관한 기록은 소략하여 3월 4일 복견성 회담에 대해서도 구체적인 언급이 없다. 다만 이러한 전후 사정으로 보건대, 풍광사 녹원원에서 있었던 법회와 복견성 회담은 서로 상관성이 있는 준비된 회동이었던 것으로 보인다. 가강과의 회담이 있기 5~6일 전에 풍광사 녹원원에서 열린 시회에서 송운대사와 서소승태가 주동이 되어 불교의 자비정신에 입각한 중생제도의 뜻을 성대하게 논한 것은 다음 열릴 정치회담의 분위기 조성에 도움을 준 것이다. 그리고 그 직후에 열린 복견성 회동에서 사명당은 당당하게 피로인 송환문제를 거론하였던 것이며, 이에 대한 답변으로 가강은 그 같은 통호의사를 분명히 하였을 것으로 보아 무리가 없다. 서소승태와 같은 경도 오산의 승려들이 덕천막부에 협력하고 있었던 것은 사명당이 외교활동을 전개하기에 매우 좋은 여건을 제공해주었다.

이때를 전후하여 가강의 큰 아들이 사명당에게 법어(法語) 한 마디를 거듭 요청하였다. 이에 다음 선시를 지어주어 선의 이치를 깨우쳐주었다.

일태(一太)는 공간이라 다함이 없고
적지(寂知)는 냄새도 없으며 또한 소리도 없다.
지금 설법 듣겠다고 무엇을 번거롭게 물을 것인가
구름은 청천에 있고 물은 병 속에 있거늘.

一太空間無盡藏 寂知無臭又無聲
只今聽說何煩問 雲在青天水在瓶

당대 선승 약산유엄(藥山惟儼)이 도를 묻는 절도사 이고(李翶)에게 답한 '자연이 바로 도(道)'라는 그 명구를 인용하여 즉석에서 선지(禪旨)를 담아준 것이다. 신유한이 『분충서난록』에서 사명당이 외교적 성과를 거두게 된 것은 '송운(松雲)의 큰 이름은 평소 왜국추장(덕천가강)이 마음속으로 깊이 존경했던 바'이며, 또한 일본인들이 '부처를 사모하고 복을 구하는 습속으로 (대사가) 이르는 곳마다 환영하여 손을 모아 이마에 대고 부처님이라 칭하고 조사(祖師)님이라 하였으며, 가강이 역시 부처의 일을 숭상하고 중히 여긴 때문'이라고 한 말을 참고할 만하다.

복견성 회담을 통하여 거둔 사명당의 외교적 성과는 매우 큰 것이었으나 귀국할 때 일본의 국서는 지참하지 않았다. 가강은 서계를 보낼 의향이 없지 않았으나 이는 사명당의 원래 사행 임무에서 벗어나는 일이라 하여 사양하였던 것으로 보인다. 조선 조정에서는 지금 이 시각에도 사명당이 본주로 올라와 회담하고 있는지조차 까맣게 모르고 있었다. 따라서 이번의 외교적 성과는 국교재개를 위한 초석을 놓았다는 점에서 중요하며, 정식 국교의 재개는 차후의 교섭 절차를 기다려야 했다.

이러한 상태로나마 덕천가강은 사명당과의 회담 성과를 상당히 만족해하였다. 이리하여 이 회담을 처음부터 주선하여 결실을 갖고 온 대마도주 등에게 막대한 혜택을 베풀어 그들의 공로를 치하해주었다. 도주 종씨에게는 매년 경도 막부로 올라와 알현하던 참근교대(參觀交代)를 3년에 한 번씩 하도록 완화해주고 추가로 녹봉 2천 석(사실은 2,800석)을 주었으며, 조선과의 외교 전담권을 인정해주었다. 그리고 태수 유천에게도 1천 석을 주었으며, 현소에게도 칙허로 자의(紫衣)를 하사하였다. 유몽인의 『어우야담』에는 이때 사명당에게도 선물로 설면자 2만 근을 주었으나 대사는 이를 굳이 사양하고 대마도주에게 돌려주고 왔다고 한다.

일본의 승려들과 교류하다

덕천가강의 정치외교 고문 두 사람 가운데 한 사람인 장로승 서소승태는 사명당이 경도에 체재할 동안 밀접한 관계를 유지하였다. 그는 일본 임제종(臨濟宗)의 총본산, 상국사(相國寺) 주지로서 풍신수길의 막부 때부터 정치외교의 고문역을 담당하였으며, 왜란을 일으킬 때 명호옥 본영에도 참여하는 등 흑의의 제상으로 불리었다. 수길의 아들 수차(秀次)나 수뢰(秀賴)와도 깊은 교분을 맺었으나 가강이 정권을 잡자 덕천막부의 정치에 참여하여 사명당의 도일 외교활동에도 상대역을 담당하였으며, 이후 조선과 수교시에 사신의 영접도 맡았던 인물이다. 불사이군(不事二君)을 중시하는 유교국가에서는 비난을 받아 마땅한 인물이었으나 사명당은 일본 외교의 중심에 서 있는 그와 가까이 하면서 불교교류와 외교활동을 이끌었다. 특히 그를 외교교섭의 상대자로 접촉하는 한 비록 그가 침략전쟁에서 죄과가 있었더라도 이를 개의치 않았으며, 오히려 그의 처지를 활용하여 양국 사이의 화호를 달성하려는 외교적 노력을 기울였다.

사명당이 경도에 약 3개월 체재하는 동안 주로 오산의 선승들과 선지(禪旨)를 논하는 크고 작은 모임들이 계속되었다. 그 가운데서 규모나 내용 면에서 특별하게 기록될 만한 모임은 앞에서 본 바와 같이 풍광사 녹

경도 상국사 경내의 녹원원(현재 금각사). 상국사 주지 서소승태(막부 외교고문)가 초청한
녹원원 시회에서 사명은 임제의 선풍을 크게 드날렸다.

원원의 시회였다. 녹원원은 상국사의 분원(分院)이며, 녹원원의 주지 유
절서보는 상국사 주지 서소승태의 제자다. 사명당은 서소 장로를 비롯하
여 원길(元佶)과 현소 등 오산의 고승들과 함께 시를 주고받았는데, 시문
의 응수(應酬)는 서로 제시(題詩)하고, 그 시에 화답하는 형식으로 진행되
었다. 『사명집』에는 이때 대사가 풍광사 시회에서 이들과 주고받은 여러
편 가운데 승태와 주고받은 시도 몇 편 실려 있다. 다음 칠언율시는 그 가
운데 하나다.

벽운탕혜가 임궁에 머무르니
종파도 같을 세라 혈맥이 통한다.
혼미함을 돌려 깨달음에 무아를 알고

508

도가 말을 잊는데 이르니 공은 헤아리지 않는다.
방초가 점점 자라니 세월은 가고
벽도화 다 피고 나니 동풍도 늙는다.
널리 창생을 건지려는 무궁한 뜻은
다만 남선종의 손 돌리는 가운데 있으리.

碧雲湯惠住琳宮 系出同宗血脈通
迷黐發省知無我 道至忘言不計功
芳草漸長流歲月 碧桃開盡老東風
蒼生保濟無窮意 只在南禪轉手中
• 「次承兌韻」

  사명당은 이 시를 통하여 그들이 동일한 종파의 선사들임을 확인하면
서 남선종(南禪宗)의 궁극적 목표인 중생제도의 자비정신을 자신들이 이
룩해야 할 일임을 강조한 것이다. 그것은 불교가 갖는 본래의 뜻을 말할
뿐만 아니라 아마도 새 집권자 덕천가강의 보좌역으로서 주요한 위치에
있는 서소 장로의 책임임을 직설한 것이다. 무고히 끌려가 도탄에 빠져
허덕이는 우리네 피로인들이 그의 손놀림에 따라 구제되어 본국으로 돌
려보내야 할 책임감까지 깨우치려 한 것이기도 하다.
  당시 경도 오산불교도 조선 불교와 마찬가지로 남종선 가운데서도 임
제종에 속하고 있었다. 일본에도 불교가 일찍부터 전래되었으나 주로 천
태(天台)와 정토(淨土)의 양종이 성행하였으며, 선종의 발달은 이보다 훨
씬 늦는다. 그것은 당말(唐末)에 전래되기는 하였으나 유행을 보지 못하
고 영서(榮西, 1141~1215)와 도원(道元, 1200~53)이 송에 유학하여 임

제종과 조동종(曹洞宗)을 각각 전래함으로써 비로소 유행하게 된 것이다. 조선의 선종은 라말여초에 구산선문이 형성되어오다가 고려말 태고보우 이래로 임제종이 주류를 이루고 있었음으로 사명당이 도일하여 그들 오산의 임제종 승려들과 교유하기에 매우 편한 처지였음은 물론이다. 대사가 귀국 후에 원광원길 장로에게 보낸 편지에서 임제종의 선풍을 밝힌 녹원원 시회에 관하여 "지난번 나는 …… 귀국에 이르러 원광노형과 서소 장로와 오산의 여러 스님을 만나 성대하게 임제의 광풍(狂風)을 논의하고 별도로 종지(宗旨)를 밝혔으니 또한 흐뭇한 일이 아니겠습니까?"라고 회고하고 있다.

사명당과 서소는 같은 임제종파의 승려들이었으나 그들 사이에는 현실적으로 많은 차이가 있었다. 막부의 외교승 승태는 국수주의적인 성향이 짙은 인물로 조선을 상당히 멸시한 것으로 알려져 있다. 사명당은 승태의 이 같은 성향을 몰랐을 까닭이 없지만 그에 대하여 항시 관심을 갖고 때로는 찬사까지 아끼지 않았다. 승태에게 준 다른 시(贈承兌)는 이러하다.

정원에 비가 지나니 티끌 없이 맑고
버들가지 동풍에 흔들리니 별천지의 봄과 같다.
그 가운데 남종의 귀 뚫은 나그네
세상이 다 취했어도 홀로 깬 사람이로다.

雨餘庭院淨沙塵 楊柳東風別地春
中有南宗穿耳客 世間皆醉獨醒人

이처럼 그를 남종의 선지에 통하여 깨달은 선사라고 치켜세우고 있다.
사명당은 덕천가강과의 복견성 회담을 마치고 귀국할 때에도 그 동안 경
도에서 사귄 여러 승려들과 이별하는 서운함을 시로 남기고 있다. 승태와
의 이별을 앞두고 쓴 것으로 보이는 다음 두 편의 시(次承兌韻)가 있다.

> 기틀을 따라 펴고 거둠은 우뢰와 같고
> 세상을 건지려 경서를 뒤적임은 실 내리는 것 같다.
> 자리에 물러남에 나그네 몸이 부끄러운데
> 촌심에는 다시 만날 기약을 남겨둔다.

> 對機舒卷如雷震 濟世繙經比繹絲
> 退席空慚遠遊子 寸心留對再參期

> 나그네가 조각배로 바다와 산을 건너
> 멀리 방장을 찾아 선관을 두드렸다.
> 내일 아침에 다시 연나라 구름 따라 가니
> 외로운 꿈은 오히려 이 땅에 돌아오리.

> 遊子扁舟渡海山 遠尋方丈問禪關
> 明朝却向燕雲去 孤夢猶應此地還

이 시에서는 승태를 고승으로 추켜세우고 있다. 그가 세상을 제도한다
든지 혹은 자신이 멀리 방장인 승태를 찾아 선관(禪關)을 두드렸다 하여
그가 '세상을 구제하고'(濟世) '선을 닦는다'(修禪)는 두 축을 동일 차원

에서 실천하는 선승이라고 추킨 것이다. 그리고 그와 이별할 때 다시 만날 기약을 비록 시를 통해서이지만 결코 잊지 않았다.

이와 같이 사명당이 승태에게 각별한 관심을 가지고 때로는 찬사까지도 아끼지 않았는데, 승태는 사명당을 어떻게 평가했을까? 우선 그는 사명당이 선회에서 보여준 높은 시작(詩作)의 경지와 명필 글씨에 감복하지 않을 수 없었다. 그는 대사의 작품을 "구절마다 기특하고 말마다 절묘하여 즐거움을 감당할 수 없다. 필적 또한 아름다워 내 집의 보물로 삼으려 하자 쾌히 응락하였다"(句句奇 吉吉妙也 不堪欣然 筆跡亦麗 余作私寶 耆 快然)고 칭찬하면서 함께 지은 시문 유필을 청해 받았다고 하고 있다(『녹원일록』 권44, 2월 27일조). 이는 승태가 풍광사로 사명당 일행을 초청하여 '성대히 임제의 광풍을 논하고 별도로 종지를 밝힌' 그 연회석상에서 보인 대사의 시작과 글씨의 솜씨를 두고 평한 것이다. 이러한 평어(評語)에는 단순히 시작과 글씨뿐만 아니라 대사의 자비행과 인품에 대한 찬사가 묻어 있음을 동시에 살필 수 있다.

일본학자 덕부소봉은 사명당과 교유한 일본의 승려들을 비교하여 다음과 같이 평가하고 있다. "승장군 유정 송운대사는 승려로서는 아까울 정도로 지와 용 그리고 변력(辯力)을 구비하고, 대담하기가 적수가 없는 자였다. 같은 승려이면서도 그는 일본의 현소나 승태 …… 등과는 그 재질(才質)을 달리한 자이다"(앞의 책, pp. 584~5)라고 극찬하였는데, 이는 한마디로 그 인격의 월등함을 지적한 것이다.

문치국가인 조선에서도 일찍부터 시작과 필법으로 명성을 얻고 있던 사명당은 가는 곳마다 일본 불교신자들의 요구에 따라 선시나 법어를 종횡으로 구사하며 교유하는 일이 한편으로는 소일하면서 즐기는 시간이기도 하였을 것이다. 그는 경도 지방의 여러 사찰을 유람하는 과정에서 때로는 진귀한 유물을 접하기도 하였다. 흥성사에 소장되어 있던 송대의 명승 대혜종고(大慧宗杲, 1088~1163)의 친필 전서를 목격한 것도 그 한 예에 속한다. 여기에 다음과 같은 발문을 적었다.

이것은 조계(曹溪) 아래로 바른 맥이 전해와 17대 종사(宗師)인 경산 보각 대혜선사(徑山普覺 大慧禪師)께서 쓴 전서(篆書)이다. 만력 을사 봄에 도탄에 빠진 생령을 구하라는 선사(先師)의 유훈을 받아 동쪽으로 유람하여 여기에 이르니, 이것을 나에게 보이면서 발문을 요청하는데 책 쓴 연대가 오래되어 글자가 더러 이지러졌다. 나는 일찍이 연경(燕京)에서 진품을 본 적이 있으나, 성사의 문필을 동해에서 다시 보게 될 줄을 뉘 알았으랴. 마치 방 안에서 옆에 모신 듯 감동하여 쓴다.
　37대 적손 조선국 사명 종봉 송운이 절하고
　삼가 써서 불재도각의인(拂才道覺醫人)에게 준다.

이 유묵은 일본 구법승이 중국에서 구해온 것이었다. 주지하는 바와 같이 대혜는 임제종 양기파(楊岐派)의 오조법연(五祖法演, ?~1104)과 원오 극근(圓悟克勤, 1063~1135)의 법을 이어 『전법안장』(正法眼藏)을 저술하였으며, 항주 경산(徑山)과 영파 아육왕사에 주석하여 임제선풍을 크게 날린 인물이다. 위 대혜선사의 유묵 발문에서 사명당은 스스로 중국의 남종선을 연 육조 혜능의 37대 적손이라고 하면서 평소에 즐겨 쓰는 사명 · 종봉 · 송운이라는 호를 모두 병기하고 있다. 사명당은 가등청정과 회담할 때 관변 측의 권유로 중국에 구법하였다는 경력을 여기서도 역시 내세워 조선이 남종선의 정맥을 계승하고 있음을 말하고 있다.
경산의 글을 소장한 흥성사(興聖寺)의 주지는 교종에 속하는 원이(圓

耳) 법사였는데, 사명당은 현소의 청에 따라 그를 선종의 선사로 개종하도록 법호와 자를 지어주었다. 흥성사에는 그 친필의 호기(號記)와 함께 지어준 게송 3수가 지금까지 남아 있다.

일본국 권대승도(權大僧都) 원이선사(圓耳禪師)는 본국의 교사(敎師)이다. 남선장로(南禪長老) 소공(蘇公, 현소)이 나에게 부탁하기에 자를 허응(虛應)이라 하고 호를 무염(無染)이라 하니 관음대사(觀音大士)의 '군생(群生)을 화란에서 구제한다'는 뜻에 따른 것이다. 오직 선사는 그 뜻을 살펴 마음에 새겨주기 바랄 뿐이다. 옛날에 견주어 오늘에 맞는 시 한 수를 지어 법안(法眼)을 땀나게 하니 한번 웃어주시오.

집으로 돌아갈 활로(活路)에서 머뭇거리지 말고
위엄왕(威音王) 저쪽까지 바로 뚫고야 말리라.
물건볼 때 허(虛)하여 집착하지 말고
기틀을 돌려 적조(寂照)함에 유래(由來)가 있으리라.
정수리에 눈 있음은 천주(天主)와 같고
팔꿈치 뒤에 부적(符籍)다니 국후와 같네.
뜬세상에 중생을 구제하노라 환해(幻海)에 놀고
밑 없는 배 타고 물결에 맡겨두라.

歸家活路莫遲留　直透威音那畔休
鑑物冲虛無所住　回機寂照有來由
頂門具眼如天主　肘後懸符似國侯
浮世度生遊幻海　駕船無底任波頭

514

참선하려면 조사관(祖師關)을 깨뜨려야 하나니
범을 묶고 용을 잡는 데 등한하지 말라.
하늘을 놀래고 땅을 움직일 수 있어야
그때는 바야흐로 고향에 이르리라.

參禪須破祖師關 縛虎拏龍莫等閑

直得驚天動地去 此時方得到家山

나그네 길 새해를 맞이하니, 찬 매화 핀 해국(海國)의 봄이로다.
아침에 일어나 거울을 잡고 보니, 흰머리 이 어인 사람인가!

客路逢新歲 寒梅海國春 朝來攬明鏡 白髮是何人

　사명당은 매화 피는 초봄을 맞아 원이선사에게 향상일로의 남종의 선
지(禪旨)를 일깨워준 것이다. 첫 구에서는 불법이 중생의 구제와 다른 길
이 아님을 말하고, 이어 참선으로 조사관(祖師關)을 타파하는 노력을 게
을리하지 말아야 고향인 서방정토에 돌아갈 수 있어 새해 봄날을 맞을 수
있다는 것이다. 그러나 차안(此岸)의 시간적 변화는 거스를 수 없는 법,
문득 백발에 이르게 된다는 교훈적 선의 뜻이 담겨 있다. 동시에 묵필 시
의 끝에 '경산후손(徑山後孫) 사명 송운(四溟松雲) 돈(頓)'이라 한 것은
자신이 원이와는 같은 경산의 후손이라고 하는 각별한 관계임을 표시한
것으로 볼 수 있다. 『사명집』에 실린 것은 현재 흥성사에 유묵으로 소장
되어 있는 내용과는 약간 차이가 있다. 즉 문집에는 시 앞에 적은 원이라
는 호의 뜻을 쓴 호기(號記)가 빠져 있으며, 또한 게송도 문집과 유묵의

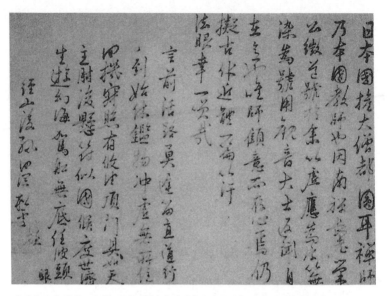

홍성사 주지 원이는 본래 교종승이었으나 사명당이 자를 허옹, 호를 무염이라 하여
선종승으로 개종시켰다. 이때 사명당이 써준 유묵이 홍성사에 지금까지 전해져온다.

내용에는 약간의 차이가 발견된다. 즉 유묵의 몇몇 단어가 문집에는 다른
단어로 개고되어(예컨대, 度世濟生을 浮世濟生으로 한 것 등) 실려 있다.
이제 홍성사의 원이화상은 교종에서 선종의 승려로 새로운 탄생을 보게
되었으니, 이는 사명당이 일본 불교계와 교류하면서 얻은 주요한 하나의
결실이었다. 사명당이 원이에게 자를 허옹이라 한 것은 혹시 조선에게 억
울하게 죽은 허응당 보우선사의 후신을 일본에 심으려 하였던 뜻에서였
을까? 어떻든 각별한 관심을 그에게 보여준 것이다.

　이와 같이 사명당이 불교활동을 벌인 상대는 주로 남선종의 장로승이
거나 오산의 선승들이었다. 승태와 동열의 장로승인 원길에게 준 두 편,
숙려에게 준 한 편의 시가 각각 문집에 실려 있는데 모두 선시들이다. 숙
로준악(宿蘆俊岳)은 장군 길천광가가 조선에 출병할 때 종군승이었는데,

516

지금까지 일본에 전하는 사명당의
유묵 5, 6편이 흥성사 소장품이다.
흥성사 원이에게 허응당 보우의
호를 준 것은 숨은 뜻이 있었던 것일까.

이때 경도에서 교유하였으며 이후 여우길의 사행을 통하여 여러 장로들
과 함께 안부편지를 보내기도 하였다.

　사명당이 경도에서 교유한 승려들 가운데 법명을 밝히지 아니한 송원
종(松源宗)의 어느 장로에게 준 두 편의 글 가운데 한 편은 '정월 12일 눈
비가 내리는데 송원종 장로승이 무성한 꽃 한가지를 꺾어 선소를 시켜 보
내면서 "이 꽃 이름을 알 수 없으나 나의 생각에는 홍우도(紅雨桃)나 홍
설앵(紅雪櫻)이라 부르고 싶은데 이 뜻이 어떠한지 인가해주시기 바랍니
다" 하기에 절구 한 수를 지어 답한다' 하고 다음 시를 한 수 지었다.

　온갖 풀과 나무 본래 정이 없는데
　물건이 어찌 스스로 제 이름을 일컫겠는가?

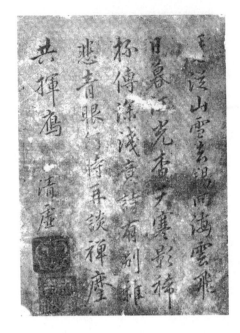

이 시는 서산대사가 사명당과 이별하는 안타까움을 노래한 것으로 추측된다. 나라 일에 묶여 있던 사명은 10여년 만에 금강산으로 가서 스승과 해후했다. 서산은 그 다음 해에 입적한다.

물건을 볼 때 아름답고 악한 것만 볼 일이지
어찌 홍색 자색으로 복숭아니 앵두라 정하려는가?

芸芸萬物本無情 物豈稱吾某姓名
觀物只應觀美惡 肯將紅紫定桃櫻

사물에 집착하지 말라는 남종의 선지를 읊조린 것이다. 송원종은 임제종 가운데서도 일본 임제종 황룡파(黃龍派)를 잇는 영서(榮西)의 계통이 아니라 양기파(楊岐派)에 속하는 계통을 잇는 일파로서 당시 경도의 불교문학단에 일정한 활동 영역을 가지고 있었던 것 같다.

대사는 일본인을 상대로 외교활동을 전개하면서 '선사(先師)의 유훈'

을 받들고 왔다는 사실을 언제나 강조하였다. 그러면 자기가 받들고 온 '선사'는 어떤 위인이기에 항시 그를 내세우고 있는가? 그는 서산대사를 일본인들에게 대선사로서 위인의 모습으로 비치게 해주어야 할 필요가 있다고 생각하였을 것이다. 일본에서 사명당의 선시 유묵 한 편이 근년에 소개되었다.

머리카락 풀어헤친 푸른 옷의 늙은이, 눈은 천지의 가운데 두었더라.
안개를 마시고 정소(精素)를 들이키니, 홀로 선 기상이 무지개 같구나.

披髮綠衣翁 眼空天地中 呑霞吸精素 獨立氣如虹
西山嫡 松雲

여기 묘사된 노인은 달마대사로 동아시아 불교계에서 독립적 기상을 지닌 선종의 초조(初祖)로 추숭되고 있음은 주지하는 일이다. 자신이 받들고 온 해동의 대선사 서산(西山)은 바로 달마의 적통을 계승하였으니 그는 반드시 달마의 독립적 기상을 지녀야 한다. 대사는 이 시의 작자를 군이 '서산의 적자 송운'이라고 표기한 것은 바로 자신이 멀리는 달마, 가까이는 서산의 적자라는 점을 강조하고자 한 것으로 보아 무리가 없을 것이다. 사명당은 일본으로 건너갈 때 서산대사의 『선가귀감』 등의 저서를 가지고 가서 소개했으며, 그때부터 일본 불교계가 그를 알게 되었고, 그들 저술도 출판하여 널리 보급하게 되었다.

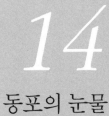

14

동포의 눈물

"나라가 망한 것보다 더욱 안타까운 것은
조선의 남녀가 끌려와 부림을 당하고 있는 것이니
모두 돌려보내주기를 바랍니다."

경도를 유람하며 시문을 읊다

　사명당은 덕천가강과 회담을 마친 뒤부터는 더욱 자유로운 심정으로 여러 지역으로 유람하며 해국의 봄을 노래하였다. 대진(大津)시 비파호 (琵琶湖) 호변의 죽림원(竹林院)은 일본 천태종의 본산인 비예산(比叡山) 연력사(延曆寺)에 속하는, 경치가 빼어난 곳으로 지금도 이곳을 찾는 나그네에게 차를 대접하는 관광 명소이다. 사명당도 여기 와서 차를 마시며 지은 시 두 수가 있다.

　　창해에서 나그네 되어 돌아가지 못한 사람이
　　높은 정자에 기대어 임금 계신 북신을 바라본다.
　　푸른 풀이 연못에 가득한 좋은 계절도 지나니
　　복사꽃 말라 떨어지는 봄을 보내도다.

　　旅遊滄海未歸人 徒倚高亭望北辰
　　靑草滿塘佳節過 桃花零落殿殘春

　　죽원에는 차 끓이는 연기 푸르고, 비갠 뒤에 꽃이 활짝 피니 3월이로

비예산 자락의 죽림원 입구.
사명당은 이곳에서 비파호를 내려다보며 시를 썼다.

구나.

　강과 호수에는 따뜻한 기운 피어나고, 버들은 가지마다 푸른 빛 희롱
하네.

　먼 산은 물 가운데 그림이요, 비낀 바람 소매 속에 불어든다.

　같이 노는 이 마음 다하지 않으니, 상방에서 다시 만날 기약하세.

　竹院茶煙翠 晴花三月時 江湖浮暖氣 楊柳弄靑絲

　遠嶽波中畵 斜風袖裡吹 同遊心不盡 重結上方期

　•「題上野守竹林院壁上」

　더구나 이 죽림원은 원성사(園城寺), 일명 삼정사(三井寺)에 속하는 전

524

원 속의 암자다. 천태종 5세 교주 원진(圓珍)이 당나라 때 천태산에 구법하고 돌아올 때 태풍을 만나 신라신(新羅神)에 구출되어 귀국 후에는 이를 기념하는 신라선신당(新羅善神堂)을 모셨다. 사명당도 이러한 사실을 몰랐을 리 없을 테지만 다만 시에서는 한일 간의 관계가 미묘한 시점에서 언급을 유보하였을 것이다.

사명당은 일본에서 약 3개월 동안 임제종 승려들과의 교류에만 국한하지 않고, 광범한 불교계 인사들과 자유로운 시문활동에도 많은 시간을 할애하였다. 일본인들이 특히 달마를 좋아한다고 알려져 있지만 그들이 달마의 상을 그려와 찬(贊)을 부탁하여 써준 것을 포함하여 시의 제목에 달마가 들어간 것으로 문집에 실린 것만도 여러 편이나 된다. 다음 시는 오초(悟初)라는 승려가 달마도를 그려와 찬을 청하여 써준 작품으로 그 유품이 지금까지 현지에 전하고 있다.

10만 리나 멀리 온 청안의 소년이
9년 동안 소림에서 허송세월 하였구나.
뒤늦게 신광의 절 받지 못했던들
아마도 유사에서 헛걸음한 사람 되었으리.

十萬里來靑眼少 十年虛度少林春
不逢末後神光拜 也是流沙浪走人

라고 한 다음 '원손 송운 서'(遠孫 松雲 書)라고 서명하였는데, 문집에는 달마가 동쪽으로 온 뜻을 길게 발문으로 달아놓고 있다. 이와 같이 그는 불교계 인사는 물론 그밖에도 각계 각층의 유지들을 상대로 하여 시문을 교환하거나 글을 지어주었으며, 때로는 불화나 불서(佛書)의 찬이나 발문을 써주었다. 이런 점에서 그의 경도에서의 생활은 본국에서의 염려와는 달리 대체로 평온하고 어떤 점에서는 유유자적한 분위기를 즐기는 면도 없지 않았다.

한번은 한 왜장이 찾아와 북야신사(北野神祠)를 찬하는 글을 청하므로 대사는 가볍게 그러나 선지를 담은 다음 칠언절구 일절을 써서 주었다.

그는 어떤 사람이며 너는 어떤 사람인가
그는 앞선 사람이요 너는 뒷사람일 뿐이로다.
네가 만일 존심(存心)을 머지않아 회복하면
그도 어진 이요 너 또한 어진 사람이리라.

彼何人也汝何人 彼是先人汝後人
汝若存心不遠復 彼賢人亦汝賢人

모든 인간은 불성을 지닌 점에서 기본적으로 동등하며, 범부와 현인의 사이는 단지 존심(存心)을 회복하느냐의 찰나에 달려 있을 뿐이라고 가르친 것이다. 사명당은 특히 경도 오산의 승려들과는 서로 동일한 임제의 혈맥임을 주장하면서 무관하게 교왕하였지만 다른 종파의 인사들에게도 불성의 평등성을 쉬운 문장으로 해설해주었다. 일찍이 중국의 임제선사는 인간이 주체성을 잃지 않으면 어느 곳이나 진실한 세계(隨處作主, 立處皆眞)임을 가르쳤으니, 사명당은 그 임제선풍이 유행하는 경도에서 그러한 인간의 평등성 내지 독자성을 반복하여 가르친 것이다. 그는 일체의 전통과 권위를 인정하지 않고 항상 지금 여기의 현실에 입각하여 자기가 주체가 되어 향상일로를 지향하라고 외친 것이다.

　사명당은 오랜 전쟁에서 병들고 노쇠한 육신으로 다시 사절단을 인솔하고 바다를 건너와 여러 차례 병마에 시달리고 있었다. 대마도에 있을 때는 치통을 앓았으며, 경도에서도 심한 몸살을 앓았다. 경도에서 발병하였을 때 군옥(群玉)이라는 의사가 치료를 해주어 이에 감사한다는 쪽지를 써보내면서, "또 살펴보니 공(公)도 역시 감기를 앓는다니 염려가 됩니다. 남을 고치는 솜씨를 가졌으면서 자기 병은 못 고치니 웃을 일입니다"란 가벼운 농담도 곁들이고 있다. 간단한 이 묵필(墨筆) 쪽지가 이 지역에 오늘까지 전해져오는 것으로 보아도 당시 대사가 경도의 지식인 사회에 그 명성이 대단하였던 사정을 말해주는 것이다.

　사명당은 경도에서 덕천가강과의 회담을 하는 등 긴장된 순간이 없지 않았지만 한편으로는 대사의 '대명(大名)'을 듣고 도처에서 찾아와 일언을 구하는 일본 지식인들을 상대하는 일이 소일하는 데 유익하였다. 400년이 지난 오늘날까지 문집에도 실리지 않은 여러 종류의 유묵 흔적들이 간간히 발견되는 것도 그가 상대를 가리지 않고 요구에 응하여 때로는 고독한 심경을 노래한 자취를 여실히 말해주는 것이다. 신유한은 『분충서난록』에서 자신이 100여 년 후(1719)에 통신사로 일본에 갔을 때 일본인들이 그때까지 송운대사의 유묵을 소중하게 간직하고 있더라고 하면서 이는 대사의 필력이 뛰어나기도 하였지만 특히 그 인품이 훌륭하였던 때문이라 하고 있다. 이와 같이 그는 경도에 머물면서 일본의 사정을 탐색하고 전후의 평화시대를 모색한다는 사신 본래의 임무에 충실하면서도 다른 한편으로는 양국의 민간불교 교류에도 중요한 역할을 수행하였음을 알 수 있다.

　사명당이 일본에서 만난 인물 가운데 청년 유학자 임라산(林羅山, 1583~1657)과의 필담 교류는 이색적이다. 라산은 이후 조선통신사가 한

경도의 청년 유학도 임라산이
사명당을 찾아와 대담하였다. 그는 일본도
성리학적 지배질서의 확립을 필요로 한다고
주장하며 불교에서 유교로 전향했다.

참 오고갈 때 막부의 외교문서의 초안을 관장하면서 덕천시대 유교문화
의 초석을 놓는 데 중요한 역할을 하였다. 사명당이 경도에 머물 때 23세
의 청년이었던 그는 사명당을 방문하여 『논어』의 '경이란 주일무적을 이
르는 말이다'(敬者 主一無適之謂)라는 구절에 관하여 질문하고 대답을 들
은 일이 있는데 그 내용이 「한객필어」(韓客筆語)란 제목으로 전해지고 있
다(『라산문집』 권60 「잡저」雜著). 라산이 '경'(敬)을 주자학적인 입장에서
'주일'(主一)로 해석한 것을 사명당은 격려하면서 "그대는 아직 나이가
젊은데도 주관이 뚜렷하며, 책을 보는 안목이 뛰어나다"고 칭찬을 아끼
지 않았다.

임라산도 스승 등원성와(藤原惺窩)와 함께 불교 가문에서 태어났으나
스승의 영향 아래 유학을 배워 불교를 출세간의 가르침이라 하여 배격하

였다. 등원성와는 서소승태와 함께 상국사의 동문 승려로서 탈속하였으며, 정유재란 때 조선에서 피랍되어간 강항의 영향을 받아 유학자가 된 인물이다. 덕천막부를 창설한 가강은 새로운 정치체제로서 상하 지배질서의 확립이 필요하다고 인식하였는데, 이는 저들 사제(師弟)가 꿈꾸던 새 시대 정치사상인 주자학적 명분이념에 합치한 것이다. 이것이 막부정치에 저들의 참여가 조만간 이루어지게 된 까닭이었다.

사명당은 경도에 머물면서 조선 백성들의 귀무덤이 있다는 것을 들었거나, 직접 눈으로 보았을 터이지만 한마디 언급도 남겨놓지 않고 있다. 이는 대사가 도일하기 2년 전에 일본에서 귀국한 강항의 경우와는 매우 대조적이다. 강항은 『간양록』(看羊錄) 「섭란사적」(涉亂事迹)에서 수길의 원당(願堂)인 대불사(大佛寺) 앞에 세워진 귀무덤을 거듭 비난하고 있으며, 피로인들이 쌀을 모아 그 앞에 제사를 지낼 때 제문(祭文)을 지어주기도 하였다. 조선사람으로서 누가 귀무덤 앞을 아무런 느낌 없이 지나쳤을 것인가. 사명당이 이에 대해 한 마디 언급이 없는 것은 강화사로서의 일거수 일투족을 그만큼 조심스럽게 하지 않으면 안 되었기 때문이다. 더구나 자기를 맞아주고 있는 서소승태는 귀무덤을 만들 당시 대불(大佛) 앞에서 아귀에 시식시키는 법요식의 도사(導師) 역을 맡았던 것으로 알려지고 있다. 사명당이 승태가 완고한 국수주의적 성향을 가진 인물임을 알고 있으면서도 그를 적대시하지 아니하였던 것은 그만한 이유가 있었기 때문이다. 그 자신은 일본에 살아남은 우리 동포들을 한 사람이라도 더 데려가야 하는 사신의 신분임을 한시라도 잊을 수 없었다.

그러나 사명당은 전쟁과 관계된 일반적 이야기를 할 때는 언제나 시시비비를 가리려 하였고 일본인을 훈계할 때는 그 잘못을 꼬집어 통렬한 비판을 아끼지 않았다. 한 번은 현소 등 몇몇 일본 승려들이 이야기하는 가

정유재란 때 수길의 군대가 조선인의 코와 귀를 베어간 흔적이 아직 일본에 남아 있다.
지역에 따라 코무덤 또는 귀무덤이라고도 한다.
(위) 경도에 있는 귀무덤 (아래) 강산(岡山) 비전시(備前市)에 있는 코무덤

운데 '수길은 살인을 좋아하여 사람들이 두려워하였으나 가강은 사람 죽이는 것을 좋아하지 아니하여 모두 승복한다. 수뢰(秀賴)는 죽었는지 살았는지 알지 못한다'는 말을 들었다. 이에 그는 다음 시를 지어 수길에게 통렬한 비난을 퍼부었다.

남의 애비 죽이고 남의 형을 죽이면,
남도 또한 너의 형을 죽이리라.
어찌 네게 돌아올 줄 모르고,
남의 애비 남의 형을 죽일 것인가?

殺人之父殺人兄 人亦還應殺爾兄
何乃不思反乎爾 殺人之父殺人兄

또 한 번은 어느 일본인이 중국 고사에 나오는 신농씨가 백 가지 풀맛을 보는 그림을 가지고 와서 찬을 써달라고 부탁하였다. 사명당은 여기에 은근히 일본사람들이 수심(獸心)을 버리고 인성을 바로 가지라는 뜻을 담은 다음 글을 써주었다.

사람의 몸에 소의 머리로서 물건을 창조한 큰 성인인데,
사람의 얼굴에 짐승의 마음 가졌다면 그것은 무슨 성품이라 할 것인가.
손에 들고 있는 그 푸른 풀잎은 만고에 창생을 위한 것이로다.

人身牛首 開物之聖人 人面獸心 乃謂之何性
喇喇靑靑 手中草 萬古爲蒼生

하여 그는 그때그때 경우에 따라 일본인들이 남을 죽이고 남의 나라를 침
범한 과거사를 반성하도록 하는 훈계조의 글도 잊지 않았다. 이와 같이
그는 임진왜란의 책임을 진 풍신수길을 사정없이 비난하면서도 지금 그
가 상대하고 있는 덕천가강에게는 말을 아껴 신중한 태도를 보였다. 승태
에 대한 너그러운 태도도 마찬가지였다.

사명당은 3월 4일 덕천가강과의 복견성 회담을 마친 뒤 비교적 자유로
운 심정으로 경도 주변으로 봄나들이하면서 얼마간 여유로운 시간을 보
냈다. 그는 고국으로 돌아갈 날을 앞두고 오대산을 생각하며 다음 시를
지었다.

나그네 된 지 해를 지나니 시 읊기 더욱 괴롭고
오대산 동림에 문 닫고 누웠던 일 자주 생각난다.
푸른 솔 방장실로 돌아갈 생각인데
푸른 하늘 저문 구름 멀기도 해라.
혜초 장막에 향 피울 제 산은 어두우려 하고
학 소리에 꿈을 깨니 달은 처음 지려 한다.
다시 성수의 천추를 빌던 일 생각하니
완하에 비 지남에 봄 물이 깊었더라.

爲客經年益苦吟 五臺頻憶閉東林
靑松丈室有歸計 碧落暮雲生遠心
蕙帳焚香山欲暝 鶴聲回夢月初沈

仍思祝聖千秋事 雨過浣河春水深

• 「獨坐思歸」

　오대산 월정사는 사명당이 왜란이 일어나기 직전에 5년 동안이나 각고의 정성을 들여 중수한 사찰이다. 그런데 혹심한 7년전쟁을 거치면서도 이 절은 불타지 않고 있어 그가 일본으로 오기 전에 잠시 들러 연말연시를 보낼 수 있었다. 그래서 더욱 정이 쏠렸는지 귀국하면 오대산 월정사를 찾을 생각을 하고 있었던 것이다.

　사명당과 대마도 도주 일행은 3월 27일 경도를 떠나 대마도로 향발하였다. 그리고 뇌호내해를 지나면서 홀가분한 마음으로 시를 지었다. 다음 시는 내용으로 보아 아마 돌아오는 길에 어느 항구나 아니면 대마도에 도착하여 지은 것으로 여겨진다. 어느 높은 곳에 올라 넓은 바다를 바라보며 지은 것이다.

　높은 대에 홀로 올라 아득한 곳 바라보니
　푸른 하늘에 높이 솟아 바다를 눌렀네.
　서북풍 불어오자 구름 안개 흩어지니
　다시 요망한 기운 맑은 빛 가리지 못하네.

　高臺獨上俯滄茫　逈出靑冥壓大荒
　西北風回雲靄散　更無妖翳隔淸光

　나그네 시름 안고 홀로 대에 오르니
　하늘과 바다가 맞닿았는데 새들이 오가누나.

서쪽에 해 기울자 하늘이 찬데
옥산이 무너지듯 거센 물결 웃으며 본다.

遠游懷抱獨登臺 天海相連鳥去來
西日漸低空宇冷 笑看鯨浪玉山頹

•「登高四望」

'요망한 기운이 맑은 빛 가리지 못한다'거나 '옥산이 무너진다'는 표현
은 이제는 전쟁이 끝나고 일본 세력이 다시는 침범하지 못할 것이라는 은
유로 보아 좋을 것이다.

　다음 시는 서울의 봄과 양주로 가는 길을 생각하며 지은 것이다. 그는
1년이 지나도록 서울 소식을 듣지 못했고, 오대산과 금강산으로 돌아갈
일을 생각하니, 도중에 거쳐야 할 양주 길이 생각나 다음 시를 읊은 것으
로 보인다.

　만성의 밤비 봄물이 불었는데
　아침에 벌써 따뜻한 기운 드는구나.
　언덕 위 버들가지 아황색 되었으니
　문득 생각난다 서울 산의 꽃은 만발했으리.
　서울의 아는 벗 이별한 지 해를 지나니
　꿈속에도 소식 끊겨 공연히 놀란다.
　좋은 시절 자주 객지에 나와 보내니
　흰머리 털 외로운 회포 근심도 많구나.
　향 사르고 종일 앉아 돌아갈 생각 몹시 하니

자는 새 수풀에 깃들고 사람 또한 드물다.
길을 헤아려 보니 양주 길에 이르게 되면
아마도 황매우가 옷을 적시리.

夜雨蠻城春水生 朝來頓覺陽候暖

陌頭楊柳欲鵝黃 却憶漢山花開滿

洛中相識別經年 夢裏空驚音信斷

良辰頻向客中過 白髮孤懷多患瀟

焚香終日苦思歸 宿鳥栖林人亦稀

計程想到楊州路 應見黃梅雨濕衣

• 「夜雨朝來 作斷頭語寫懷」

　봄비 내리는 이국에서 고국 땅을 밟을 일을 몹시 생각하면서 매화 열매
가 누렇게 익을 때면 아마도 장맛비에 옷을 적시며 양주 길을 지나게 될
것이라는 즐거운 생각에 잠기기도 하였다.

조선의 백성을 돌려보내주시오

    사명당과 대마도주 일행들이 3월 27일 경도를 떠나 대마도에 도착한 것은 4월 15일이었다. 20일도 채 걸리지 않았으니 상경할 때보다 10여 일이 더 빨랐던 셈이다. 그리고 사명당이 거느린 사절 일행이 대마도를 떠나 부산 앞 바다에 도착한 때가 5월 초였으니 대마도를 떠난 것이 아마도 4월 말의 일일 것이다. 이와 같이 그들은 경도를 떠나 부산까지 불과 한 달 남짓한 짧은 기간에 귀환하였다.

    사명당이 대마도에 와서도 역시 서산사의 객관에 머물며 일본에서 활동한 일을 되돌아보지 않을 수 없었다. 다음 시는 짧으면서도 내용상으로는 마치 이번 긴 여행의 총론이라 할 만한 의미를 지니고 있다.

    슬프다 늙은 이 몸 대장부가 못 되는데
    삼가 임금님 명 받들어 멀리 바다를 건넜다.
    허리 꺾어 잠깐 얽어매려는 계교 세워보지만
    어느 해 군사 길러 오(吳, 일본)를 소로 만들까.

    老去嗟吾不丈夫 恭承朝命遠乘桴

折腰暫遂羈縻計 生聚何年定沼吳

• 「馬島客館寫懷」

　여기서 그는 조선이 현실적 필요에 따라 외교 수단에 매달려보았지만 궁극적으로는 국력을 길러 일본을 제압해야 한다고 역설한 것이다. 다시 말하면 전쟁 후 대마도 측이 조속한 국교회복을 요청해옴에 따라 조선에서는 1601년부터 정식으로 기미정책을 실시함으로써 우선 그들의 관심을 조선에 묶어두면서 점차로 허화(許和), 즉 국교를 정상화해보자는 속셈이었다. 그러나 조정의 기미정책은 어디까지나 일시적인 것이며, 궁극적으로는 부국강병을 실현하여 일본을 완전히 압도해야 한다는 평소의 소신을 재인식한 데 불과한 것이다.

　사명당은 귀국길에 오를 날을 앞두고 현소와도 작별을 나누어야 했다. 그동안 대마도에서는 물론 경도로 올라가 머무는 가운데서도 줄곧 함께 지냈던 그와 이별하면서 시를 지어 석별의 정을 나누었다.

　　그대의 이름 익히 들은 지 10년인데
　　뜬구름인 양 모였다 흩어지니 못내 슬프다.
　　선창(禪窓)에 비 지나니 꽃은 싸락눈 같고
　　객사에 봄 깊으니 버들은 연기 같다.
　　사람 일 매일 어긋나니 참으로 꿈인데
　　부생이 한번 만남도 좋은 인연이로다.
　　다른 날 함께 놀 기약 있으면
　　흰 달 금모래 위에 줄 없는 거문고나 타세.

聞飽聲名已十年 浮雲聚散却悽然

禪窓雨過花如霰 客舍春心柳似煙

人事每違眞幻夢 浮生一會好因緣

他時倘遂重遊計 晧月金沙奏沒絃

• 「別仙巢」

처음에는 마땅치 않게 여겼던 조선통 현소와도 어느새 꽤 정이 들어 있었다. 떠날 때까지 약 보름간을 대마도에 머무는 동안 현소는 대마도주를 비롯한 여러 사람들과 함께 사명당 일행이 데리고 갈 조선 피로인들의 송환을 위한 여러 가지 준비에 정신없이 바빴을 것이다. 귀국을 위한 '박망후' 사명당의 가장 중요한 일은 피로인의 쇄환이었다.

돌이켜보면 사명당은 대마도 측의 끈질긴 요청으로 일본 사행길에 올라야 했을 때, 조정의 대소 신료들을 비롯하여 일반 백성들은 모두 그를 마치 위험한 호랑이굴로 들여보내는 것처럼 생각하였다. 사실 본인조차도 이 행차의 내일을 점칠 수 있는 일이 아니었다. 그러나 9개월에 걸친 사행 기간 동안 우여곡절 끝에 예정에도 없던 경도까지 가서 가강과 회담하여 약속을 받은 피로인을 일부나마 데리고 귀국하게 되었으니, 그런대로 만족할 만한 성과가 아닐 수 없다. 이에 대하여 허균은 「석장비명」에서 다음과 같이 대서특필하고 있다.

두 나라의 화호를 쉽게 성취시켜 스님은 포로로 끌려간 우리 백성 남녀 3,500명을 도로 찾아서 데리고 돌아올 때에 스스로 마련하였던 양식을 먹이면서 바다를 건너와서 을사년에 복명하였다.

대사가 사신으로 가서 '두 나라의 화호를 성립시켜 피로인으로 끌려간 우리 백성들을 데리고 온 일'을 그 공적의 첫째 손가락에 꼽고 있다. 이러한 평가는 그 이후로도 계속되어 민간에 찬사로 이어져 갔다. 그러나 엄격하게 말하면 여기 피로인에 관한 기록도 전부 사실로 믿기에는 문제가 있다. 실제로 그때 사명당이 데리고 온 피로인의 숫자가 3,500명이 맞는지, 또한 '돌아올 때 스스로 마련한 양식을 먹이면서 바다를 건너왔다' 하였는데 어떻게 그럴 수 있는지도 궁금한 일이다. 그리고 그들을 누가 어떻게 모집하여 어떤 방법으로 데리고 왔는가 하는 문제도 거의 알려져 있지 않으며, 그 숫자에 있어서도 기록에 따라 서로 달라 혼란을 일으키고 있기 때문이다.

사실 조선 조정에서는 사명당 일행이 처음 대마도로 떠난 이후 약 9개월 동안 일본 본주로 가서 강화회담을 마친 사실을 포함하여 돌아오기까지의 동정을 까맣게 모르고 있었다. 해를 넘기면서부터 더욱 궁금증이 심하여 사람을 보내어 정탐하려는 시도도 있었으나 이 일마저 이루어지지 않은 채 기다리다가 그들이 도착함으로써 비로소 조정에서 알게 된 것이다. 이러한 정황이었으니 일본에 있던 피로인 쇄환에 관한 조선 측의 기록을 찾아보기 어려운 형편이다.

대마도 측의 기록 가운데, 사명당이 처음 당도하여 도주 의지에게 '나라가 망한 것보다 더욱 안타까운 것은 조선의 남녀가 끌려와 부림을 당하고 있는 것이니 모두 돌려보내주기를 바란다'고 한 호소는 앞에서 원문을 인용하여 살펴본 바 있다. 사명당의 간절한 호소와 함께 대마도 측의 노력에 대하여 가강 역시 매우 호의적이었다. 그러한 호의적 태도는 다음 인용문(앞의 책, 「佐護式右衛門覺書」)에서 이같이 이어지고 있다.

…… 먼저 태수(太守, 종의지)의 시대에 신사(信使)인 송운대사와 부사(副使)인 녹사(錄事, 손문욱)가 파견되어 진실로 양국의 성의 있는 마음은 돈독하게 되어 지금까지 계속되고 있습니다. 그때 귀국(貴國, 사명당)은 먼저 태수 의지공(義智公)을 통해 말씀하시기를, "조선이 망국(亡國)이 된 것보다 더 안타깝게 생각하는 바는 조선의 남녀가 일본으로 끌려가 부림을 당하고 있으니, 진실로 원통하고 분합니다." …… 의지공이 (이러한 뜻을) 준부(駿府)에 상주하였던 바 (가강으로부터) 병량을 수령해오게 되었습니다. 이때 신사 일행에게 (조선의 남녀를) 딸려보내기 위하여 (대마는) 손을 돌려 여러 지역에 손을 써서 남녀를 끌어모아 진상하게 되었습니다.

이 내용을 다시 차례대로 정리해보면, 첫째 사명당이 사신으로 와서 '대마도는 일본과 교섭하여 피로인의 송환을 실현시켜달라고 요청'하였으며, 둘째 도주 종의지는 그 뜻을 준부에 상주하였으며, 셋째 덕천가강은 이를 듣고 옳게 여겨 종의지에게 그 경비에 쓰도록 병량을 내려주었으며, 넷째 대마는 일본 전국에 손을 돌려 피로인들을 모아, 사명당 일행에게 인도해주었다는 것이다.

사명당 일행이 1604년 가을 대마도에 도착하자 도주 의지는 유천조신을 가강에게 보내어 보고하였으며, 이에 가강이 조선사절을 인도해오라는 지시를 내림에 따라 함께 경도로 상경하였던 경위는 앞에서 살펴본 바와 같다. 그러나 피로인 송환에 따른 병량의 지급이나 대마에서 전국에 손을 돌려 그들을 모아 사절단의 귀국시에 인도해주었다는 등의 구체적 이야기는 여기서 처음 보이고 있는 것이다. 특히 사명당이 '나라가 망하는 것보다 무고한 백성들이 끌려가 노역당하는 것이 더 분하고 원통하니 반드시 송환시켜주기 바란다'는 말에서 그의 피로인 쇄환 의지가 얼마나 적극적이었던가를 알게 해준다. 당시 조선에서는 대마와 일본을 동일시하지 않았다. 따라서 대마가 중간에서 노력하여 일본이 피로인을 송환해 주도록 강력히 요청하면서 이를 위하여 사명당은 스스로 가강과 회담하고자 상경을 원하였던 것이다.

이와 같이 사명당은 적극적으로 피로인 송환을 요청함으로써 도주 종씨의 명에 따라 유천이 준부로 가서 가강으로부터 병량을 지급받게 된 것이었다. 이리하여 대마도에서는 전국적으로 손이 닿는 곳이면 피로인을 모으게 되었으며, 한편으로 도주 등 수뇌부들은 사명당 일행을 인도하여 가강과의 회담을 위하여 경도로 상경하게 된 것이다. 그리고 그들이 회담을 마치고 돌아올 때까지 대마에서는 피로인 모집을 계속하여 준비하였다가 사명당 일행이 귀국할 때 데리고 가도록 하였다. 이같이 피로인들이 가강이 내려준 병량에다 대마도 측이 노력하여 모집된 것이 사실이라면 「석장비문」에서 사명당 스스로 마련한 양식으로 그들을 먹이며 데리고 왔다는 말은 무엇을 이야기하는 것일까.

『어우야담』에 의하면 '사명당은 가강으로부터 선물로 받은 설면 2만 근을 굴지정에게 주었다'고 하였는데 아마 그 설면자를 팔아 돌아올 때 경비에 보태었을 것으로 보면 어떨까? 실제로 대마도 도주는 말할 것도 없고 현소에 이르기까지 가강으로부터 많은 선물을 받아왔으니, 응당 조선사신에게도 적지 않은 선물이 있었을 것은 짐작하기에 어렵지 않다. 그렇다면 사명당과 손문욱을 비롯하여 일행들에게 내려진 적지 않은 선물들을 모두 팔아 그들이 소지하였던 노자에 합쳐 피로인 송환에 따른 비용에 충당하였을 것은 충분히 가능한 일이다.

사명당 일행이 4월말경 대마도를 출발하여 부산에 도착한 것은 5월 초순이었다. 그리고 선조 앞에 나아가 복명한 것은 6월 초로서 실로 1년만의 일이었다. 사명당 일행이 부산 영도에 도착한 것은 5월 5일, 대마도에서 그들을 호송차 따라온 귤지정의 신고로 처음 알려지게 되었다. 이때 귤지정이 지참한 대마도주 등의 서계는 1년 전에 사명당이 가지고 간 예조의 서계에 대한 답신으로 온 것이다. 『선조실록』 5월 24일조에 실려 있는 서계는 일부 소개하였거니와 그 전문은 다음과 같다.

일본국 대마주 태수 평의지·평조신 등은 삼가 답을 올림
조선국 예조대인 합하

지난 해 가을에 절충장군 손문욱이 바다를 건너와서 강호(講好)를 허락해주시어 감격함을 이기지 못하오니 이는 누추한 저의 섬의 영광입니다. 그러나 저의 섬과 홀로 허화하더라도 역시 본국과 화호하지 않으면 후일에 우환이 있을까 합니다. 그래서 조신재(調信齋) 합하가 편지를 우부(右部)에 보냈더니 가강이 이를 보고, 조신에게 명하기를, '조선에서 말하는 것은 이치상 모두 당연하다. 속히 사신들을 인도해오면 내가 직접 만나 성심을 말할 것이다'라고 하였다 합니다. 이에 장군과 송운대사가 선사(先師) 보제대사(普濟大師)의 유촉(遺囑)을 받들고 왕경(王京)으로 인도해가서 우부의 말을 함께 듣고 돌아왔습니다. 장군과 대사가 돌아가는 시기가 조금 늦어지더라도 괴이하게 생각하지 마시기 바랍니다.

또한 귤지정을 길잡이로 하여 보내오니, 귀국에서는 속히 강화를 맺는 징험을 보여주신다면 두 나라의 큰 다행일 것은 물론 모든 백성들의 큰 행운이겠습니다. 나머지는 장군과 대사가 아뢸 것입니다. 황공하와

머리를 땅에 대고 삼가 드립니다.

　만력 33년 월 일 의지(義智), 조신(調信)

　그리고 별폭(別幅)에 이번에 화호를 허가해주셔서 저의 섬에서 조그
만 성의를 표하지 않을 수 없어 섬에 사로잡혀 있는 사람 1,390명을 조
정(調停)하여 보냅니다. 의지, 경직

　여기에는 그 동안 사절단의 간략한 활동상황과 함께 피로인 송환에 관
한 사실을 담고 있다. 작년에 가지고 간 예조의 서신에는 지금까지 대마
도에서 여러 차례 소규모로 피로인을 송환해준 노력에 대한 감사의 표시
가 들어 있었을 뿐 이번 사행의 주목적은 피로인 송환에 있지 않았다. 그
목적은 어디까지나 대마도에 대한 허화와 개시에 대한 통고, 그리고 일본
을 정탐하는 것이었다. 그런데 사명당이 예정에도 없던 가강과의 강화회
담을 자신의 재량으로 감행하고 그 결과로 피로인까지 쇄환해온 것은 가
히 예상밖의 성과가 아닐 수 없었다. 이러한 성과야말로 전 민족의 박수
갈채를 받아 마땅한 일이었다.
　그러나 조정의 공식 기록에서는 사명당의 이러한 강화활동과 그 성과
를 매우 인색하게 평가하였다. 실록에는 사명당이 도착한 일이나 상경하
여 복명한 사실조차도 언급이 없어 처음 파견할 때의 들뜬 분위기와는 큰
차이가 있었다.

피로인에 대한 고국의 핍박

사명당의 도일 강화활동의 가장 두드러진 외교적 성과는 「석장비문」에서 말한 바와 같이 '두 나라의 화호를 성취시켜 3,500명의 피로인들을 데리고 온 것'이었다. 이 일은 순전히 그의 개인적 신념과 노력의 결정이라 해도 과언은 아니다. 그런데 송환된 피로인의 숫자에 문제가 있다. 대마도주의 서계에 1,390명을 보낸다고 한 것과는 상당한 차이를 보여주고 있기 때문이다. 이 두 설은 여러 곳에서 반복되어 혼란을 일으키고 있으므로 이 문제를 좀더 구체적으로 살펴볼 필요가 있다.

우선 이에 관한 또 하나의 중요한 자료로서 조선국왕 앞으로 보낸 요동 진강 등 처 지방 유격장군 도지휘사 김모의 자문을 들 수가 있다.

본년 5월 18일 탐왜위관(探倭委官) 고빈(高斌)이 보고하기를 '조선 승인 송운이 왜추 귤지정 및 왜인 통사와 함께 포로 1,931명을 거느리고 크고 작은 배 48척에 태워왔다. 먼저 절영도(絶影島) 등에 도착하여 정박하여 안치하였다'고 합니다.

•「遼東鎭江等處地方遊擊將軍 都指揮使 金某 咨文」, 『사대문궤』 권45 (만력 33년 5월 24일)

여기서는 대마도로부터 피로인 1,931명을 크고 작은 배 48척에 나누어 싣고 부산 영도에 도착하였다고 하여 대마도주의 서계와 동일한 숫자를 말하고 있다. 유성룡도 '피로인 1천여 명을 4~50척의 배에 나누어 싣고 왔다'(『서애문집·별집』「송운」)고 하여 비슷한 주장을 하고 있다. 그런데 『선조수정실록』 38년 4월조에는 이와 다른 주장을 하고 있다.

유정이 일본에서 돌아왔다. 우리나라 남자와 부인 3천여 명을 송환했다. 유정은 승인으로 갑진년 봄에 왜인 귤지정이 와서 통신하기를 원했으므로 조정에서는 유정에게 명하여 적정을 살피고 오도록 하였는데, 이때에 돌아온 것이다.

이처럼 사명당이 남녀 3천여 명을 데리고 왔다고 하여, 「석장비문」과는 500명의 차이가 있기는 하지만 비슷한 주장을 하고 있다. 그러면 어째서 이와 같이 1,930명 설과 3천 명 이상 설이라고 하는 두 가지로 기록에 차이가 있는 것일까? 이 두 가지 설 가운데 대마도주의 서계가 「석장비문」이나 『선조수정실록』에 비하여 작성된 시기가 앞설 뿐 아니라 또한 직접적인 내용을 담고 있어 신빙성이 좀더 높다고 하겠다. 다만 1,930명과 1,931명에서 한 사람의 차이는 송환인 가운데 문제의 인물인 박수영(朴壽永)을 포함시키느냐 아니냐의 문제일 뿐이며, 더구나 그들을 48척의 크고 작은 선박에 태워왔다고 하는 상세한 기록은 신빙성에 의심할 여지가 전혀 없는 것이다.

그렇다고 하여 3천여 명 이상 설을 쉽게 부정하기도 어렵다. 사명당은 귀국 후에도 조정에서 일본과 교섭할 일이 있으면 대마도와 막부 측 지인들과의 연락을 취하여 피로인을 지속적으로 송환해오는 일을 도우려 하였다. 그의 재일 강화활동 중 하나의 결실로서 귀국 후 2년째가 되는 1607년 1월, 제1회 회답겸쇄환사 여우길 일행이 파견되었을 때도 그랬다. 즉 대마와 경도에 있는 오산의 장로승 여러 사람 앞으로 편지를 보내어 피로인 송환을 각별히 당부하였다.

앞에서도 언급한 바와 같이 사명당이 사신으로 가서 경도에서 활동할 때 막부의 실권자 가강은 물론이고 이른바 흑의의 재상 서소승태에 대해서도 언사를 조심할 뿐 아니라 때로는 찬사까지 아끼지 않았다. 오산의 장로승들과 교류할 때도 구차할 정도로 '선사의 유촉'을 내세워 오로지 '생령(피로인)의 구제'를 반복 주장하면서 심지어는 '귀무덤'을 찾아 기도라도 올릴 법한 종교인으로서의 일조차 삼갔다. 이렇게 조심스러우면서도 때로는 과감한 언행으로 일을 처리해나간 돌파력에 대하여 신유한은 『분충서난록』에서 이들 편지를 소개한 뒤 다음과 같은 촌평을 덧붙이고 있다.

필경에는 이웃과 화호를 성립시켜 백성의 생명을 건졌으며, 그가 돌아와 조정에 보고한 뒤에 비로소 통신사를 보내게 되어 옛날처럼 친목을 다짐하니 당시에 송운을 보낸 한 가지 일은 진실로 상책을 얻었다고 할 수 있다.

그러나 죽음을 무릅쓰고 전쟁한 끝에 배를 타고 바다를 건너가 교룡(蛟龍)이나 독사 같은 왜인들과 더불어 목을 쓰다듬고 즐겁게 이야기하였으니, 담이 크고 마음이 트인 사람이 아니면 어찌 능히 이 일을 감당하겠는가! 생각만 해도 서늘하다.

이처럼 그가 이룬 외교적 성과는 실로 '담이 크고 마음이 트인' 위인이기 때문에 가능한 것이었다고 칭송하고 있다. 1607년에 출발한 회답겸쇄환사 여우길 일행은 그해 7월 귀국할 때 역시 대마도로부터 피로인 1,418명을 데리고 왔다. 이것 역시 사명당의 노력 덕분으로 자신이 데리고 온 1,391명과 합하면 2,809명이 된다. 미곡균(米谷均)의 연구에 의하면, 이 두 차례 사행을 전후하여 대마도로부터 여러 차례에 걸쳐 적지않은 피로인들이 송환되어 3,500명을 상회하는 수를 이루게 되었다(『사명당 유정』, pp. 331~4). 이들의 쇄환을 반드시 사명당의 노력과 결부시키기는 어렵더라도 더러는 관계가 없지도 않을 것이므로 3천 명 이상설이 허황되다고 하기는 어려울 것이다.

이렇게 애써 되돌아온 백성들을 인계받은 관변 측에서는 그들을 어떻게 처우하였는가? 이에 대하여 조경남(趙慶男)은 다음과 같이 실망스런 이야기를 전해주고 있다.

유정은 데리고 온 3천 명의 포로를 (통제사) 이경준(李慶濬)에게 부탁하여 편리한 대로 나누어 보내도록 했다. 경준은 이들을 다시 여러 선장들에게 분부하여 그들이 원하는 대로 들어주게 하였다. 그러나 선장들은 그들 남녀에게서 이익됨을 얻고자 하여 앞을 다투어 매어놓고 심지어 약탈까지 했다. 혹은 그들의 가계를 물어 능히 대답하지 못하면—어릴 때 포로가 된 자는 다만 조선인이란 것만 알지 계보와 부모 이름을 알지 못했다—서로가 자기 노비라고 하며, 그 가운데 미녀가 있으면 그 남편을 묶어 바다에 던지고 계집은 자기 것으로 만드는 자도 있었다.

이렇게 하는 일이 한둘이 아니고 보니 원망하는 소리가 널리 전파되어 하늘은 높지만 듣는 것은 낮은 것이라, 곧 경준이 파직되고 식성군

부산 성지곡공원에는 사명당의 동상과 충의비가 넓은 공간을 차지하고 있다.
전쟁 후의 축성이나 피로인들을 데려온 일 등 이곳과 인연이 깊기 때문이다.

이운룡(息城君 李雲龍)이 대신 통제사가 되었다. 이에 각 도의 수사(水使)에게 명을 내려 변장 가운데서 포로에게 못된 짓을 한 자들을 적발하여 보고하도록 했다. 그러나 수사들은 이것을 보통 공문으로 취급하여 끝내 적발하여 보고하지 않았다.

　•『난중잡록』 권4, 을사 4월조

이와 같이 천신만고로 살아서 돌아온 피로인들은 본국에 돌아와서도 다시 고통을 당해야 했다. 신유한은 『난중잡록』의 이 이야기를 후일 『분충서난록』을 편집할 때 재록하고 있다.

사명당이 일본으로 떠날 때 어느 선비가 '조정에 삼정승 있다고 하지 말라, 나라의 안위는 한 승려에게 달려 있노라'고 하였지만, 정작 그가 가서 본 일본은 조선에서 걱정하던 그러한 '호랑이 소굴'만은 아니었다. 그는 겨울이 지나고 꽃 피는 봄철을 맞아 오산의 장로승들과 어울려 선지를 논하고 한가하게 시를 주고받을 수 있었을 뿐 아니라 새 집권자 덕천 가강의 초청으로 복견성 회담에서 화호의 기초를 다지고 피로인 송환을 약속받고 돌아올 수 있었다.

그런데 그가 돌아올 때 대마도의 주선으로 저들에게 붙잡혀간 많은 동포들을 48척의 크고 작은 배에 나누어 태워왔으나 그들 가운데 일부는 일본에 있을 때보다 더욱 혹독한 고통을 치러야 했다. 이러한 이야기는 모두 사실인지는 알 수 없지만 적어도 그러한 사실의 일부는 『선조실록』 38년(1605) 6월 7일조에서도 확인된다.

전일 포로로 잡혀갔다가 돌아온 이들 중에는 간혹 관천과 사천이 있는데, 관가나 주인된 자들이 억압하고 부리면서 조금도 관용을 베풀지 않았다고 합니다. 이런 경우가 단지 이번에 유정이 쇄환해온 사람들을 마구 차지하면서 매질하는 데 그칠 뿐이겠습니까.

이러한 일에 연루되어 파직당하는 일도 실제로 있었다. 『선조실록』 38년, 7월 23일조에도

경상감사 이시언(李時彦)이 직무에 충실하지 못한 점은 한둘이 아닙니다. …… 지난번에는 송환해온 남녀를 모두 각 군영의 군관과 토호들에게 빼앗기고, 심지어 남편을 죽이고 아내를 겁탈한 경우까지 있게 함으로써 당초 비변사의 첨정공사(簽丁公事)를 마침내 헛일로 만들었는데, 재삼 행문(行文)하여도 거행하지 않았습니다. …… 파직을 명하

소서. …… 윤허한다.

이와 같이 실제로 피로인 처리를 잘못했다는 이유로 경상감사 이시언이 파직되는 경우가 있었음을 보여주고 있다.

사명당은 일본에 도착하자 무고히 끌려갔던 동포가 한순간에 노예 신분으로 전락하여 이국에서 부림을 당하는 꼴을 보고 '나라가 망하는 것보다 더한 아픔을 느끼며' 그들의 생환에 사명을 걸지 않았던가. 그러나 이러한 노력으로 고국 땅을 밟은 사람들이 사지에서도 떨어지지 않았던 남편이 수장당하는 꼴을 부인이 보아야 했던 참혹한 사실이 고국 땅에 돌아와 벌어지고 있었던 것이다. 군리(軍吏)들의 잘못된 처사로 인하여 원성이 사방에 들리자 조정에서는 그 책임자를 파직시키고 횡포를 부리는 자들을 적발하도록 하였으나 일이 제대로 될 리가 없었다.

한편 일본에서 돌아올 기회를 놓친 대부분의 피로인들은 날이 갈수록 현지 생활에서 생기게 된 인연들로 돌아갈 꿈마저 잃어가고 있었다. 1617년 통신사 종사관으로 일본에 다녀온 이경직(李景稷)의 『부상록』(扶桑錄)에는 '귀환을 원하는 자는 조금 식견이 있는 사족(士族)이던가 또는 여기서 고생하는 자들이었고, 그 나머지 처자가 생기고 재산이 있어서 생활이 안정된 사람은 돌아갈 생각이 없게 되었다'고 하였다. 이처럼 그들은 결국에는 이국인이 되고 말았다.

사명당은 일본으로 가서 수많은 피로인을 쇄환해왔으나 본국의 군인과 관료들은 오히려 그들을 괴롭히는 일들이 벌어졌으니 대사에 대한 일반의 여망이 오히려 더하였을 것은 자명한 일이다.

설화 속의 '영웅' 사명당

"왜왕과 그의 신료들은 사명을 시험하였다.
그러나 사명은 달군 무쇠 방에서 견디고,
연못에서 구리방석을 타고 다녔으며,
비를 내리게 하여 왜국을 물바다로 만드는 등의
이적을 보였다."

『임진록』의 왜왕항복 설화

임진왜란 7년이 휩쓸고 간 조선사회에는 실제 있었던 비극적이고 처절한 이야기들도 많았지만 이러한 가운데는 개인적 무용담이나 혹은 충의와 효자나 열녀에 관한 미담 가화들도 적지 않았다. 이같이 실제로 있었던 이야기들은 세월이 흐르면서 글재주 있고 구변이 좋은 사람들에 의하여 좀더 아름답고 혹은 흥미 있게 설화로 꾸며져서 민간으로 퍼져 나가게 되었다. 이렇게 형성된 설화들은 시간이 지나면서 더 큰 폭으로 다양하게 변형되면서 여러 종류의 『임진록』으로 나와 일반의 사랑을 받기도 하였다.

『임진록』 가운데 한 개인에 관한 것으로는 아마도 사명당 이야기가 타의 추종을 불허할 만큼 많은 분량을 차지할 뿐 아니라 내용상으로도 특색이 있다. 그 이유로는 주인공 사명당이 도력이 높은 고승으로서 전쟁과 외교에 나가 많은 공을 세웠다는 점에서나 그리고 전후에는 누구나 꺼려하는 '왜적의 소굴'로 들어가 화호를 이룩하여 많은 피로인들을 데리고 '개선'하였다는 점에서 우선 관심의 대상이 될 수 있었다. 더구나 그가 일본으로 들어간 이후의 소식이 두절되었을 뿐 아니라 귀국 후에도 일본에서의 활동에 관한 구체적 내용이 거의 알려지지 않은 것이 일반인의 궁금증을 더욱 자극하였다. 이러한 여러 가지 요인들이 사명당의 재일 활동을 설화로 만드는 데 좋은 조건을 제공해준 것이었다.

이제 『임진록』 가운데 사명당에 관한 여러 종류의 설화를 살펴보기로 한다. 그것은 사명당이 사신으로 일본에 갔을 때 왜왕(倭王)과 그 신료들이 사명당에게 여러 가지 도술(道術) 시험을 하는 장면과 이에 대하여 대사가 하나하나 난관들을 통과하고 급기야는 그들로부터 항복을 받아내는 이야기로 전개된다. 먼저 그 대표적이고 개괄적인 설화 한 편을 적고 그 내용을 살펴보자.

서산대사가 선조를 만나 사명을 천거하였고, 이에 선조는 사명에게 왜왕의 항복을 받아오게 하였다. 먼저 동래에 도착한 사명은 자신을 승려라고 업신여긴 동래부사를 참수하고 일본으로 향했다. 사해용왕(四海龍王)이 저은 배로 순식간에 일본에 당도한 사명은 생불이 왔다고 왜왕에 알렸다.

왜왕과 그의 신료들은 사명을 시험하였다. 그러나 사명은 1만 8천 칸의 글을 모두 외우고, 달군 무쇠 방에서 견디고, 연못에서 구리방석을 타고 다녔으며, 오색방석에 앉지 않고 백목방석에 앉아 생불임을 나타냈고, 달군 무쇠 말을 타게 하자 사해용왕을 불러 비를 내리게 하여 왜국을 물바다로 만드는 등의 이적을 보였다.

이에 비를 그치게 해달라고 애걸하는 왜왕과 신료들에게 사명은 부자지국(父子之國)의 항복문서와 인피조공(人皮朝貢)의 약속을 받아내고 비를 그치게 하였다. 사명에게 완전히 절복(折伏)된 왜왕은 사명이 돌아올 때 백 리까지 나와 전송하였다.

귀국길에 동래에 당도하였는데 동래부사가 나오지 않자 사명은 왕명을 수행한 자신을 업신여긴다 하여 그를 참수하였다. 선조는 사명이 왜왕의 항복을 받아냈다는 소식을 듣고, 서산을 병조판서와 호위대장에, 사명을 어영대장과 도원수에 임명하였다.

왜왕이 인피 300장씩 10년을 보내고는, 300명씩 동래에서 번(番)을 서고 철근 · 구리 · 주석 등을 조공으로 바치는 것으로 대신해달라고 간곡히 요청하자, 이를 들어주었다.

위의 설화 줄거리 중 사명당이 서산대사의 추천으로 왜왕의 항복을 받아올 인물로 뽑혀 일본으로 가서, 왜왕과 그 신하들로부터 여러 가지 방법으로 혹독한 시험을 당하는 과정, 그러나 사명당은 이 관문들을 모두 이겨냈을 뿐 아니라 오히려 그들로 하여금 항복문서와 함께 인피의 조공을 약속 받아낸다는 것, 그리고 10년간 계속하던 인피조공은 너무나 가혹하다 하여 부득이 철물 등으로 대체시켜주었다는 것들은 서로 연관성 있는 내용들이다.

이러한 이야기 줄거리의 앞뒤에 사명당이 부산을 거쳐 일본으로 오고 가는데 관할 동래부사가 그를 승려라고 무시하여 영송하지 않아 참수하였다는 이른바 '선참후계'(先斬後啓)설을 덧붙여 놓고 있다. 그러나 이 선참후계설과 도원수 임명 등에 대해서는 다음 절로 미루고 여기서는 사명당이 일본 사신으로 뽑혀 가서 왜왕을 항복시키고 인피조공을 했다는 설화의 가장 핵심 되는 부분에 대하여 먼저 살펴보기로 한다. 위에 인용한 『임진록』에서는 왜왕이 사명당을 시험한 여러 가지 이야기들의 제목을 나열하는 정도로 간단히 적고 지나가고 있지만, 이본(異本) 『임진록』들에서는 이 이야기 하나하나가 독립된 내용으로 전개되고 있다. 이제 이들을 하나하나씩 그 이야기의 줄거리만이라도 살펴봄으로써 전후 맥락을 연결시켜보기로 한다.

① 1만 8천 칸의 글을 외웠다는 이야기: 경도로 들어가는 길목에 세워둔 장문의 글을 다 외우게 하였다는 이야기는 이본에 따라 열 폭 병풍에 적힌 글을 외우게 하였다는 내용으로 바꾸어놓기도 한다. 목적지에 도착하자 사명당은 여덟 폭에 적힌 시문만을 외우자 왜인들은 이상히 여겨 가보니 마지막 두 폭은 바람에 접혀 있더라는 것이다.

② 달군 무쇠 방에 서리가 내리게 한 이야기: 다시 왜인들이 무쇠로 된 방에 사명당을 들어가게 해놓고 불을 지펴 벌겋게 달군 뒤에 문을 열어보았다. 그랬더니 방바닥에는 얼음 빙(氷)자를 쓰고, 이마에는 서리 상(霜)자를 써붙이고 있는데 방안은 온통 얼음투성이였다. 그러고는 추우니 불을 더 때라고 호통을 쳐서 오히려 혼비백산하였다는 것이다.

③ 연못에서 구리방석을 탄 이야기: 다음에는 구리방석을 만들어 연못가에 두고 대사로 하여금 이를 물 위에 띄우고 타라는 것이었다. 그는 주문을 외워 구리방석을 물 위에 띄워 타고 다니며 '호사가 좋다'고 즐김으로써 과연 그가 생불이라는 징험을 보여주었다.

④ 비를 내리게 하여 달군 무쇠 말을 식힌 이야기: 그들은 마지막으로 철마를 불에 달구어놓고 이를 타고 불구덩이 속으로 들어가라는 것이었다. 이에 대사는 동해용왕을 불러 비를 내리게 하자 갑자기 마른하늘에서 천둥번개가 치며 소나기가 쏟아져 철마를 식히고 불을 꺼버렸다는 것이다.

⑤ 왜국이 수침을 당하여 항복하였다는 이야기: 문제는 여기서 끝난 것이 아니라 그렇게 하여 내리는 비는 계속되어 나라를 물바다로 만들 지경이 되었다. 이에 왜왕은 제발 비를 그치게 해달라고 애걸하여 대사는 그들에게 조선을 부모국으로 받들겠다는 항복문서를 쓰게 함과 동시에 인피의 조공을 약속받고 비를 그치게 해주었다는 것이다.

558

⑥ 왜왕이 인피조공으로 고통당한 이야기: 사명당의 귀국 후 약속에 따라 왜왕은 인피의 조공을 계속하였다. 이본에 따라서는 단순히 인피의 조공이 아니라 1년에 무공피(無孔皮, 구멍이 없는 인피) 300장을 조공하게 하였다고 한다. 그러나 무공피는 도저히 구할 수 없으므로 왜왕은 10년 동안 보통 인피의 조공을 계속하였다. 그뒤 왜왕은 애걸복걸 공물(貢物)을 인피 대신에 철근 등으로 바꾸어달라고 하여 이를 들어주었다는 이야기다.

일본은 임진년의 침략으로 나라를 초토화시키고 가족을 이산시키는 원흉이었음에도 조선은 스스로 복수할 힘이 없었다. 전후에도 왜적의 재침을 염려해야 하는 상황에서 조정에서는 위인 사명당을 적의 소굴로 들여보내 적정을 살피게 했다. 위 설화의 작자들은 사명당을 생불로 혹은 신인(神人)으로 내세워 왜왕을 항복시켜 민족이 당한 억울한 과거를 심리적으로라도 보상받으려 한 것이다. 전혀 이치에 닿지 않는 설화로서나마 시원하게 복수하고, 민족적 승리의 쾌감을 맛보려 한 것이다. 처음에는 왜인을 혼내주고 혹은 왜왕을 항복시킨다는 단순한 이야기로부터 출발하여, 시간이 흐르고 구전하는 사람이 바뀜에 따라 내용의 변이가 심하고 그 의미에 있어서도 많은 차이를 보이게 되었던 것이다.

이와 같이 사명당의 왜왕 항복에 관한 설화들이 근거 없고 허무맹랑한 것은 사실이지만 그 이야기의 시원으로 거슬러 올라가보면 어떤 역사적 진실성과 맥락을 통하게 된다는 사실을 살필 수 있다. 마른하늘에 날벼락 맞듯 느닷없는 일본의 침략으로 7년전쟁이라는 혹독한 고난을 당한 조선인으로서 저 무도막심한 일본에 대하여 원수를 갚는 일은 전 민족의 염원이었다. 그러나 그것은 현실적으로 불가능한 일이었으며, 다만 상상이나 소설로서만 가능한 일이었다. 『임진록』의 이러한 이야기들은 이러한 민족적 염원에서 꾸며진 가공적 설화였다. 왜왕과 그 신료들을 욕보이고 항복시킬 인물로는 조선 사람들 가운데 사명당을 도인으로 각색하여 신출귀몰한 도술 이야기로 꾸미는 것이 가장 적합하였다. 실제로 모든 일본인들 심지어 집권자 덕천가강까지 경복하고 사명당을 부처처럼 섬겼다는 것, 그리고 조선의 모든 위정자들이 두려워하던 일본 사행의 길을 스스럼없이 맡아 화호를 이루고 피로인들을 쇄환해왔다는 것만으로도 그를 영웅적 주인공으로 설정하기에 충분하였다.

이러한 범상치 않은 행적들은 그 자체만으로도 다양하게 변모할 소지를 갖고 있다. 게다가 장소가 일본이기 때문에 이야기를 더욱 다양하고 극적으로 꾸밀 수 있었다. 실제로 사명당의 일본에서의 활동은 조선에는 거의 알려지지 않은 백지상태였으므로 작가들은 그 자리에 얼마든지 상상의 나래를 펼칠 수 있었다.

그러나 사명당이 세상을 떠난 지 오래지 않아서는 설화적 변이가 극히 단순해졌다. 예컨대, 홍만종(洪萬宗)의 『순오지』(旬五志)는 사명당이 일본에 갔다온 지 73년 뒤에 만들어진 민간속담 등을 모은 책이다. 여기서는 사명당에 관한 설화가 단초적인 모습으로 나타나고 있다. 즉, 유정이 일본에 가자 왜인들이 그의 명성을 듣고 있던 터라 그를 시험해보려고 먼저 커다란 숯불화로를 만들어 들어가라고 위협하였다. 이에 유정이 태연하게 불가에서 뛰어들 것처럼 하니 갑자기 하늘에서 비가 쏟아져 불이 꺼지자 왜인들은 마침내 "대사는 생불입니다" 하고 금가마로 모시게 되었다는 이야기다. 그가 일본에서 가마를 타고 다녔다는 이야기는 사명당과 같은 시대 사람인 조경남이 쓴 『난중잡록』에 나오는 이야기이기도 하다. 일본을 정탐할 목적으로 산천을 구경하고 싶다고 하였더니, 왜인들이 가마를 태워 모시고 다녔다는 일상적 이야기를 그렇게 과장한 것이다.

다음으로 오대산 승려 취혜(就惠)의 문고(文庫)에 이르러서는 먼저 나온 『순오지』보다 내용이 훨씬 극적이고 다양한 형태로 전개된다. 여기에는 '길목에 설치한 병풍의 글을 지나가며 외우도록 한 것'과 또한 '독사 구덩이 위에 올라앉도록 한 것'과 같은 시험을 거쳐 마지막으로 '불에 달군 철마 위에 타라'고 하자 사명당은 주문을 외워 비를 내리게 하였다는 등의 여러 관문을 통과하였다는 것이다. 그리하여 그는 생불로 추앙받아 전국에 금련(金蓮)을 타고 유람하고 피로인 3천 명을 데리고 개선하였다는 내용으로 발전하였다.

사명당이 왜왕을 승복시킨 이야기는 이러한 단계적 추이를 거쳐 형성된 것으로 신유한이 『분충서난록』을 편찬할 때 수록하였다. 다시 말하면 『순오지』에서 비를 내리게 하여 화로의 숯불을 껐다는 단순한 이야기에서 시작하여 「취혜문고」에서는 더욱 다양한 시험을 통과함으로써 왜인들의 기를 꺾었다는 설화적인 흥미를 더하게 되었다. 그러나 그렇게 내린 비로 나라가 수침될 위기에 처하자 왜왕이 항복서를 쓰고, 인피조공을 약속 받고 귀국하였다는 이야기는 다시 그뒤에 만들어진 것이다. 여기서는 사명당이 3천 명의 피로인을 데리고 왔다는 것보다 무공인피 300장의 조공을 약속 받고 왔다는 표현이 더욱 효과적이기에 그렇게 꾸민 것이다.

동래부사를 참수했다는 이야기

『임진록』에 나오는 사명당의 도술 이야기는 주로 일본을 무대로 하여 우리 민족이 임진왜란으로 당한 분풀이로 꾸며진 설화다. 그러나 귀국한 뒤 그에게 일어나지 않았음에도 실제로 있었던 일처럼 꾸며 전하는 설화에 준하는, 말하자면 설화류의 이야기들도 적지 않다. 그 까닭은 주인공이 사회적 격식을 벗어난 '도인'(道人)으로서의 삶을 살았기 때문에 허다한 이야기를 만들어낼 수 있었기 때문이다.

실제로 사명당이 임진난을 만나 의승장으로서 또는 외교관으로서 보여준 탁월한 모습은 아무나 할 수 있는 일이 아니었다. 전투행위는 접어두더라도 그가 일본인을 만나 처결한 행적들은 가히 초인적 기지와 담력을 가지지 않고서는 실행하기 어려운 일이었다. 금강산에서 처음 왜군을 만나 두 차례나 설득하여 백성에게 위해를 가하지 못하게 한 일이나 그뒤 가등청정을 만나 회담할 때 '그대의 머리가 우리의 보배다'라고 한 담력, 그리고 아무도 원하지 않던 일본행을 자원해 가서 3천여 명의 피로인을 쇄환한 것이 모두 그렇다.

사명당과 같은 시대를 산 유몽인이나 조경남 같은 지식인들의 난중 기록들조차 그러한 혐의를 벗어나고 있지 못하다. 더구나 후기로 오면서 사명당의 생애에 관한 글들은 거의 대부분 설화류의 내용과 뒤섞여 그 진실을 밝히기 어렵게 되어 있다. 대흥사에 소장된 『청허당대선사보장록』(淸虛堂大禪師寶藏錄)과 『임진왜란록』 등이 그 대표적 경우에 속한다. 이들 기록에서는 특히 서산대사의 역할을 강조하여 선조에게 사명당을 천거하였을 뿐 아니라 일본에서도 그의 지시에 따라 활동했다는 사실을 부각시키고 있다. 그러나 사명당의 일본행은 서산대사 서거 이후의 일이며, 사명당 자신이 항시 선사를 내세워 스스로 제2인자로 활동한 겸손함에 그 공을 돌려야 할 일이다.

그리고 사명당이 일본에서 귀국하여 '3일 동안 영의정을 살았다'든지 혹은 귀국할 때 '동래부사가 마중하지 않아 참수하였다'는 이야기 등도 모두 이 설화류에 속한다. 사명당의 3일 영의정 설은 뒤에서 그 허구성을 검토하겠거니와 동래부사에 대한 참수설은 여기서 검토하기로 한다.

유몽인은 「사명대사사적」에서 사명당이 금강산에서 왜적들을 맞아 의연한 자세로 그들을 설득하여 결박당해 있던 승려들을 석방시켰다는 등의 일을 사실적으로 전해주고 있으면서 그의 『감난록』(勘亂錄)에서는 사실이 아닌 동래부사 참수설을 전하고 있다.

먼저 『임진록』의 설화 가운데 왜왕의 항복을 받아오기 위하여 사명당이 부산을 출발하였다가 귀국하여 동래부사를 참수하고, 복명 후 군사 최고 책임자로 승진하였다는 이야기부터 살펴보자. 부산을 관할하는 동래부사가 그를 승려라고 무시하여 영송(迎送)하지 않아 참수하였다는 당당한 모습이나 또한 돌아와 복명하자 선조는 그를 추천한 서산대사와 함께 군사 최고위직에 임명하였다는 이야기는 일본이 아닌 국내에서의 일로 앞에서 본 설화적 허구성과는 달리 상당히 합리성을 가진다는 특징을 지니고 있다.

이들 두 이야기 가운데 동래부사의 참수에 관한 것은 사명당과 같은 시대를 산 유몽인이 지은 『감난록』에 실려 있어 일반의 관심을 끌게 되었다. 뿐만 아니라 사명당이 선조 앞으로 올렸다는 그 이야기의 핵심이 되는 상계문(上啓文)은 후에 이능화 편, 『조선불교통사』(1917)에까지 귀중 사료로 전재되기까지 하였다. 그 원 제목은 「송운이 먼저 동래부사를 참수하고 뒤에 상계한 초문」(松雲先斬東萊府使後啓草)으로 아래에 이를 인용하고 그 내용을 살펴보기로 한다.

때는 만력 34년 4월 15일 신시(申時) 말이요, 유시(酉時) 첫 점이었습니다. 정헌자헌대부 수병조판서 겸 지팔도승 의병도총섭 행강화접반사 신 유정(正憲資憲大夫 守兵曹判書 兼 知八道僧 義兵都摠攝 行講和接伴使 臣 惟政)은 두 번 절하고 용만(龍湾)의 행재소에 글을 올려 사뢰나이다.

소신은 노둔하고 미천한 몸으로 나라의 은혜를 입어 외람되게 무거운 책임을 맡아 밤낮으로 근심하고 마음이 무거워 어찌할 바를 몰랐사온데, 지난 3월 20일에 분부하신 책임을 거행할 때 내리신 교유(敎諭)에서 '이것은 실로 군사를 거느리고 국경을 넘어가는 일이니, 살리고 죽이는 권리를 오로지 너에게 맡기는 것이다'라고 하시니, 만분 황송하여 국경을 넘게 되었습니다.

동래부사 송상윤(宋象允)은 진수와 방어, 군사 훈련과 병기수선의 일은 돌보지 않고 하루 네 번이나 관일루(觀日樓)에서 풍악놀이로 지내고 있었습니다. 이달 12일은 영양대군의 휘일로서 선왕대로부터 숙연하게 풍악을 금지해왔는데도, 신이 올 때에 문 밖에 진을 치지 않았을 뿐 아니라 신이 온다는 말을 듣고는 전 왕조(前王朝)가 망한 이야기로 조롱하면서 비유하고, 본부의 군관을 대신 시켜 맞이하오니 무슨 법으로 이같이 한 것이겠습니까? 만 리 길을 가는데 병으로 전송하지 못한다 하고, 만 리 길을 오는데 병 때문에 맞이하지 못한다 하니, 어찌 그 병이 만 리보다 더 긴 것이겠습니까?

맞고 보내는 예가 어긋날 뿐 아니라 교유를 지키는 도리를 또 어겼습니다. 사람의 목숨을 해치는 일은 신으로서 실로 가엾이 여기는 바이오나 교유에 의하지 않고 먼저 죽이고 뒤에 아뢰오니, 황송함을 이기지 못하면서 벌을 기다리고 기다리나이다.

이 이야기 줄거리는 사명당이 일본에 건너가서 왜국 군신들의 기를 꺾은 후 피로인으로 잡혀갔던 동포 3천 명을 데리고 귀국하는 등 여러 가지 공을 세우고 귀국하였으나 동래부사 송상윤이 병을 칭탁하며, 갈 때 환송도 하지 않더니 올 때 환영도 나오지 않아 그 연유를 알아보니 고려가 망한 것이 불교 때문이라는 핑계로 승려를 능멸한 때문이었다. 더구나 그날은 영양대군의 기일임에도 기생들을 거느리고 주연에 빠져 있었다는 것이다. 이리하여 떠날 때 임금으로부터 부여받은 생살권을 발동하여 송부사를 '먼저 베고 다음에 아뢰었다'는 이른바 선참후계의 내용이다. 이능화는 이 상계문을 게재한 뒤 평어(評語)를 붙여 동래부사의 졸렬한 행위와 교만한 심보를 나무라면서 상대적으로 사명당의 외교적 위업을 크게 드러내고 있다.

그러나 아주 그럴 듯하게 짜여진 이 이야기는 조금 세밀하게 보면 여러 가지 허점이 드러난다. 우선 상계한 연월일에 문제가 있다. 상계문에 적힌 만력 34년은 선조 39년 병오로서 서기 1606년이 되므로 실제 사명당이 귀국한 선조 38년 을사(1605)보다 1년이 늦다. 도착하여 상계한 날짜

임진왜란의 초기에 대마도주 종의지의 군대가 동래부성을 공격하자
부사 송상현이 일본군과 결사항전하다 순절하였다. 그림은 '동래부순절도'.

도 4월 15일이라 하였으나 실제 부산 영도에 도착한 날짜는 5월 5일이었
으며, 상경하여 선조께 복명한 날은 6월 초였음은 앞에서 보아온 바와 같
다. 그 다음 문제는 선조에게 상계한 장소의 문제다. 상계문에는 '신 유

정은 두 번 절하고 용만의 행재소에 글을 올려 사뢰나이다'(再拜啓聞于龍灣行在所)라고 되어 있다. 그러나 선조가 중신들을 대동하고 피란 가서 용만 행재소에 머문 것은 임진왜란 초기의 일이다. 따라서 만력 34년 즉 1606년은 조정이 서울로 환궁함으로써 행재소가 없어진 지 13년이 지난 뒤의 일이다. 이밖에도 임진왜란이 일어날 때 동래부사 송상현(宋相賢)은 왜적을 맞아 싸우다 장렬한 최후를 맞았다. 전쟁 후 사명당이 도일할 때 송상윤이 동래부사로 있었다는 사실이 밝혀지지 않은 것도 이 이야기가 허구임을 입증하는 것이다.

이 선참후계설의 첫 채록자 유몽인이나 문헌학에 밝은 이능화 같은 학자가 조금만 눈여겨보았으면 알게 되었을 테지만 호사가들이 만든 떠돌아다니던 자료를 검토 없이 수록한 것이다. 그러나 이러한 허물을 그들에게만 돌릴 일이 아니다. 왜냐하면 일본인을 상대로 펼친 사명당의 기발한 언행과 담력은 타의 상상을 초월할 뿐만 아니라 그 이루어놓은 공업이 역시 다대하였으므로 이러한 정도의 돌출한 행위쯤이야 얼마든지 있을 수 있는 일로 받아들였기 때문이다.

그밖에 사명당을 둘러싼 설화들

사명당에 대한 불교계의 관심과 지지는 일반 사회와는 또 다른 것이었다. 전후 불교계에서는 대사가 빨리 산사로 돌아오기를 고대하였다. 그러나 조정의 부름에 응하여 변방의 수비와 축성 그리고 심지어 일본 사신으로 바다를 건너가자 이제까지의 일부 비판의 목소리도 오히려 그에 대한 긍지와 찬사로 이어지게 되었다. 이에 따라 불교계에서는 사찰건축이나 사리봉안 또는 불교예술 작품에 사명당의 이름을 내세우는 경우가 많았다. 이러한 과정에서 사실에 부합하지 않은 설명이나 과장 표현된 작품들도 등장하게 되었던 것은 오히려 자연스러운 일이라 할 것이다.

이러한 문제와 관련된 건봉사 사리 봉안 문제를 비롯하여 법주사 팔상전 중수 문제와 일본사행도 등을 차례로 살펴보고 지나가기로 한다.

건봉사 사리 봉안 문제

통도사는 신라의 자장율사가 당나라에 가서 청량산 문수보살 앞에 기도하여, 붓다의 가사와 사리를 받아 가지고 돌아와 절을 짓고 금강계단을 만들어 봉안한 불보사찰로 알려져 있다. 더구나 이 절이 교통이 좋고 부산에 가까이 위치하여 임진왜란이 일어나자 절은 불타고 왜병들은 사리 탑을 헐어 사리도 탈취해갔다.

그런데 일부 사찰에서는 전쟁 후 불사리를 구하게 되자 이를 사명당의 일본 사행시에 통도사 사리를 되찾아왔다는 이야기와 연결시켜 설명하는 경우도 있게 되었다. 사명당이 의승병을 일으켰던 건봉사에서도 영조 2년(1726)에 월봉선사가 비문을 찬술하여 건립한 「석가여래치상입탑비」 (釋迦如來齒相立塔碑)에도 그러한 과장된 표현이 있다는 사실이 학계에 밝혀진 바 있다. 다시 말하면 임진왜란 때 잃어버린 통도사의 사리 일부가 이 절에 봉안된 경위를 설명한 뒤 다음과 같이 적고 있다. 즉,

사명대선사 유정이 일본에 사신 갔다가 치상 12매를 다시 가져와 건봉사 낙서암(樂西庵)에 보관하니 사람들이 모두 보면서 기뻐했다. 대중이 말하기를 '불법이 쇠퇴하여 사람도 법도 가벼우니 밖에서 봉안함이 옳지 않다'고 했다. 이에 탑을 세우기로 계획하고 각기 재물을 출연하고 공장(工匠)을 청하여 돌을 다듬어 절의 서쪽에 봉안했다.

일본 군대에 강탈된 사리 일부를 선조 38년(1605)에 사명당이 일본에 가서 찾아 돌아왔다는 것이다. 이 탑비가 건립된 이후 남공철이 지은 「기적비문」 등에도 탈취된 통도사 사리를 사명대사가 일본 사행에서 도로 찾아와 그 중 12과를 건봉사에 봉안하였다는 같은 내용의 이야기가 반복되었다.

그러나 『통도사지』(通度寺志)에 따르면 전란 중에 일본군이 계단을 헐고 사리를 훔쳐 달아났으나 마침 동래사람 옥백거사(玉白居士)가 왜군에 피랍되어 갔다가 사리를 도로 찾아 도망쳐왔다고 한다. 전쟁이 그치고 그

통도사의 금강계단(위)과 사명암(아래). 전란 중에 일본군이 사리를 훔쳐갔으나
왜군에 피랍되었던 옥백거사가 도로 찾아 1603년 사명당의 명에 따라 사리탑을 중수하였다.

동안 승병이나 축성 등에 동원되었던 승려들도 돌아와 사찰도 차차 안정을 얻게 되자 계묘년(1603)에 사명당의 명에 따라 사리탑을 중수하게 되었다. 이때는 사명당이 아직 일본으로 떠나기 1년 전의 일이며, 그의 문인 경잠(敬岑), 태연(泰然), 도순(道淳) 등이 이 불사에 참여하여 사리 봉안의 일이 무사히 끝났다. 이와 같이 통도사 사리탑이 중수된 것은 사명당이 일본에 가기 전이므로 건봉사 탑비문에서 대사가 귀국 후에 있었던 일이라고 한 것은 성립될 수 없다. 따라서 만일 건봉사 사리가 통도사 사리의 일부가 틀림없다면 그것은 그 이전의 일이 되어야 할 것이다.

통도사 사리탑을 중수할 때 그 사리 일부를 나누어 달성 용연사에도 봉안케하였다. 「용연사사적기」(龍淵寺事蹟記)에는 선조 36년(1603) 사명당은 용연사에 거주하는 그의 문인 청하당 인잠(靑霞堂印岑)과 탄옥(坦玉), 경천(敬天) 등을 시켜 사찰의 당우를 다시 고치게 했다고 한다. 이밖에도 용연사에는 사명당과 관련된 유적 유물이 적지 않다. 일본에 갈 때 받들고 간 원불(願佛)을 여기에 모셨다가 100여 년 후 밀양에 표충사당을 세우면서 그쪽으로 이관되었으며, 또한 그가 머물던 '사명당'(四溟堂) 건물이 오래도록 남아 있었으나 현대식 건물이 들어서면서 지금은 없어지고 말았다.

전쟁이 끝난 뒤에 통도사의 사리 일부를 나누어 봉안하였다는 사찰이 이 밖에도 또 있다. 통도사의 「사리탑 및 법당 초창중수내력」(舍利塔及法堂初創重修內歷)에 따르면 사명당이 통도사 금강계단에 다시 임진왜란과 같은 화란이 닥칠 것을 우려하여 그 사리를 대소 두 함에 나누어넣어 금강산에 있던 서산대사에게 보냈다. 그랬더니 서산대사는 '영남만이 왜적의 핍박을 우려할 일이 아니라'하여 1함은 돌려보냈다. 그리고 1함은 태백산 갈반사(葛盤寺)에 봉안하였다가 광해군 6년(1614)에 이것을 다시 통도사로 옮겨, 그 가운데 일부를 묘향산 내원암(內院庵)과 비슬산 용연사(龍淵寺)에 각각 봉안하였다. 그렇다면 통도사의 사리를 용연사에 봉안해오다가 이때 사리탑을 세웠는지도 모를 일이다.

이러한 사실들로 보아 건봉사 「석가여래치상입탑비」의 사명당이 일본에서 찾아온 통도사 사리 일부를 봉안하였다는 기록은 실제 있었던 일과 다르다는 것을 알 수 있다. 만일 건봉사의 치상사리가 통도사에서 옮겨온 것이 분명하다면 그것은 임진왜란 때 백옥거사가 일본진영에서 찾아온 것을 전쟁이 끝난 뒤에 사명당의 지시에 의하여 건봉사로 봉안되었던 것으로 보아야 할 것이다.

일본 사행 시의 불화와 불상에 관한 이야기

홍만종의 『순오지』에 따르면 사명당이 일본에 갔을 때 덕천가강이 그를 시험하는 과정에서 그의 기지가 뛰어남을 알고서 생불과 같이 받들면서 원하는 것이 있으면 무엇이든 말하라고 하였다. 이에 사명당은 "오직 원하는 것이 있다면 우리나라의 불화 한 장을 돌려주시오" 하니, 관백 이하가 모두 "대사께서는 능히 바람과 비도 부를 수 있는데 하필이면 불화를 되돌려 받아가시려 합니까?" 하므로 더 이상 강박하지 못하고 돌아왔다고 한다.

신유한은 『분충서난록』에서 위의 이야기를 인용한 다음, 대구 팔공산 동화사의 탱화 이야기를 소개하고 있다. 이 불화는 일찍이 금강산의 한 도승이 그렸는데 미처 한쪽 발을 완성하지 못한 그림으로 뒤에 동화사로 옮겨 왔다고 한다. 벽에 걸어두고 '이 부처에게 빌면 신비한 효험이 메아리 같았는데, 임난 때 왜노가 훔쳐갔으므로 송운이 이를 돌려주기를 청하였으나 끝내 얻지 못하였다'고 하였다.

실제로 사명당은 경도에서 여러 사찰을 돌아다니며 승려들과 어울리는 과정에서 도적맞은 진귀한 본국의 불상이나 불구(佛具)에 대한 이야기들을 듣고 다시 그것들을 가져오려는 생각이나 노력을 하였을 것이다. 그러나 이에 관한 확실한 기록을 찾기는 쉽지 않다. 다만 사명당과 동행하였던 다섯 명의 승려들이 일본으로 모시고 갔던 원불(願佛)을 대구 비슬산 용연사에 보내어 안치하였다. 밀양 표충비 가운데 하나인, 「표충사 사적비」(表忠祠事蹟碑)에 의하면 "송운대사가 일본 경도에 건너갈 때 받들고 갔던 원불이 예전에 대구 용연사에 있었는데, 이제 사당 왼쪽에 따로 절 한 칸을 지어 봉안하였다"고 한 것을 보면 대사가 입적한 100여 년 뒤 밀양 생가 부근인 영취산에 표충사를 건립할 때 그 원불을 이곳으로 모셔왔던 것이다. 이 불상은 조선시대의 목조관세음보살좌상(높이 51센티미터)으로서 그뒤 표충사당을 현재의 재약산 표충사로 확장하여 이건할 때 함께 이관되어 지금도 유물전시관에 진열되어 있다.

법주사 팔상전 중수의 문제

법주사 팔상전은 1597년 정유재란 때 불타버렸으나 전쟁이 끝난 뒤에 다시 세웠다. 이러한 사실은 1968년 문화재관리국에서 국보 팔상전의 해체 보수공사를 할 때 나온 탑지(塔誌)의 기록으로 알려진 것이다. 이에 따르면 전쟁이 끝난 4년 뒤인 선조 35년(1602) 10월에 탑의 수축을 위한 화주(化主)가 나와 선조 38년(1605) 3월에 상고주(上高柱)를 세우게 되었다. 그 마지막 기명(記名)에 '조선국승대장 유정비구'(朝鮮國僧大將 裕淨比丘)라고 되어 있다.

탑지의 내용으로 보아 이 불사는 사명당 유정이 주도한 것이 분명한 것 같지만 여기에는 두 가지 의문점이 있다. 하나는 법명이 유정(惟政)이 아닌 유정(裕淨)으로 되어 있어 글자가 틀리다는 것이며, 다른 하나는 상고주를 세웠다는 1605년 3월은 사명당이 아직 일본에 있을 때라는 점이다.

그러나 이와 다른 건축물에서도 사명당의 법명인 '惟政'을 '惟正'이라거나 또는 '惟淨' 등으로 이름을 잘못 기록한 예들이 더러 보이고 있다. 이는 토목건축의 공장(工匠)들이 알지 못했거나 실수하여 일어날 수 있다는 점에서 특별히 문제 삼을 일이 아닐 것 같다. 다만 조선에 있지도 않은 유정의 이름을 쓰고 있다는 것은 엄격히 말하면 잘못된 것이다. 하지만 당시의 불교계는 '승대장 유정'이란 이름을 빼고 다시 이 자리에 대치시킬 만한 다른 지도자를 생각하지 못했을 것이다. 더구나 당시 사명대사는 전후 처리를 위하여 바다를 건너 일본에 머물고 있어 건축에 종사하는 장인들로서는 그의 이름을 자랑스럽게 내세우고 싶은 마음이 들었을 법도 하다.

사명당의 일본 사행 행렬도

사명당의 일본 사행은 우리 민족 어느 누구나 할 것 없이 지대한 관심거리가 아닐 수 없었다. 따라서 많은 이들이 사절 일행이 떠날 때부터 돌아올 때까지는 말할 것도 없고 그후에도 오래도록 글이나 그림으로 표현하여 자랑스러운 모습을 후세에 남기려 하였다. 지금까지 알려진 것으로는 현재 표충사 소장의 「사명대사 일본상륙 등성 행렬도」(泗溟大師日本上陸登城行列圖) 8폭 병풍 한 점과 제천 신륵사 극락전 「사명대사행일본지도」(泗溟大師行日本之圖) 벽화 한 점이 있다.

먼저 사명대사가 일본에 상륙하여 성으로 오르는 행렬도 병풍 끝에

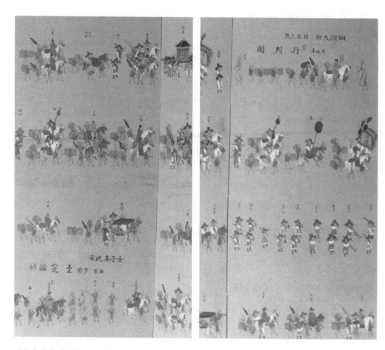

'사명대사 일본상륙 행렬도' 8폭 병풍 가운데, 제목이 보이는 제1폭(오른쪽)과
'임자년 만추'라는 제작연도와 '편찬 김완'이라는 편찬자 낙관이 보이는 제8폭(왼쪽). 표충사 소장.

'임자년 만추 편찬 김완'(壬子年 晚秋 編纂 金完)이라는 낙관이 있다. 임
자년은 서기 1612년으로 사명당이 입적한 2년 뒤 석장비를 세우고, 『사
명집』을 간행하던 해다. 어느 연구에 의하면 김완(1577~1635)은 자가
자구(子具), 본관은 김해, 임진왜란 때 이복남의 휘하에 들어가 무과에 급
제하고 이후 이괄의 난에 공을 세운 인물이다. 행렬도에 김완의 낙관이
찍혀 있는 것으로 보아 무관으로서 사명당을 수행한 인연으로 병풍제작
에 참여한 것으로 추측하고 있다. 그러나 1676년 이후의 작품이라는 주
장도 있다. 그림 가운데 '제술관'이라는 관직이 보이는데, 이는 1676년
통신사 때 처음으로 사용한 것이라는 것이 이 주장의 근거이다. 사실 강

화사절 일행이 경도 복견성으로 들어가는 그림이라고 한다면 너무도 인원이 많고 화려한 행렬로서 이러한 문제들을 감안하면, 이것은 다소 늦은 시기의 작품으로 보는 것이 맞을 것 같다. 그렇다면 그 화공은 아마도 그 뒤 조선통신사행에 참여하였다가 현지에서 사명당의 눈부신 활동상을 전해듣고 이 행렬도를 그린 것으로 추측해볼 수 있을 것이다.

다음으로 사명대사가 일본으로 가는 행렬도 벽화에 관한 것이다. 여기에는 제목만 있고 작자나 연도가 전혀 없다. 이 그림은 두 장면으로 묘사되어 있는데, 한쪽은 조선 병사들이 꿇어앉힌 일본 병사들로부터 조총을 빼앗아 불태우며 파괴하는 장면이다. 그리고 다른 한쪽은 백마가 끄는 연을 탄 사명당이 말을 탄 병사들의 호위를 받으며 높은 벽으로 둘러싸인 전사(傳舍)로 들어가는 장면이다. 댕기 땋은 처녀들과 한복 입은 양반들이 앉아서 구경하는 모습들도 보인다. 『사명집』에는 대사가 단양 전사에서 하룻밤을 묵으며 지은 시 한 편을 남기고 있다. 거기에서 그는 말을 타고 비를 맞으며 지나갔으나 뒷날 이 지역의 화공들은 가마 탄 호화로운 모습의 벽화로 바꾸어놓은 것이다.

이 벽화에는 주인공 사명당을 모두 '泗溟堂'이라고 쓰고 있는데, 이로 보아 조선후기의 작품으로 보인다. 왜냐하면 '四'자를 '泗'자로 한 것은 대체로 18세기 말 이후의 일이기 때문이다.

16

귀국, 그리고 마지막 봉사

"마음은 학의 머리에 있는 구름에 나는 듯싶지만
몸은 말발굽 밑의 티끌에 떨어져 있습니다.
세상사가 까닭이 없어 산문을 저버리고
누추한 곳에 와 있사오며,
가는 곳마다 길이 막혀 벗어날 수가 없습니다."

임금께서 공을 치하하시다

사명당 일행이 대마도를 떠나 부산 영도에 도착한 것은 1605년 5월 5일이었으며, 상륙하자 제일 먼저 한 일은 동래부를 통하여 귀국 소식을 전하는 한편 데리고 온 1,931명의 피로인들을 수군에게 인계하는 일이었다. 2천 명에 가까운 피로인들을 48척의 배에 나누어 태워왔기 때문에 그들이 도착한 장소가 다르고, 시간 또한 앞서거니 뒤서거니 조금씩 다를 수밖에 없었다. 따라서 그들을 모두 파악하여 인계해주는 데도 여러 날이 소요되었을 것이다. 사명당은 손문욱을 시켜 피로인을 관군에게 인계하는 등 공식적인 업무를 처리하는 한편 자기를 마중나온 사람을 만나고 꼭 필요한 경우 지인(知人)에게 소식을 알리는 사적인 일도 처리하였을 것이다.

사명당과 함께 귀국한 다섯 명의 승려들은 도해할 때 관음보살상을 원불로 받들고 갔다가 돌아와 대구 용연사에 안치해야 하는 일도 있었다. 동아시아 고대인들은 한·중·일 삼국 사이에 바다를 통하여 교섭하면서 항해의 안전을 위하여 용신이나 관음불에 기도하였다. 『법화경』 「관세음보살보문품」은 사람이 고난을 당했을 때 관음보살의 이름만 불러도 고통에서 벗어날 수 있다고 가르치고 있다. 그러한 고난과 구원은 특히 항

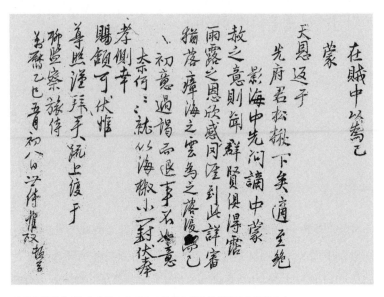

사명당 일행이 5월 초에 영도에 도착, 8일자로 유감찰에게 보낸 안부편지.
내용으로 보아 유감찰은 고향 가까운 곳에 우거하고 있었던 것 같다. 경남대 소장.

해와 많이 관련되기 때문에 해양 불교신앙의 중심에는 동해관음과 남해
관음이 자리하게 된 것이다. 이러한 관습에 따라 사명당은 여러 동료 승
려들을 수행시키면서 특별히 관음보살상을 모시고 바다를 건넜던 것이
다. 그들에게는 바다를 무사히 건널 수 있도록 기도하는 일과 함께 일본
에 붙잡혀간 우리 동포를 많이 그리고 무사히 데려올 수 있도록 기도하는
일 또한 원불을 모신 중요한 목적이었을 것이다. 그들이 돌아오자 먼저
이 관음상을 연고사찰인 용연사로 이송하는 일을 끝내고 서울로 향했을
것이다.

　실록을 포함한 조정의 공식 기록에는 이 무렵 사명당의 도착이나 복명
에 관한 동정을 살펴볼 수 있는 자료는 거의 없다. 다만 사명당의 개인 기
록이나 다른 사람들의 사명당에 관한 시문을 통하여 엿볼 수 있을 뿐이

다. 이러한 가운데 을사년 5월 8일자로 된 유감찰(柳監察) 앞으로 보낸 사명당의 친필 간찰이 있다. 이것이 아마도 귀국 후의 첫 소식이 될 것으로 그 원문을 적으면 다음과 같다.

　(제가) 적중(賊中, 일본)에 있을 때 이미 임금님의 은혜를 입었으니, 선영이 있는 곳(先府君松楸下)으로 돌아가려고 생각하였습니다.

　마침 절영(絕影, 영도影島) 해중에 도착하여 먼저 귀양 중에 있는 분의 사면 여부를 물어보았더니, 여러 어진 분들이 사면의 은혜를 입었다 하기에 기쁘기 한량이 없었습니다. 여기 와서 자세히 알아보니 오히려 멀리 습기 찬 해역으로 떨어지셨다고 하니 눈물을 흘릴 따름입니다.

　처음에는 지나가는 길에 뵙고 가려 하였으나 일이 여의치 않으니 어찌 하겠습니까? 곧 후추 작은 봉지 하나를 부모 모신 곳(孝側)에 바치오니 받아주시기 바랍니다.

　엎드려 생각건대, 삼가 절하고 유감찰 여시(旅侍)에 올리오니 살펴주소서.

　만력 을사 5월 초 8일 세시(世侍) 유정(惟政) 돈수.

유감찰은 어떤 사람인지 모르지만 선영을 이야기하고 있는 일로 보아 아마 고향인 밀양 근처에 살고 있었던 친지였을 것으로 여겨진다. 서울로 올라가는 길에 잠시 찾아볼 생각이었으나 부산에서 처리할 일이 지체되어 일본에서 가져온 후추 한 봉지만 인편으로 보내고 자신은 바로 올라가야겠다는 이야기인 것 같다.

다음에 자세하게 보게 될 「등계대사소소상소」에 의하면 사명당은 5월 초에 부산에 도착하여 공적인 일을 대충 마치고, 한 달 뒤인 6월 초에 선조

앞에 나아가 복명하였다. 「석장비문」에서는 복명 당시의 일을 이렇게 적고 있다.

(스님은) 바다를 건너와 을사년에 복명하였다. 임금이 그 노고를 가상히 여겨 가의대부(嘉義大夫)에 올리고 어마(御馬)와 모시옷의 겉감과 안집을 내려 포장(褒獎)하였다.

이처럼 선조는 사명당의 노고를 치하하면서 종2품의 가의대부에 올렸다. 그러나 실록을 비롯한 조정의 공식 기록에는 이미 귤지정을 통한 대마도 측의 서계를 받아 알고 있었기 때문인지 사명당 일행의 귀국을 거의 언급하지 않는다.

그런데 사명당이 명나라 요동군문(遼東軍門)에 보낸 구두보고서를 통하여 그들 사행이 띠고 간 본래의 사명을 비롯하여 대마도에서 계획을 변경하게 된 경위, 그리고 일본에서 견문한 일을 대충 알 수 있다. 원래 이 보고는 사명당이 조정에 구두로 한 것으로서 독립된 공식기록으로 남아 있지 않고, 요동군문에 보낸 구두보고서 형태로서만 남아 있게 된 것 같다. 아래에 「유정구보」(惟政口報)라는 제목의 전문을 인용한다.

소생은 작년 7월 중에 사명을 띠고 귤지정과 동행하여 대마도로 가서 왜의 정세를 정찰한 바 있었는데, 뜻밖에도 대마 왜인 평조신(平調信, 유천조신) 등이 소생에게 말하기를 "내부의 덕천가강이 지금 당장 조선과의 수호를 요구하고 있습니다. 당신들이 지금 이곳에 와 있기 때문에 나는 당신들을 데리고 일본으로 가서 가강과 만나고자 합니다" 했습니다. (조신은) 계속 협박했기 때문에 소생들도 결국에는 어쩔 수

선조임금의 하사품이라고
전하는 가사와 고리, 표충사 소장.
사명당이 6월 초에 복명하자
선조는 노고를 치하하고
벼슬을 올려주는 등 포장하였다.

없었습니다.

그리하여 12월에 왜국에 도착하였는데, 가강은 관동지방에 체류 중이었기 때문에 계속해서 기다리다가 금년 2월 20일에 가강과 처음으로 회견하였습니다. 그리고 가강은 부하인 거추(巨酋, 본다정순)와 현풍(玄豊, 원풍元豊)을 소생에게 내방시켜 "앞서 평수길(平秀吉, 풍신수길)은 할지·구혼·질자(質子) 등을 조선에 강요하였지만 나는 이와 같은 것은 바라지 않습니다. 다만 양국의 수호와 천조(天朝)에 대한 진공(進貢)을 바랄 뿐입니다. 옛날 임진왜란 때 나는 관동지방에 있었고, 병사에는 예전부터 한 번도 관여하지 않았습니다. 내가 관할하는 관동의 군졸도 바다를 건너 종군한 자는 한 명도 없습니다. 조선과 나 사이는 전혀 원수질 일이 없습니다. 지금도 (조선이) 나를 적으로 간주한다면 이것은 잘못된 것입니다. 당신들은 이러한 사정을 명백히 설명해주십오"라고 말했습니다. 소생은 이 말을 듣고 대마로 돌아가 귤지정과 함께 피로인을 대동하고 조선으로 귀환하였습니다.

다만 소생이 일본에 체류하고 있을 때 가강의 아들(德川秀忠)이 관동의 군사 8만 명을 인솔하고 왔는데 그 군대의 모습은 매우 성대하였습니다. 이때 가강은 소생들을 위해 군진의 막사를 높은 곳에 설치하여 그 군세를 엿보란 듯이 관람시켰습니다. 그 의도는 아마도 강대한 위용을 과시하기 위한 데 있는 것 같았습니다. 그들의 주장에 따르면 입으로는 단지 화호만을 주장하고 있지만, 그 말투나 태도를 관찰해보면 항상 강대함을 과시하면서 위협하는 자세를 볼 수 있었습니다. 소생들이 견문한 사실은 그 밖에 특별히 다른 것이 없습니다.

• 『사대문궤』 권45(만력 33년 6월 4일)

이 보고서의 내용은 이미 본문에서 관계된 부분들을 자세하게 논하였으므로 중복하여 사족을 붙일 필요는 없다. 다만 이것이 공식문서인 만큼 그들이 일본에서 임기응변으로 본래의 사명에서 벗어난 행위, 예컨대 그들이 대마에서 조신의 협박에 못 이겨 경도로 올라가게 되었다는 것은 전혀 사실과 다르다. 이는 본인 스스로가 원하여 대마도 측과 함께 적극적으로 추진한 일이었다. 그리고 여기에는 일본과의 화호나 피로인 쇄환과 같은 문제는 자칫 중국인들의 비위를 건드릴 수 있으므로 일체 언급하지 않고 있으며, 더구나 일본의 문화계나 불교계 인사들과의 교류에 관해서도 의식적으로 언급을 피하였다. 그 밖에도 2월 20일에 가강과 회견하였다는 것은 예비회담을 두고 한 말(본회담은 3월 4일)이라는 것이 오늘날 학자들의 일치된 견해이며, 또한 자신은 수길의 침략전쟁에 전혀 관여하지 않았다는 가강의 말은 지나친 자기변명임은 물론이다.

사명당은 공식 보고를 비변사를 통해 했지만 선조는 그를 내달(內闥)로 따로 불러 일본에서의 여러 가지 사실을 자세하게 듣는 시간을 가졌을 것이다. 「석장비문」에서는 그의 노고를 치하하고 포상과 증직한 사실을 간략하게 서술하고 있다. 그런데 「행적」에는 특히 나라에서 사명당에 대한 포장과 그 조·부모에게 증직한 부분을 다음과 같이 비교적 자세한 설명을 덧붙이고 있다.

(스님은) 돌아와 복명하니 그해 여름에 가의대부 행용양위대호군(嘉義大夫 行龍驤衛大護軍)에 올려주었으며, 아버지는 자헌대부 형조판서(資憲大夫 刑曹判書)를 증직하고 어머니는 정부인(貞夫人)을 증직하였으며, 조부는 통정대부 승정원 좌승지겸경연참찬관(通政大夫 承政院 左承旨兼經筵參贊官)을 증직하고 조모는 숙부인(淑夫人)을 증직하였으며, 증조는 통훈대부 통례원 좌통례(通訓大夫 通禮院 左通禮)를 증직하고 증조모는 숙인(淑人)을 증직하였으며, 어마(御馬)와 모시옷의 겉감과 안집을 내려 포장하였다.

전술한 바와 같이 「행적」의 일반적 기술은 「석장비문」의 내용과 비슷하지만 작자 해안은 사명당의 제자로서 관직 문제와 같은 특별한 사안에 대해 세심한 주의를 기울여 조·부모의 증직까지 하나도 소홀함이 없이 기록하려 한 뜻이 보이고 있다. 사명당의 복명과 이에 따른 제반 내용은 『선조실록』에는 일체 보이고 있지 않다가 130여 년이 지난 영조 14년(1738) 2월 29일 우의정 송인명이 다음과 같이 아뢰고 있다.

임진년에 의병장이었던 승려 유정은 … 또한 풍파를 무릅 쓰고 일본에 들어가 마침내 화호를 이루었으며, 사재를 내어 사로잡혀간 사람 수천 명을 쇄환해왔습니다. 선조께서 내달로 불러들여 특별히 가자(加資)하도록 명하여 가의대부에 이르렀으며, 3대에 걸쳐 포증(褒贈)하였습니다.

사명당이 도일하여 강화사로서 세운 공으로 가의대부에 가자된 사실과 함께 3대 증직의 일을 들고 있어 위「행적」의 내용을 사실로 확인시켜주고 있다.

그러나 최근의 연구들에 의하면「행적」의 3대 추증에 관한 기록은 오류를 범하고 있다고 한다. 즉 공을 세운 당사자인 사명당에게는 종2품 상계인 가의대부를 올리면서 아버지 수성에게는 정2품 하계인 자헌대부(資憲大夫)에 추증할 리가 없다는 것이다. 따라서 3대 추증은 을사년(1605)이 아니라 임인년(1602)의 것으로, 이는 현존하는 교지가 증명해주고 있다. 다만 종이가 낡아 부분적으로 판독이 어렵지만 형조판서의 교지는 그후에 다시 사명당에게 내려진 것으로 보아야 한다는 것이다.

사명당이 동지중추부사(同知中樞府事)에 오른 일은 기록에 따라 다소의 혼선이 있다. 즉「석장비문」에는 무술년(1598)에 사명당이 예교전투에서 큰 공을 세워 가선대부 동지중추부사에 제수되었다고 하고 있으나,「행적」에는 "임인년(1602) 가을에 가선대부 동지중추부사(嘉善大夫同知中樞府事)에 올리고, 아버지는 가선대부 한성좌윤(漢城左尹)을 증직하였다"라고 적고 있다. 그런데『선조실록』33년 1월 3일자에 다음과 같은 기사가 있다. 즉 선조가 송순(宋諄)에게 '유정의 실직(實職)이 동지인가' 묻자 '첨지는 지냈으나 동지는 제수하지 않았다' 하고 있는 것으로 보아, 사명당은 1600년 초까지도 아직 동지에 오르지 않은 것이 확실하다.

사명당이 종2품인 동지중추부사의 직이 제수된 것은 「행적」에서 말하고 있는 임인년 즉 선조 35년(1602)의 일이다. 현재 밀양 표충사 유물실에는 그해 10월 13일자로 된 부모·조부모·증조부와 증조모의 교지가 남아 있기 때문이다. 이로 보아 본인과 조부의 교지는 망실된 것이 분명하다. 아버지의 교지에 '학생임수성증가선대부자(學生任守成贈嘉善大夫者)'라 하여 종2품계의 가선대부로 추증된 것이니, 이는 사명당이 정3품 첨지에서 1품 더 오른 것을 말해주는 것이다.

　이상과 같이 사명당은 1593년에 절충장군에서 비롯하여 1594년에 절충장군첨지중추부사, 1602년에 가선대부동지충추부사를 거쳐, 1605년 일본에서 돌아와 종2품계의 가의대부행용양위대호군에까지 오르게 된 것이다.

　앞 장에서 살펴본 『임진록』의 설화 가운데 사명이 일본에서 귀국하자 선조는 사명을 추천한 서산대사를 병조판서와 호위대장에 그리고 사명당을 어영대장과 도원수에 임명하였다는 내용이 있었다. 이 이야기 역시 실제로 있지 않았던 일이다. 사명당이 원수의 나라에 가서 왕과 신료들의 항복을 받아 민족의 승리를 이룩하였다는 이유로 선조가 그들 스승과 제자를 군사 최고위직에 임명하였다는 설화류의 이야기로 꾸며진 것이다. 사실 임진왜란 당시 사명당은 의승병도대장으로서 평양성 탈환과 서울 수복에 혁혁한 공을 세웠으며, 서산대사는 선조가 서울로 환궁할 때 승군 150여 명을 보내 호위한 사실이 있어 그들은 비록 승려였지만 도원수라거나 호위대장의 직과 전혀 관계가 없다고는 할 수가 없다. 그러나 사명당이 도일하기 전에 서산대사는 이미 작고하였다.

　그리고 또 한 가지 사명당이 일본에서 귀국하여 국왕께 복명하자 선조는 그 공을 치하하여 영의정을 제수하였다는 이야기가 있어 흥미를 끈다. 사명당이 영의정을 지냈다는 주장을 내세우는 현존하는 유물로는 밀양 표충사에 선조의 친필이라 전하는 사령기를 들 수 있다. 여기에는 '사대선교 행이조판서 대광보국숭록대부 영의정 양국대장 사명당통제군사령' (賜大禪敎行吏曹判書大匡輔國崇祿大夫領議政兩國大將泗溟堂統諸軍司令)이라고 되어 있다. 대광보국숭록대부 영의정은 1품 관직이며, 양국대장과 통제군사령이란 아마도 조선과 명나라 양국의 군대를 통솔한다는 뜻으로 쓰고 있다.

그러나 지금까지의 연구자들은 사명당이 영의정을 제수받은 일이나 조·명 양국군 사령관이 된 적이 없다는 사실을 세밀하게 고증한 바 있다. 승직과 관직을 병기한 것이나 관직질품의 서열형식도 잘못된 것이다. 또 하나의 잘못된 증거로서 사명당이 귀국하여 복명할 당시 영의정은 유영경(柳永慶)이었다는 사실이다. 그리고 유정(惟政)이라는 법명 대신에 '사명당'(泗溟堂)이라는 당호를 쓰고 있으나 '샤'(泗)자는 '샤'(四)자의 오기임은 이미 잘 알려진 일이다. 말하자면 사명당이 일인지하 만인지상 (一人之下 萬人之上)인 영의정의 직에 제수되었다는 주장은 『임진록』의 '왜왕 항복'의 설화와 관련하여 꾸며진 설화류에 해당하는 이야기에 불과한 것이다.

사명당이 영의정을 지냈다는 이야기는 주로 사찰을 중심으로 유행하였던 시구, 즉 "3일 간의 공행(公行)은 임금의 명을 거역하지 못한 때문이요, 야반에 산으로 돌아간 것은 스승의 교훈을 저버리지 않기 위함이었다"(三日公行不逆君命 夜半歸山不負師訓)는 말에 근거한 것으로 보인다. 그러면 이 묘한 시구는 또 어디서 유래하였을까? 이는 아마도 앞에 인용한 바 있는 『분충서난록』에 수록된 오대산의 「취혜문고」 가운데 나오는 다음 이야기에서 그 해답을 구해볼 수 있을 것이다.

　(사명당이) 7월 13일에 서울에 돌아와 숙배(肅拜)하니 상(上)께서 크게 포상하시고 특별히 일품질(一品秩)을 하사하심에 대사께서 부득이 들어가 사은하니, 3일을 머물라고 하시었다. 물러가기를 빌어 돌아와 가야산에 드시었다.

　신유한은 『분충서난록』을 편집할 때 「취혜문고」의 사명당 관련 이야기들, 이를테면 왜왕의 항복에 관한 것이나 선조로부터 1품질을 하사받았다는 등의 기록이 믿을 수 없다고 여겼으나 출간을 주동하는 남붕(南鵬) 선사의 특별한 부탁이 있어 부록에 싣는다고 하고 있다. 더구나 이 기록에서도 서울에서 복명한 날짜가 틀리고, 복명 후 해인사로 들어갔다고 한 것 역시 오류이며 또 영의정을 제수받았다고 명기하지도 않았다. 다만 산중에서 사명당의 업적을 기리는 뜻에서 '1품질이 하사되어 3일간 머물렀다'는 말에 근거하여 저러한 명문의 시구를 지어 이것이 인구에 회자되고, 또 여기에 따라 '3일 영의정' 설이 나오게 된 것이었다.

사고史庫 설치를 위해 오대산으로

사명당이 일본에서 돌아와 선조에게 복명한 뒤로 눈에 띨 만한 동정을 알려주는 기록은 자신이 쓴 「등계대사소상소문」이다. 이에 따르면 '6월 초에 복명하고 10월 그믐에야 비로소 대사의 탑전에 예배드리게 되었습니다'라고 하고 있는데, 그러면 그 중간에 약 4개월 동안 그는 어디서 무슨 일을 하고 있었는지 궁금한 일이 아닐 수 없다.

그런데 마침 복명 직후 사명당과 함께 일본에 동행하였던 몇몇 승려들이 산으로 돌아간다고 하여 평소 대사와 절친한 사이였던 한음 이덕형이 위로하기 위해 써준 시들이 몇 편 전한다. 사명당이 복명한 다음 동행하였던 한 사람을 한음 이덕형에게 보내어 오대산으로 들어간다고 하는 소식을 전하자 한음은 간단한 서문을 붙여 다음 시 한 수를 지어 보냈다.

송운이 일본에서 돌아와 대산으로 돌아간다 하기에 작년에 일본에 보낼 때와 같은 운자로 지어 보낸다

松雲還自日本 告歸臺山 再用上年韻 寄之

외로운 구름은 얽매임이 없으니 저무는 산에 많고
푸른 바다와 푸른 산은 갈 길에 많도다.
서복의 사당 앞을 석장 짚고 배회하며
영랑(永郎)의 바위언덕에서 생황 부는 소리 들었으리.
이국으로 뗏목 타고 멀리 가 공훈이 큰데
이 기특한 일을 뉘라서 기록하여 자랑할 건가.
시골뜨기 행장으로 작별하고 절집으로 돌아가니
병이 오고 적적하고 졸음이 와서 못 견디리.

孤雲無絆暮山多 碧海靑螺去路賒

徐福廟前廻錫杖 永郎巖畔聽笙和

殊方總伏乘槎遠 奇事雖供作記誇

揖送夜裝還掩戶 病來牢落睡爲魔

• 『한음문고』 권2

이 시에서 한음은 '이국으로 뗏목 타고 멀리 가서 큰 공훈을 이루었지
만, 누가 이 기특한 공을 기록하여 자랑하겠는가' 하여 사명당의 큰 공을
몰라주는 세상인심을 애석해하고 있다. 더구나 떠날 때 온 세상이 떠들썩
하며 아쉬워하던 것에 비해 너무 냉담하다 할 정도로 인색한 세상인심을
탓하는 정감어린 온정이 넘치고 있다. 나라의 녹을 먹는 관료들이야 사신
으로 가서 공을 세우고 돌아오면 그 자체가 영광이겠지만 승려들이야 지
팡이 짚고 산사로 들어가 사슴과 벗 삼을 뿐이다.

그래서 사명당은 일본으로 함께 동행하였던 승려들에게도 한음에게
기념으로 한 수씩의 시를 부탁하여 입산하도록 해주었다. 한음은 사양하

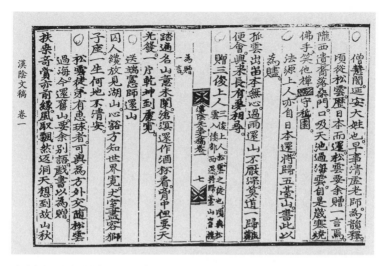

사명당과 동행한 제자와 동료 5, 6명이 귀국하여 다시 귀산할 때 이덕형은
일일이 격려시를 지어주어 위로하였다. 그 시들이 한음문고에 나란히 수록되어 있다.

지 않고 그들에게도 일일이 몇 마디 전언을 붙여 지어준 여섯 편의 시들
이 『한음문고』에 실려 있다. 이들 가운데 경우스님(慶遇師)에게 준 것이
그 내용만이 아니라 앞에 붙인 서문에는 날자가 기록되어 있어 특히 참고
로 삼을 만하다.

을사 유두(流頭) 전 2일에 송운이 경우사를 위하여 한마디 말을 남겨
달라는 편지를 가지고 스님이 와서 문을 두드렸다. 아, 청허와 송운은
내 아는 바이다. 사람이 서로 사귄다는 것이 어찌 일찍이 내왕하는 데
만 있겠는가. 빈양(濱陽)과 중산(中山)의 두 갈래로 갈라진 개울에 중은
사(中隱寺)를 중건하니 내 또한 장차 여기 의지해 늙으려 한다. 후일에
스님과 송운이 한번 지나가기를 바라노라.

청허의 제자 송운 벗은

한두 번 듣고 마음을 다 기울였었네.

나의 병은 다만 방외 친구를 마음으로 생각하니

스님이 오면 세간 인정으로 보내지 못한다오.

연화는 진리를 깨달으니 진희(眞喜)를 보고

상엽(桑葉)은 선을 통하니 사와 생을 깨달았어라.

늙은 몸을 중산에 던지고 마치기를 기약하니

아마 석장을 날리며 시내를 지나가시리라.

清虛弟子松雲友 一再聞名意盡傾

我病但思方外侶 師來未遣世間情

蓮花證性觀嗔喜 桑葉通禪悟生死

投老中山終有約 倘容飛錫過溪行

• 『한음문고』 권2

한음이 사명당의 부탁으로 경우에게 써준 글은 을사년 유두 전 2일, 즉 1605년 6월 13일이었다. 여기에는 그가 특별히 사명대사와 서로 마음을 허락한 사이임을 말하면서 불교에 적지 않은 관심을 표명하고 있다. 자기도 양주 고향 가까이에 중은사를 중건하여 소일하며 늙으려는 계획을 세우고 있으니 후일 스님들이 여기를 지나다닐 때 만나볼 수 있기를 기대한다는 뜻을 담고 있다. 위의 두 글에서 보면 경우는 사명당의 심부름으로 온 사람이며, 사명당이 오대산으로 떠난 것은 적어도 6월 14일 이후의 일임을 알 수 있다.

위의 시에서 이덕형은 사명당이 오대산으로 들어간다는 말만 하고 있을

화재로 소실되었다가 오대산에 다시 복원된 사고. 사명당은 선조의 명을 받고
일찍이 자신이 머물던 영감난야 경내에 사고를 설치, 다음 해 4월에 완성하였다.

뿐 정작 그가 오대산으로 들어가는 이유에 대해서는 한마디 언급도 없다.
일반적으로 생각하면 사명당이 복명한 후에는 바로 묘향산으로 들어가 서
산대사의 영탑을 찾아 제사를 올리는 것이 순서일 것이다. 왜냐하면 그가
전년 정월에 오대산에 있다가 서산대사의 부음을 듣고 묘향산으로 달려가
던 도중에 양근역에서 조정의 부름을 받고 발길을 일본으로 돌려야 했기 때
문이다. 따라서 귀국 후 그는 적어도 오대산에 특별한 일이 없다면 묘향산
보현사로 달려가는 것이 순리임에도 굳이 오대산을 먼저 찾게 된 까닭이 어
디에 있었던 것일까. 더구나 한음은 항시 염려해주는 친한 사이인데 한번
만나보지도 않고 인편으로 소식만 전한 채 급하게 오대산으로 들어간 데에

는 무언가 중요한 임무를 띠고 가는 것이라는 짐작이 든다. 여기서 한 가지 생각해볼 수 있는 것은 오대산 사고(史庫)의 설치와 관계되는 일이다.

잘 알려진 바와 같이 임진왜란으로 나라의 사고들이 모두 불타고 전주사고본(全州史庫本) 왕조실록만이 남게 되었다. 그러나 정유재란으로 전주사고본마저 위급한 상황에 처하자 이를 선조의 신뢰를 받던 서산대사의 주석 처 묘향산으로 옮겨갔다. 그후 몇 벌로 복인(複印)된 실록을 안치할 장소의 하나로 역시 선조의 신임을 받고 있던 사명당의 연고사찰인 오대산 월정사를 선정하였던 것으로 보인다. 나라가 누란의 위기에 처하자 일신의 안위를 돌보지 않고 의승병을 일으켜 여러 차례 군공을 세웠던 서산과 사명에게 선조가 거는 기대는 적지 않았다. 더구나 서산대사가 머물던 묘향산은 북쪽 오지에 위치하여 안전성이 있었으며, 오대산 월정사 역시 전쟁 전에 사명당이 5년에 걸쳐 중수하였으나 전화를 당하지 않아 '삼재가 범하지 못하는 명당'(三災不入之地)으로 알려지고 있어 이 두 곳이 사고지 물색에 유력한 후보지로 꼽히게 된 것이었다.

오대산 월정사에 사고가 설치될 사각(史閣)이 건립되어 낙성을 보게 된 것은 그 다음 해인 1606년 4월이다. 그런데 사고지의 선정은 1605년에 본격적 논의를 거쳐 결국 내사고인 춘추관을 비롯하여 외사고로서 강화를 비롯하여 태백산, 묘향산과 함께 오대산이 결정되었다. 바로 이 무렵 사명당이 일본에서 귀국하여 선조께 복명한 것이다. 이때 선조는 그를 내달로 불러들여 왕조의 실록과 왕실의 족보인 『선원총보』(璿源總譜)를 위한 사각 설립의 장소를 물색해줄 것을 특별히 당부하였음이 분명하다. 사명당은 귀국하자마자 왕실로서는 매우 중요한 이 오대산사고의 설치라는 새로운 임무를 맡아 오대산행을 서둘게 되었던 것이다.

그러나 사각의 설치를 위한 공식업무는 어디까지나 강원감영(江原監

鑿)에서 담당하였던 것으로 그해 10월에는 강원감사 윤수민(尹壽民)이 치계(馳啓)하기를 오대산에 비가 많이 와서 월정사에 사고를 설치하는 일이 부적절함을 건의하고 있다. 그럼에도 불구하고 조정에서는 사명당에게 명하여 적지를 골라 월정사 영감난야(靈鑑蘭若) 부근에 초석을 놓고 사각의 건립을 서둘러 다음 해 4월까지 완성을 보게 한 것이다. 영감난야는 일찍이 사명당이 월정사를 중수할 때 오랫동안 여기에 머물며 일을 감독하던 큰 절로부터 제일 가까운 암자였다.

사명당의 심부름으로 경우사가 시를 받아가기 위하여 한음에게 온 것이 6월 13일이었으니 아마도 6월 중으로는 오대산으로 떠났을 것이다. 사명당과 함께 오대산으로 입산한 승려는 최소한 두 명이 더 있었다. 일본에 동행했던 승려들 가운데 한음이 시를 써준 사람은 다섯 명인데 이들 가운데 삼준상인(三俊上人)과 법원상인(法願上人)이 오대산으로 들어간다고 하면서 시의 서언에서 이렇게 적고 있다. 즉 "삼준상인은 송운의 문도이다. 지난번에 송운과 더불어 왜도에 건너갔다가 돌아와서 이전에 살던 오대산으로 돌아간다 하기에 한 마디를 지어드린다"라고 하고 있으며, "법원상인도 역시 일본에서 돌아와 장차 오대산으로 돌아가려 하므로 이를 써서 전별한다"라 하고 있다. 이를 보면 이 두 승려는 사명당의 제자로서 오대산에 머물고 있다가 은사를 시봉(侍奉)하고 일본에 다녀와서 다시 함께 입산하게 되었던 것 같다.

사명당이 오대산에 들어와 사고의 위치를 정하는 등의 일에 신경을 써야 했겠지만 이런 일들은 얼마든지 문도들을 시켜 관리들과 상의하여 처리할 수 있었을 것이다. 그렇다면 1년 반 만에 찾아온 오대산에 대한 한없이 반가운 마음을 담은 시를 남겼을 텐데, 이를 알게 하는 글이 한 편도 없다. 아마도 내 집에 돌아오자 그 간에 쌓였던 여독으로 지병이 도져 몸시 앓아누웠던 것은 아닐까. 그러나 여기 머물던 동안 사명당은 지친 몸을 푹 쉬는 한편 한없는 자유를 만끽하는 가운데 자신의 과거를 되돌아보는 소중한 시간을 가졌을 것이다.

서산대사 영탑 앞에서

6월 하순경에 오대산에 들어온 사명당은 이곳에 수 개월 동안 머물면서 다음 행선지 묘향산으로 가서 선사의 영탑전에 치제할 소상소문을 작성하는 일에도 정성을 기울였을 것이다. 그것은 단순한 제문이 아니라 스승의 영전에 자신의 과거, 특히 전쟁 이후 걸어온 불자로서는 어긋난 과거사를 되돌아보며 경건한 마음으로 고하는 참회문이었기 때문이다.

그가 묘향산 보현사에 도착한 것은 10월 하순이었다. 그리고 그믐날 제사를 올리며 준비해온 「등계대사소상소」를 읽었다. 이 소문 역시 앞에서 관계되는 부분들을 인용하여 이해에 편의를 구하였거니와 이제 그 전문을 인용하고 내용을 일별해보기로 한다.

만력 32년 갑진(1604) 정월 23일은 조계 보제등계 청허대사(曹溪普濟登階淸虛大師)께서 세상을 떠나신 날입니다.

이보다 먼저 임진년의 난리가 일어나 임금의 수레가 도읍을 버리자, 조정에서는 대사를 명하여 선교도총섭(禪敎都總攝)으로 삼았으므로 대사는 의승을 모아 대병(大兵)을 도우셨습니다. 그때에 제자인 저도 관동에 있으면서 의승을 모아 위험을 무릅 쓰고 대사의 문하로 달려가 분부를 받고 장군을 대신한다는 이름을 띠었습니다. 그러고는 몸을 잊고 나라를 위하여 활을 메고 군사를 따라 나가, 수륙의 천리 길에서 10년 동안 싸우느라고 일찍이 한 번도 북쪽으로 달려가 뵙지 못했습니다.

계묘년(1603) 여름, 영남에 있을 때 조정에 청하여 말미를 받고, 금강산 유점사로 달려가 대사를 뵈온 뒤에 표훈사로 모셔 보내면서 내년 봄에는 와서 모실 뜻을 말씀 드렸습니다. 그리고 오대산으로 돌아가 겨울 안거(安居)를 지냈습니다.

갑진년(1604) 2월 21일에 갑자기 부고가 이르러 곧 달려가다가 서울 부근의 양근(陽根) 오빈역을 지나던 중에 나라의 글을 받아 서울로 들어가 일본에 있는 우리 백성을 구하라는 명령을 받았습니다. 8월에 일본으로 들어갔다가 이듬해 을사년(1605) 5월 초승에 부산에 돌아와 6월 초에 복명하고, 10월 그믐에 비로소 대사의 탑에 예배하게 된 것입니다. 이렇게 세월이 흐르고 흘러 오늘에 이르렀습니다.

법의 은혜는 하늘과 같고 입은 덕은 땅과 같사오니 말하고 생각함이 여기에 미치면 그 슬픔이 골수에 사무쳐 어떻게 생각할 수 없고 무어라 말할 수 없습니다. 문하의 여러 형제들은 향과 꽃 따위의 공양거리와 보시의 의식을 정성스레 갖추어 시방(十方)의 구름 같은 성현께 공양하면서 원만한 감응을 비는 바입니다.

삼가 생각하오면 부처님의 진신은 걸림이 없어 중생들의 마음속에 두루 들어가시고, 묘한 법은 생각하기 어려워 삼승(三乘)의 교행(敎行) 밖에 뛰어났으므로 그 감응은 형상을 대하여 그림자가 생기는 것 같습니다. 그리하여 모든 부처님의 큰일의 인연을 의지하여 그로써 고향으로 돌아가는 나그네를 천도(遷度)하는 것입니다.

엎드려 생각하오면 등계(登階)의 각령(覺靈)은 오직 저 본원(本源)으

서산대사 휴정의 유필, 고려대학교박물관 소장.
이 유필은 '청야사'와 '서산자' 두 편으로 이루어져 있다.

로 돌아가는 국일(國一)이 곧 우리 말세의 등계입니다. 벽송(碧松)의 손
자요, 부용(芙蓉)의 아들로서 이미 어두워진 부처의 햇빛을 돌이키고,
거의 끊어진 조사(祖師)의 바람을 빛내었습니다. 그리하여 모든 바다를
법의 근원으로 받아들이니 큰 스님들이 책상다리를 분질렀고, 뜬 티끌
을 어두운 거리에서 고요하게 하니 장님과 귀머거리도 이익을 얻었습
니다. 봄은 지원(祇洹) 나무에 돌아오고, 달은 조계산(曹溪山)에 올랐습
니다. 법랍이 이미 70이 되었으니 앉아서 방석을 몇 개나 헤어뜨렸으
며, 수(壽)가 장차 90에 가까웠으니 얼마나 많은 법을 폈겠습니까. 선
생님은 널리 교화하는 법이 있었지마는 이 제자에게는 스승을 나타낼
만한 좋은 재능이 없었습니다. 관산(關山) 달 10년에 머리만 희어 펄럭
였고, 부상국(扶桑國) 만 리 길에 정신만 소모했습니다.

　미처 두 번 가르침을 받들지 못했는데 벌써 근본으로 돌아가셨습니
다. 그 음성과 모습만 생각하면서 부질없이 슬퍼하고, 지팡이와 신을
어루만지며 길이 애통해합니다. 낮에는 영산(靈山)의 높은 모임을 열
고, 밤에는 평등한 좋은 자리를 베풀었습니다. 그러나 본래부터 완전히

갖추었거늘 누가 뱃속에서 우뢰가 울까 걱정할 것이며, 그 자리에서 당장 알아차리니 모름지기 혀끝에 눈이 있는 줄을 믿을 것입니다. 물 한 방울로 큰 바다를 만들고, 온 땅덩이로 하나의 제단을 만들어, 하늘과 사람을 두루 공양하고 범부나 성인을 묻지 않았습니다.

삼가 원하옵나니, 대사의 각령은 마음이 곧 부처라는 진실한 지혜를 깨달았고, 다시 나지도 않고 죽지도 않는 묘한 결과를 증득(證得)하였사오니, 가서는 성현들의 짝이 되고 와서는 유현(幽顯)의 길잡이가 되소서. 그리고 다시 법계의 중생들과 다 같이 부처의 도를 이루기를 원하면서 금상(金相, 부처님)을 우러러 이 작은 정성을 호소하나이다.

   • 「登階大師小祥疏文」, 『사명집』 권6

사명당이 일본에서 돌아와 국왕 앞에 복명한 것이 전후처리를 위한 강화사의 업무수행을 위한 것이었다면 이 소상소문은 정신적 스승의 영전에 고백한 자신의 미흡한 수행에 대한 참회문이었다. 그는 전쟁으로 인한 야전생활 10년과 전후처리를 위한 만 리 길의 일본행에 대하여, '관산 달 10년에 머리만 희어 펄럭였고, 부상국 만 리 길에 정신만 소모했습니다'라고 표현한 대목이 이를 단적으로 말해준다.

사명당은 이 소문에서 먼저 전쟁에서부터 스승과 자기와의 관계를 일별한 뒤 서산대사의 입적으로 갑진년(1604) 2월 분상(奔喪) 도중에 조정으로부터 백성을 구해오라는 명을 받아 일본에 들어갔던 일을 차례로 고하였다. 사명은 일본 탐적사로 선정되는 과정에서부터 서산대사를 표면에 내세우는 작업을 진행하였다. 1602년 10월 비변사에서 사명당을 서울로 불러올려 일본으로 파견할 일을 상의할 때 그는 서산대사가 10년 전 서울을 탈환한 뒤 반납한 도총섭 직첩을 도로 찾아 바쳤다. 일본에 갈

묘향산 보현사의 수충사에
진열되어 있는 서산대사의
유품과 청허집 등 저서.

때도 『선가귀감』 등 은사의 주요 저서를 받들고 서산 휘하의 제2인자로
가서 조선 불교의 위상을 일본 불교계에 알려 외교활동에 도움되게 하려
고 세심한 배려를 하였다. 조선에 왔던 일본 종군승들로부터 경도 오산
임제종의 실상을 대충 알고 있었던 터이었다. 100여 년 뒤에 조선통신사
제술관으로 갔던 신유한은 그때까지 일본문화계에 잊혀지지 않고 있었
던 사명과 서산의 필명을 다음과 같이 기록하고 있다.

우리나라의 고승 송운대사 유정의 필적이 강호(江戶)에 있는데 옛날
종이라 빛이 흐려졌으나 글씨는 알아볼 수가 있었다. 일본에서 무릇 백
년 동안이나 이를 보물로 간직해두고 송운대사를 사모하여 소중히 여

기고 있었다.

여러 승려들이 서산대사 휴정의 이름을 알고 있어 그분의 시구를 들려달라고 간청하기에 나는 『서산집』(西山集)에 수록되어 있는 오언절구 한 편을 써주었다. 그것을 보자 모두들 몰려들어 한없이 감탄하였다.

• 「聞見雜錄」, 『해유록』

송운대사야 말할 것이 없지마는 그가 내세웠던 '선사(先師) 서산'의 이름이 백년이 지나도록 일본의 불교계에 널리 알려지고 있었다는 것은 실로 대단한 일이라 아니할 수 없다. 앞에서 언급한 바 있지마는 사명당이 사신으로 선정되어 바다를 건너가 활동하면서 지은 시편의 부제를 '명을 받아 도해할 때 기록한 시'(承命渡海時所記)라고 한 '승명'(承命)의 본래 의미는 '왕명을 받은 것'이었으나 일본에서는 '선사의 유명'(遺命)으로 이해되고 있었던 점에 유의할 필요가 있다.

이처럼 사명당은 일본에 가서도 이미 고인이 된 선사를 모시고 활동하였으며, 귀국하여 조정에 복명하고 이제 와서야 대사의 영탑에 절하게 된 사정을 아뢰고 있다. 그런 다음 스승의 법랍 70년 동안 교화(敎化)의 공이 한없이 크고 많았음을 기리면서, 자신에게는 스승을 들어낼 만한 재능이 없음을 참회한다는 겸손함도 잊어버리지 않고 있다. 그는 스승이 있든 없든 언제나 어디서나 항상 스승을 앞세워 받들고 자기는 뒤에서 몸을 낮추었다. 즐겨 제2인자로 사는 겸손함을 잃지 않았던 충정이 위 소문에 넘치고 있다.

사명당이 묘향산에 들어온 지 3개월이 지난 다음해인 병오년(1606) 정월에 허균이 편지 한 장을 보내왔다. 이 한 장의 서신이 당시 그의 근황을 짐작하게 해준다.

서산대사가 보현사에서 만년을 보낸 것을 기려 전후 사찰에서는 수충사를 지어
영정을 모시고 향사하였다. 표충사나 수충사는 모두 유교식 사당이다.

『능가경』 4권은 바로 초조(初祖, 달마)의 심인입니다. 그러나 유독
구절을 떼지 못하겠으며, 주(注)를 내놓은 것도 깊은 해석이 없습니다.
무슨 수로 백문(白文, 구두점이나 주석이 전혀 붙어 있지 않은 순수한
한문)으로 의미를 깨달을 수 있겠습니까. 하지만 만 번이나 읽으면 저
절로 통할 수 있을 것입니다.

한스러운 것은 우리나라에 판본이 없어서 후학들에게 은혜를 끼치지
못하는 점입니다. 이제 소장하고 있는 당본(唐本)을 꺼내어 보내드리오
니 주지승(住持僧)으로 하여금 자금을 모아서 간행하게 하십시오. 이
또한 좋은 인연이 될 것입니다.

• 『성소부부고』 21권

이 글에서도 볼 수 있는 바와 같이 이 무렵 사명당은 불교서적의 간행과 같은 조용한 불사에 관심을 기울이고 있었다. 그는 묘향산에서 그해 겨울을 지내고 새해 정월 서산대사의 2주기를 맞아 대상을 치렀다. 그 동안 그는 산사의 적막을 벗하면서 제자들의 극진한 간호를 받으며 지병을 요양하였을 것이다. 시 짓기를 좋아하는 그가 오대산에서와 마찬가지로 이때 역시 한 편의 시도 남기고 있지 않은 것으로 보아 그러한 짐작을 가능하게 한다.

삼청동 궁궐 역사役事를 맡다

사명당이 묘향산에서 한 해를 넘기고 1606년 새봄을 맞자 선조는 다시 그를 서울로 불러올렸다. 그리고 그에게 영선군을 거느리고 궁궐의 역사에 나아가 감독하는 일을 맡게 하였다. 이때의 일을 「석장비문」에는 다음과 같이 쓰고 있다.

병오년 봄에는 영선군(營繕軍)을 거느리고 법궁(法宮) 공사에 나아가 삼강동(三江洞)에 초가집을 짓고 있었다.

여기 삼강동은 서울의 삼청동(三淸洞)을 일컫는 것으로 조선시대에는 서울 안에서도 수석이 아름다운 곳으로 이름나 있었다. 사명당은 궁궐의 역사를 감독할 동안 초막을 짓고 기거하였음을 알 수 있다.

그 무렵 월사 이정구(李廷龜)는 어느 날 중추원의 여러 재상들과 더불어 그날의 공무를 마치고 그길로 바로 삼청동으로 사명당의 거처를 찾아갔던 이야기를 시와 그 서문에서 이렇게 적고 있다. 먼저 서문에서 "추부(樞部)의 재신(宰臣)들과 화원(花園)의 공관에서 공무를 마감하고 송운노사를 방문하였다. 스님은 이때 삼청동의 초사(醮祠) 곁에 머물고 있는데 그곳은 자못 청정하여 마음에 들었다. 이에 술잔을 나누고 시를 읊으며 종일 놀다가 달빛을 받으며 돌아왔다. 이튿날 송운스님이 승려 삼응(三應)을 시켜 편지를 보내와 나를 위로해주고 아울러 시권(詩卷)을 보여주기에 그 시에 운자를 달아서 시를 지어 보냈다. 이로써 어제의 좋은 모임을 기록해둔다"고 하였다. 다음은 그의 시다.

지둔의 숨은 곳 찾아, 지팡이 짚고 멀리 갔었네.
고요한 암자에 걸린 등불 조촐하고, 푸른 산에 우는 새 많기도 해라.
폭포소리 나무 끝에서 메아리 치고, 경쇠소리 바위 사이에 들려왔네.
운연(雲煙) 물색이 모두 고향의 그리움인데, 돌아가지 못하니 어이할거나.

爲尋支遁隱 扶杖遠相過. 白杜懸燈淨 靑山啼鳥多.
飛泉響樹抄 淸磬出岩阿. 雲物皆鄕思 其如歸未何.

어제 삼청동을 지나다가, 거기에서 송운 노사를 만났네.
때 묻은 옷을 칡넝쿨 장막에 걸고, 정토를 비는 암자는 황량한 사당에 의지했네.
어두운 골짜기에 종소리 처음 들리니, 이끼 낀 단 앞에 자리 여러 번 옮겼네.
두 번 놀러오기 더디게 하지 말라, 산 위의 달이 이지러질까 아까와라.

昨過三淸洞, 仍逢雲老師. 塵衣掛蘿幌, 淨社依荒祠.
瞑壑鍾初動, 苔壇席屢移. 重遊莫遲緩, 山月惜將虧.

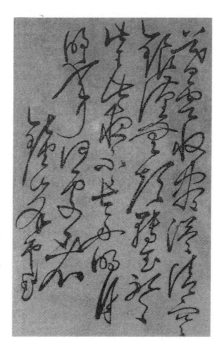

유려한 필치로 된 칠언절구로
일본에서 발견되었다.
마지막 두 구 '이 인생 이 밤을
오래하지 못하면, 어느 달 어느 해에
다시 만나 즐기리' 한 것을 보면
가강과 회담을 마치고
떠날 무렵의 작품으로 보인다.

• 『월사집』권17

시문에 능한 월사는 이렇게 송운 노승이 궁전 역사에 종사하고 있던 장면을 시적 정감으로 멋지게 묘사하고 있다. 삼청이란 이름은 도교와 관계가 있다. 당시 아름다운 삼청동 계곡에는 감천(甘泉)이 솟아나는 성신정(星辰井)이 있어, 이곳 사람들이 이 우물물을 떠놓고 성신에 제사지내던 칠성당(七星堂)이라는 오래된 초사(醮祠)가 있었다. 사명당이 거처하던 초막(암자)이 여기 의지해 있는데, 울타리에는 담쟁이 넝쿨이 얽혀 있고 거기에 때 묻은 옷을 걸어놓고 있었다고 한다. 따라들어간 방에는 간이 불단을 차려놓고 있었으며, 이끼 낀 방에서나마 달이 질 때까지 이야기꽃을 피웠던 모양이다.

사명당이 삼청동 궁궐 역사에 임하고 있을 때 서울에 사는 고관들이 자주 방문하여 시를 창화하였던 것 같다. 일송 심희수(一松 沈喜壽)도 우의정으로 있을 때 사명당의 제자 삼응이 가지고 온 시축(詩軸)의 운에 따라 시를 지었다. 「송운장로」라는 제목 아래 "풍진 세상에서는 오늘의 대장이시고, 도력으로는 본래 선사이셨지(塵容今大將 道力舊禪師). 만리 부상 바다 건너와서는, 삼청동 태을사에 계시네(萬里扶桑海 三淸太乙祠). …"라 읊고 있다. 송운에 대한 시와 만사는 『일송집』(一松集)에 실려 있으나, 이 시는 현재 표충사에만 남아 있는 것으로 알려져 있다.

그가 삼청동에 머물고 있던 그해 5월에는 사명당은 여러 법형제들과 논의하여 서산대사를 위한 사리탑을 유점사에 세우기로 하였다. 그러나 정작 자신은 제사를 지내는 의식에 직접 참여하지 못하고 대신 축문을 읽게 하였다. 그때 그는 비단 두어 필과 등계의 탑을 세운 축문을 성지(性智)에게 주어 유점사 주지 태희(太熙)에게 보내어 5월 13일에 제물을 차리고 축문을 읽게 하였는데, 다음은 그 축문의 주요 부분이다.

삼가 생각하오면 …… 선사의 도덕을 소중히 여기는 것이 아니라 다만 선사의 기골을 소중히 여기고, 선사의 거침없는 가르침을 놀랍게 여기는 것이 아니라 다만 선사의 법을 천하게 팔지 않으신 것을 존경하는 것입니다. 그러므로 삼가 향과 차로써 감히 돌아보아주시기를 청하는 바이오니, 각령(覺靈)을 밝게 살피시어 원만히 증명하여 주소서.

아무 등 여러 법제자들은 선사의 영골 한조각을 가져다가 지달산 난야에 모셔서 정성을 기울이는데 마음을 달게 하였습니다. 그리고 몇 개 진주를 기도하여 얻고 소역(小役)들과 함께 마음을 모아 공경히 영탑을 세운 것입니다.

　제자는 생령(生靈)들을 널리 구제하라는 명령을 받고 바다를 건너갔다 돌아와서 서산(西山)에 들어가 탑에 예배하고 거기서 겨울을 지내면서 대상의 애통함을 마쳤습니다. 그리고 나서 생각하기를 봄이 되면 곧 중향성(衆香城)으로 달려가 공손히 오분향(五分香)을 올리고 돌아오리라 하였습니다. 그러나 저의 업(業)이 좋지 못하여 업을 스스로 짓지 않지마는 마치 무슨 물건이 쫓아오는 듯싶어 생각지 못했던 지경에 빠져서, 손발이 묶여 질곡(桎梏)을 당한 것 같았습니다. 마음은 학의 머리에 있는 구름에 나는 듯싶지만 몸은 말발굽 밑의 티끌에 떨어진 것입니다. 세상의 일이 까닭이 없어 산문을 저버리고 누추한 곳에 와 있사오며, 가는 곳마다 길이 막혀 벗어날 수가 없습니다.

　…… 그리하여 만력 34년 병오년 갑오일 무진삭 경인일에 여러 법형제와 사백(師伯)들과 더불어 국일도대선사 선교도총섭 부종수교 보제등계 청허대사(國一都大禪師禪敎都摠攝扶宗樹敎普濟登階淸虛大師)의 각령께 올리오니 원컨대 대사께서는 신통을 드리어 밝게 살피소서.

• 「登階建塔祝文」, 『사명집』 권6

　이 글에서 보듯이 사명당은 작년 말에 묘향산에 탑을 세워 치제하고 금년 봄에는 금강산으로 들어가 유점사에 모신 선사의 영당에 향을 올리고 오려고 생각하였다. 그러나 속세의 일들로 여의치 못하여 스승의 탑을 세우는 자리에도 참석하지 못하고 제수와 축문을 대신 보내야 했다. 그는 '마음은 학의 머리에 있는 구름에 나는 듯싶지만 몸은 말발굽 밑의 티끌에 떨어져 있으며, 세상사가 까닭이 없어 산문을 저버리고 누추한 곳에 헤매이며, 가는 곳마다 길이 막혀 벗어날 수가 없다'고 한탄하고 있다. 그는 언제나 산문을 그리워하면서도 몸은 세상일에 매여 있어야 하는 모순된 현실을 이렇게 표현한 것이다.

그러나 불만스러운 이 길은 스스로 택한 것이었지 남이 굳이 강요한 것이 아니다. 그는 이러한 사실에 대하여 '자신의 업(業)이 좋지 못하여 그 업을 스스로 짓지는 않지만 마치 무슨 물건이 쫓아오는 듯싶어 생각지 못했던 지경에 빠져서, 손발이 묶여 질곡을 당한 것 같았다'고 푸념하면서도 스스로 감히 이를 외면하려는 졸렬한 짓은 범하지 않았다. 인간은 분명히 자신이 원하지 않았던 길을 불가피하게 걸어야 하는 현실을 당하는 경우가 허다하다는 사실을 승려 사명당은 자신의 일로 받아들여 그렇게 변명하고 있는 것이다.

1607년 초 조정에서는 사명당이 일본에서 강화활동을 통해 이룩한 피로인 쇄환과 국교회복을 위한 후속 조치의 일환으로 사절단의 파견이 있게 되었다. 이때 그는 대마와 경도에 있는 오산의 서소승태를 비롯하여 다른 세 사람의 장로승 앞으로 일일이 편지를 써서 피로인 송환의 일을 각별히 당부하는 일을 게을리하지 않았다.

조정에서는 그 동안 영선군을 이끌고 궁궐 역사를 감독한 사명당의 공로를 치하하여 정2품 자헌대부 형조판서 겸 의금부사(刑曹判書兼義禁府使)를 내렸다. 그해 5월에는 전쟁 동안 그의 후견인이기도 했던 서애 유성룡도 생을 마감하였다. 서애의 부음은 병마에 시달리는 사명당 자신에게도 더욱더 산사의 휴식을 갈망케 하였을 것이다. 선조는 자신에게도 죽음이 임박하고 있음을 느낀 탓인지 가을에는 휴가를 비는 사명당의 청을 들어주어 서울에서 그리 멀지 않은 치악산으로 들어가 조용한 산사의 생활에 젖을 수 있게 되었다.

마지막까지 피로인 송환을 촉구하다

사명당이 귀국할 때의 일을 「석장비문」을 비롯한 우리 측의 기록에서는 '화호를 성취하여 피랍되어갔던 많은 우리 백성들을 데리고 돌아왔다'고 하고 있다. 그러나 이때의 화호는 정식 국교의 체결이 아니라 그 정식 국교의 체결을 위한 기초를 마련하고 왔다고 해야 한다. 왜냐하면 국교가 맺어지려면 양국 사이에 정식으로 국서(國書)의 교환이 있어야 하기 때문이다. 앞에서도 언급한 바 있거니와 사명당 일행이 돌아올 때 가강 측에서 서신을 보내려 하였으나 사명당은 이를 거절하였다. 그들은 정식 사절이 아니라 비공식 사행으로서 주로 일본의 정세를 탐색하는 임무를 띠고 갔을 뿐 아니라 국서 교환이 있으려면 사전 작업이 선행되어야 한다는 사실을 알고 있었기 때문이다.

사명당의 귀국 보고를 받은 조정에서는 일본에 대한 강화조건을 서둘러 토의하여 결정하였다. 그 조건은 첫째 가강으로부터 사죄의 뜻을 담은 국서를 보내되(이것을 '先爲國書'라 함), 거기에는 가강이 일본국왕이라고 칭할 것, 둘째 전란 중에 왕릉을 도굴한 범인을 잡아 보내야 한다는 것이었다. 이리하여 조정에서는 그해 8월 전계신을 대마도로 보내어 이 두 가지 조건을 제시하고 일본의 국서를 요구하게 하였다. 그 결과 그해 11월에 조선 측에서 요구한 '일본국왕 원가강(日本國王 源家康)'의 이름으로 된 국서와 함께 왕릉 도굴범이라고 하는 두 청년을 압송해왔다. 이때에 온 국서와 도굴범은 조속한 국교의 재개를 바라던 대마도 측이 조작한 것으로 뒷날에는 그 진실이 밝혀졌지만 당시 조·일 양국에서는 크게 문제 삼지 않고 그대로 넘어갔다.

조선에서 요구한 두 가지 조건이 일단 받아들여졌으므로 이제 사절단을 파견할 차례가 되었다. 이리하여 선조 40년(1607) 정월 여우길을 정사로 하고, 경섬을 부사로 한 사절단은 총 504명으로 구성되었다. 그런데 사절단의 명칭을 조선통신사가 아니라 회답겸쇄환사(回答兼刷還使)로 정하였다. 이번 사절단의 파견은 지난번 사명당이 도일하여 피로인 쇄환과 국교교섭에 이어 다시 가강의 서신이 온 데 대한 회답과 함께 피로인의 후속적 쇄환이 그 주요한 사명이었기 때문이다. 사명당은 회답사 여우길 일행을 보낼 때 자신이 경험했던 외로움과 어려운 일들을 생각하며 격려와 위로의 뜻을 담아 다음 칠언율시 두 수를 지어 환송하였다.

황지 손에 들고 서울을 떠나서
고래바다에 배 띄우니 때는 2월일세.
물결에 비치는 비단옷에는 봄기운 움직이고
연기가 자라 등에 열리니 햇빛 더디어라.
근심 깊을 때 게으르게 등가(藤家)와 이야기하고
기운 답답하면 귤자(橘子)의 시 자주 화답하리.
가다가 완하 다리 위 길에 다다라서
삼한 땅에 머리 돌려 부질없이 서로 생각하리.

手持黃紙別京師 鯨海揚帆二月時

波映繡衣春色動 煙開繁背日光遲

愁深懶與藤家語 氣憫頻廣橘子詩

行到浣河橋上路 三韓回首護相思

통명전 아래서 조서를 받들고

고래바다 곤의 물결에 이 길을 떠나네.

북극 저문 구름 장차 해가 떨어지고

동주로 돌아가는 길 하늘과 함께 멀어라.

황감은 언제나 반의 입은 아이가 심부름할 테고

청명은 때로 염치한 사람과 함께 마시리.

일 마치고 돌아올 제 많은 적자들 이끌고 오니

가을 바다에 마음대로 돌아오는 배 띄우리.

通明殿下受明詔 鯨海鯤波發此行

北極暮雲長日遠 東州歸路與天長

黃柑每見班兒獻 青茗時同染齒嘗

竣事還携多赤子 秋洋隨意泛海艎

• 「奉別回答使」, 『사명집』 권3

앞의 시에서 근심이 깊을 때 '등가와 이야기한다'는 말은 왜장 가등청
정의 집과 관계되는 사람들의 도움을 받을 수 있으리라는 것이고, '귤자
와 시를 화답한다'는 말은 일이 잘 풀리지 않고 답답할 때는 대마도의 길
잡이 귤지정과 상의하게 되리라는 뜻이다. 그리고 다음 시에서는 사명을

완수하고 돌아올 때는 많은 피로인들을 데리고 올 것이라는 기대를 표명한 것이다.

사명당은 자기가 벌여놓은 피로인 쇄환에 관한 사업이 여우길 일행에 의해서 커다란 성과가 있기를 바랐다. 이리하여 그는 대마와 경도에 있는 오산의 장로승 서소승태를 비롯하여 원길, 숙로, 현소의 네 사람 앞으로 일일이 편지를 써서 피로인 송환을 각별히 당부하였다. 그 가운데 승태에게 보낸 편지가 가장 자세하고 내용이 갖추어 있으므로 여기 그 전문을 인용한다.

승태서소 장로에게 드리는 글

해성(海城)에서 한 번 헤어진 뒤 해가 두 번 바뀌었습니다. 험한 물결이 바다에 접하였으니 머리를 돌려본들 어찌 하겠습니까. 멀리 생각컨대, 노형께서는 철따라 복 많이 받으시고 도안(道眼)이 더욱 높아져서 가는 곳마다 거꾸로 쓰거나 바로 쓰거나 서래(西來, 달마가 중국으로 옴)의 법인(法印)으로 인가하여 해외 중생들로 하여금 모두 은택을 입게 하여 여러 부처님의 막대한 은혜를 갚으시니 경하할 일이라 하겠습니다. 이른바 '이 깊은 마음으로 티끌처럼 많은 국토에 바침이 곧 이것을 이름하여 부처님 은혜를 갚는다' 함이오니 또한 아름답지 않습니까.

송운은 서쪽으로 돌아와 늙고 병든 몸이 되어 곧 묘향산으로 들어와 이 업보(業報)의 육신을 마치기로 기약하였더니 '바다를 건너가는 사신의 행차가 있다'는 소식을 듣고 문안을 드리나이다.

지난번에 송운이 선사의 유촉을 받들어 널리 생령을 구하는 것을 임무로 삼아 남으로 대마도에 유람하여 마침내 귀국에 이르러서 녹원대 장로와 서소사형과 원광장로 그리고 오산의 여러 스님을 만나 종지를

618

성대히 논하여 조사가 서래한(祖師西來) 뜻을 밝히니, 노형 역시 선사의 정법안장(正法眼藏)을 욕되게 하지 않으셨고 나도 또한 종문(宗門)의 일맥이 동해에서 성대히 빛나는 줄 알게 되었습니다. 이도 또한 전생의 인연이니 어찌 사람의 힘으로 이룩할 수 있으리오.

일찍이 내가 이미 널리 중생을 제도할 것을 임무로 삼고 갔었는데 조선의 적자(赤子)들이 이역에 함몰되어 빠져 있음이 마치 물과 불 속에 빠져 있음과 같은데, 이를 건져오지 못하였으니 마음이 어찌 편하겠습니까. 장군께서 처음에는 돌려보내고자 하는 뜻이 있었는데, 마침내 그렇게 하지 아니하니 내가 빈손으로 돌아오게 되었습니다. 이제 사신의 행차가 있음으로 말이 이에 미치게 되었으니, 오직 형께서는 대장군에게 잘 보고하여 그때 돌아오지 못한 자들을 모두 돌려보내어 전에 한 말을 식언(食言)함이 없게 하시기 바랍니다. 이것은 늙은 승려가 간여할 일이 아니지만 전날에 사람을 구제하기를 생각하고 멀리 갔다가 대장군과 여러 장수와 여러 대장로에게 보살핌을 입게 되었으므로 감히 이를 진언함이오니 오직 형은 두루 살피소서.

보잘것없는 물건이오나 받아주시기 바라며 이만 그치나이다.

운손 1권, 청향 4봉, 진홀 6속, 약삼 3근, 관성 20자루.

그런데 이 편지는 가장 중요한 내용을 담고 있음에도 불구하고 다른 세 편과는 달리 『사명집』에는 누락되었다가 100여 년 뒤 『분충서난록』이 간행될 때 비로소 햇빛을 보게 되었다. 문집의 편찬자들의 고의적 의도였는지 아니면 실수에 따른 것인지 그 연유를 알기 어렵다. 어떻든 이 편지의 가장 핵심적 내용은 피로인의 쇄환을 촉구하는 것이다. 우선 편지를 내용별로 요약해보면 첫째 승태는 도안이 높은 승려로서 특히 해외 중생의 제도에 힘써 부처님의 은혜에 보답하고 있으니 복 받을 일이라는 말과 함께 안부를 묻고, 둘째 송운 역시 선사 서산대사의 유촉을 받들어 널리 중생의 제도를 위해 도일하여 여러 스님들과 남종선(南宗禪)의 종지(宗旨)를 논하여 밝힐 때 승태(承台) 역시 선사의 정안(正眼), 즉 서산대사의 중생제도의 뜻을 옳게 여겼다는 것. 그리고 셋째 이역에 떨어진 조선 백성들을 구제하려는 송운 자기의 뜻에 장군(德川家康)도 그렇게 하겠다고 하였으나 약속대로 되지 않았다는 것이다. 특히 마지막 말은 이번 여우길 일행의 쇄환사 행차에는 가강에게 특별히 진언하여 지난번에 자기와 언약한 바를 '식언'(食言)하지 말아달라는 말하자면 우회적이면서도 매우 강도 높은 질책을 숨기지 아니한 것이었다.

사명당은 여우길 일행 편에 대마도의 여러 인사들에게도 그냥 있지는 못했을 것이다. 「의지(義智)·조신(調信)·선소(仙蘇)에게 준다」는 다음 시도 아마 이때 전한 안부를 대신한 인사 표시였을 것이다.

세 늙은이의 명성 해동에 가득한데
서로 친함이 이미 형해 밖에 있도다.
두 땅에서 서로 만나지 못한다 말하지 말라
흥이 오면 서로 정신이 모이게 되리니.

三老聲名滿海東 相忘己在形骸外
莫言兩地不相逢 興來相與精神會
•『사명집』 권4

몸은 서로 떨어져 잊고 살고 있어도 일이 있으면 정신적으로 서로 생각하며 지낸다는 친숙함을 말하고 있다. 이와 같이 사명당은 일본에서 귀국한 뒤 일반인을 상대로 한 글이나 시는 거의 삼가고 있었으나 일본을 상대로 한 국교와 피로인 쇄환에 관한 일이야 소홀히 할 수 없었다. 나름으로 정성을 들여 예를 다한 것이다.

사명당이 여우길 일행에게 보낸 편지에 대하여 서소승태는 어떤 답서를 보냈을까. 신유한은 『분충서난록』을 편찬하면서 오산의 장로승들에게 쓴 편지를 게재한 다음, 이 편지에 대한 일본 승려들의 답신이 있었을 것이라고 하면서 이렇게 주를 달고 있다. 즉, "이 서신은 예조에 기록되어 있는데, 사신이 돌아올 때 왜승의 답서에는 무슨 이야기가 있었는지 알수 없으니 한스럽다"라 하고 있다. 그런데 최근 일본학자가 그 자료를 발굴하여 학계에 소개하였는데, 그 내용은 다음과 같다.

귀국의 인민이 일본에 구류되어 수 년이 경과하는 동안 일본의 각계 인사들에게 사랑받고 있는 자도 있고, 처첩(妻妾)이 된 자도 있고, 혹은 노복이 된 자도 있습니다. 대사의 자비심과 대마의 후한 정(厚情)은 말할 필요조차 없습니다.

우리 국왕은 본국에 돌아가고자 하는 자는 돌려보내고, 귀국을 원치 않는 자는 그들이 원하는 바에 따른다는 방침입니다. 여행객이 고향을 사모하는 것은 고금에 당연한 일인데, 날이 가고 해가 지나도 돌아가고자 하는 자는 반드시 귀국시키겠습니다.
• 『이국일기』 권3(『사명당 유정』 p.357에서 재인용)

이 답서에서도 승태는 사명당의 구세재민의 자비심에 경의를 다하면서도 정작 피로인 송환문제는 확실한 대답을 회피하고 있다. 즉 피로인들이 일본에 와서 여러 해를 경과하는 동안 저마다 사적인 인연을 맺어 빠져 나가기가 어렵게 되었다는 사정을 말하면서 동시에 송환의 일이 송운대사의 자비심에서 비롯하여 대마도 측의 성의로 성과를 보게 되었음을 높이 평가하였다. 결론적으로 일본으로서는 원칙적으로 당사자가 원하면 모두 돌려보낸다는 방침이라는 점을 분명히 하고 있다.

조선 사행이 일본에 갔을 때 덕천가강은 아들 수충에게 양위하여 덕천막부를 열고 있었기 때문에 여우길 일행은 5월 20일 준부(駿府)에까지 가서 회견하였다. 그리고 막부의 집정(執政) 본다정순(本多正純)의 향연을 받았다. 일본 측의 호의로 그들이 강호(江戸, 동경)에까지 왕래하면서 체재하는 지역의 숙소로 찾아오는 피로인들에게 귀국할 것을 설득하여 돌아오는 배에 함께 태우고 왔다. 부사 경섬이 쓴 『해사록』(海槎錄)에는 본다정순이 예조참판 앞으로 보내는 서한이 실려 있는데, 여기에도 "조선의 남녀로 붙잡혀 와서 일본에 흩어져 살면서 거의 20년이 지났다. 이들 가운데 결혼하거나 자녀를 가진 사람들은 귀국할 생각을 하지 않는다. 본인의 자유의사에 맡겨 귀국할 의사가 있는 사람들을 조속히 귀국시킬 수 있도록 엄명하고 있다"고 하여 서소승태가 사명당에게 보낸 답서와 거의 같은 실정을 말하고 있다.

여우길 사행 가운데 어느 경남 하동출신의 관인이 경도 길거리에서 동향 출신의 피로인 여대남(余大男)을 만나 본가에 그 소식을 알려줌으로써 부자 사이에 서신 왕래까지 하며 귀국을 시도하였으나 결국 뜻을 이루지 못하였다. 여대남은 여천갑(余天甲)의 아들로 유서를 읽고 있던 13세의 소년으로 임진난이 일어난 다음 해(1593) 왜병에게 피납되어 서생포 왜성을 거쳐 일본으로 보내졌는데, 당시 그는 본묘사 주지 일진의 후원으로 경도 육조강원(六條講院)에서 일련종의 종지를 수학하고 있던 27세의 청년이었다. 그의 법명은 일요(日遙)로서 29세에 웅본 본묘사 제3대 주지가 되어 일련종의 고승으로 두각을 나타냈으며, 가등청정이 죽고 난 뒤 신임 세천(細川) 영주에게 본국으로 돌아갈 수 있게 해 줄 것을 요청하였으나 허락되지 않았다. 지금도 본묘사에는 사명당의 유필과 함께 일요의 영정과 필적 등이 다수 소장되어 있다.

일본의 피로인 송환에는 시간이 경과할수록 여러 가지 인연들이 얽혀질 뿐 아니라 비용도 따랐으며, 그리고 상부의 명령이 하부까지 어느 정도 하달되어 집행되었는지도 모를 일이다. 이리하여 사명당의 간곡한 당부에도 불구하고 여우길 일행은 그해 7월 3일 귀국할 때 역시 대마도로부터 피로인 1,418명밖에 데리고 오지 못하여 이른바 '구우일모'(九牛一毛)의 소수에 그칠 뿐이었다. 그리고 그 숫자는 1617년 제2회 사행에 이르러서는 불과 321명밖에 안 될 만큼 줄어들게 되었다. 일요는 고국의 부친에게 편지를 보내어 대마도주와 비후태수(肥後太守)에게 선물할 매를 보내주기를 바랐으나 여의치 않았으며, 이때 거창·진주·밀양·산음·부안·광양 출신의 여러 친구들이 조석으로 만나 고국 이야기를 하며 산다는 애달픈 사연도 전했다. 여우길 사행이 다녀가고 8년 후인 1620년의 일이다.

17

깨달음을 널리 펴고

"흐린 물결과 맑은 물은
다 함께 한 근원에서 나온 것이다.
무릇 성인과 어리석고 불초한 사람의 성품도
이와 같다. 다만 미혹하고 깨달은 데서
차별이 있는 것이다.
그 누가 어리석고 지혜로운 것이
씨가 있다고 하겠는가?"

만년의 불교 저술

사명당은 삼청동 궁궐의 역사에서 물러나와 정미년 가을에 강원도 치악산의 어느 조용한 절로 들어가 쉬게 되었다. 그러나 다음 해 2월에 선조가 승하하였으므로 사명당은 서울로 올라가 배곡하였는데, 이 때문에 병이 악화하여 보다 오랜 요양을 필요로 하였다. 「석장비문」과 「행적」에는 이때의 일을 같은 내용으로 쓰고 있으나 다만 「행적」의 기사가 약간 자세하다. 다음과 같다.

정미년(1607) 가을에는 벼슬을 사퇴하고 치악산에 돌아가 있었다. 무신년(1608)에 선조의 승하하심을 듣고 서울에 올라가 배곡하고, 이로 인해 병을 얻어 매우 괴로워하였다.

각별한 지우(知遇)를 입고 있던 사명당 역시 병든 몸으로 커다란 충격이 아닐 수 없었다.

당시 조정에서는 영의정 유영경을 위시한 무리들이 새로 영창대군을 옹립하려 하고, 이에 반대한 이이첨 · 정인홍을 중심으로 한 당인들은 광해군의 옹립을 주장하여 매우 어지러운 형국을 이루고 있었다. 결국 광해군이 즉위하자 이이첨 일파가 득세하여 그해 9월 유영경은 사사(賜死)되고 말았다.

이 무렵 사명당은 더러는 시로써 노경의 외로운 심정을 달래기도 하였다. 그의 시 가운데 병들고 늙음을 한탄한 노래가 있다. "근래에 병이 많아 늙고 병든 것 한스러운데, 친한 벗들 쓸쓸히 떨어져 반은 이미 없어졌네."(邇來多病歎龍鐘 親友凋零半已空,『사명집』 권4「회포를 쓴다」寫悔)라는 시는 내용으로 보아 노경의 작품임에는 틀림없겠지만 반드시 이때의 작품으로 볼 수 있을지는 의문이다.

전쟁이 끝난 지 10년이 가까워오면서 불교계에서는 불탄 건물을 세우고 경전을 간행하는 등 여러 가지 불사가 진행되었다. 이 무렵 사명당은 사찰의 중창기나 혹은 불자들이 불교경전을 필사하거나 또는 간행할 때 요청에 응하여 발문을 쓰기도 했다. 예컨대, 간기를 명시하지 않았지만 그 전후의 작품으로 여겨지는 「각림사심검당낙성소」(覺林寺尋劒堂落成疎)를 비롯하여, 「화엄경발」(華嚴經拔)과 「법화후발」(法華後拔) 그리고 만력 36년(1608) 5월에 쓴『약사경』(藥師經) 발문 등 저술활동을 중심으로 만년기의 불교저술 활동을 살펴볼 수 있다.

이들 가운데 치악산 「각림사심검당낙성소」는 전쟁으로 불탄 자리에 절을 세워 재를 올리면서 읽은 것으로 보아 혹시 사명당이 이때를 맞추어 원주로 내려간 것이 아닌가 여겨지기도 한다. 원주의 각림사와 보현사는 사명당과 일찍부터 연고가 있는 사찰로서 전쟁 후에도 그가 남방에서 수자리를 지키다가 이 지역 산사로 들어와 잠시 쉰 적이 있었다. 그러나 당시는 전쟁 직후여서 사찰의 건축은 생각할 겨를이 없을 때였으니 아마 1607년 가을에 각림사에서 신검당을 낙성하고 재를 올릴 때 사명당이 때를 맞춰 치악산으로 내려간 것으로 보인다. 원문의 주요 부분은 다음과 같다.

사바세계의 어느 도, 어느 군, 어느 곳의 부처님을 받드는 제자 아무 등은 각기 서원(誓願)을 세우고, 따라서 기뻐하는 시주와 화주(化主)가 된 비구들은 선왕(先王)과 선후(先后)의 여러 영가(靈駕, 영혼)를 위하고, 또 아무 등의 주인 없는 외로운 혼이 모두 극락세계에 나기를 원하여 이에 여기 병화에 탄 옛터에 한 채의 깨끗한 절을 세우고 그것을 낙성하고는 이제 큰 재를 올리기로 하였나이다. …… 큰 시주는 극락세계에 마음을 두고 작은 비구는 손만 내면 성취시킬 수 있을 것이니, 다만 이것을 짐작하시어 이 놀라운 공덕을 받들어주소서.

삼가 원하옵나니 주상전하는 성수만세하시고, 왕비전하는 그 성수가 주상전하와 같으시며, 세자전하는 천추하여지이다. 또 아무 등은 바라는 것이 뜻대로 되고 …… 그리고 이 세계의 모든 중생들은 큰 자비에 골고루 목욕하여 다 같이 온갖 괴로움에서 다시 살아나기를 원하면서 금용(金容, 부처)을 우러러 삼가 소문을 올리나이다.

- 「覺林寺尋劍堂落成疏」, 『사명집』 권6

이 소문에서 사명당은 선왕의 영가에서부터 주인 없는 영혼들의 극락왕생을 빌고, 또한 선조대왕과 왕후 그리고 세자 광해군의 장수를 비는 일에서부터 크고 작은 시주들과 모든 중생들에게도 자비의 혜택이 내리도록 축원하고 있다. 전쟁으로 불타버린 사찰을 중건하는 데는 신도들의 적극적인 참여가 필요하였기 때문에 그들의 신심에 호소하는 일이 중요했다.

사명당은 대상에 따라 설법하는 내용을 달리하였다. 얼마 후 선조가 승하하고 난 뒤에 쓴 『화엄경』 발문에서는 또 그 경우에 맞추어 법문을 펼치고 있다. 이제 잠시 그 글을 인용하고 의미를 살펴보기로 한다.

사명당이 지은 『약사경』
발문 가운데 대왕대비를 비롯
세자와 주상과 왕비 등의
장수를 비는 축원 부분으로,
훗날 사나사에서 발췌해
간행한 것이다.(1682)

크도다. 『화엄경』의 돈교(頓敎)여! 그 실체는 본래 생긴 것이 아니기 때문에 처음도 없고 끝도 없다. 그 작용은 소멸하는 것이 아니어서 이루어지는 일도 없고 무너지는 일도 없다. 그렇기 때문에 이것은 모든 교(敎)의 근본이 되는 것이요, 모든 법의 종(宗)이 되는 것이다.

하늘도 이것으로 해서 맑고 이것으로 해서 편안하다. 산과 내는 이것으로 해서 흐르고 버티어 섰으며, 새나 짐승도 이것으로 해서 날고 달린다. 심지어는 초목이나 곤충들도 움직이고 쉰다. 때문에 이것은 이른바 만물의 본체가 되어 빠뜨림이 없고 일체의 성품이 되어 변함이 없다. 우리 부처님이 말씀하신 바도 대개 이것을 말한 것이요, 53 선지식(善知識)이 사람에게 보여준 것도 대개 이것을 보인 것이다. 심지어 임금님은 어질고 신하는 충성스러우며, 아비는 사랑하고 자식은 효도하

민사에게 지어준 칠언절구. '戊申初夏也'란 구절로 미루어,
대사가 입적하기 2년 전인 1608년의 작품이다. 김선원 소장.

며, 형은 우애하고 아우는 공손하며, 남편은 화락하고 아내는 순종하는
것도 또한 모두 이것을 얻었기 때문에 그렇게 되지 않은 것이 없다.

이것을 미루어 넓혀서 충실히 한다면 물건마다 모두 비로(毘盧)의 진
신(眞身)이요, 이것을 미루어 행한다면 걸음마다 모두 보현(普賢)의 묘
한 행동이 될 것이다. 이것을 듣는 자는 부처를 이루고 이것을 따라 기
뻐하고 보면 범부(凡夫)에게서 초월하게 된다. 그러니 진실로 재주가
천종(天縱)을 뛰어나고 지혜가 생지(生知)를 지난 사람이 아니고서야
그 누가 능히 올바른 믿음을 내고 큰 서원을 세우며, 이 뜻을 크게 드날
릴 것인가.

이 글은 『화엄경』의 주된 맥락들을 돈교(頓敎)를 중심으로 융합시켜 돈교사상의 큰 흐름을 간략하게 서술한 것이다. 좀더 자세히 말하면 인용문의 첫 번째 문단은 화엄이 표방하는 최상의 진리는 언제나 현상과 함께하면서도 현상의 변화를 떠나 있기 때문에 모든 교법(敎法)의 근본이 된다는 것이다. 다시 말하면 화엄의 돈교는 모든 것을 아우를 수 있다는 설명이다. 두 번째 문단에서는 화엄의 돈교야말로 삼라만상의 존립근거와 불교교법의 핵심이 될 뿐 아니라 심지어는 유교의 핵심덕목인 삼강오륜의 기반을 이룬다는 것이다. 이는 화엄교학의 법계연기론(法界緣起論)을 긍정하여 수용한 설명이다. 마지막 세 번째 문단은 누구나 화엄돈교를 말하고 행하거나 듣고 기뻐한다면 범부의 경지를 뛰어넘어 성불(成佛)하게 된다는 결론에 해당하는 부분이다.

위에 인용한 글은 『화엄경』의 사상을 설명한 것으로 이는 실제 발문의 일부에 불과하며, 더 많은 내용은 승하한 선조의 영가에 대한 기도와 이에 이어 새로 등극한 왕과 왕실 제위에 대한 장황한 축원문이다. 그리고 마지막 문장은 다음과 같이 이어진다.

이에 대방광품(大方光品) 가운데 신중(神衆)들의 권세를 타고 세상을 구호하는 묘응(妙應)을 알고, 53 선지식의 찬송에서 선재(善才)를 보고 스승을 찾아 법을 구하는 외로운 자취를 본다. 이것은 비단 성스러운 임금의 마음이 전에 알지 못하던 것을 느껴서 알 뿐만이 아니다. 이에 그 법의 힘과 신령스러운 공덕이 가만히 국가를 도와서 천하에 임금이 되고 아비가 된 이들로 하여금 모두 끝없는 세상에서 이로움과 즐거움을 받게 될 것을 더욱 믿게 하는 것이다.

이리하여 드디어 천재와 지변으로 하여금 저절로 그치고 저절로 없어지게 한다. 요(堯)임금의 바람과 순(舜)임금의 태양이 스스로 불어오고 스스로 밝아져서 이 땅의 백성들이 모두 태평세월의 즐거움을 누리게 하고 모두 노래와 춤추는 속에서 놀게 하는 것이다.

아아! 이 『화엄경』의 큰 가르침은 성스러움과 공경함이 스스로 뛰어나고 사람과 귀신이 모두 함께 기뻐하여 다 같이 그 행(行)을 극진히 행하여 함께 반듯하고 넓고 큰 세계의 바닷속에 들어가게 될 것이다. 이 어찌 이른바 '처음으로 마음을 내자 이내 정각(正覺)을 이룬다'는 것이 아니겠는가.

여기 『대방광품화엄경』에 보이는 구세(救世)의 묘응(妙應)이나 구도적 정신이야말로 결국 국가를 보호하고 천하의 태평을 이룩하는 길잡이가 될 수 있다는 것이다. 다시 말하면 『화엄경』에 보이는 법의 힘과 공덕이 호국과 구세로 이어지는 그러한 정신을 찬양하면서 그 위대한 가르침을 얻기 위한 첫걸음으로 의상대사의 법성게(法性偈) 첫 구절 즉, '처음으로 마음을 내자 이내 정각을 이룬다'(初發心時 便正覺)는 일절을 인용하고 있다.

이와 같이 사명당에게 호국 내지 구세라고 하는 현실참여적 실천정신은 『화엄경』만이 아니라 불교에 대한 다른 여러 곳의 언급에서도 보이고 있다. 예컨대, 전쟁이 있기 전에 그가 금강산에 머물 때 쓴 「개골산흥성암조불권선문」(開骨山興成庵造佛勸善文)에서는 '부처님은 중생들에게 그 은혜가 두터우니 마치 군왕(君王)과 같고, 좋은 법을 가르침은 스승과 같고, 자비로서 중생을 제도함은 부모와 같다' 하고, 그렇기 때문에 그를 군주나 스승이나 부모와 같이 떠받들고 경배하는 것이라 했다. 그의 이러한 불신관은 유교에서 말하는 임금과 스승과 부모의 역할과 그 차이를 발견하기 어렵다. 그에게 불교의 의미는 유교적 덕목을 결여하고 있는 사상이 아니라 유교를 포함한 여타의 사상들을 아우르는 전체적이며 본질적 사상체계로써 인식되었던 것이다.

사명당의 이러한 현실 참여적 불교관은 20여 세의 젊은 시절에 동지들과 함께 조직하여 서약한 「갑회문」(甲會文)에서도 나타난다. 여기서 그는 그들이 나서 건강하게 자라고, 어려운 때를 당해서도 부모로부터 받은 몸을 보전하고 있으며, 불법을 만나 함께 법회(法會)에 참석하는 인연 등을 긍정적이고 적극적으로 감사하고 있다. 이러한 생각은 자신들의 삶이 외부와의 끊임없는 교섭으로 상호 작용하며 신장된다는 사회의식이 자리 잡고 있어서 실제 상황을 만나면 바로 실천으로 이행하게 된다. 사명당의 참전도 그러한 이념의 실천적 표현으로서 이는 '대승적 보살행'이며, 유교적 표현으로는 '나라를 위한 충성'이었다.

사명당의 삶은 항시 어느 하나에 머물지 않고 도를 구하여 길 위에서 보낸 세월이었다고 해도 과언이 아니다. 이러한 실천적 내지 유동적 삶 속에서 그는 수많은 시를 쓰고 게송을 지었으며, 적영의 정탐기를 쓰고 상소문을 올렸으며, 상대의 요청에 따라 기문(記文)이나 불서(佛書)의 발문을 짓기도 하였다. 이와 같이 그는 불교 이론을 체계적으로 논한 저술을 남기기보다는 그때그때 상황에 따라 필요한 글을 썼다. 전술한 『화엄경』 발문도 그러했고, 여기서 살펴볼 『법화경』에 대한 문장 역시 그러하다. 여기서 사명당의 불교사상을 논할 때 자주 언급되는 「원준장로법화후발」(圓俊長老法華後跋, 『사명집』 권6)을 인용하고 그 내용을 살펴보자.

대체로 맑은 거울과 흐린 금은 각각 다른 물건이 아니다. 흐린 물결과 맑은 물은 다 함께 한 근원에서 나온 것이다. 그런데 그 근본은 같으면서도 끝이 다른 것은 그것을 갈고 갈지 않은 것과 또는 움직이고 움직이지 않는 데 달려 있을 뿐이다. 무릇 성인(聖人)과 어리석고 불초한 사람의 성품도 역시 이와 같다. 다만 미혹하고 깨달은 데서 차별이 있는 것이다. 그 누가 어리석고 지혜로운 것이 씨가 있다고 하겠는가? 지극히 어리석은 사람으로 크게 깨달아지기를 바란다는 것은 그 형세가 마치 하늘과 땅 같다 하겠다. 하지만 한 가지 생각으로 기틀을 돌이키고 보면 문득 본래 깨달은 것과 같아지는 것이다.

그런데 이 기틀을 돌린다는 것에는 두 가지 종류가 있다. 그 하나는 자기 자신의 힘이요, 두 번째는 딴 사람의 힘이다. 자신의 힘이란 한 생각으로 기틀을 돌이켜 문득 본래 깨달은 것과 같이 되는 것을 말함이요, 딴 사람의 힘이란 인자한 아버지이신 부처님에게 귀의하여 열 번 염불하여 공을 이루는 것이다.

서쪽 지역에 나라가 있으니 극락이라 하고, 또 큰 성인이 계시니 무량광(無量光)이라 한다. 그는 모래알 수와 같은 보살들과 티끌 수 같은 성문(聲聞)들에 둘러싸여 48원(願)을 갖추시고 8만 4천 법문(法門)을 하시면서 몸에 따르는 상호(相好)와 좋은 광명(光明)으로 중생들을 구제했다. 그런데 중생이 한 번에서 일곱 번만 염불한다면 모두 옥호(玉毫)로써 그들을 맞이하여 인도한다. 그렇다면 소위 부처라는 한 글자가 깨달음의 바닷속에 있는 한 개의 바늘이라고 한 것은 맞는 말이 아니다. 또 이것은 부처님이 말한 것이 아니라 모든 성인들도 다 같이 왕생(往生)을 발원한 것이니 어찌 우리를 속였겠는가?

이 글은 중생이 불교적 깨달음에 이르는 방법의 문제와 미타신앙과의 관계를 논한 것이다. 이 글은 내용상으로 보아 첫째 깨달음에 대한 서론적인 서술, 둘째 깨달음에 이르는 방법론의 제시, 셋째 결론 부분의 세 문단으로 나누어 이해할 수 있다.

첫째 서론적인 문단에서는 중생이 본성(本性)에 있어서는 부처와 차별이 없기 때문에 한 기틀을 돌리면 똑같은 깨달음에 이를 수 있다는 것으로 말하자면 중생이 깨달음에 이를 수 있는 근원적인 배경을 제시한 내용이다. 일찍이 서산대사도 『선가귀감』에서 "이 마음은 평등하여 본래 범부(凡夫)와 성인(聖人)이 따로 없다. 그러나 사람에 따라서는 미혹한 이와 깨친 이가 있고, 범부와 성인이 있다"고 한 것과 같이 사명당도 그 범부와 성인의 현상적 차이를 인증하고 다만 범부가 성인이 되기 위해서는 '한 가지 생각으로 기틀을 돌이키고보면, 같은 깨달음의 경지에 이르게 된다'는 것이다.

둘째 방법론을 제시한 문단에서 저들 중생 내지 범부가 깨달음을 얻는 방법으로서는 자신의 힘에 의지하는 자력문(自力門)과 타자의 힘에 의존하는 타력문(他力門)이 있다는 것이다. '세상 모든 것은 마음이 만든다'(一切唯心造)고 믿는 불교는 기본적으로 선수행(禪修行)과 같은 자력문을 중시하지만 중생이나 범부가 반드시 성현(聖賢)과 같이 자신의 힘만으로 깨달음에 도달하기 어렵다. 이래서 불교에서도 염불을 통하여 부처님에게 귀의하는 타력문을 필요로 하게 되는 것이다.

셋째 문단에서는 누구나 아미타불을 염송함으로써 극락세계에 도달할 수 있는 타력문의 구체적인 내용을 설명하고 있다. 서방정토 극락세계에 있는 아미타불은 사람들이 그 아미타불의 이름만 열심히 불러도 자신이 죽어서 그곳으로 환생할 수 있다고 한다. 아미타불의 염송은 범부도 현인과 한가지로 쉽게 할 수 있는 방법이어서 일부 선가(禪家)에서 권장되기도 하였다. 서산대사도 염불을 참선과 동떨어진 것으로 보지 않고 얻어지는 공력(功力)은 동일한 것으로 보았다.

이와 같이 사명당의 발문은 정작 『법화경』의 내용을 풀이하였다거나 혹은 그 내용과 밀접한 관련성을 서술한 것이 아니다. 이는 말하자면 『아미타경』의 발문이라고 하면 오히려 어울릴 것이라는 뜻이다. 어떤 이유에서일까? 사명당에게 「법화후발」을 부탁한 사람은 본래의 제목에서 보여주듯이 원준이라는 장로승이었다. 원준은 서산의 제자로서 이 발문의 말미에 설명하고 있는 바와 같이 그 자신이 쓴 법화참문(法華懺文) 10편에 대한 발문을 동문인 사명당에게 요청한 것이었다. 이때 원준은 발원하기를 '…… 부처님처럼 중생을 제도하기를 '중생의 세계가 다해야만 서원도 다하게 하여 주옵소서'라고 하였다. 이에 사명당은 그의 그 장한 뜻을 살펴 발문을 초하였으므로 그 내용은 굳이 법화의 내용이 아닌 미타정토사상으로서 그 서원에 보답하려 한 것이었다.

또 다른 한 가지 예를 들어보자. 다음 글은 해인사로 내려가 있던 1608년 5월에 쓴 『약사경』 발문이었는데, 강희 21년(1682) 용문산 사나사의 개판본으로 간행되었다가 현재까지 전하고 있다. 『사명집』 권6에는 「한방응이라는 사람이 자기의 부모를 천도하며 경전을 간행한 데 대한 발문」(韓方應薦父母印經跋)이라는 제목으로 되어 있다. 이제 전문을 옮겨 적고 그 내용을 살펴보자.

단단한 관문을 굳게 막고 보면 물도 새어 통하지 못하고 석화(石火)도 오히려 더디며, 번개불도 여기에는 미치지 못한다. 삼세(三世)의 부처님도 여기에 이르러서는 손을 맞잡고 귀의하게 된다. 육대(六代)의 조사(祖師)들도 다만 먼 곳에서 바라만 보고 입을 열지 못할 것이다. 하물며 이 언어나 문자에는 관계되지 못한다.

또 말하거니와 이 몇 권 경전은 또 어디에서 얻어온 것인가. 만일 그것을 분별한다면 네가 낭떠러지에서 손을 놓고 남의 업신여김을 받지 않을 것을 내가 허락하겠다. 하지만 만일 그렇지 못하다면 갈등에 얽매인 몸임을 면치 못하리라.

이제 여러분은 이 몇 권 경전이 어디에서 왔는지 알고 싶은가. 그것은 하늘에서 온 것도 아니요, 사람에게서 얻은 것도 아니다. 그것은 모두 한방응이 그 부모의 명복을 비는 한마음에서 흘러나온 것이다. 그리하여 능히 먼저 죽은 이와 법계(法界)의 모든 사람들로 하여금 그 돌아가 발붙일 곳을 얻게 하는 것이다.

비록 그렇다 하더라도 그것은 아직 교화(敎化)의 문에 관계되는 것이다. 또 말하거니와 받아가진 글 한 구를 가지고 어떻게 도(道)를 이룰 것인가. 내 뜻을 알지 못한다면 한갓 귀를 기울이고 듣느라고 수고로울 뿐이다.

만력(萬曆) 36년 무신(戊申) 5월 4일 사명 송운 근발

일반적으로 영가(靈駕)의 천도를 위하여 경전(經傳)을 간행할 경우에 쓰는 발문은 그 경전 유통의 공덕을 찬양하고, 그러한 공덕에 힘입어 영가가 천도되기를 기원하는 내용으로 이루어진다. 그러나 사명당은 여기서 경전이란 깨달음에 이르는 초보 단계라는 사실을 언급하면서 그보다는 선을 통하여 깨달음에 이르도록 가르치는 데 주안점을 두고 있다. 언어 문자로 된 경전을 간행함에 있어서 그 언어 문자를 넘어선 선(禪)의 경지를 가르치는 파격을 보이고 있는 것이다.

부모의 천도를 위하여 경전을 간행한 한방응은 상궁(尙宮) 출신으로 사명당의 신도 가운데 상당히 비중이 있는 사람이었던 모양이다. 이러한 사

실은 해인사 「석장비문」의 뒷면에 새겨진 음기(陰記)에 그의 이름이 첫 번째로 등장하고 있는 사실로 알 수 있다. 사명당이 부모의 천도를 위해 경전을 간행한 신도의 공덕을 찬양하기보다는 신앙에 더욱 정진하라는 가르침을 베푼 사연을 짐작할 수 있는 대목이다.

사명당은 대상에 따라 자신의 해박한 지식의 보고에 저장되어 있는 자료의 가닥을 적절하게 풀어내었다. 그는 일본의 승려들을 대할 때도 일련종이나 정토종 혹은 선종의 승려를 만나면 그 종파의 종지에 맞는 내용의 시문으로서 대화하여 서로 의사를 통하고 있었음은 이미 살펴본 바와 같다. 그는 서산대사와는 달리 저술을 위한 저술은 하지 않았다. 멀리는 중국에 여러 명저들이 있고, 가까이는 서산대사의 글들이 갖추어져 있다. 따라서 자기는 따로 논지를 세워 장편의 저술에 임하지 않아도 이미 밝혀놓은 선인들의 이론을 택하여 그때 상황에 맞게 실행하며, 제자를 계도하면 족하다고 여긴 까닭이다. 그는 '상동암의 돈오' 이래 타에 의존하지 않아도 인간은 본래 불성을 구족하고 있다는 확신에 차 있었기 때문이다.

선의 대가, 종지를 설하다

사명당이나 서산대사는 자타가 공인하는 선종의 승려였다. 그들이 비록 교학에도 밝고 정토종에도 많은 관심을 기울였지만 불교적 기반은 어디까지나 남종선이었다. 사명당이 남종선의 역사를 간결하게 축약하여 보여주는 대표적인 법문으로 「사대사상당서」(四大師上堂序)를 들 수 있을 것이다. 이는 만년에 사명당이 구술하고 제자가 필기한 내용으로서, 이를 통하여 다시 한 번 선에 대한 그의 관점을 음미해볼 수가 있다.

영취산 마지막 법회에서 꽃을 들어 보이시니 계봉노(鷄峰老, 가섭)가 웃음 속에 봉(鋒)을 감추었고, 소림사에서 구년 면벽하시니 신광(神光, 혜가)이 팔을 잘라 장벽(牆壁)에서 안심을 얻었다. 마조의 일갈에 대웅(大雄, 백장)이 귀가 멀었고, 황벽(黃蘗)이 방(棒)을 휘두름에 임제가 살아났다. 이러한 때에 사량(思量)의 경계로 헤아릴 수 있겠는가? 만일 하나의 털끝만큼이라도 그 사이에서 헤아린다면 허깨비에 부림을 당하여 자신의 성명(性命)이 구덩이에 떨어질 것이다. 빠져나오려 해도 문이 없으니, 어찌해볼 수 있겠는가?

그러나 강서(江西)와 홍주(洪州)와 균주(筠州)와 진주(鎭州)의 사대사(四大師)들의 그 일언반구는 가히 하늘을 기울이고 땅을 뒤집는 것으로 귀머거리는 들리고, 눈 먼 자는 보게 될 것이다. 한량없는 세계의 모든 부처님들도 이로써 골수를 삼으셨고, 항사(恒沙)의 모든 조사들도 이로써 면목을 삼으셨다. 적수적동(滴水滴凍)이요, 은산철벽(銀山鐵壁)이로다. 예를 들면 이른바 뜨거운 번뇌의 바다 가운데 청량한 적멸(寂滅)의 법당이니, 기사회생하는 신묘한 영약이라 할 수 있다. 그러므로 이제 약간의 말을 기록하여 취광장로(翠光長老)가 가는 길에 받들어 올리니, 장로가 어찌 미리 대비하지 않았으랴? 나는 그저 일조할 뿐이다. 오직 노사께서 근면하기를 바라노라.

소제자 쌍흘(雙仡)은 삼가 쓰다

• 「심법요초」(心法要抄) 부록, 『청허당집』(『한불전』 권7)

이 글은 내용상으로 보아 사명당이 취광장로라고 하는 이와 작별할 때 그 장로가 아직 교학적 가르침에서 벗어나지 못하고 있는 것을 보고 그를 깨우쳐주기 위하여 법문한 것으로 보인다. 석가가 영산법회에서 가섭에게 염화미소를 보인 데서부터 시작하여 달마가 중국으로 와서 제자 혜가를 길렀다는 사실 그리고 남종선의 마조에서 황벽·백장·임제에 이르는 중국 4대 선사들의 치열한 선풍을 들어 일목요연하게 약술한 것이다. 여기서 그는 마조 이래 4대사들의 일언반구는 '하늘을 기울이고 땅을 뒤집는' 힘을 지닐 뿐만 아니라 '뜨거운 번뇌바다 가운데 청량한 적멸의 법당으로서 기사회생하는 신묘한 영약'이라고 비유하고 있다.

이 글이 언제 지어졌는지는 분명하지 않지만 아마도 사명당이 일본에서 돌아와 그해 묘향산에서 겨울을 보낼 때 법문한 것으로 보인다. 왜냐하면 그가 구술한 내용을 그의 제자 쌍흘이 받아 적고 있는 점에 주목할

百年人事 水東流 幾作隨紜

逐逐游長 無暇懷 逢客夢葉

業在雨邊 秋

惟政

시의 작자를 호 없이 '유정'이라고만 쓰는
경우는 드물다. 젊을 때 쓴 것일지도 모르나
내용상으로 볼 때 만년의 작품으로 보인다.

필요가 있다. 이것이 대사의 문집에는 빠져 있으나 문장이 서산대사의 선
지를 명료하게 적시(摘示)한 것으로서 후일 서산의 「심법요초」를 간행할
때 그 부록으로 수록하였을 것이다. 글의 요지는 서산대사의 「선교결」에
일찍이 설해진 것인데, 이때 사명당이 이 대목을 끌어내어 더욱 활기차게
선의 진경을 펼쳤으므로 이를 서산의 문집에 편입시킨 것으로 여겨지기

때문이다.

사명당은 이와 같이 투철한 선사들의 선기(禪機)야말로 인간을 죽음에서 다시 살릴 수 있다고 믿었다. 그러나 그러한 선기는 고요한 산사나 구애됨이 없는 생활 속에서 함양된다고 믿었기에 그는 자나 깨나 그곳을 그리워하고 있었던 것이다. 그는 「담상공의 운을 따라서」라는 시에서 다음과 같이 읊고 있다.

> 백 년을 삼분하면 이분이 지났는데
> 지금도 행동거지가 구름만 같구나.
> 어느 때나 숭산의 선방에 높이 누워
> 학의 소리 원숭이 울음 들어볼 것인가.

百歲三分已二分 祇今行止更如雲
何時高臥崇山室 鶴唳猿啼半夜聞
• 「雙運堂用譚相公韻」, 『사명집』 권4

100세에서 3분의 2가 지났다면 이 시는 그의 나이 63세가 넘어서 지은 것임을 알 수 있다. 그가 49세에 임진왜란을 당한 이후 계속하여 나라의 일에 쫓기며 이 무렵까지 살면서 항시 산사와 함께 산짐승의 울음소리를 그리워하는 시를 지었다. 현실에서는 치열한 삶을 살면서도 그의 시와 문에서는 언제나 그러한 현실생활을 한탄하면서 한적한 산사로 돌아가기를 희구하였다. 어떤 사람은 사명당의 앞뒤 어긋나는 이러한 시적 표현을 두고 대립적 갈등구조라고 표현하고 있다.

사명당은 어린 시절에 유서를 읽으면서부터 심학에 관심을 가졌으며,

10여 세에 사찰에 드나들며 불전을 읽다가 출가하여 승려가 되었다. 이리하여 20대 봉은사 시절을 거쳐 30대에 서산 문하로 들어가 3년간 선수련을 익혔다. 그리고 그 뒤로는 명산대찰을 돌아다니며 운수행각을 통하여 선적 내공을 쌓았으며, 전쟁을 당한 뒤로는 자신의 표현과 같이 언제나 길에서 살아야 했다. 그가 대마도 적간관에서 밤을 보내며 지은 시 가운데, "매사가 어긋나는 내 일생이여, 아아 이제는 그만이로세(齟齬吾生也 吁嗟已矣夫). 나이가 이제 62세인데, 절반은 길에서 있었네(行年六十二 太半在長途) … "라고 하여 절반을 길에서 보낸 자기 인생을 한탄하고 있다. 그러나 그럼에도 불구하고 그러한 삶을 그는 스스로 만들어간 것이다. 이와 같이 직관적이며 실천적으로 걸어온 그의 인생 노정은 조선시대 사대부들의 이학적 내지 관념적 생활태도와는 매우 다른 방식이었다.

　사명당의 선 수행은 추상열일(秋霜烈日)처럼 치열한 것이었다. 그는 사람들이 깨우침을 얻을 수 있는 방법을 여러 가지로 설명하고 있다. 다음 시는 연장로에게 준 선게(禪偈)다.

　　철관이 굳게 닫혀 갈 길이 없으니
　　서쪽으로 치고 동쪽으로 두드려 열도록 하라.
　　갑자기 의심덩어리 터져 깨지니
　　하늘 놀라게 하고 땅을 움직이게 하도록.

　鐵關牢鎖無行路 西擊東敲要打開
　倏悠然爆地疑團破 管取驚天動地來
　　•「贈蓮長老」, 『사명집』 권5

이는 굳게 갇힌 의심의 장벽 속에서 화두를 집중적으로 참구함으로써 경천동지하는 깨달음에 이를 수 있음을 설파한 것이다. 그러나 그 깨달음은 일회성으로 끝나는 것이 아니다. 다음은 정응선자에게 준 것이다.

이 일이 원래 칼날을 희롱함과 같으니
희롱할 때 삼가서 아예 칼날을 범치 말라.
게을리하고 의심하다 사량의 길에 떨어지면
외로이 부모를 저버리고 고향을 등지리.

此事從來弄劍刃 弄來須愼犯鋒鋩
遲疑若墮思量路 孤負爺孃隔故鄕
•「贈正凝禪子」,『사명집』권5

사명당은 화두의 참구를 통하여 의단을 깨뜨리는 데 있어서 자칫 생각(思量)의 경계로 떨어질 때는 크게 어긋난다는 것이다.

의단을 끊고 정진하는 방법을 그는 다음과 같이 설명하고 있다. 어느 이공이라는 사람이 법어를 요구하자 그에게 써준 다음 선게(禪偈)를 보자.

깎아지른 절벽에 발붙일 곳 없어도
목숨을 놓고 몸을 잊고 의심 없이 나가라.
다시 칼날 향해서 한번 몸을 뒤쳐야만
비로소 공겁 이전의 일 알리라.

懸崖峭壁無栖泊 捨命忘形進不疑

更向劍鋒翻一轉 始知空劫已前時

　●「酬李公求語」,『사명집』권5

　이공이 '깨우침의 경지'를 묻자 사명당은 그것은 '공겁(空劫) 이전의
일'이라고 전제하면서 그 세계에는 천길 절벽에 발붙일 곳이 없어도 한
걸음 더 나아갈 수 있어야 하며, 서슬이 퍼런 칼날 앞에서도 자신의 몸을
한번 뒤칠 수 있어야 비로소 도달할 수 있다고 가르친 것이다. 사명당의
이러한 선게는 다른 곳에서도 반복되고 있다. 잘 알려진 바와 같이 이는
당나라 경잠선사(慶岑禪師)의 유명한 화두 '백 척 장대 끝에서 다시 한
걸음 더 나아가야, 시방세계는 바야흐로 자기 몸이 되리라(百尺竿頭進一
步, 十方世界是全身)'는 유명한 한 마디와 그 뜻을 같이 하는 것이다.

　일찍이 서산은 사명에게 임제선(臨濟禪)의 올바른 법을 부촉하면서 자
신을 저버리지 말라고 간곡히 당부하였다. 서산은 수많은 제자 가운데 사
명당이야말로 자신의 법을 이을 인물로 지목하였던 것은 그가 사명의 선
적 경지를 평가한 다음 시에서도 알 수 있다.

　　사문의 일척 안, 그 안광이 팔방을 비추네.

　　위엄은 왕이 칼을 잡은 듯하고, 허함은 거울이 대에 있는 듯하네.

　　구름 밖으로 용을 잡으러 가고, 공중에서 봉황을 치며 오네.

　　죽이고 살림이 여러 가지로 능하니, 천지 또한 티끌일세.

　　一隻沙門眼 光明照八垓. 卓如王秉劍 虛若鏡當臺.

　　雲外拏龍去 空中打鳳來. 通方能殺活 天地亦塵埃.

• 「贈惟政大師」, 『청허당집』 권1

임제의 선풍은 '맨손에 칼을 잡고 부처를 만나면 부처도 죽이고 조사를 만나면 조사도 죽인다'는 이를테면 죽이고 살리는 일을 자유자재로 할 만큼 치열한 것이다. 서산은 사명이 이미 그러한 선의 경지에 도달하였음을 인정한 것이었다.

사명당의 선적 깨달음의 경지에 대하여 허균의 말을 들어보자. 그가 계묘년(1603) 가을에 강릉 경포의 농막에 있을 때 사명당에게 선의 '마음을 밝히고 성품을 본다'(明心見性)는 뜻을 물어보았더니 명쾌한 대답을 해주었다고 다음과 같이 설명하고 있다.

(스님은) 조계(曹溪)와 황매(黃梅)의 가법(家法)을 확실히 깨닫고 있었다. 그래서 나는 그가 참된 종지(宗旨)를 밝게 깨닫고 꽃을 들어 비밀히 전한 뜻을 바로 이어 받았으므로 세상을 건지고, 환란을 구원한 것도 이 한 끝에서 나온 것임을 비로소 알았다.

사명당이 남종선의 종지를 확실히 깨달았다고 하는 이 대목을 「석장비문」에서는 조금 더 구체적으로 이야기하고 있다. 다음과 같다.

스님은 이 시끄러운 시대를 만나 전쟁에 시달리면서 나라를 위해 강한 적을 물리치기에 바빴으므로 …… 자세히 알지 못하는 사람은 뱃사공 노릇을 하지 않고 세상을 구제하기에 급급하다고 나무란다. 그러나 그들이 어찌 악마를 베어 어려움을 구제하는 것이 바로 불교를 믿는 사람의 공덕임을 알 수 있겠는가.

648

산사에서는 세속의 일에 그만 간여하고 빨리 돌아오라고 재촉하고, 유림 측에서는 산승이 산으로 돌아가야지 어째서 바쁘게 세상일에 참견하느냐고 비웃는 세태였으므로 허균은 그렇지 않은 불법의 이치를 따져서 그렇게 말한 것이다.

허균은 자기의 문집을 간행하면서 이름은 '부부고'(覆瓿藁) 즉, 장독이나 덮을 하찮은 글이라 하였다. 그의 문집에는 도교나 불교에 대한 말은 많지만 유교에 대한 글은 없으며, 그가 지은『홍길동전』은 당시 조선의 예교질서를 부정한 소설이라는 것은 잘 알려진 일이다. 실제로 그의 생활은 서얼이나 기녀들과 어울려 시문을 창작하는 등 사대부로서의 생활궤도를 일탈하여 체제 측의 따돌림을 받아 죽을 때도 비명에 갔다. 이러한 모든 행위는 마치 중국의 양명학 좌파의 거두 이탁오(李卓吾, 1527~1602)를 닮았다고 하여 그를 조선의 유교반도라고 부르는 학자도 있다. 이탁오는 동심(童心)을 진심(眞心)이라 하여 역사인물에 대한 비평도 이를 기준으로 하기 때문에 때로는 진시황도 유능한 군주로 추켜세웠다. 이리하여 자기가 저술한 책 이름을『분서』(焚書, 불태워 버릴 책)니『장서』(藏書, 쌓아 놓을 책)라 하였으며,『수호전』의 평점본을 써서 동심설을 내세워 예교사상을 비판하다가 역시 체제 측의 공격을 받아 비명에 갔다.

허균은 중국에 사신으로 가거나 혹은 중국 사신을 접반하는 기회를 이용하여 탁오의 글을 읽고 그의 반유교사상을 접하였다. 그러나 그를 양명학의 양지설(良知說)이나 탁오의 동심설(童心說)을 신봉하였다고 하기에는 문제가 있다. 마찬가지로 그가 사명당을 존경하고 그의 행업(行業)을 찬양하였으며, 선수행도 즐겼지만 그렇다고 그 자신이 승복을 입으려하지는 않았다. 다만 그들 사이에는 유가적 사회체제 속에서 '지적(知的) 구도자'로서의 정신과 자세를 견지하였다는 공통점이 있었다. 사명당의

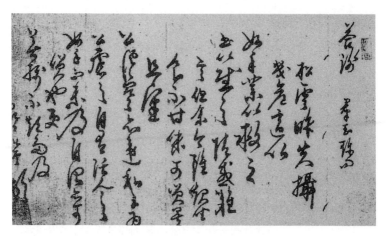

사명당은 경도에서 병이 나 의원 군옥의 치료로 쾌차한 적이 있다.
군옥이 감기를 앓는다는 소식에 의사도 병을 앓느냐고 농을 한 사명당의 편지. 홍성사 소장.

경우도 대마도에서 지은 시에서와 같이 '승려로서 머리를 깎았지만 유자를 본받아 수염을 길렀다'고 한 것처럼 그는 반드시 맹목적으로 불교를 신봉하지 않았다.

사명당은 이러한 정신적 자세로 때로는 의승병을 통솔하였으며, 강화사로서 왜장과 담판에 임하였다. 전후처리를 위해 바다를 건너 일본으로 가서도 승려들과 어울려 시문을 주고받았으며, 복견성 회담에 나가 피로인 송환을 요청하였다. 그는 일을 당할 때마다 담담하면서도 담대하게 문제의 본질 속으로 파고들어 커다란 외교적 성과를 이루고 귀국하였다. 택당 이식은 사명당이 도해할 때 장도를 비는 시를 지어 환송했다. "행장은 멀리 바다를 건넜고, 간담은 응당 하늘이 알아주리……. 돌아와 밝은 임금께 아뢰고서, 예와 같이 죽장 짚고 돌아가리라."고 한 이 '환송'시는, 사명당이 일본에서 성공하고 돌아와 산사로 조용히 돌아가는 내용의 '환영'시로 보아도 될 만한 내용이다. 그만큼 대사의 삶의 태도를 미리 꿰뚫은 것이어서 『분충서난록』에도 실려 일반에 애송되었다.

이와 같이 사명당의 특출한 점은 허균이나 이탁오가 미처 이루지 못한 공업을 그가 이루어놓았기 때문이다. 전쟁 중에 허균이 서울에서 사명당을 만났을 때의 인상기에서 "그는 의분이 폭발하여 손바닥을 맞대며 이해를 따질 때는 옛사람의 절개와 호협한 기상이 있었고, 말안장을 어루만지며 눈을 돌이키니 그 뜻은 요사스런 기운을 쓸어버리는 데 있었다. …… 그의 시와 문장은 오히려 나머지 일(餘事)이고, 그 재능은 어려운 시기를 구제할 수 있을 것인데 아깝게도 불문에 발을 들여놓았다"고 술회한 바 있다.

사명당의 이러한 선사로서의 실천적 삶은 서산대사의 경우와도 크게 다르지 않았다. 다만 한 가지, 서산에게는 헤아리기 어려울 정도로 저술이 많았으나 사명당은 몇 편의 짧은 글들만이 있을 뿐이다. 서산이 지적 저술에 치중하였다면 사명은 허균의 말처럼 '행하고 나머지 일'을 시와 문장으로 긁적거린 것에 불과하였다.

뇌묵당 처영은 사명을 서산에 비유하여 '청출어람'(靑出於藍)이라고 한 다음 그 저술에 대하여 다음과 같이 적절한 평가를 내리고 있다.

스님이 지은 여러 가지 기록은 그때그때를 당하여 특별히 마음 쓰지 않고 붓에 맡겨 휘두른 것이니, 마치 형산(荊山) 사람이 옥으로 까치를 잡는 것과 같이 수월하였다.

말하자면 사명당의 문장이란 특별히 저술할 의도를 가지고 쓴 것이 아니라 그저 필요한 일이 닥쳤을 때 몇 마디 적었을 뿐이라는 것이다. 사실 그는 서산으로부터 전수받은 남종(南宗)의 선지(禪旨)를 운수행각을 통하여 닦아가는 그 자체에 전 생애를 바쳤다. 그는 상동암에서의 돈오 이후 월정사 중창과 같은 불사를 일으켰으며, 외침을 당하여서는 전쟁의 참여나 외교적 활동을 통하여 실천행을 펼쳤으니 이는 모두 그러한 구도의 한 과정일 뿐이었다. 서산에게서 전수받은 선지를 철저한 수행을 통하여 체현(體現)하는 일만이 자신이 해야 할 일로 인식하였다. 서산은 구세제민이라는 불교적 자비사상을 가르쳤으나 이를 현실세계에 실천하여 공을 이룬 것은 사명의 몫이었다. 사명의 실천행으로 이룩한 공업(功業)의 관점에서 보면 유·불·도가 하나이며, 동서고금이 역시 하나 된 자리이다. 이런 점에서 사명은 격외의 삶을 산 것이다.

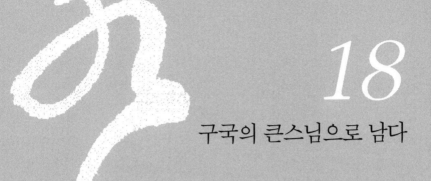

18
구국의 큰스님으로 남다

"네 가지 요소로 된 이 몸은
이제 장차 참(眞)으로 돌아가려 한다.
어찌하여 시끄럽게 왕래하면서
이 허깨비 같은 몸을 수고롭게 하겠는가.
내 이제 입멸하여 큰 조화에 순응하려 한다."

입멸하여 조화에 순응코자 하니

    나라의 정치정세가 어지러운 가운데 전쟁 동안 사명당과 각별한 신뢰 관계를 유지하였던 서애 유성룡과 선조도 1년 사이에 유명을 달리 하였다. 아마도 사명당은 자신의 생명도 오래지 않을 것으로 예감하고 광해군의 간곡한 만류에도 병을 핑계로 죽을 자리를 골라 입산을 서둘렀던 것 같다. 그에게 가장 연고가 많은 곳으로 말하면 오대산을 먼저 들 수 있고, 다음으로 금강산을 꼽을 수 있을 것이지만 속세와 인연을 끊을 마지막 장소로는 되도록이면 조·부모의 선산이 가깝고 개인적 인간관계가 많은 영남지역의 가야산을 생각하고 있었던 것으로 보인다.

    사명당은 선조의 국상을 당하여 서울로 올라와 배곡한 후 병이 더해 멀리 해인사로 내려가 병을 치료하였다. 그가 해인사를 생애의 마지막 장소로 정하고 내려갈 때 조·부모 선영에 참배하는 일을 소홀히 하였을 리 없다. 아마도 밀양 선영에 들러 성묘하고, 백하난야에 분향한 다음 해인사로 입산하였을 것이다.

    광해군은 1608년 봄에 즉위하여 대북(大北)과 소북(小北) 양파의 당쟁을 지양하여 화합의 정치를 펴고자 하였다. 이리하여 한편으로는 점차 성장해가는 북방 건주여직(建州女直) 군사력을 그대로 방치해둘 수 없어 노구로 병마에 시달리고 있던 사명당으로 하여금 서북방의 여진족에 대한 방어의 책임을 맡기려 하였다. 이 무렵 건주여직의 추장 누루하치의 세력이 급속도로 성장하여 위협적 존재로 부상하고 있었기 때문이다. 그들은 일본의 정유재침 때는 원군(援軍) 파견의 의사를 전해오기도 하는 등, 7년전쟁으로 인해 조선과 명의 국력이 현격히 쇠잔한 틈을 이용하여 그 세력이 급부상하게 된 것이다. 이에 광해군이 다시 승군을 조직하여 북변 방어에 활용하려는 계획을 세우고 사명당에게 전교한 내용이 『광해군일기』 즉위년 3월 27일조에 다음과 같이 보인다.

(나라가) 몹시 어렵고 근심스러운 때 승도를 모집하여 수어(守禦)에 힘을 보태게 하는 것도 무방하다. 유정은 전부터 나랏일에 공로가 있었으니, 지금도 승장의 자격으로 승도를 불러모아 관병과 합세하여 서로(西路)의 요해처 한 곳을 지키게 하는 것이 어떻겠는가? 비변사는 의논해 처리하라.

그리고 7개월이 지난 뒤 광해군은 사명당이 앓고 있다는 소식을 접하고, 다시 10월 28일자로 비변사에 다음과 같이 전교하고 있다.

승인 유정은 공로가 많았으므로 선조(先朝) 때부터 장려하고 우대하였는데, 지금은 늙고 병이 들어 산으로 들어갔다고 하니 매우 애석한 일이다. 의사(醫司)에 당부하여 그 병에 해당되는 약물을 구해 보내도록 하라. 그리고 체찰사가 사람을 보내어 내년 봄에 조리하고, 산에서 나오도록 타이르게 하여 어느 곳에 배치하는 것이 좋겠다.

해인사 홍제암과 문밖의 두 사명대사비. 앞쪽이 해방후에 세운 변영만의 신비(新碑),
가운데가 파괴되었다가 복원된 허균의 석장비(일명 구비).

　이와 같이 광해군은 사명당의 신병에 세심한 주의를 기울이면서 의약
으로 병을 고치게 하여 북변 방어의 임무를 맡기라고 하명하였다. 이에
그 다음 날, 즉 10월 29일에 비변사에서 지난 3월에 유정의 병세를 알
아보도록 전교한 데 따라 조사한 내용을 조정의 원로대신 이항복은 다
음과 같이 보고하고 있다.

　유정의 병은 풍한말질(風寒末疾, 감기)이 아니고 중풍입니다. 작년에
유형(柳珩)이 평안병사로 부임하려 할 때 신 항복과 더불어 상의하기를
'지금 서쪽 변방은 민력이 이미 다하여 수어할 큰 일에 있어서 착수할
방법이 없습니다. 유정(惟政)은 그의 은덕을 입은 신의가 현저한 승려
들 가운데 수하 의승 수천 명은 거느릴 수 있을 것입니다. 한편으로는

성을 쌓고 일부는 평안도와 함경도의 변경에 있는 여러 진(鎭)을 담당하면 백성의 힘을 번거롭게 하지 않고 변방의 방어를 굳게 할 것입니다.' 하였습니다.

그가 부임하자 즉시 차관(差官)을 맡겨 거느리고 갈 인마(人馬)를 줄 것이라고 공문을 만들어 유정이 있는 곳에 보냈더니, 유정은 병으로 명에 따를 수 없어 미안하다고 하였습니다. 그래서 수하의 승려 한 사람을 보내어 상세히 물어보았더니 과연 병세가 위중하여 나이도 많고 병도 더욱 중해져서 점점 말도 못하고 몸도 움직이지 못하여 단지 죽지 않고 있는 상태라 하였습니다. 도저히 산을 나올 수 없어 상교(上敎)를 엎드려 뵙게 되니 감격을 이기지 못한다 하였습니다.

따라서 의사(醫司)로 하여금 상당한 약과 물건을 갖추어 보내면서 동거하는 승려에게 공문을 보내어 병의 증세를 상세하게 물은 연후에 상당한 약을 조제해 보내서 조리하게 하는 것이 마땅할 것으로 감히 아뢰나이다.

이것으로 보면 그 동안 비변사에서는 서북변 방어에 사명당의 의승병을 동원할 계획을 세우고 이에 따라 그의 병세에 대한 처방과 시약에 관한 문제는 지난해에 새로 임명된 평안병사 유형이 맡아 진행하였다. 그들의 생각으로는 사명당은 지금도 수천 명의 승군을 거느릴 수 있을 만큼 수하에 덕이 있고 능력을 갖춘 인물로 평가하고 있다. 그러나 당시 사명당은 병이 점점 심하여 말이 어눌하고 보행이 불편한 정도가 되어 도저히 하산이 불가한 형편이었다. 이리하여 비변사에서는 왕의 윤허를 얻어 먼저 의사로 하여금 약과 일용품을 해인사 사명당의 처소로 보낸 다음 더 자세한 증세를 알아서 그에 따른 약을 조제하여 보내도록 하는 조치를 취하게 되었다.

여러 기록을 통해 보면 사명당은 7척의 훤칠한 키에 강건한 체격을 타고 났으며 행동도 민첩하였다. 그러나 40대 말에서부터 50대 전 기간 동안 편할 날이 없는 전투와 변방 수비의 야전생활로 인하여 건강을 크게 해쳤다. 이리하여 전쟁 후기부터 일본 사행 기간 동안 그의 시문에는 병마에 시달리는 모습을 자주 보이고 있으며, 귀국 이후부터는 그렇게 다작이던 시작(詩作)도 거의 자취를 감출 만큼 생활형태가 변하였다. 당시 조정에서는 당파싸움이 갈수록 치열한 가운데 전쟁의 고역을 나라의 중심에 서서 겪었던 사람들도 하나둘 이 세상을 하직하고 있었다. 사명당도 선조의 영전에 배곡한 뒤부터 지병이 도져 날이 갈수록 더하여 갔다. 전에 발병하였던 중풍이 점점 악화하여 이제는 회복불능의 지경에 이르게 된 것이다. 조정에서 보낸 의사의 처방도 효험이 없었다.

사명당이 입적하기 불과 2개월 전인 광해 2년(1610) 7월, 그의 명의로 대마도에 편지를 쓸 일이 생겼다. 5년 전에 덕천가강과의 합의로 기초를 놓고 온 양국 화호의 일이 자기가 귀국한 2년 뒤인 1607년에 제1회 회답겸쇄환사 여우길 일행이 파견되었으며, 그후 대마에서 다시 보빙사(報聘使)로 선소와 조신의 아들 유천경직(柳川景直)이 부산으로 와서 1609년에 기유조약을 체결하게 되었다. 이 무렵 선조가 승하하자 대마에서는 진향사(進香使)를 파견하려 하였으나 조선으로서는 너무 잦은 접촉으로 조선의 내정이 일본에 알려지는 것을 꺼려하였다. 이리하여 예조에서는 1610년 3월 대마태수 앞으로 진향사를 보내지 말라는 서장을 보내었으며, 그 4개월 후에 사명당의 사신(私信)으로서 재차 대마태수 앞으로 서장을 대신하게 된 것이었다. 이 자료는 종가문서(宗家文書) 가운데 있는 다음 서장으로 확인된다.

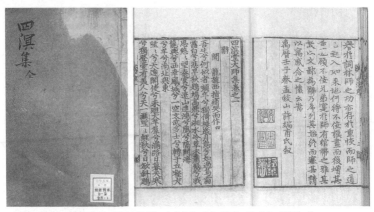

사명당 문집 표지(왼쪽)와 내용(오른쪽). 사명당의 제자 혜구는 문집을 간행할 때 허균을 찾아가 서문을 부탁하였다. 서문에 교산이란 서명이 보인다.

조선국 송운대사(松雲大師) 봉백(奉白)
일본국 대마주태수평공(日本國對馬州太守平公) 족하

도중에서 한번 이별한 뒤 여러 승상이 바뀌도록 바다를 건너온 것이 꿈과 같아 그리워하는 정이 사무칩니다. 노승은 쇠약한 몸으로 병이 생겨, 벌써 3년이 지났으나 날이 갈수록 깊어만 가니 쓸쓸히 죽기만을 기다릴 뿐입니다.

병중에서나마 선사(先師)의 유촉(遺囑)을 곰곰이 생각하고, 또한 족하께서도 성의를 다하여 옛 화호를 다시 이루고자 맹세하심을 생각하면 두 나라가 함께 천년토록 아름다운 이름을 남김으로써 선사께서 진중하게 부탁하신 뜻을 저버리지 않는다면 어찌 아름다운 일이 아니겠습니까? 족하께서는 힘써주소서.

경리(經理) 양노야(楊老爺, 이름은 鎬)는 다시 성천자의 밝은 명에 따라 요좌(遼左)로 부임해와서 동쪽나라 일을 규찰(糾察)하게 되었으니,

660

이 분의 엄격함을 나라 사람들이 모두 두려워 한다는 사실은 족하께서도 역시 들어서 아시는 일입니다. 근래 모든 일이 어렵다는 사실은 전에 대충 말한 바 있습니다만, 제가 염려하는 바는 선소상인(仙蘇上人)과 풍전수(豊前守)에게 보낸 서찰 가운데 상세히 적었사오니 족하께서는 깊이 양찰하시기 바랍니다.

노병(老病)은 아침저녁으로 기약하기 어려우니, 이생에서 다시 만나뵐 인연이 없을지도 모르겠습니다. 글을 씀에 슬퍼집니다. 남은 더위가 점차 물러가니 오직 때에 응하여 몸을 보중하소서. 이만 줄입니다.

만력 38년 7월 초10일 송운대사 □ □ □

• 『조선사사료집』(朝鮮史史料集) 제3집(1935, 조선총독부 간)

이 서장에는 먼저 사명당이 서산대사의 유촉에 따른 양국의 화호가 반드시 실현되어야 한다는 사실을 강조하면서도 내용상으로는 대마와의 더 밀접한 관계를 피하려 한 것이었다. 그 이유로서 명의 경리 양호가 요좌로 새로 부임하여 자못 강압적인 태도를 취하고 있기 때문에 양국의 외교관계를 신중히 하지 않을 수 없다는 것이었다. 서장의 끝에 '사명당'이라 서명한 후 낙관에는 '鍾峰離幻' '齋月虛襟' '四溟沙門'이라 하였다.

죽음을 눈앞에 둔 상태에서 사명당은 승병장으로서 여진방어에 나서라는 조정 명령은 받아들일 수 없었지만 대마에 서장을 보내는 일은 기꺼이 응하였다. 나라의 외교와 국방은 생민의 안전에 관한 일이어서 지금까지 사명당은 자신의 일로 알고 맡아서 행해온 것이었다. 그러나 임종을 앞두고 있는 상태에서 편지내용도 아마 구술하였거나 아니면 비변사에서 작성해온 것을 날인해준 것인지도 모른다.

사명당은 그 1개월 뒤 천수를 다하였다. 그해 가을 사명당을 옆에서 모셔온 제자 해안은 「행적」에서 대사의 최후와 상장(喪葬) 장면을 다음과 같이 서술하고 있다.

경술년(1610) 가을에는 임금이 그를 생각하여 서울로 와서 의원에게 치료받게 하려고 그 지방 방백(方伯)으로 하여금 올려보내도록 하였다.

그해 계월(桂月, 8월) 26일 모든 선도(禪徒)들을 불러 모아놓고 말하기를, '네 가지 요소로 된 이 몸은 이제 장차 참(眞)으로 돌아가려 한다. 어찌하여 시끄럽게 왕래하면서 이 허깨비 같은 몸을 수고롭게 하겠는가. 내 이제 입멸하여 큰 조화에 순응하려 한다' 하였다. 옆에 모신 사람들이 대사의 몸을 씻고 나자 갑자기 입적하니 나이 67세요, 붕새로 나타나서 학으로 돌아가기는 53년 3개월이었다.

이 해 11월 20일에 그 절 서쪽 기슭에 화장하니, 이때 상스러운 빛이 하늘에 비치고 나는 새들도 놀라서 지저귀었다. 이에 이마의 구슬 하나를 모셔다가 석종(石鐘)을 만들어 거기에 간수하고 탑을 그 자리에 세웠다.

사명당은 1544년 10월 17일에 나서 1610년 8월 26일 입적하니, 세수 67세였다. 대사는 임종할 때를 알았는지 왕이 서울로 올라와 치료하라는 성의도 물리치고 선도들에 둘러싸여 최후를 맞았다.

광해군은 사명당의 부고에 접하고 9월 28일자에 전교하기를, "산인 유정은 선조(先朝)에 몸을 잊고 난리에 나아갔으니 진실로 의승(義僧)이라 할 만하다. 이제 그의 죽음은 심히 가련하고 슬프다. 장사에 쓸 목포(木布)와 목물(木物)을 요량하여 지급하라" 하였다.

문집 간행 백여 년 후 국가의 지원으로 표충사(祠)가 세워질 때 이를 축하하는 시들을 모아
『표충사제영』(오른쪽)으로, 서생포회담과 상소문 등을 묶어 『분충서난록』(왼쪽)으로 간행했다.

사명당은 입적하여 약 3개월 뒤인 11월 20일에 화장하였다. 뇌묵당 처영은 그를 가장 잘 아는 사람 가운데 한 사람으로 『사명집』에 발문을 써서 그때의 일을 다음과 같이 서술하고 있다.

아아, 슬프다. 산 사람은 반드시 죽는 법이니, 나기만 하고 죽지 않는다면 될 수 있겠는가. 『도덕경』에 이르기를, '죽어도 죽지 않는 것이 수(壽)라' 하였으니 과연 그러한가 그렇지 아니한가.

스님은 돌아가실 때도 대단하였다. 화장하는 날에는 사방에서 사람들이 구름처럼 모여들어 슬프게 사모하여 기절까지 하면서 마치 부모의 초상을 당한 것 같았으니, 도(道)가 있는 분이 세상을 떠날 때는 으레 그래야 할 것이다.

탑을 세우고 영당(影堂)을 짓는 것은 스님의 본뜻이 아니다. 나도 또한 서산(西山)의 문하에 스님과 함께 드나든 지가 여러 해였으니, 금난(金蘭)이 먼저 떠남에 귀뚜라미가 울음을 잃었도다. 비록 아양(峨洋)의 가락이 있다한들 누구를 위해 다시 부르겠는가. 아아, 슬프고 애달퍼라. 이 사람을 슬퍼하지 않고 누구를 슬퍼할 것인가.

처영은 서산 문하의 동문일 뿐 아니라 임진왜란을 당하여 행주대첩에서 큰공을 세워 사명당과 함께 이름을 드러낸 승장으로서 슬픔을 극한 이 명문을 남긴 후로는 특별히 그의 족적이 알려지지 않았다. 사명당의 「행적」을 쓴 중관 해안이 처영의 제자로서 그들 사제가 사명당과 각각 장소를 달리하여 의승병을 일으켰으며, 대사의 임종을 당해서는 이와 같이 사적(事蹟)을 기록하면서 상장을 치렀다.

백성이 바친 시호 '자통홍제존자'

 사명당이 해인사 홍제암에서 입적한 지 3개월 만인 12월에 화장하여 뒷산에 부도를 세웠으며, 다시 3년째가 되는 1612년에 영당을 짓고 문집을 간행하며 석장비를 세우는 세 가지 일이 동시에 진행되었다.

 먼저 『사명집』의 자료정리와 그 편집을 책임진 제자 혜구(惠球)가 허균을 찾아와 서문을 부탁하였다. 이에 허균은 그의 중씨와 함께 봉은사에서 사명당을 처음 만났던 일에서부터 시작하여 이날에 이르기까지 두 사람 사이의 사귄 내력을 차례대로 기술한 뒤에 마지막으로 다음과 같이 쓰고 있다.

 (혜구가 말하기를) '우리 스승의 글이 높고 낮은 것이나 그 도의 깊고 얕은 것을 친하다고 해서 아첨하는 말을 쓰지 않을 이는 공(公)만한 분이 없을 것입니다. 여기에 한마디 말씀을 주시어 이 글이 영원히 썩지 않게 해주신다면 큰 은혜가 되겠습니다'하였다.

 이에 나는 말했다. '아아! 내가 차마 어찌 스님의 글에 서문을 쓰겠는가. 스님의 시는 사림(詞林)에 전파되어 칭찬을 받았고, 스님의 공은 역시 나라를 거듭 회복하는 데 있었으며, 스님의 도는 이미 여래(如來)

의 경지의 들어갔는데 어찌 이 못난 나의 말을 기다려 그 빛을 더하게 하겠는가. 하지만 돌이켜 생각하면, 우리 형제는 실로 스님과 함께 불가분의 관계가 있는 터이니, 감히 글을 못한다고 해서 사양할 수가 있겠는가' 하여 그 내력을 차례로 적어 청하는 바에 보답하고 겸하여 생각하는 회포를 푸는 바이다.

만력 임자년 정월 교산 허단보(許端甫) 서(序)

이와 같이 『사명집』의 서문은 허균이 쓰고, 발문은 뇌묵당 처영이 썼다. 처영은 발문에서 사명당은 대도를 실현한 위인으로서 그의 시문이란 '그때그때 특별히 마음을 쓰지 않고 붓에 맡겨 휘두른 것'으로서 "문인 혜구 등이 잃어버리고 없어진 나머지에서 겨우 약간 편을 얻어 공인(工人)으로 하여금 판각한 것"임을 밝히고 있다.

허균은 『사명집』의 서문과 함께 「석장비문」의 찬술을 동시에 부탁 받았다. 그는 전해 11월에 함열 귀양에서 풀려나 서울을 거쳐 예전에 마련해둔 전남 부안의 농장에 내려가 있었다. 그 무렵 이 글들을 부탁받고 다음 해 정월에 『사명집』의 서문을 쓰고, 이어서 2월에 저 유명한 비문을 지었다. 그가 비문을 짓다보니 사명당과 같은 위인의 비문에 시호가 없다는 사실이 마음에 걸렸다. 임진왜란 이후 나랏 일에 그토록 많은 공을 세웠을 뿐 아니라 승려로서 종2품 동지중추부사를 거쳐 정2품 자헌대부형조판서에까지 올랐던 인물이니 마땅히 시호가 있어야 된다고 생각한 것이다.

더구나 시호는 반드시 벼슬이 높아야 되는 것이 아니라 김굉필이나 정여창 같은 학자들에게도 일찍이 시호가 내려진 적이 있다. 그러나 허균은 지금 조정에 벼슬하고 있지도 않으므로 공식적으로 시호문제를 논의할

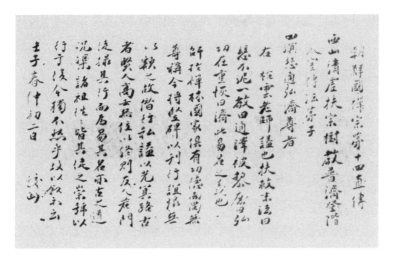

홍제존자 시호기. 허균은 사명당의 비문 작성을 요청받았으나 대사에게 시호가 없음을
서운하게 여겨 '자통홍제존자'라는 여섯 자를 개인이 짓고 이 설명문을 붙였다.
말하자면 사명당의 시호는 백성이 지어 바친 것이다.

위치가 아니었다. 하지만 박학다식한 그는 고대에는 어진 인물이나 높은
선비로서 벼슬 없이 살다가 죽으면 친구나 그 제자들이 그 행적을 취하여
사사로이 시호를 정해준 사실을 알고 있었기 때문에 사명당에게도 사적
으로 시호를 지어올리기로 하였다. 이런 점에서도 허균의 사고방식은 가
히 혁명적이라 할만하다.

조선왕조는 숭유억불 정책을 실시한 탓인지 군왕이 승려에게 시호를
내린 전례가 없었다. 서산대사도 의주의 행재소가 서울로 복귀한 뒤 도
총섭의 직에서 물러나 산으로 돌아갈 때 선조는 '국일도대선사 선교도
총섭 부종수교 보제등계존자'라는 존칭과 함께 정2품의 당상관의 직을
하사하여 나라에 대한 공로와 불교에서의 덕을 찬양해주었다. 그러나 그
것은 시호가 아니라 존호였다.

조정에서 시호를 정하면 시법(諡法)에 따라 시호에 쓰인 두 글자의 뜻

을 설명하는 교지를 내려야 한다. 허균도 사명당의 시호를 정함에 있어서 그러한 형식을 따라 시주(諡註)를 설명하는 형식의 글을 지었다. 다음은 그 글의 번역문이다.

조선국 선종 제14대 직전 서산 청허 부종수교 보제등계의 입실전법 제자인 사명 자통홍제존자(朝鮮國 禪宗第十四代直傳 西山淸虛扶宗樹 敎普濟登階 入室傳法弟子 四溟慈通弘濟尊者)

위는 송운노사(松雲老師)의 시호이다. 말법을 붙들어 구한 것을 자(慈)라 하고, 한 교(敎)에 구애되지 않음을 통(通)이라 하며, 은택이 많은 백성들에게 끼친 것을 홍(弘)이라 하고, 그 공이 (국토를) 거듭 회복한 것을 제(濟)라 하니, 이것이 (시호를 내려) 이름을 바꾸는 뜻이다. 대사는 선림(禪林)과 국가에 아울러 공덕이 있지만 아직도 존칭이 없으니, 이제 비를 세워 의(誼)를 새기면서 (시호를) 머리에 쓸 수 없는 것이 한스럽다. 그러므로 참람(僭濫, 분수에 너무 지나침)되지만 개인적으로 시호를 지어 저승길을 밝히고자 한다.

옛날에도 어진 인물과 높은 선비들이 벼슬 없이 죽으면 친구와 제자들이 그 행적을 취하여 (시호를 올려) 이름을 바꾸어 주었으니, 이 또한 옛 도리이다. 하물며 여러 조사(祖師)들은 모두 그 제자들이 호를 높여 후세에 행해졌으니, 지금 어찌 (송운대사만) 그러지 않겠는가? 그러므로 이에 써서 보이는 바이다.

임자년(1612) 2월 2일 교산

허균의 설명과 같이 자통의 자란 말법을 붙들어 구한 것을 말하고, 통이란 한 교에 구애되지 않음을 말하며, 그리고 홍제라는 뜻은 중생을 구제한다는 뜻이며, 존자는 도가 높은 고승을 지칭하는 뜻으로 주로 불가에서 사용하는 말이다. 실제로 사명당은 선기(禪機)에 통달한 선사로서 선을 중시하였지만 교도 부처님의 말씀이라 하여 소홀히 하지 않았으며, 승려로서 불가의 입장이었으나 유가를 넘나든 격외(格外)의 인물이었다. 그리고 그의 생애 후반부는 전쟁과 전후를 통하여 칼을 휘둘러 백성을 구하고, 때로는 외교를 통하여 적들을 고단하게 하는가 하면 바다를 건너 잡혀간 우리네 적자들을 데리고 왔다. 허균은 이같이 사명당이 불법에 통달하고, 널리 백성을 구했다는 인물평가에 따라 그 뜻을 취하여 자통홍제존자 여섯 자로 시호를 정한 것이다. 말하자면 허균 개인이 지어 바친 사시(私諡)이다.

원래 호라는 것은 자기가 지었거나 남이 지었거나 간에 남들이 불러주어야 의미가 있다. 이름이 실제와 맞지 않으면 잊혀지게 마련이다. 시호의 경우에도 그것이 생전의 이력에 맞지 않으면 후손이나 조정에서 논의를 거쳐 바꾸어야 한다. 그런데 허균이 누구의 부탁도 없이 어딘가 허전함을 느껴 사명당에게 지어바친 시호 자통홍제존자가 석장비문에 처음 쓰인 이후 일반에서는 이를 자연스럽게 받아들이게 되었다. 허균의 개혁가적인 발상이 세간의 동의를 이끌어낸 것이다. 이 시호를 두 번째로 쓴 것은 그 30년 후 해안이 「행적」을 쓸 때 아무런 단서도 없이 그대로 답습한 것이다. 다만 홍(弘) 자를 광(廣) 자로 바꾸었으나 이는 혼용하는 글자로 뜻은 같은 것이니 문제될 것이 없다.

사명당이 마지막 생애를 보낸 홍제암은 해인사 본사 뒤편에 위치하는데, 여기에 사명당을 비롯한 서산 기허의 3대사 영정을 모시고 홍제암이라 부르게 된 것도 역시 그 시호에서 따온 것임은 물론이다. 대사의 입적 후 그해 그 암자에 진영을 걸어 영당을 꾸미는 한편 문집을 편찬하며, 12월에는 마지막으로 비석을 세웠다. 그 영당의 이름을 홍제당(弘濟堂)이라 부른 것은 17세기 후반의 일로 알려지고 있다.

그 이후 일반에서는 이 사시(私諡)를 시호로 혼용하였으나 더러는 구별하는 경우도 있었다. 예컨대 벽담(碧潭)의 『사명근원록』(四溟根源錄, 1768)에는 "시호는 자통홍제존자요, 자는 이환이며, 이름은 유정이다"라 하고 있으나, 『연려실기술』(1776) 「선조조고사본말」 '임진승장'(壬辰僧將)조에는 "벼슬은 지중추부사이고, 사시는 자통홍제존자이다"라 하는 등 작자에 따라 시호와 사시가 각각 구분되어 쓰이기도 하였다. 그러나 세월이 흐름에 따라 사시는 잊혀지고 점차로 조정에서 내린 시호로 인식되어 일반화된 것이다.

그런데 해인사에 세워진 사명당의 석장비가 그후 두 차례나 화란을 입었다는 사실은 역사적 아이러니라 할 것이다. 첫 번째는 허균이 1618년에 역적으로 몰려 처형되자 그 비문을 찬술하였다는 이유로 '죄인'인 저자 허균의 이름을 삭제한 것이다. 두 번째는 제2차 세계대전 말기에 조선총독부의 정책에 따라 비석이 파손된 일이다. 그 비문은 왜적을 제압한 위인 사명당의 행적으로서 조선인의 민족의식을 일깨울 위험이 있다는 이유 때문이었다. 그리하여 해인사의 관할 합천경찰서장의 지휘아래 비석이 네 동강으로 파손되어 땅속에 묻혔다. 그러나 해방 후에 사찰에서는 이 비편들을 발굴하여 불완전하게나마 복원하여 오늘에 이르게 된 것이다.

표충사祠냐 해인사寺냐

　사명당은 전쟁이 끝난 지 4~5년이 지나자 밀양의 생가마을 부근 영취산에 백하난야를 지어 본가의 노복들로 하여금 지키게 하여 조·부모의 명복을 비는 향화를 올리게 하였다. 그뒤 사명당은 해인사에서 입적하여 영탑을 세우고 영당을 모셨으므로 그의 제향은 해인사 홍제암에서 받들게 되었다. 하지만 사명당 조·부모의 명복을 빌고 있던 밀양 백하난야에서도 승려들이 대사의 기일에 맞추어 제향을 올리다가 다시 두 차례의 호란을 당하자 절을 지키던 승려들은 흩어지고 제향은 오래 계속되지 못하였다.

　앞에서 본 바와 같이 임진왜란 시에 사명당의 생가마을에는 여러 명의 충신열사들이 배출되었으므로 이 마을을 삼강동이라 하였으며, 17세기 이래 나라가 점차 안정을 찾게 되면서 그들 사대부 출신의 충의정신을 기리기 위하여 충효사(忠孝祠)를 세웠다. 사명당도 비록 승려의 몸으로서 공을 세웠으나 본래 사대부 가문에서 태어난 위인이므로 이 지방에 사당을 세워 제사를 받들 필요가 있었다. 앞에서 잠시 언급한 바 있는 「표충사사적비」의 관계 부분을 인용하고 그 내력을 살펴보기로 한다.

송운은 출발이 이 산(靈鷲山)에서 나고 생장하였으며, 전란을 평정하고 돌아와 산 동쪽 기슭에 초옥 수간을 지어 살 곳으로 삼아 이름을 백하(白霞)라 하여 현판을 걸고, 선산이 가까우므로 늙은 종 종생(終生)과 말생(末生)으로 하여금 지키게 하였다. 그리고 대사는 나라의 명승지를 운유(雲遊)하다가 세상을 떠났다.

후세 사람들이 그 암자에 표충사(表忠祠)를 지어 관에서 내리는 제수로써 춘추로 향사하였으나 병자호란을 당하여 지키던 승려들이 달아나고 사당 또한 허물어져 풀이 무성하였다.

숙종 갑오(1714)에 부사 김창석(金昌錫)이 수백 년 전 대사의 장렬한 의거(壯擧)를 상기하여 그 자취가 인멸될 것을 애석하게 여겨 옛터에 다시 사당을 짓고, 장계(狀啓)를 올려 순영(巡營, 관찰사가 직무를 보던 관아)에 보고하였다. 이에 감사 조태억(趙泰億)이 조정에 아뢰어 관에서 제수를 전과 같이 내렸다. 그리고 송운대사가 일본에 건너갈 때 받들고 갔던 원불(願佛)이 전에 대구 용연사에 있던 것을 사당 왼쪽에 따로 절 한 칸을 지어 봉안하고 승려들을 모아 살게 하였다.

그런데 위 인용문 마지막 구절에 '대사가 일본에 갈 때 받들고 갔던 원불이 달성(대구) 용연사에 있었는데 표충사를 세울 때 따로 절 한 칸을 지어 봉안하였다'고 한 대목에 주목하게 된다. 용연사는 사명당의 일본 사행시 모셨던 원불을 안치할 만큼 그 관계는 실로 밀접하였다. 이 밖에도 사명당이 일본으로 떠나기 1년 전인 1603년 제자 인잠 · 탄옥 · 경천 등이 사찰의 중창불사를 일으켰는데, 이때 통도사 사리 일부를 봉안하게 된 것으로 알려지고 있다. 더욱이 용연사의 중건을 주도하였던 사명당의 제자들이 밀양 생가지에 조 · 부모의 명복을 빌기 위하여 백하암을 건립할 때 서로 연락하면서 협조하였을 것은 앞에서 언급한 바 있다.

사명당은 신축(1601)에서 임인년(1602) 2월까지는 부산과 하양 등지에 머물렀고, 그후로는 일본 사행 문제로 서울을 오르내리면서 비교적 한가한 시간을 보내던 때였다. 특히 하양 환성사에 있을 때 밀양 출신 손기양이 '일 때문에' 사명당을 방문한 일이 있었는데, 그 '일'은 아마도 밀양 영취산에 조·부모의 명복을 빌기 위한 '백하암'의 건립과 관련된 '일'로 볼 수가 있다. 그렇다면 결국 당시 백하암을 건립하는 데 있어서도 밀양의 유림과 용연사 승려들의 협조가 있었으리라는 추측이 가능한 것이다.

『밀양지』에 의하면 영취산에 처음 표충사(表忠祠)가 건립될 때 이를 수호할 부속 암자를 세워 용연사의 원불과 함께 창령 용흥사(龍興寺)의 청동함은입사향완(青銅銀入絲香琓)도 함께 이곳으로 옮겨 향화를 올렸다고 한다. 용흥사도 용연사가 위치한 같은 비슬산에 있는 사찰이다. 용연사는 대구의 남쪽 비슬산에 위치하고 용흥사는 비슬산 남쪽 창령령에 있어 같은 산중 사찰로서 지금은 폐사가 되고 없지만 모두 사명당의 연고 사찰이었음을 알 수 있다. 이 향완은 고려시대 작품으로 현재 국보로 지정되어 원불과 함께 표충사 유물전시실에 전시되어 있다.

그러나 숙종 갑오, 즉 1714년에 밀양부사가 표충사의 건립을 발의하였다는 것은 실제로 현지 유림의 발의가 먼저 있어 부사가 이를 받아들임으로써 시작되었다는 과정상 일의 전 단계가 생략된 것이다. 이러한 사실은 당시 밀양 유림을 대표하던 진사 조하위(曹夏瑋)와 손석관(孫碩寬) 그리고 유학 이의룡(李宜龍) 등이 부사에게 표충사의 건립을 요청하는 글에 잘 나타나 있다. 이는 표충사(表忠寺)에 필사본으로 소장되어 있는 자료의 일부로서 제목은 「성주에게 드림」(與城主)으로서 이를 초역하면 다음과 같다.

이 부(府) 상서면(上西面) 둔지(芚只)는 영취 명산 아래 있는데, 판서 손인갑(孫仁甲)과 승지 노개방(盧盖邦)과 송운대사 유정이 일시에 배출되어 함께 임진 충훈을 세운 까닭에 동 이름을 삼강(三綱)이라 합니다. 손판서와 노승지는 성주(城主)의 큰 은혜를 입어 중봉(中峰)의 원우(院宇)에 합향(合享)하고 있으나, 유정 송운대사만은 …… 충훈 공업이 저처럼 우뚝하니, 비록 선법(禪法)을 익혔음에도 (우리 유교와) 다른 바가 전혀 없으니 실로 유교와 불교에서 애석하게 여깁니다.

성주께서는 이미 두 의사의 원우를 세우셨으니 또 송운대사의 사옥(祠屋)을 지으셔서 향기를 백세에 남기고, 이 마을을 빛나게 하심이 어떻겠습니까. 간절한 마음 누를 길 없어 우매함을 무릅 쓰고 진술하는 바입니다.

• 『密陽表忠祠初創重創時 備局禮曹本道關文及完文 并錄』, pp.64 ~5

사명당은 삼강동 출신으로서 임진왜란에 세운 충훈이 우뚝하니 손 판서나 노승지와 함께 대우해야 함에도, 단지 불승이라는 이유로 사당이 없다는 것은 '유교와 불교 측에서 애석하게 여긴다'는 것이다. 더구나 영취산에는 사명당이 조·부모의 신위를 모시기 위하여 일찍이 백하암을 세웠던 곳이다. 그러므로 재지 유림의 여론은 사명당을 위한 표충사(表忠祠)도 따로 세워 자신들이 직접 제향을 받들고자 하여 건의서를 부사에게 올리게 되었던 것이다.

이 사림들의 건의가 발단이 되어 부사 김창석은 경상감영의 협조를 얻어 영취산 백하암 자리에 사명당의 사당을 짓기 시작하여 그 7년 뒤인 1721년에 공시가 일단 완성을 보게 된 것이다. 이에 표충암의 승려 영일 화상(英日和尙)이 지방 유학자 매곡일인(梅谷逸人)에게 부탁하여 「표충암사적기」(表忠庵事蹟記)가 찬술되었다. 여기에 의하면 부사의 협조 요청으로 재지 사찰의 승려들이 도와 표충사가 이루어진 사실이 이렇게 적혀 있다.

갑오년 겨울 이때 김후(金候)가 말하기를 '이 마을 4현을 이미 모셨으니, 사명대사도 역시 이 마을이 태생지이니 …… 역시 충근(忠勤)한 장거를 포양하지 않을 수 없다' 하고 드디어 이 지역 승도들로 하여금 모연하여 암자를 짓게 하였다.

이에 영정(靈井)의 최안(最眼), 석골(石骨)의 혜종(惠宗), 영은(靈隱)의 영변(英卞), 흥복(興福)의 성능(省能), 부암(釜庵)의 취성(就性), 만어(萬魚)의 탄열(坦悅), 엄광(嚴光)의 삼변(三卞) 등과 협심동력하여 재물을 모연하여 드디어 암자를 세우고 대사의 화상을 봉안하여 제향을 올리게 되었다. 신축년(1721)의 일이다.

여기서 두 가지 새로운 사실을 알 수 있는데, 하나는 사당의 이름을 '표충'이라고 한 것과 다른 하나는 지방의 사찰을 중심으로 불교계가 동심협력하여 재물을 모아 '암자'의 건물이 완성되었다는 것이다. 표충사(表忠祠)란 유교식 사당이요, 표충암(表忠庵)이란 불교사찰이니 말하자면 유와 불이 공존하는 새로운 법식이 탄생하였다고 할 수 있다. 하지만 이때 표충암은 어디까지나 표충사를 수호하기 위한 부속 암자에 불과한 것이었다.

조선왕조는 성리학을 신봉하고 불교를 억압하는 정책을 실시하였지만 이는 어디까지나 사인관료들 중심의 정치적 이념에 관한 문제였다. 그러나 왕실에서 사대부 가문에 이르기까지 집안에 자손이 끊어지고 부모가 병이 들어 죽게 될 지경에 이르면 절대자에게 빌고 싶어하는 본능이 있다. 그러할 때 사찰은 기도할 장소를 제공해주는 공간으로 필요하였던 까닭에 아무리 숭유억불 정책을 펴는 조선사회에서도 경향 각지에 적지 않은 사찰이 존재할 수 있었다. 밀양 유림이 발의한 표충사 건립을 관이 주도할 때, 사찰의 모금 등 실무 협조를 구한 것도 그러한 배경에서 이해할 수 있는 일이다.

이와 같이 관·유·불, 삼자의 협동에 의하여 1721년에 건립된 표충사에는 사명당의 화상을 모시고 춘추로 제향을 받들게 되었다. 이러한 사실은 경상 관찰사의 보고서에 의하여 다시 조정에 보고되어 이 제향에 따르는 비용은 사액 서원(書院)과 사우(祠宇)의 관례에 준하여 정부로부터 지급 되었다.

이를 기초로 하여 조정으로부터 표충사의 여러 가지 사업에 대한 지원이 본격적으로 이루어지게 된 것은 영조 14년, 1738년부터였다. 이때부터 표충사의 태허당 남붕(太虛堂南鵬) 선사가 나서서 사업을 주도하게 되었다. 그는 임진왜란 기에 의승장들의 빛나는 업적이 묻혀져가는 현실을 안타깝게 지적하고, 표충사에는 사명당만이 아니라 임진왜란에 공이 컸던 서산(西山)과 영규(靈圭)의 3대사를 함께 모시고 제사를 올리자는 청원운동을 조정 대신 및 요인들을 상대로 벌인 것이다. 이에 따라 우의정 송인명(宋寅明)은 임금이 대신과 비국의 당상을 접견한 자리에서 다음과 같이 아뢰어 허락을 얻었다.

임진년에 의병장이었던 승 유정(惟政)은 왜인들을 격퇴하자고 창의하여 매우 많은 사람을 사로잡았고, 또한 풍파를 무릅쓰고 일본에 들어가 마침내 화호를 이루었으며, 사재를 내어 사로잡혀간 수천 명

을 송환해왔습니다. 이에 선조께서 내달로 불러들여 특별히 가자하
도록 명하여 가의대부에 이르렀으며, 3대에 걸쳐 포증(褒贈)한 바 있
습니다.

  듣건대, 그의 영당이 영남에 있는데, 선왕조에서 특별히 춘추의 제수
를 관에서 내렸다고 합니다. 그런데 근래에 영당이 심하게 훼손되어 향
화를 폐지하게 되었고, 위전(位田)도 또한 잃어버려서 수호해갈 수 없
다고 하여 영남의 승려 수백 명이 연명하여 비변사에 호소하였습니다.
청컨대, 밭 5결(結)을 급복(給復)해주어 풍교(風敎)를 수립하소서 하니
임금이 그대로 따랐다.

  •『영조실록』14년 2월 29일조.

그해 봄에 조정에서 복호(復戶) 5결을 내리고 또 한편으로는 경상감영
으로 하여금 그동안 낡고 왜소하던 사우(祠宇)를 확대 중수하게 하였다.
이리하여 새로 완성된 표충사에는 서산과 영규 대사를 합하여 임진왜란
에 가장 큰 공을 세웠던 3대사를 합향(合享)하도록 하였다. 그리고 나라
의 화공을 시켜 진영을 그려 영당에 봉안하고, 영당의 이름을 허균이 「석
장비문」에 쓴 시호를 따서 홍제당(弘濟堂)이라 하였다.

  이리하여 1738년부터 사우의 중건과 함께 시작된 대규모 사업의 실무
에는 사명당의 5세 법손 남붕이 맡고, 4세 법손으로서 경학에 밝은 설송
당 연초(雪松堂演初)가 영남규정도감 및 도총섭으로서 표충사선교양종
정(表忠祠禪敎兩宗正)을 겸임하여 추진하게 되었다. 이렇게 진행되는 표
충사업은 사우의 중건 외에도 표충영당비의 건립과『분충서난록』및『표
충사제영』(表忠祠題詠)의 간행 등이 중심내용이었다.

  그런데 밀양에서 추진하고 있던 이 표충사업은 해인사 측에서 이의를

제기함으로써 분쟁이 발생하게 되었다. 해인사 측에서는 원래 불가에서는 스님이 입적한 곳에 부도와 사당을 세우고 영정을 모셔야 한다는 주장이었다. 해인사의 이러한 주장에도 불구하고 연초와 남붕을 중심으로 하는 청액운동으로 밀양 요사 표충사가 조정으로부터 사액 사당으로 지정됨에 따라 해인사 측의 반발이 더욱 심하게 되었다. 만일 사액이 밀양 쪽으로 넘어가게 되면 해인사 홍제당이 그 정통성을 잃게 되며, 심지어 종권(宗權)의 행사와 함께 경제적 혜택도 큰 타격을 입기 때문이다. 이리하여 해인사 측으로부터 밀양의 표충사우는 마땅히 해인사로 옮겨 세워야 된다는 진정이 비변사에 제출되었다. 이로써 표충사의 이건(移建) 시비가 벌어지게 된 것이다.

그러나 정부에서는 표충사 건립은 숙종조부터 시작되었으므로 밀양에 그대로 두는 것이 옳다는 결정을 내렸다. 말하자면 정부는 불교적 논리보다는 유교적 이론에 손을 들어준 결과가 된 것이다. 이리하여 1739년 3월 해인사의 홍제당이 비록 사명당을 기리는 최초의 사우로서 시작되었지만 밀양의 표충사와 중복된다는 이유로 조정이 밀양 쪽에 손을 들어줌으로써 사태는 일단락 되었다.

'땀 흘리는' 구국의 비석

정부의 이러한 결정에도 불구하고 표충사의 정통성과 이에 따른 해인사 측의 이건 시비로 인한 분란은 그뒤에도 상당 기간 계속되었다. 그러나 조정에서는 숙종연간부터 시작되어왔던 밀양 생가지의 표충사업을 지지하여 그 사업은 몇 차례 지연되기는 하였지만 그러한 가운데서도 계속되었다. 그리하여 영조 15년(1739)에는 『분충서난록』과 『표충사제영』이 간행되고, 그 2년 뒤인 영조 18년(1742)에는 표충비가 세워지게 되었는데, 이들 책의 서문과 발문 그리고 비문의 찬술과 글씨는 모두 조정의 대신과 당대의 문장가들이 동원되어 국가적인 사업으로 진행되었다.

사명당은 임진왜란 때에 무기를 들고 승병을 지휘하는 의승도대장으로 활동하였음은 물론이고, 전쟁 중반기에 들어서는 가등청정의 영중을 드나들며 강화회담에 나아가 국제정세에 어두운 나라의 귀를 밝히는 등 여러 가지 공을 세웠다. 그럼에도 불구하고 일찍이 해인사에서 간행한 『사명집』에는 전쟁이나 세속에 관련된 매우 중요한 실기적(實記的) 기술은 싣지 않았다. 그가 승려였기 때문이다. 그러나 전쟁이 끝난 지 백 수십 년이 지나 남붕 선사가 사명당의 상소문이나 가등청정과의 회담 및 외교에 관련된 제반문건을 들고 그 간행을 위하여 조정의 대신들을 찾았을

『표충사제영』 목판(1774). 이 밖에도 『사명집』 목판(1612)과, 『분충서난록』 목판(1738)이
모두 지방문화재로 등록되어 표충사에 소장되어 있다.

때, 그들은 이 전쟁 당시의 친필기록을 통하여 지금까지 거의 잊혀졌던
사명당의 초인적 활동에 크게 감동되었다. 영의정 김재로(金在魯,
1682~1759)를 비롯하여 함원부원군 어유구(魚有龜), 우의정 송인명(宋
寅明), 이조판서 윤봉조(尹鳳朝) 등과 그 밖의 홍유 석학들이 앞을 다투어
사명당을 기리고, 표충사업에 축하하는 시들을 지었다. 이렇게 하여 모
은 150여 명의 송축시를 『표충사제영』이라 하여 『분충서난록』과 함께 간
행하였다.

『분충서난록』은 내용상의 구성은 잡다하지만 그 분량으로 보나 내용으
로 보나 가장 중심되는 부분은 역시 전쟁실기라 할 부분이다. 즉, 사명당
이 서생포 왜성을 3~4 차례 방문하여 적정을 정탐하면서 가등청정과의
회담을 통하여 일본의 침략을 무디게 하고, 또는 그 회담을 통하여 얻은
정세 판단을 기초로 상소하여 내정개혁을 건의한 것들이 주류를 이룬다.
그럼에도 불구하고 남붕이 가져온 처음 원고본의 제목이 '골계도'(滑稽

圖)라고 되어 있었다. 이조판서 윤봉조는 이 원고를 보고 '난중일기'라고 불렀으며, 당시 영상이던 김재로는 서문에서 '충성을 떨쳐서 왜란의 화를 줄였다.'(奮忠紓難)고 하는 것이 좋겠다고 해서 책명을 그렇게 수정하여 『분충서난록』이 된 것이다. 여기서 그는 이 기록들이야 말로 일개 승려 사명당이 행한 유교적 충의의 실천 교과서로서 특히 불교인들이 읽어야 할 필독서임은 물론이고 일반인에게도 권장해야 할 양서로 추장한 것이다. 그리고 송인명은 그 발문에서 사명당의 충의정신을 다음과 같이 설명하고 있다.

임진년의 난에 의병을 일으켜 순국한 중봉(重峰)이나 제봉(霽峰) 같은 여러 선정(先正)들은 평소에 성현의 글을 읽은 분이라 하늘의 이치와 인륜의 소중함을 알고 있었으니 탁월한 공을 세우는 것은 마땅한 일이었다. 그러나 저 송운(松雲)은 무엇을 배웠는가. 우리 유자들이 그들을 나무라는 것은 임금과 부모를 버리고 윤상(倫常)을 등진다고 한 것이 아니던가.

그런데도 그는 매우 급작스럽게 소매를 걷고 의병을 일으켜 위태롭고 위험할 때 칼날을 무릅쓰고 절의를 온전히 했다. 그러니 …… 불교의 이른바 '진심(眞心)과 진성(眞性)도 광채가 빛나는 곳에 있는 것이 아니라 바로 이런 데 있다'는 것을 알 수 있다.

그렇다면 송운 같은 이는 비록 '참다운 여래(如來)'라고 해도 될 것이며, 또한 '우리 유도(儒道) 가운데 사람'이라고 해도 좋을 것이다.

이 글을 한마디로 요약한다면 유와 불이 결코 다른 것이 아니라 그것은 도(道)에서 일치할 수 있다는 것이다. 다만 그것은 사명당이 비록 승려였을지라도 그가 걸었던 유와 불을 함께 담는 대도(大道)에서만이 가능한 것이므로 이것이 그들이 표충사업에 참여하는 것이며, 불자는 모름지기 이 점을 알고 여기에 힘써야 한다는 것이다.

이 책의 편집은 조선후기의 문장가요 일본 통신사의 서장관으로 다녀온 청천 신유한이 맡았다. 특히 사명당의 수필본인 일기체로 된 청정 군영의 정탐기나 회담의 내용 등 일본 관계 기사에 필요하다고 여겨지는 대목에서는 편집자가 문장의 앞이나 뒤 혹은 중간에 일일이 주를 붙이거나 의견을 개진하여 앞뒤 맥락을 부드럽게 연결시켜주고 있다.

『분충서난록』은 그 주된 내용인 사명당의 회담기록에 이어 여우길의 일본사행 편에 일본 오산의 장로승에게 보낸 네 통의 편지를 싣고, 다음으로는 이수광의 『지봉유설』, 유몽인의 『어우야담』 등을 싣고 있다. 이들 역시 『임진록』에 선행하는 주로 일본 관련 이야기들로서 편집자는 여기서도 일일이 평어를 붙여, 독자의 이해에 도움을 주고 있다. 그리고 부록에는 사명당이 도해할 때 각계의 송별시를 중심으로 약 20편과 만사(輓詞)와 진찬(眞贊) 몇 편도 함께 싣고 있다. 원래 송별시는 세간에 많이 전해오던 것들 가운데 편집자가 특히 유명인사의 작품을 골라서 실은 것이다. 그후 『분충서난록』의 편찬 당시 듣지 못한 표충사 관련 문서 「비국감결관」(備局甘結關)을 비롯한 기문(記文) 몇 편이 권말에 수록되어 전해지게 되었다.

표충사에서 추진하던 세 가지 사업 가운데 하나인 표충비의 건립은 영조 18년(1742)에 이르러서야 완수되었다. 표충비의 건립이 여러 사업 가운데서 가장 늦게 완성된 것은 비문의 찬술과 석각(石刻) 및 비석의 구입과 운반 등 여러 가지 번거로운 일을 겸하여 추진해야 했기 때문이다. 표충비는 3대사의 충훈을 기리는 것이기 때문에 비문도 세 부분으로 나뉘어 찬술되었다. 앞면은 사명당의 비문이고 뒷면은 서산대사 비문이며, 그리고 옆면은 사적비문으로 구성되었다.

비문을 짓고 쓰는 사람들 역시 『분충서난록』의 경우와 마찬가지로 나라의 대신과 명공들이 동원되다시피 하여 국가적인 사업이라 할 만 하였다. 「송운대사영당비문」은 영의정 이의현(李宜顯)이 찬술하고, 홍문관대제학 김진상(金鎭商)이 쓰고, 판중추부사 유척기(兪拓基)가 전서(篆書)하였다. 그리고 「표충사사적비문」은 호조판서 겸 홍문관대제학 이덕수(李德壽)가 짓고, 좌의정 서명균(徐命均)이 쓰고, 이조참의 조명교(曺命敎)가 전서하였다.

이와 같이 표충비는 여러 편의 비문으로 작성되었기 때문에 그 규모가 엄청나다. 비각의 높이가 12척 9촌에 비면의 높이가 9척이 넘고, 비면의 가로가 3척 2촌에 세로가 1척 8촌이 되는 대형비석이다. 대사의 행적을 적은 비석은 사람들이 많이 지나다니는 곳에 세워 많은 사람들이 읽어야 한다는 이유로 외부로부터 영취산 표충사로 들어가기 전 약 10리 지점인 수안역리(水安驛里)의 도로변을 택하였다. 수안역리는 지금은 무안면(武安面) 소재지로서 예부터 밀양과 창녕, 마산으로 통하는 국도로 교통의 요충지다.

밀양 표충비는 이처럼 국가적 뒷받침으로 세워졌으며, 서산·사명·기허의 3대사의 비로서는 국내 처음이었다. 하지만 사명당의 비문 내용으로 말하면 특별한 것이 없다. 해인사의 석장비는 사명당과 서로 잘 아는 사이인 천하의 문장가 허균이 찬하였으므로 이를 능가할 수 없었기 때문이다. 그러나 「표충사사적비」는 사명당의 선영에 관한 문제와 함께 표충사 성립의 내력을 담고 있어서 독특한 가치를 지니고 있다. 이제 그 특징적 성격을 보여주는 내용의 일부를 살펴보자.

표충이란 속세의 법이다. 속세의 법에서 나온 표충을 위하여 그 사당의 이름으로 하니 어찌 그 충성이 크지 않겠는가. 그 충성이 크고 세속의 법에서 나온 것이며, 불법으로서는 부족하므로 표충으로 나타낸 것이니 진실로 마땅한 일이다.

영남 밀주(密州) 영취산에 있는 서산·송운·기허(騎虛) 3대사의 신주 모시는 것을 절로 하지 않고 속세의 법에 따라 사당으로 하여 그 공훈에 보답하는 것이다. 선조 임진년에 왜적이 침입하여 팔도가 뒤집히니 서산은 승복을 버리고 갑옷을 입고 의병을 일으켜 적을 토벌하였으며, 송운은 스승을 이어 의병을 일으켜 신기한 공을 여러 번 세웠다. 또한 다시 왜의 경도(京都)로 들어가 촌설(寸舌)로써 칼날을 대신하여 교활한 장수로 하여금 함부로 날뛰지 못하게 하고, 붙잡혀간 자들을 쇄환하였으니 그 공은 헤아릴 수 없다. 기허도 전장에 나가 의를 위해 죽음을 극락같이 보았으니, 이는 모두 충성이 지극하므로 사당을 설치한 것이다.

여기에는 표충사업의 두 가지 특징을 말하고 있으니, 하나는 밀양의 표충사당은 세속의 법에 따랐다는 것이며, 다른 하나는 표충사에 왜란 때 나라를 구한 의승병을 대표한 3대사를 향사하게 되었다는 점이다. 처음 유림의 발의로 시작하여 관과 불교계의 협력에 의하여 건립된 표충사는 유불합작의 유일무이한 문화적 성격을 지니게 된 것이며, 3대사의 영당을 모신 것 역시 창신(創新)의 법으로서 이후 대둔산 대흥사와 묘향산 보현사 그리고 공주 갑사에 세워진 표충사와 수충사(酬忠祠) 등의 전범이 되었던 것이다.

밀양의 표충사업이 이와 같이 국가적 지원을 입어 일단 완성을 보게 되

사명당의 생가지 입구에 세워진 표충비,
일명 '한비'(汗碑)의 땀 흘리는 모습.
나라에 어려운 일이 있으면
땀을 흘린다고 전해지고 있다.

었으나 원래 영취산은 산세가 옹색하여 표충사를 수용할 만한 장소가 아니었다. 그러나 좀더 큰 장소로 이전하려던 소망은 남붕 선사 당대에 이루지 못하고, 1839년 월파당 천유(天有)에 의하여 비로소 현재 단장면 재약산(載藥山) 영정사(靈井寺)로 이건하게 되었다. 이때 표충사(表忠祠)를 표충서원으로 확대하고, 사찰의 이름도 표충사(表忠寺)로 고쳐 오늘에 이르게 된 것이다.

그러나 거대한 표충비는 옮기기 어려워 그대로 남았다. 해인사 석장비가 일제 경찰에 파손당할 때 표충비도 위험한 고비를 당했다고 한다. 전하는 바에 의하면 왜경들이 표충비를 표충사로 이건한다는 명목을 내세워 옮기는 도중에 파손시키려는 계획을 세웠으나 미처 이를 실현시키지 못하였다고 한다. 이 흑납석(黑臘石)의 대형 표충비는 이후 나라에 큰일

이 있으면 땀을 흘린다는 신이한 현상을 보이게 되어 '땀나는 비'(汗碑)
로 알려지게 되었다. 지방민들은 이를 사명당의 혼령이 영험을 보이는 것
이라 하여 신봉할 뿐 아니라 오늘도 이 앞을 지나는 나그네의 발걸음을
멈추게 한다.

사명당 연보

1544년(1세) 경남 밀양군 무안면(武安面, 옛 상서면) 괴나리(槐津 혹은 고라리, 옛 둔지리)에서 10월 17일에 아버지 임수성(任守成)과 어머니 달성서씨(達成徐氏) 사이에서 태어나 이름을 응규(應奎)라 하였다. 풍천임씨의 망족(望族)으로 그가 태어날 때 어머니 서씨가 부처의 태몽을 꾸었다. 자랄 때도 영특하여 남이 잡은 자라를 자기 물건과 바꾸어 놓아주는 등 다른 아이들과 달랐다.

1550년(7세) 할아버지 유학 종원(幼學 宗元)에게 『사략』(史略)을 배우고 정훈(庭訓)을 익히면서 특히 '학문의 귀중한 것은 성현의 마음을 배우는 것이다'라는 가르침에 따라 심성학(心性學)에 관심을 두고 힘써 배웠다.

1556년(13세) 황악산의 유촌 황여헌(柳村 黃汝獻)에게 『맹자』를 배우다가 어느 날 책을 덮고 '유교 경전이 어찌 궁극적인 법이 될 수 있겠는가' 하고, 이웃에 있는 직지사 신묵대사(信默大師)를 찾아가 『전등록』(傳燈錄)을 읽고 오묘한 선(禪)의 이치를 깨달았다. 이에 여러 노숙(老宿)들이 오히려 나아가 물었다.

1558년(15세) 어머니가 별세하다.

1559년(16세) 아버지가 별세하다.

1560년(17세) 어머니의 대상(大祥)과 아버지의 소상(小祥)을 동시에 탈상한 뒤 직지사 신묵화상에게 삭발하고 출가하여 법명을 유정(惟政), 자는 이환(離幻)이라 하였다. 유정은 뒷날 국왕에 올린 상소문에서 자신의 출가를 부모의 별세와 가문의 몰락을 이유로 들고 있다. 증조부 효곤(孝昆)은 대구부사를 지낸 뒤 정3품 장악원정(掌樂院正)에 올랐으나 후에 일찍이 대구에 살았던 인연을 따라 밀양으로 이거하였다고 한다. 대사의 생가마을 뒷산에는 지금도 조부모와 부모의 산소가 있다. 『풍천임씨세보』에 의하면 효곤은 고려 공민왕 때 정승을 지낸 향(珦)의 아들이라고 하지만 장악원정은 조선 성종 때의 관직이므로 부자관계가 성립되기 어렵다. 또한 조부가 괴과(魁科)를 거쳐 강계부사(江界府使)를 역임했다고 하여 비명 등의 초기자료에 유학(幼學)이라고 한 것과 다른 주장을 하고 있다. 유정의 출가와 관련하여 선대가계(先代家系) 및 밀양으로 낙향한 까닭 등에 대해서는 후고를 요한다.

1561년(18세) 승과(僧科)에 응시하여 봉은사(鳳恩寺)에서 선과(禪科)에 합격하다.

1562년(19세 무렵) 이 무렵 금강산 건봉사 낙서암(樂西庵)에 일시 머문 것 같다. 『건봉사사적』에는 신묵대사가 주석할 때 유정이 낙서암에서 삭발하였다고 하지만 이는 과장된 말이다. 그러나 서산대사가 신묵에게 보낸 한 편지에서 '관동(關東)으로 들어가 스님과 함께 정공(政公)을 지도하겠다'는 말이 있는 것으로 미루어 아마 신묵이 직지사에서 건봉사 주지로 옮겨와 일시 유정과 함께 머물었던 것으로 보인다.

1564년(21세) 9월 개성지방으로 여행하면서 포은 정몽주를 추모하는 시「선죽교」를 지어 진사 정다순(鄭多純)에게 준 유묵이 전한다. 선과에 합격한 이후 사암 박순, 아계 이산해, 재봉 고경명, 고죽 최경창 등 관인사대부 및 시인들과 교유하니 이로써 그의 이름이 널리 알려졌다.

1565년(22세 무렵) 이 무렵 봉은사에 주석하는 비슷한 연령대의 동류들과 갑회를 조직하여 공동체 규약인「갑회문」(甲會文)을 지었다. 여기서 나라와 백성을 위해 기도하며, 건전한 승려생활을 실행하자는 뜻을 밝히고 있다. 불교경전 천함(千函)을 읽어 배우려는 승려들이 몰려들었다 한다.

1569년(26세 무렵) 이때를 전후한 시기에 하곡 허봉(荷谷 許篈)과 만나 한유(韓愈)의 글 가운데 가장 긴 문장을 한번 보고 외우는 내기를 하여 하곡이 져서 필사한 책 한 권을 준 일이 있었다. 기고봉(奇高峰)은 이 이야기를 듣고 "재주만 믿고 스스로 만족하면 학문에 발전이 없을 것이다" 하니, 대사는 이 훈계를 받고 조금도 게을리 하지 않고 학문에 힘썼다. 소재 노수신(蘇齋 盧守愼)에게서 많은 책을 빌려 읽었으며, 사자(四子)와 이백·두보의 시를 배워 문장이 일취월장 하였다.

1573년(30세) 4월 직지사 주지로 있으면서 허응당 보우(虛應堂 普雨)의 문집과 잡

688

저(雜著) 두 책의 간행을 도왔다. 전자에 '한산 이환(寒山 離幻) 근발(謹跋)'이라 하였으며, 후자에 '직지사 주지 중덕(中德) 유정(惟政) 교(校)'라 한 것을 보면 이 때 그는 호를 한산자(寒山子)라 하였으며, 법계가 중덕이었음을 알 수 있다. 「귀향」(歸鄕)이라는 시에 "15세에 집을 떠나 30세에 돌아오다"는 구절이 있는 것으로 보아 이때 처음으로 고향을 찾아 조·부모의 산소에 성묘를 하였다.

1575년(32세) 선종의 으뜸사찰 봉은사 주지로 천거되었다. 그러나 분잡한 서울생활을 청산하려고 이를 굳이 사양하고 묘향산 보현사(普賢寺)에 주석하던 서산대사 휴정(西山大師 休靜)의 문하로 들어가 수행(修行)과 질정(質正)을 통하여 새로운 경지를 증득하다.

1576년(33세) 가을에 운수(雲水)행각에 나서 평양 대동강 부벽루에 올랐다가 이어 가야산 해인사로 내려갔다. 특히 고운 최치원의 족적을 찾아 해인사에서 사천군 곤양과 하동군 악양으로 유력하며 장편의 시를 지었다.

1577년(34세) 다시 평양을 거쳐 묘향산으로 들어가다.

1578년(35세) 3년 만에 서산대사의 문하를 떠나 금강산 보덕암(普德庵)으로 들어가 세 번의 하안거를 지내다. 이때 「진헐대」 「등향로봉」(登香爐峰) 「동해사」(東海辭) 「명사행」(鳴砂行) 등의 시를 지은 것 같다.

1579년(36세) 『선가귀감』(禪家龜鑑)의 발문을 짓고, 충주 숭선사(崇善寺)의 수축에 간여하였다.

1580년(37세) 부석사 안양루(安養樓)의 중창기문을 쓰고, '사명 광한(四溟 狂漢) 기(記)'라 하였다. 사명이라는 호는 전년 『선가귀감』의 발문에도 '사명 종봉 유정 배수'라고 한 데서 처음 보이고 있으나 확실한 것은 이 친필 중창기문이라 하겠다.

1581년(38세) 3년 만에 금강산에서 내려와 팔공산·지리산·청량산·태백산 등 명산대천을 순력하며 공부에 전력하다. 일찍부터 태백산 운망사를 드나들다가 아마도 이 무렵 절 이름을 영은사로 고치는 등 연고를 깊이 한 것 같다.

1583년(40세) 가을 관서로 가는 길에 귀양살이하는 친한 벗 허봉을 생각하며 「관서도중」(關西途中)이라는 시를 지었다. 이때 허봉은 경기도 순무사로서 병조판서 이율곡을 탄핵하다가 함경도 갑산으로 유배되어 있었다.

1584년(41세) 소형 호신불의 복장(腹藏)에서 나온 글 가운데 '사명사문 유정(四溟 沙門 惟政), 12월 16일 원장(願狀)'이라 한 복장기가 불상과 함께 전한다. 이로 보아 운수행각 시에 호신불을 지니고 다닌 것이다.

1586년(43세) 여러 해 동안의 운수행각 끝에 이해 봄 옥천산 상동암(上東庵)에서 제자들을 가르치고 있던 어느 날, 밤 소나기에 뜰에 핀 꽃이 다 떨어진 것을 보고 갑자기 무상(無常)의 법을 깨달았다. 그리고 제자들에게 "부처는 내게 있는데 어찌 밖에서 구할 것인가"하고 홀로 선실(禪室)에 들어가 열흘 동안 가부좌하여 앉았으니 부처와 같았다. 이른바 상동암의 돈오(頓悟)로서 서산대사로부터 선지 (禪旨)를 듣고 첫 번째 깨달은 뒤 이것이 두 번째 대오(大悟)이다.

여름에 봉은사에 있을 때 하곡 허봉이 아우 허균(許筠)을 데리고 방문하여 그날 밤을 함께 지냈다. 이때 허균은 18세로서 뒷날 『사명집』 서문을 쓸 때 "그때 사명당은 훤칠한 키에 엄숙한 얼굴이었으며, 말은 간략하였으나 뜻은 원대했으며, 형의 말에 '그의 시는 맑고 깨끗하여 당나라의 아홉 승려에 버금간다'고 했다" 란 인상기를 적었다.

1587년(44세) 오대산 월정사에 머물고 있던 사명당은 퇴락한 사찰의 중수를 결심 하고, 영감난야(靈鑑蘭若)에 머물며 「월정사 법당 개연소문」(月精寺法堂開椽疏 文)을 지어 풍찬노숙하며 5년 동안 불사(佛事)에 매달렸다. 「오대산지」에는 이 무렵 남대 기린봉 정상에 암자를 세우고 종봉(鍾峰)이라는 호를 썼다고 한다. 그 러나 30대 후반에 사명이라는 자작 호를 쓴 뒤에 따로 종봉이라는 호가 승려들 사이에서 불려진 것 같다.

1588년(45세) 허봉이 금강산 금화현 생창역에서 38세로 객사하자 오대산에서 달려 가 조상하였다. 사명당이 지은 시 몇천 수가 하곡의 집에 맡겨져 있었으나 임진 병화로 모두 소실되었다고 한다.

1589년(46세) 늦봄에 월정사 법당이 신축되었다. 정여립의 역모사건으로 강릉부에 투옥되었다가 강릉 사림(士林)의 상소로 풀려났다. 정치적 사건에는 승려나 서 얼과 같은 소외계층에서 연루되는 경우가 허다한데, 이 기축옥사에도 일부 승려 가 연루될 때 서산과 사명이 무고하게 휘말리게 되었으나 곧 풀려난 것이다. 그 는 평소 오대산과 강릉 사이를 오가며 관인 사대부들과 사귀었으며, 월정사를 중국 여산(廬山) 동림사(東林寺)에 견주어 쓴 시가 몇 편 전하는데, 이는 스스로 혜원(慧遠)의 삼교(유·불·도) 합일적 금도를 따르고자 한 바람에서였다.

1590년(47세) 단오절을 맞아 5년간의 월정사 중수가 끝나고 낙성식과 향조대회를 열었다. 「월정사 금강연에 방백을 모시다」(月精寺金剛淵待方伯)라는 시도 이 무렵의 작품으로 보인다. 이해 여름에 한음 이덕형이 선위사로 밀양 영남루에 올라 「웅천에 비오는 광경을 감상하고 송운에게 보인다」(凝川對雨示松雲)는 제목으로 시를 지어 '오대산의 백운(白雲)만이 진풍경이 아니라'하여 세속의 풍광도 즐겨보라는 뜻을 사명당에게 전하려 하였다. 월정사 중수가 끝나자 다시 금강산으로 옮겨갔다.

1592년(49세) 6월 상순에 유점사(榆岾寺, 일설에는 표훈사表訓寺)에서 처음으로 일본군을 만났다. 침략군은 삼길성(森吉成)의 4번대 대원들로 사찰의 승려들을 모조리 결박하고 보물을 강요했다. 사명당은 이 소식을 절 밖에서 듣고 주위의 만류에도 불구하고 태연하게 들어가 대웅전 본존불 앞에 결가부좌하고 앉으니, 의외의 행동에 놀란 대장이 필답을 요청하였다. 이에 불교의 자비사상으로 타이르자, 그들은 결박된 승려들을 석방하고 '이 절에는 도승(道僧)이 있으니 다시는 들어오지 말라'는 팻말을 걸고 물러갔다. 다시 주둔군 본부가 있는 고성(高城)으로 내려가서 적장 세 명에게 '인명을 해치지 말라'고 설득하니, 그들은 계(戒)를 받들고 3일 동안 예우하며 모신 후 전송하였다. 이로써 영동 아홉 개 군이 무사하였다.

그러나 각처에서 왜적의 침탈이 그치지 않자 건봉사에서 승병 150명을 모으고 있었는데, 마침 조정과 서산대사로부터 근왕의 격문이 도착하였다. 이에 8월에 출병하여 평양으로 가는 도중에 60명을 더 얻어 9월 하순 황해도 해주 수양산(首陽山)에서 쉬었다. 10월 초 상원(祥原)을 지난 뒤 8일경에는 평양 교외 임원평에 도착할 때는 병사의 수가 1천여 명으로 불어났다. 이때 순안에 본부를 둔 도체찰사 유성룡과 도총섭 서산대사의 휘하에서, 의승도대장(義僧都大將)에 임명되어 승병 2천 명을 거느리고 게릴라전으로 평양과 중화를 왕래하는 적을 무찔렀다. 이에 평양성의 왜군은 날씨는 춥고 후방과의 보급로가 차단되어 크게 고전하게 되었다.

1593년(50세) 1월 6일 조·명 연합군이 평양성 공격을 시작하여 9일에 탈환하였다. 연합군은 총 5만 3천 명으로서 약 1만 8천 명의 일본군을 상대하였는데, 조선군 1만 명 가운데 승병이 5천 명이었다. 전쟁 초기에 관병은 패전을 거듭하였으나 지리에 밝고 산타기에 능한 승병들은 여러 지역에서 전과를 올렸다. 이때 사명당이 거느린 의승병의 평양성 공격에서는 연합군과 함께 분전하여 특히 모란봉 탈환에 수훈을 세웠다.

패퇴하는 적군을 뒤쫓던 명 제독 이여송(李如松)이 벽제관에서 패하여 전의를 잃자 서울 수복전은 조선의 관·의병이 독자적으로 치러야 했다. 명군의 뒤를 따라 남하하던 사명당은 2월 고양 해유령(蟹踰嶺)과 송포(松浦)를 거쳐 양주 송교(松橋) 부근에 진을 쳤다. 3월 25일부터 3일간 조선 관·의병 공동으로 노원평 우환동 일대에 출몰하는 적병을 맞아 대소 전과를 올리는 가운데, 특히 사명당의 의승병은 27일 수락산 승첩을 거두었다. 이러한 공으로 3월 27일 선교종판사(禪敎宗判事)에 제수하고, 4월 11일 승려로서 파격적으로 당상관직에 제수하라는 전교가 내렸다.

3월 말 남양주에서 한강을 건너고 광주를 거쳤으며, 4월 20일에는 저자도(楮子島, 뚝섬)를 건너 퇴각하는 일본군을 따라 서울에 입성하였다. 다시 한강을 건너 안성에 진을 치자 서산대사는 연로하여 사명과 처영(處英)을 불러 의승병에 관한 모든 일을 물려주며 뒷일을 부탁하였다. 처영은 사명과 서산문하의 동문으로서 전라도지방에서 의승병을 일으켜 행주대첩에 큰공을 세워 사명과 함께 서울 수복에 중요한 역할을 담당하였다.

6월 7일 도원수 권율이 영남으로 내려갈 때 같이 남하하였다. 6월 19일 함안에서 의령으로 물러나서 전투와 수비 양면에 공을 세웠다. 9월 8일 사명이 거느린 승군에 선과(選科)를 특급하라는 전교가 내렸다. 의령 원수부 부근의 대소 사찰을 중심으로 산야를 개간하여 보리를 갈고, 해인사에서는 궁전(弓箭) 등 병기를 만들어 비축하였다.

1594년(51세) 4월 9일부터 명(明) 도독 유정(劉綎)이 가등청정을 부추겨 관백 풍신수길과 불화를 조성하려는 계책에 따라 울산 서생포왜성으로 파견되어 왜장 청정과 회담하였다. 처음 면담을 요청할 때 송운(松雲)이라는 새 호를 씀과 동시에 자신은 중국에서 구법한 대선사(大禪師)임을 내세웠는데, 이는 자신이 승장이라는 인상을 피하면서 동시에 불교를 신봉하는 청정에게 고승의 위치에서 회담에 임하려는 의도에서였다. 청정은 금강산의 '귀승'(貴僧)을 만나 기쁘다면서 소서행장과 명 유격장군 심유경(沈惟敬)과의 회담 내용을 설명하며, 그 회담이 이루어지기를 바라지 않는 눈치였다. 필담으로 진행된 회담에는 일본 종군승 일진(日眞) 등이 필담을 거들었다. 16일 물러나와 적정의 정탐과 함께 명·일 회담의 개략과 관찰한 정세를 원수부 권율에 보고하고, 28일에 남원 도독부에 도착하여 보고하니, 우리 조정에서 비로소 명·일 회담의 내용을 알고 이에 관심을 갖게 되었다. 『분충서난록』에 「청정영중탐정기-갑오 4월」·「따로 적정을 고함」·「유도부를 만나 이야기한 기록-갑오 5월」 등이 있다.

7월 6일 두 번째 청정과의 회담이 있었다. 여기서 일본이 요구하는 조선의 영토 할양과 인질 문제 등은 명분상으로나 현실적으로 실현 불가능하다는 사실을 재확인시켜주었다. 청정은 강화교섭의 일본 측 대표를 소서행장 대신에 자기가 맡겠다는 뜻을 유 도독과 조선 조정에 요청하는 서신을 전하고, 임해군 등 석방된 왕자의 편지를 요구하면서 조속한 답신을 기다리겠다고 하였다. 「석장비문」에 '조선에 보배가 있는가'라는 청정의 물음에 '그대의 머리가 우리의 보배다'라고 하여 간담을 서늘하게 했다는 대화나 뒤에 그가 일본으로 갔을때, 사람들이 '보배 이야기를 한 스님'(說寶和尙)이라고 하였는데, 이는 모두 이때의 일을 두고 한 것으로 보인다. 7월 16일 부장 희팔(喜八)이 전송해주었다. 두 차례의 적영 방문시에 청정과 일진의 요청으로 계사(戒辭) 및 법어 등 유필을 써주었다. 「두 번째 청정진중 탐정기-갑오 7월」가 있다.

9월 상경하여 4월과 7월 두 차례 적정의 정탐과 회담한 내용을 토대로 상소(「서울로 달려가 임금께 상소함-갑오 9월」)를 올려 일본에 대한 강화와 토벌의 장단점을 논하고, 백성을 보전하기 위한 제반 개혁론을 펼쳤다. 선조가 이 소를 읽은 뒤 9월 23일 승정원에 전교한 뒤 차비문(差備門)으로 불러 '너는 산인(山人)으로서 전공을 많이 세웠고, 적굴에 출입하며 온갖 위험을 겪었으니, 만일 속인으로 돌아가면 백 리의 지방을 맡기고 3군의 장수를 삼겠다' 하니 '감히 하지 못하겠습니다' 하고 사양하였다. 이러한 공으로 11월 1일 정3품 절충장군첨지중추부사

(折衝將軍僉知中樞府事)의 직이 제수되었다. 11월 의병장 김덕령이 조언을 구하는 편지 한 통을 보냈는데, 여기에는 사명당이 여러 전투에서 보여준 기묘한 전술을 높이 평가하는 동시에 비상한 존경심을 표하였다.

11월 6일 왕자의 편지를 가지고 서울을 출발하여 21일 의령 원수부를 경유, 12월 12일 왜성에 먼저 통고한 다음 23일 가등청정과 만나기로 약속한 울산 성황당 강 어구에 도착하였다. 그러나 청정은 우총병 김응서와 소서행장이 '이미 강화협정을 맺은 뒤에 자기를 기만하러 왔다'고 오해하여 부장 희팔과 종군승 일진을 보내 회담을 거부하였다. 추운 겨울이라 양측 인원들은 강변에 막사를 치고 떨면서 밤을 지내고, 휘하의 이겸수 등만 왜성으로 딸려 보내어 왕자의 편지와 선물을 전달하면서 적정을 정탐하도록 하고, 본인은 발길을 돌려야 했다. 이리하여 세 번째 회담은 무산되었으나 적정정탐은 그 나름으로 계속되었다.

1595년(52세) 정월, 작년 연말에 작성한 세 번째 적정정탐기는 새해가 되어서야 조정에 보고되니, 「다시 청정영중에 들어간 탐정기(探情記)－갑오 12월」이다. 그간 심유경과 소서행장은 서둘러 '관백항표'(關白降表)를 위조하니, 명에서 이를 믿고 책봉(冊封) 사절을 파견하여 2월에 조선에 도착하였다. 이에 따라 조선에서도 화의(和議)가 급진전되고 있을 무렵 사명당은 세 번째 적정정탐과 당시 진행되던 명·일 교섭을 고려하여 두 번째 상소, 「상소하여 시사(時事)를 말함－을미년」을 올렸다. 여기서 일본과의 화의는 '고식적인 방법이긴 하지만 시간을 벌어 국력을 기르는 수단'으로 불가피하게 선택한다면, 조정에서는 마땅히 선인(選人) 군정 농정을 닦고 산성의 축성 등 내정개혁에 힘쓸 것'을 촉구하였다.

8월 5일까지 삼가의 악견산성, 성주의 용기산성이 완성되고 겨울에는 대구 팔공(달성)산성 수축에 착수하였다. 체찰사 이원익은 '일찍이 용기산성을 축성할 때 승도(僧徒)들의 역사(役事)가 일반백성들과 달랐으며, 또한 유정이 여러 사람의 마음을 얻어서 사람들이 기꺼이 따랐으므로 여기에 공사를 일으키게 된 것'이라고 하였다. 가을에 명 책봉부사(冊封副使) 양방형(楊方亨)의 방문을 받고 쓴 시, 「을미년 가을에 양책사를 받들다」(乙未秋奉楊策使)가 문집에 있다.

1596년(53세) 사명당의 막사는 팔공산 주봉 아래 고려태조 왕건이 견훤과 싸울 때 대궐터라고 전하는 곳에 세웠다. 2월에는 산 주위의 의흥과 신령의 현감 등이 들어왔으며, 3월에는 신임 경상도 방어사 이용순(李容淳)이 와서 일본의 재침이 있을 경우 이 성을 본부로 하여 지키겠다고 하자 모두 크게 고무되었다. 초가을 부터 다시 축성공사를 시작하는데, 특히 경상도 총섭 신열(信悅)은 사명당의 지시를 받아 승군들을 독려하였으며, 이에 이어 선산의 금오산성 등도 이루어지게 되었다. 늦은 봄에는 도체찰사 유성룡이 내방하여 시사를 논하였다는 시, 「서애 정승의 운을 따라」(西厓台相韻)라는 유묵이 전한다.

영남에서 상경하여 9월 12일 거느린 군사 60명을 데리고 남한산성으로 들어가 다음 해 초까지 계속 머물렀다. 이로 미루어보면 평양성 전투에 참가한 5천의 승병은 이후 군량 등의 이유로 연고지로 돌아가 활동하도록 하고, 휘하에는 소규모의 정예병을 거느렸으며, 각 지방에 가면 그곳 승병들을 지휘하였다.

겨울에 체찰사 유성룡의 집에서 허균과 만나 오랜만에 옛일을 이야기하고 다시 허균의 숙소로 돌아와 세상일을 논하였다. 허균은 뒤에 당시의 일을 회상하여 "그는 의분이 폭발하여 손바닥을 맞대며 이해를 따질 때는 옛사람의 절개와 호협한 기상이 있었고, 말안장을 어루만지며 눈을 돌이키니 그 뜻은 요사스런 기운을 쓸어버리는데 있어 마치 노장(老將)과 같았다"라고 하였다.

1597년(54세) 2월 초 가등청정은 일본에서 서생포로 돌아와 사명당을 만나게 해달라고 요청해왔다. 전년 10월 풍신수길은 명 책봉사를 쫓아보내면서 재침을 선언함에 따라 소서행장이 1진, 청정이 2진으로 다시 조선에 출병한 것이다. 조선에서는 그러한 내용을 모르는 상황에서 시간을 끌다가 독촉 편지를 받고 남하하여 3월 18~19 양일 동안 제3차 서생포 회담이 열렸다. 청정은 왕자 1인을 인질로 일본에 보내라는 조건이었으나—영토할양 등의 무거운 문제는 숨긴 채—결코 받아들일 수 없었다. 회담이 결렬되자 물러나와 사태의 위급함을 비변사에 보고하는 한편 세 번째 상소를 올리니, 『선조실록』 3월 3일자로 된 도원수 권율의 장계에 「송운·청정문답」이, 4월 13일자에 「정유상소」가 각각 초록(抄錄)되어 있다. 상소의 요점은 '오늘의 형편은 싸워도 위태롭고 싸우지 않아도 위태로우니 그럴 바에야 한 번 싸우는 것이 낫다. 현재 조선에 남은 적의 수는 1만인데 그중에는 우리 백성이 적지 않다. 이에 비하면 우리나라 사람으로 쓸 만한 자를 총동원하면 4~5만은 될 것이니 싸울 만하다'는 것이었다. 단호한 민족 주체적 일전불사론(一戰不辭論)이었으나 조정대신회의에서는 결국 중국 원군에 의지할 수밖에 없다는 결론으로 채택되지 못하였다. 사신이 논하기를, "유정의 상소는 말에 조리가 있고 의리가 발라서 당시의 병통을 적중시켰으니, 육식자(肉食者)들이 어찌 부끄러워하지 않겠는가" 하였다.

4월 28일 남원으로 내려가 심유경에게 청정이 만나자는 뜻을 전했으나 심은 명·일 강화교섭 실패 후 매우 어려운 처지에서 늦게 통고한 것을 나무랐다. 그러나 강화교섭은 결코 성사되기 어려움을 아는 사명당은 양 측에 인심을 잃지 않는 선에서 미봉책으로 대하면서 오직 팔공산성 단속에 박차를 가하였다. 정유년 들어 순찰사 이용순을 필두로 하여 인근 현령들의 일가권속이 속속 옮겨 왔으며, 군량미 1만 석도 비축되었다. 5~6월에는 명의 원군 양원(楊元) 오유충(吳惟忠) 마귀(麻貴) 등이 입국하여 각 처로 배치되는 가운데, 일본 재침군의 주력은 밀양·창녕·거창을 거쳐 전라도방면으로 진격하였다.

재침군의 일부가 밀양에서 청도로 나와 대구로 향한다는 보고를 접한 이 순찰사는 8월 20일 사명당의 만류에도 듣지 않고 군사를 나누어 성을 나섰다. 순찰사는 7월에 한산도가 패하고, 8월에 황석산성이 무너져 싸울 뜻을 잃고 있다가 '적을 맞아 싸운다'는 핑계로 수 천의 군사를 끌고 가서 왜군이 청도에서 팔잠령(八岑嶺, 대동여지도에는 팔조령八助嶺)을 넘어온다는 말을 듣자 무기를 버리고 도망하였다. 사명당은 신령현감 손기양과 함께 수십 명의 군사로서 냉천(冷川)으로 가서 적세를 관망한 뒤 인근의 산으로 올라가 게릴라전으로 불과 수백 명 정도의 적을 물리치니, 이른바 냉천 승첩이다. 순찰사는 사명당이 죽은 줄 알고 성으로 돌아와 "의사(義士)가 죽었다"고 측은하게 여겼으나, 사명당은 3일 밤을 초경산(初更山, 대동여지도에는 최정산最頂山)에서 지낸 뒤 23일 산성으로 돌아오자 순찰사는 오히려 성을 비우고 도망치고 말았다. 사명당도 '가야산으로 들어간다' 하고 떠나버렸다. 냉천전투에서 패한 적군은 청정 부대의 일지대로서 뒤에 청정의 본대는 직산전투에서 패하여 남하, 9월 25일 텅 빈 팔공산에 올라 분탕질하고 돌아갔다. 팔공산성 축성과 냉천승첩 시말은 당시 신령현감 손기양의 『오한집』(鰲漢集) 「공산지」(公山誌)에 자세하게 전한다.

12월 초 조·명 연합군이 총동원되어 울산 도산성을 칠 때 명 마귀의 군대와 함께 싸워 큰공을 세웠으며, 그간 저축해둔 군량 4천여 석과 기갑 1만여 개를 나라에 바쳤다.

1598년(55세) 7월 새로 복권된 수사 이순신이 순천 예교에 주둔하던 소서행장 군을 바다에서 압박하면서 명 도독 유정에게 협공을 요청하였으나 그는 싸울 뜻이 없었다. 이에 사명당은 '사람들은 노야(老爺)께서 적과 싸우지 않으려 한다'고 빗대어 나무라니, 그는 '군량이 준비되어 3개월 안에 적을 치지 못하면 스스로 목을 베어 황상(皇上)께 바칠 것이오' 하고 변명하였다. 8월 29일 300여 명의 군사를 거느리고 서울에서 남원에 도착하여, 주포에 진을 치고 예교전투에서 많은 공을 세웠다.

8월 18일에 풍신수길이 죽었으나 일본은 비밀에 부친 가운데, 11월에는 이순신이 전사하고 왜적이 물러가니 7년전쟁이 여기서 끝났다. 연말에 변방 수자리를 살기 위하여 안동 낙동강변의 용수사(龍壽寺)로 옮겨갔는데, 유성룡의 지시에 따른 것 같다. 용수사는 전쟁 때 유성룡의 어머니가 일시 피난한 곳이기도 하다.

1599년(56세) 정월 안동 도산 용수사에 머물며 이웃의 용담(龍潭) 임흘(任屹)의 집에 내왕하면서 그곳 사대부들과 시를 짓고 글씨를 썼다. 여러 선비들이 모여 지은 「용담쾌각제영차운」(龍潭快閣題詠次韻) 12수 가운데 사명당의 시 한 편이 들어 있으며, 또한 용담 시집 『용담취규정잡영』(龍潭翠叫亭雜詠)을 해서체로 쓰고 끝에 '기해년 정월 용산에서 쓰다(己亥書于龍山)'이라 하였다. 임흘은 풍천임씨 일족으로 지방에서 의병장으로 활동하였으며, 그 집 근처에는 사명당이 말을 매었다는 곳이 있다.

「가을에 변주서와 이별하면서」(己亥秋奉別邊注書)라는 두 편의 시를 썼는데, 그 가운데 '흰머리에 아직도 장강 변에 수자리 산다(白頭猶戍癢江邊)'는 구절이 있어, 역시 안동 낙동강변의 작품이었을 것으로 보인다. 유성룡에게 준 시, 「낙동강 아래서 병을 앓으며 서애상공에게 드린다(洛下臥病上西厓相公)에서도 '한 번 수자리에 떨어져, 7년이 되도록 돌아가지 못했노라'는 구절이 있다. '겨울에 단양을 지나다가 전마가 죽어'(己亥冬丹陽途中斃戰馬) 묻어주고, 시를 지었다. 이 시들은 모두 문집에 전한다.

1600년(57세) 2월 14일경에는 원주 산사(山寺)에 있었다. 지난해 겨울 안동에서 단양을 거쳐 원주의 연고사찰 각림사(覺林寺)나 혹은 보문사(普門寺)에 머물고 있었던 것 같다. 이 무렵 조정에서는 혹시 있을지도 모를 전후 일본의 재침에 대비하여 남방 해역의 축성 및 경보체계(警報體系)를 복구하려 하였다. 이를 위하여 사명당에게 승병을 동원할 수 있도록 남방으로 내려가 각 산사의 승려들의 실태를 점검하게 하였다. 가을에는 안동 용수사에 머물며 지난해에 이어 시집 『용담취규정잡영』을 초서체로 필사하고, '만력 경자년 가을 송운노인이 쓰다'(萬曆庚子秋松雲老所書)라 하였다.

전쟁이 끝났으나 승병으로 출정한 승려들의 태반은 돌아오지 않아 불교계는 적막한 상황이었다. 어서 돌아오라는 산사의 목소리가 절박하였으나 사명당은 일본의 재침우려와 전후처리사가 아직도 자기를 필요로 한다고 여겨 묵묵부답, 산으로 돌아가는 날을 늦추었다.

1601년(58세) 봄부터 가을까지 부산성을 수축하였다. 이 때 경상도(慶尙道) 체찰사이덕형은 사명당에게 승병을 동원하여 부산성을 수축하게 하였다. 『한음문고』에는 「송운을 보내 부산성을 수축하다」(見松雲修築釜城), 「축성하는 여러 승려를 위로하다」(慰築城諸僧)는 등의 시가 있다.

4월부터 연말까지 체찰사 이덕형은 조정과 연락하면서 일본을 정탐할 인물로 '유정보다 나은 사람이 없다'는 생각을 피력하였다. 부산성을 완공한 다음에 통도사 부근으로 생각되는 내은산(內隱山)에서 잠시 머물다가 겨울에는 하양 환성사(還城寺)로 들어가 쉬었다.

1602년(59세) 정초에 경주교수 겸 제독관 손기양(孫起陽)이 일 때문에 사명의 처소를 방문하였다. 2월 조정에서 일본 정탐을 위해 사신 파견문제를 논의할 때 사명당은 부산성을 수축한 뒤, 하양 산사에 머물고 있음을 확인하고 있다. 봄에 지산조호익(曺好益)이 환성사로 방문하여 시를 남겼으며, 사명당도 영천 도촌(陶村)에 우거하던 지산에게 인편으로 시를 지어 보냈다. 두 사람은 의병장으로서 일찍이 평양성의 일본군을 상대로 각기 게릴라전을 펼쳐 남방과의 보급로를 차단하는데 큰 전과를 올렸으며, 서울수복 시에도 양주 부근에 주둔하여 적병을 치는 가운데 친숙하였던 것 같다. 이때 그들은 다시 가까이 우거하여 정의를 나누면서 지은 시가 각 문집에 실려 있다.

여름에 체찰사 이덕형이 개부(開府)의 일로 잠시 밀양에 머물 때 사명당과 함께 시를 지었다. 한음은 12년 전에 밀양 영남루에 와서 사명에게 시를 지어 보이려 하였는데, 이때 다시 전쟁으로 불탄 영남루 옛터에 마련된 임시 초옥에 머물며 시를 지었다. 그 서문에 "난리가 끝난 뒤 외람되게 개부의 명을 받고 응천(凝川, 밀양)을 두 번 지났는데 황폐한 터에 무너진 성곽이며, 눈에 보이는 것이라고는 모두 쓸쓸한 것뿐이지만 오직 강산의 풍경만은 예와 같다. 송운 스님이 마침 연(烟)자 운을 따라 지은 시를 보여주기에 읊조리며 감개에 젖었다가 그대로 시를 짓는다"하였다. 이 밖에도 「송운이 조종사와 함께 물에 노는 것을 보고 운에 따라 화답을 구한다」(見松雲與趙從事泛湖偶占求和)라는 제목의 시가 모두 『한음문고』에 전한다. 이때 밀양 출신으로 울산판관이던 손기양도 「경차관 한음 이공이 영남루 옛터를 지나다가 지은 운」(敬差李公過嶺南樓舊址韻)이라 한 제목의 시가 그의 문집에 있다.

여름을 지나면서 조정에서 서울로 불러 앞으로 대마도 파견의 문제를 논의한 뒤 10월 7일 다시 경상도로 내려갔다. 서울에 있을 동안 남관왕묘에 유숙하면서 비변사와 상의하여 서산대사의 도총섭직을 다시 찾으니, 이는 앞으로 자신이 도해하여 강화외교를 벌일 것을 예상하고 '서산의 위명(威名)'을 앞세워 피로인 송환을 호소하려 한 준비작업의 일환이었다. 서울에서 떠난 뒤 10월 13일자로 동지중추부사(同知中樞府事)의 직에 제수되었다. 그 날짜로 된 그의 부모와 증조부모의 교지가 현존하는 것으로 보아 그러한 추정이 가능하다.

이 해를 전후하여 사명당은 고향 고라리 생가지 옆 영취산에 조부모의 신위를 모실 백하암(白霞庵)을 세웠던 것 같다. 무안 표충비의 「표충사사적비」(表忠祠事蹟碑)에 "전란을 평정하고 돌아와 산 동쪽기슭에 초옥 수간을 지어 살 곳으로 삼아 이름을 '백하'라 하여 걸고, 선영이 가까우므로 늙은 창두 종생과 말생으로 하여금 지키게 하였다"한 것으로 미루어 짐작할 수 있다. 전쟁이 끝나고 4년여가 지날 무렵 노승 사명에게 조부모를 위한 분향소 마련이 시급하였기 때문이다.

1603년(60세) 부산에 머물고 있다가 여름에 휴가를 얻어 금강산으로 들어갔다. 먼저 유점사로 가서 서산대사를 만나 도총섭직을 받들어 올리면서 자기가 일본에 가게 될 일을 논의하였다. 그들이 헤어질 때 노령의 서산대사는 "청안의 눈빛으로 언제 다시 만나, 선을 이야기하며 불자를 휘두를까"하는 석별의 시를 지어 주었다. 사명당은 그를 표훈사로 전송한 뒤 자신은 10여 년 만에 처음으로 오대산으로 들어가 상원사에 머물렀다. 가을에 강릉 감호(鑑湖)에 내려와 있던 허균을 방문하여 며칠 동안 남종(南宗)의 선지(禪旨)를 깨쳐주었는데, 후일에 허균은 "세상을 건지고 환난을 구한 것도 그(禪) 한 끝에서 나온 것임을 알았다" 고 술회하고 있다.

이 해에 전쟁으로 불탄 통도사 금강계단을 복구하도록 하는 한편 달성 용연사에도 제자 인잠·탄옥·경천 등을 시켜 중창불사를 일으켰다.

1604년(61세) 허균은 2월 1일자의 편지를 보내어 참선에 관한 견해를 물었다. 서산대사가 입적하였다는 부음을 받고 급히 묘향산으로 가던 도중, 2월 21일 양평 오빈역에서 서울로 올라오라는 조정의 연락을 받고 방향을 바꾸었다. 전 해 12월 대마도 귤지정(橘智正)이 와서 통신사의 파견을 요청한 데 따른 문제와 관련된 일이다. 3월 14일 사명당을 사신으로 파견하되 절충장군 손문욱을 따라 보내기로 하고, 6월 9일에는 선조가 사절단의 행장을 넉넉히 제급하도록 지시하였다. 여러 대신들에게 도해시를 청하자 조정의 학사대부들까지 앞을 다투어 시로써 전송하였다. 어느 무명시인이 '묘당(廟堂)에 삼정승이 있다고 하지 말라, 나라의 안위(安危)는 한 승려에 달렸노라' 한 시가 널리 인구에 회자되었다.

6월 22일 사절단의 대표는 사명당이었으나 절충장군 손문욱을 동행시켜 양사(兩使) 체제의 형식을 띠었다. 사절단의 공식명칭은 탐적사(探賊使)였으나 강화사(講和使)로서의 권한을 암암리에 부여하여 경우에 따라 활동의 폭을 넓힐 수 있도록 인정해주어, 화의나 피로인 쇄환과 같은 막중한 일을 처리해야 할 경우에 대비하도록 한 것이다. 7월 1일 선조를 알현한 뒤 서울을 출발하였으며, 도중에 단양 전사(傳舍)에서 하루를 묵고 이어 죽령·밀양 작원·김해 전사에서 각각 시 한 수씩 지었다. 그리고 부산에서 부족한 여장을 준비한 뒤 바다를 건너 일본에서 활동하고 1년 후 귀국하기까지 지은 시들 68편을 모두 잡체시편(雜體詩篇, 부제·생령을 구제하기 위하여 명을 받아 바다를 건널 때 쓴 시)으로 묶어 문집 권7에 실었다.

8월 20일 부산 다대포를 출발하여 바다를 건너 대마도주 종의지(宗義智)에게 지참하고 간 예조참의 명의의 「대마개유서」(對馬開諭書)를 전하였다. 여기에는 지금까지 여러차례 소수 피로인 송환에 대한 사의를 표명함과 함께 대마에 대한 허화(許和)와 개시(開市)를 허용한다는 내용이다. 이때 사명당은 '나라가 망하는 것보다 더 안타까운 일은 조선의 남녀가 끌려와 부림을 당하고 있는 것'이라하여 피로인 송환에 대한 간절한 소망을 피력하였다. 대마의 중신(重臣) 유천조신(柳川調信)은 이 사실들을 새 집권자 덕천가강에게 보고하기 위하여 본주로올라갔다.

서산사(西山寺) 객관에 머물러 가강으로부터 소식을 기다리면서 시짓는 일로 소일하였다. 「대마객관에서 왼쪽 둘째 이가 무단히 시고 아파서 베개에 엎드려서 신음함」(在馬島客館左車第二牙無故酸痛伏枕呻吟)이라는 시에 "머리 깎고 중 되어서 항상 길에 나와 있고, 수염 남긴 것 세상 본받았지만 또한 집이 없네"라고 자화상을 읊었다. 서산사의 주지 현소(玄蘇)는 임진난에도 종군한 외교승이며 또한 같은 임제종 승려로서 사명당이 일본에 체재하는 동안 줄곧 접반의 역할을 담당하였다. 조신이 돌아와 가강의 말, 즉 "조선에서 말하는 것은 이치상 모두 당연하다. 속히 사신들을 인도해오면 내가 성심을 다하겠다"고 보고하였다. 현소의 제자 규백현방(規伯玄方)은 '유천이 본토에서 돌아와 가강이 경도에서 회담하자는 뜻을 전하자 유정은 안도의 기쁨을 억누르지 못했다'고 사명당의 동정을 기록으로 남겼다.

사절단 일행은 대마에서 약 3개월 반 머문 뒤 11월 하순에 도주 의지를 비롯한 조신, 현소 등 지도부의 인도를 받아 경도로 출발하였다. 적관(赤關, 하관)으로 가는 도중 사명당은 침략군이 출정한 낭고성(浪古城, 명호옥名護屋)으로 배를 몰아 '수길은 천하를 뒤집어엎은 미치광이'라는 시를 지었다. 뇌호내해(瀨戶內海)를 통하여 대판(大阪)을 거쳐 경도에 도착한 것은 12월 27일이었다. 덕천가강은 경도소사대(京都所司代, 막부의 경도 출장소) 책임자 판창이하수승중(板倉伊賀守勝重)을 보내어 일행을 정중하게 영접하다.

당시 막부에서 신봉하던 불교는 경도 오산(五山)의 임제종으로서 사명당의 상담역도 상국사(相國寺) 주지 서소승태(西笑承兌)였으며, 그가 막부의 정치외교 고문역을 담당하고 있었다. 사명당이 경도에서 유숙한 곳은 일련종(日蓮宗)의 종찰 본법사(本法寺)였는데, 하필 일련종 사찰을 거처로 한 것은 가등청정과 승려 일진(日眞)과의 관계 때문이다. 일진은 청정의 원찰 본묘사(本妙寺)——본래 대판에 있었으나 이 무렵 웅본(熊本)으로 옮김—주지로서 사명당이 일본에 올 때 '크게 우대하였으며, 청정의 사당에 정지원(淨地院), 본묘사 산문에 발성산(發星山)이라는 액을 써줄 만큼 친밀한 관계'였다. 이러한 점을 미루어 그들은 미리 사명당이 머물 장소로 시내에 위치한 본법사를 정하여 불편이 없도록 편의를 제공해준 것이다.

1605년(62세) 정월 7일 녹원원(鹿苑園)의 원주 유절서보(有節瑞保)는 본법사로 현소를 방문하여 사명당과도 인사를 나누고 2월 18일에도 재차 방문하였다. 덕천가강은 정이대장군(征夷大將軍)의 직에 올라 2월 20일 조선 사절단 등을 초치하여 인사를 나누고, 8만 대군으로 무력으로 시위하여 새 집권자로서의 위용을 과시하였다. 가강은 2월 9일 자신의 세력 거점인 강호(江戸, 동경東京)를 출발하여 18~19일에는 차기 장군으로 내정된 아들 수충(秀忠)과 함께 경도에 도착하여 위세를 보인 것이다.

28일에는 상국사 주지 서소승태가 사명당과 현소 등을 초청하여 경내 풍광사(豊光寺) 녹원원에서 성대한 법회(法會)를 겸한 시회(詩會)를 열었다. 이때 사명당은 남종선, 특히 임제종의 궁극적인 종지는 '중생제도라는 자비정신에 있다'는 점을 부각시켰다. 서소와 주고받은 5~6편의 시 가운데 「승태의 운에 따라 짓다」(次承兌韻)에서 "널리 창생을 구하려는 무궁한 뜻, 다만 남선종의 손 돌리는 가운데 있으리"(蒼生普濟無窮意 只在南禪轉手中)하여 이른바 흑의의 재상으로 알려진 서소승태에게 불자의 역할과 책임을 강조한 것이다. 이 같은 격조 높고 의미 깊은 사명당의 시와 글씨에 대하여 서소는 "문필재능이 신같이 뛰어났다. 구절마다 기특하고 말마다 절묘하여 즐거움을 감당할 수 없다. 필적 또한 아름다워 내 집의 보물로 삼으려 하자 쾌히 응락하였다"라 했다. 사명당의 이러한 불교활동은 유절서보의 「녹원일록」(鹿苑日錄)에 보이고 있다. 여러 장로승 가운데는 조선 출병 당시 무장 길천광가(吉川廣家)를 따라 종군한 숙로준악(宿蘆俊岳)도 있었다.

3월 4일 덕천가강과의 복견성(伏見城) 회담에서 '두 나라의 백성들이 오랫 동안 도탄에 빠져 있으므로 그들을 구제하러 왔노라'고 하자 가강은 불교신자로서 신심(信心)을 일으켜 공경하였다. 그는 '지난 임난 때 나는 관동(關東)에 있어서 군대 일에는 한 번도 간여하지 않았으며, 휘하 병사로서 바다를 건너 종군한 자는 한 사람도 없다'고 변명하였으며, 아울러 조선의 피로인들도 모두 돌려보내겠다고 약속하였다. 가강의 큰 아들이 법어(法語)를 간청하여 '구름은 하늘에 있고, 물은 병속에 있다'(雲在靑天水在甁)하여 '자연이 바로 도임'을 깨우쳐주었다.

경도에 체재할 동안 오산의 승려들 이외에도 각계각층의 인사들과 교유하였다. 본법사에 이웃한 흥성사(興聖寺)의 주지는 원이(圓耳) 교사(敎師)였는데, 현소의 요청에 따라 사명당은 그의 자를 허응(虛應), 호를 무염(無染)이라 하여 선종승으로 개종시켰다. 그에게 다른 세 편의 게송을 지어주었는데, 그 가운데 "뜬 세상에 중생을 구제하러 환해에 놀고, 밑 없는 배를 타고 물결에 맡겨두라"(浮世度生遊幻海 駕船無底任波頭)고 한 구절이 있다. 지금도 흥성사에는 사명당의 유필이 여러 편 소장되어 있다. 그는 일본인을 대할 때 언제나 은사 서산대사의 가르침이 '불교적 자비심'에 있다는 것──선사의 유결(遺訣) 혹은 선사의 유촉(遺囑)──을 내세워 피로인 쇄환 문제를 그들의 종교적 양심에 호소하였다. 그가 도해할 때 서산대사의 『선가귀감』 등의 저술을 가지고 가서 일본에 전함으로써 서산의 이름이 널리 일본 불교계에 알려지게 되었다.

가강과의 회담 후에는 자유로운 심정으로 경도의 봄을 즐겼다. 비파호(琵琶湖) 주변의 죽림원(竹林院)에 들러서는 "창해에서 나그네 되어 돌아가지 못한 사람이, 높은 정자에 기대어 임금 계신 북신을 바라본다"(旅遊滄海未歸人 徒倚高亭望北辰)라 읊었으며, 한때는 청년 유생 임라산(林羅山)이 방문하여 질의 응답한 일이 있다. 때로는 달마도를 그려와 찬을 요구하거나 불서를 갖고와 발문을 구하는 사람, 또 때로는 북야신사(北野神祠)의 찬을 요구하는 무장 등 불교인들에게 일일이 답응하였다. 이때 남긴 유필들은 문집 외에도 지금까지 이 지역에 적지 않게 전해지고 있다.

3월 27일 사절단은 대마도주 일행과 함께 경도를 떠나 4월 15일 대마도에 도착하였다. 이 무렵의 작품으로 보이는 시, 「높은 곳에 올라 사방을 바라보다」(登高四望)에서 "서북풍이 불어오자 구름 안개 흩어지니, 다시는 요망한 기운 맑은 빛 가리지 못하리"(西北風回雲霧散 更無妖翳隔淸光)라 하니 이는 요망한 일본의 재침이 없을 것이란 뜻이다. 그간 함께 지낸 현소에게도 작별을 아쉬워하는 시를 지어주었다.

4월 말 사절단 일행은 귤지중의 인도를 받으며 대마도를 출발하였다. 그동안 대마도에서는 피로인 송환에 필요한 식량을 가강으로부터 수령하여 여러 지역과 연락하여 그들을 불러모아 조선 사절단에 딸려보낸 것이다. 도주 종의지와 유천조신은 동행한 귤지정에게 조선국 예조(禮曹)에 보내는 답신(答信)을 지참시켰다가 부산에 도착하자 먼저 조선 측에 전달하였다. 이때 송환된 인원은 1,391명으로 48척의 크고 작은 배에 나누어 싣고 왔는데, 그 경비의 일부는 사명당이 지참한 노자 이외에 일본에서 받은 적지 않은 선물을 팔아 충당한 것 같다.

5월 5일 영도에 도착하였는데, 많은 인원들이 나누어 탄 여러 배들은 도착한 장소나 시간이 조금씩 달랐다. 함께 온 피로인들은 조선 수군(水軍)에 인계되고, 다시 귀가하는 과정에서 여러 가지 불미한 사건들이 발생하여 책임자가 해직되는 일도 발생하였다. 8일 사명당은 지인(知人) 유감찰(柳監察)에게 '지나가는 길에 고향 쪽으로 들러가려 하였으나 여의치 못하다'는 편지와 함께 후추 한 봉을 보냈다. 이때 부산에서 공식적인 일은 손문욱에게 끝내도록 하고, 자신은 함께 간 승려들과 함께 받들고 간 원불(願佛) 관음보살상을 대구 용연사로 보내고 상경하였다.

6월 초에 비변사에 귀국보고를 하였다. 이에 선조는 가자(加資)할 것과 삼대(三代)를 포증(襃贈)하도록 명하는 한편 그를 내달(內闥)로 불러 일본에서 있었던 일을 하문하고 치하한 다음 어마(御馬)와 모시옷 한 벌을 하사하였다. 이때 그에게 가의대부행용양위대호군(嘉義大夫行龍驤衛大護軍)에 올리고, 3대를 증직하였다. 처음 조정에서 사명당을 대마도에 파견할 때는 본토까지 가서 화호(和好)와 피로인 쇄환을 이루고 돌아오리라고 아무도 기대하지 못했다. 그러나 당당하게 위업을 달성하고 돌아오자 세간의 재담가(才談家)들은 이를 '도사의 신통력'으로 돌리려 하여 『임진록』의 '왜왕항복 이야기' 등의 설화나 '동래부사 선참후계설' 및 '3일 영의정설'과 같은 설화류의 이야기가 유행하게 된 것이다. 여기서 사명당은 현실에서는 실현될 수 없는 원수의 나라 일본을 상대로 시원하게 복수하고 돌아온 '민족의 영웅'으로 등장하게 된 것이다.

6월 중순에 오대산 사고(史庫)의 설치 문제와 관련하여 오대산으로 들어갔다.

한음 이덕형은 사명당과 그를 수종하였다가 귀국하여 입산하는 승려들에게 각각 시를 지어주어 위로하였다. 다음 해(1606) 4월에 설치된 오대산 사고는 사명당이 일찍이 월정사 중수 시에 머물던 영감난야에 세워졌는데, 역사(役事)는 강원감사가 맡아 하였으나 그 준비를 위하여 선조의 명에 따라 귀국 즉시 파견된 것으로 보인다.

10월 하순에 묘향산 보현사로 들어가 그믐에 서산대사영탑전에 치제하고 「등계대사소상소」(登階大師小祥疏)를 읽었다. 그 전해에 부고를 받아 분상하던 도중에 선조의 부름을 받고 일본으로 떠난 지 실로 20개월 만의 일이다. 소문 가운데에 '관산(關山) 달 10년 만에 머리만 희어 펄럭였고, 부상국(扶桑國) 만 리 길에 정신만 소모했다' 한 것은 은사에 대한 산인으로서의 겸허한 고백이다.

1606년(63세) 정월 23일 서산대사의 대상을 치렀다. 정월에 허균이 편지로 『능가경』 공부가 어렵다고 하면서 "우리나라에 판본이 없는 당본 『능가경』 4권을 보내니 간행하여 널리 읽히게 했으면 좋겠다"고 했다.

봄에 선조의 부름을 받고 하산하여 영선군(營繕軍)을 거느리고 궁궐공사에 나아가 삼청동에 초가를 짓고 지냈다. 어느 봄날 월사 이정구는 중추원의 여러 대신들과 공무를 마치고 삼청동으로 사명당을 찾아가 해 지는 줄도 모르고 이야기하다가 밤에 돌아왔으며, 다음 날 사명이 지은 시의 운자를 달아서 시를 지어 보냈다. 우의정 심희수(沈喜壽)도 응상의 시축의 운을 따라 「송운장로」라는 제목으로 시를 지었다.

5월에는 여러 법형제들과 의논하여 서산대사 사리탑을 유점사에 세웠다. 축문을 지어 성지(性智)를 시켜 주지 태희(太熙)에게 보내어 그달 13일에 제물을 차리고 「등계건탑축문」(登階建塔祝文)을 대신 읽게 하였다.

궁궐역사의 공로가 인정되어 윤6월 초8일자로 다시 정2품 형조판서 겸 의금부사(刑曹判書兼知義禁府使) 직에 올랐다.

1607년(64세) 정월 회답겸쇄환사(回答兼刷還使)의 정사 여우길, 부사 경섬으로 한 사절단을 파견하였다. 사명당의 귀국 후 일본과 정식으로 국교를 맺기 위하여 첫째 가강으로부터 사죄의 뜻을 담은 국서를 먼저 보낼 것(소위 先爲致書), 둘째 왕릉 도굴범을 잡아보낼 것을 요구한데 대한 성의 있는 태도—사실은 대마도 측의 날조임이 후일 밝혀졌다——를 보여온 결과에 따른 것이다. 사명당은 사신 여우길에게 장도를 비는 시를 지어 주는 한편 서소승태와 경철현소를 비롯한 경도 오산의 장로승들에게 일일이 편지로 피로인 송환을 촉구하였다. 이들 중 서소에게 보내는 장문의 편지에서 '자신이 일본에 있을 때 선종의 종지(宗旨)를 성대하게 밝힌 일'을 찬양하는 말을 서두로 하여 '내가 일찍이 널리 중생을 제도할 것을 임무로 삼고 갔었는데, 조선의 적자(赤子)들이 이역(異域)에 함몰되어 있어 … 장군께서 돌려보내려는 뜻이 있었으나 마침내 그렇게 하지 못했으니 … 오직 형께서는 그때 장군이 한 말을 식언(食言)함이 없게 해주기 바란다'고 하였다.

7월 3일 여우길 일행이 귀국할 때 대마도로부터 피로인 1,418명을 데리고 와서 2년 전에 데리고 온 1,931명을 합치면 3,349명이 된다. 「석장비문」 등에서 '사명당이 3,500명의 피로인을 되돌려왔다'고 한 것은 이 숫자를 대충 말한 것이다. 그리고 쇄환사가 돌아올 때 서소승태가 사명당에게 보낸 답서에서 '대사의 자비심'을 높이 칭찬하면서 '수 년간 일본에 구류되어 있는 조선 인민은 여러 가지 인연에 얽혀 떠나기가 어려운 형편이지만 우리 장군의 방침은 본인이 원하면 보내는 것이다'라고 하였다.

가을에 서울에서 치악산으로 들어가 쉬었다. 『사명집』 「각림사심검당낙성소」(覺林寺尋劍堂落成疏)에 주상전하의 성수만세를 축원하고 있는 것으로 보아 궁궐 공사를 끝낸 뒤 각림사심검당을 중창하고 낙성일에 맞추어 치악산으로 들어간 것으로 보인다.

1608년(65세) 2월 선조가 승하하자 서울로 올라와 배곡하고 이로 인하여 병이 더쳐 해인사로 내려갔다. 전년 5월에는 전쟁 동안 후견인이 되어주었던 서애 유성룡도 서세하였다. 전쟁 후 친지들은 하나둘 세상을 떠나고 자기의 병도 갈수록 깊어갔다. 당쟁은 점점 치열하여 몸도 세상도 이미 병이 깊은 상태에서 그는 남쪽 고향 가까운 가야산으로 들어가 최후를 맞으려 한 것이다. 해인사를 내려갈 때 고향을 찾아 선영에 참배하는 일을 잊지 않았을 것이다.

일본에서 돌아온 뒤로는 시 짓는 일도 거의 잊고 다만 사찰의 중창이나 혹은 불경의 필사나 간행 시에 기문(記文) 및 발문을 쓰는 등의 일에 관심을 두었다. 5월에 쓴 『약사경』 발문은 1682년에 용문산 사나사에서 개판본(改版本)으로 인행한 것이 전해지고 있는데, 『사명집』에는 그 제목을 「한응방이 자기 부모를 천도하며 간행한 경전의 발문」(韓應方薦父母印經跋)이라 하였다. 또한 선조가 승하한 뒤 『화엄경』 발문을 써서 화엄 돈교(頓敎)의 최상승임과 함께 누구나 그 돈교를 말하고 행하여도 성불(成佛)할 수 있다고 설명하고, 이어 선왕의 영가와 신왕의 장수를 축원하였다. 이러한 단편적 저술 가운데서도 만년의 작품으로 보이는 「사대사상당서」(四大師上堂序)는 남종의 선풍을 드러낸 것으로, "마조(馬祖)의 일갈에 대웅(大雄, 백장百丈)이 귀가 멀었고, 황벽(黃蘗)이 방을 휘두름에 임제(臨濟)가 살아났다. 이러한 때에 사량(思量)의 경계로 헤아릴 수 있겠는가" 한 구절이 있는데, 묘향산에 들어와 법문한 것을 그의 제자 쌍흘이 받아 적은 것으로 여겨진다.

광해군이 등극하였으나 대북·소북의 당파싸움이 치열하고, 국외에도 북방 건주여직(建州女直)의 세력이 점차 커가는 어려운 정황이었다. 3월 27일 광해군은 사명당을 기용하여 승병으로 하여금 북변 방어에 당하도록 지시하였으며, 10월 28일에도 의사(醫司)에게 유정의 병을 치료하여 하산하게 하도록 전교하였다. 이에 이항복은 '유정은 수천 명의 승군을 거느릴 수 있는 능력을 가졌지만, 지금 심한 중풍을 앓고 있어 도저히 명을 받들지 못할 처지이므로 의사로 하여금 약물로 치료할 수 있도록 하겠다'고 하여 윤허를 얻었다.

1609년(66세) 광해군이 여러 차례 약물을 보내었다.

1610년(67세) 7월 10일 사명당의 명의로 대마도주 앞으로 편지를 보냈다. 5년 전에 덕천가강과 합의하여 기초를 놓은 양국 간의 정식 수교를 위하여 회답겸쇄환사가 다녀왔으며, 그후 다시 대마도에서 현소와 유천경직(景直)이 보빙사(報聘使)로 와서 기유조약을 체결하였다. 선조가 승하함에 대마에서 진향사(進香使)를 보내려하자 조정에서는 너무 잦은 접촉을 꺼려하여 이를 거절하는 편지를 사명당의 이름으로 보내려 하였던 것이다.

8월 26일 대중이 지켜보는 가운데 입적하였다. 임종할 때 제자들을 모아놓고 "네 가지 요소(지地 수水 화火 풍風)로 된 이 몸은 장차 참(眞)으로 돌아가려 한다. 어찌하여 시끄럽게 왕래하면서 이 허깨비 같은 몸을 수고롭게 하겠는가. 내 이제 입멸하여 큰 조화에 순응하려 한다"하고 적멸에 들었다.

9월 28일 광해군은 전교를 내려 조상하고, "장례에 쓸 포목과 목물(木物)을 요량하여 지급하라" 하였다. 3개월 뒤인 11월 20일에 화장하고, 홍제암(弘濟庵) 뒷산 기슭에 부도를 세웠다.

1612년 입적 3년 만에 영당(影堂)을 짓고, 문집을 간행하며, 석장비를 세웠다. 정월 허균이 『사명집』의 서문을 쓰고, 4월에 뇌묵당 처영이 발문을 지었다.

2월에 허균이 「석장비문」을 지으면서 시호가 없는 것이 마음에 걸렸으나 이때 그는 관직에 있지 않아 시호를 논할 처지가 아니었다. 부득이 사시(私諡)를 지어, '조선국 선종제14대 직전 서산청허부종수교보제등계 입실전법제자 사명자통홍제존자'(朝鮮國禪宗第十四代直傳西山淸虛扶宗樹敎普濟登階入室傳法弟子四溟慈通弘濟尊者)라 하고, 여기에 시주(諡注)를 달아 특히 '널리 중생을 제도하다(弘濟)'라는 뜻을 뚜렷이 하였다. 이후 세월이 흐르면서 공사(公私) 간에 이 사시를 시호로 받아들여 일반에 통용하게 된 것이다.

1714~21년 사명당의 충절을 기리기 위하여 옛 백하암 유지에 표충사(表忠祠)가 건립되었다. 임진왜란이 끝난 뒤 사명당이 조·부모의 명복을 빌기 위하여 세운 백하난야(白霞蘭若)가 병자호란을 겪으면서 폐사로 변하였다. 18세기에 들어서면서 지방 유림은 이 자리에 사명당을 위한 표충사를 세울 것을 건의함에 따라 밀양부사는 유·불 양측의 협조를 얻어 사당을 세워 춘추로 향사하게 된 것이다.

1738~42년 사명당의 5세 법손 남붕(南鵬)이 주축이 되어 조정대신들의 지지를 얻어 표충사업을 확대 추진하였다. 이리하여 표충사는 사액(賜額)을 얻어 서산과 영규의 3대사를 합향(合享)하는 한편 새로이 영당비(影堂碑)의 건립과 사명당의 전쟁실기라 할 『분충서난록』의 간행을 보게 되었다. 특히 영당비, 즉 표충비는 나라에 어려움이 있으면 사명당의 영혼이 땀을 흘린다 하여 '땀나는 비'(汗碑)로 알려졌다.

이를 본받아 묘향산 보현사에 수충사(酬忠祠), 해남 대흥사에 표충사, 공주 갑사에 표충원(表忠院) 등이 후속하여 세워졌다.

1839년 영취산 표충사는 장소가 협소하여 일찍부터 이건계획을 세웠으나 실행하지 못하다가 월파당 천유(天有)에 이르러 비로소 재약산 영정사(靈井寺)로 옮겼다. 이때 표충사(表忠祠)는 유불이 공존하는 표충서원(表忠書院)으로 확대되었으며, 이에 따라 영정사도 표충사(表忠寺)로 이름이 바뀐 것이다.

참고문헌

1. 불교자료

사명(四溟), 『사명당대사집』(四溟堂大師集), 『한국불교전서』(韓國佛敎全書) 제8책,
　　동국대출판부

사명(四溟), 『분충서난록』(奮忠紓難錄), 『한국불교전서』 제8책, 동국대출판부

보우(普雨), 『허응당집』(虛應堂集)·『라암잡저』(懶庵雜著), 『한국불교전서』 제7책,
　　동국대 출판부

휴정(休靜), 『삼가귀감』(三家龜鑑)·『청허집』(淸虛集)·『선가귀감』(禪家龜鑑)·「선
　　교결」(禪敎訣)·「선교석」(禪敎釋)·「심법요초」(心法要抄), 『한국불교전서』 제7
　　책, 동국대 출판부

부휴(浮休), 『부휴당대사집』(浮休堂大師集), 『한국불교전서』 제8책, 동국대출판부

일선(一禪), 『정관집』(靜觀集), 『한국불교전서』 제8책, 동국대출판부

인오(印悟), 『청매집』(靑梅集), 『한국불교전서』 제8책, 동국대출판부

혜심(諶諶), 『사명당지파근원록』(四溟堂支派根源錄), 『한국불교전서』 제8책, 동국
　　대출판부

『밀양해인사간표충사쟁송관련자료』(密陽海印寺間表忠祠爭訟關聯資料), 표충사
　　소장 필사본

남공철, 『사명대사기적비명』(四溟大師紀蹟碑銘), 지관(智冠) 엮음, 『한국고승비문
　　총집』

각안(覺岸), 『동사열전』(東師列傳), 『한국불교전서』 제8책, 동국대출판부

이능화 엮음, 『한국불교통사』(韓國佛敎通史), 경희출판사, 1968

권상로 엮음, 『한국사찰전서』(韓國寺刹全書), 동국대출판부

2. 일반자료

『선조실록』(宣祖實錄) · 『광해군일기』(光海君日記)

『사대문궤』(事大文軌) 권45

유성룡, 『서애집』(西厓集) · 『징비록』(懲毖錄)

이덕형, 『한음문고』(漢陰文稿)

허균, 『성소부부고』(惺所覆瓿藁)

허봉, 『하곡집』(荷谷集)

이긍익, 『연려실기술』(燃藜室記述)

이수광, 『지봉유설』(芝峰類說)

경섬(慶暹), 『해사록』(海槎錄)

유몽인, 『어우야담』(於于野談)

조경남, 『난중잡록』(亂中雜錄)

오희문, 『쇄미록』(鎖尾綠)

강항, 『간양록』(看羊錄)

조호익, 『지산집』(芝山集)

임흘, 『용담잡영』(龍潭雜詠)

손기양, 『오한집』(聱漢集)

신유한, 『해유록』(海游錄)

임경창, 『성원총록』(姓源叢錄)

풍천임씨중앙종친회 엮음, 『풍천임씨세보』(豊川任氏世譜), 1994

조선총독부 엮음, 『조선사찰사료』(朝鮮寺刹史料), 서울 보련각, 1980

『鹿苑日錄』43卷, 日本 京都 太陽社, 1935

『通航一覽』 권26 · 27, 日本 朝鮮國部

熊本縣立美術館 엮음, 『本妙寺歷史資料調査報告書—古文書篇 · 美術工藝品篇』,
　日本 熊本 本妙寺, 1981

3. 역, 논저 및 편

동국역경원 옮김, 『사명대사집』·『분충서난록』·『청허당대선사보장록』(淸虛堂大
    禪師寶藏錄), 『사명대사집』, 동국대역경원, 1970

이민수 옮김, 『사명당대사집』, 대양서적, 1973

밀양문화원 옮김, 『밀주지』(密州誌), 밀양문화원, 2001

신용태 옮김, 『임진왜란종군기』, 경서원, 1997

권상로, 『실록으로 본 사명대사』, 이화출판사, 1995

안계현, 『승군보』(僧軍譜), 『사명대사집』, 동국역경원, 1970

김동화·김영태·목정배, 『호국대성 사명대사 연구』, 『불교학보』 제8집, 동국대
    불교문화연구소, 1971

신학상, 『사명당의 생애와 사상』, 너른마당, 1994

오준호, 『사명유정 연구』, 동국대 박사학위논문, 2000

임철호, 『임진록 연구』, 정음사, 1986

이장희, 『임진왜란사연구』, 아세아문화사, 1999

김강식, 『임진왜란과 경상우도의 의병활동』, 혜안, 1921

최효식, 『임란기 경상좌도의 의병항쟁』, 국학자료원, 2004

신용철, 『이탁오』, 지식산업사, 2006

임영훈, 『풍천임씨 족보사에 대한 연구』, 필사본, 2006

德富蘇峰, 『近世日本國民史―豊臣秀吉時代(朝鮮役)』, 東京, 1921

(사)사명당기념사업회 엮음, 『사명당 유정』, 지식산업사, 2000

(사)사명당기념사업회 엮음, 『도록―문화인물 사명당』, 2003

사명대사연구논총간행위원회 엮음, 『사명대사와 호국불교의 이념』, 보문, 2000

밀양지편찬위원회 엮음, 『밀양지』(密陽誌), 밀양문화원, 1987

仲尾宏·曹永祿 엮음, 『朝鮮義僧將·松雲大師と德川家康』, 東京 明石書店, 2002

밀양문화원 엮음, 『임진왜란과 밀양의 의병항쟁』, 밀양문화원, 2005

찾아보기